基于高质量发展的企业集团财务管理体系

张登洲　张　博　毛新述　编著

电子工业出版社
Publishing House of Electronics Industry
北京·BEIJING

内 容 简 介

本书紧扣牢牢把握"两个大局"、全面建设社会主义现代化国家、加快建设世界一流企业的时代呼唤和使命担当，聚焦立足新发展阶段、贯彻新发展理念、构建新发展格局的历史方位和战略坐标，深入研究财务管理体系支撑世界一流企业的理论逻辑和实践逻辑，系统提炼自党的十八大以来国内优秀产业集团财务管理领域涌现出来的先进经验和经典案例，审慎提出基于高质量发展的企业集团财务管理体系，着力构建理念与格局贯通、思想与行动一体、理论与实践结合的世界一流企业集团财务管理体系建设指引，为国内外政界、学术界及企业界的研究和实践提供启发和参考。

未经许可，不得以任何方式复制或抄袭本书之部分或全部内容。
版权所有，侵权必究。

图书在版编目（CIP）数据

基于高质量发展的企业集团财务管理体系 / 张登洲，张博，毛新述编著. —北京：电子工业出版社，2024.2
ISBN 978-7-121-47436-1

Ⅰ. ①基… Ⅱ. ①张… ②张… ③毛… Ⅲ. ①企业集团－财务管理－研究 Ⅳ. ①F276.4

中国国家版本馆 CIP 数据核字（2024）第 039568 号

责任编辑：石　菲　　文字编辑：杜　皎
印　　刷：三河市君旺印务有限公司
装　　订：三河市君旺印务有限公司
出版发行：电子工业出版社
　　　　　北京市海淀区万寿路 173 信箱　邮编：100036
开　　本：787×1 092　1/16　印张：40.5　字数：777.6 千字
版　　次：2024 年 2 月第 1 版
印　　次：2024 年 2 月第 1 次印刷
定　　价：128.00 元

凡所购买电子工业出版社图书有缺损问题，请向购买书店调换。若书店售缺，请与本社发行部联系，联系及邮购电话：（010）88254888，88258888。
质量投诉请发邮件至 zlts@phei.com.cn，盗版侵权举报请发邮件至 dbqq@phei.com.cn。
本书咨询联系方式：（010）88254089。

《基于高质量发展的企业集团财务管理体系》
编 委 会

主　　任：张登洲

副 主 任：张　博　毛新述

编写人员（按姓氏笔画排序）：

马　洪	王春阳	王雪松	王瑛玮	王腊梅
王靖宇	孔　舰	石尧祥	左　箭	叶善青
冯　凯	孙志刚	朱　东	刘　利	刘玉环
张　力	张东军	张伟华	张诗红	张德勇
严长云	杜理玢	杨皮石	吴　耀	何光盛
余　晖	陈卫星	尚程凯	项　麟	胡　杰
顾长仁	贾晓刚	唐　珊	龚华萍	蔡运隆
滕　峰	潘锡睿	薛刚毅		

前　言

　　财务管理是企业管理的中心环节,是企业基业长青的重要基础和保障。当前,世界面临百年未有之大变局,企业发展环境更趋复杂和不确定。同时,我国经济已由高速增长阶段转向高质量发展阶段,正处在转变发展方式、优化经济结构、转换增长动力的攻关期,必须坚持质量第一、效益优先的原则,实现创新为第一动力、协调为内生特点、绿色为普遍形态、开放为必由之路、共享为根本目的的高质量发展,推动经济发展质量变革、效率变革和动力变革。高质量发展目标为企业应对混沌变局和严峻挑战提供了清晰的指引。立足新发展阶段,企业的发展方式要从规模扩张型粗放增长转向质量效率型集约增长,从主要依靠资源和低成本劳动力等要素投入转向由自主创新驱动;企业的管理模式要坚持效率导向和价值导向原则,不断提高技术转化效率、资源配置效率和运营管理效率,实现整体价值的提升;要完整、准确、全面贯彻新发展理念,当好创新发展的引领者、协调发展的主力军、绿色发展的探路者、开放发展的先行者、共享发展的践行者,找准在国内大循环和国内国际双循环中的位置和比较优势,为加快构建新发展格局更好地发挥作用。在宏观经济和微观企业转型升级的重要战略机遇期,财务管理作为企业经营管理的中心环节,也要因时而进、因势而新,积极转变管理思维、管理理念和管理模式,以高质量财务管理助力企业高质量发展。

　　同时,面对加速演变的时代变局和日趋激烈的全球竞争,培育和打造世界一流企业既是我国企业的使命担当,又是提升我国竞争力和影响力的重要抓手。近几年,国务院国有资产监督管理委员会通过开展国有企业改革三年行动、对标管理提升等一系列工作,推动加快世界一流企业建设步伐。世界一流的奋斗目标赋予企业构建世界一流财务管理体系的使命和责任。企业财务管理工作需要积极主动对标先进标杆,加快转型升级,着眼于一流的财务管控技术、一流的财务绩效指标、一流的财务治理机制、一流的财务人才队伍,全面构建基于高质量发展的一流财务管理体系,为企业发展提速换挡提供不竭动力,为实现世界一流目标提供坚强支撑。

与此同时，大数据、人工智能、移动互联网、云计算、物联网、区块链等数字技术迅速发展，在实践中被广泛应用。这为财务管理的"数智化"转型奠定了基础。通过从业务场景到底层数据的追溯、从业务数据到深层信息的挖掘，可以精细刻画与分析产品、业务、市场的盈利状况、经营策略，进行风险预警，实现由单一数据分析向整体价值分析的转变、由被动分析历史向前瞻预测未来的转变，推动财务预测更加精准、经营决策更加科学、风险管控更加实时。在此过程中，企业集团整体财务管理思维方式、职能界面、运行机制、工作方式等将发生深层次的变革。因此，围绕党中央关于高质量发展和创建世界一流企业等部署要求，立足新发展阶段和数字经济环境，总结提炼基于高质量发展的企业集团财务管理体系至关重要。

中国兵器装备集团有限公司（简称"兵器装备集团"）是国有大型企业集团，成立于 1999 年 7 月，是国防科技工业的核心力量。作为国防建设和国民经济建设的战略性企业，兵器装备集团肩负着"强军报国、强企富民"的神圣使命。近年来，兵器装备集团坚持以习近平新时代中国特色社会主义思想为指导，弘扬伟大建党精神和人民兵工精神，完整、准确、全面贯彻新发展理念，服务并融入新发展格局，推动高质量发展，深入实施"133"战略，全力建设具有全球竞争力的世界一流科技企业集团。财务管理体系在服务集团公司发展战略的同时，自身也在不断完善和提升。经过多年探索努力，兵器装备集团以精益化为核心的价值创造型财务管理体系已基本建成，为建设具有全球竞争力的世界一流科技企业集团提供了强有力的财务支撑。

本书系统总结高质量发展和财务管理体系建设相关理论，借鉴包括兵器装备集团在内的国内外优秀企业集团财务管理实践，提炼并构建基于高质量发展的企业集团财务管理体系，梳理总结兵器装备集团基于高质量发展的财务管理体系典型案例。全书分理论篇和案例篇两篇，共二十章。在理论篇中，本书基于组织权变理论、经济组织理论与价值管理理论，以建设世界一流企业集团为导向，以高质量发展为主题，突出"服务战略、业财融合、协同共享、精益管理、风险管控、价值创造"的管理理念，坚持"服务战略能力强、资源配置能力强、价值创造能力强、风险管控能力强"与"业财融合程度高、精益管理水平高、协同共享效率高、经济运行质量高"的管理目标，把握数智技术与财务转型深度融合发展趋势，构建包括全面预算管理系统、精益成本管理系统、资金集约经营系统、资产运营管理系统、经济运行监控系统、财务风险管理系统和会计信息系统七大专业管理系统，以及组织、人才、技术、文化、制度五项基础支撑系统协同运作的财务管理体系。在案例篇中,通过兵器装备集团下属公司典型案例展示基于高质量发展的财务管理体系各子系统的具体落地实践。

本书主要基于兵器装备集团的具体实践,受时间和能力所限,书中难免挂一漏万,存在不足之处,敬请读者批评指正。兵器装备集团的财务管理实践在国内开展较早,但相比世界一流企业尚存差距,仍有可改进之处。目前,基于高质量发展的企业集团财务管理体系仍在不断发展,希望以本书出版为契机,进一步加强与各界的沟通交流,积极学习先进经验,持续完善体系,携手实现共同提升。

编著者

序 言 一

呈现在读者面前的《基于高质量发展的企业集团财务管理体系》，是张登洲总会计师和他率领的兵器装备集团财务团队，在企业集团财务管理第一线长期进行理论和实践探索的最新成果的总结。我由衷地钦佩张登洲与兵器装备集团财务团队与时俱进，勇于创新，基于实践服务产业发展，又迈上了新台阶。本书积极贯彻落实高质量发展要求，落实国务院国资委《关于中央企业加快建设世界一流财务管理体系的指导意见》精神，识别并研判财务管理宏观与微观环境，创新性地提出财务管理体系建设解决方案，理论与实践结合、政策与实操兼备，具有很强的政治性、时代性和实践性。

张登洲先后在中国电科集团、兵器装备集团担任总会计师，有着丰富的财务管理经验。本书是张登洲与兵器装备集团财务团队学习贯彻习近平新时代中国特色社会主义思想，深入贯彻落实党的二十大精神，深刻领会新发展理念，探究财务工作对企业高质量发展重要作用的具体体现；是张登洲在历任中国电科集团、兵器装备集团总会计师期间，围绕财务如何服务战略、支持决策、管理风险、创造价值，对企业集团财务管理体系丰富实践的系统性总结；是兵器装备集团财务团队围绕集团战略目标，上下一心、精诚合作、业财协同、创新变革，积极适应数字化、智能化趋势，深化管理会计应用，推动财务转型的生动呈现。

本书的理论价值，在于其将我国企业集团管理实践发展的最新探索提炼升华，运用扎实的经济学、管理学理论基础，概括总结，丰富应用场景，实现了创新。本书提出基于高质量发展的企业集团财务管理体系是建设世界一流企业集团的战略抉择，是实现企业集团高质量发展的主动选择，是提升企业集团治理能力的内在需求，充分体现出财务服务单位管理能力和治理能力现代化、推动企业实现高质量发展的政治站位与使命担当。本书深刻把握党和国家高质量发展的重要论述和科学内涵，对与财务相关的经济学、管理学理论，以及企业集团财务管理体系的理论基础和经典文献进行了全局性概括和系统性梳理，创新性地搭建了基于高质量发展的企业集团财务管理体系理论框架。本书从企业的本质、财务的定位、会计的职能等角度研究财务管理体系的基本内涵。基于高质量发展的企业集团财务管理体系具备时代性、系统性、开放性和先进性，与现代企业制度、企业集团管控模式、不确定性及不稳定性管理形势、共生共赢生态圈建设相配，构成要素包括一个体系、六大管理理念、八大管理目标、七大子系统和五项基础支撑。本书全面回答了企业集团如何建设基于高质量发展的财务管理体系这一问题，为当下大型企业集团建设世界一流财务管理体系提供了重要借鉴。

本书的实践价值在于其清晰的逻辑、鲜活的案例，极易推广。本书承接基于高质量发展的企业集团财务管理体系理论框架和建设框架，认为全面预算管理系统、精益成本管理系统、资金集约经营系统、资产运营管理系统、经济运行监控系统、财务风险管理系统、会计信息系统是基于高质量发展的财务管理体系七个子系统，并分别论述了各子系统的理论内涵与特征、实践成效与不足、建设要求与内容，对大型企业集团建设世界一流财务管理体系、编制财务规划、推动财务转型都具有很强的实践指导意义。本书还提出组织运行模式变革体系、财务人才队伍建设体系、数智技术应用支撑体系、财务管理文化体系、财务管理能力评价体系五大实施基础，为在实践中完善财务管理体系建设提供了有效支撑。难能可贵的是，本书收录了21个兵器装备集团成员单位的财务创新案例，这些案例具有统一的体例结构，包含大量的流程图、表单和模板，具有较强的可复制性、可推广性，方便其他企业"照单抓药"，参考应用。本书的实践内容，既是对兵器装备集团财务管理创新的全面总结，又是对国内外卓越企业集团财务管理的系统提炼，更重要的是深入践行、深刻诠释了国务院国资委对"世界一流财务管理体系"的相关要求，对大型企业集团财务管理体系建设具有重要的参考价值。

党的二十大全面开启了中国式现代化和社会主义现代化建设新征程，站在新的历史起点上，贯彻新发展理念，融入新发展格局，实现高质量发展，推动经济转型升级，服务企业质量效率提升，迫切需要企业集团建设基于高质量发展的财务管理体系。相信本书的出版将为财务支持决策、服务战略和提升价值创造能力提供重要的理论依据和实践参考。

感谢盛情邀请，乐为序！

中国电子科技集团有限公司董事、党组副书记

李守武

2023年5月

序 言 二

手头是一本样书，厚厚的《基于高质量发展的企业集团财务管理体系》。翻开阅读，令我耳目一新，不由得产生感想，还有联想。

本书理论篇12章、案例篇8章，体系逻辑清晰，内容系统完整。全书梳理国家治理体系和治理能力现代化建设的相关政策文件，明确企业集团治理体系、治理能力现代化与国家治理体系、治理能力现代化的关系，阐明企业集团财务管理体系建设与企业集团治理体系、治理能力现代化的关系。

全书由企业界和学术界的专家学者合作完成，使得理论部分严谨，导读清晰；案例中的企业主要为兵器装备集团的成员企业，紧扣实践，基于实战，便于国内企业借鉴和采用。

专注"企业集团"，是本书的突出特点。

- 从经营理念、公司治理、运行机制等方面阐述当前企业集团在管理方面存在的短板。

- 从经营创现、资产质量、风险管控、研发创新等多个角度分析企业集团大而不优的问题。

- 从"大而不强，大而不优，大而不活"三个方面阐述企业集团追求高质量发展的现实动因。

- 从企业集团在现代经济体系、产业链中的特殊地位及经营特质入手，论述如何构建一流财务管理体系以支撑企业集团牢牢把握两个大局、实现一流发展目标。

- 从企业集团治理能力建设引出财务管理问题，论述财务管理对提升企业集团治理能力的作用和影响，厘清财务管理与企业集团治理能力的关系。

我国经济总体中的企业集团数量，在全部企业中的比例未必很大，但企业集团的资本、资产、市场营销等规模指标在经济总体中的占比很高。对此，北京、上海、深圳三个证券交易所的上市公司整体可以给出很明确的数量反映和诠释。从这个意义上讲，研究我国企业，针对企业集团很重要。

对于集团财务管理来说，企业集团目前普遍面对的现实问题是：流程效率偏低，科学决策不足，业财协同欠佳，监督体系缺位。所以，必须加强财务管理体系建设，提升企业集团治理能力。具体举措包含很多方面，例如：

- 搭建共享服务平台，统一核算规则和流程，以及集约化运营会计核算等基础性工作，提高财务数据及报告的及时性、有效性，解决信息披露不及时的问题；完善财务组织架构，进行科学授权，缩短决策链条，提高决策效率。

- 推动数据治理，统一数据采集交换规范，打通数据价值链条，推动业财数据分层级汇聚融合，运用数智化技术进行数据挖掘分析，实现以数据驱动战略、运营和创新，解决数字化决策问题。

- 改进财务组织，建立财经协同团队，深入业务前端，加强业财融合。

- 建立跨部门协同工作机制，开展核算实施与内部稽核、审计与监督、责任追究等工作，强化财务监督职责。

当前，国资企业集团财务管理面对新的挑战。2022年初，国务院国资委发布《关于中央企业加快建设世界一流财务管理体系的指导意见》，对中央企业提出明确的目标和任务，对财务管理理论和实践提升具有特别的推动作用。政府出台的很多政策、规划都强调企业高质量发展。建设世界一流企业，当然需要一流的财务管理。

企业财务管理的基本原理，应该说既适用于单体企业，又适用于企业集团。但是，企业集团有许多不同于单体企业的特点：第一，集团本身是法人，集团成员大多数也是独立法人，而且不乏混合所有制成员法人。因此，各级出资人的经济利益和社会利益追求未必能够整体一致。第二，集团旗下都有一家或多家上市公司，与境内、境外资本市场联系密切。第三，在产业多元化和管理运营方面，企业集团与单体企业存在很大的差异。

进一步看我国经济中作为市场法人主体的企业集团，民资企业集团和国资企业集团大不相同。前者基本上是市场经济主体，后者或多或少带有一定程度的非市场属性。

不同于西方国家的企业集团，我国的中央企业和省级国资企业集团，当下面对很多新的挑战，并衍生出一些在财务管理方面的新课题。

- 近年来，中央企业和省级国企的"平台型企业集团"国有资本投资运营公司、国有资产运营公司等与一般的国资企业集团有所不同，它们属于企业法人，合并下属成员企业财务报表，但并不参与或很少参与成员企业的运营和管理。因此，在企业集团层面的综合管理和财务管理等方面，出现许多新的课题。

- "平台型企业集团"或多或少具有非市场性管理职能，这对企业管理和财务管理提出新的课题。

- 企业参与"一带一路"国际合作，使跨国并购行为增加、企业国际化程度迅速提高，由此出现提升企业国际循环质量和水平的问题。高质量推进"一带一路"建设，有助于提升我国生产要素质量和配置水平，切实增强企业在国际市场的竞争力，推动企业国际循环质量和水平不断提升。与此相应，企业集团财务管理质量和水平需要依靠自身努力来提高，也需要宏观环境改善。

伴随改革开放的深入，我国经济社会正在日趋成熟，法律、税务等政策环境日益走向稳定。当外部经济社会环境趋于规范化时，企业家就会从过去的主要聚焦政府批文、税收优惠、法规空当、区域差异等转向重视内部运营效率，通过强化预算规划、成本管控，实现对资源的合理配置，而节流增效与开源增收同等重要。

世界一流企业集团财务管理体系非常复杂，建设非常艰巨，还有很多问题需要研究解决，学术界和实务界都应当努力探索和推进其建设进程。

2023年秋于北京大学

序 言 三

这几天京城酷暑难熬，使人心绪烦躁。前天，我收到了一份快递，打开一看是张登洲总会计师编著的《基于高质量发展的企业集团财务管理体系》。这两天，我一直在仔细阅读，用心品鉴。这种阅读让我进入心静自然凉的状态，而且难以抑制内心的喜悦之情。

第一，毫无疑问，一本书的书名是它的"门面"。书名是读者选择和评判这本书的第一要件。张总这本著作的书名中有两个关键词——"高质量发展"和"企业集团"。把财务管理体系的构建与优化架构在"高质量发展"的基础上，不仅极具时代感和使命感，而且鲜明地提出了我国企业财务管理要从"企业价值最大化"的目标转型升级到"企业高质量发展"的目标上。高质量发展是一个复合型命题。习近平总书记要求建设"产品卓越、品牌卓著、创新领先、治理现代"的世界一流企业，企业高质量发展应在企业价值、经营绩效、资源能力、产品服务、技术创新、风险防控、品牌声誉、管理机制等多方面表现卓越。高质量发展要求企业财务目标不可局限于财务绩效与股东价值，必须体现管理目标的综合性、多变量和多维度。

"企业集团"是我国企业财务管理现实的主体。在我国，无论是上市公司还是非上市公司，无论是国企还是民企，绝大部分企业都是"企业集团"，而非单一主体企业。因此，"合并会计报表"是企业财报的主体报表。这就决定了包含母公司、子公司的集团公司几乎是我国企业财务管理的唯一主体。企业财务管理就是"企业集团财务管理"，这是我国企业财务管理的"原生态"。我国企业财务管理首要的问题就是打开企业集团内部的"黑箱"，直面企业集团内部的财务资源配置，提升企业集团总部的财务管控能力。例如，兵器装备集团提出了"看得见、管得住、调得动"的司库管理体系，这是企业集团财务管理体系不断创新迭代的有力证据。

第二，本书最大的亮点是书中呈现的"基于高质量发展的企业集团财务管理体系基本内涵"。这是本书"业（务）财（务）技（术）政（策）"的完满结合与交融。本书提出的基于高质量发展的企业集团财务管理体系基本内涵框架包括六大管理理念

（服务战略、业财融合、协同共享、精益管理、风险管控、价值创造）、"四强四优"目标、七个子系统（全面预算管理、精益成本管理、资金集约经营、资产运营管理、经济运行监控、财务风险管理、会计信息）、五项基础支撑体系（组织运行模式变革、财务人才队伍建设、数智技术应用支撑、财务管理文化、财务管理能力评价）。全书的框架体例，无论是前面的理论篇，还是后面的案例篇，都是围绕七个子系统全面展开的。这个框架体系上下贯通，纲举目张，令人赏心悦目。

从书中可以看出，张总设计的这个框架深受2022年国务院国资委发布的《关于中央企业加快建设世界一流财务管理体系的指导意见》的影响。国务院国资委要求中央企业更好地统筹发展和安全，更加注重质量和效率，更加突出"支撑战略、支持决策、服务业务、创造价值、防控风险"的作用，以及"规范、精益、集约、稳健、高效、智慧"的12字标准。相比而言，我认为本书提出的"四强四优"目标更准确、更全面地展示了对企业高质量发展的具体要求。这些目标受到六大管理理念的牵引，由七个子系统具体实现，以五项支撑体系为基础。

另外，这个框架不仅在宏观设计上独具匠心，在微观层面上也亮点繁多。例如，本书提出的"敏捷前台、精益中台、创新后台"的组织运营模式就很有特色。书中关于财务文化体系构建的内容，是对提升企业财务"软实力"的最好表达与提炼。

第三，本书呈现了兵器装备集团近年来财务管理、管理会计创新的一批经典案例。长安汽车、青山工业、长江电工、轻骑铃木、长安工业、建设工业、湖南云箭、保理公司、万友汽车、保变电气、成都光明等企业集团的案例，体现了兵器装备集团下属企业集团多元化的业态和行业的多样性，以及集团内部产权结构的复杂性。在这些案例中，各种产业场景和产品赛道不断迭代，从中可以看出兵器装备集团财务管理创新与机制变革的精彩。

第四，本书除创新性地提出了宏观层面的财务管理理论框架以外，还呈现了一系列微观层级的兼顾理论创新与实操主张的独到观点。例如，青山工业的"以全面预算管理为核心的从战略到任务系统实践"，引入交互式预算理念，将其应用于战略场景实现。长安工业建立基于价值持续提升的业绩评价体系，建立生产经营类发展指标、研发技术类发展指标、职能管理类发展指标和分（子）公司类发展指标。这些指标极具制度创新特质，直面现行业绩评价指标中的诸多痛点。这些理论命题和创新实践，让我们体会到兵器装备集团财务管理体系的创新原动力。

  这本书的编写与出版，不仅彰显了习近平总书记倡导的"四个自信"，也为中国式企业集团财务管理体系建设提供了理论原则与实操方案。这本书必将为中国企业集团财务管理体系的高质量发展推波助澜，我对此充满期待，也满怀信心！

对外经济贸易大学商学院

汤谷良

2023 年夏至日

目 录

理 论 篇

第一章 基于高质量发展的企业集团财务管理体系实施背景 ……………… 002

 第一节 建设世界一流企业集团的战略抉择 ……………………………… 002
  一、世界百年未有之大变局下的国内外形势 …………………………… 002
  二、中华民族伟大复兴战略全局的重要部署 …………………………… 005
  三、统筹两个大局、建设一流企业集团的需要 ………………………… 008

 第二节 实现企业集团高质量发展的主动选择 …………………………… 010
  一、国家引领企业集团高质量发展 ……………………………………… 010
  二、企业集团追求高质量发展的现实动因 ……………………………… 012
  三、企业集团实现高质量发展与财务管理体系建设 …………………… 015

 第三节 提升企业集团治理能力的内在需要 ……………………………… 017
  一、企业集团治理与财务管理 …………………………………………… 017
  二、企业集团财务管理的现实挑战 ……………………………………… 018
  三、财务管理体系建设与企业集团治理能力提升 ……………………… 021

第二章 基于高质量发展的企业集团财务管理体系建设理论基础 ………… 023

 第一节 高质量发展的相关政策与经典理论解释 ………………………… 023
  一、新时代高质量发展的相关政策体系 ………………………………… 023
  二、高质量发展的经典理论解释 ………………………………………… 028

 第二节 企业集团财务管理体系相关理论研究 …………………………… 035
  一、企业集团财务管理体系的理论基础 ………………………………… 035
  二、相关研究评述 ………………………………………………………… 038

 第三节 基于高质量发展的企业集团财务管理体系的理论框架 ………… 040

第三章 基于高质量发展的企业集团财务管理体系建设框架 ……………… 043

 第一节 基于高质量发展的企业集团财务管理体系概述 ………………… 043
  一、基本内涵 ……………………………………………………………… 043

二、主要特征 …………………………………………………………… 050
　　三、基本原则 …………………………………………………………… 051
第二节　基于高质量发展的企业集团财务管理体系的构成要素 ……………… 053
　　一、管理理念 …………………………………………………………… 053
　　二、管理目标 …………………………………………………………… 054
　　三、主要构成内容与核心要素 ………………………………………… 056

第四章　基于高质量发展的企业集团全面预算管理系统 ……………………… 061
　第一节　全面预算管理系统的内涵与特征 …………………………………… 061
　　一、全面预算管理系统的内涵 ………………………………………… 061
　　二、全面预算管理系统的特征 ………………………………………… 063
　第二节　全面预算管理系统的发展现状 ……………………………………… 064
　　一、全面预算管理系统的成效 ………………………………………… 064
　　二、全面预算管理系统存在的不足 …………………………………… 065
　第三节　基于高质量发展的全面预算管理系统建设内容 …………………… 068
　　一、基于高质量发展的全面预算管理系统新要求 …………………… 068
　　二、基本原则 …………………………………………………………… 071
　　三、主要建设内容 ……………………………………………………… 072

第五章　基于高质量发展的企业集团精益成本管理系统 ……………………… 085
　第一节　精益成本管理系统的内涵与特征 …………………………………… 085
　　一、精益成本管理系统的内涵 ………………………………………… 085
　　二、精益成本管理系统的特征 ………………………………………… 087
　第二节　精益成本管理系统的发展现状 ……………………………………… 092
　　一、精益成本管理系统的成效 ………………………………………… 092
　　二、精益成本管理系统存在的不足 …………………………………… 094
　第三节　基于高质量发展的精益成本管理系统建设 ………………………… 097
　　一、基于高质量发展的精益成本管理系统新要求 …………………… 097
　　二、基本原则 …………………………………………………………… 099
　　三、主要建设内容 ……………………………………………………… 101

第六章　基于高质量发展的企业集团资金集约经营系统 ……………………… 107
　第一节　资金集约经营系统的内涵及特征 …………………………………… 107

一、资金集约经营系统的内涵 …………………………………………… 107
　　　二、资金集约经营系统的特征 …………………………………………… 109
　　第二节　资金集约经营系统的发展现状 ………………………………………… 111
　　　一、资金集约经营系统的成效 …………………………………………… 111
　　　二、资金集约经营系统存在的不足 ……………………………………… 113
　　第三节　基于高质量发展的资金集约经营系统建设 …………………………… 115
　　　一、基于高质量发展的资金集约经营系统新要求 ……………………… 115
　　　二、基本原则 ……………………………………………………………… 117
　　　三、主要建设内容 ………………………………………………………… 120

第七章　基于高质量发展的企业集团资产运营管理系统 ……………………………… 132
　　第一节　资产运营管理系统的内涵与特征 ……………………………………… 132
　　　一、资产运营管理系统的内涵 …………………………………………… 132
　　　二、资产运营管理系统的特征 …………………………………………… 134
　　第二节　资产运营管理系统的发展现状 ………………………………………… 135
　　　一、资产运营管理系统的成效 …………………………………………… 135
　　　二、资产运营管理系统存在的不足 ……………………………………… 138
　　第三节　基于高质量发展的资产运营管理系统建设 …………………………… 140
　　　一、基于高质量发展的资产运营管理系统新要求 ……………………… 140
　　　二、基本原则 ……………………………………………………………… 143
　　　三、主要建设内容 ………………………………………………………… 144

第八章　基于高质量发展的企业集团经济运行监控系统 ……………………………… 154
　　第一节　经济运行监控系统的内涵与特征 ……………………………………… 154
　　　一、经济运行监控系统的内涵 …………………………………………… 154
　　　二、经济运行监控系统的特征 …………………………………………… 155
　　第二节　经济运行监控系统的发展现状 ………………………………………… 158
　　　一、经济运行监控系统的成效 …………………………………………… 158
　　　二、经济运行监控系统存在的不足 ……………………………………… 161
　　第三节　基于高质量发展的经济运行监控系统建设内容 ……………………… 163
　　　一、基于高质量发展的经济运行监控系统新要求 ……………………… 163
　　　二、基本原则 ……………………………………………………………… 166
　　　三、主要建设内容 ………………………………………………………… 168

第九章 基于高质量发展的企业集团财务风险管理系统 …… 177

第一节 财务风险管理系统的内涵与特征 …… 177
一、财务风险管理系统的内涵 …… 177
二、财务风险管理系统的特征 …… 178

第二节 财务风险管理系统的发展现状 …… 179
一、财务风险管理系统的成效 …… 179
二、财务风险管理系统存在的不足 …… 181

第三节 基于高质量发展的企业财务风险管理系统建设 …… 186
一、基于高质量发展的财务风险管理系统新要求 …… 186
二、基本原则 …… 187
三、主要建设内容 …… 188

第十章 基于高质量发展的企业集团会计信息系统 …… 202

第一节 会计信息系统的基本内涵与特征 …… 202
一、会计信息系统的内涵 …… 202
二、会计信息系统的特征 …… 203

第二节 会计信息系统的发展现状 …… 206
一、会计信息系统的成效 …… 208
二、会计信息系统存在的不足 …… 210

第三节 基于高质量发展的会计信息系统建设 …… 212
一、基于高质量发展的会计信息系统新要求 …… 212
二、基本原则 …… 215
三、主要建设内容 …… 217

第十一章 基于高质量发展的企业集团财务管理体系实施基础 …… 224

第一节 支撑高质量发展的财务组织模式变革体系 …… 224
一、敏捷前台组织的建设思路 …… 225
二、精益中台组织的建设思路 …… 226
三、创新后台组织的建设思路 …… 226

第二节 支撑高质量发展的财务人才队伍建设体系 …… 228
一、业务财务人才的需求及培养 …… 229
二、共享财务人才的需求及培养 …… 230
三、战略财务人才的需求及培养 …… 231

第三节　支撑高质量发展的数智技术应用支撑体系 ································ 232
　　　　一、财务数据中台：打造业务聚合平台 ·· 232
　　　　二、财务业务中台：建设业财一体化模式 ···································· 234
　　　　三、财务技术中台：提供数据智能应用 ·· 236
　　第四节　支撑高质量发展的财务文化建设体系 ······································ 237
　　　　一、精益财务文化塑造 ·· 237
　　　　二、诚信财务文化塑造 ·· 238
　　　　三、创新财务文化塑造 ·· 239
　　第五节　支撑高质量发展的财务管理能力评价体系 ······························ 239
　　　　一、财务管理能力评价内容 ··· 239
　　　　二、财务管理能力评价程序与结果运用 ······································· 240

第十二章　总结与展望 ·· 243

　　第一节　基于高质量发展的企业集团财务管理体系总结 ······················· 243
　　第二节　未来展望 ··· 244
　　　　一、创新财务管理机制，助力创新战略实现 ······························· 245
　　　　二、健全资源协调机制，带动产业协同发展 ······························· 245
　　　　三、依托集团精益管理，推动绿色低碳转型 ······························· 246
　　　　四、坚持财务开放协同，反映生态共生增值 ······························· 247
　　　　五、服务全体利益主体，共享生态增值成果 ······························· 247
　　　　六、发挥数据资产价值，推动智能财务决策 ······························· 248
　　　　七、深化管理会计应用，提升价值创造能力 ······························· 249

案　例　篇

第十三章　基于高质量发展的企业集团全面预算管理系统案例 ············ 252

　　案例一　青山工业——以全面预算管理为核心的从战略到任务系统实践 ···· 253
　　　　一、背景描述 ··· 253
　　　　二、总体设计 ··· 255
　　　　三、实践应用 ··· 257
　　　　四、实施成效 ··· 270
　　　　五、总结启示 ··· 271

案例二　长江电工——制造型企业全面预算信息化建设提升企业管理水平……274
　　　　一、背景描述……274
　　　　二、总体设计……276
　　　　三、实践应用……278
　　　　四、实施成效……288
　　　　五、总结启示……292

　　案例三　轻骑铃木——夯实业务预算基础，提升全面预算编制和执行水平……294
　　　　一、背景描述……294
　　　　二、总体设计……295
　　　　三、实践应用……298
　　　　四、实施成效……311
　　　　五、总结启示……313

　　案例四　长安工业——基于价值持续提升的业绩评价体系探索与实践……315
　　　　一、背景描述……315
　　　　二、总体设计……318
　　　　三、实践应用……321
　　　　四、实施成效……330
　　　　五、总结启示……331

第十四章　基于高质量发展的企业集团精益成本管理系统案例……332

　　案例一　湖南云箭——"133"战略引领下的科技创新型企业成本管理实践……333
　　　　一、背景描述……333
　　　　二、总体设计……334
　　　　三、实践应用……337
　　　　四、实施成效……345
　　　　五、总结启示……345

　　案例二　长安工业——全价值链投入产出分析在经营管理中的探索与运用……347
　　　　一、背景描述……347
　　　　二、总体设计……349
　　　　三、实践应用……354
　　　　四、实施成效……362
　　　　五、总结启示……363

案例三　建设工业——基于四新技术应用的 TVM-1251N 全价值链精益成本管控
体系构建与创新实践 364
一、背景描述 364
二、总体设计 365
三、实践应用 369
四、实施成效 379
五、总结启示 381

案例四　长江电工——"目标成本法"助建公司竞价体系，支撑公司战略决策 382
一、背景描述 382
二、总体设计 384
三、实践应用 385
四、实施成效 394
五、总结启示 396

第十五章　基于高质量发展的企业集团资金集约经营系统案例 399

案例一　财务公司——数智赋能，智慧共享，兵器装备集团司库管理应用实践 400
一、背景描述 400
二、总体设计 402
三、实践应用 406
四、实施成效 408
五、总结启示 409

案例二　保理公司——升级司库管理体系，推动供应链金融发展 413
一、背景描述 413
二、总体设计 415
三、实践应用 418
四、实施成效 424
五、总结启示 426

第十六章　基于高质量发展的企业集团资产运营管理系统案例 429

案例一　建设工业——企业重组下的战略资产配置管理实践 430
一、背景描述 430
二、总体设计 433
三、实践应用 436

　　　　四、实施成效 ··· 444
　　　　五、总结启示 ··· 445
　　案例二　南方资产——基于高质量发展的大型企业集团产业投资平台产融结合资产
　　　　　　配置实践 ··· 446
　　　　一、背景描述 ··· 446
　　　　二、总体设计 ··· 447
　　　　三、实践应用 ··· 450
　　　　四、实施成效 ··· 454
　　　　五、总结启示 ··· 456

第十七章　基于高质量发展的企业集团经济运行监控系统案例 ················ 458

　　案例一　中国长安——多业态集团企业高质量经济运行监控体系创新实践 ········ 459
　　　　一、背景描述 ··· 459
　　　　二、总体设计 ··· 459
　　　　三、实践应用 ··· 461
　　　　四、实施成效 ··· 472
　　　　五、总结启示 ··· 473
　　案例二　长安汽车——经济运行监控实践 ······································· 475
　　　　一、背景描述 ··· 475
　　　　二、总体设计 ··· 477
　　　　三、实践应用 ··· 478
　　　　四、实施成效 ··· 487
　　　　五、总结启示 ··· 488

第十八章　基于高质量发展的企业集团财务风险管理系统案例 ················ 489

　　案例　长安汽车金融——汽车金融风险量化　管理体系建设与实践 ············· 490
　　　　一、背景描述 ··· 490
　　　　二、总体设计 ··· 491
　　　　三、实践应用 ··· 494
　　　　四、实施成效 ··· 499
　　　　五、总结启示 ··· 500

第十九章　基于高质量发展的企业集团会计信息系统案例 ······················ 502

　　案例一　万友汽车——财务共享中心信息化建设 ······························· 503

一、背景描述···503
　　二、总体设计···507
　　三、实践应用···512
　　四、实施成效···524
　　五、总结启示···526
案例二　保变电气——企业财务共享信息建设实践·····································528
　　一、背景描述···528
　　二、总体设计···530
　　三、实践应用···532
　　四、实施成效···541
　　五、总结启示···546

第二十章　基于高质量发展的企业集团财务管理体系实施基础案例·················549

案例一　长安汽车——打造新形势下业财融合的经营型财务组织···················550
　　一、背景描述···550
　　二、总体设计···551
　　三、实践应用···552
　　四、实施成效···563
　　五、总结启示···564
案例二　成都光明——"微组织"经营管理实践··566
　　一、背景描述···566
　　二、总体设计···568
　　三、实践应用···569
　　四、实施成效···579
　　五、总结启示···580
案例三　长安汽车——夯实人才梯队建设，助推公司第三次创新创业···············583
　　一、背景描述···583
　　二、总体设计···586
　　三、实践应用···589
　　四、实施成效···597
　　五、总结启示···599
案例四　建设工业——基于业财一体化风险管控的信息化建设·······················600
　　一、背景描述···600

二、总体设计 …… 600

三、实践应用 …… 603

四、实施成效 …… 613

五、总结启示 …… 615

参考文献 …… 618

理论篇

第一章　基于高质量发展的企业集团财务管理体系实施背景

世界正经历百年未有之大变局,国内外形势风云变幻,科技竞争与逆全球化浪潮、债务危机及地缘政治风险等问题并存,导致国际格局和国际秩序发生深刻变化,给全球经济发展带来极大的不确定性。国内宏观经济环境已发生改变,经济由高速增长转向高质量发展阶段,产业结构调整、实现"双碳"①目标、发展数字经济等问题与实现中华民族伟大复兴交织在一起。贯彻新发展理念,构建新发展格局,实现高质量发展是当前我国应对百年未有之大变局,全面建设社会主义现代化国家的重要战略部署。企业集团作为国家现代化经济体系的重要组成部分,贯彻高质量发展主题,深化供给侧结构性改革,要在转变发展方式、优化经济结构、转换增长动力上下好先手棋、打好主动仗,着力提高供给体系质量。财务管理体系作为企业集团管理的中心环节,是企业集团做强、做优、做大的重要基础和保障。因此,从企业集团层面探讨如何构建基于高质量发展的一流财务管理体系具有重要的理论意义和实践价值。

第一节　建设世界一流企业集团的战略抉择

一、世界百年未有之大变局下的国内外形势

(一)国际形势

当今世界正在经历新一轮大发展、大变革、大调整,国际格局和力量对比加速演变,西方发达经济体陷入低迷,新兴市场国家群体性崛起,全球治理体系和国际秩序变革加速推进,地缘政治冲突此起彼伏。叙利亚战争、俄乌冲突等局部战争或冲突无不昭示着地缘政治博弈加剧,特别是俄乌冲突给全球能源安全、粮食安全、大宗商品安全等带来极大冲击。同时,新冠疫情影响深远,逆全球化思潮涌动,单边主义、保

---

① "双碳"为"碳达峰"与"碳中和"的简称。

护主义甚嚣尘上，多边主义和自由贸易体制受到严重挑战，全球供应链、创新链面临非经济因素的冲击，导致全球经济增长放缓、债务规模空前、金融市场动荡，世界多极化、经济全球化在曲折中前行。

世界百年未有之大变局，既给我国带来风险挑战，也给我国提供了新的战略机遇。新一轮科技革命和产业变革深入发展，世界经济新旧增长动能加快转换。大数据、人工智能、生物技术、新能源、新材料等产业正在积聚力量，特别是大数据、人工智能、新能源与传统产业有效融合，催生大量新产业、新业态、新模式，深刻影响全球经济和社会的发展。数字经济、共享经济、平台经济正在重塑实体经济形态，加速传统产业向数字化、网络化、智能化方向转变。国内优秀企业集团紧跟全球科技和产业发展脚步，推进大数据、人工智能、移动互联网、云计算同实体经济深度结合，融合机器人、数字化、新材料等先进技术，加速推动制造业向智能化、服务化、绿色化转型，在未来竞争中抢占有利战略制高点。

面对复杂多变的世界政经格局及日新月异的科技产业发展态势，我国如何牢牢把握"两个大局"，有效应对外部挑战，抓住新的战略机遇，走向世界舞台中央是当前我们面临的重要课题。2022年2月28日，习近平总书记主持召开中央全面深化改革委员会（简称"中央深改委"）第二十四次会议，审议通过《关于加快建设世界一流企业的指导意见》，明确提出"加快建设一批产品卓越、品牌卓著、创新领先、治理现代的世界一流企业，在全面建设社会主义现代化国家、实现第二个百年奋斗目标进程中实现更大发展、发挥更大作用"。这向社会各界传递时代最强音，也为如何加快建设世界一流企业指明了方向、提供了遵循。企业集团是财富创造的基础，是建设现代化产业体系的基石，是国家掌握世界经济体系话语权和世界产业链主导权的决定力量。因此，无论国际形势如何变幻，牢牢把握经济、科技、产业主线，加快培育一批世界一流企业集团是以不变应万变、处理错综复杂局面的最好对策。

（二）国内形势

国际形势波诡云谲，国内环境也并非海不扬波。伴随着世界局势的动荡变革，国内的经济、科技和产业发展等诸多方面也在发生深刻变化。经济的周期性、体制性及结构性问题仍在不断积累，因长期快速增长而积累的矛盾和问题日渐凸显，实体经济结构供需失衡、金融和实体经济失衡、房地产和实体经济失衡等重大结构性失衡导致经济发展面临增速下降、工业品价格下降、实体企业盈利下降、财政收入下降、经济风险发生概率上升等问题（黄守宏，2020）。在科技创新方面，科技创新虽然已经取得显著进步，但在原始创新能力、创新效能、创新资源整合、创新力量布局等方面还存在很多短板，科技投入产出、科技人才队伍及科技评价体系等因素依然制约我国科技整体水平的提升。在产业发展方面，龙头企业引领带动作用不突出，关键核心技术被卡脖子，科技创新主体作用发挥不充分，产业链安全性和稳定性受到冲击等问题也引起普遍关注。从短期看，国内经济还面临"需求收缩、供给冲击、预期转弱"三重压力。首先，消费、投资、出口需求疲软。受新冠疫情的持续冲击，国内居民收入增长缓慢，储蓄意愿增强，消费动力不足；国内基础设施投资和房地产投资增速下滑，不及预期；全球通胀致使各国央行纷纷收紧银根，最终导致出口需求减弱，增速放缓。其次，全球大宗商品价格高企，能源供应不足，扰乱了正常供应链节奏，引起企业生产成本上升，供给受到冲击。最后，需求疲软和供给冲击加剧了人们对未来经济不确定性的担忧，导致对未来经济复苏产生悲观预期。

经济发展失衡、科技创新不足、产业安全受制于人、经济面临"三重压力"等一系列现实问题促使我们必须加快转变发展方式、优化经济结构、转换增长动力，走从求快转向求质的高质量发展之路。要实现经济高质量发展，消除经济发展不均衡、不充分及解决经济、科技、产业发展过程中暴露的短板与问题，除了国家宏观政策的推动，微观经济主体的积极参与也是不可或缺的。高质量发展之路能否走得稳、走得远，在很大程度上取决于微观经济主体，特别是具有较强行业影响力、竞争力的企业集团发挥的带动引领作用是无可替代的。在这其中，大型国有企业集团作为党执政兴国的政治基础和物质基础将发挥中流砥柱的作用。因此，需要企业集团转变经营理念，以追求长期可持续增长替代短期功利性、追求规模速度的观念，着力推动资源、技术、组织、制度等创新，实现企业集团的转型升级。要通过调整自身资源配置，增强与市场需求的适配性，降低企业成本，扩大有效的中高端产品供给，增强自身适应市场的有效性和灵活性。

动荡多变的外部环境已给企业集团未来发展带来极大不确定性，而实现高质量发展的战略目标也给企业集团发展提出了新要求。内部和外部环境的变化赋予企业集团解决复杂难题的历史使命，这迫切要求企业集团提升自身能力，以应对外部挑战，践行历史使命。构建一流财务管控体系可能成为企业集团应对挑战的有效措施。首先，一流的财务管理体系可以增强企业集团对外部环境的应变能力，实现集团资源与市场需求有效匹配，扩大产品有效供给。其次，一流的财务管理体系能够通过对资金成本、投资回报、财务风险等问题进行系统规划，以提高企业集团战略规划的科学性。再次，一流的财务管理体系能够通过提高企业集团内部资本市场配置规模及效率，缓解融资瓶颈约束，为下属企业创新活动提供资金支持，并且通过对创新活动的事前审查、事中监督及事后考核形成有效的管理机制，从而提升企业集团的创新能力。最后，一流的财务管理体系通过信息技术手段可以提高财务信息及非财务信息的收集利用能力，通过监控经济运行及时发现问题并进行风险预警、过程纠偏。因此，加强财务管理体系建设是企业集团实现自身可持续发展的必然选择。

二、中华民族伟大复兴战略全局的重要部署

习近平总书记指出，"必须完整、准确、全面贯彻新发展理念，始终以创新协调、绿色、开放、共享的内在统一来把握发展、衡量发展、推动发展"，"新发展理念和高质量发展是内在统一的，高质量发展就是体现新发展理念的发展"。着眼于当前国内外形势发展变化，党中央在党的十八大之后相继做出一系列重要决策安排，提出贯彻新发展理念，转变经济发展导向，以应对复杂多变的国内外形势，实现中华民族伟大复兴。

（一）把握发展阶段转变，前瞻性提出新发展理念

自改革开放以来，我国经济进入长期高速增长阶段，社会经济取得长足发展，目前经济总量已经稳居世界第二位。但在我国经济高速增长的背后，一些潜在的问题逐渐暴露出来，经济发展特征发生了重大变化。例如，经济发展"不平衡、不协调、不可持续"，传统人口红利消退，资本回报率整体下降，自主创新能力较弱，金融风险累积，资源和环境约束加剧（赵剑波等，2019；杨耀武和张平，2021）。经济增速从高速增长、中高速增长向中低速增长转变，经济发展阶段面临新的调整。在此背景下，2017年，党的十九大做出我国经济由高速增长阶段转向高质量发展阶段的重大论断。经济发展阶段的转变表明，我国经济的发展已经从"数量追赶"转向"质量追赶"，从"规模扩张"转向"结构升级"，从"要素驱动"转向"创新驱动"，从"分配失衡"转向"共同富裕"，从"高碳增长"转向"绿色发展"（王一鸣，2020）。

在此之前，党中央就已经对发展现状有了充分认识，并且在深刻总结国内外发展经验、精准把握世界潮流趋势基础上，立足我国经济社会发展的新高度，顺应经济增长约束条件的新变化，在党的十八届五中全会创造性地提出"创新、协调、绿色、开

放、共享"的新发展理念（张辉和吴尚，2021）。习近平总书记指出，发展理念是发展行动的先导，是管全局、管根本、管方向、管长远的东西，是发展思路、发展方向、发展着力点的集中体现。作为习近平新时代经济思想的主要内容，新发展理念因其内涵的科学性和前瞻性已经成为当前我国社会经济发展的指导思想和基本原则。

（二）贯彻新发展理念，建设现代化经济体系

党中央基于时代变革提出新发展理念，对我国未来的发展问题做出历史回应。新发展理念的贯彻需要相应的机制和途径，而建设现代化经济体系就是实践新发展理念的重要途径，也是构建新发展格局的重要一环（刘伟，2020）。现代化经济体系是指社会经济活动中各个组成部分（包括不同环节、层面、领域等）相互作用共同构成的有机整体。党的十九大报告提到，我国经济已由高速增长阶段转向高质量发展阶段，正处在转变发展方式、优化经济结构、转换增长动力的攻关期，建设现代化经济体系是跨越关口的迫切要求和我国发展的战略目标。该报告同时指出，必须坚持质量第一、效益优先，以供给侧结构性改革为主线，推动经济发展质量变革、效率变革、动力变革，提高全要素生产率，着力加快建设实体经济、科技创新、现代金融、人力资源协同发展的产业体系，着力构建市场机制有效、微观主体有活力、宏观调控有度的经济体制，不断增强我国经济创新力和竞争力。

党的十九大报告对建设现代化经济体系提出多方面要求，而这些具体要求与"创新、协调、绿色、开放、共享"的五大新发展理念具有一脉相承的特征。从创新角度看，创新作为建设现代化经济体系的重要战略，已经成为引领发展的第一动力，因此需要加快建设创新型国家。从协调角度看，建设现代化经济体系，必须把发展实体经济作为经济建设的突破口，深化供给侧结构性改革，促进供需实现高水平协调适配。不仅如此，推进西部大开发，加快东北老工业基地振兴，推动中部崛起，实现东部优化发展，都与协调发展的理念高度契合。从绿色角度看，建立现代经济体系需要推动生产方式的变革，实现"双碳"发展目标。从开放角度看，要以"一带一路"建设为重点，实现高水平对外开放，打造国内国际双循环的发展格局。从共享角度看，建设现代经济体系需要贯彻共享发展的理念，通过有效的制度安排让人民共享经济发展成果。

建设现代化经济体系是贯彻新发展理念的战略举措，其具体实施与企业集团发展息息相关。企业集团因其规模较大、实力较强、科技水平较高，在行业内具有重要

地位，在满足建设现代化经济体系的具体要求中发挥着不可替代的作用。首先，为落实供给侧结构性改革的要求，企业集团需要根据国家发展实际，着力优化集团内部资源配置，增加有效供给，灵活高效地应对市场需求的变化。其次，企业集团自身的人才队伍、科研水平、资金实力等都优于一般企业，具有推动创新实践获得突破性发展的潜在能力，是国家科技创新的实践主体。因此，加快建设创新型国家离不开企业集团的助力。最后，贯彻"双碳"发展战略，实现绿色发展是建设现代化经济体系的内在要求，而企业集团正是践行绿色发展理念，依靠技术革新和资源倾斜，改造生产设备和工艺流程，发展循环经济的主力军，能够发挥示范作用，带动引领行业内企业贯彻"双碳"发展战略。

（三）国家治理体系和治理能力的现代化建设

经济高质量发展是一个具有多维特质的综合性概念，其核心表现是通过质量变革、效率变革和动力变革实现经济发展方式的转变，通过"有效市场"和"有为政府"构建市场机制有效、微观主体有活力、宏观调控有度的经济体制，推动国家治理体系与治理能力现代化（肖红军，2020）。推进国家治理体系和治理能力现代化是坚持和完善中国特色社会主义制度的重要任务，是将社会主义制度优势转化为实践优势的客观要求。

企业集团治理体系和治理能力现代化建设与国家治理体系和治理能力现代化建设一脉相承，其发展状况将直接关系到国家战略在企业集团所属行业能否得到有效贯彻和实施。国有企业集团作为党执政兴国的执政之基和力量之源，它们的治理体系和治理能力现代化建设特别受到党中央的高度重视。党的十九届四中全会通过了《中共中央关于坚持和完善中国特色社会主义制度 推进国家治理体系和治理能力现代化若干重大问题的决定》（以下简称《决定》）。《决定》指出，顺应时代潮流，适应我国社会主要矛盾变化，统揽伟大斗争、伟大工程、伟大事业、伟大梦想，不断满足人民对美好生活新期待，战胜前进道路上的各种风险挑战，必须在坚持和完善中国特色社会主义制度、推进国家治理体系和治理能力现代化上下更大功夫。《决定》同时指出：探索公有制多种实现形式，推进国有经济布局优化和结构调整，发展混合所有制经济，增强国有经济竞争力、创新力、控制力、影响力、抗风险能力，做强做优做大国有资本；深化国有企业改革，完善中国特色现代企业制度；形成以管资本为主的国有资产监管体制，有效发挥国有资本投资、运营公司功能作用。这些关于国有企业的相关论述都内在统一于坚持完善社会主义基本经济制度、推动经济高质量发展的要求之中，并成为推进国家治理体系和治理能力现代化措施的重要组成部分。

由此可见，国家治理体系和治理能力现代化建设与企业治理体系和治理能力现代化建设具有紧密联系。国家治理体系包括社会经济活动各领域的体制机制、法律法规等，这一系列制度安排体现了国家政策导向、发展要求，为企业治理体系和治理能力提供了建设方向和指引。同时，企业作为国民经济的微观主体，是落实经济发展战略、发展要求的具体执行者；企业治理体系和治理能力建设也将服务于国家治理体系和治理能力建设，并为其落地实施奠定基础。推进企业集团治理体系和治理能力现代化同样能为企业集团高质量发展创造良好的环境，进行有效的规范引导，是建设现代经济体系和现代企业集团的客观要求。财务管理是提升企业集团治理能力的重要抓手，财务管理体系现代化是现代企业集团有效运行的基础支撑。深化财务管理变革，建设基于高质量发展的财务管理体系可以起到以点带面、以部分推动整体发展的作用，推动企业集团治理体系和治理能力现代化，进一步增强企业集团核心竞争力和抗风险能力。

三、统筹两个大局、建设一流企业集团的需要

实现社会主义现代化和中华民族伟大复兴是坚持和发展中国特色社会主义的总任务。发展是解决我国所有问题的关键，企业集团又是发展能否持续、稳定的实践基础和力量之源，对具有独特属性的国有企业更是如此。国务院国有资产监督管理委员会（以下简称"国资委"）前主任、现任第二十届中央委员、辽宁省委书记郝鹏强调，要深刻认识国有企业在中国特色社会主义建设中肩负的重大责任和使命，坚持把国有企业搞好、把国有资本做强做优做大不动摇，加快培育主业突出、技术领先、管理先进、绩效优秀、全球资源配置能力强的世界一流企业，使国有企业真正成为我们党执政兴国的重要支柱和最可信赖的依靠力量。统筹"两个大局"，全面建设社会主义现代化国家，走向世界舞台中央，必须加快建设一批世界一流企业集团。

但是，关于何为世界一流企业集团，目前学术界言人人殊。自国资委在2010年提出"做强做优中央企业、培育具有国际竞争力的世界一流企业"之后，对于世界一流企业概念内涵的探讨一直持续至今。整体而言，对于该问题，主要有学术界、政界两类解读。

从学术界看，黄群慧等人（2017）认为可以从两个维度描述世界一流企业：一是

必须在重要的行业或业务领域中具备强大的整体竞争优势；二是在做大、做强的同时能够实现做久，真正经得起时间检验并呈现出持续竞争力。曾宪奎（2020）认为，按照国资委对世界一流企业的定义，技术创新能力优先、企业规模大、经营能力突出是世界一流企业的基础条件，综合国资委的相关标准，可以将世界一流企业定义为：具有全球技术领先能力，且与全球范围同行业企业相比，具有企业规模大、经营能力突出，同时高度重视社会责任、具备良好企业形象的企业。

从政界看，国资委在2013年印发的《中央企业做强做优、培育具有国际竞争力的世界一流企业要素指引》从十三个方面对此做了介绍，包括集团管控、风险管理等。时任国资委副主任翁杰明在发布世界一流企业示范企业时曾谈到，一流国有企业至少要做到以下三个方面。

（1）在创新驱动方面领先，在国有资源的分配方面成为领军企业，在推动本行业的全球技术发展方面成为领军企业，在行业的自身推进过程当中有重要的话语权。

（2）在高质量发展方面领先，这不仅体现在营收规模方面，而且体现在净资产收益率、营收利润率、研发投入、增加值等质量和效益方面。

（3）在践行新发展理念方面领先，成为履行共商、共建、共享发展理念的典范企业，成为遵守法律、合规守信的典范企业，成为履行社会责任的典范企业。

2022年，中央深改委通过《关于加快建设世界一流企业的指导意见》，明确提到"产品卓越、品牌卓著、创新领先、治理现代"十六字标准。

上述观点从不同的角度对世界一流企业集团的内涵做了解读，这对于全面理解世界一流企业集团的概念、厘清要求具有重要作用。但从企业集团经营实践出发，我们认为上述观点所阐述的世界一流集团的概念，有些过于抽象，有些则主要侧重于企业经营中的一个或几个方面。企业集团经营内容包括产品、品牌、创新、服务、业绩、国际化等诸多方面，每一点都对企业未来发展具有重要影响。因此，在综合上述观点，以及对企业集团经营实践理解的基础上，我们认为，世界一流企业集团应该具备产品卓越、品牌卓著、创新领先、服务一流、业绩优良、持续经营、国际化程度高的特征。其中，业绩优良不仅体现在企业集团的发展规模上，还体现在质量和效益上；持续经营是指一流企业集团必须具备应对各种风险挑战、实现营收稳定增长、保持竞争优势的能力；国际化程度高是指一流企业集团必须具备国际视野，实现生产、销售、管理的国际化。

尽管现在关于世界一流企业集团的内涵莫衷一是，但从现有观点和表述中可以发现，不论是集团强化管控还是提升创新能力、增强竞争优势，或者实现治理体系和治理能力现代化，都与企业集团管理密切相关。因此，管理水平是判断企业或企业集团是否一流的一个重要标准，而财务管理体系又是企业集团管理的重要组成部分。如何进行财务管理变革与流程再造，如何通过流程再造的关键要素来构建企业集团财务共享服务模式，治愈企业集团财务病症，支持企业集团健康发展，已经成为摆在管理学者和管理实践者面前的重要课题（张瑞君等，2010）。

当前国内外环境复杂多变，世界政治经济格局加速演变，建设世界一流企业集团面临的挑战更大、困难更多，加快建设基于高质量发展的财务管理体系的重要性和紧迫性越发凸显。立足新发展阶段，更好地扛起国家战略和时代发展赋予的职责使命，企业集团需要在以下四个方面发力。

（1）构建一流的全面预算管理体系，将财务、业务、投资、薪酬等预算有机融合，实现预算与企业战略、发展规划的有效衔接，促进资源优化配置，找准创新方向，进行资源倾斜，重点培育和创新符合市场发展需求的产品和品牌。

（2）完善合规风控体系，加强对所属重点企业、重点业务的管控，建立行之有效的风险预警及识别机制，及时处置风险，确保企业持续经营。

（3）根据高质量发展要求及企业发展战略建立一流的财务考核监督机制，对所属企业进行全面考核，切实做到"奖勤罚懒"，提升企业集团管控能力和运行效率。

（4）通过建立一流的财务管控体系，降低产品成本，提升产品质量，为参与国际竞争、开展国际合作创造条件。

上述举措有助于夯实管理基础，优化管理手段，创新管理模式，充分发挥财务管理功能，有力支撑建设世界一流企业集团。

第二节　实现企业集团高质量发展的主动选择

一、国家引领企业集团高质量发展

贯彻落实新发展理念、实现高质量发展是当前我国应对百年未有之大变局的重要战略部署。新发展理念作为我国今后一段时间经济生活的指导性原则，有助于实现社会经济更有效率、更可持续地发展，需要将其贯穿于经济发展的全过程和各领域。因此，贯彻落实新发展理念成为事关发展全局的战略性任务。"高质量发展"是以宏观层面的经济高质量发展为缘起提出的，必然涵盖中观层面的产业高质量发展和微观层面的企业高质量发展，形成贯穿微观、中观和宏观的高质量发展完整体系（黄速建等，2018）。作为现代经济体系的基本单元和重要组成部分，贯彻新发展理念，实现高质量发展，归根结底是要通过企业集团积极广泛地参与、企业集团的高质量发展来实现。

对于企业集团而言，贯彻新发展理念，实现高质量发展，要求切实转变发展方式，转换增长动力，以提质增效夯实发展基础，以优化布局补齐发展短板，以深化改革激活发展活力。基于国有企业集团的特殊地位和作用，实现经济高质量发展也是国有企业集团应该承担的历史使命。为了推动国有企业发展，早在2015年8月，中共中央、国务院就出台了《关于深化国有企业改革的指导意见》，并配套出台了一系列相关文件，构建了国企改革"1+N"政策体系，其中包括多项关于国有资产管理的制度性安排。例如，《中央国有资本经营预算管理暂行办法》《基本建设财务规则》《国有企业境外投资财务管理办法》等，这些文件都对国有企业的财务管控提出了具体要求。民营企业同样是中国特色社会主义市场经济的重要组成部分，民营企业高质量发展对于推进供给侧结构性改革、推动高质量发展、建设现代化经济体系具有重要意义。为此，国家相继出台了一系列政策支持民营企业高质量发展。例如，2019年12月，中共中央、国务院印发《中共中央 国务院关于营造更好发展环境支持民营企业改革发展的意见》；2021年3月，中央发布《中华人民共和国国民经济和社会发展第十四个五年规划和2035年远景目标纲要》。

上述一系列政策、规划的出台表明国家希望以政策引领实现社会经济高质量发展目标。面对政策的引导，如何从自身实际出发，顺应国家发展趋势和潮流，紧跟政策指引方向，以实现自身健康可持续发展，是当前企业集团必须直面的重要课题。企业集团发展不仅需要方向引领，同时需要实践管理辅助。让有限的资源具有最大的效果，以低投入实现高产出，是企业集团高质量发展的应有之义。财务管理在企业管理中占据重要地位，在企业集团高质量发展中的作用是毋庸置疑的。财务管理体系的好坏在一定程度上决定了企业集团发展状况的好坏。财务管理的作用体现在以下两个方面。

一方面，体现在资源配置上，任何企业的资源都是有限的，资源投给谁，怎么投，效果评价都离不开财务管理。

另一方面，企业在发展过程中难免遇到债务风险、投资风险、资金风险等各种风险与挑战，高质量发展的核心要义在财务管理方面的一个重要体现就是实现风险控制与效益最大化的有机统一。

整体而言，财务管控体系影响企业集团实现高质量发展的速度和效果。因此，从服务国家发展大局、顺应国家发展趋势的角度讲，构建高质量的财务管控体系是推进相关工作的重要突破口。

二、企业集团追求高质量发展的现实动因

历经改革开放之后的多年发展，包括国有企业在内的不同所有制企业都获得了长足发展，形成了一大批具有世界影响力的企业集团。2021年《财富》世界500强排行榜显示，内地与香港上榜企业数量为135家，比上一年增加11家，连续两年高居榜首，其中国有企业上榜总数为95家[1]。虽然我国企业发展规模成绩斐然，但与世界发达国家和地区的一流企业相比还存在很大差距，突出表现在以下几个方面。

（一）企业集团规模与竞争力不相配

企业集团规模的扩大并不代表竞争力提升，作为高质量发展内涵要素的竞争力，是所有企业集团，特别是国有企业集团改革关注的重要内容。从构成竞争力的企业硬实力和软实力而言，我国的企业集团与美国等世界其他国家的同行相比还存在很大差距。

1. 企业硬实力

从以规模和盈利能力为代表的企业硬实力看，截至2022年10月底，苹果市值（约2.2万亿美元）高于中国A股市值排名前15位的企业集团的总市值（约2万亿美元），微软市值（约1.65万亿美元）高于A股排名前10位的企业集团总市值（约1.6万亿美元）。2021年，我国《财富》世界500强上榜企业的平均利润为35.4亿美元，同期美国企业的平均利润为51亿美元；销售收益率约为5.4%，净资产收益率约为8.7%，均低于美国企业的6.5%和11.8%[2]。就具体企业而言，排名第2位的国家电网有限公司（简称"国家电网"）营业收入约为3866.18亿美元，利润为55.8亿美元，而排名第1位的美国沃尔玛营业收入为5591.51亿美元，利润为135.1亿美元，

---

[1] 财富网站，《2021年〈财富〉世界500强排行榜受疫情影响，今年上榜门槛下降》，2021年8月2日。
[2] 财富网站，《2021年〈财富〉世界500强排行榜受疫情影响，今年上榜门槛下降》，2021年8月2日。

排名第 4 位和第 5 位的另外两家国有企业集团中国石油天然气集团有限公司（简称"中国石油"）和中国石油化工集团有限公司（简称"中国石化"）与国家电网的情况相似，整体营业收入很高，但利润远低于排名相近的美国企业。数据表明，包括国有企业在内的我国企业集团的盈利能力与美国一流企业相比差距依然十分明显。而且，部分国有企业集团由于具有政策优势，拥有政策垄断红利，其盈利部分可能是政策作用的结果，而非市场充分竞争的结果。

2. 企业软实力

从以品牌价值和社会声誉为代表的软实力看，国际品牌咨询机构 Interbrand 公布的 2021 年全球最佳品牌排名 100 强中，苹果、亚马逊、微软、谷歌、三星、可口可乐、丰田、梅赛德斯-奔驰、麦当劳和迪士尼位居前 10 位，我国上榜品牌只有华为[1]，没有任何一家国有企业上榜，这与《财富》世界 500 强榜单相比反差巨大。除此之外，Brand Finance 公司发布的《2021 年全球最具价值品牌 500 强》榜单显示，美国共有 197 个品牌上榜，价值 32807 亿美元，我国有 77 个品牌上榜，价值为 14223 亿美元[2]。美国排名第 1 位的苹果品牌价值为 2633.75 亿美元，我国排名第 1 位的工商银行品牌价值为 727.88 亿美元。排名前 100 位的企业数据显示，国有企业共有 14 家，品牌总价值为 5845.2 亿美元；民营企业共有 8 家，品牌总市值为 3167.6 亿美元。

上述数据表明，无论是从硬实力还是软实力来看，我国企业集团的竞争力与美国等发达国家的世界一流企业集团相比差距依然比较明显，企业竞争力与企业规模不相配。

（二）企业集团规模与经营质量不相适应

在高质量发展的要求下，企业集团的发展范式可能更加强调经营创现、资本积累、资产质量、创新能力、风险管理等方面。然而，目前企业集团在这些方面或多或少还存在一些问题。

从经营创现能力看，特定的历史环境导致大多数国有企业都存在不同程度的历史包袱，如"三供一业"、大集体企业、僵尸特困企业等，严重拖累了国有资产收益，并且国有企业资产负债约束较少也导致国企资产负债率偏高（周丽莎，2018；范万柱，2020）；从资本积累能力看，国有企业是从计划经济模式过渡而来的，此前长期

---

[1] 新浪财经头条，《Interbrand: 2021 年度全球最具价值 100 大品牌榜》，2021 年 10 月 24 日。
[2] 搜狐网，《2021 年全球最具价值 500 大品牌榜》，2021 年 1 月 31 日。

走的是自我资本积累的发展道路，方式落后且速度缓慢，已无法适应新时代的发展要求（刘伟，2022）；从资产质量角度看，部分国有企业在追求规模化、集团化、多元化经营的过程中，一味追求规模导致产能过剩、低效无效资产增加，非主业投资优势不足且收益低下等问题（范万柱，2020）；从创新能力看，国有企业科技创新能力提升的长效机制不健全，与世界一流企业相比，国有企业在研发意识、研发规模、信息获取能力、人才资源储备、产品市场化等方面还存在诸多不足，而且科技创新激励模式和手段较为单一，缺乏完善的科技创新文化氛围和容错机制（金晓燕等，2021）；从风险管理角度看，受经济政策和宏观经济发展的影响，部分国有企业在经济上行时往往盲目投资，在经济下行时则出现资金紧张甚至陷入困境，应对风险能力较弱，受宏观经济政策的影响较大，缺乏自身的活力和主动性（金晓燕等，2021）。

就具体数据而言，在资产负债率方面，一般认为企业资产负债率为40%～60%比较合适，而2020年末中央企业集团平均资产负债率为64.5%[①]，上市民营企业集团资产负债率为54.98%[②]。相比之下，中央企业的资产负债率仍然偏高，对其抗风险能力产生不利影响。在研发创新方面，欧盟在2021年发布的全球2500家企业研发投入记分牌显示，美国入选企业有779家（31%），保持全球第一的位置，谷歌的母公司Alphabet、微软、苹果、Facebook、Intel和强生六家企业位居前十；中国大陆企业上榜数量为597家（23%），但只有华为一家位居前十。从研发投入的具体数据看（见表1-1），中国上榜企业研发总投入约为1400多亿欧元，而同期美国企业的研发总投入约为3436亿欧元，中国企业还不及美国企业的一半，与欧盟企业研发投入约1841亿欧元也相差较多，并且前50家企业不论在研发总量还是在研发投入均值方面，都与美国和欧盟企业存在一定的差距[③]。

表1-1 美国、中国与欧盟数据比较　　　　　　　单位：百万欧元

国家/地区	企业数量	入选企业总数		TOP50 企业	
		R&D总量	R&D均值	R&D总量	R&D均值
美国	779家	343562.4	441.0	221720.9	4434.4
中国	683家	160084.5	234.4	101103.9	2022.1

---

① 中华人民共和国中央政府网站，《2020年末央企平均资产负债率为64.5% 降杠杆目标如期完成》，2021年1月19日。
② 新浪专栏·意见领袖，《中银研究：我国民营企业高负债问题的发展现状、主要原因及政策建议》，2021年9月27日。
③ 界面新闻，《2021年〈欧盟产业研发投入记分牌〉公布，华为投入超174亿欧元升至第二名》，2021年12月20日。

续表

国家/地区	企业数量	入选企业总数		TOP50 企业	
		R&D 总量	R&D 均值	R&D 总量	R&D 均值
中国大陆	597 家	140950.6	236.1	83657.4	1673.1
中国台湾	86 家	19133.9	222.5	17446.5	348.9
欧盟	401 家	184101.4	459.1	128794.1	2575.9
德国	124 家	86943	701.2	80793.5	1615.9
法国	66 家	32022.4	485.2	31263.3	625.3

数据来源：互联网。

（三）企业集团规模与运行机制不协调

运行机制是确保企业正常运行，实现高质量发展的基础保障。良好的运行机制意味着企业发展充满活力，能够动态适应甚至主动影响外部环境，调适性地进行组织变革与管理创新，形成组织灵活、治理有效、管理科学、制度规范、流程合理、文化优秀的现代化企业（肖红军，2020）。但就当前的实际情况而言，一些企业集团，特别是国有企业集团，在经营理念、公司治理、经营机制、管理水平等方面还有很大的提升空间。例如，部分国有企业的经营理念陈旧，对市场、竞争和创新认识不足，无法满足高质量发展的要求；部分国有企业行政化、官僚化比较严重，未能建立与市场化环境相适应的高效经营机制；部分国有企业集团受体制机制束缚，缺乏相对自由宽松、鼓励创新、激励创新的环境氛围，人才的创新活力和主动性明显不足（李世春，2020）。

三、企业集团实现高质量发展与财务管理体系建设

企业集团实现高质量发展就必须准确把握和理解高质量发展的科学内涵，但目前学术界关于高质量发展的概念内涵的理解并不统一。黄速建等人（2018）认为，高质量发展是企业追求高水平、高层次、高效率的经济价值和社会价值创造，以及塑造卓越的企业持续成长和持续价值创造素质能力的目标状态或发展范式。李巧华（2019）认为，制造业企业高质量发展是通过整合资源与利用技术向社会提供产品或服务，实现环境、社会、经济效益相统一的发展范式。李世春（2020）认为，突出主业是国有企业高质量发展的坚实根基，自主创新是国有企业高质量发展的核心动力，资源节约是国有企业高质量发展的重要抓手，开放合作是国有企业高质量发展的拓展空间，和谐发展是国有企业高质量发展的内在要求。周志龙等人（2021）认为，企业高

质量发展是一种发展的状态或范式,意味着企业自身价值的实现,同时蕴含着企业创造的社会价值。

上述观点对企业高质量发展的理解略显抽象,我们认为可以从新发展理念入手理解企业集团的高质量发展,主要源于经济高质量发展必然包含企业集团的高质量发展。习近平总书记曾指出,新发展理念和高质量发展是内在统一的,高质量发展就是符合新发展理念的发展。基于这样的逻辑关系,我们认为,企业集团高质量发展内涵包含创新、协调、绿色、开放、共享、效益六大要素。其中,创新是指落实国家战略任务,着力推动科技创新,加快"卡脖子"关键技术攻关,勇当原创技术"策源地"和现代产业链"链长",积极推进管理创新和模式创新;协调是指优化产业布局结构,建立健全内部资源协调机制,充分发挥核心企业产业链"链长"作用,带动配套企业协同发展,不断增强产业链的安全性和稳定性;绿色是指将绿色发展理念融入全员、全要素、全流程,推动转变发展方式,以精益管理促进节能降碳,提升资源利用效率,服务绿色发展战略,推动企业绿色转型发展;开放是指主动融入新发展格局,统筹两种资源市场,深度参与全球产业链,与整个产业链实现资金、信息、技术、标准等全面融合,汇聚各方力量,提升产业链体系竞争力;共享是指服务企业集团全体利益相关者,共享产业生态增值成果,积极履行政治责任、经济责任和社会责任;效益是指提高营运能力、盈利能力和风险控制力,实现可持续发展。

通过对上述内涵的梳理可以看到,高质量发展内涵所提及的资源整合、价值创造、自主创新、经济效益提升等诸多方面都与企业集团的财务管理密切相关。贯彻新发展理念,实现高质量发展,激发内生动力活力,是企业集团破解面临问题的关键,而这恰恰又离不开企业集团财务管理体系的保障和支撑。一个健康、高效、科学的财务管理体系是企业集团贯彻新发展理念,实现高质量发展,推动国家重大决策部署落实的关键突破口和重要抓手,是承担历史使命的重要支撑条件,也是顺应新发展理念的必然选择。因此,对于企业集团、对于国家而言,构建基于高质量发展的一流财务管理体系具有重要的战略价值和实践意义,有助于推动企业集团竞争力不足、经营质量不佳、运行机制不活等问题得到解决。

具体而言,在企业集团竞争力方面,构建一流的财务管理体系,实施财务共享,实现资金、账户、资源等集中管理和统一配置,可以强化对企业人力、财力、物力等重要资源的集中管控,优化资源配置,提高资源的使用效率,从而提高竞争力。同时,通过业财融合,财务人员深入业务活动,参与产品研发、设计、生产等各个环节,能够提高业务端成本管控意识，降低生产成本，增强企业竞争优势。在企业集团经营质量方面，构建一流的财务管理体系，有助于强化对资金的管控，降低两金占比，提高经营质量。而且，其中的风险预警机制可以及时帮助企业集团掌握、化解所面临的风险。另外，一流的财务管理体系还能够通过企业资源的有效配置，缓解集团所属企业的融资约束，为所属企业创新提供资金支持，从而促进集团整体创新能力的提升。在运行机制方面，构建一流的财务管理体系，通过集权与分权的有效统一，既能解决集中管控问题，又能解决赋能前端不足问题，增强企业集团运行机制的活力。一方面，从企业集团未来发展趋势看，要加强对财务的集中管理，实现会计信息、制度、科目、数据等基础性会计工作的统一，提高信息质量，为决策提供强有力的信息支撑；另一方面，需要分权、授权，加强业财融合，扩大财务部门的权限，使其能够深入业务前端进行成本核算和收益分析等工作。

第三节 提升企业集团治理能力的内在需要

一、企业集团治理与财务管理

企业集团的治理能力是指在企业经营过程中形成的能够进行科学决策、风险防范、应急管理，以及决策纠偏，决定企业核心竞争力，并不易被学习和模仿的能力。良好的公司治理能够影响并增强投资者信心，引导资本的流向，而且能够有效约束企业管理层，促进企业资源的优化配置。企业财务管理能力是其治理能力的具体表现形式之一。企业集团的规模体制与对真实财务信息的需求、集团内部企业利益冲突与集团整体战略目标的实现、集团利益相关者的信息需求与集团真实财务信息的有效供给共同决定了加强财务管理的必要性（王丽凤，2012）。对于企业集团而言，多层级法人、多种联系纽带、多种层次组织、多元化经营、多功能、跨地区与跨国经营等特征决定了企业集团内部资源配置的复杂化，同样决定了企业集团承担资源配置职能的财务管控的复杂性。财务管理权限如果高度集中于集团总部，就容易挫伤下属企业的灵活性和创造性，导致下属企业的财务弹性变小，容易造成财务体制僵化，给企业集团的长远发展造成不利影响。但是，如果财务管理权限过度分散，就会弱化集团总部财务调控功能，有可能因财务杠杆而造成资本风险，并且难以有效约束下属企业经营管理团队，无法有效遏制其为追求自身利益最大化而追求短期效益，忽略集团长期战略的行为，阻碍集团整体业务的健康平稳发展。

财务控制与监督是现代企业制度的重要组成部分，作为企业自我调节和自我约束生产经营活动的内在机制，其建立健全及实施是企业生产经营成败的关键（张园，2012）。企业集团的所有者、经营者、债权人等利益相关者的不同利益诉求都可以借助财务控制制度加以约束和调节。除此之外，财务制度还可以使财务行为变得有章可循，减少随意性，从而有助于减少企业集团的财务决策、执行、监督和评价过程中产生的财务风险。防范化解重大风险是提升企业治理能力的重要内容，也是推进企业集团治理体系现代化建设的重要保障。在当前面临世界百年未有之大变局，以及企业发展不确定性增加的历史背景下，企业集团迫切需要管理层从系统化、全面化、全员化角度出发，通过事前防控预警、事中控制管理、事后追责反思的方式，切实做到在推动解决问题中有效防范风险。

财务风险是企业经营总风险的重要组成部分。财务风险的存在有其客观性，需要格外加以重视和应对，如果操作不慎就有可能导致不可预测的严重后果。正因如此，企业集团迫切需要一流的财务管理体系对其加以控制，以降低整个集团的财务风险。通过财务管理优化，使企业集团内部的财务资源利用最大化，使成员单位更能发挥在财务管理方面的主观能动性，加强风险管理体系能力建设，创新风险管理工具，为更好理顺母子关系、控制集团风险创造条件；同时，将财务管理与风险管理有机结合，在降低风险、控制风险的前提下实现企业价值最大化。因此，企业集团建设高质量财务管理体系，不仅是推动企业集团高质量发展的需要，也是推动企业集团"放管服"，提高企业集团治理能力的选择。

二、企业集团财务管理的现实挑战

如前所述，企业集团财务管理与企业集团治理能力密切相关，良好的财务管理能力对于提升企业集团治理能力具有重要意义。然而，在实践中，企业集团财务管理还存在各种制约企业集团治理能力提升的问题，成为企业集团提升治理能力必须要着重解决的任务，这主要体现在以下几个方面。

（一）流程效率偏低

经过多年实践，企业集团业务板块日趋多元化，经营模式和组织架构都发生了很大变化，普遍存在层级较多的问题。有些企业集团已经达到了五级甚至更多层级，而且下属企业行业分布、地域分布比较广泛。在多元化经营及多层级模式下，集团总部对所属企业的财务数据、业务数据的管控能力有限，无法有效做到对全层级的及时有效管理，而集团数据报表又是逐级合并，下属企业存在数据延迟上报、数据提供困难等问题，使信息时效性难以得到有效保障。特别是在应对外部环境变化时，弊端显得更加明显。企业集团的决策通常在很大程度上依赖报表信息，而在当前企业管理实践中，从生成报表信息到最后提交管理层辅助决策，中间存在很大的时滞，导致财务管理成为事后行为，而且从决策酝酿到各部门具体执行也需要一定时间进行协调，从而无法对外部变化做出快速应对。此外，许多国有大型企业集团"商业金融一体化"信息化建设还不充分，集团公司三级组织下的"人、钱、物"无法实现集中管理，影响了企业管理水平和工作效率（李世春，2020）。

（二）科学决策不足

及时、准确、有效的信息是科学决策的基础和保障。企业集团科学决策不足主要体现在决策主要依赖经验判断，数据信息对决策辅助的支撑不足。这是由于一些企业集团多元化发展，集团的经营模式、组织架构、核算内容变得复杂多样，给不同业务板块、不同部门、不同子公司之间的信息收集和传递带来了极大的困难，进而影响了企业的科学决策。加快企业集团的数字化转型，进行信息化和智能化建设是企业集团应对上述问题，实现企业集团高效、便捷管理的重要手段。但是，目前企业集团在数字化转型、信息化和智能化建设与管理方面还有待改进。中央企业信息化水平也是良莠不齐，各企业之间差别较大。部分基层企业甚至沿用手工记账；部分企业内部在用系统及系统版本冗杂，整合困难；部分企业目前还未实现财务信息的"穿透式"查询，给监管带来诸多不便。

除此之外，由于财务管理制度和会计核算制度存在短板，同时受到财务信息汇总时效和财务数据统计口径的影响，部分企业集团的合并报表数据与真实数据之间存在差异，不能真实、准确地反映集团及各子公司真实的经营状况。另外，国有企业集团内部和外部都存在考核评价制度，外部有国资委考核，内部有企业自行制定的考核评价制度。但由于利益驱使和考核压力，在实践中存在部分子公司瞒报、谎报、编造财务信息的问题，这些也影响财务信息的真实性。而且，尽管现在大部分国有企业已经开始重视数字化、信息化和智能化，并在信息化建设中投入了大量资金，但资金投向更多地集中在信息设备和软件技术更新、计算机管理信息系统开发和应用等方面，忽视了信息化与业务管理相结合，信息系统对信息进行处理的能力和水平不足，管理模式仍没有发生高效转变，经营管理中的信息化共享协作仍不充分（李世春，2020）。

（三）业财协同欠佳

在企业集团运行过程中，普遍存在业财协同欠佳的问题，具体表现为财务不能深入业务、业财信息交流不畅等。在业务工作中，财务部门不了解具体产品的技术目标和设计指标，容易产生很多不利影响。首先，财务部门无法对产品的设计进行科学的评判，不能确定产品有无冗余设计。其次，财务部门对于产品的用料是否合理也不能给出准确判断，以指导业务部门合理用料。最后，财务部门对具体设计在整个产品中的地位和作用也不能清晰掌握，无法判断是否是急需的设计，成本收益是否匹配合理。这些问题的存在将直接导致财务部门无法对产品提供一些专业性意见，进而无法对产品的成本进行有效控制。当产品投入市场之后，可能因为成本问题而导致竞争力降低，甚至被迫退出市场。除此之外，业财融合需要改变传统的财务信息收集分析模式，更加突出信息交流的重要性。但是，目前很多企业集团缺少专门的信息交流平台，导致业财信息交流不畅，直接阻碍了财务部门与业务部门的信息交流。双方信息不对称，不仅加大了财务报告与实际情况的偏离，而且从客观角度看还提高了业财融合的难度（郝颖，2019）。

（四）监督体系薄弱

当前，部分企业未能严格管理费用开支，没有及时推行与落实"一支笔"审批制度，也没有对费用使用与安排进行合理统筹，从而导致不规范审批费用、不及时结报账款等问题。有关资产管理工作，部分企业缺少完备的资产管理方案，由此导致资金回收难度增大，存货控制力度不足。与此同时，企业规模的扩大和业务的多样性也给集团总部的管控带来难题，致使集团总部难以对下属子公司的财务状况和财务行为进行实时监控。而且，部分企业财务制度集权和分权的项目没有理顺，存在分权和集权的矛盾。集团总部控制严格，容易引起对子公司情况不了解、过度控制的质疑；集团总部控制薄弱，则给子公司的不规范操作提供了空间，影响了财务监督的效果。最后，作为独立的法人实体，子公司管理层拥有相对独立的经营与财务决策权，在子公司核心能力、商业细节、产品或业务前景、项目潜力及实际资金需求等方面具有信息优势，母子公司上下级管理层之间存在严重的信息不对称，影响了企业治理机制效用的发挥。

不仅如此,在预算管理方面,虽然目前很多企业集团建立了全面预算管理体系,但财务预算的管控能力参差不齐,预算管理的实施效果不尽如人意,还存在目标设定不合理、计量标准宽松等问题。具体而言,一是有些企业在事前数据采集、计划编制方面流于形式,事中监控及事后分析并未严格落实;二是企业集团的预算编制方式较为单一,缺乏科学的整体预算观念和灵活的调试机制,衔接性较差,与经常变化的市场不相适应,预算指标和方案容易出现偏差;三是预算调整缺乏有效制约,容易出现超预算的现象,预算管理的监控作用难以发挥(王玉莲,2021)。

三、财务管理体系建设与企业集团治理能力提升

基于上述企业集团在财务管理过程中存在的突出问题,加强财务管理体系建设,破除上述问题的干扰,对于提升企业集团治理能力与实现企业集团高质量发展的战略目标都具有重要意义,具体可以从如下四个方面着手。

(一)优化财务组织,提升流程效率

企业集团流程效率偏低直接降低了财务数据报告的及时性和有效性,给企业集团管理层决策带来不利影响。首先,企业集团应该根据自身的特点,考虑企业集团发展现状,同时兼顾未来发展需求,搭建财务共享中心,打造一个"动态平衡"的财务信息系统平台,使财务、供应链管理与生产等相关信息在处理或者监控上实现在同一平台上统一与同步(柳锋,2015)。其次,统一核算规则和流程,集约化运营会计核算等基础性工作,提高财务数据及报告的及时性、有效性,解决信息披露不及时问题。最后,还需通过财务管理的集权与分权有效统一,完善财务组织架构,进行科学授权,改进信息传递方法,减少信息传递链条,优化决策流程,提高决策效率。

(二)探索数据驱动,助力科学决策

首先,由于历史、业务等多方面的原因,企业集团数据采集存在不同的流程和标准,给整个集团数据采集带来很大障碍。因此,要推动数据治理,统一数据采集交换规范。其次,统筹数据拥有者、采集者、使用者三者之间的关系,在企业集团内部打通数据价值链条,推动业财数据分层级汇聚融合,从整个集团的角度做好数据的统领工作,确保相关人员能及时得到准确的数据。最后,运用财务管理的数智化技术进行数据挖掘分析,实现数据驱动战略、运营和创新,解决数字化决策问题。在进行财

务管理信息化建设时，需要充分考虑数据基础的集成化与数据处理、分析的智能化，使系统具有良好交互性和可视化用户界面，不仅方便决策者信息沟通，而且报告形式不拘泥于报告和表格，防止信息数据过多，导致决策者对某些关键信息辨别不清，致使决策出现失误（柳锋，2015）。

（三）创新协同机制，促进业财融合

构建业务部门和财务部门沟通协作机制是实现业财融合的前提。在实践中，由于业务和财务部门分立，以及团队成员专业属性不同的原因，财务人员不懂业务、业务人员不懂财务成为企业集团常见的问题。而要实现业财融合，发挥财务工作在成本预算、效益测算和风险评估等方面的优势，就必须打破业财之间存在的壁垒，组建由财务、业务、运营等多部门共同参与的业财合作团队。首先，针对业财人员岗位职责及薪酬管理体系的不同，从业务人员薪酬高于财务人员的实际出发，重点推动业务人员对管理会计、财务知识的学习。其次，确定协作团队内部各个岗位的职责与分工，明确团队的决策流程和工作方式，深入业务前端，加强业财融合。最后，对接业务系统、财务共享中心，打通端到端数据价值链条，推进业财数据共享，实现资金流、商流、物流、信息流"四流合一"。

（四）加强集团管控，强化财务监督职能

强化财务监督职能需要做好以下工作。首先，在企业集团内部建立动态优化的工作机制，及时建立、修改和完善相应的财务规章制度，形成完备的财务监督体系，让财务监督变得有据可依，有章可循。其次，增强财务监督工作的权威性和严肃性，确保集团内部各部门和各所属企业能够认真对待财务监督工作。最后，建立跨部门协同工作机制，搭建财务、审计、监事会等多部门共同参与的工作交流平台。统筹协调各部门的行动，使各部门能够分工协作，开展核算实施与内部稽核、审计与监督、责任追究等工作，强化财务监督职责。

第二章 基于高质量发展的企业集团财务管理体系建设理论基础

第一节 高质量发展的相关政策与经典理论解释

一、新时代高质量发展的相关政策体系

（一）深刻领悟高质量发展的重要意义

党的十九大报告指出，"我国经济已由高速增长阶段转向高质量发展阶段，正处在转变发展方式、优化经济结构、转换增长动力的攻关期，建设现代化经济体系是跨越关口的迫切要求和我国发展的战略目标"。这是以习近平同志为核心的党中央首次提出关于"高质量发展"的重要表述。2017年底，中央经济工作会议再次强调，我国经济发展进入新时代的基本特征就是我国经济已经实现向高质量发展阶段的转变。

从中国特色社会主义实践角度出发，推动高质量发展是主动适应社会主要矛盾变化的题中之义。自党的十八大以来，国内经济发展趋势虽然稳中向好，但配置效率、要素条件、组合方式也在发生根本改变，资源环境约束趋紧趋严现象不容乐观，我国中长期发展重要框架将碳达峰与碳中和纳入进来，以科技创新推动高质量发展成为在多重制约下的最佳战略途径。在举全国之力全面建设社会主义现代化国家的关键时期，发展质量问题不容忽视，努力推动经济实现质的有效提升和量的合理增长。

实现什么样的发展、怎样实现发展，这是党领导人民治国理政必须回答好的重大问题。毫无疑问，以习近平同志为核心的党中央着眼长远规划、把握发展大势，准确地回答了这一问题，不但提出了一系列重大论断，而且做出了一系列重大部署。自党的十八大以来，党中央再三强调以往简单以GDP增长率论英雄是存在瑕疵的，深化供给侧结构性改革势在必行。自党的十九大以来，党中央明确指出"十四五"时期经济社会发展要以推动高质量发展为主题，统筹做好经济社会发展各方面的工作。

2021年，恰逢"两个一百年"奋斗目标历史交汇之际，习近平总书记一再强调，高质量发展不是单单局限于经济方面，而是针对社会发展方方面面；不是仅针对经济发达地区的要求，而是所有地区发展都应贯彻落实的要求；不是短时间内的要求，而是必须长期坚持的要求。这三个"不是"与"而是"，深刻阐明了推动高质量发展的战略性、全局性和长期性，必须坚定不移地将其贯穿于经济社会发展各领域和全过程。这标志着党对经济社会发展规律的认识和运用达到新高度。党的二十大再次强调高质量发展对于我国长期向好发展的重要性，目前制约我国经济长期向好发展的质量问题依旧较为突出，推进高质量发展还存在较多制约因素，争取在未来五年高质量发展取得新突破。

自党的十八大以来，我国经济发展迈上新台阶，呈现新面貌。面向未来，高质量发展依旧是实现第二个百年奋斗目标、建成社会主义现代化强国必须紧紧把握和长期坚持的主题。遵循这一根本要求，我们必须加快适应新时代、精准聚焦新目标、严格落实新部署，加快形成推动高质量发展的一系列考核评价体系，持续优化和完善制度环境，推动我国经济在高质量发展道路上不断迈上新台阶，为全面建成社会主义现代化国家奠定坚实基础。作为中国特色社会主义的重要物质基础和社会主义市场经济的重要微观主体，企业集团能否在实现高质量发展上迈出实质性步伐，对于构建高水平社会主义市场经济体制、建设现代化产业体系、推动我国经济实现高质量发展、促进我国经济由大向强转变具有重要影响。深刻认识并把握高质量发展的意义、内涵及实践要求，切实增强推动高质量发展的政治自觉、思想自觉和行动自觉，无论对国家、社会还是对企业集团，都具有重大的现实意义和深远的历史意义。

（二）深刻把握高质量发展的科学内涵

自党的十八大以来，习近平总书记在多个场合，对什么是高质量发展，从供给、需求、投入产出、分配、宏观经济循环五个维度，进行了全面系统的阐述；从投资有回报、产品有市场、企业有利润、员工有收入、政府有税收、环境有改善六个方面，提出如何衡量发展质量和效益；从统筹发展和安全的战略高度，强调高质量发展必须是安全有保障的发展。这一系列重大论断，为做好新时代经济工作提供了科学指南。

用科学辩证的方法深入理解把握高质量发展的内涵，高质量发展的科学内涵和核心要义可以概括为以下几个维度。

1. 宏观与微观的维度

高质量的发展既要兼顾宏观发展，又要兼顾微观发展。经济发展质量还包括微观经济活动中产品和项目的质量、服务质量中用户的满意度。从宏观层面看，经济增长有波浪形前进、螺旋式上升的趋势，当今世界正经历百年未有之大变局，世界经济发展不确定性进一步增强，经济稳定已成为各国追寻的目标。因此，宏观高质量发展要实施创新驱动发展战略，经济发展方式转为效益驱动，而非资源要素驱动，以提升经济运行的稳定性。从微观层面看，分以下几个方面。首先，高质量发展对于一个企业来说就是能否为市场提供高质量的产品和服务，这是检验企业能否实现高质量发展的第一块试金石。其次，只提供高质量的产品和服务可能是不够的，还必须高效率地提供高质量的产品和服务。最后，只做到高效率地提供高质量的产品和服务可能是有所欠缺的，还必须可持续地、高效率地提供高质量的产品和服务。企业是市场经济的力量载体，保企业就是保社会生产力，富有竞争力的企业是高质量发展的微观基础。因此，高质量发展是兼顾宏观与微观的发展。

2. 供给与需求的维度

高质量发展是一个实现在更高层次水平上达到供需动态平衡的概念。在我国经济发展过程中产生的问题，既涉及供给方面，又涉及需求方面。解决这些问题既需要深化供给侧结构性改革，又需要进行需求侧管理，实施扩大内需战略。

从供给角度看，推动高质量发展必须努力使产业体系更为完整、高端，企业生产组织方式更加网络化、柔性化、平台化，不断增强企业的创新能力、需求捕捉能力、品牌影响力、核心竞争力，使产品和服务质量持续提高。

从需求角度看，经济实现高质量发展的过程就是人民群众需求不断得到满足的过程，需求的持续变化会对供给体系和产业结构的变化产生强大的推力，进而通过供给变革不断催生出新的需求。高质量发展是体现新发展理念的发展，是供给和需求向更高层次提升，在更高水平实现动态平衡的发展。

3. 效率与公平的维度

实现高质量发展，从根本上讲是要解决公平和效率问题，核心是在更公平的基础上实现高效率。在处理公平问题时，要坚持以公有制经济为主体，多种所有制经济共同发展,推进自然垄断行业改革,全面实施市场准入负面清单制度和全面落实公平竞争审查制度,健全体现效率、促进公平的收入分配制度,完善覆盖全民的社会保障体系,健全国家公共卫生应急管理体系。要解决效率问题,高质量发展需要以最少的要素投入获得最大的产出,实现资源配置的优化。它不仅表现为配置效率高,如高投入产出效率、低单位 GDP 能耗、高产能利用率、绿色低碳发展等,还表现为微观经济主体获得适当激励,促进企业家与劳动者等微观经济主体利益协调。企业集团作为行业翘楚和示范标杆,肩负着时代使命和行业重任,不仅要实现产品服务高质量、投入产出高效率、发展技术高新化、发展方式绿色化,还要推动产业结构高端化、产业体系生态化,以及发展成果共享化。

4. 环保与发展的维度

高质量发展是生态优先、绿色环保的发展模式,"绿水青山就是金山银山"十字方针生动诠释了经济发展与环境保护之间不是矛盾对立,而是辩证统一的关系。无论是环境保护,还是经济发展,其最终目的都聚焦于满足人民美好生活的需要,两者的内容具有高度相似性。环境保护与经济发展相辅相成,在一定条件下可以相互转化。加强生态文明建设、推动绿色发展,是实现高质量发展的题中之义。同时,绿色发展是一场广泛而深刻的经济社会系统性变革,并不是轻轻松松就能够达成的,需要做出艰苦卓绝的努力,逐步、有序实现我国生产生活方式全面绿色低碳转型,这是我国所处的发展阶段与发展环境所决定的。为此,中央强调坚持先立后破,有计划分步骤实施"碳达峰"行动,深入推进能源革命,加强煤炭清洁高效利用,加快规划建设新型能源体系。此举亦可催生绿色低碳产业,为实现产业转移与新能源开发融合发展奠定坚实基础,使发展更加具有可持续性,为实现高质量发展消除后顾之忧。

5. 创新与效益的维度

实现高质量发展,离不开创新的重要支撑。党的十九届五中全会提出以创新驱动、高质量供给引领和创造新需求,将"关键核心技术实现重大突破,进入创新型国家前列"列为 2035 年基本实现社会主义现代化远景目标之一。党的二十大再次强调坚持"四个全面"布局,加快实现高水平科技自主。由此可见,创新对于高质量发展意义重大。但是,创新同样存在风险,因为创新不是无边界的,无边界的创新活动会面临失败的风险,甚至带来颠覆性的后果。此外,创新还要产生效益,创新只有产生效益才具有可持续性,只有可持续的创新活动才会源源不断为高质量发展提供动力和活力。我们鼓励创新,但反对盲目创新。盲目创新忽略了创新的本质——提质增效,这也是为何高质量发展要将创新与效益统筹兼顾的原因所在。因此,在宏观层面,要促进科技成果转化,提高科研资源使用效率;在微观层面,企业创新活动要加强边界管控,平衡好创新投入的规模、效益和风险,严格控制投资和负债规模,保持企业整体资本结构平稳可控。

6. 发展与安全的维度

统筹兼顾发展与安全首次在党的十九届五中全会提出。党的十九届六中全会再次强调要统筹发展与安全。党的二十大强调,安全是发展的前提,面临某些国家对我国实施技术脱钩等限制我国发展的措施,我国应重塑产业链、创新链,坚持将实体经济作为发展经济的着力点,在关系安全发展的领域加快补齐短板,加快建设制造强国、质量强国、航天强国、网络强国、数字强国,着力提升产业链、供应链韧性和安全水平。同时,注重防范化解系统性风险,金融安全是经济平稳健康发展的重要基础。要深入推进金融供给侧结构性改革,严格加强对其预期风险和非预期风险的把控力度,防范化解各种可能存在的系统性风险隐患。发展是安全的保障,只有高质量的发展才是最大的安全。当今我国每向前推进一步,都是依靠发展来解决征途中遇到的各种难题。统筹兼顾发展与安全,是我国在高质量发展道路上不断行稳致远的法宝之一。

总而言之,学习领会习近平总书记重要讲话精神,必须准确把握高质量发展的科学内涵和核心要义,以高质量发展为导向,坚定不移贯彻新发展理念,科学确定发展思路,制定经济政策,既要实施宏观调控,以更好满足人民对美好生活的需要来检验经济工作成效,又要激发企业高效率、可持续发展的活力,真正做到宏观与微观协调发展;要在供给端与需求端同时发力,不能有所偏废,为高质量发展增效赋能;要统筹兼顾效率与公平,准确把握效率与公平的关系并用于指导高质量发展;要正确处理好经济发展和环境保护的关系,力争做到在发展中保护、在保护中发展;要坚持创新成为引领发展的第一动力,并进行有效率的创新活动,走内涵式经济增长道路;要坚持发展和安全并重,走高质量发展和高水平安全良性互动发展道路。

(三)深入贯彻高质量发展的取胜之匙

针对如何推动高质量发展政策落地,中央指出要加快构建新发展格局。首先,要把科技创新摆在突出位置,摆脱核心技术受制于人的局面,集中科研力量攻坚核心技术。要抓住新一轮科技革命和产业变革带来的机遇，完善创新体制机制，加大研发投入，加快突破关键核心技术，推动更多高精尖企业建立。其次，充分发挥我国超大市场优势，要紧紧抓住国内大周期的特点吸引全球范围内的优质商品和资源，增强供应链、产业链凝聚力，使国内国际双循环更加顺畅。再次，要以深化供给侧结构性改革为主线，壮大实体经济。最后，弘扬企业家精神也是实现高质量发展的必要条件。生产力的发展离不开企业家的贡献，尤其少数专家和特殊人才。企业家精神是推动高质量发展的强大力量。要建立容错机制，鼓励和激励企业家勇于担当、勇于进取。对于企业家，要给予充分理解、尊重和支持。要坚持治理能力强、促进企业发展、廉洁正直的标准，建设一支具有全局观念、战略思维、创新精神的企业家队伍，团结带领广大干部职工走上高质量发展之路。

推动高质量发展是企业基业长青的根本要求。中国企业有责任、有能力在推动高质量发展中发挥更大作用。首先，国有企业要坚持把加强党的领导和完善公司治理结合起来，完善中国特色现代企业制度。进一步加大国有企业市场化改革力度，加快推进职业经理人制度，建立更加灵活高效的收入分配机制，用好股权激励、分红激励、员工持股等一系列激励政策，积极探索采用超额利润分成、虚拟股权、项目共同投资等激励方式，充分调动各类干部人才的积极性。其次，国有企业要聚焦实体经济，做强做优做大主营业务，充分发挥国有资本投资运营公司的功能和作用，坚决将尚未形成竞争优势的非主营业务退出，把更多国有资本投向关系国家安全和经济命脉的重要行业和重点领域，投向战略性新兴产业。最后，面对经济发展中不稳定因素增加带来的系列风险挑战，国有企业既要保持战略定力，又要未雨绸缪，增强忧患意识，高度重视和防范各种风险。国有企业要加强对各类风险的识别，建立预警机制，及时发现潜在风险，制订完善应对方案，确保高质量发展。

二、高质量发展的经典理论解释

（一）历史唯物主义视角下的高质量发展

根据历史唯物主义，历史发展是有其特定规律的，即生产关系一定要适应生产力的发展。马克思在论述社会扩大再生产理论时区分了两种不同类型的扩大再生产方式——外延型扩大再生产与内涵型扩大再生产。外延型扩大再生产指的是通过加大生产要素投入和扩大生产规模来实现扩大再生产，内涵型扩大再生产指的是通过提高生产要素的使用效率来实现扩大再生产，主要是通过创新和技术进步来实现。高质量的发展实质是内涵型的扩大再生产。高质量发展就是社会经济形态由低向高转变的发展。

1. 高质量发展是生产力的提高

马克思主义的唯物史观强调生产力是人类社会历史发展的最终决定性力量，并提出了决定劳动生产率的各种条件，即"工人的平均熟练程度，科学发展及其在这一过程中的应用水平，生产过程的社会一体化，生产资料的规模和效率，以及自然条件"。生产力的发展虽然有客观的历史规律，但基础首先在生产力本身，解决生产力各要素内部矛盾是生产力发展的重要所在。因此，着力解决生产力内部要素的矛盾是推动高质量发展的重中之重。

（1）高质量发展直接体现为科学技术不断创新。

科学技术作为生产力的核心要素，源源不断地为经济社会高质量发展提供动力。当前，我国科技实力正处于从量的积累向质的飞跃的关键转型时期，要大力推进创新驱动发展，推动科技创新与经济社会发展深度融合，使科技创新成为高质量发展的强大引擎；调整和优化科技创新结构，充分发挥大企业的示范带动作用，鼓励中小企业成为重要的创新主体。

（2）高质量发展是突出结构协调的发展。

目前，劳动分工扩大，生产结构日益向复杂化、多样化发展。我国经济结构中的产业结构、城乡结构、区域结构不平衡和国内发展不充分等问题较为突出。立足全球视角，我国经济结构目前仍旧处于国际产业分工的下游，资源、资金密集型产业产能过剩问题依旧突出，技术密集型产业发展动力不足的劣势还未扭转。因此，在当前及今后相当长一段时间，优化经济结构是实现经济高质量发展的重要举措。

（3）高质量发展是重视社会协作的发展。

马克思、恩格斯在《共产党宣言》的结尾向世界发出了号召："全世界无产者，联合起来！"这里的"联合"用当代话语可以表述为社会协作。现阶段，我们要把这一思想中国化，即"协作"。聚焦企业集团，只有各部门及各层级上下贯通、协调一致才能实现企业高质量发展目标和组织绩效。为了维持竞争优势，保持高效率，提高创新绩效能力，企业往往需要采取措施，通过战略导向、趋势导向及问题导向，加强跨部门、跨层级信息交流，加强人与人之间的合作，减少部门隔阂与冲突，促进跨层级协作。极具效率的组织协作可以发挥出"1+1>2"的协同效应，进而提振组织活力、提高运营效率和扩大经营成果。

（4）高质量发展是坚持以人民为中心的发展。

满足人民对美好生活的需要是高质量发展的根本动力。作为经济体系的基本组成部分，人民既是消费主体，又是生产和创新的主体。高质量发展的出发点是为了人民，同样需要人民自身努力来实现高质量发展的目标。劳动者利用生产资料、生产组织和自然资源来促进生产力的发展，自然而然地成为推动生产力发展的主要力量。我国经济增长的新动力来自提高人力资本质量的过程，因此高质量发展还是劳动者整体素质提高的发展。高质量发展就是要立足发展的本源，突出解决广大人民群众最关切的问题。

2. 高质量发展是生产关系的优化

社会的物质生产力发展到一定阶段，便会同现存生产关系发生矛盾，于是这些关系便由生产力发展的动力转变成限制生产力发展的桎梏。因此，生产关系要适应生产力的发展。社会主义基本经济制度反映的是深层的生产关系，经济制度反映的是表层的生产关系。虽然经济制度具有相对独立性，但归根到底又依赖基本制度，因此生产关系的改革主要表现为一系列的体制改革。

我国经济制度的建立，开辟了中国特色经济发展道路，在社会实践中的优越性和生命力日益凸显。但是，当前社会主义生产关系开始出现市场体系不完善、企业制度不完善等问题。显而易见，推动高质量发展，解决这些问题迫在眉睫，要做好以下几个方面的工作。一是坚持党对经济工作的集中统一领导，把握经济发展方向，不断调整生产关系。二是高质量发展必须坚持以公有制为主体、多种所有制经济共同发展的基本经济制度。三是高质量发展要充分发挥国家调节在经济发展中的主导作用，克服一系列市场治理带来的弊端。四是实现高质量发展要进行收入分配制度改革，坚持以按劳分配为主体、多种分配方式并存，处理好公平与效率的关系。五是高质量发展要坚持独立自主和对外开放相结合，进一步推动对外开放结构优化升级，把握国际分工主动权，促进国内生产力进一步发展。

（二）剩余价值理论视角下的高质量发展

提及质量的经济性，指的是用较少的劳动消耗生产出较多的满足消费者需要的产品，从而提高投入产出比和生产效能。质量的经济属性与商品经济中的价值和使用价值的关系密不可分,马克思主义政治经济学在讨论级差地租理论时,将土地经营方式区分为两类,即粗放型经营方式和集约型经营方式。粗放型经营方式,顾名思义,为粗放地利用劣质土地进行大面积耕种来获取剩余产品中的剩余价值;而集约型经营方式,指的是利用少量优质土地精耕细作,以获取更多的剩余价值。粗放型增长方式的背后体现的是增长数量,而非增长质量;而集约型增长方式的背后体现的是质量型增长,有效弥补了粗放型增长方式质量不足的重大缺陷。质量的内涵极其丰富,既包括微观层面的产品质量,也包括中观层面的产业质量,同时涵盖宏观层面的经济质量。因此,根据剩余价值理论,研究分析高质量发展,需从微观、中观及宏观三个角度进行考察分析,只有这样才具有重要的理论价值和实践意义。

1. 提高产品质量,促进企业高质量发展

(1) 通过改善要素质量来提高产品质量。

剩余价值理论认为,产品质量的提高依赖生产要素质量,通过改善生产条件、生产技术进步、人力资本开发来提高劳动生产率,进而提高产品质量。在提高产品质量过程中,重中之重是鼓励和引导企业进行新技术研发工作,使其认识到研发工作的重要性与紧迫性,不断提高生产技术水平,增强产品市场竞争力,并借此提高新技术在企业活动中的利用效率。注重人力资源的配置和管理工作,在人力资本开发和科技持续进步的基础之上,不断地将新工艺和新材料应用到产品生产、产业升级中去,通过生产质量要素升级及组合效率改善来提高产品质量。

(2) 通过加强企业管理来提高产品质量。

企业生产的循环过程决定产品质量,生产过程质量是否严格把控在很大程度上影响产品质量,管理质量在很大程度上又会对生产过程质量产生影响,而企业人力资源的配置及质量直接决定管理质量。针对以上追根溯源的结果,企业要严格把控人力资源质量,使各个岗位的人才均具有质量理念,同时把质量管理纳入企业的发展战略中,建立并完善质量标准体系,严格把控质量管理流程,以产品质量的提高来促进企业发展质量的提升。

(3) 通过促进供需高质量匹配来提高产品质量。

总需求结构影响总供给结构,总供给结构要与总需求结构在一定程度上保持动态平衡,经济结构和产业结构受制于总供给结构和总需求结构的交互动态变化影响。迈入新时代,我国经济发展面临消费升级新局面,对于产品质量提出了更加严苛的要求,"持久耐用"的产品质量标准对于消费者而言成为明日黄花,相较于消费的数量,消费的质量在消费者心中的地位日趋重要,如产品是否健康舒适、是否时尚便利、是否安全环保等都是考虑因素。因此,在消费需求不断升级的过程中、在消费者人均收入水平不断提高的情况下,企业需要不断促进供需体系高质量平衡,借此提高产品质量。

2. 优化经济结构,促进产业高质量发展

(1) 促使产业结构向中高端迈进,提高产业发展质量。

自改革开放以来,我国工业化的迅速发展与大量农村剩余劳动力转移具有直接关系。虽然我国在劳动力数量方面具有先天优势,产业结构因此较快地实现了多元化,但技术进步不足的短板被无限放大。虽然我国实现了产业结构多元化,但产业结构现代化尚未实现,我国产业结构在全球产业链条中依旧较为低端。因此,我们要发挥市场经济条件下新型举国体制的优势,"集中力量,协同攻关"。这简单的八字基本方针直接体现了我国"集中力量办大事"的优良传统。此外,还要打好我国超大规模市场优势这张"王牌"。市场规模与产业体系之间相辅相成,能够通过协同作用不断发展完善,具体表现为超大规模的市场会持续衍生出更为专业化、精细化的分工,而促创新、提效率、降成本又与专业化的分工及高度集聚化的产业链、供应链密切相关,产业需求也会在分工专业化的带动下进一步扩大。把庞大的生产要素配置好、利用好,是巩固提升产业链水平的关键。此外,创新资源要有效配置离不开市场需求的引导,市场需求可促进创新要素有序流动和合理配置,以创新驱动、质量提升、经济稳定提高产业发展的质量,促使我国产业结构升级。

(2) 提高生产力质量,赋能产业结构升级。

在新常态下,我国经济发展仍处于战略机遇期,但发展生产力的问题依旧不可忽视,提高生产力质量是当前乃至今后很长一段时间内的主要任务。新发展动力形成离不开生产力质量的提升,经济发展的动力变革也与生产力质量提升密切相关。当前全球生产力巨大变革正在发生,在新产业革命及新技术革命掀起巨大浪潮的当下,以科技创新推动战略性技术发展,继而带动战略性新兴产业的发展变得尤为重要。新一代信息技术是新一轮科技革命和产业变革的关键力量,推动数字经济高质量发展正当其时。因此,要抓住新一轮技术变革和产业变革的机遇,也要利用好数字经济这个高质量发展的新引擎,加快建立绿色低碳的可持续发展经济体系;借技术变革、产业革命的契机,使信息技术广泛应用于生产、生活的各个领域,使资源配置优化更高效,传统产业升级优化动力源源不断,全员劳动生产率和运行效率持续提高。解放生产力,发展生产力,要以生产力质量的不断提高来持续推动产业结构升级。

3. 转变发展方式,促进经济高质量发展

(1) 发展战略转型,支撑经济高质量发展。

谈及提高宏观经济质量问题,发展战略转型是一个绕不开的话题。发展战略转型,顾名思义,就是以限制发展的资源条件的变化为依托,通过不断变革和调整发展战略的方式来整合限制性资源,最终使新的符合客观条件的经济发展战略导向得以形成。虽然我国经济社会发展已迈入新时代,同时稳居世界第二大经济体的地位,但大而不强的问题依旧存在且突出,并明显限制了我国经济的发展。因此,从数量追赶战略转变为质量追赶战略显得非常迫切。与数量追赶战略相比,质量追赶战略对发展条件、体制机制和政策环境的要求将有很大的不同。在现有的情况下,需要有针对性地解决好纠正资源错配、激励产业升级、营造创新环境等重点领域的突出问题。从比较优势向竞争优势转变,发展出具有比较优势的新型产业链,要加强关键核心技术攻关和产业化应用,围绕创新链打造产业链,主动谋划部署一批新兴产业,放眼未来,占据竞争新优势,实现我国经济的可持续发展。

(2) 深化体制机制改革,引导经济高质量发展。

能否突破体制约束关乎宏观经济发展质量问题,体制不仅具有正向激励作用,在一定程度上还会对我国经济发展产生制约作用。将体制机制改革作为引导宏观经济发展质量不断提高的有力抓手,打破一切束缚经济高质量发展的不合时宜的思想禁锢与制度藩篱。同时,要准确把握市场经济改革大方向,尊重市场经济基本规律,使市场在资源配置中起到的决定性作用发挥到最大,而政府监管作为辅助,能够有效弥补市场失灵的缺陷。积极推进国有企业混合所有制改革,稳步推进自然垄断行业改革。营造支持非公有制经济高质量发展的大环境,促进非公有制经济发展壮大。

(3) 构建技术创新支持体系,助推经济高质量发展。

马克思在《资本论》一书中关于经济发展质量曾有过这样的相关论述,"劳动生产率的提高既包括数量的增加,又包括质量的提高"。这为提高经济质量提供了理论依据,即在提高质量的过程中,要牢牢把握技术创新与进步这个原动力,不断提高经济增长和运行的效率。以技术创新来推动经济高质量发展已成为老生常谈的话题之一，科技创新历久弥新，建立、优化、完善技术创新体系并实现协同创新是提质增效的核心，同时要注重促进技术进步和人力资本开发发挥协同作用，将技术进步与能够助推经济高质量发展的各方面因素贯穿起来，以此提高技术进步对经济增长的贡献率。此外，还应注意科技创新要追求创新数量和创新质量相互协调，不能有所偏废，过分强调创新数量，而忽视创新质量的重要性。只有如此，助推经济增长质量提高的技术创新体系才能够形成。

（三）西方经济增长理论视角下的高质量发展

1. 古典经济增长理论

劳动分工对于财富增长具有重要意义是古典经济学体系开创者亚当·斯密的重要理论观点。而将古典经济学派推向另一个发展高度的代表人物李嘉图认为工资、利润及地租的分配格局通常会通过影响资本积累数量和速度而对经济增长产生作用力。"人口因素是影响经济增长不可忽视的重要因素"是英国著名经济学家马尔萨斯的主要观点，其主张利用外生手段控制人口增长，以实现经济增长。约翰·穆勒作为古典经济理论的集大成者，基于众学者的一系列研究成果，将古典经济增长理论发展到一个新阶段。他认为，一旦经济增长处于静止状态，只有进行财富分配改革，经济才能继续增长。以上几位古典经济学派代表学者对经济增长问题提出了各自的看法，但由于缺乏相关实验数据和专业化的研究工具，使之后的经济学家试图对以上理论进行推导及实证分析变得非常困难。但是，古典经济增长理论依旧为后续系列理论的发展演变奠定了坚实的基础。

2. 新古典经济增长理论

除经济增长数量问题之外，经济增长的质量问题同样引起了西方经济学者的广泛关注，但由于必要的分析工具匮乏，学者们只能将索洛余值作为经济增长质量的衡量指标，用于理论分析。众多经济学者用全要素生产率来衡量要素组合的配置效率。换言之，全要素生产率度量的是所有投入要素组合的贡献，即人们常说的"索洛残差"，而非某一单一要素对增长的贡献。

实际上，索洛余值仅仅是回归方程式的残差项，其代表的是经济增长过程中不能由资本和劳动解释的部分，包含的内容可能是测量误差，或者其他不可观测的遗漏变量。在现实中,将全要素生产率作为经济增长质量的度量指标是存在诸多缺陷的,尽管当前找不到比其更优的替代指标,因为诸如投资效率、经济增加值、劳动生产率等指标同样具有较大的片面性。一言以蔽之,即便经济增长质量能够被某项指标较为全面地刻画出来,其在测度高质量发展水平方面依旧略显单薄。

3. 发展经济学理论

拥有数十年发展历史的发展经济学理论,如今也在不断发生着变化,其内容也在不断地丰富完善。早期的经济学家关注视角主要聚焦于 GDP 的快速增长,认为投入大量生产要素(如劳动、资本、土地等)会推动经济增长,其主要观点为加速推进工业化进程。之后的发展经济学家分析经济发展与经济增长两者的异同,提出发展经济不仅要关注 GDP 增长,而且要关注经济结构的变化;不仅生产要素投入规模会对经济发展产生影响,技术进步与制度乃至环境的制约在某种程度上对经济发展的影响甚至会超越前者。进入 21 世纪,当代发展经济学家统筹兼顾经济增长速度和经济发展质量,认为高质量的增长需要有更宽泛的发展标准,认为自由是发展的首要目的,也是促进发展不可缺少的重要手段。尽管当代发展经济学家对经济发展内涵有了较为广泛且深刻的认识,但很难摆脱 GDP 来谈经济增长,他们衡量经济发展始终围绕收入或财富增长等核心指标展开。

第二节 企业集团财务管理体系相关理论研究

一、企业集团财务管理体系的理论基础

(一)组织权变理论

20 世纪 60 年代末、70 年代初产生的组织权变理论,是在西方组织管理学中的应变思想基础之上形成的一种管理理论。以往的管理理论主要侧重于研究加强企业内部组织的管理,而且大多数在追求普遍适用的模式与原则,但当企业面临复杂多变的外部环境时,这些管理理论又显得于事无补。因此,正是由于前车之鉴的存在,人们不再相信管理是具有普适性的,而是必须随机动态处理复杂的管理问题,于是权变理论应运而生。"权变",顾名思义,就是权宜应变。

随着发展环境的内外条件不断变化,企业组织结构和管理方式必须相应随机应

变,这构成了组织权变理论的核心内容。该理论强调企业应对环境的"适应性"。掌握权变理论有利于从事财务管理工作的人员对当前所处的管理发展阶段产生清晰的认知,进而有针对性地选择管理理论与相应的工具方法。权变理论的"嵌入",不仅涉及基于高质量发展的企业集团财务管理体系设计,如预算、成本、资金、资产管理系统等影响因素,还涉及支撑系统的效率与效果。总之,权变理论对财务管理体系的构建、发展、完善具有举足轻重的作用,并服务于企业实现价值最大化的目标。

(二)经济组织理论

马克斯·韦伯对管理思想的贡献之一便是经济组织理论的提出,组织行为中的能力理论、交易成本理论、代理理论等对在管理控制系统中设计激励机制和形成控制机制具有广泛的引导作用。组织变迁理论要求组织敏锐观察到内部和外部环境的变化,并及时对组织中的重要因素(如组织的管理理念、工作方式、组织结构、人员配备、组织文化及技术等)同步进行调整、改进和革新。组织变迁推动企业持续发展,内部和外部环境的变化也在推动企业资源不断整合。以上种种变化均为企业带来了机遇与挑战,这就要求企业无时无刻不关注组织变迁。外部环境的不断变化是导致企业组织变迁的最大因素。为企业适应外部环境变化、改善和提高组织效能,组织变迁理论提供了众多手段和方法。

组织关系理论为管理创新提供了内在动力。对企业外部的组织关系而言,由单一企业向多企业集聚,由企业集团向产业生态圈构建,基于组织关系的组织间管理控制,如供应链管理、产业生态圈管控等越来越重要。而对企业组织内部关系而言,一些企业涉足构建小利润中心组织模式,如日本稻盛和夫的"阿米巴"模式、上汽集团的"人人当老板"模式、海尔集团的战略单元等。新型组织关系的演变成果在以上案例中展现得颇为丰富。促进管理控制发展的另一理论便是组织文化理论。例如,当强调"企业成本与社会成本之间的转化"这种组织文化理念时,相关的管理控制考察方向便应运而生:一是在管理控制中,重视轻资产经营的作用与地位;二是开展基于新经济的管理,如由实体价值链向虚拟价值链转变的组织间管理控制;三是管理模式的创新实施务必考虑经济组织的经营特征。

(三)价值管理理论

迈克尔·波特的"价值链分析"、卡普兰的"价值管理",以及麦克·鲁斯和约翰·舒克的"价值流管理"等形成价值管理理论中比较有代表性的观点。从早期的企业价值链理论延伸到行业价值链理论，即供应链关系，再到国家价值链理论，乃至后续发表的系列文章，共同构成了波特的价值管理理论。卡普兰则是以未来现金流为代表的现值管理理论的提出者。未来现金流贴现的重要性是该理论的重点内容，其认为现金流贴现与企业的市场价值密切相关。鲁斯和舒克在《学习观察》一书中提到的"价值流"是企业为实现某一特定目标开展的一系列价值活动的组合。鲁斯和舒克认为，通过绘制关于现状的价值流图和关于未来目标的价值流图，可以更好地观察价值，发现浪费行为。

价值管理理论强调的是管理控制要具有全局观念及战略视野。以波特为代表的价值管理理论突出强调的重点是企业的内在价值，而外在价值代表的是由外部投资者认可的企业投资价值。只有内在价值与外在价值协调统一，企业价值管理才能够上升至战略高度。卡普兰代表的价值管理理论是一种整体价值观，它成为衡量企业绩效最全面的标准，是一种动态的概念。波特认为作业产生价值，通过加总之和便可以累积出企业的价值增值数额，这是一种静态的价值管理概念。

（四）新经济理论

以"大智移物云区"为代表的新一代数字技术推动全球步入数据技术时代（DT时代）。伴随工业经济向数字经济的持续加速演变，数据已然成为创造价值的新要素，一系列新经济理论（如平台经济理论、数字经济理论、共享经济理论等）层出不穷，这也为构建财务管理体系提供了与时俱进的理论指导。

20世纪90年代初，平台经济概念初现，"平台"的概念由 W. Clark 在 1992 年首次提出，其认为平台能够适时根据消费者需求改变功能，逐步实现产品生产流程的优化完善。时至今日，业内普遍认为，所谓平台经济，是指基于新一代信息技术，通过全面整合产业链、融合价值链方式，以达到提高市场配置资源效率目标的一种新型经济形态。对平台研究的初期侧重于对产品和技术平台的考察分析。随着互联网的持续发展，互联网平台经济在全球迅速兴起，以"BATJ"[①]为代表的平台经济发展迅速。线上交易逐渐取代传统的线下交易，成为日趋主流的交易方式。

以经济学的视角为基础，这种转变不仅为达成、支付及执行交易合同提供了崭新的实现形式，还使交易成本大大下降，许多原来在线下无法完成的交易因此变得更加可行，更使各方面的利益相关者能够共享由此带来的效益。不仅如此，平台企业还

---

① "BATJ" 即百度、阿里巴巴、腾讯、京东。

兼具网络外部性、范围经济和规模经济的优势，并且能够获得市场参与者的交易、结算等众多信息，占据客户和数据优势。因此，众多学者得出结论，当所有市场主体均通过一个平台进行协调和交易时，网络效应最大化，效率也最高。

共享经济的出现离不开新一轮科技和产业革命这个大背景。该经济形式最早诞生在国外，在我国成为主流经济时间较晚，至今尚不足十年。共享经济是一种新的合作生产方式。有学者认为，共享经济与"协同消费"在一定程度上存在一致性，即都通过某种方式来对物品的使用权进行共享，却无法获得物品的所有权。也有学者提出这样的观点，共享经济可以被简单解释为协同的消费、分享的经济，所以衍生出代办服务、P2P平台等一系列新经济模式。共享经济在资源所有者与资源使用者之间构建了一座桥梁，同时极大地提高了资源，尤其闲置资源的使用效率，其在颠覆消费者传统消费观念的同时，实现了商业模式的创新。互联网背景下的商业模式创新极大地提升了社会效率。

随着数字技术的快速发展，数字经济已然成为国家经济增长的新引擎。作为一种新经济形态，数字经济以数字技术为核心驱动力，不断推动全球经济的数字化转型与高质量发展。相较于传统经济，数字经济作为信息技术革命与社会发展各个领域相结合的产物，其在降低交易成本、提升信息传递速度、优化资源配置等方面具有先天性的独特优势。数字经济的主要特征有三点：首先，数据支撑是数字经济的重中之重，也是数字经济最本质的特征。其次，融合创新使创新过程逐渐融为一体，创新边界不断模糊。最后，数字经济时代的到来使多种类型数字化平台如雨后春笋般不断涌现，在开放生态系统的基础之上，通过线上线下资源合理配置和有机契合，助力商业模式创新，从而形成多种新的商业模式，最终数字经济得以形成。

在新经济环境下，成功的企业往往是那些能够将复杂的数据和算法模型转变为价值创造工具的企业。这些企业通过建立可用、可靠的数据基础，以强大的算法、算力作为支撑，建立数据基础、指标体系、决策模型之间的有机联系，及时有效地洞察数据。作为企业的天然数据部门，财务部门需要进行数字化转型，成为企业的数据中枢和经营顾问，为企业经营管理提供支撑。

二、相关研究评述

从组织权变理论的视角看，企业集团财务管理体系应随着环境的内外条件变化而随机应变,即不存在某种"普遍最优"的适用于一切发展情景的财务管理体系。财务环境发生变化,财务管理组织结构和管控模式应相应进行调整,以适应新的环境。因此,财务管理体系随着外部环境的变化而不断优化升级,是组织权变理论的现实应用。企业集团高质量发展是在复杂环境下企业集团的新目标、新要求,企业集团财务管理体系应随着环境变化而不断调整,以更好地适应高质量发展的新要求。

根据经济组织理论研究逻辑,企业集团财务管理体系收集和共享企业运营作业链中大量的高速、实时的数据信息,做到对数据的智能化分析、判断、决策与对信息的自动化实时反馈。例如,企业可以通过对业务大数据的采集、分析,并依据预设的业务原则实现对业务的自动决策和反馈,而不需要依靠庞大的组织决策机构和复杂的决策流程。此外,通过信息平台共享企业运营数据,可以建立基于数据和结果的行为驱动和激励机制,开启个体围绕各自的业务及细分领域持续改进的自管理模式。财务共享中心以"标准化、流程化、资源共享、信息化"的特点,将基础财务资源集中与共享,改变了传统财务"分散"的运作模式,为企业基础财务管理活动带来效率与洞察力的双提升,为高级财务管理活动提供了良好的数据基础,因此成为目前企业集团财务管理变革的首选模式。

新技术的应用会重塑商业逻辑,推动企业战略、组织结构和管理方式的转变,在组织的价值创造活动中发挥越来越重要的作用。随着企业集团商业模式日趋复杂,经营活动范围日趋扩大,价值管理活动的抽象程度逐步加深。新技术的应用可以提升管理者处理抽象问题的能力,服务管理决策的信息系统提供的信息将更加立体、实时。只有重新审视企业集团价值管理活动的内在机理和价值信息系统的构成逻辑,借助新技术建立能展示企业价值管理活动全貌的信息系统和管理模式,才能为基于高质量发展的企业集团提供更好的价值指引。企业集团财务管理体系的本质是为实现组织价值创造目标而进行的价值管理活动,它主要通过主导、参与和影响价值链上的核心业务活动和管理循环中的关键管理活动,来提升组织的价值创造能力。在新一代信息技术的影响下,其创造价值方式在转变,传统核算型财务的价值越来越小,甚至可能被财务机器人取代,很多财务人员都在寻找一条全新的晋升之路——参与业务决策,参与战略与运营,成为横跨财务和业务的管理者,为企业创造价值和防范风险。财务BP[①]就是通过财经体系的建立,推动企业价值创造、价值提升和价值实

---

① BP 即 "business partner" 的缩写。财务 BP 首先是财务人员,同时也是业务团队的重要成员,是联系业务部门与财务部门的纽带。

践之路上的重要一环。

新经济理论为高质量发展要求下的企业集团财务管理体系数字化转型提供了与时俱进的理论参考。在新经济背景下，数字技术飞速发展，为经济发展提供了新的增长动力。传统的基于要素投入驱动的经济增长将逐渐转向由质量和效益提升驱动，创新对于经济增长的重要性越来越大。共享经济、平台经济、数字经济等新经济和新商业模式不断涌现，组织的运营模式、管控模式等管理理念和方法持续受到冲击，财务管理也应主动应变求变。财务共享中心建设、机器人流程自动化（RPA）的多场景应用、管理会计工具方法深度应用，以及电子发票、移动支付、人机协同等数字技术手段的广泛应用，将极大地提高财务管理工作的效率，降低财务管理成本，提升经济运行质量。企业集团财务管理活动应顺应经济高质量发展的要求和企业经营转型的需求，将财务管理职能地图逐步扩展，在战略规划、决策支持、业务洞察、风险管控等价值创造活动领域中发挥愈加重要的作用，推动财务管理人员向业务伙伴、价值工程师角色转变，助力企业集团高质量发展及经济转型升级。

第三节　基于高质量发展的企业集团财务管理体系的理论框架

根据权变理论，竞争环境、技术发展、生产组织模式的变化等因素是影响企业集团管理控制系统的重要权变量。当前及今后很长一段时间，经济环境的不稳定性、不确定性、复杂性和模糊性（VUCA）将成为常态，对未来的预见和洞察难度越来越大，跨界及颠覆的现象将越来越多，企业集团需要持续创新变革管理体系，以适应外部环境变化。与此同时，以"大智移物云区"为代表的新一代数字技术推动全球从IT时代向DT时代迈进，企业集团在经营各方面将产生更多的数据资源，通过新技术将价值密度低、海量的数据有效转化成企业集团经营管理决策数据，从而推动数字化管理，将对研发、采购、设计、生产、营销等产生重要的作用和价值。未来的竞争是产业链和平台之间的竞争，平台型生产组织方式竞相涌现，企业集团高质量发展的关键变成如何有效地领导其产业生态系统，成就商业模式成功的理念和路径也发生了巨大变化，从追求自身体量规模的野蛮生长向影响控制的产业生态系统良性发展转变。

外部因素的变化对企业集团的管理控制系统设计将产生巨大影响，传统的面向确定性的管理体系将不得不加以调整，向管理不确定性转变。传统的具体信息技术环境下基于流程驱动的管理，向数据驱动和模型驱动转变。传统的金字塔式的科层制管理模式和信息流动方式，向生态型、柔性组织模式转变。变化进一步延伸到财务管理体系设计，虽然不会改变财务管理的终极目标（即支撑战略、精益运营、控制风险和实现价值创造），但对其目标产生效果的影响是巨大的。在商业、技术和组织的快速变化影响下，企业集团财务管理体系建设应强化价值创造思维，将价值理念融入业务活动，通过全价值链分析、划小责任中心，使价值创造成为评价生产经营等工作的准绳，持续提升组织价值创造能力。与此相应，包括预算管理、成本管理、资金管理、资产管理、运行监控、财务风险管理等在内的企业集团财务管理核心功能，作用于企业集团价值创造的领域及方式也要发生变化。

数字化时代，财务管理体系各子系统的高效运行离不开高质量的数据、组织、人才、技术、制度等支撑。基于新经济理论，高质量的财务数据应该符合的标准包括颗粒度更细、数据维度更丰富、更与业务融合，实现每个业务活动都有精准的价值反应、每个价值记录都有鲜活的业务支撑，从而更好地支撑核心财务管理活动，更好地赋能业务。面对不确定的、复杂的外部环境变化，信息通达、快速响应、科学决策、敏捷经营的管理诉求推动企业集团财务管理体系的基础支撑不断加强。其中，组织模式变革强调面向全价值链识别业务性质，推动建立具有敏捷前台、精益中台和创新后台的组织运营模式，为各财务管理系统运行提供能力引擎；财务人才队伍建设强调建设适应新形势的分层财务人才队伍，为"战略财务、业务财务、共享财务"提供能力素质框架，明确各类人才在财务管理各子系统中发挥作用的路径；财务管理能力评价体系则强调以全面的财务管理能力评价促进财务管理体系迭代升级，以评促建，以评促改。在此过程中，组织模式变革、财务人才队伍建设、财务管理能力评价体系与新技术融合应用同频共振、相互影响，与财务管理深度融合应用，助推财务管理智能化转型，全面提升各系统运行的敏捷性和智能性，以更好地促进企业集团高质量发展。

基于高质量发展的企业集团财务管理体系理论框架如图 2-1 所示。

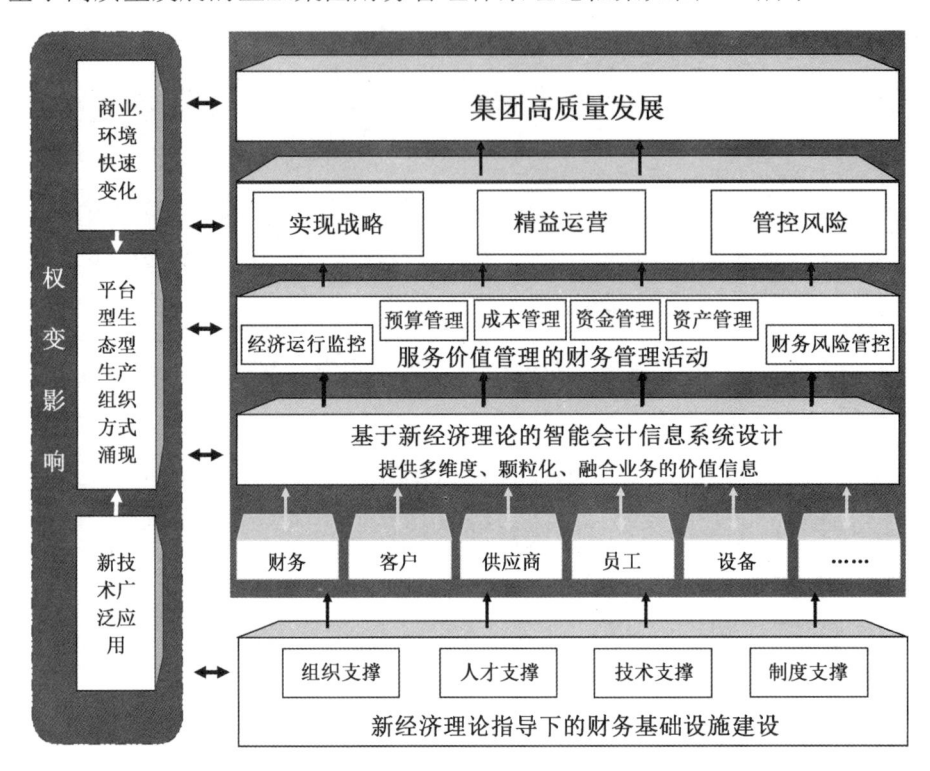

图 2-1　基于高质量发展的企业集团财务管理体系理论框架

第三章 基于高质量发展的企业集团财务管理体系建设框架

第一节 基于高质量发展的企业集团财务管理体系概述

一、基本内涵

（一）财务管理的定位与内容

财务管理在企业管理中的定位与财务性质密切相关，建设基于高质量发展的企业集团财务管理体系，既要明确财务管理在企业管理中的定位，又要妥善处理其与其他管理职能之间的关系（朱元午，2022）。在理论界，学者对财务管理的定位、财务管理与会计的关系曾有探讨。王庆成等人（1980）将财务管理表述为"组织财务活动，处理财务关系的一项经济管理工作"，这一定位在之后的很多文献中均被引用并认可。"企业管理应以财务管理为中心，财务管理应以资金管理为中心"的理念也在国内普遍流行。目前，企业的财务管理工作通常采用"大财务"概念，即财务一般包括会计。这一观点的最新表述，是《关于中央企业加快建设世界一流财务管理体系的指导意见》中所讲的，"财务管理是企业管理的中心环节"，应"树立大财务观，坚持不缺位、不越位、不错位"。这一定位与学术界关于"会计本质"的讨论是一脉相承的。

20世纪八九十年代，我国会计理论界曾对"会计的本质"这一核心问题有过深入的探讨。杨纪琬和阎达五（1980）首次提出了"会计管理"概念，并逐渐形成会计"管理活动论"这一全新的会计内涵体系。杨纪琬、阎达五（1982）在《论会计管理》一文中指出，"科技革命推动会计职能发生重大变化，一是信息技术的引入使会计的重要性日益显著；二是与企业内部的经营和管理活动结合得更加紧密；三是会计工作从传统的记账、算账向事前预测和管理决策转化"。这是我国会计学术界第一次对会计功能全面、全新的阐述，立意高远。之后，杨纪琬（1984、1985）还进一步指出，会计不仅应当为会计主体内部的核算服务，还应当重视其管理与控制功能，除了服务于企业内部，还有社会管理属性。提供信息是手段，控制、管理是真正的目的。阎达五（1985、1987）则认为，会计工作中的信息处理，总是与会计信息反映的经济业务背后的各种管理活动相伴而生，会计信息与会计管理不可分离。从上述探讨中可以看出，学术界对会计本质的看法，是将会计作为一个整体来讨论的，并不刻意区分财务会计、管理会计或财务管理，这一定位极具历史感和穿透力，与目前企业实践中"大财务"的定位是一致的。本书讨论的财务管理体系即基于"大财务"观，将其作为企业管理的中心环节，不会区分财务管理、财务会计或管理会计，均将其作为"财务管理体系"的内容。

（二）企业的终极目标——价值创造

尽管经济学、管理学等不同学科对企业进行研究的侧重点不同，采用的研究方法也不完全一致，但都认为企业应以价值创造为终极目标。

新古典经济学理论认为，企业是作为一种价值创造的组织而存在的，对企业的认识重在强调它的价值创造性，以一种最为简单的形式来看待企业，即把企业看成把生产要素的投入转化成产出的一种经济组织。即使以最简单的形式看待企业，忽略企业的异质性，忽略企业的价值创造过程，也保留了企业的价值创造性质。

另外，从企业起源角度来看，价值创造也是其天然的目标。对于企业起源的解释，理论界主要有两种观点，一是劳动分工说，二是新制度经济学派的看法（高汉祥，2009）。劳动分工说认为社会分工可以提高生产效率，而企业是社会分工发展到一定阶段的产物，企业因为分工拥有高效的价值创造能力，价值创造能力是企业存在和发展的重要基础。新制度经济学派进一步打开了企业这只"黑箱"，并产生了内容丰富的企业理论，重点研究企业为什么能够创造价值。大批新制度经济学家纷纷从不同角度（包括资产专用性、交易成本、团队生产、不完全契约等）分析企业的性质，对企业的性质、契约和内部制度安排等问题提出了不同的见解，但都统一于企业是一个进行价值创造的组织这一总目标下。

在管理学中，企业也被视作价值创造的组织。与经济学不同的是，管理学关注的是人的活动及对活动的组织协调等问题，认为管理者需要关注的是价值创造过程的效率和效果，需要以最高的效率实现预期的效果（罗宾斯，2013），价值创造被认为是企业始终追求的核心目标和终极目标。从泰罗进行科学管理到霍桑实验，再到学习型组织、流程再造、精益生产等观点，管理理论不断创新，但始终围绕如何通过管理活动来保证价值创造这一主题。

由此可见，企业这一社会组织作为商品经济的细胞一经出现，就被赋予应有的使命或终极目标，即价值创造。无论是传统企业，还是虚拟企业、网络企业，无论是传统制造业，还是日新月异的金融服务业、新兴的高科技产业，价值创造都始终是企业的终极目标。

（三）财务管理体系的目标——提升企业的价值创造能力

企业追求价值必须借助于一个有效的价值测量、控制和管理系统，这个系统就是财务管理体系。企业主要的价值管理组织活动包括三方面——融资活动、投资活动和经营活动。融资活动为企业筹集资本，以支撑其投资发展，股东和债权人分别以权益、债权方式向企业提供资本。投资活动则把所融资本投入具体项目之中，形成企业资产及各类经济资源。经营活动则通过对组织资源的充分运用，向客户提供产品、服务，并创造客户价值和组织价值，回报股东和债权人，并为企业再投资活动积累更多资源。融资与投资活动是企业活动的基础，而经营活动则是企业运作的根本。上述三项活动共生并交替运作于组织之中，共同创造组织价值。在三项活动运行中，财务部门和其他部门共同发挥作用，实现对企业的价值管理。

在实践中，财务管理体系通过规划企业融资活动、投资活动和经营活动，实现对组织资源的有效利用，进而实现对组织的增值管理。在此过程中，财务管理部门关注两个方面：一方面，关注企业一切与资本相关的投资、融资活动，如投融资战略及财务规划、投融资决策、资本结构安排与财务风险管理、日常现金周转与管理、资本回报等，实现组织的价值创造；另一方面，关注企业经营活动，以企业战略规划和价值链活动（从"分析客户需求"到"满足客户需求"，并承担研发—设计—采购—生产制造—营销—售后服务等主流程）为基础，通过提供相关性信息，服务企业经营决策和组织控制。后者主要从业务经营与组织管理的角度，讨论如何规划和执行战略、优化经营决策、降低成本等问题，以提升现金流量，它面对的管理对象是多维的，如产品、客户、流程、活动等，以及与此相关的责任组织与责任人。

综上所述，财务管理体系的本质是为实现组织价值创造目标而进行的价值管理活动，它主要通过管理企业资本与现金流，以及主导、参与和影响价值链上的核心业务活动和管理循环中的关键管理活动，来提升组织的价值创造能力。

（四）提升价值创造能力的路径及实现方式

企业价值创造过程是一个系统，所有业务部门、职能管理都为之服务。企业的价值创造能力来源于两大方面，即基于信息的业务运营能力和组织管理能力。财务管理体系作为企业管理系统的中心，是融业务与财务于一身的混合体，并兼具组织架构与职能管理功能，从而成为企业价值创造不可缺少的一部分。

1. 业务运营方面

在业务运营方面，财务管理体系在"战略规划—业务运营—作业活动"等层面对价值创造能力发挥作用，在从"客户"到"客户"的价值链增值过程中，通过价值分析和报告影响企业战略决策和经营决策，提高资源配置效率与决策质量，从而实现客户价值的增值。

财务管理体系在战略规划中的主要作用包括：收集与战略相关的内部和外部关键信息，运用价值分析工具和模型进行分析，帮助管理者更好地做出企业战略和竞争战略的选择；参与企业项目投资决策，评估项目价值，优化资本配置，编制资本预算；为企业总体业务布局提供建议，优化企业资源配置，提升企业整体价值；明确战略目标和长短期关键绩效指标，使其在组织内部各层级可分解、可量化、可执行；定期报告战略执行情况，进行战略绩效评价，分析原因并提出改进建议。

财务管理在业务运营中的作用是通过价值链分析，帮助管理者明确价值链上哪些环节能够使企业获得和保持竞争优势，寻找、确定这些战略环节，并加强对战略环节的管理，从而使整个价值链价值创造最大化。整体而言，财务管理通过运用价值工程等方法，改进企业的各种维度价值链的结构，包括流程再造、组织再造、业务外包、产业链整合、供应商和分销商协同、客户联盟等更广泛意义的价值链调整，最终目的都是达到对成本的控制，进而形成更为稳定的能够盈利的价值链。同时，针对价值链中每个环节的业务特点，运用特定方法进行价值分析、改善决策质量，提高每个环节业务的运营质量，包括通过对成本信息按照习性、动因、作业类别等再加工，使管理者对产品或客户的盈利性、价值链各环节核心业务的成本效益等有更准确的理解和认知,从而做出更为有效的基于价值的经营决策。

财务管理在作业管理方面的主要功能是对价值链涉及的所有流程、作业进行分析,识别作业和成本动因,以不同流程和不同作业来归集成本信息,判别作业和流程的资源消耗和价值贡献,从资源消耗的源头降低非增值作业,优化业务流程,减少浪费,降低总成本。

2. 组织管理方面

在组织管理方面,财务管理体系通过规划与决策、控制与评价等影响企业价值创造能力,主要体现在隐性价值增值过程中,即借助组织管理循环,财务管理重点发挥价值目标的确立、引导和保障等作用,从而保护价值,致力于股东价值的增值。

价值目标确立和价值引导对以价值最大化为目标的企业而言意义重大。在一般情况下,好的战略未必会被自动执行,多数企业都没有将战略贯彻到日常经营、落实到各组织层级。而将战略与日常经营活动有机连接起来是战略执行的一个关键成功因素,财务管理是连接两者的桥梁,制作战略地图、编制经营计划与预算、制定绩效评价指标和激励契约等过程,即明晰战略、衡量战略、将战略转化为自觉行动的过程。而且,企业必须为每个行动计划提供包括人力、资金和能力等在内的资源保障,只有这样战略才能成为具有资源保障和明确责任归属的可执行的行动计划。至此,财务管理系统完成了有关价值创造的技术和行为方面的双重引导,间接加强了组织的价值创造能力。

上述价值创造能力的路径及实现方式都离不开一个重要基础——信息。信息是非常重要的组织资源,该资源可以为组织内部各级管理者使用,以帮助管理者进行规划决策与控制评价。作为财务管理体系的核心属性,计量、报告信息是财务管理系统有别于其他管理系统的最显著的特征。信息提供是一项独立的财务管理活动,信息提供者既包括财务会计部门的专业会计师,还包括其他专业部门的管理人员。被各级管理者使用的信息,包括对外财务报告信息,更重要的是管理者进行规划决策与管理控制所需的各种个性化的财务信息与非财务信息。

(五) 企业集团财务管理体系的系统构成

根据上述分析,服务价值创造目标的企业财务管理体系子系统构成应遵从信息提供、服务业务运营、服务组织管理的原则。

2022年3月，国资委发布《关于中央企业加快建设世界一流财务管理体系的指导意见》，该意见的主体内容是构建世界一流财务管理体系的"1455"框架，即围绕一个目标，推动四个变革，强化五项职能，完善五大体系。其中，五项职能包括核算报告、资金管理、成本管控、税务管理、资本运营；五大体系包括全面预算体系、合规风控体系、财务数字化体系、财务管理能力评价体系、财务人才队伍建设体系。

此外，国际注册专业会计师公会认为，财务人员在企业中起作用的核心实践领域至少包括成本改进与管理、对外报告、财务战略、内部控制、投资评价、管理与预算控制、定价、折扣产品决策、项目管理、守法与合规、资源管理、风险管理、战略性税收管理、司库与现金管理等。财政部在2016年发布的《管理会计基本指引》也明确，企业财务人员可以将管理会计工具主要运用于战略管理、预算管理、成本管理、营运管理、投融资管理、绩效管理、风险管理、其他领域等。

与这两种观点相比，国资委的意见对于财务管理领域的关注更加聚焦，体系性更强，而且明显突出了财务管理可以发挥主导作用的领域。事实上，无论是国际注册专业会计师公会关于核心实践领域的划分，还是财政部所指的八大领域，抑或国资委意见中所指的五项职能、五大体系，均可视为财务管理体系中蕴含的子系统。财务管理根据其自身特性，在不同领域发挥的作用不尽相同。例如，成本管理、预算管理、资金管理等，显然是财务管理的核心作用区域，财务人员能够发挥主导作用，而在战略管理、运营管理、投资管理、资本运营中，财务人员可能只是起到不同程度的辅助作用。对于部分领域，其管理的重点与其他领域有很大程度的重合，如定价、折扣产品决策等，财务人员发挥作用的抓手是对成本的核算和精益管理。而税收筹划，尽管很多文献将其作为财务部门创造价值的重要手段，但实际上财务部门作为最了解国家相关财税政策的部门，首先应保证企业遵守税收政策，避免涉税风险，在此基础上为业务部门提供如何享受税收优惠的相关咨询和建议。因此，税收筹划首先应满足合规管理（财务风险管理）的要求。

根据财务管理体系服务企业的价值创造能力提升的两条路径（提升基于信息的业务运营能力和组织管理能力），通过梳理国内外关于财务管理发挥作用的现有领域，我们认为，高质量发展要求下的企业集团财务管理体系涵盖的核心子系统应包括全面预算管理系统、精益成本管理系统、资金集约经营系统、资产运营管理系统、经济运行监控系统、财务风险管理系统、会计信息系统。其中，会计信息系统是财务管理体系的数据底座，为其他子系统提供信息基础；全面预算管理系统牵引组织业务运营，统领精益成本管理系统、资金集约经营系统、资产运营管理系统，服务企业集团业务运营能力提升；而经济运行监控系统、财务风险管理系统服务企业集团组织管理能力提升。

上述七大系统协同运行，构成财务管理体系的核心，而基于高质量发展主题下的财务管理体系，应充分体现高质量发展理念，按照财务管理体系服务战略的理念，通过深度融合业务系统，持续推动精益管理，做好风险管控，最终实现价值创造。上述理念的进一步落地，即体现为确立财务管理体系"服务战略能力强、资源配置能力强、价值创造能力强、风险管控能力强"及"业财融合程度高、精益管理水平高、协同共享效率高、经济运行质量高"的管理目标。理念和目标通过七大系统协调配合，实现集团高质量发展主题。而七大系统的运行又离不开组织、人才、技术、文化和制度体系支撑，只有通过打造顺应高质量发展要求和符合数字化转型方向的敏捷型组织模式，培养能适应组织变革及业财融合需要的战略财务、业务财务和共享财务人才，搭建基于中台技术的一体化财务平台，并逐步推广新技术在典型财务场景中的应用，塑造诚信、精益、创新的财务文化，以及通过系统的财务管理能力评价助力体系迭代升级，更好地适应环境变化，才能使基于高质量发展的企业集团财务管理体系更具有生命力。

综上所述，我们认为，基于高质量发展的企业集团财务管理体系是以建设世界一流企业集团为导向，以高质量发展为主题，突出"服务战略、业财融合、协同共享、精益管理、风险管控、价值创造"管理理念，坚持"服务战略能力强、资源配置能力强、价值创造能力强、风险管控能力强"及"业财融合程度高、精益管理水平高、协同共享效率高、经济运行质量高"的管理目标，把握数智技术与财务转型深度融合发展趋势，打造七大专业管理系统和五项基础支撑协同运作的财务管理体系，助力统筹发展和安全，支撑改革和创新，平衡质量和效益，全方位提升企业集团的创新力、竞争力、控制力、影响力和抗风险能力。

基于高质量发展的企业集团财务管理体系基本内涵如图3-1所示。

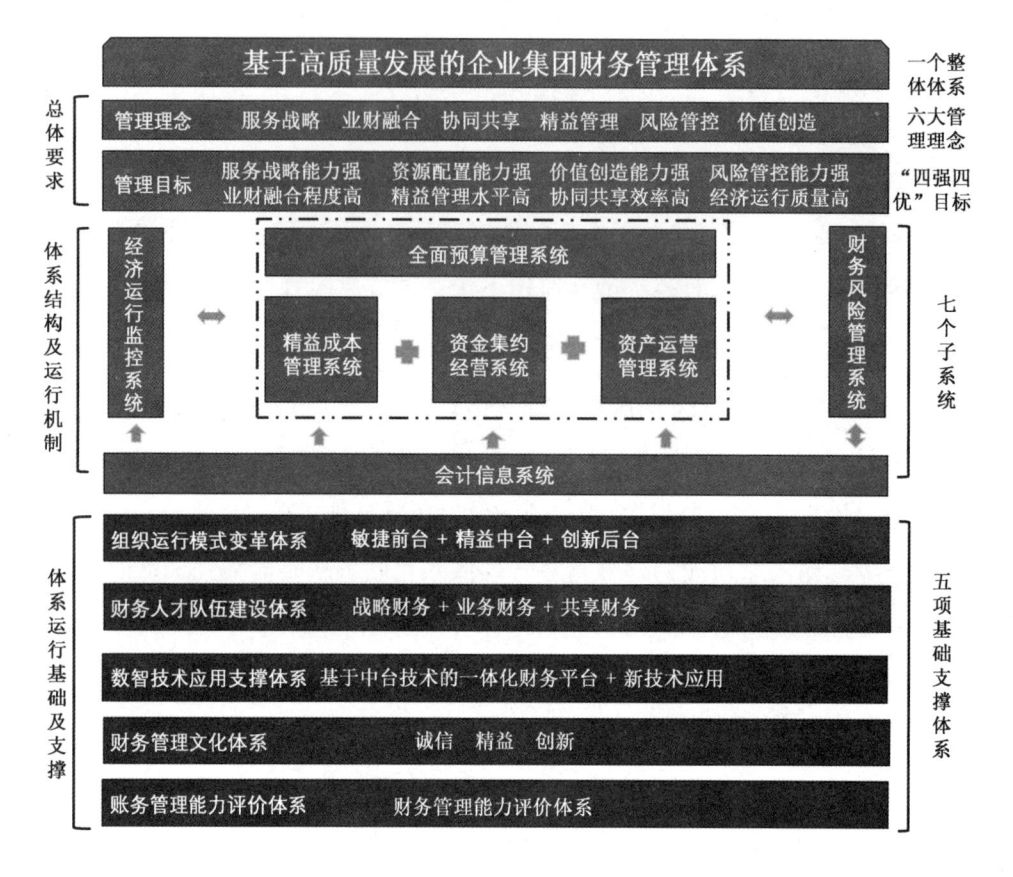

图 3-1　基于高质量发展的企业集团财务管理体系基本内涵

二、主要特征

(一) 时代性

习近平总书记在党的二十大报告中强调,要坚持以推动高质量发展为主题,这一主题适应新时代中国特色社会主义发展的内在规律,具有鲜明的时代特征和指导开启全面建设中国式现代化新征程的时代价值。在新形势下,企业集团应全面贯彻高质量发展理念,进一步强化服务国家战略、创新驱动、深化改革,以及统筹发展和安全导向,坚定不移走高质量发展道路,实现经济效益和发展质量稳步提升、科技创新能力显著增强、发展动力转型升级。企业集团财务管理体系设计正是在上述高质量发展理念的指引下设计的,在管理理念、管理目标方面体现了"高质量发展"这一核心时代主题。

(二) 系统性

系统是由相互作用和相互依赖的若干组成部分结合而成的具有特定功能的有机

整体（于景元，2014）。本书构建的基于高质量发展的企业集团财务管理体系由一定的管理环境、特定的管理目标、明确的管理主体和管理对象、管理组织、管理资源、功能明确的管理子系统构成，这些管理活动的组成要素相互关联，特别是财务体系内部各子系统之间，财务系统与业务系统之间体现出很强的协同性，使财务管理体系作为完整系统的两个基本属性——整体性和功能性——得以发挥，七大系统协同运作，更好地融合业务，主动创造财务价值，促进企业价值提升。

（三）开放性

组织权变理论是基于高质量发展的企业集团财务管理体系构建的核心指导理论之一，这意味着财务管理体系必须保持一定的开放性，子系统构成、子系统之间的运行关系及各子系统内部运行应根据组织环境变化做相应调整。当前，商业环境的快速变化、平台型生态型生产组织方式的涌现及"大智移物云区"等新技术的广泛应用，无不对企业集团的经营管理带来冲击和挑战。与此相应，财务管理体系也需根据上述权变因素的变化进行调整。企业集团通过实施财务管理能力评价，可以及时发现能力缺口，实施财务体系迭代升级，更好地适应市场环境、商业模式、组织架构等内部和外部变化。

（四）先进性

随着数字科技的不断发展和成熟，如大数据、物联网、人工智能等，企业面对的内部和外部环境正在发生深刻改变。数字化、智能化正成为新一轮全球生产力革命的核心力量。财务系统作为连接企业采购、生产、运营、销售等经营行为的枢纽，进行数字化转型对于企业适应复杂多变的环境至关重要。基于高质量发展的财务管理体系突出数字技术在财务管理体系中的应用，推动财务管理向数字化、智能化转型，实现从以核算场景为基础向以业务场景为核心转换，促使财务成为企业数字化转型的先行者和推动者，为加快产业数字化、数字产业化注智赋能，体现了体系理念的先进性。

三、基本原则

（一）与现代企业制度相适应

现代企业制度是以产权为依托，对各种经济主体的权利、责任、义务进行合理有效的组织、调节与制度安排的一种产权制度,它具有"产权清晰、权责明确、政企分开、管理科学"的特征。与现代企业制度的要求相适应的原则是指企业应实行资本权属清晰、财务关系明确、符合法人治理结构要求的财务管理体系。

(二)与企业集团组织体系管控模式相适应

立足大型产业集团定位,坚持集团化运作、集约化管理,加强集团对重要财务规则的制定权、重大财务事项的管理权、重点经营活动的监督权,实现集团对各级企业财务管控的"远程投放"和"标准化复制";要因企施策、因业施策、因地制宜,区分不同业务特点、上市非上市等情况,探索并完善差异化管控模式,实现集中监管与放权授权相统一、管好与放活相统一。

(三)与不确定、不稳定的管理形势相适应

当前,行业壁垒和界限正在消失,新科技、新生态、新跨界竞争者前仆后继涌现。消费者需求迭代升级,业务模式持续演进,国家监管和法律法规不断完善并趋于严格,各行各业都在寻求自己生存发展的"平衡点"。同时,国际政治、经济环境急剧变化,企业不得不面对真正的VUCA时代。建立在数字技术上的财务管理体系通过将更多维度、更细颗粒度的数据更多、更好地应用于价值链环节的具体业务场景,直接为业务运营赋能,更好地支持经营预测,从而很好地适应甚至驾驭不确定、不稳定性,创造价值。

(四)与共生、共赢价值生态圈建设相适应

在复杂多变的时代,没有一种商业模式是长存的,没有一种竞争是永恒的,只有共生、共赢才是真正的发展之道。企业想要长存,并经营良好、持续盈利,就必须注意企业内部与外部的共生、共赢。在高质量发展下的财务管理体系建设,强调财务赋能价值生态共赢。生态财务是从"我赢"转向"共赢",不再只关注企业内部,而是拉通价值链企业,在一个生态圈内跟踪和评估整个体系的财务状况和竞争力,在价值网分析、生态风险分析、生态效能分析、生态圈资金流转与筹划、生态圈财务公共服务与赋能等方面承担更多的工作。

第二节 基于高质量发展的企业集团财务管理体系的构成要素

一、管理理念

支持企业集团高质量发展的财务管理体系基于六大理念构建。六大理念体现了财务管理服务企业价值创造能力提升的两条路径，即提升业务运营能力和提升组织管理能力。其中，服务战略、业财融合、精益管理体现了财务管理体系在"战略规划—业务运营—作业活动"等层面对价值创造能力发挥作用；协同共享与风险管控则强调财务管理体系在规划与决策、控制与评价等方面对价值创造能力发挥作用；价值创造体现了财务管理体系的最终目标。六大理念共同指导财务管理各子系统及支撑体系的构建。

（一）强化服务战略理念

强化服务战略理念，要以服务战略为出发点和落脚点，全面预算要承接并分解战略目标，业绩评价要以战略为导向，资金管理要聚焦战略、优化资源配置；要持续丰富和完善价值创造型财务管理体系，将战略目标转化为财务管理的具体实践，确保发展战略顺利实现。

（二）强化业财融合理念

强化业财融合理念，要加强业财融合，从而为战略制定提供决策依据，确保战略目标落地；要将财务管理延伸至产品和项目的全生命周期，加强事前规划、事中监控、事后评价。除此之外，财务人员应深度理解业务、参与业务，为各层级、各环节业务管理与决策提供有用的信息。

（三）强化协同共享理念

强化协同共享理念，要建立高效灵活且与产业体系匹配的财务共享中心；推动纵向协同共享，整合重复性、标准化业务并集中处理，从而整合资源，提高效率，降低成本，保证质量，提高客户满意度；推动横向协同共享，将财务管理与业务活动有效衔接，形成完整的信息资源交换共享机制。

(四)强化精益管理理念

强化精益管理理念,要拓展价值分析维度、细化价值衡量颗粒度,实现精细核算、精准分析、精益投入,提高资源配置效率和效益;要建立精益管理目标责任的传导机制,充分传递责任,明确改进目标,量化价值贡献,优化管理方式,实现精益求精。

(五)强化风险管控理念

强化风险管控理念,要建立守法至上、依法理财意识,将纪律和规矩摆在前面,依法依规经营;要建立财务风险评估预警机制,运用科学的方法识别风险,从而制定应对措施,使风险可控,建立健全财务风险管理长效机制。

(六)强化价值创造理念

强化价值创造理念,要成为价值创造引领者、策划者、推动者、评价者;要将货币时间价值、机会成本等价值理念融入各项业务活动;要以全价值链分析为基础开展财务管理活动,划小责任中心,识别增值环节和不增值环节,使价值创造成为评价生产经营的重要标准;要加强对财税政策的研究和运用,通过纳税筹划、资本运营等为企业直接创造价值。

二、管理目标

根据上述六大理念构建的基于高质量发展的财务管理体系,可以持续深化财务的决策支持职能,不断提升集团管理实效,凸显财务"四强"管理能力,坚持财务向"四高"方向转型。

(一)服务战略能力强

财务管理体系要主动对接战略,积极融入企业战略实施全过程,保障企业战略目标实现。要达到此目标,要求企业集团以全面预算承接并分解战略目标,强化经济运行监控,优化配置战略资源,加强战略目标对企业运行质量和效率的牵引,通过财务管理体系的顺畅运行保障企业战略落地见效。

(二)资源配置能力强

高质量发展要求企业集团围绕自身整体战略,统筹优化产业布局,将资源更多地投入发展潜力大、竞争优势强的业务,同时加大清理"两非两资"和"处僵治困"的力度，推动集团"瘦身健体"，健康成长。因此，基于高质量发展的企业集团财务管理体系需要通过集中财务资源形成规模效益，发挥产业链协同、产融协同作用，提高资源配置效率，促进产业结构向战略目标变化，控制产业发展偏离度。

（三）价值创造能力强

企业集团财务管理是为实现组织价值创造目标而进行的价值管理活动，它主要通过主导、参与和影响价值链上的核心业务活动和管理循环中的关键管理活动，来提升组织的价值创造能力。因此，在高质量发展基础上的企业集团财务管理体系建设，需要推动财务管控体系成为价值创造的引领者，将成本管理的作业成本、资金管理的资金成本、资本运营的净现值（NPV）等价值管理理念传递至业务前端，以核心财务指标促进管理创效，为企业直接创造价值。

（四）风险管控能力强

有效防范化解重大风险，是"十四五"时期企业集团高质量发展必须跨越的关口。企业集团财务管理体系建设需要从加强战略预判和风险预警、提高风险化解能力、健全风险防控体系等方面搭建起高质量发展的防护网，进一步稳固、提升企业集团风险防范化解能力；应高度重视资金、金融、债务、会计信息、税务管理等重点领域风险防范，以经济运行监控跟踪风险变化，强化风险识别、控制，实现风险可控、在控。

（五）业财融合程度高

随着信息技术的迅猛发展，商业模式持续变革，财务体系、运营策略和运作流程发生深刻变化，财务人员需要更多地参与企业的经营活动，参与经营决策。因此，要深化业财融合程度，打造高质量体系化数字平台，实现数据及时共享，同时加强"业、财、技"融合复合型人才培养，助力企业高质量发展。

（六）精益管理水平高

面对全球化的激烈竞争，精益管理能够提升企业核心竞争力，使企业保持领先的竞争优势，助力高质量发展。财务管理体系的建设需要体现精益思想，持续拓展全面预算管理的价值管理维度，细化成本管理、资金管理的价值衡量颗粒度，通过对会计信息的精细核算、对经济运行监控的精准分析，高质高效地开展运营活动，提升发展质量和投入产出效率。

（七）协同共享效率高

集团化运作和管控的优势在于对同质化业务采用统一的管理流程标准，采用专业化模式集中处理，实现资源、服务、信息协同共享，提升集团管控效能。充分发挥财务工作作为企业经营核心的地位，利用全面预算管理与经济运行监控等财务系统，支持决策层整合重复性、标准化业务并实现集约化管理，实现整合资源、降低成本、提高效率的目标。对于标准化、同质化、重复性的财务管理活动，采取共享模式集中处理，提升管理效率，降低运营成本。以业财融合为基础，以提升效率改进管理为目标，持续推动组织协同。

（八）经济运行质量高

高质量发展的最终结果是实现企业集团更高质量、更高效率、更可持续的发展，而作为企业管理的中心工作，财务管理体系以落实经营监控目标为重点，以高质量预算执行为主线，以经济运行纠偏整改为抓手，提升经济运行管控能力，为集团持续健康发展提供保障，有力支撑经济运行质量持续提高。

三、主要构成内容与核心要素

基于高质量发展的企业集团财务管理体系由七个紧密联系、协同运作的子系统和五个支撑保障体系构成。

（一）体系核心要素及内容

1. 七个子系统

（1）全面预算管理系统。

基于高质量发展的企业集团全面预算管理系统是以战略目标为牵引，以业务预算为基础，以绩效考核为抓手，推进规划与计划、投资、预算、考核联动，形成组织体系、目标设定、过程监控和考核导向的四位一体管理体系，实现资源有效配置，确保战略规划的落地和预算目标的实现。

（2）精益成本管理系统。

基于高质量发展的企业集团精益成本管理系统，应当融合精益管理理念，以服务集团战略为导向，以全价值链、全过程、全员、全要素成本管理为主线，聚焦成本管理质量提升，减少价值链全过程各种非增值程序，从而有效提升企业价值创造能力和竞争力。

（3）资金集约经营系统。

基于高质量发展的资金集约经营系统立足服务企业集团发展战略，以司库管理体系为建设内容，实现对集团资金和金融资源的全过程管理，以及对境内外资金的一体化管理，从而帮助集团提高管控力，并带动产业链资源优化配置，最终全面提高集团资金运营效率，有效防控集团资金风险。

（4）资产运营管理系统。

基于高质量发展的企业集团资产运营管理系统紧跟创新驱动发展和数字化转型趋势，立足主业资产战略布局、提高资产运营质量，深化科技创新体制机制变革，提高科技成果转化率，深入挖掘数据资产价值，赋能产业发展，助力集团发展方式转变和核心竞争力提升。

（5）经济运行监控系统。

基于高质量发展的经济运行监控系统以新发展理念为引领，以业财融合为基础，以预算执行分析和运行监控为重点，以风险预警和纠偏整改为目的，通过构建涵盖组织、流程、规则等各要素的系统，动态监控企业生产经营，发现经营问题及管理短板，加强过程干预及经济运行纠偏，促进企业高质量发展。

（6）财务风险管理系统。

基于高质量发展的企业集团财务风险管理系统以资金合规风险、债务风险、债权风险、金融风险、信息披露风险、税务风险和境外财务风险等重大财务风险防范为导向，以制度建设和信息化平台为支撑，通过健全完善财务风险管理机制，加强源头治理，强化穿透监测，实现对重大财务风险的精准识别、及时预警和有效处置，使财务风险总体可控。

（7）会计信息系统。

基于高质量发展的企业集团会计信息系统基于核算和监督两大基本职能，运用智能化技术和手段在改进会计核算流程自动化的同时，实现从以核算场景为基础向以业务场景为核心的转换，提高会计核算的真实性、准确性和可追溯性，实时提供决策所需财务与非财务信息，进而实现以数据驱动的智能化、精细化的风险防控与战略决策。

2. 五个支撑保障体系

（1）组织运行模式变革体系。

数字经济时代，财务组织结构正向"前台、中台、后台"模式转变，其中前台将财务职能融入分散的业务单元，以提高对于市场的快速反应能力；中台通过可复用的能力服务于"业财"前台；后台构建人机协同的财务决策与创新中心，提供业务支持与辅助战略决策。建设基于高质量发展的企业集团财务管理体系，支撑七大系统的财务组织模式需按照"敏捷前台—精益中台—智慧后台"的架构搭建。

（2）财务人才队伍建设体系。

为支撑七大系统运行，企业集团需要选拔、培养、管理、任用适宜的人才。其中，对应财务组织"前台、中台、后台"的组织模式，分别需要业务财务人才、共享财务人才和战略财务人才与之匹配。

（3）数智技术应用支撑体系。

在前台、中台、后台组织架构中，中台的任务是对技术、数据、业务流程进行梳理和标准化，并实现共享和复用。因此，组织需要投入大量技术资源进行建设，即建设财务中台，从而有效赋能前台业务系统，灵活支撑后台战略应用，助力财务组织结构向前台、中台、后台的模式转型。

（4）财务管理文化体系。

财务人员职业道德的提高、思想觉悟的加强，能够有效促进管理制度的提升。为支撑七大系统建设，支持前台、中台、后台组织建设，财务组织应当加强文化建设。基于高质量发展的财务管理体系，应重点围绕工具、环境等物质文化，规章制度、职业道德等制度文化，以及诚信、精益、创新等精神文化，开展财务管理文化体系建设，更好地支撑七大系统运行。

（5）财务管理能力评价体系。

构建与高质量发展要求相适应、与企业战略和业务特点相配的财务管理能力评价体系，是改善和提升企业集团财务管理水平的重要举措。通过科学设计评价指标体系，持续完善评价工作机制，深化评价结果应用，从而持续推动财务管理体系迭代升级，更好地适应高质量发展的要求。

（二）体系运行机制

七大系统以全面预算管理系统为核心，以精益成本管理系统、资金集约经营系统和资产运营管理系统为重点，以会计信息系统为基础，以经济运行监控系统为抓手，以财务风险管理系统为保障，形成一套完整的协同运作体系。该体系以组织、人才、技术、文化和制度为支撑。在这五项支撑中，以前台、中台、后台组织模式变革为主线，以财务人才队伍建设为依托，以数字技术与财务管理深度融合应用为动力，以诚信、精益、创新的财务文化为保障，以全面财务管理能力评价促进体系迭代升级为助力，推进企业集团高质量发展和发展战略全面实现，促进以企业集团为核心的价值生态建设。

具体而言，全面预算管理系统是核心，通过覆盖企业内各类资源配置，统筹精益成本管理系统、资金集约经营系统和资产运营管理系统。成本精益管理系统通过全价值链、全生命周期战略成本管理，不断提升全面预算管理系统配置资源的精准性。资金集约经营系统以资金预算为主线，以"资金集中、结算集中、票据集中"为手段，以司库管理平台为支撑，完善账户管理体系和大额资金监控体系，实现资金信息统一、融资渠道多样、资金配置高效、高度服务主业、价值创造一流。资产运营管理系统协调配合资本预算，实现集团精准投资和资产运营质量提升。经济运行监控系统以预算执行分析和运行监控为重点，强化风险预警和纠偏整改，持续提升经济运行管控能力，为集团持续健康发展提供保障。财务风险管理系统以重大财务风险防范为导向，以制度建设和信息化为支撑，聚焦资金风险、金融风险、财务合规风险和信息失真风险，使财务风险总体可控，为财务管理体系实现价值守护功能。会计信息系统是基础，通过提供维度更多、颗粒度更细、时效性更强、质量更高的业财数据，支撑其他系统顺畅运行、科学管理。

财务管理体系各子系统的顺利运行离不开高质量的组织、人才、技术、文化和财务管理能力评价五大体系支撑。其中，组织运行模式变革体系强调面向全价值链识别业务性质，推动建立包括敏捷前台、精益中台和创新后台的组织运营模式，为各财务管理系统运行提供能力引擎；财务人才队伍建设体系强调建设适应新形势的分层财务人才队伍，为"战略财务、业务财务、共享财务"提供能力素质框架，明确各类人才在财务管理各子系统中发挥作用的路径；数智技术应用支撑体系强调数智技术与财务管理深度融合应用，助推财务向智能化转型，全面提升各系统运行的敏捷性和智能性；财务管理文化体系强调通过营造诚信、精益、创新的财务文化氛围，不断提升财务队伍的凝聚力、向心力和约束力，保障财务管理系统功能实现；财务管理能力评价体系则强调以全面的财务管理能力评价促进财务管理体系迭代升级，以评促建，以评促改。

第四章 基于高质量发展的企业集团全面预算管理系统

第一节 全面预算管理系统的内涵与特征

一、全面预算管理系统的内涵

"凡事预则立,不预则废",充分体现了做事情预先计划的重要性。随着经营环境发生变化,企业统筹资源并将其投入战略发展的重点领域和方向的能力将越来越重要,预算管理显然能在其中发挥重要作用。自 20 世纪 90 年代开始,预算管理逐渐为国内大型企业集团所推崇,先后经历从成本控制、财务预算到以战略为导向、以价值管理为核心的全面预算管理等阶段,目前已成为企业集团优化资源配置、改善经营效益、加强风险管控、提高运行质量的有效管理工具,在提升管理精细度、促进战略目标实现、增强管理者的预见性与责任感、提升整体价值等方面发挥了重要作用。

全面预算管理是利用预算对企业集团内各业务单元、各职能部门、各下属单位的全部资源(包括非财务和财务资源)进行分配、控制和考核的系统性活动。预算管理的范围覆盖整个企业集团,全体组织成员共同参与,包括预算编制、预算执行、预算监控、预算考评四个环节,构成预算管理循环。运行良好的全面预算管理系统,能够极大地提升企业集团总部的管理控制强度,提高集团经营决策效率,促进企业战略实现。正因如此,许多学者将全面预算管理体系视为企业集团的战略保障体系,是企业集团管理控制系统的核心,可以全面整合企业集团的业务流、资金流、信息流和人力资源流,为一流企业建设奠定基础。具体而言,全面预算管理系统的主要功能包括以下几个方面。

(一)促进战略执行的有效工具

全面预算管理系统通过分解企业战略目标、制订年度经营计划、对接年度预算目标,有力牵引企业生产经营活动,保障企业集团战略目标实现。而且,通过预算编制中的上下沟通，使集团内部各预算单位对企业战略有充分的认识，对自身承担的预算目标充分理解，对预算执行过程中与其他预算单位的协同职责充分认知。最后，预算管理的实施与监控、分析与反馈、考核与评价环节可以帮助企业不断发现生产经营中存在的问题和短板，提出解决方案，提升组织价值创造能力。

（二）资源高效配置的重要抓手

企业集团通过全面预算管理，将资源在各业务板块、各层级单元合理分配，达到资源效率配置的目的，确保将企业的有限资源投向战略发展的重点方向和关键领域，提升运营效率和经营效益，促进企业集团高质量发展。在预算执行阶段，企业集团通过加强预算过程监控，严格控制超预算和预算外资源投入，充分关注预算执行偏差，确保资源使用效率。

（三）经营过程监控的有力手段

全面预算管理在经营控制方面发挥着重要作用。首先，通过预算执行与监控，企业要确保经营沿着既定战略目标前进。其次，通过及时分析与反馈，企业可以在预算执行过程中及时发现实际与预算的差异，揭示差异发生的原因，并制定相应的对策。最后，通过持续的经济运行分析监控，集团可以不断总结成果，发现问题，并制订和调整下一阶段的经营计划，从而增强集团对经营过程的把握和对未来状况的预见能力，有效支撑企业经营决策。

（四）绩效评价考核的科学依据

预算执行的考核评价是预算管理循环的重要环节，通过考核评价各预算单位的预算指标完成情况，并配套出台相应的绩效激励措施，是企业集团管理的重要抓手。预算编制确定的预算目标、指标和目标值是各预算单位管理层根据实际经营情况对集团所做的经营承诺，是各责任单元绩效考核的重要"标杆"，为绩效评价考核提供科学依据。

综上所述，我们认为，基于高质量发展的企业集团全面预算管理系统是以战略目标为牵引，以业务预算为基础，以绩效考核为抓手，推进规划与计划、投资、预算、考核联动，形成组织体系、目标设定、过程监控和考核导向的四位一体管理体系，从而实现资源有效配置，确保战略规划的落地和预算目标的实现。

二、全面预算管理系统的特征

基于全面预算管理系统的内涵界定和功能框架，基于高质量发展的全面预算管理系统具有如下特征。

（一）以公司战略为牵引

全面预算管理系统是企业集团战略实施的保障与支持系统，没有预算支撑的战略是不具备操作性的、空洞的战略；而没有战略牵引为基础的预算是没有目标的预算，难以提升企业集团的竞争能力和价值。预算目标是企业集团战略目标的落地，通过全面预算管理使集团的战略意图得以贯彻，中长期规划和年度计划得以衔接；使日常的经营活动遵从集团的战略部署，企业预算系统得以顺畅运转。以战略为牵引的全面预算还体现在预算目标的制定体现企业的战略重点上，不同战略导致企业发展思路与方针不同，同一集团内战略定位不同的成员企业预算管理的目标与重点应有所差异。

（二）以业务预算为基础

预算是基于业务的，预算行为与业务活动密不可分，预算必须介入业务链，这是企业价值创造过程的必然逻辑。依托业务预算做好企业的精准管理，通过细化编制环节，尽可能考虑业务活动发生的各种细节，有助于解决财务预算与业务预算"两张皮"的问题，强化全业务、全过程、全员参与的预算管理模式，促进管理精细化，是构建高质量预算管理系统的必经之路。

（三）以资源配置为核心

全面预算管理系统以资源分配为纽带，建立不同业务活动之间的协调关系，实现企业经营活动与资源分配的匹配，通过资源配置不断引导、校正业务活动，从而实现对企业集团有限资源的最佳安排使用，实现集团整体利益最大化。全面预算管理系统在资源配置时应结合企业集团战略规划，考虑各业务板块的发展特征、主要瓶颈和发展需求，实施差异化的资源配置原则，聚焦主责主业、科技创新，把握企业发展前景，提升预算执行质效，引导相关主体追求高质量业务和重点发展领域，限制资源配置到效率低、风险高的领域，避免资源浪费和低效使用，推动企业集团经营管理方式从粗放型向集约型转变。因此，企业集团实施全面预算管理的过程就是如何有效利用企业集团所有资源的过程，实现资源最优配置是预算编制的核心思想，聚焦主责主业、科技创新是行动指南。

（四）以绩效考核为抓手

通过制定科学合理的绩效考核指标，考核预算目标完成情况和预算责任落实情况，是全面预算管理的重点环节。预算将经营目标实现情况量化为显性数据，为评估各预算单位的经营责任、管理责任落实情况，实施恰当的激励措施提供坚实的基础。全面预算管理系统提供的财务数据和指标，明确了绩效的评定指标和依据，将其作为企业集团对全体员工工作绩效的考核和评价：一方面，可以激励全体员工为实现预算目标而努力，在满足自己利益的同时实现企业价值最大化；另一方面，促进管理者及全体员工面向未来，增强其预见性，避免盲目行为。总之，以绩效考核为抓手，为实现个人目标与企业集团目标的有机结合创造环境，有助于强化预算执行的力度。

第二节 全面预算管理系统的发展现状

一、全面预算管理系统的成效

在国内企业集团管理实践中，作为服务企业集团业务运营的核心管理系统，全面预算管理系统在有效落实战略目标、优化资源配置、防范经营风险和促进管理升级等方面发挥着重要作用。

（一）落实战略目标

通过制定科学的测算模型，充分应用已有数据资源，测算未来期间企业经营成果、财务状况、投资规模，有效支撑企业经营，辅助日常决策，确保企业集团战略的执行落地。例如，中国石化在实践中坚持全面预算管理的"战略引领"原则。在预算管理过程中，总部和各业务板块进行企业战略环境预测评估，编制并发布预算指引，通过深入分析宏观经济发展形势、行业价值转移趋势，提出企业未来的发展方向和目标、面临的关键挑战与需要解决的问题，引导和支撑企业及各级预算编制主体的战略分析与决策。

（二）优化资源配置

通过将业务需求和业务量预测与标准定额体系相结合，运用标准成本管理系统，提高编制的准确性和科学性；通过自上而下、自下而上、上下结合的预算编报过程，协调并优化集团资源配置；通过费用归口管理，发挥专业部门业务强项，财务进行综合平衡，实现资源优化配置。例如，国家电网通过预算精益管控，将企业资源在各专业、各层级科学合理分解，达到管理、分配和控制企业资源的目的，确保将有限资源投向企业战略重点领域，提升经营效益和运营效率。

（三）防范经营风险

通过预警监控和经营分析等控制体系，严控超预算支出和预算外活动，实现对资源使用过程的监控，确保资源安全和使用效率，提升企业集团经营管理能力，降低集团整体经营风险。例如，兵器装备集团所属重庆青山工业有限公司通过强化预算管理的刚性控制，实现风险管理与预算管理相结合。以应收账款回收为例，财务部门严格按照合同签订的金额下达月度货款回收计划。对逾期未收回的款项，财务部门及时发出货款回收预警通知，并对销售部门进行考核，协助销售部门关注货款回收情况，降低呆账、坏账发生的可能性。

（四）促进管理升级

全面预算管理通过分析执行偏差，挖掘偏差原因，建立管理体系动态完善机制，提升企业集团预算管理水平。同时，通过客观公正的绩效考核，发布考核结果及考核依据，促使各部门、各单位为完成预算目标更加积极地工作。例如，徐工集团在其全面预算管理体系中，将集团的经营思想、战略重点、经营方针和经营理念充分融合并贯穿于预算全过程，以流程信息化打通各业务孤岛，通过强有力的预算管理实现业务流程与财务流程的融合，不断推动业务水平和企业管理水平升级。

二、全面预算管理系统存在的不足

（一）预算与战略衔接问题

根据战略制定运营目标、监控战略执行、评价战略实现程度，是以战略为导向的企业集团全面预算管理系统的核心内容，但在国内企业集团的实践中，预算的实际价值与预期价值相差较远。造成这一事实的原因有很多，最根本的原因在于没有从意识上将预算与战略看成一体化的管理控制体系,战略与预算"两张皮"现象严重。

1. 战略规划对预算的导向性和牵引性不够

无论是在理论上还是在实践上,预算都是整个企业计划体系的一部分,预算规划应以战略目标与长期目标为前提。但是,在实际工作中,部分企业集团全面预算管理系统缺乏明确的、具体的战略牵引,资源分配没有充分考虑实现战略的关键成功因素及优先原则,预算目标体系及其目标值(或目标区域)也没有相应地和这些关键成功因素、关键业绩指标及战略目标值进行有效对接。因此,虽然不同企业应该有不同的战略目标、实现途径,但具体企业的预算指标往往大同小异,预算指标值也没有完全按照战略规划确定的进度计划和步骤来确定和执行。

之所以出现上述问题,有两个方面的原因:一方面,部门之间缺乏有效的沟通,部门的职责和考核体系不足以弥合部门间的界限,而且在很大程度上加剧部门间藩篱的形成。这种情形不仅存在于部门与部门之间,也存在于集团总部与下属企业之间。另一方面,战略规划没有精细化,过于空泛地表达组织战略,没有相应的规划途径和方式来落实战略,使预算指标设置缺乏依据和标准。

2. 预算监控与考评对战略的支持性不够

动态地看,战略与预算之间是互动的,预算反馈信息是不断修正偏离战略的行为或调整战略的重要信息来源。实际上,每个企业集团都认识到监控信息的重要性,但监控报告对真正需要关注的关键战略相关信息关注不足。同时,预算考评的战略机制尤其被人们忽视,一些企业集团常常简单地以"预算完成越多,业绩越好,奖励也越多"为考评原则,忽略了过度激励可能引起的与战略意图的冲突。首先,预算是基于战略及资源规划的,当期超额完成预算越多,在某种程度上意味着它可能是以牺牲未来期的资源为代价的(战略及资源配置是一个长期概念)。其次,预算计划是以追踪战略规划的实施为根本的,预算反馈的对象不完全是当期实际情况与当期预算之间的差异比较,更应该关注截至当期的累计实际情况与规划之间的差异比较。在这层意义上,预算管理的反馈机制既要强化当期,又要强化对战略的"累计"实施情况的评价,从而使预算管理成为战略管理的真正组成部分。

(二)预算管理中盈利、增长和风险的平衡问题

没有增长的企业集团不能在市场竞争中脱颖而出,而盲目的增长同样会给企业

集团带来万劫不复的灾难。经过多年发展，国内企业集团历经体制变革和经济转轨的艰难岁月，凤凰涅槃，在完全市场竞争环境中实现了向具有鲜明战略导向和目标追求的现代企业集团的巨大跨越。但是，在快速发展的背景下，全面预算管理系统也面临着巨大挑战。

1. 企业集团规模快速增长对全面预算管理系统的挑战

多年来，企业集团迅速发展壮大，经营业务品种日益复杂，财务资源供给大幅上升，加剧了全面预算管理系统的复杂性和风险性。

2. 管理层级快速增加对全面预算管理系统的挑战

在企业集团快速发展的过程中，并购重组活动逐渐增加，管控范围迅速扩大，很多大型企业集团所属二级企业也开始呈现出明显集团化的发展趋势。如何有效调配整个集团的财务资源，全面控制财务风险，成为全面预算管理系统面临的重大课题。

3. 环境快速变化对全面预算管理的挑战

近年来，宏观经济环境快速变化，企业经营环境的不确定性越来越大。在这种形势下，全面预算管理系统要持续提升其应对不确定性的能力，要能够适应宏观环境和行业环境的快速变化，实现对企业经营的保驾护航。

4. 国际化对全面预算管理系统的挑战

随着国际化步伐的加快、海外并购项目的增加，许多大型企业集团海内外资金调配能力有待提升，海外企业的全面预算管理水平仍需进一步提高。

上述困难与问题，实质反映的是预算管理盈利、增长和风险的平衡问题。

从价值管理和战略管理的角度分析，盈利是企业价值的最终表现，是高于资本成本的超额收益率，对盈利的追求必须强调立足出资人。但是，若单纯强调盈利目标，忽视增长带来的风险，企业发展就会失衡。因此，对盈利目标的设定必须与增长、风险目标结合，提高盈利的质量和可持续性。增长是营业收入的扩张和总资产规模的增长，增长必须与盈利能力的提升和风险等级协调，与企业的资源条件和控制能力相配。风险是从战略视角对企业制度风险、管理风险、经营风险、财务风险进行系统考察，对全面预算管理系统而言，主要关注财务风险并关注经营风险。盈利、增长和风险的三维平衡体现了平衡思想和战略审视的管理逻辑，其终极目标是推动企业集团实现价值最大化。

(三) 预算的执行控制和业绩评价问题

国内企业普遍存在"重编制、轻执行"的现象,许多企业在编制完预算以后,并没有很好地进行事中和事后控制,导致全面预算管理流于形式。事中控制主要是对执行过程的监督,事后控制主要是对执行结果的评价、考核和反馈。许多执行者以自己业务的特殊性为理由(例如,市场波动、政策变化等),使预算目标得不到一致的贯彻和执行。这种预算是虎头蛇尾的,失去了意义。要杜绝这种现象,企业集团必须建立起强有力的预算控制和业绩评价体系,除非受到不可抗拒的外在因素的影响,否则预算目标执行必须坚持刚性原则,不得轻易变更。对于不可抗拒的外在因素,应该设计完善的调整体系,只有这样才能保证预算的有效性和准确性。对于执行的考评结果,还要实施相应的奖惩制度,以提升预算的重要性和严肃性。

第三节 基于高质量发展的全面预算管理系统建设内容

一、基于高质量发展的全面预算管理系统新要求

(一) 通过全面预算管理承接发展目标,支撑战略全面落地

预算管理沟通企业战略与经营活动,使企业集团战略能够具体并细化为可实施的方案。因此,它在企业集团战略目标和战略执行之间起到桥梁作用,是对战略目标的承接与支撑。这要求企业集团在经营管理过程中以全面预算管理为逻辑主线,上承集团发展目标,下启所属各部门、各单位的具体业务行为,构建首尾相连的循环系统。一方面,预算目标的确定必须体现集团内部不同预算单位的战略重点,也应体现企业不同时期的竞争战略。另一方面,企业集团通过全面预算管理将战略具体落实,并进一步量化、细化;通过对预算执行过程和结果的分析,对企业集团战略进行再评估与修正,使集团战略具有可接受、可实现、可检验的特征。同时,在全面预算管理过程中,应运用价值管理工具方法,高效整合集团内部资源,将企业集团价值与各级预算组织的具体目标、岗位职责、经济责任相联系,使业绩计量和业绩评价的战略导向性更强。

(二)通过全面预算管理强化资源配置,支撑高质量发展

全面预算管理实际上是一个实现资源有效配置的过程,通过证明目标和行动计划的可行性,寻找和发现实现企业集团价值目标最大化的路径。在新形势下,推进企业集团的高质量发展,要求集团持续聚焦主责主业,推动科技创新,加快对"卡脖子"关键技术攻关,勇当原创技术"策源地"和现代产业链的"链长",通过自身高质量发展带动配套企业协同发展,以市场化竞争解决产业链内部高端不足、低端过剩等问题。同时,将绿色发展理念融入业务流程,以精益管理促进节能减碳,提升资源利用效率,服务绿色发展战略。

为激发生产经营动能,实现高质量发展,需要强化企业集团全面预算管理资源配置功能,具体体现在以下几个方面。

1. 对企业集团预算目标的整合

企业集团所有者需要通过预算手段进行控制管理,将企业集团经营的长期战略目标与短期预算目标分解到各个经济责任单位,具体细化各个经济责任单位的资源和信息,使其得到充分利用,取长补短,相互协调,实现企业集团整体资源的优化利用和最佳配置。

2. 对管理过程的整合

通过全面预算管理对企业集团各级单位的职责进行区分,帮助企业集团管理者选择最有效的管理方式,实现各级单位之间的工作协调,使经营管理过程更加顺畅。

3. 对人力资源的整合

通过全面预算管理将企业集团信息传递给各单位员工,使其对企业集团战略目标有明确的认识,引导员工以企业集团总体战略目标为导向,高效工作,正确工作,实现对人力资源的充分利用。

(三)通过全面预算管理加强过程纠偏,应对外部环境变化

随着全球经济的发展和企业管理的进步,经济波动的周期越来越短,企业集团所面对的经营环境变化越来越快。企业集团要在竞争激烈而又瞬息万变的市场环境中立于不败之地,就要通过预算调整其日常经营活动,以适应复杂多变的环境。全面预算管理是企业集团根据自身战略发展目标,对今后企业集团发展情况的预估和筹划,

通过引导和控制经济活动，使企业集团经营、投资、发展在一定范围标准内进行，是实现企业集团长期生存和发展的制胜法宝。

全面预算管理对企业集团经营管理过程的纠偏是通过控制这一功能实现的。全面预算管理的控制作用可以划分为事前控制、事中控制和事后控制。事前控制的作用主要体现在预算的编制过程，通过编制预算对企业集团未来特定时期的生产经营活动进行全面评估和认定，进而从整体上对企业集团资源进行配置，保障经营过程不偏离预定目标。事中控制的作用主要体现在预算的执行过程，通过预算执行，可以将企业集团规划目标以清晰的财务指标与非财务指标予以表达和明确，成为控制经营活动的有力依据，保障其在企业集团总体战略目标下高效运行。事后控制的作用主要体现在对预算数据与实际数据的分析比较，通过对两者数据差异的比较和分析，找到企业生产经营活动的强项与不足，并采取有效措施，进而为企业经营管理总结经验和教训。总之，强化全面预算管理控制职能，有助于加强预算执行跟踪、监测、分析，帮助企业集团及时纠偏，通过对企业集团所处内部和外部环境进行预测，识别企业集团未来的机会与威胁，规划出相应的解决方案，应对环境变化，降低经营风险。

（四）通过提升预算管理信息化水平，提高预算管理的工作效能

预算管理是一套体系化的管理控制系统，从企业战略目标的承接、下达到预算目标的分解、经营任务的落实、经营管理信息的反馈、预算的审批、执行的控制、分析与检讨，再到预算的考核结果向绩效考评系统的推送，是一个信息量大、流程复杂、涉及面广的管理过程，对企业集团的其他管理系统运行均产生影响。如此庞大的管理系统，如果没有信息系统支撑，就很难顺利运行。预算管理的信息化是充分发挥预算管理作用、促进企业从粗放型管理向精细化管理迈进的必然途径，也是缩短预算编制周期，加强全员合作，实现预算数据共享，保证及时对预算进行监控、分析、调整的有力工具，为加强预算信息的透明度、共享性、时效性，提高预算管理的工作效率与应用集成提供了可能。

"大智移物云区"新技术的广泛应用，为预算管理转型升级提供了更多的机遇。企业集团应积极利用新技术提升预算精益管控水平，充分发挥数据作为新型生产要素的重要价值，以更广泛的信息连接、更深刻的价值洞察、更敏捷的企业运营、更精益的经营管理，重塑预算管理工作业态，实现从数据的生产者、集成者向大数据的应用者、推行者的角色转变，全面提升预算管理能力和工作效率。同时，"大智移物云

区"新技术的应用进一步推动业财深度融合，财务人员事前参与业务决策并提供信息支持，确保"做正确的事"；事中参与业务过程管理并实施监督与控制，保证"正确地做事"；事后对业务结果进行考评，评价"事做得是否正确"。这些均为实施预算精益管控提供了坚实的基础，拓展了优化空间，有利于提高预算管理的技术含量，实现专业能力、管理效能的全面提升。

二、基本原则

（一）以战略引领为纲

基于高质量发展的全面预算管理体系是集团总部对未来预算期间经营目标、经营决策、经营责任的数字化表达，是集团整体作战方案的具体实现和体现形式，是战略实施的必要保障。

坚持全面预算管理系统的"战略引领"原则，意味着集团全面预算管理以战略目标为导向，根据中长期战略规划编制并发布预算指引，通过洞察宏观经济发展形势、行业价值转移趋势，提出未来的发展方向和目标、面临的关键挑战与需要解决的问题，从而引导和支撑企业集团及各级预算编制主体的战略分析与决策，最终实现企业集团高质量发展。

（二）以精益管控为要

有机对接集团战略、发展规划的全面预算管理，将集团资源在各专业、各板块、各层级科学合理分配，达到管理、分配和控制的目的，确保有限资源投入集团战略领域。通过全面预算管理，有效融合业务的复杂性、多样性及管理的标准化，遵循刚性的合规要求，下沉到管理末梢和业务场景的柔性空间，建立起管理标准，使管理人员能够按图索骥、高效执行。通过预算精益管控，有效健全统一的投资、成本、绩效管控标准，确保经营结果符合股东要求，符合管理预期，强化全面预算对价值的引导和维护功能。

（三）以风险管控为基

基于高质量发展的全面预算管理，应统筹兼顾当期效益和中长期资本积累，以财务承受能力作为业务预算和投资预算的边界和红线，持续强化风险意识，提高防控能力，严格控制非主业投资，严格控制资产负债率超过警戒线，严格禁止脱离主业的金融衍生业务，守住不发生系统性风险的底线。

基于此，企业应当将全面预算管理作为重要的管控平台，为财务结构性指标设置风险边界。在预算编制阶段，在相关业务预算和投资预算编制中，应对边界指标做系统安排；在预算执行阶段，应对预算指标持续监测预警和反馈调整，确保不突破风险边界；在预算评价阶段，通过将预算指标边界值纳入经营业绩考核指标体系，与经营年度和任期薪酬考核直接挂钩，强化对预算执行结果的评价运用。

三、主要建设内容

（一）优化预算组织体系，保障预算顺利推进

全面预算管理是一项综合性管理活动，涉及企业集团运营的各个方面，离不开强大的组织体系保障。在实践中，预算组织体系应建立在企业集团治理和管理体系构建的原则之上，立足全面预算管理目标定位，秉承"组织层次更好、协调能力更强、更具有权威性"的原则，建立包括集团公司和成员单位两级预算主体，董事会、全面预算管理委员会和预算管理办公室三级预算管理机构在内的预算管理体系。各预算单位全面预算管理工作由主要负责人直接领导，层层落实，从组织机构和人员配备上保证全面预算工作的顺利实施。

企业集团董事会是全面预算管理的最高决策机构，负责最终审议全面预算管理制度、全面预算管理方案、年度预算预案和预算调整预案等重大预算事项。企业集团预算委员会定位为全面预算管理的审议机构并在董事会授权范围内行使部分决策权。预算委员会向董事会负责和报告工作，在董事会授权下审议和处理全面预算管理的重大事宜。预算管理办公室定位为全面预算管理的组织协调机构，在预算委员会直接领导下具体负责全面预算管理全局性组织工作。其职责包括几个方面：负责组织年度预算编制工作，汇总形成年度预算预案，并提交预算委员会审议；定期向预算委员会汇报年度预算执行情况，提示异常，向所属预算单位反馈意见；协调解决预算编制执行过程中的有关问题。为提升预算管理工作效能，还可以在预算管理办公室下设各类专项预算小组，如兵器装备集团在集团预算管理办公室下设多个专项预算管理小组，小组按照集团公司预算管理统一要求，对集团公司产业板块业务、投资、筹资、薪酬、资本、科技、社会责任等专项预算进行管理。专项预算管理小组组长由各相关部门主任兼任。专项预算小组主要负责各专项预算报表设计、数据审核、汇总和

报告，并提出专项预算的编制原则和关键预算指标管控标准，紧密衔接业务预算、专项预算和财务预算，确保资源在核心业务与关键领域的高效配置和使用。

对于国有企业集团，党组织参与公司治理对企业战略有显著的积极影响，党的领导融入公司治理是中国特色公司治理理论和实践的重大创新。党的十九大对党章做了修改，明确"国有企业党委（党组）发挥领导作用，把方向、管大局、保落实，依照规定讨论和决定企业重大事项。国有企业和集体企业中党的基层组织，围绕企业生产经营开展工作"。2020年12月，中央深改委审议通过的《关于中央企业党的领导融入公司治理的若干意见（试行）》，进一步明确"中央企业党委（党组）是党的组织体系的重要组成部分，发挥把方向、管大局、促落实的领导作用"，正式将"保落实"升级为"促落实"。作为企业促进战略执行的有效工具和资源高效配置的重要抓手，全面预算管理的全过程都离不开党组织"把方向、管大局、促落实"。"把方向"是指牢牢把握国有企业改革发展的正确方向，坚决贯彻党的理论路线和方针政策。党组织应确保战略执行和资源配置坚持创新、协调、绿色、开放、共享的新发展理念，引领企业高质量发展，在创新经营理念、增强经济实力等方面加强引领，在互利共赢中提升竞争实力。"管大局"是指党组织坚持在大局下行动、议大事、抓重点，坚持总揽全局、协调各方，加强集体领导、推进科学决策，推动企业全面履行经济责任、政治责任、社会责任。在对企业重大决策前置把关的同时，协调董事会和经理层之间的关系，保障各治理主体高效协同运转。在全面预算管理系统运行中，党组织"管大局"作用体现在管重大决策、管重大责任和管重大协调三个方面，通过行使监督权，发现改革发展、生产经营、安全环保等方面影响大局的风险因素，主动在有效化解风险方面有所作为。"促落实"是指充分发挥党组织的凝聚力、战斗力，管干部聚人才、建班子带队伍、抓基层打基础，凝心聚力，完成通过预算落实的企业中心工作，把党中央精神和上级部署不折不扣地落到实处。可以预见，党组织融入治理体系，将使全面预算管理系统助力企业集团战略落地、提升集团资源配置效率、推动集团高质量发展的作用更有效地彰显。

上述全面预算管理组织的建立，对各预算组织的责、权、利进行了严格界定，明晰了权限"空间"，有效保障了预算决策、预算行为与预算结果的高度协调统一，确保企业集团全面预算管理工作落地，使全面预算管理工作层层有负责、事事有跟进、时时有监控，保障全面预算管理工作顺利推进并保持旺盛的生命力。

（二）承接集团战略目标，构建预算目标体系

预算目标体系出发点是企业集团的发展战略，构建思路可以基于平衡积分卡和战略三维平衡理念。一方面，引入平衡计分卡理念，从股东要求（财务层面）、客户要求（客户层面）、内部管理（过程管理）和员工要求（成长与学习）四个方面出发制定中长期战略规划、五年发展规划、三年滚动规划和年度经营计划，旨在通过与战略密切相关的目标和指标将组织的战略意图导入其不同层级，以保障企业集团战略被正确领会并得到贯彻，不仅关注财务因素和单一决策变量，还关注对非财务因素和多变量的分析，强调执行力，保障集团战略的有效实施。另一方面，通过引入战略三维平衡理念，从增长、盈利和风险控制三个维度具体设计全面预算管理目标体系。增长是满足企业集团发展要求，盈利是提升企业集团发展质量，风险控制是保障企业集团健康发展，任何一个维度都不能被忽视。

尽管目标设计的原则和构建思路是不变的，但预算目标体系是可调整的。企业集团在不同阶段的战略重点、项目、产品、竞争策略不同，对关键预算指标的具体关注点会有所不同，以更好地适应战略发展的需要。同时，企业集团在设计预算目标体系时应当充分考虑自身特点，开创性地、针对性地构建预算目标体系。

在实践中，预算目标的确定经历上下反复沟通协调的过程。例如，兵器装备集团根据战略目标，通过"二下二上"的基本流程最终确定年度预算目标，并要求所属企业必须在规定的时间内完成或达到预算目标。"二下二上"的基本流程是一个预算主管单位与成员单位反复讨论，及时、充分地交流有关预算信息并达成一致的过程，确保预算目标有相应的业务支撑，确保预算目标具有可实现性。

基于高质量发展的全面预算管理目标设定，应借鉴战略地图、平衡计分卡、目标与关键成果法（OKR）等战略管控执行工具的理念，尝试建立高质量发展指标评价体系，将定性的愿景描述转化为定量的战略指标，并通过设定合理的标杆值找出差距，明确方向。在预算执行过程中，不断根据外部形势和内部要求的变化，动态完善指标体系，不断提升高质量发展指标与战略目标的匹配度。例如，中国石化建立了"集团—板块—企业"逐级细化的三级指标体系。在集团层面，以八大维度、30项指标构建高质量发展一级指标评价体系；在板块层面，结合自身发展战略定位和"十四五"发展规划，科学设置细化指标，有效支撑集团公司一级指标；在企业层面，由各板块组织指导所属企业开展三级指标体系建设，并负责对三级指标进行审核测算，确保形成有效的支撑体系，实现父目标与各子目标相互对齐。通过上述手段确保预

算目标与高质量发展要求相衔接。

（三）强化业财深度融合，提高预算编制质量

预算编制能使管理人员未雨绸缪，预先筹划，更重要的是通过预算编制，使企业经营决策的结论及经营目标具体化，准确配置资源，有效管控风险，使企业内部每个部门、每个职员均能明确其工作目标和职责。因此，预算编制的准确性是预算管理的关键，而数据则是影响预算准确性的关键因素。

1. 资源优化配置

企业集团通过资金集中、国有资本收益、外部资金支持、资产盘活、内部资源整合等方式，全方位统筹资源，通过对产业链、价值链的梳理，精准配置资源，增强高质量发展动力。

（1）事前配置重点领域资源。找准企业集团战略实施的堵点、痛点、难点，关注重点产业、重点业务、重点企业的资源需求，事前将投资资源、科技资源、人力资源、金融资源等向提高核心竞争力、实现高质量发展方向倾斜，精准施策，提高资源配置效率和效果。例如，兵器装备集团将投资资源聚焦主责主业，按照"战略引领、系统谋划、精准投资、精益投资、科学论证、防范风险"的原则编制投资预算，重点投资产品体系和技术发展。人力资源强调人员结构优化、工资总额控制及重点领域高层次人才保障，坚持高质量发展导向。金融资源对"两圈一新"产业、供应链保供、数字化转型等方面进行重点支持，全力支持主业发展。

（2）高效配置高附加值产品和业务资源。企业以"有利润的收入、有现金流的利润"为追求，重点关注产品的市场表现和投入产出效率，结合产品全生命周期管理，在预算编制时向高技术含量、高附加值产品进行资源倾斜。同时，通过业财融合的价值链分析，细化业务管理颗粒度，为价值创造能力强的管理环节优先配置资源。例如，兵器装备集团所属东安哈尔滨汽车发动机制造有限公司（简称"东安汽发"）梳理产品成本和主要费用，建立产品成本数据库和 175 项成本费用标准，制定成本控制路径，并以此作为成本费用预算的编制基础，提高生产成本预算和生产费用预算编制的准确性和有效性。

2. 风险控制

在业务预算、财务预算编制过程中，通过对预算的从严管控和有效支持，前置管

控风险事项，提高风险管控水平。一是穿透业务管控经营风险。预算安排收紧成本费用预算、两金规模预算、亏损企业预算、资金预算等，促进企业强化成本管理、加快两金周转、大力推进亏损企业"压减"、改善现金流等工作任务，监控并降低经营风险。二是规模匹配管控投资风险。投资规模与经营规模和财务承受能力相配，完善并执行投资项目负面清单制度，管控禁止类、严控类投资业务，强化项目可行性、经济性分析和风险评估，规范投资项目管理和资金来源，从业务端降低投资风险。三是科学配置管控金融风险。从严控制偿债能力指标和金融业务，在满足金融资源需求的同时，设置资产负债率指标、债务性融资和担保业务、金融投资业务等方面的预算限制，及时预警金融风险。四是全线布防管控安全风险，针对风险较高的安全生产、环境保护等业务，合理策划并全力支持安全类业务预算安排，支持企业集团提升安全管理水平。例如，兵器装备集团拉紧风险防控防护网，对经营风险、投资风险、金融风险、安全风险提出"高标准、严要求"。在控制经营风险方面，以成本费用占比、两金周转率、全级次亏损企业、经营性现金流等预算指标为牵引，压缩非生产性费用，有保有压，分类督导两金，着力企业经营脱困，加强司库系统应用。在控制投资风险方面，审慎开展投资业务，禁控结合，严格审查预算项目，高标准设置投资收益率。在控制金融风险方面，根据企业类型和资产负债情况，以集团资产负债率整体不超过65%为目标，一企一策，确定预算目标，严禁融资性贸易、虚假贸易，降低融资成本，防范金融风险。在控制安全风险方面，加大安全生产、节能环保、安全保卫工作投入力度，提高资金投入，推动安全环保技术改造，提升自动化管控水平。

3. 科学分解目标

在多层级管理模式下，预算编制大多数采用分级编制、逐级汇总审核的方式，企业集团需通过"上下结合""分层分类"的目标分解，实现整体利益和局部利益的有效联动。

（1）"企业集团——产业板块"目标分解。企业集团研究分析主要产业政策、行业发展等情况，设置产业规模、效益预算目标和增长要求，将战略目标落实到主要产业发展中。

（2）"产业板块——二级企业"目标分解。结合产业发展目标和二级企业上报的产品、投资、创新预算情况，守住产业发展底线，关注重点企业增长趋势，设置二级企业预算目标。

（3）"二级企业——全级次企业"目标分解。根据企业具体情况，分类设置"保"和"争"的预算指标和目标值，层层分解到各企业，确保全级次企业在各领域、各环节支撑企业集团整体目标。

（4）"年度目标——月度预算"分解。企业层面还应当对预算目标进行月度分解，提前预测、安排预算进度，支撑预算目标的过程管控。

例如，兵器装备集团在预算编制和审核过程中，从时间维度和空间维度对预算目标进行分解。在时间维度上，要求全级次企业将营业收入、利润总额、净利润等主要预算指标和产量、销量等业务数据进行月度分解，且半年度预算进度达到45%以上（部分企业达到42%以上），并以此为依据对月度和累计情况进行跟踪，对预算执行情况进行考核，充分支撑企业集团实现当期经营目标。在空间维度上，开展全级次企业预算目标逐级分解备案，其中二级企业及所属三级企业预算目标分解备案至集团公司，四级及以下企业按单户分解备案至二级企业财务部门。

4. 思想统一

在预算编制过程中，企业集团应注重横向与纵向的沟通协调，将全员思想统一到全面预算的编制要求上来，确保千斤重担人人挑、人人肩上有指标。

（1）全面预算承接企业集团战略目标要求。企业集团战略目标和年度经营目标不是某一产业、某一部门的目标，各产业、部门及企业应植根于企业集团整体利益，利出一孔，充分承接各项经营目标，承担重大工程任务。

（2）全面预算与经营业务紧密联系。预算编制协调和优化内部资源，一经确定，就成为约束和调整各方利益、牵引和支撑业务开展的重要依据。预算编制不能"说起来重要，做起来次要"，不能预算和业务"两张皮"，否则无法指导经营活动并可能造成业绩评价的重大偏差，使经营结果背离预算目标。

例如，兵器装备集团每年召开全级次企业预算布置会，研判经济形势和产业趋势，明确全面预算指导思想、编制原则体系、重点任务等，将全级次企业的全面预算管理工作统一到服务战略、配置资源、管控风险、精益管理等方面。同时，各企业具体管控重点和预算目标在"二下二上"的预算编制流程中可以充分沟通，最终形成可牵引、可量化、可执行的全面预算管理方案。

（四）立体监控预算执行，确保预算目标达成

企业集团应对预算过程进行全方位监控。全方位是指将预算过程监控渗透到各个业务过程、各个业务环节，覆盖所有的部门和岗位。监控既有事后监控，又有事前监控和事中监控；既有约束手段，又有激励安排；既有财务上的资金流、存量预算指标的设定，又有人事委派、生产经营一体化的策略。主要做法包括以下几个方面。

1. 利用董事会和委派总会计师发挥监控作用

集团公司应始终致力于建立产权清晰、权责明确、相互制衡、监督有效的公司治理结构，保证全面预算管理符合公司治理运作规则。集团公司成员单位应建立健全专职董事、企业内部董事、外部独立董事等管理制度，由董事会定期听取对全面预算执行情况的汇报，对预算执行情况进行监控。

用制度明确成员单位总会计师必须设专职且由集团公司委派，并从制度层面明确委派总会计师进入企业董事会，具有负责派驻单位会计制度建设、财务与资产管理、审计监督、全面预算管理等职责权限。委派总会计师是全面预算编制与执行的主要执行人，对优化资源配置具有关键性作用，也是企业经济运行监控的重要责任人，具有改善企业经济运行质量、有效防范经营风险的天然职责。例如，兵器装备集团严格要求委派总会计师负责落实集团公司财务战略、监管派驻单位财务行为，对内部和外部环境发生重大变化、监管机构采取重大监管措施等经营类事项，融资规模过大、担保的债务人财务状况恶化等金融类事项，重大财务违规、重大财务政策变更等财务类事项，以及其他影响总会计师履职的重大事项独立进行报告，协助集团公司解决派驻单位生产经营、财务管理等方面的重大事项，指导并督促相关事项及时有效解决。同时，对总会计师单独下达年度任务，承担包括"一利五率"和经济运行质量指标在内的各项预算指标，使总会计师深度参与各项经营活动，提高运营效率和经营质量。

2. 创新监控方法和手段，加强定期跟踪监控

（1）注重综合利用多种手段构建监控体系，确保预算执行过程全面可控。企业集团可以通过绩效看板等工具方法对成员单位当期经营成果进行展示，看板内容包括但不局限于主要经营指标绩效看板、主导产业主要成员企业发展速度看板和成员企业当期经济运行情况排行榜等内容。企业集团通过绩效看板对成员单位经营成果和运行质量实时反映，通过制定横向与纵向对标指标体系，促使成员单位分析查找经

营中存在的问题，发现管理短板，明确改进方向，确保各单位持续快速健康发展。

（2）坚持执行定期经济运行分析会制度，并规范分析检查内容。在企业集团层面，由总经理或总会计师主持召开月度经济运行分析会议并将各部门和专业公司（事业部）月度运行分析资料在内部发布，每个成员单位都可以查看。经济运行分析会议主要对照预算分析检查预算执行情况，总结经营决策中的重点问题和与预算的差距，揭示潜在风险，布置改进工作，落实责任措施。在成员单位层面，每月至少召开一次公司层面的经济运行分析会议，主要对重点经济运行预算指标，"一利五率"等核心预算指标的完成情况进行分析通报。例如，兵器装备集团所属重庆建设工业（集团）有限责任公司（简称"建设工业"）为确保预算全过程受控，对预算执行情况实行月度预警通报、季度运营分析、年度综合考评。通过采取零基预算和弹性预算相结合的方式，以年度目标和业务计划为依据，并根据上月预算执行情况和新的预测信息，经过综合平衡，滚动编制月度预算，以月度、季度预算控制确保年度预算目标的实现。在此过程中，重点通过弹性预算差异分析，查找出实际预算偏离的原因，找出预算管控的方向和重点，层层分解责任、落实措施，有效降低预算松弛风险，增强全面预算管控效果。

3. 利用短板提示及时预警风险

企业集团分别选取各成员单位与集团公司战略相关度最高的几个方面的能力与相关指标，对照行业标杆，找出其中差距最大的指标分别定位为成员单位短板指标。总部牵头部门组织实施，相关部门和成员企业密切配合，定期以看板形式公布各成员单位管理短板指标，并向各成员单位通报相关情况，督促成员单位改进短板。成员单位要针对管理短板及时研究和解决生产经营中存在的相关突出问题，认真分析问题产生的原因，提出并落实详细的改进措施。集团公司在年末将对短板指标改善程度进行分析和追踪，并在经营业绩评价体系中适当体现。

4. 利用综合干预措施解决问题

当出现预算完成情况不如预期、关键经济运行指标持续恶化、经济运行状况呈趋势性下滑，以及可能影响经济运行或企业集团密切关注的其他重大事项时，企业集团应启动针对相关产业或企业的经济运行过程干预措施。干预措施包括专项审计、书面经济运行预警通知、经济运行限期整改令等。

企业集团经济运行过程干预的牵头部门,负责监控集团公司整体经济运行状况,并会同相关专业部门(公司)负责组织实施财务诊断;企业集团各专业部门(公司)负责实施相关产业和企业经济运行过程干预,下发经济运行预警通知和经济运行限期整改令,明确指出企业经济运行中存在的关键问题和主要矛盾,提出整改要求,并负责监督、评价企业整改措施的落实情况及整改效果。当成员单位出现价值创造能力指标持续恶化、限期整改效果不明显等状况时,企业集团相关部门深入成员单位一线开展实地调查研究,客观、科学地分析,研究和评价成员单位生产经营情况,帮助成员单位发现问题、解决问题,并形成"价值诊断专项报告",为成员单位经营调整提供重要决策依据。

(五)科学设置绩效考核体系,评价预算执行结果

在考核各单位的工作业绩时,要根据预算的完成情况,分析实际偏离预算的程度及原因,划清责任,赏罚分明,促使各部门、各单位为完成预算规定的目标而努力工作。

1. 加大价值创造能力考核

为培育成员单位资金成本理念和股东回报意识,企业集团应相应调整业绩评价指标内容和权重,将业绩评价和考核的重心调整到价值创造能力上。例如,将以经济增加值法(EVA)为主的盈利能力指标调整为占经营业绩评价较高的权重,充分体现绩效评价的价值导向;在绩效看板、经济运行对标等经济运行监控体系中将EVA作为主要指标进行反映监控;制定EVA驱动路径分析表,引导成员单位逐步树立EVA价值提升指标体系理念,进而形成"不创造价值的业务不做,不新增价值的项目不上"的价值创造理念和经营思路。例如,兵器装备集团所属重庆长安工业(集团)有限公司(简称"长安工业")优化制定"发展、党建、风险"三维度的业绩评价指标体系,充分体现公司的使命与战略,兼顾风险与效率,指标设置聚焦公司战略核心,由公司战略目标分解、年度任务、提质增效、活力提升,以及公司关注的痛点、难点问题组成;指标监控强化指标周、月、季度分析反馈机制,确保目标落地;指标评价客观公正、奖罚分明,权重分配体现价值导向,降本增效、工艺改进、盈利工程等专项工作评价以价值创造成果为主要标准;业绩评价体系运行规范、权责明确,通过工效挂钩模式、共创共享的激励制度,保障目标落地,激发全员内生动力,充分发挥激励"指挥棒"的作用,提升全员价值创造活力。

2. 注重可持续发展能力考核

阶段性的资源约束要求企业集团增强可持续发展能力，搭建新的发展平台，进入新的发展阶段，绩效考核体系需要平衡当期和中长期的关系，充分发挥牵引作用。

（1）注重短期利益和中长期利益衔接。差异化设置年度业绩考核和任期业绩考核机制和指标体系，年度业绩考核与当期经营目标衔接，主要采用量化指标；任期业绩考核关注中长期业绩和长远利益，与战略目标衔接，统筹兼顾定性指标和定量指标，双轨牵引企业经营活动。

（2）完善发展质量指标。将战略发展、创新发展、人才发展、产业发展等关系企业发展质量的指标落实到绩效考核体系中，合理设置科技投入占比、全员劳动生产率等综合性指标，适当补充投资计划完成率、关键技术攻关项目、战略人才数量、产品市场占有率等业务指标，防止短期行为，引导企业打造可持续发展的新动能。

（3）优化考核调整机制。通过建立特殊事项清单管理制度，关注特殊事项的不可持续性，减少重大工程任务、重大科技创新、重要战略业务拓展和数字化转型投入等事项对当期经营业绩的影响，鼓励探索创新，支持企业集团长远布局和发展能力的提升。

例如，兵器装备集团建立绩效考核特殊事项清单管理制度，将企业承担重要保军强军任务、发展重要前瞻性战略产业、开展关键核心技术攻关等事项列入管理清单，并通过研发费用加回降低企业加大研发经费投入带来的影响，充分激发和保护企业家精神，支撑集团公司中长期发展。

3. 设置个性化分类指标考核

（1）针对不同业务板块分别制定不同的业绩考核制度，突出各自行业特性和不同战略定位，体现实事求是的原则，不搞考核评价"一刀切"。

（2）在行业内部设置强制性分类指标，体现不同产业管理重点和难点的差异。

（3）设置若干分类指标，成员单位可以定期自行选择一项指标作为分类考核指标，鼓励各成员单位持续发挥自身优势，突破经营短板。

例如，兵器装备集团按照"两圈一新"（军品生态圈、汽车生态圈、战略性新兴产业与国际化发展）产业分类，进一步将下属企业划分为军品产业类、汽车产业类、其他产业类、金融服务类和初创期企业五大类十小类企业，差异化设置战略发展指标、创新发展指标、人才发展指标、产业发展重点任务、金融业务指标等十大类二十八小类分类指标和权重。例如，军品企业主要考核战略发展指标、创新发展指标、人才发展指标、军工任务保障指标四类指标，汽车整车企业重点考核战略发展指标、创新发展指标、人才发展指标、市场竞争力指标、产业发展重点任务五类指标，突出不同产业、企业考核重点，支撑集团公司科技型企业集团战略定位。

4. 实施经营业绩对标考核

（1）每年以国资委发布的同行业指标为标杆，通过规定的计算方法计算得出针对每个成员单位的对标标杆值并予以发布，体现"精细管理、逐步提升、持续改进"的原则。

（2）综合企业集团发展战略要求、行业对标数据、历史考核数据、集团平均水平建立经营业绩考核基准数据库，夯实评价数据基础。

（3）在进行经营业绩考核时，以成员企业经济运行对标结果对经营业绩考核得分进行附加扣减，促使成员企业进行对标改进，缩小与先进企业的差距。

例如，兵器装备集团关注对标管理对企业经营发展的评价诊断和对标引导作用，选取同行业或行业外一流企业作为标杆，在盈利能力、资产质量、债务风险、经营增长等方面以行业平均及以上水平作为标杆值，定期发布对标标杆数据，在主要预算指标、总会计师年度任务中加入横向、纵向对标的短板指标，并将其评价结果作为企业负责人经营业绩考核、总会计师履职考核的重要参考，推动提升核心竞争力，加快建设世界一流企业。

（六）提高预算精益化、信息化水平，持续优化全面预算管控

预算管理信息化是充分发挥预算管理内部控制作用、促进企业集团从粗放型管理向精细化管理迈进的必然途径，也是缩短预算编制周期，加强全员合作，实现预算数据共享，保证及时对预算进行监控、分析、调整的有力工具，为加强预算信息的透明度、共享性、时效性，提高预算管理的工作效率及应用集成等提供了可能。

（1）预算信息化实现预算管理自动化。预算管理信息系统能够自动从其他业务系统采集在预算执行过程中产生的各类实物、资金和人力资源等财务信息和非财务信息，编制过程灵活，可以在一个会计年度内分阶段编制预算，也支持跨年度编制预算，适合多种预算编制方法，还能支持多种预算体系和预算管理流程。这一改进大大减少了预算管理的工作量,节约了企业的人力、物力等各项资源,使管理人员从繁杂的数据处理工作中得到解放,全面提升整体管理水平和效率。

（2）预算信息化实现信息实时共享。预算管理信息系统将企业的销售、生产、采购、存货、利润、资金等各项业务的预算及实际数据有效地整合在一起,将各种财务数据与非财务数据融合为一个整体。各责任中心利用预算管理信息平台协同工作,在同一个平台上进行预算编制和数据共享,提升各级责任中心数据交换的时效性,强化各预算单位的数据沟通与协调。

（3）预算信息化加强管理控制。全面预算管理系统支持自上而下的集中预算的编制和分解、自下而上的预算编制和汇总,以及上下结合的预算编制流程,使企业业务流程标准化,更贴近企业集团的实际情况。同时,通过预算管理系统可以对预算的执行情况实时进行反馈,方便管理者从不同角度提炼出不同的信息,与实际运行情况进行更直观、更细化的对比;通过运用科学、合理的分析模型和方法,及时反映企业集团经营管理中的问题,更好地实现事前预算、预警及事中控制,加强整体的监控力度。

（4）预算信息化强化决策支持。在预算管理信息系统中,各个业务预算的编制均参考大量数据,并根据科学的预算模型严谨计算出来,预算数据的科学性较强。在预算执行中,通过多渠道汇总信息,分析企业核心预算指标的完成情况,掌握企业运行情况。管理层根据多维度预算执行分析,制定合理的未来经营决策,更好地控制成本与风险。

（5）预算信息化提高管理效率。通过预算管理信息系统,可以方便、快捷地对任何数据进行归类、汇总,并形成多维数据模型,使预算管理各个环节的速度和效率大大提升,同时实现对预算执行数据的实时查询,加快企业经营信息反馈,提升企业集团各部门、各层级之间的沟通速度,从而提升预算管理效率和集团管理水平。随着预算数据的及时性与精确性不断提高,一旦发现问题,预算的调整工作就变得更加容易,调整过程更加科学、合理,从而可以在企业集团内外环境发生变化时灵活应对。

例如,兵器装备集团所属重庆长江电工工业集团（简称"长江电工"）建立全面预算信息系统,强化了从月度到季度和年度的分析监控机制:一方面,强化预算系统与账务凭证或业务系统的集成,全面提高分析监控的时效性;另一方面,通过三级分析监控机制,对财务系统或业务系统获取的预算完成情况与月度滚动预算进行对比分析，包括关键预算指标分析、经营情况分析、投资分析、财务分析及对标分析等，追踪预算执行差异的业务源头，进而采取积极的应对、整改措施，保障经营目标的实现。

综上所述，运用信息化手段改进企业集团预算管理，可以大大提高企业集团的经营管理效率和管理水平，为管理者的决策提供有效支撑，将企业集团各项业务很好地融合为一个整体，为企业集团高质量发展奠定良好的基础。

第五章　基于高质量发展的企业集团精益成本管理系统

第一节　精益成本管理系统的内涵与特征

一、精益成本管理系统的内涵

随着现代经济的快速发展,企业之间呈现出新的竞争格局,赋予成本管理全新的含义,成本管理的目标不再是追求利润最大化。精益管理是精益生产方式经过理论研究学者和实践者高度总结得出的管理方法的结晶,是在长期的精益生产实践中经过去伪存真、由表及里而形成的管理模式和方法。将精益管理思想应用于现代成本管理,现代精益成本管理的概念由此形成。与传统的成本管理法相比,精益成本管理法的最大特征是使企业成本降到最低,减少价值流通环节各种非增值程序,以此加快资金的流通速度,提高资金的使用效率,以最低的成本满足客户的需求,提升企业综合竞争力(沈艾林,2016)。张殿荣(2019)认为,精益成本管理是指企业将精益思想应用于成本管理活动中,通过精益会计系统中的成本计量方法计算得到成本情况,其中心点为价值流成本,手段为价值流核算,目标是避免价值流浪费,减少企业的成本,从而获取更多的利益。

综上所述,我们认为,基于高质量发展的企业集团精益成本管理系统,应当融合精益管理理念,以服务集团战略为导向,以全价值链、全过程、全员、全要素成本管理为主线,聚焦成本管理质量提升,减少价值链全过程各种非增值程序,从而有效提升企业价值创造能力和竞争力。

对成本进行合理分类,是企业进行成本管理的重要内容,成本可以按控制属性、发生时间、经济用途、经济性质等进行分类。具体来说,按控制属性划分,成本可以分为必要成本和浪费成本;按发生时间划分,成本可以分为显性成本和隐性成本;按经济用途划分,成本可以分为研发设计、投资、采购、物流、销售、人力、质量、存货、资金等成本；按经济性质划分，成本可以分为外购材料、外购燃动、工资性支出、折旧等成本。企业应重视成本的分类并积极学习国内外先进成本管理理论与模式，包括战略成本管理、全面成本管理、作业成本管理、成本企划、精益成本管理等。

战略成本管理概念最早于20世纪80年代提出，其发展现在已迈入成熟期。战略成本管理是运用战略对整个企业进行的管理活动，将企业日常业务决策同长期规划相结合，关注重点在于成本事前的产生与预防，具有全面性和前瞻性的特征，是一种新型成本管理模式。战略布局和成本管理贯穿于战略成本管理的始终。

全面成本管理理论是基于成本管理理论的基本原理和方法，结合企业的实际管理需求，从源头上动态追踪企业内部的各项经营活动，通过降低成本投入、优化成本结构来实现生产经营活动全过程、全员、全方位的动态性的成本管理理论。"全员、全过程、全方位"是全面成本管理思想的体现。全面成本管理的核心为价值链分析，价值链分析是一种战略性分析工具，价值链是一系列由各种纽带连接起来的相互依存的价值活动的集合。价值链全面成本管理理论即从价值链角度对价值链的内部与外部价值活动、各类成本动因进行详细分析，以成本控制为主线，建立和完善内部成本考核体系与外部成本管控体系，从显性到隐性，从局部到系统，实现系统化、精细化、全流程、全价值链的全面成本管理。

作业成本管理是一种以"成本驱动因素"理论为基本依据，根据产品生产或企业经营过程中发生和形成的产品与作业、作业链和价值链的关系，对成本发生的动因加以分析，选择"作业"为成本计算对象，归集和分配生产经营费用的一种成本核算方式（杨春兰和肖宁，2006）。

成本企划最早出现在日本，它是一种先导性和预防性的控制方法，需适时针对未来必达目标，对现有的方法和步骤进行调整。

在新经济、新时代下，企业的成本管控在把握全局性、规划长期性、执行标准性、赋予竞争性等方面需要进一步拓展、延伸，亟须构建系统化、标准化、智慧化的成本精益管控体系。基于高质量发展的企业集团精益成本管理系统要实现精益管理与成本管理的融合，形成成本管理融入管理业务，管理业务支持成本财务管理的管理模式，将精益成本管理具体落实到企业管理中。

二、精益成本管理系统的特征

基于精益管理、精益生产的理念，围绕企业成本管理的发展和需要，衍生出企业精益成本管理理念。其主要具有以下五个特征。

（一）以战略为导向

精益成本管理的核心思想不是一味地追求低成本，而是追求具有竞争性的成本，精益成本管理聚焦于支持企业战略目标达成，从追求最低成本向追求最有竞争力的成本转变。传统成本管理主要通过在企业内部不断降低产品成本实现企业利润最大化，而精益成本管理将成本管理的触角伸向企业外部，在时间和空间上对成本管理进行了延伸。在时间上，精益成本管理与传统成本管理更注重产品生产阶段不同，将成本管理延展到整个产品生命周期；在空间上，精益成本管理延伸至供应商及消费者。在战略目标导向下，精益成本管理不仅要求内部组织高度协同，还积极达成多方精益合作，与上下游企业形成战略合作伙伴关系，降低交易成本，共享运营信息。

例如，兵器装备集团所属湖南云箭集团有限公司（简称"湖南云箭"）作为科技创新型企业，主要提供以满足客户功能为主的个性化、附加值高的产品，不单纯以量的扩张为主要目标。其主要收益来源为不断发现战略蓝海，即追求产业或产品的独特性，并将技术优势作为其主要竞争优势。与传统加工制造型企业相比，其成本管理理念不再单纯追求资源节约，而是更加注重通过管理引导资源精准投放，对创新行为形成必要的支撑。其在管理行为中的主要表现就是提高对风险投入的容忍度，对供应链追求能力最大，在管理上注重通过信息手段提升效率与防控风险，注重不同地域和不同层级间的管理协同；在战略选择上偏重提供知识、技术，多选择差异化战略或专一化战略。湖南云箭坚持成本管理服从企业战略，成本管理聚焦支持企业战略目标的达成，从追求最低成本向追求最有竞争力的成本转变，不过度强调短期财务指标，从机制到操作各个层面为创新研发预留通道，增加非经济指标衡量模式，提高对"风险业务"的容忍度，平衡创新投入、经济效益与企业承受能力之间的关系，与市场和客户接轨，通过外部价值链的反馈来进行成本管控。

再如，中国航空工业集团所属中航光电科技股份有限公司从机制和制度等方面进行系统化创新设计，以便从根本上实现职能协同、信息畅通共享，保证公司目标和战略成本管理的有效落实。首先,进行顶层设计,实施组织机构创新,设立以总经理为领头人的成本管理委员会,并设立专门的常设机构成本管理办公室负责成本管理流程的构建和战略成本管理措施的具体落实,以提升战略成本管理的组织效率。其次,建立成本工程师工作机制,搭建信息沟通平台。为了真正落实业财融合,公司主要从工程技术人员中选拔培养一批成本工程师,将其定位为主管设计助理,在其工作机制设计中重要的一环为参与设计评审,以成本为切入点,对优化设计方案提出建议;通过事先询价或类比,在保证产品盈利的前提下,有权决定物料最高采购价格;为供应商管理部提供供应商资源支持;将产品成本状况反馈给营销中心,提出销售建议等。再次,建立价格联动机制和成本压力传导机制。公司将设计、制造、采购等部门的成本管理相互关联,制定供应链资源开发和新材料、新工艺应用等价格联动机制,将成本管理向前延伸,突出在设计源头控制成本;依据目标利润,采用反向思维,以最有竞争力的市场价格,倒推材料价和外购件价,形成市场压力传导机制,层层减压,集聚市场合力,进行成本倒逼。最后,采管分离,创新采购模式。公司在降低采购成本方面,对组织进行专业化整合、改革等流程再造,细分信息、计划、采购、结算的职责界面,建立采管分离组织结构,各职能部门之间既分工协作,又互相制约,使采购价格内部透明化,避免暗箱操作。

(二)以价值管理为核心

与传统会计不同,精益会计不仅重视成本控制,也重视增加客户的价值。精益成本管理融合精益文化和精益思维,将价值置于重要地位,满足个性化需求,掌握成本控制驱动力,降低不必要的成本消耗。精益成本管理以价值管理作为企业成本管理的核心,采取有效措施监控企业价值流的各个环节,努力消除企业生产经营中任一环节的不必要浪费,提升企业经济效益,增强核心竞争力。精益成本管理将业务管理与财务管理有机融合,在满足客户需求的前提下,通过全业务链、全流程的精益投入和控制,杜绝不必要的浪费和积压,生产具有较强成本竞争力的产品。例如,中国电力建设集团结合自身业务特点、管理现状等实际情况,提出以价值创造为核心的目标体系,即"六升两降一加强"。"六升"是指提升营业收入利润率、项目毛利率、项目投资收益率、总资产周转率、财务资源贡献率和全员劳动生产率;"两降"是指降低资产负债率和期间费用率;"一加强"是指加强盈余现金管理,坚持"现金为王"的理念。"六升两降一加强"目标体系的基本逻辑是:贯彻"三新一高"总体要求,推动质量、效率、动力变革,通过提升营业收入利润率、项目毛利率、项目投资收益率实现更高质量的发展;通过提升总资产周转率、降低期间费用率实现更有效率的发展;通过提升全员劳动生产率实现更加公平的发展;通过提升财务资源贡献率、加强盈余现金管理实现更可持续的发展;通过降低资产负债率实现更为安全的发展。

(三)以全价值链为主线

企业要取得产品成本优势,同时获得经济效益,就不能仅仅局限于对制造成本的控制,还应扩展到整个产品生命周期的成本控制,包括研发设计成本、设备运行维护成本、材料采购成本、存货仓储成本,以及为组织管理生产经营活动而发生的各项费用等。精益成本管理是融合精益设计、精益采购、精益生产、精益物流和精益服务技术,把精益管理思想与成本管理思想相结合而衍生出的先进成本管理理念,从设计、采购、生产、服务等环节上全方位、全流程控制企业供应链成本,以使企业供应链成本达到最优,从而使企业获得更大的竞争优势。精益成本管理以生产活动与经济效益相一致为目标,杜绝生产要素无故损耗现象的发生,全面控制生产经营过程中设计、采购、生产、销售等各个环节的成本费用。因此,精益成本管理工作需由业务部门、财务部门和技术部门共同参与。例如,长安工业应用全价值链投入产出分析,打破部门、业务间的壁垒,要求生产、采购、制造物流、市场、质量、科研、财务、信息等部门全员参与,利用公司现有的协同平台和企业资源计划(ERP)系统,将原来需要部门间利用口头、纸质文件传递的信息网络化,增加信息的透明度,动态跟踪信息的传递情况,加快信息的反馈速度,提高人员的工作效率,避免错失事件处理的最佳时机(特别是对突发事件效果更为显著),优化经济运行质量,提升公司经营效率。此外,在内部价值链成本管控方面,沃尔玛百货有限公司(简称"沃尔玛")早在1969年就开始构建价值链,最初是利用计算机跟踪库存。在条形码出现后,沃尔玛利用其提高物流和经营效率。之后,沃尔玛发射了自己的卫星,拥有了自己的信息化价值链网络。沃尔玛的价值链网络覆盖采购、入库、装运及配送等全部流程,在库存与采购、结算及配送中心实现了联网共享,不但节约了大量的人工成本,提高了管理效率,提升了货物库存的准确率,还降低了运营过程中的各项维护成本和采购成本,为与其他供应商深入合作打下了良好的基础。在外部价值链成本管控方面,沃尔玛直接参与供应商的生产计划活动。沃尔玛对供应商的控制表现在直接参与供应商的生产计划活动。沃尔玛通过统计消费者的采购数据,预测消费者未来的消费趋势,为供应商的新产品提供建议与想法，参与其生产计划活动，共同商讨制定未来的产品设计、生产计划、供货周期及新产品的研发等活动，将消费者最希望看到的商品及早上架，并且保质保量，这样就取得了市场先机，赢得了消费者的认可。同时，沃尔玛参与供应商的生产活动可以随时了解产品成本及质量，方便其对采购成本及供应商进行控制，降低采购环节的成本及发展新供应商的成本。为了进一步构建价值链，沃尔玛与上游供应商进行深入的战略合作。沃尔玛与上游供应商宝洁公司（简称"宝洁"）的战略合作时间较早，最开始共同使用宝洁的"持续补货系统"，这样就使双方能够随时掌握货品的库存情况，随时对货品进行补充与调整。宝洁通过对各项产品销量的监控，能够了解到消费者对各种产品的喜好程度，从而调整其生产计划，以确保消费者喜欢的产品不断货。进行数据共享后，沃尔玛与宝洁实现了自动订货，不再对每笔订单进行谈判，减少了订货时间，加快了价值链流动。在成功战略合作的基础上，沃尔玛与宝洁之后在诸多方面进行了全面、持续、深入而有效的合作，为沃尔玛与其他供应商的战略合作打下了良好的基础。因此，通过与供应商的战略合作，沃尔玛将价值链延伸到了上游，有利于其对成本进行管控。

（四）以数字化为支撑

企业进行精益成本管理应构建一个能够提供精准的、实时的、足够数量的大数据信息平台，确保有足够的数据支撑，对数据进行精准的、针对性的处理。例如，亚马逊经过多年积累，形成了强大的数据库，并通过其数据库中的历史订单数据预测某种产品在某个地区一天的订单量，然后发送给供应商，以助其提前安排生产计划或供应计划，实现跨组织的信息共享，削减由信息不对称导致的成本提升。一体化的信息系统有利于打通财务数据和业务数据，提升业财融合的深度，对精益成本管理具有重要的支撑作用，通过标准统一、数据统一、流程统一的业财信息系统可以实现融合、共享。精益成本管理的实现离不开智能会计信息系统的数据支持，也离不开全面预算管理系统对业务、投资等的预算。企业应加强构建高效的信息管理系统，为相关管理部门提供有效的数据交互平台，实现对数据的共享和传递。

例如，建设工业创建了三个中心：一是报销、核算、资金、税务等信息处理集中共享的财务共享中心；二是以"一张表"从预算、成本、价格方面进行有效的价值路径策划和分析的价值创造中心；三是内部控制、监督检查等风险防控中心，为研发数字化、制造智能化、管理信息化打下了坚实的基础。此外，建设工业还建立了数据共享平台，借助预算系统、物流系统、在制品系统、实际成本系统、标准成本系统等信息化系统，使成本数据与预算、报价、工艺改进融合，实现成本信息集成化管理，建立成本信息数据共享平台。

再如，内蒙古伊利实业集团股份有限公司（简称"伊利"）利用大数据等新一代技术打造了从供应端到生产端，再到终端的数字化价值链条，实现数字化管理流程。首先，在价值链供应环节的牧场端，乳制品企业生产的重点就是保障价值链上游的奶源质量。因此，伊利建设牧业管理系统，涵盖奶牛管理、库存管理、营养饲喂、牧场设备、身体监测等各个层面，实现牧场工作流程数据化管理，保障上游原材料的供应质量。其次，在价值链生产端的工厂端，伊利打造智能工厂，在产品投产之前利用数字技术模拟完整的生产过程，进行产品生产预测并获取模拟数据，优化生产工艺和流程；对模拟中出现的突发意外状况提供解决方案，有效减少了在实际生产中的废品率。伊利通过开发制造执行系统（MES），在工厂实现全部信息数字化，实时监控运行情况，严格控制检测环节。最后，在价值链的销售及客户端环节，伊利精准识别市场环境的渠道态势，科学分析产品的供销情况，以动态调整产品供应情况；利用智能建模和大数据技术，抓取并分析用户购买数据，根据用户所处的地理位置、消费需求，规划终端门店布局，自动向终端网点推荐最优产品和促销信息。伊利洞察消费者的需求，以不断优化、增加产品后续服务，持续优化消费者购买体验，增强用户黏性，实现价值创造。伊利通过建设数字平台进行数据共享，打通产业数字化链条，利用数字技术为消费者提供高品质的产品和服务。

（五）以持续创新为驱动

精益成本管理应当注重持续创新，通过采用新技术、新设备、新工艺、新材料等，使影响成本的结构性因素得到改善，为成本的降低提供新的途径，使原来传统方法难以降低的成本在新的基础上进一步降低。一些企业不重视持续创新，不重视个人创造性的发展，往往只能在依赖现有生产力的基础上，通过节约的手段控制和降低成本。实际上，一项新技术、新发明的运用所产生的成本竞争力远高于通过节约成本带来的竞争优势。

例如，中国核能电力股份有限公司（简称"中国核电"）构建了"业—商—财"深度融合的成本管理组织架构及控制流程。其中，业务端推动业务流程优化、工艺技术创新、设备技术改进等，以业务精益和技术创新驱动成本控制；商务端推动库存管理优化、商务资源整合、采购规模集中等,以市场化手段降低成本;财务端推动成本核算细化、成本职责划分、降本空间挖掘等,全面优化成本管控体系。

再如,上海铁路局不断探索成本管理与技术创新、管理创新等方面的结合,力求成本管控与运输生产实际紧密结合,降低成本消耗。在成本管理与技术创新相结合方面,设备设施养护维修成本是铁路运输企业重要的成本支出项目。上海铁路局2015年设备设施大修及维修、检修成本占总成本的比例达 12%左右,维修、检修业务采用自修和委托外修两种方式,委托外修成本支出定额明显高于自修。为了有效降低维修、检修业务的成本支出,上海铁路局在实践中深入探索通过技术创新降低成本支出,实现机车、动车组部分大修自主检修,成本支出定额相对节约20%左右。上海铁路局通过采用钢轨打磨及曲线涂覆等专业维修手段,延长了线路修理周期,钢轨平均使用寿命延长 30%,相对节约了钢轨更换成本。在成本管理与管理创新相结合方面,上海铁路局围绕运输生产作业组织和经营管理改革,通过对重叠业务站段整合、合理确定经济速度、修程修制改革、探索工务"检养修"分开模式等管理创新,节约成本支出。

第二节 精益成本管理系统的发展现状

一、精益成本管理系统的成效

(一)精益成本管理服务企业战略

精益成本管理并不等同于单纯的降低成本,也不仅是为了节约而节约,而是为了建立并保持企业长期竞争优势采取的一种措施。因此,必须从战略角度审视成本管理,立足企业战略层面来设计成本管理系统,从战略规划入手,事先进行成本规划与控制,从根本上配合企业战略,在成本管理系统的运行过程中引导企业注重长期利益,并使企业能够保持在市场中的竞争优势地位。例如,海尔集团落实精益管理思想,力求创新,打破传统的成本管理模式,从自身实际入手,进行了相关的改进和摸索,通过提高客户满意度,提高质量,降低成本,改善资本投入,加快流程运行,实现了企业价值最大化的战略目标。精益成本管理系统服务企业战略管理,主要表现为拓宽成本管理的视野和方法,并将其应用于为战略决策提供有用的成本信息,从战略成本、供应端、价值链和成本源头等方面出发,服务企业战略的实施,通过从战略高度对企业成本结构和成本行为进行全面了解、控制与改善，寻求长久的竞争优势。

（二）精益成本管理理念提升成本管理效率

精益成本管理理论刚出现之时，就有学者关注到这一理论，认为该理论可以有效改善企业成本管理效率。例如，宝钢集团引入国际先进成本管理思想，根据企业自身发展情况，将低成本理念与精益管理进行有机结合，建立了一套与企业实际情况相配的精益成本管理体系。宝钢集团的成本管理经历了综合消耗管理—责任成本管理—标准成本管理—精益成本管理四个阶段，企业还不断优化创新精益成本管理模式，创建了以"六西格玛"为特征的成本管理模式，并将精益生产、敏捷制造、质量管控、信息化和供应链管理思想巧妙地融入成本管理中。宝钢集团还将"六西格玛"精益运营灵活应用到质量成本管理中，将质量成本管理视为一个系统化工程，成本管理部、制造生产部、产品设计部等多个部门都深入参与，通过改进产品质量设计，重点关注隐性质量的损失，使钢材质量得到显著的提升，相关的质量成本大幅度降低。通过对酒店行业应用精益成本管理理念的实际情况进行分析，可以发现精益成本管理使酒店企业降低运营成本，帮助企业完善内部控制流程，进一步改善服务品质；观察精益成本管理理念在建筑领域的应用，可以发现精益成本管理帮助建筑企业有效进行风险评估，防止频繁延长施工期限，解决预算超支等问题。

（三）精益成本管理激励约束机制驱动成本管理创新

建立科学合理的成本激励约束机制是实现成本管理创新的重要手段，企业在不断变化的市场中发展，只有依靠持续的创新才能获得持续的竞争优势，实现收益的可持续性增长。鉴于市场中多数企业都是以"人"为本的企业，提升人力资源的价值，确保人力资本能持续稳定倍增地贡献价值是驱动成本创新的关键。因此，管理机制完善的企业集团应根据各职能部门的特点，设计相应的绩效考评体系，通过成本激励和约束机制驱动成本管理创新。如今，激烈的市场竞争持续释放信号对企业成本创新进行引导，倒逼企业集团成本激励与约束制度的完善，完成成本管理创新目标。成本管理创新依托完善的成本管理内部牵制制度，有效的成本考核机制、健全的激励约束机制可以充分调动全员参与成本管理的积极性，成为企业管理创新的源泉。

（四）精益成本管理标准化管理提升成本管控的体系性

标准化既能为企业的科学管理奠定基础，也能为企业的系统管理搭建桥梁，是企业集团精益管理中的一个重要因素。企业通过精益成本管理制定标准化制度，保证现场标准化、作业标准化、流程标准化，促进成本管控体系进一步提升。其中主要围绕流程标准化，重点针对产品开发流程、质量管理流程、采购流程等进行改善，从而使流程优化。流程标准化既是对作业标准化和现场标准化科学实施的指导，又是在作业标准化和现场标准化进行到一定程度时，在暴露出的流程缺陷基础上进行改善。因此，建立标准化体系是推动成本管理提升、实现成本管控标准化的切入点，有助于完善成本管控体系，提升成本管控质量，助力企业提高成本管理的精益化水平。

（五）精益成本管理数字化建设强化决策支持力

随着大数据、人工智能、物联网、云计算等数字技术的迅速发展，为应对企业集团综合、精益化管理的需要，许多企业集团在改造升级当前的数据处理分析系统，甚至重新构建数据处理分析模型，企业的成本管理工作更加信息化，对财务报告的及时性与准确性要求也大大提高。例如，涵盖全面预算、集中核算、标准成本的管理会计信息系统上线运行，有效支撑了管理会计运用和管理决策开展。企业集团的主要二级单位也在大力推动基于业财一体化的物流、在制品及实际成本系统建设。除此之外，在一些企业集团，财务共享中心建设也在启动。信息化建设提供了大量有用的信息数据和决策信息，并且通过优化数据信息处理平台，保证信息数据传输的及时性、真实性，深度挖掘决策信息数据，为企业成本管理的准确分析和决策建立了重要的大数据基础，提高了企业决策管理的有效性与可行性。

二、精益成本管理系统存在的不足

（一）成本与效益的匹配度有待提升

在实际经营过程中，企业常常在成本与创新、成本与投入、成本与发展、成本与交付、成本与技术、成本与质量的关系处理方面面临矛盾的局面。换句话说，企业在统筹平衡成本与效益的协同发展方面有待进一步提升。一方面，企业达到高质量发展的目标往往意味着高投入，伴随着成本增加。比如，技术进步为企业集团高质量发展提供了基础，也成为推动产业转型升级的重要力量，但无论是产业转型升级还是降低能耗、提升产品服务质量、提升管理水平的技术，都会在前期投入阶段大幅拉高成本。技术创新投入本身意味着高成本，这是高质量发展一个必经的发展阶段。另一方面，若企业集团的发展观念是成本创新重于研发投入，成本领先重于技术领先，那么企业会重点关注差异化产品创新，而非精益求精，提高产品质量。这样，企业集团不需要在前期投入大量成本，就可以在市场竞争中保持成本优势，但往往面临研发创新受阻、生产率提升困难等问题，难以在资本市场中保持持续的竞争优势。企业管理层过去通常认为成本和创新是两回事。当成熟产品失去吸引力时，企业常采取成本控制方法来应对；当新产品需要通过创新来打开市场时，成本控制则会被忽略，成本控制与创新是割裂的。在当前高质量发展要求的背景下，企业在高成本投入阶段，应该关注如何平衡整体成本的投入产出比，实现降本增效、价值创造的成本管理目标，提升成本与效益的匹配度。

（二）显性成本与隐性成本管控力度有待均衡

从企业成本管理角度来看，企业的成本可分为显性成本和隐性成本。显性成本是在企业生产经营过程中发生的，能够直接体现出来，具有可见性及直观性的特点，比较容易引起管理层的重视并采取有力的措施进行管控。隐性成本也是企业成本的重要组成部分，但其隐蔽性较强，结构组成也更复杂，一般很难将其具体量化。传统成本管理过程往往缺乏对隐性成本的充分考量，导致成本核算不够全面，成本管控效果不佳，阻碍了企业经济效益的进一步提升。例如，企业在成本管理中较少关注资产重组、生产线建设或基地建设决策不正确造成的不应该发生的损失成本；产品设计不合理，需要改进，造成额外的支付成本；产品质量缺陷或交付不及时造成的信誉、品牌损失等隐性成本。随着企业集团经营规模不断地扩大，在隐性成本管理方面暴露出的问题越来越多。隐性成本具有隐蔽性和复杂性，不好管控，稍微处理不当就会对企业造成很大的影响。因此，企业集团对隐性成本的管理力度需进一步加强，这也是企业集团突破成本管理瓶颈，进一步提升成本管理质量的突破口。

（三）成本管理精益化和精细化的颗粒度有待细化

成本管理颗粒度反映了企业集团成本管理的精细化程度。成本形成于生产全过程，所以要把目标成本层层分解到各个部门，甚至个人，进行精细化核算，把成本落实到产品这一颗粒度。然而，由于成本管理制度不够健全、信息系统智能化水平不高、"业、财、技"复合型人才较为缺乏等原因，当前部分企业部门之间的成本信息传递较为滞后，甚至受阻，信息系统抓取的相关成本信息准确度和匹配度不足，导致在生产经营过程中的各种消耗有时很难全面、准确地归集到产品层面，进一步导致产品成本的颗粒度较粗，企业成本管理也较为粗放，进行成本精益管理的基础较为薄弱。作业成本法以具体的作业单元为基础，能够更加精准地捕捉到产品成本发生和变动的根本驱动因素，明确产品成本形成过程，并将其科学分摊到各作业单元，有利于企业控制和降低成本，实现对成本的精细化管理，从根本上提高企业在成本上的竞争能力。因此，应深化作业成本管理在企业中的应用，有效提升企业管理水平，帮助企业减少非增值作业，合理为企业确定成本，细化成本管理颗粒度，提高成本的精益化和精细化管理水平。

（四）成本信息数据的联动性和协同性有待强化

企业集团一般规模较大、职能部门众多，部门间业务数据协同共享有助于成本管理时权衡各项因素，进行科学决策。但是，部门间数据库不能兼容共享，数据传递交换不畅通，形成多个信息孤岛；同时，数据信息需要层层传递，时效性与精准性难以保证。这直接导致企业信息联动性和协同性差，难以打破成本数据信息壁垒，各部门的信息交流与成本数据共享存在滞后性，影响了工作效率。在实践中，成本管理系统、全面预算系统、资金集约系统、资产运营系统等系统之间的贯通性往往不足，不同系统由不同部门进行管理，系统之间的标准存在差异，甚至有些集团各系统的软件供应商还存在差异，从而使系统之间的贯通难度较大，抓取成本信息的难度较大，准确度与颗粒度也不足。数字经济时代逐渐模糊了部门之间的经济活动边界，也降低了部门之间联动的边际成本。企业应借助大数据平台，利用数据共享中心推动成本信息数据在各部门之间联动协同，切实关注成本信息供给与需求端的耦合应用。在保障数据准确、及时传递的基础上，实现多部门信息联动和协同共享，打通信息孤岛，打破成本数据碎片化的局面。

（五）"业、财、技"融合度对成本管理的支撑不足

大多数企业的决策管理层已经逐渐意识到"业、财、技"融合的重要性与必要性，但"业、财、技"融合的效果在实践中并不理想。企业一般仅对业务部门和财务部门的部分工作做了规定，融合覆盖范围不广，融合层面较浅。许多企业集团的财务部门并不能深入融合业务，财务数据仍然存在滞后性、不准确性，多元成本信息高度集成难度仍然较大。而且，在实际工作中，财务人员难以充分了解、掌握业务的全过程，细致了解各阶段、各流程的成本消耗指标，从而导致成本数

据难以细化。财务和业务的信息不对称现象比较严重，业务部门不能深入理解财务部门的思想，财务部门也不能深入理解业务部门的具体技术、工艺流程、选材标准等。企业集团布局广泛，呈现多业态经营模式，集团内部金融业服务部署完善，但由于数字化转型不足等因素，不能通过有效的技术手段促使业务和财务数据进一步融合，实现核心金融服务应用项目的线上化，有机融合业财信息，促进金融信息的标准化，导致其在践行"业、财、技"多项融合理念中存在困难。企业管理层应从战略、全局、系统的视角，营造良好的"业、财、技"融合环境，打造"业、财、技"融合信息平台，培养"业、财、技"融合复合型财务人才，持续推进"业、财、技"的深度融合。

第三节　基于高质量发展的精益成本管理系统建设

一、基于高质量发展的精益成本管理系统新要求

在我国传统粗放型经济发展方式已不能够为经济增长提供持续动力，社会主要矛盾发生转变的背景下，一种新的经济发展模式被提出，即高质量发展。高质量发展能使企业高水平、高效率地创造出经济价值及社会价值，塑造出卓越的持续成长和价值创造的能力。在企业实现高质量发展的过程中，成本管理发挥着至关重要的作用。高质量发展对企业集团成本管理系统提出了以下要求。

（一）强化成本管理深度服务战略的意识

国家提出高质量发展的要求，推动"碳达峰""碳中和"目标的实现，消费需求不断升级，产业形态和竞争格局发生深刻演变，企业集团未来的发展机遇与挑战并存。为适应瞬息万变的外部市场环境，在新发展格局中持续取得竞争优势，企业集团必须在制定发展战略上下功夫。而企业的成本管理系统必须为企业长远的战略目标服务，要明确不同战略下的成本驱动因素，根据不同的企业类型和发展战略来构建成本管理系统，确定成本管理在企业战略中的功能定位。成本管理服务于集团战略的开发和实施，成本分析与成本信息实际上置身于战略管理的广泛空间，战略管理贯穿成本管理系统循环，要从战略高度对集团成本和成本行为进行全面的了解、控制与改善，确保集团战略顺利落地。

（二）强化全价值链成本管理的理念

在实践中，企业的成本管理工作不能只盯生产环节。如果企业过多地强调压缩生产成本，随之而来的结果可能是产品质量下降，进而损害企业品牌和消费者的利益。因此，成本管理要延伸到整个价值链，企业不应仅在采购、生产、销售等环节进行成本分析，要基于全价值链视角进行成本分析。全价值链提升企业对既有资源与潜在资源的掌控能力，促进各类资源在相互作用与激发中趋于整体化，提升企业资产在全价值链不同环节的分配效率。企业价值在全价值链中得到实现，并逐渐使资源不断向价值更高的环节集中，从而更大程度地发挥成本管理的价值创造作用。

（三）强化精益求精的成本管理要求

在高质量发展背景下的成本管理系统需要拓展价值分析维度、细化价值衡量颗粒度，实现精细核算、精准分析、精益投入，充分提高资源配置效率和效益；要建立精益成本管理目标责任传导机制，充分传递责任，明确改进目标，量化价值贡献，优化成本管理方式。精益成本管理强调跟踪与反馈，对目标成本的执行情况进行关注和了解，具体包括目标确定、计划制订、互动辅导、考核评估和结果反馈等部分，由此形成一个全封闭的循环，实现集团成本管理的精准性、有效性和能动性。

（四）强化体系化的成本运营机制

高质量发展对企业集团成本管理有完整、精准、可控的要求，企业集团内部应将精益成本管理纳入"一把手"工程，推动全过程、全员参与成本管理。成本管理并非只是财务部、总会计师的事情，企业集团要建立企业成本管理"一把手"工程，将工艺、采购、质量、财务、策划、实施等纳入成本管理工程，由总经理推动，全员参与。既要明确管理职责，提升管理手段，整合传统职能管理框架，打破部门间的壁垒，加强部门间的横向协同；还要加强价值链上各环节的紧密联系，营造协同共享的交互模式，相互作用，相互影响。企业集团需要注重各部门、各环节之间的协调，将其整合起来进行系统性管控，推动全员、全方位、全过程共同参与；健全激励约束机制，科学制定个性化、差异化的指标体系和激励措施，做到奖惩分明，强化考核激励，层层压实责任，激发内生动力，推动工作质量和工作效率提升，构建协同组织保障机制。

（五）强化数智化的成本决策支持

通过对成本管理信息化、数字化技术的运用，企业集团能够集约开展会计核算等基础性工作，提高财务数据及报告的及时性、有效性，解决信息披露不及时、业务财务信息不对称的问题。企业集团研究流程结构对应的组织框架、流程类型、管理层级及管理范围、进出关系等，以需求和价值创造为导向，构建高效敏捷的流程型组织架构，确立标准化的执行流程，消除部门间的隔阂，加强部门间的交流；利用智能化薪酬系统、报账平台等前端业务系统的成本数据，构建覆盖管理全链条、多维度的成本数据池；根据成本对象维度关系，构建多维组合分摊模型，实现成本核算要素逐层逐级跨维度的精细化和智能化分摊。

二、基本原则

精益成本管理在企业成本管控方面发挥着积极的作用，受到企业的普遍推崇和广泛应用。企业推行精益成本管理，应当超越精益生产范畴，坚持持续改进，统筹供、产、销等环节，协调人、财、物等要素，坚持成本服务战略、成本制度系统性、成本数据协同性、成本技术创新性、成本管控差异化、成本效益六项基本原则。

（一）成本服务战略原则

企业集团应充分结合时代特征和当前的经济形势，将成本管理提升到战略高度，牢固树立成本管理服务战略的理念，将成本管理贯穿于企业战略管理的整个循环之中，将成本管理贯穿于企业内部价值创造和外部价值转移的整个链条之中，将成本管理贯穿于企业生产经营的整个过程之中。企业精益成本管理工作应服从集团战略，支持集团战略目标达成，不过度强调短期财务指标，加强集团的可持续发展能力。企业应强化大局意识、长远意识，避免短期行为，保障成本管理的长效性，以提供有效成本信息、满足决策需求为目标，确保集团战略顺利落地，助力集团高质量发展。

（二）成本制度系统性原则

企业精益成本管理不是孤岛，受到内部与外部环境条件的影响。企业应当拓宽管理视野，将精益成本管理拓展到全价值链，延伸至上游的供应商与下游的客户，从产品设计、生产采购、产品制造、物流仓储、市场销售及售后服务等价值流进行全局性规划和管理；克服成本管理全局性不足、协同性差的问题，以市场为导向，坚持协同原则，实施全方位的精益成本管理，以横向和纵向一体化方式，最大限度地节约资源，借助资源共享、快捷对接、动态联盟和信息流管理等方式促进精益成本管理的实现。

（三）成本数据协同性原则

精益成本管理不可能仅凭局部之力即可实现，必须强化企业从上到下的全局参与及协同联动意识，并积极付诸行动。精益成本管理不同于传统的成本管理，不能仅由管理层制订方案，财务部门执行方案，各部门员工与协同单位也应积极参与、配合。协同性原则要求企业统筹设计研发、生产制造、营销管理、财务管理各部门，协调人力、财力、物力诸多要素，做到上下一条心、纵横一盘棋。同时，各部门员工应当积极参与企业成本管理，在成本管理各环节，从制订方案到各项措施具体落实，应保证全员全流程参与。

（四）成本技术创新性原则

高质量发展下的成本管理系统不再是一个静止的状态，要坚持成本技术创新性，积极整合企业既有资源，寻求与现行态势相配又区别于传统管理体系和管控方法的成本管理新思路。例如，随着大数据、人工智能等数字技术应用的兴起，现代企业的经营模式与生产方式已经发生了巨大的变化，企业正在积极创新发展模式，在业务与生产环节嵌入大数据、人工智能、物联网等数字技术，实现更高效的业务流程、更完善的客户体验和更广泛的价值创造。

（五）成本管控差异化原则

精益成本管理应匹配企业集团多产业、多业态的管理格局。例如，企业集团的组织结构主要分为 U 型、H 型、M 型，那么对于不同管控模式和组织结构的企业集团，其精益成本管理工作也存在很大不同。精益成本管理的主要关注点就是价值流，从整个企业运行过程来看，确保价值流合理有效地运行，就是确保企业生产的有序进行。值得注意的是，对于各条价值流应实施有针对性的管控措施，以及差异化的管控方式和标准。

（六）成本效益原则

成本效益原则就是以成本效益提升为核心理念，通过对比分析"投入"与"产出"来看待资源投入的必要性和合理性，正确处理"开源"与"节流"的关系，研究成本增减与效益增减的关系，以确定最有利于提升效益的成本预测和决策方案，即努力以尽可能少的成本付出，创造尽可能多的使用价值，为企业获取更多的经济效益。"尽可能少的成本付出"并不是简单地节约或减少成本支出。例如，在对市场需求进行调查分析的基础上，企业发现在产品原有功能的基础上新增某一功能，会使产品的市场占有率大幅度提高。尽管为实现产品的新增功能会相应地增加成本，但只要这部分成本的增加能显著提高产品在市场上的竞争力，最终为企业带来更大的经济效益，那么这种成本增加就是符合成本效益原则的。

三、主要建设内容

（一）践行成本管理价值引领理念，优化成本管理顶层设计

成本管理顶层设计对于企业的成本管理工作具有重要意义，成本管理理念（如图 5-1 所示）是一切成本管理活动的先导，要践行成本管理理念，发挥价值引领作用，指导企业不断优化、完善成本管理顶层设计。例如，以精益成本理念引领企业成本管理工作，明确成本管理不是一味地削减成本，追求成本最低，而是基于成本效益原则建立更低成本、更高效益、更具有可持续性的经营模式，并结合全价值链理念与战略成本理念，从价值链角度对价值链的内部与外部价值活动、各类成本动因进行详细分析，以成本控制为主线，开展"根本性、长远性、全局性"的成本规划和管理，在成本管理顶层设计方面确保成本与战略、组织、流程等方面协同，确保成本最具有竞争性。已有研究发现，宽容和多样性可以通过吸引人才间接促进区域创新，宽容可以

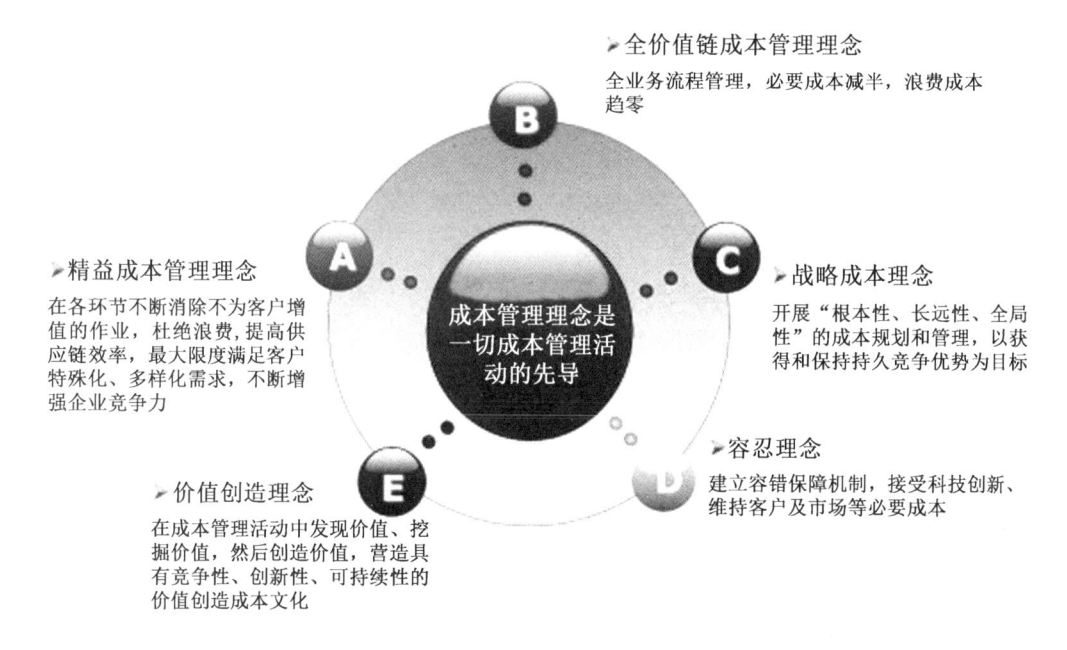

图 5-1　成本管理理念

促进知识溢出，宽容和开放减少了人与人之间，特别是不同背景的人之间的沟通障碍，从而为知识溢出创造了更多的机会。在优化成本管理顶层设计时，企业应贯彻容忍理念，建立容错保障机制，接受科技创新、维持客户及市场等必要成本。同时，企业还应通过优化顶层设计来推进价值创造理念在全体员工中的普及与推广，鼓励员工在成本管理活动中发现价值、挖掘价值，然后创造价值，营造具有竞争性、创新性、可持续性的价值创造成本文化。企业管理层应提升成本管理的价值创造动力与服务能力，提高全体员工关于成本与价值创造的认知，切实发挥价值创造理念对企业成本管理工作的引领作用。

（二）强化多维价值导向目标，发挥全价值链战略引领作用

成本目标的科学设定对于企业的成本管理工作具有十分重要的意义，构建、强化具有多维价值导向的成本管理目标是企业进行成本管理工作的一项有效举措。企业成本管理工作要以经济效益提升为出发点，以预防控制和潜在成本管控为着力点，将重心放在预防上，强化价值引领，传导业绩预期，制定全价值链成本管控目标，加强从研发设计、生产制造到售后服务的全过程、全链条协同管理，有效降低经营成本和交易成本，发挥全价值链战略引领的作用。企业以目标为驱动，指导成本管理行动计划，指引各单位成本管理工作的开展；以预算为牵引，根据价值导向目标、企业战略、业务特点、价值驱动因素、财务管理活动、成本管控路径等，依照精益思想细化生产经营售后各环节的成本控制目标，将成本控制目标分解到集团级、子集团或子公司级、专项任务级，开展集团级、子集团或子公司级、专项任务级的多层级成本规划。集团级成本规划要传导业绩预期，包括制定集团战略规划、滚动预算、年度经营目标、成本专项工作等；子集团或子公司级成本规划，重点是各下属责任单位根据公司总体目标，分解制定各责任主体的目标及举措；专项任务级成本规划针对耗费较大的成本项目或重点产品，以项目制管控模式进行成本规划。例如，为进一步贯彻全价值链成本精益思想，兵器装备集团深入贯彻落实"四新"技术相关工作要求，积极推广新技术、新工艺、新材料、新装备，提高工程管理水平，降本增效，并基于"四新"技术运用的综合成本分析模型，着眼效率、效益提升，推动产品成形方式优化、工艺技术换代升级、环保管控方式变革。集团下属骨干企业建设工业构建了具有长期性、全局性的基于"四新"技术的全价值链精益成本管控体系，并在全价值链精益成本管控创新实践上下功夫，具体有以下措施。

（1）推动环保管控方式从自主管控向专业管控变革，延伸关注绿色制造，以成本

效益推动污泥干化全过程智能处理，将含水率 80%～85%的污泥经过低温冷凝污泥干化机处理，成功将污泥含水率降至 40%～50%。这项举措不仅降低了环境污染风险，实现废料处理的"无害化""减量化"，还降低了环保处置成本。

（2）聚焦经济效益，在不牺牲产品性能、质量的前提下，推动工艺技术改进。企业用"黑色微弧陶瓷氧化工艺"替代传统的"本色微弧陶瓷氧化+喷漆工艺"，使制造成本大幅降低，零件单件成本降幅达 52%。

（3）着眼于效率、效益提升，实施产品性能、制造、供应链采购、质量保障、成本最优同步布局，通过工艺变革，使产品单件成本降幅达 49.7%。

（三）健全多维度成本保障机制，深化共创共享驱动效应

建立高质量发展的精益成本管理系统，内部的组织保障、协同联动、考核评价、共创共享等诸多机制的有力践行，是企业集团保障精益成本管理落地实施的关键要素。企业集团应加强组织领导，重点围绕构建横向协同的联动保障机制和三位一体的三级联动评价体系，建立跨职能、矩阵式的保障机构，协同推动成本管理工作。一方面，构建协同联动保障机制，即以成本责任中心为主导的单位负责机制、以多业务部门协同的联动伙伴机制和以工作推进组为主导的成果督导机制。另一方面，构建"票子""面子""位子"三位一体的三级联动评价机制，即企业要用好"票子""面子""位子"，充分发挥其正面激励和反面约束作用，让绩优者"得票子"，让绩差者"丢票子"，让先进者"挣面子"，让后进者"扫面子"，让有为者"有位子"，让无为者"挪位子"。通过构建多维度的成本保障机制，营造出企业共创共享的成本管理氛围，通过激励机制有效激发全员参与的动力，并推动成本管理工作持续改善和追求卓越。此外，要不断培育和形成精益成本管理文化，促使每位员工践行成本管理理念，传承成本管理思想。例如，兵器装备集团建设工业在成本管理上形成了组织保障机制、过程点检机制、定期通报机制、考核评价机制、共享共创机制五大机制网络，并逐渐培育和形成深入员工骨髓的共创共享的成本"IOI"文化，使员工树立成本管理的整体观念，深刻认识到成本管理的必要性和协同性，从而实现"五个转变"，即由浅入深（由粗放式成本管理向精益成本管理转变）、由表及里（由显性成本管控向隐性成本管控转变）、由内向外（由事后反映向事前成本规划、事中控制转变）、由点到面（由追求最低成本向追求最有竞争力的成本转变）、由面到体系（由单一财务主导的成本管控向业、财、技融合转变）。

（四）推动业务模式战略成本研究，深化多种成本管理方法的综合运用

企业成本管理并不仅是为了节约而节约，也不等同于缩减成本，而是企业为了建立并保持长期竞争优势采取的一种措施。企业成本管理必须基于企业自身业务模式，从战略角度审视成本管理，立足成本管理战略。在精益成本管理的具体实施过程中，必须利用工具和方法，将精益成本管理理念落实到具体业务。经过多年的理论研究和实践，行业总结出了很多精益成本管理的工具和方法，如目标成本、作业成本、标准成本、量本利分析等。在实践中，企业集团应根据具体业务场景选择相应的成本管理方法。例如，运用作业成本法对产品成本进行核算，分析不同作业的成本动因，区分增值与非增值作业，并改进不增值作业，从而找到产品功能与制造成本之间的最佳平衡点，对产品生产过程的成本进行有效控制与核算，优化生产环节，彻底消除不合理、不必要的浪费。

长江电工运用目标成本法，在产品生命周期的研发和设计阶段对产品成本进行规划和管理，以创造和提升客户价值为前提，以成本改善或成本优化为主要手段，争取在竞争中获得成本优势，保证目标利润的实现。

（1）以市场为主导，以客户为核心。充分调研市场，掌握市场信息，积极寻找客户，并清晰了解客户的需求，结合目标市场客户的需求差异，制定差异化的目标价格，而不是粗放地以单一价格面对不同的客户。

（2）以产品设计为主线。设计人员首先考虑客户的差异化需求，然后考虑材料、人工、设备等其他要素。财务人员全程参与，以达到设计成本满足目标成本的目的。

（3）以价值链为导向。当客户要求新产品的设计成本高于目标成本时，公司就要将新产品置于整个价值链体系中进行考量，努力消除富余价值，以降低预计成本。

（4）以流程设计为手段。要求技术人员编制科学合理的工艺生产流程，以效率最高的方式生产产品。

（5）组建跨部门团队。以目标成本或更低的成本制造产品，需要组织不同专业领域的人员参与，这些人可以为目标成本的实现提供巨大的贡献。组织市场、技术、生产、财务、质量等相关单位骨干人员，成立目标成本规划小组，参与目标成本法的实施。

（6）考虑产品生命周期成本。在确定产品的目标成本时，充分考虑产品全生命周期的各项成本，包括产品的市场规划和概念设计、初期设计、工艺设计，以及测试、

生产、销售和客户服务等相关成本。

（五）构建成本与价格联动模式，提升成本管控韧性和产品竞争力

企业应高度重视成本与价格之间的联动关系，并结合产品市场特性充分发挥成本管理韧性对产品市场竞争力的提升作用。对于企业对外销售的产品定价，主要分为市场定价和成本加成定价两类，而绝大多数产品的定价类型属于前者。对于市场定价的产品，企业要充分重视产品价格管控能力，运用价格杠杆及传导功能，通过目标价格来驱使目标成本实现，合理调配资源，促进成本改善，提高产品的市场竞争力和成本管控韧性。一方面，价格管控能够传导成本压力，有效引导企业开展降本增效工作。企业可以通过建立产品目标价格管控机制，搭建价格管控模型及价格测算模型，对全价值链进行精益成本管控，有效降低成本，确保新产品的成本价格具有竞争力。另一方面，价格管控能够传导市场信息，引导企业通过技术创新和管理创新，降低产品价格，赢得市场份额。此外，价格管控能够传导市场供求状况，有效引导资源配置。在订单下滑、价格受限的新形势下，企业可以通过加大外协业务回收、产能调配等方式，将资源重新配置到新产业或优势产业上来，持续提升企业的综合竞争能力。在激烈的市场竞争下，某些国有企业可能因为产品价格相差1元就失去了竞争优势。企业需要充分发挥价格的杠杆作用，倒逼成本管理实现精益化。对于成本加成定价的产品，这类产品多数具有市场垄断性质，产品市场价格由龙头企业制定。所以，企业需要不断强化自身的成本管理能力，从而更好地核算成本所创造的价值，提升成本的价值创造能力。因此，不论产品定价类型如何，企业都应当建立有效的成本价格模型，挖掘产品价格与成本之间的深度联动关系，以寻找到行之有效的成本管控手段，发挥成本竞争优势，提升企业产品成本管控韧性和产品的市场竞争力。例如，建设工业持续深化成本价格管理体系，建立成本与价格联动模式，提升成本管控韧性和产品竞争力。建设工业运用"投入产出效益指数"，积极从综合成本、设计环节、运营环节、售后保证、商务条款五大维度，聚焦产能、生产周期、减少设备使用数量、减少设备创造的价值、用工、质量、物流路径和一次性投入八大分析环节，设定关键指标，构建了"基于四新技术运用的创新投入产出综合分析模型"，在工具方法上指导企业综合评估资源配置的必要性和合理性。

（六）提升成本数智化决策支撑力度，促进"业、财、技"深度融合

企业要实现有效的成本管控、保持稳定健康发展、提高适应市场环境变化的能

力、跻身世界一流行列，离不开信息系统的支撑。数字化、智能化转型是企业集团促进"业、财、技"深度融合的有效路径。智能化的信息系统有利于衔接财务数据、业务数据和金融服务数据链条，提升"业、财、技"融合的深度。"业、财、技"融合需要企业财务、业务等部门协同合作，通过交流各自的业务流程及形式，发现部门之间的差异，结合不同部门人员对于相关工作的不同意见，有助于部门之间统一标准，系统之间相互贯通。企业要运用数智化技术进行数据挖掘分析，推动数据治理，实现数据驱动战略、运营和创新，解决数字化决策问题；推动"业、财、技"数据分层级汇聚融合，建立跨部门协同工作机制，强化财务监督职责；推动标准化的制度体系建设和执行流程，统一数据采集交换规范，理顺数据价值链条。企业通过多种方式、多种技术手段，使成本逐步细化，不断提高成本信息的准确性，实现成本信息的可溯性，让成本可以追溯到业务层面，更好地明确管理责任，实现成本管理"业、财、技"的深度融合。例如，湖南云箭构建基于标准成本系统的"业、财、技"融合管控平台，建立集成本分析、成本控制和成本计算于一体的成本信息系统。该平台主要从两个方面入手：一方面，规范并完善标准成本数据库。升级物流系统，对原有的物料编码、名称规格、计量单位等基础数据进行规范、整合，对全部物料计划价格进行调整，并修订完善材料、工时、费用各类定额标准，协同工艺技术人员按系统要求编制产品、工艺路线，形成所有批量生产产品的标准成本数据。另一方面，有效管控数据共享。打通标准成本系统与全面预算系统之间数据共享的路径，实现对两个系统的集成应用，提高了预算编制的效率、准确性及预算管控的有效性；实现标准成本系统与编码系统、物流系统的贯通，保证编码、价格等基础数据的一致性；实现标准成本系统与实际成本系统、财务核算系统的集成，实现成本闭环管理，提升了成本核算信息的质量，提高了成本差异分析的效率及精准度，为下一步成本优化提供依据。

第六章　基于高质量发展的企业集团资金集约经营系统

第一节　资金集约经营系统的内涵及特征

一、资金集约经营系统的内涵

（一）资金管理在企业经营中的定位和作用

在企业集团管理中，资金管理具有极为重要的地位，其质量和效率的高低直接关系到企业集团的生存和发展能力。因此，资金管理在企业集团经营中具有以下的定位和作用。

1. 强化集团财务决策和控制力，实现战略牵引

资金管理是企业集团管理的重要组成部分，通过合理的资金管理和授权机制，可以实现对子公司的指导和控制。资金管理可以帮助企业集团通过明确权限划分，消除子公司间的管理混乱，统一对子公司的指导和控制力度，从而实现集团财务决策和控制力的强化，进而实现战略牵引。

2. 强化资金统筹管理力度，优化资源配置

资金管理可以消除成员单位资金分散、效率低下的状况，实现资源的优化配置。通过实施资金集中管理、现金池管理等手段，集团可以将成员单位的闲置资金进行有效的集中和统筹，从而提高资金的使用效率，优化资源配置，为企业集团的发展提供强有力的支持。

3. 锁定集团整体财务风险水平

资金管理可以约束成员企业的投资扩张冲动，降低融资担保风险、内部控制风险，保障集团资金投放符合集团战略，从而锁定集团财务风险。通过建立风险管理体

系,企业集团可以及时识别和评估各种风险并采取相应的风险控制措施,可以有效地减少财务风险,保障企业集团健康发展。

4. 改善集团信息集成状况,提升集团信息化管理水平

资金管理可以通过反映集团资金运动信息、集团业务信息,改善资金信息透明度(谢建宏,2009),提升集团信息化管理水平。资金管理可以实现信息的共享和集成,建立起集团内部的信息交流和沟通渠道,从而实现集团内部各成员单位之间对信息的共享和整合,提高信息处理效率,为集团管理和决策提供更加有力的支持。

(二)资金集约管理与传统资金管理的区别

对于如何建设集约型资金经营系统,国外学术界主要从资金集中管理理论出发进行探讨。诺贝尔经济学奖得主科斯(1937)主张,不管是企业还是市场,都需要运用资源配置体系,而具体使用哪种机制,要从交易成本上来判断,交易成本低的机制自然是最受欢迎的。阿尔奇安(1969)认为,把所有部门的现金流量集中起来实施二次分配,这就是内部资本市场。其主要优势在于可以避免企业对外部金融市场过度依赖,还可以促进企业投融资活动的正常进行。集团总部可以对资源进行合理调配,按照各个下属公司的实际需求进行资源的最优配置,让创造效益的项目不会因资金匮乏而停摆;充分使用企业内部资金,从而实现企业收益最大化。Ramirez 和 Solomon(2009)认为,在企业正常经营中,现金流对于资金的管理者及其行为有着较好的控制力,同时可以实现资源的合理利用及员工的最佳配置。概括而言,资金集中管理制度能够有效强化集团管控、优化集团资源配置、节约集团资金成本、增强集团后续发展能力。

然而,仅从资金集中管理的角度来实现资金集约、精益、高效管理远远不够。资金集约管理与传统资金管理模式的内涵存在较大区别。

1. 理念升级

思想是行动的先导,只有思想升级才能实现管理升级,资金范围从传统的现金、存款等营运资金范围延伸到全部金融资源,从境内资金延伸到境外资金,从单位内部金融资源延伸到产业链上下游金融资源。传统资金管理模式对资金的认识较为狭隘,更重视对现金、存款等营运资金的管理,而广义上的资金应当包含集团所有金融资源,如资金资源、信用资源、金融渠道资源、产融信息资源(方照青,2022)。

2. 链条升级

传统资金管理模式侧重于对资金内部流动过程的管理，而广义上的资金管理是全过程管理，管控资金筹集、配置、使用、支付及评价等各方面全周期过程，建立金融资源保障体系和配置体系，提升资源配置效率。

3. 管控升级

资金管理从集中管理到集约管理，内容包括资金集中、资源集中、债权债务一体化管理，从集中管理向集约管理、精益管理升级。除看得见外，还要管得住、调得动、用得好，牢牢守住资金管理风险底线。

4. 系统升级

除数字化、智能化外，资金管理逐步迈向平台化，聚焦金融资源共享和价值创造，实现业务系统、账务系统与资金管理、外部金融机构和监管机构系统、产业链资金流和物流的互联贯通，实现数据标准统一、资金业务流程固化、系统操作简化、管理流程优化和风险控制强化。

基于上述对资金集约经营系统建设的思考，并结合高质量发展及国资委对世界一流企业集团财务管理能力提出的"规范、精益、集约、稳健、高效、智慧"12字标准要求，我们认为，基于高质量发展的资金集约经营系统是立足服务企业集团发展战略，以司库管理体系为建设内容，实现对集团资金和金融资源的全过程管理，以及对境内外资金的一体化管理，从而帮助集团提高管控力并带动产业链资源优化配置，最终全面提高集团资金运营效率、有效防控集团资金风险的完整体系。

二、资金集约经营系统的特征

（一）全要素可视

"全要素"是指企业集团所有资金与金融资源有关要素，如银行账户、资金、预算、结算、票据、应收、融资、产业链金融、风控、境外资金管理、银企关系等。"可视"是指将这些要素纳入管控范围，借助业财一体化信息系统和司库管理体系实现对资金的全面监管，使资金要素透明可视，进而提高企业集团对资金的管控。然而，实行资金集约管理，不仅要实时监控成员单位资金的全过程流动与结存情况，还要在保证集团成员单位营运资金数量合理、充足的情况下，充分提高存量资金的使用效率，全面提升集团资金的周转率；立足集团整体资金规模和统筹调动能力，保证资金与融资规模合理健康，降低筹资成本、提升资金效率，使集团经济效益最大化。

（二）全流程可溯

"全流程"是指企业集团账户集中、结算集中、资金监控、资金集中、预算管控、支付预警等资金管控流程。"可溯"是指将这些流程化的操作固化并迁移至信息系统中，强调资金业务流程尽可能降低人为干预，并且在信息系统中对每笔资金业务变动的信息都留下相关记录，使集团能够对每笔资金的来源和去向进行追溯。全流程可溯要求集团资金集约管理链条完整，从而可以通过资金管理系统中的资金归集功能，进一步优化资源配置，使资金集中管理形成申报、审批、执行、反馈的闭环，从而达到提高资金使用效益和公司整体经济效益的目的。同时，通过资金管理系统的逐步完善，实现对集团资金预算和使用过程的控制，现金流向均强制与资金预算关联，实现事前有规范、事中有控制、事后有评价的工作机制。

（三）全周期可控

"全周期"是指资金集约经营系统应当包括所有资金和金融资源的筹集、配置、使用等所有环节或周期，不仅包括对资金的内部管理，而且涵盖以资金为载体与外界的联系。"可控"是指企业集团对资金全周期均具有管控力。例如，在资金和金融资源的筹集上，集团需有效调度内部和外部金融资源，优化融资结构；在资金和金融资源配置上，集团需有效集中金融资源并统一高效配置；在资金和金融资源使用上，集团应当保证整体效益较高、资金风险较低；同时，集团对金融资源的控制不应局限于集团内部，还应促进整个产业链资源的优化配置。企业集团要从加强资金集中管理效率的角度，建立健全资金管理制度体系，实现全流程规范、可控，强化资金预算管理，完善资金内控制度，使资金集中管理满足集团战略与业务的要求。

（四）资金管理数字化和智能化

资金管理数字化、智能化是资金管理体系数字化转型的发展目标，也是资金集约经营系统的重要特征。对于企业集团而言，实现资金管理数字化转型，要求其以资金管理变革为出发点，充分运用最新的信息技术手段（如大数据、人工智能、云计算等）重新构建集团财务组织，全面改造现有业务流程，使资金管理质量、效率俱佳，为集团战略、业务、管理、经营、决策赋能。在利用数字化技术和手段的基础上，企业集团实现资金集中管理、筹融资管理、境外资金管理、营运资金管理、投资管理、风险管理、流动性管理和金融机构关系管理等主要管理职能，从而应对不确定的外部环境。资金管理数字化和智能化的实现流程如下：首先，由集团层面进行资金信息整合，并统一标准，形成可运算、可分析的标准化数据，即资金管理数据化。其次，在资金信息数据化的基础上，集团重构财务组织与业务流程，形成标准化可重复的资金管理方案，即资金管理流程化。最后，在管理流程化的基础上，集团应深入挖掘资金和财务数据的价值，并支撑战略与业务决策，即资金管理数字化和智能化。

第二节　资金集约经营系统的发展现状

一、资金集约经营系统的成效

（一）资金集中管理模式创新

"十三五"期间，国资委连续下发文件，要求中央企业提高资金使用效率，加大资金集中管理力度，表明中央对中央企业资金集中管理的重视程度。与之相应，资金集中管理模式也得到不断创新。一般认为，资金集中管理模式主要有五种——总部财务统收统支模式、总部财务备用金拨付模式、总部结算中心模式、内部银行模式、财务公司模式。

其中，财务公司作为独立法人，具备依法融资、投资与中介的功能。中国人民银行在1996年与1997年下发的《财务公司暂行管理办法》《关于加强企业财务公司资金管理等问题的通知》两个文件，确立了财务公司的基本定位。2000年，中国人民银行颁布的《企业集团财务公司管理办法》进一步为财务公司赋予了较强的融资能力，财务公司的数量和规模进入快速成长期。但是，政策对于财务公司的职能和作用仍有许多限制。2004年，中国银行业监督管理委员会（简称"银监会"）下发的《企业集团财务公司管理办法》重新界定了财务公司在我国金融体系中的定位，指明了财务公司进一步发展的方向。2022年，中国银行保险监督管理委员会（简称"银保监会"）发布《企业集团财务公司管理办法》，表明财务公司作为资金管理的一种特殊模式，被企业集团和监管层重视。近年来，财务公司逐步成为中央企业资金集中管理的主要模式。大型中央企业均已组建财务公司，对集团资金实施集中管理。在此过程中，中央企业的资金集中化水平稳步提高。

（二）资金风险防控体系加强

近年来，国资委出台多项政策，如《关于加强中央企业资金内部控制管理有关事项的通知》《关于进一步做好中央企业资金保障防范经营风险有关事项的紧急通知》《关于加强中央企业融资担保管理工作的通知》等，要求中央企业重视资金风险。在资金集中管理模式下，部分中央企业进一步探索资金风险防控管理方法，加强资金风险防控管理。

（1）完善公司治理架构，为资金风险防控提供有效制度保障。根据《中国企业集团财务公司行业发展报告》（2020），目前大部分国有企业集团在财务公司层面已经明确党组织在公司治理中的地位，普遍建立以"三会一层"为主体的治理架构，尽管与高质量发展的要求还存在差距，但整体反映了资金风险防控管理在制度建设上有所加强。

（2）多数中央企业的财务公司在风险偏好管理上已满足合规要求。根据《中国企业集团财务公司行业发展报告》统计，在其调查的企业集团中，195家（占比86%）明确了风险偏好。

（3）持续推进内控体系建设。采用"制度流程化，流程表单化"模式，许多企业集团建立了流程手册，并加大内部审计稽查部门或岗位的资源投入，委托外部审计机构进行内控体系评价。例如，中冶财务公司通过建立"五项清单"，实现对审计流程的积极探索，从而完善了资金内控体系。

（三）信息技术赋能资金管理

2022年初，国资委发布《关于推动中央企业加快司库体系建设进一步加强资金管理的意见》，对中央企业资金管理的信息化、智能化水平提出了更高的要求，这表明未来信息化、数字化技术在资金管理中的作用将进一步增强。近年来，在对资金集中管理模式的实践中，中央企业逐步认识到信息技术是有效实施资金集中管理的基础，纷纷利用新一代信息技术，协助集团进行资金管控，提高资金管理精细化水平。例如，大多数中央企业使用一套信息化资金管理模块，无论是ERP中的资金管理模块，还是独立私有云部署的专业资金管理系统，都实现了对财务和金融资源的集中管控。面向大数据和5G时代，已有的信息化系统不能完全支撑集团资金管理工作，部分走在前列的集团运用最新数字技术开展了一些探索。例如，国家开发投资集团有限公司（简称"国投集团"）为贯彻落实"1331"总体构想、打造高质量发展"新国投"和"数字国投"建设总体要求，按照"3341"财务战略目标工作安排，于 2021 年 7 月启动建设智能高效的财务信息化体系，着力打造"一套标准、一体化平台、八大子系统"的财务一体化信息管理平台。国投集团财务一体化信息管理平台的上线对于国投集团财务信息化工作具有里程碑式的意义，为国投集团"十四五"信息化和数字化工作添砖加瓦，为打造与世界一流资本投资公司相适应的一流财务管控体系提供数智动力。

二、资金集约经营系统存在的不足

（一）资金管理理念有待更新

当前，企业集团资金管理理念存在以下三方面的不足。

（1）在资金集中管理上，尽管大部分企业集团响应政策号召，已进行了多年探索，但仍有部分企业集团对于资金集中管理的重视不足，资金集中管理意识淡薄。例如，有些集团对资金集中管理没有细化到日常经营业务中；有些管理者理念落后，认为该模式削弱了管理自主权、增加了工作量、降低了独立性，因此不愿意配合；有些子单位管理者则从自身企业利益出发，认为该模式阻碍了子单位经营目标实现，反对推行资金集中管理。

（2）许多集团负责人没有认识到司库管理体系的重大意义。司库管理体系是对资金管理模式的一次重大变革，赋予新时代背景下资金管理系统新的发展活力。然而，司库管理体系对企业集团业财一体、协同共享、风险防控等提出了更高的要求，需要管理者进一步领会其内涵与意义。

（3）境外资金管理水平低。企业集团在大力发展境外业务，加大对境外业务的投资力度时，境外资金管理存在的问题显得越发突出。由于境外资金管理业务开展时间较晚、发展相对缓慢，企业集团对境外资金管理的认识也较为落后，存在管理模式不健全、流程不规范、集中程度不高、效率低下等问题。

（二）资金管控能力有待加强

目前，许多企业集团的资金管控能力低下，可能是由以下原因造成的。

（1）部分企业集团存在"弱总部"现象，无法对集团下属成员单位的资金做到有效管控。"弱总部"现象的存在可能有很多方面的原因。例如，企业集团是由多个子单位合并后成立的，成立时间相对较晚；或者企业集团总部没有自身产业；或者某些子单位规模较大，企业集团总部的威信不足。无论如何，这些都制约了企业集团的资金管控能力。

（2）部分企业集团管理层对资金集中管控的意愿不强。资金的集中管控是一项艰巨而烦琐的工作，管理层的领导力不足会制约这项工作的推进。

（3）企业集团总部资源配置能力低。企业集团实现了对资金的集中管理，但无法提升资金集中管理的效率，这同样违背资金管理的初衷，反映的仍然是企业集团资金管控力不足的问题。

（4）部分企业集团总部对人事任命权、考核权未能牢牢把握，制约了其对资金的管控能力。企业集团总部对资金的管理受制于对子单位的整体管控能力，任何管理的核心最后都是对人的管理，如果企业集团总部不能对子单位的人事、考核、激励进行有效管理，就谈不上资金管控力。

（三）资金管控手段较为落后

企业集团的资金管理手段当前仍然比较落后。这种落后集中体现在数字化发展水平较低，没有运用最新的数字化、智能化技术。具体来说，这一问题涉及企业集团总部和子单位两个层面。从企业集团总部来看，传统资金管理运用信息技术的探索主要集中在资金信息数据化上，即企业集团将资金数据统一口径和标准进行整合，提升集团的财务数据质量，并在集团内部共享资金数据资源。然而，仅实现资金信息数据化对资金管理的助益较为有限，当前许多企业集团对资金管理流程化、资金管理智能化的探索远远不够，导致许多数据仍然需要手工录入系统，资金管理流程未实现自动化，资金数据无法用于分析决策。从子企业的角度来看，各子企业之间的信息化、数字化、智能化水平差异较大，可能某些子企业已经实现了资金管理流程化，而其他子企业资金数据信息化尚未完成，这使数据的归集、标准化、共享、使用在整个企业集团层面难以统一实现。从企业集团总部和子企业两方面的视角来看，当前企业集团资金管控手段仍然较为落后，运用先进数字技术进行资金管理仍然任重而道远。

（四）政策掣肘企业集团资金管控

企业集团资金管控受到国家政策的约束，这在一定程度上制约了资金集约经营。

（1）企业集团下属上市公司的资金归集受到国家金融监督管理总局、中国证券监督管理委员会、证券交易所和公众等多头监管，归集工作较为复杂。例如，中国证券监督管理委员会"严禁大股东占用上市公司资金"；2008年6月颁布的《上海证券交易交易所募集资金管理规定》要求，财务公司不得吸收上市公司募集的资金；深圳证券交易所规定了上市公司在关联财务公司存款的每日最高限额。上述要求显然制约了企业集团的资金集中管控能力。

（2）国家外汇管理局出台的《跨国公司外汇资金集中运营管理规定》对企业集团跨境资金管理进行了限制，企业集团需要经国家外汇管理局审核批准，办理跨境资金集中运营管理资质。当前，许多企业集团下属财务公司尚未取得跨境资金集中运营管理业务资质，或取得的资质中规定的业务范围不能满足企业集团业务需求而亟待升级。

（3）企业集团下属财务公司没有独立的清算行号，必须通过银行办理对外结算业务，这额外增加了结算环节，降低了结算效率。因此，尽管企业集团可以下设财务公司进行资金管控，但受外部政策限制较多，不具备完整的市场运行机制，限制了企业集团的资金管控能力。

第三节　基于高质量发展的资金集约经营系统建设

一、基于高质量发展的资金集约经营系统新要求

（一）转变资金管理理念

习近平总书记强调，"理念是行动的先导，一定的发展实践都是由一定的发展理念来引领的。发展理念是否对头，从根本上决定着发展成效乃至成败"。建设基于高质量发展的资金集约经营系统需要转变资金管理的理念。

（1）资金管理是全过程管理。资金管理包含对资金运行的全过程管理，不仅包括对资金的内部管理，而且涵盖以资金为载体与外界的联系，包括对资金的筹集、使用、配置等多个环节。

（2）资金管理的目标是价值创造。在高质量发展的要求下，企业集团资金管理的重心逐渐从传统的现金管理转变为以创造价值为目标的资金高效运营和金融资源统筹。

（3）资金管理需实现产业链资源优化配置。企业集团资金管理要向产业链上下游资金管理转变，做到资金管理系统开放协同，提升产业链活力，优化产业链资源配置。

（4）重视信息技术对资金管理优化的重要意义。信息技术的使用，特别是大数据、人工智能、云计算等数字技术赋能下的司库管理体系将给资金管理带来一场新的变革，亟须引起管理者的重视。

（5）进一步深化风险防控意识。高质量发展要求进一步强化对金融资产的风险防控工作，通过制度规范化、流程标准化等手段降低资金风险。

（二）变革资金管理组织

在高质量发展的要求下，企业集团要变革资金管理组织。

（1）进一步完善资金投融资职能。在高质量发展的要求下，企业集团总部要打造资金价值提升中心，加强自身金融资源配置能力，进一步建设投融资部门，使资金用得好、用得高效，不断提高资金的回报率、降低资金风险。

（2）进一步强化集团化管控。企业集团要管控资金运动的全过程，包括对资金的筹集、配置、使用等，优化筹资结构，提高配置效率；要管控全部资金要素，将现金、应收账款、票据等纳入资金管理范围，除实现资金集中、账户集中、结算集中、融资集中等全面集中外，还应考虑外部要素（如金融机构关系）管理。此外，对于资金运动业务涉及的要素要不断细化并加强管理，如存贷款业务涉及银企关系、银行账户等多个维度。

（3）进一步推动资金管理组织运行的信息化。资金管理组织的运行要实现管理信息化、场景动态化，资金管理相关的信息要透明、信息传递要高效，提升资金管理的效率。

（三）创新资金管理机制

在高质量发展的要求下，企业集团要创新资金管理机制。

（1）加强对资金管理关键指标的硬约束。对于与企业集团整体财务风险密切相关的流动比率、资产负债率、应收账款周转率等指标，需要制定硬性约束条件，当指标异常时应预警并积极查询原因、采取措施，保证对异常指标早发现、早预警、早处置。

（2）加强对资金配置的管控。避免资金流向效率低、风险高的业务领域，鼓励资金流向效率高、风险低的业务领域，提升资金的使用效率，降低资金使用风险。

（3）加强对境外资金的管控。对境外资金的内控制度、审核支付额度、银行账户、财务人员委派、资金关键岗位等要细化要求，细化资金内控预警条件，保证境外资金合规管理。

（4）进一步完善资金风险控制体系。建设制度化、规范化的管理体系，将管理要求固化到制度中，对操作流程详细规范，保证资金集约经营系统有章可循、有法可依，实现精细化管控；将资金内控流程固化到司库信息系统中，实现操作的简化、管理的优化、风险的消化。

（四）更新资金管理手段

在高质量发展的要求下，企业集团要更新资金管理的手段。一是要开发司库信息系统，保证信息系统设计科学规范、安全可靠、精益高效，确保司库信息系统满足资金集约经营系统强调的集团管控要求，确保系统中各类数据的源头可追寻，确保各类数据在系统中传输、交换和储存过程中的可靠性和稳定性，确保各子系统数据之间无壁垒，集团内数据标准完全统一。二是设计数据资产管理方案，使资金集约经营系统中产生的数据能够为集团重大决策提供准确、多维、高效的信息，支持集团决策。资金信息数据是集团重要的数据资产，应注重对信息数据的精益高效管理，注重信息数据的质量；同时通过数据资源配置挖掘信息数据的价值，为集团资金数据创造财务价值。三是加强金融资源管理的穿透监测，精准识别资金风险，做到及时预警、有效处置，集团要能看到资金的存量、流量、去向，子企业的资金状况要通过信息系统及时报送集团监控中心，保证资金管理的透明可视。

二、基本原则

（一）资金管理由集中管理向精益管理转变

传统资金管理体系强调资金集中，即企业集团要提升金融资源控制能力，做到对银行账户的集中管理、对预算的集中管理、对结算的集中管理等，在全资金要素、全成员单位、全业务流程三方面对资金相关要素实现全面覆盖。在高质量发展理念的引领下，企业集团财务部门不仅要对资金集中管理，还要实现精益化管理。这样做有以下三个原因。

（1）为了进一步降低企业的风险，提升集团公司对金融资源的控制能力，需要进一步提升资金管理的精细化程度。这包括制订更加详细和科学的预算和资金计划，建立完善的资金监管体系，加强对资金流动和使用的监控和管理，并及时调整和优化资金结构。此外，还需要建立风险管理机制，及时发现并应对各类风险，确保企业在市场竞争中长期稳健发展。

（2）为了提升集团公司的管控能力，需要投入更多资源创新资金管理手段。这包括引入先进的资金管理技术和工具（如人工智能、大数据分析等），以提高集团公司对资金流动的准确预测和监测能力。同时，还需要建立完善的资金管理制度和标准，制定详细的资金管理流程和规范，确保资金使用符合公司战略和风险承受能力，并在必要时进行调整和优化。此外，集团公司还应加强与金融机构的合作，建立起长期稳定的合作关系，以获得更优惠的融资条件和更全面的金融服务，从而更好地管理和利用资金资源。

（3）为了提升资金管理效率，集团公司不仅需要强化"经营"职能，还需要不断提升资金配置效率。这包括优化资金结构和配置策略，根据企业发展战略和风险承受能力，合理配置资金，降低投资风险。同时，需要加强对资金流动和使用的监控和管理，制定详细的资金使用标准和流程，确保资金使用符合公司战略和风险承受能力。此外，还需要建立绩效评估体系，对各个业务板块的资金使用效率进行评估，及时发现并纠正低效率的资金使用方式，从而提高整体资金管理效率；加强与各个业务板块的沟通和协调，确保资金配置与业务发展相适应。

（二）资金管理由内部管理向产融协同转变

传统资金管理强调企业集团对内部成员单位金融资源的归集和配置，通过集中内部金融资源并有效配置，提升企业集团资金使用效率。在高质量发展的要求下，资金管理要秉承开放协同的理念，由内部管理过渡到产融协同、融融协同、产业协同，不仅调动内部资源，还要积极参与资本市场，利用金融手段，运用金融资本，搞好资本运营。

（1）企业集团要由产到融，把部分产业资本转到金融机构，形成坚强的金融核心，用金融资本服务实体经济。具体来说，企业集团可以通过成立金融子公司、参与股权投资、开展金融产品创新等方式，将一部分产业资本转化为金融资本，通过金融渠道向实体产业提供融资、风险管理、投资咨询等服务，从而提高实体产业的发展水平和竞争力。此外，企业集团还可以利用金融手段优化自身财务结构，降低财务成本，增加盈利能力，从而更好地支持实体产业的发展。

（2）企业集团要整合旗下金融平台并打造综合金融服务平台，形成合力，共同服务集团成员单位。综合金融服务平台应集成资产管理、财富管理、投资银行、证券、期货、保险、信托等各类企业集团已有或将要有的金融服务，实现金融产品的高度互通和融合，从而提高金融服务的整体效能。此外，还可以通过建立业务共享机制和信息共享平台，实现企业集团内部金融资源的优化配置和协同作用，提高金融服务的智能化和个性化水平。金融综合服务平台应建立统一的风险控制体系和内部审计机制，加强对金融业务的监管和风险管理，确保其安全性和稳定性。

（3）企业集团要关注产业资金、供应链资金，利用产业链金融、供应链金融提升金融资源调度能力。在产业链金融方面，企业集团可以通过与上下游企业合作，将自身金融资源与产业链上下游企业的需求进行匹配，为企业提供融资、信用保障、风险管理等全方位的金融服务，实现产业链的顺畅运行和发展。在供应链金融方面，企业集团可以通过与供应商合作，为供应商提供融资支持，优化供应链的运营效率，提高资金的使用效率和安全性，实现企业与供应商的互惠共赢。此外，企业集团还可以通过建立供应链金融平台，实现供应商、采购商、金融机构之间的资金流动和信息共享，提高供应链金融的普及率和效率。

（三）资金管理由信息化向数字化、智能化转变

资金管理的信息化和数字化、智能化有以下区别。

（1）资金管理信息化主要是资金管理部门运用资金数据信息；而在向数字化、智能化转变的原则下，资金信息要与集团各部门、各成员单位打通。这意味着企业集团需要建立全面的信息共享平台，将资金信息、业务流程等相关数据整合起来，实现资金管理数据与其他业务数据的无缝对接和共享。这将有助于提高企业集团对金融资源的控制能力和运用效率，促进资金在企业集团内部优化配置和高效流转。

（2）信息化资金数据信息的使用局限于企业集团内部，而在数字化和智能化的要求下，企业集团资金信息要与集团外部（如产业链、资本市场）打通。这意味着企业集团需要建立开放式的数据共享平台，使集团内外的资金数据信息能够无缝对接和共享，实现对资金管理数据的全面、实时、动态监控和管理。这将有助于提升企业集团对外部资金环境的敏感度和反应速度，更好地适应市场变化和资金需求，从而提高资金的配置效率和流动性。

（3）信息化资金数据价值低，更强调对资金的严格管理；而在数字化、智能化要求下，资金信息要具备为战略与业务提供价值的能力，要实现资金管理的智能化，资金管理工作逐步由智能化设备承担。为此，企业集团需要加强对数据的挖掘和分析，挖掘资金数据的内在价值，对资金运作进行优化和智能化管理。企业集团可以借助人工智能、大数据等技术手段，对资金数据进行挖掘和分析，实现对资金的预测、优化和决策支持。通过建立智能化的资金管理系统和模型，企业集团可以实现资金管理的智能化，利用自动化手段实现对资金的分配、风险控制和流程优化，提高资金的利用效率和管理水平。

三、主要建设内容

（一）健全体系机制，实现管理协同

在资金集约经营系统的建设中，要加强体系顶层设计，注重系统性和前瞻性。国资委对加快建设世界一流财务管理体系和司库体系提出明确意见，明确财务管理是企业管理的中心，资金管理是财务管理的核心，力争在2023年底所有中央企业基本建成"智能友好、穿透可视、功能强大、安全可靠"的司库信息系统。

1. 理顺管理架构，形成协同合力

坚持系统观念和统筹推进，形成集团公司统筹、财务公司（司库中心）实施、成员单位执行三位一体的管理组织，要强化工作协同性、有效性和可操作性。集团总部负责统筹政策制度，根据集团战略管控要求表达管理意图，督促责任落实；财务公司负责强化资金管理平台功能，加强业务统筹和信息系统运营，负责与集团公司、成员单位沟通与协调，建立并逐步完善运行机制；成员单位负责强化执行，结合自身实际，根据集团要求做好具体实施工作，注重系统应用和风险防范。

2. 明确责任分工，提升管理效能

按"统一管理、分级授权"的管理模式明确细化各单位职责边界、流程权限分工，强化重点领域集中管控，落实"分级管控"要求，对资金关键环节做好授权管理，建立集团统筹、分级负责的协同高效的资金集约管理机制，形成统一有效的集团资金集中运营能力。集团总部主要负责资金集约规划、体系顶层设计、制度体系建设和流程管理规范，统筹协调各项工作并开展监督考核。财务公司（司库中心）发挥资金管理平台功能，负责与外部相关机构（如金融机构、票据交易所等单位）联系，负责信

息系统建设和维护；为更好协助集团总部履行资金管理职责，也可通过在财务公司设立司库运营中心，承接部分管理职责，按职责分工履行授权管理职责。成员单位负责业务系统和财务系统搭建并配合做好系统集成工作，负责执行和落实资金系统具体实施等相关要求。各集团单位根据自身实际情况和管控需求，在明确职责分工时正确处理好几个关系，如集团财务部门、财务公司和司库中心的关系，司库中心和财务共享中心的关系，司库中心和成员单位资金系统及集团内其他金融机构的关系。

3. 完善制度规则，规范管理标准

根据国资委及金融监管机构的要求，结合企业集团管理现状，建立健全"1+N"资金制度体系和流程规范标准（包括顶层制度、管理细则、操作规范的制度体系架构），实现资金集约管理的制度化和规范化，主要内容涵盖资金管理职责分工、银行账户、资金结算和预算、大额资金、债务性融资及担保、票据管理、金融证券投资、资金内部控制、资金风险管理，以及绩效考核办法等。财务公司作为企业集团资金管理平台，应根据职责分工制定资金结算、融资、信息系统建设等各项操作规范。企业集团各成员单位结合自身管理需求制定管理办法和实施细则。

4. 发挥平台作用，强化组织保障

财务公司作为企业集团资金管理平台，具备"资金归集平台、资金结算平台、资金监控平台、金融服务平台"四项功能，具备天然的业务支撑和服务能力，是资金集约管理有力的支撑平台。此外，财务公司作为持牌金融机构，对金融风险管控有严格规定和要求，有利于在企业集团风险管理中发挥更大作用。财务公司作为资金集约管理组织三位一体的重要组成部分，负责资金集约信息系统的建设和具体实施工作，包括信息系统搭建、操作办法与数据标准制定、应用推广、风险监测和预警等相关工作。为使财务公司更好地发挥作用，可以拓宽财务公司的职能范围。例如，赋予财务公司司库管理中心职责；在财务公司考核方面，突出服务能力、管理效率及风险防控等方面的评价，引导财务公司更多地立足自身角色和优势，在企业集团资金管理中发挥更重要的作用。

（二）统一数据标准，实现业务统一规范

资金集约经营系统的标准化体系包括业务流程标准和数据标准，通过对所有资金管理活动进行流程再造和数据管理，明确资金业务流程和数据流转及应用方案，防止舞弊风险、确保资金业务处理合规,提高业务执行效率和处理速度,从而让更多资金管理人员从事具有更高附加值的资金管理工作,促进资金管理转型升级。

(1) 在业务流程标准化方面,通过建立统一的资金管理流程标准,同时将业务流程和标准嵌入资金管理信息系统,实现对资金收支管理、资金预算管理、银行账户管理、网银支付管理、融资及票据等重点资金业务在线全流程管理。业务流程标准应充分体现资金内控管理相关要求,落实各层级资金管理职责权限,将"分级管理、授权审批"体现在各业务流程中。同时,流程设计应严格贯彻不相容岗位分离与制衡的原则,通过标准化流程设计减少人为内控缺陷。

(2) 在数据标准化方面,按照资金集约管理内容,结合国资委关于中央企业司库信息系统数据的标准规范要求,明确主数据及相关业务数据的标准要求,以保障资金集约经营系统相关数据标准的统一,对内支撑集团业务系统集成贯通,对外服务监管信息需要。通过建立数据标准化体系,可以与其他业务系统、财务系统形成数据关联,打破不同业务模块之间的数据壁垒,确保相关数据同源,从而形成完整的标准数据链条,实现数据分析、风险监测和交易的自动处理。资金管理数据标准包括资金主数据标准〔例如,内部单位和外部单位、金融机构、货币资金(含外汇)、银行账户、债务性融资和担保、保函和信用证、应收票据和应付票据〕、营运资金数据标准〔例如,资金预算和结算、金融证券投资(含银行理财和金融衍生品)、供应链金融、金融资源等〕、其他业财融合共享数据标准(例如,会计科目、应收应付账款、资金计划等)、资金分析数据标准(例如,资金分析指标体系、分析维度、数据来源等)。

(三)完善全要素管理,实现全要素可视

在资金集约经营系统的建设中,资金等金融资源相关的操作类业务、运营类业务、资源配置类业务、战略类业务均应纳入司库系统进行信息归集和线上管控,实行全要素管理。针对不同类型的业务,具体管理措施存在一定差异。

1. 操作类业务方面

资金集约经营系统需将银行账户、票据、结算等操作类业务纳入集团统一管理。以银行账户为抓手,境内账户通过银企直联,实时掌握银行账户数量及分布情况,货币资金余额及在各单位、各银行的分布情况,摸清低效、无效冗余账户;境外银行账户通过接入环球银行金融电信协会(SWIFT)系统等方式,实现境外银行账户资金动态可视。通过与上海票据交易所直联,全面了解集团应收应付票据总量、到期时间、

单位分布和银行分布，实现对票据金融资源的信息动态实时反映，有利于集团统一盘活票据资源，做好整体资金头寸测算。成员单位通过司库系统结算，可以实现集团集中结算，实现资金流量集中管控，可以大幅降低财务公司日常备付资金规模，控制服务风险。

2. 运营类业务方面

资金集约经营系统需将资金集中、预算、融资等运营类的业务纳入集团统一管控。通过建立资金集中管理平台，统一管控集团内各企业的资金资源，实现各单位之间资金余缺互相调剂，有效解决"存贷双高"的管理难题，推动集团内部资金在符合监管的要求下更大范围、更高效率地运作配置，提升资金价创能力（国际化程度较高的集团还可通过对境内外资金的统一调度，降低汇率风险和境外资金风险）；通过资金预算管理，可以充分发挥集团统筹作用，按照"资本优化、主业优先、效率优先、严控支出"等原则统筹融资和资金支出，实现对金融资源的有效配置和集团利益最大化；统一管控集团内各企业的债务融资品种、期限结构、融资成本，充分发挥集团的整体信用优势、银行关系优势、资金余缺管理优势，实现对融资渠道及银行授信资源的统筹管理，提升融资能力，降低集团整体融资成本。

3. 资源配置类业务方面

资金集约经营系统需将应收账款、借款、担保等资源配置类业务纳入管控。统一管控集团内各企业供应商和客户债权、债务等关键信息，建立健全供应商和客户信用体系，建立客商黑名单制度，并在集团资金集约经营系统内共享；统一管控集团内各企业对外提供的借款，按集团外无股权关系企业、金融子企业、其他子企业、参股企业等分类管理；统一管控集团内各企业对外进行的担保，与借款业务类似，均将其分类纳入信息系统统一管理。

4. 战略类业务方面

资金集约经营系统需将境外资金集中、供应链金融、决策支持等战略类业务纳入管控。统一管控集团内各企业的境外资金，对境外企业银行账户的开立、变更、注销等业务统一管理，实现对集团境内外资金的全球动态监控；通过业财融合，统一管理集团内各企业的上下游业务、上下游资金需求，搭建高效便捷的供应链金融服务平台；通过挖掘分析资金集约经营系统中的信息数据，为集团内企业的重大经营活动决策提供战略支撑。

通过采取以上措施，实现资金集约经营系统的全要素可视。集团能够实时掌握账户的开立、注销、资金流动情况；能够实时掌握票据的登记、领用、核销情况；能够实时掌握资金的审批与结算情况；能够实时掌握旗下单位资金集中、预算、融资、使用情况；能够实时掌控集团各单位债务关系和金融关系；通过与业务系统、财务系统、金融机构和其他第三方数据的集成，实现资金系统数据之间的相互验证、数据共享。

（四）规范全流程管理，实现全流程可溯

建设资金集约经营系统，要把握安全合规的总体原则，严格防控资金风险，提升流程规范化、标准化水平，保障资金管理过程中的合理性、合法性、合规性，实时掌握资金的审批与结算情况；要做到全流程可溯，重点是在资金管理的风险防控体系中做到事项处处留痕、相互可验证；实现资金管理活动可控制、可追溯、可检查，减少人为操控因素。在流程管理上，要做到以下几点。

1. 统一管理，分级授权

资金集约经营系统在进行风险防控的过程中，不仅应遵循集团总部统一整合和调配内部金融资源的原则，还应遵循权责明确、运转有序的分级授权审批原则。

2. 不相容岗位分离

资金集约经营系统在进行风险防控的过程中，要通过分离经济业务的授权者和执行者、执行者与监督者等方式，实现岗位的相互监督、相互制约，从而确保集团内部充分的岗位牵制。

3. 事权和财权分离

资金集约经营系统应通过信息系统固化和规范资金管理内控流程，对集团内事权与财权进行明确的分工与责任界定，确保事权与财权分离。

通过以上措施的有效实施与配合，可以实现资金集约经营系统的全流程可溯，即集团资金的审批流程是可溯的；资金账实是可以相互验证的；资金的支付信息会在系统内留下痕迹；资金流动性、金融市场风险被纳入监控，帮助集团溯源资金变化的其他外因。

（五）加强全周期管理，实现全周期可控

建设资金集约经营系统，应加强对重点资金管理业务的全生命周期管理，形成业务闭环，主要包括资金配置全周期管理、境内外银行账户全周期管理、票据全周期管理、融资及担保全周期管理、资金风险全周期管理，实现资金集约经营系统的全周期可控。

1. 资金配置全周期管理

在资金配置全周期方面，企业集团应在资金需求、筹集、配置和评价等各个环节，对其资金进行全面的管理，以达到提高资金利用效率、降低资金成本、增强企业竞争力等目的。资金需求是指企业集团在业务拓展、投资扩张、短期流动资金等方面对资金的需求。企业集团应该通过预测未来业务发展及投资计划，确定其未来一段时间内的资金需求，并将其纳入资金全周期管理的范畴。资金筹集是指企业集团获取资金的过程，包括自身资金积累和从外部融资。自身资金积累主要包括盈利留存、资产处置等方式；从外部融资包括债务融资、股权融资、向金融机构贷款等方式。企业集团应根据自身情况和市场状况选择最合适的融资方式，并在融资过程中注意风险控制。资金配置是指企业集团将获得的资金根据一定的规则和标准分配到各项经济活动中，以达到资金最优化的配置。资金配置应根据资金需求的优先级和资金来源的成本等因素进行决策，同时也要考虑投资风险、收益率等因素，实现效益最大化。资金评价是指企业集团对其资金管理的效果进行监控和评价。评价指标主要包括资金利用效率、资金成本、风险控制等。企业集团应定期对资金管理的效果进行评价，及时发现并改进问题，以提高资金管理的水平和效率。

2. 境内外银行账户全周期管理

在境内外银行账户全周期管理方面，企业集团应根据资金集中管控策略制定清晰的银行账户结构；结合企业所在行业的特点，根据司库管理需要对银行账户属性进行统一的多维度定义，在满足业务处理需要的同时，兼顾司库管理的流动性分析需求；在银行账户管控方面，明确银行账户开户与销户的原则、依据和标准，梳理适用全场景的银行账户开户与销户流程要求，保证银行账户数量可控；厘清集团总部、平台组织（如共享中心、财务公司等）、成员单位，在存量银行账户日常使用和管理工作中的职责边界；通过对银行端银企直联、企业端 RPA、光学字符识别（OCR）等智能技术和司库管理平台的综合运用，最大限度地实现对银行账户业务的在线处

理，账户余额按性质（如是否可使用）实时、全面查询，保证对存量资金的安全性、流动性的管理和异动监控；将境外资金账户监管、跨境资金收付、境外资金归集、境外筹融资、存贷款、内部结算及支付合规性审核等都纳入资金集约经营系统监管。

3. 票据全周期管理

在票据全周期管理方面，引入"票据池"等管理平台，全级次、跨区域、跨银行实现票据的全生命周期管理和票据的集中式管理。票据的全生命周期覆盖出票、提示收票、收票、背书（贴现/质押）、提示付款等重要节点，贯穿企业集团票据流转的整个过程；集中式管理主要包括集中审核、集中签发、集中背书和集中查询等，主要集中在集团财务公司。票据全生命周期管理的最终目标是有效实现企业集团票据的全级次、跨区域、跨银行、全覆盖的精细化管理。兵器装备集团以数智化方式创造性地构建"票据交易所集票宝"+"司库平台"服务模式，打造产融结合新样本，使集团公司各级次单位金融机构全部票据信息一体化、动态化集中管理成为可能，实现对全部票据的自动采集和可视监控，有效提升票据账户管理、到期流动性管理、业务交易信息管理、全口径业务风险管理水平，为缩短票据持有周期、降低票据贴现成本、优化银行授信结构、制定优化供应链金融产品提供了可靠抓手。

4. 融资及担保全周期管理

在融资及担保全周期管理方面，企业集团应在融资过程中，对融资计划的预算、融资执行、还款及评价等全过程进行管理和控制，并对担保环节进行管理，确保融资交易安全与合规。在预算环节，企业集团根据财务需求和资金状况，制订融资预算计划，包括融资金额、融资期限、融资成本、担保方式等；在融资执行环节，企业集团按照融资计划，选择适合的融资渠道，包括发行债券、银行贷款、股权融资等，同时按照融资协议履行相关义务；在还款环节，企业集团需按照融资协议的约定，按时足额还款，并保持良好的信用记录，维护企业的信用形象；在评价方面，企业集团需对融资计划进行评价和分析，找出在融资过程中存在的问题和不足，并及时进行调整和改进，以提高融资效率和质量。在企业集团融资及担保全周期管理中，企业需建立完善的融资管理制度，加强风险管理和控制，确保融资交易安全与合规，并注重与银行和投资机构合作，提高融资效率和成功率。同时，企业还需关注国家法律法规的变化和市场环境的变化，及时调整融资策略和措施。

5. 资金风险全周期管理

在资金风险全周期管理方面，业务创新不断加快、跨企业合作不断加强、经济全球化不断深入、企业信息化越发复杂，使集团资金管理面临的风险类型、风险控制难度越来越具有挑战性。针对资金风险管理的"涉及业务环节多、风险类型复杂、资金交易频繁、金融市场风险控制难度大、风险处理要快速"等特征，企业集团总部应根据企业战略和经营计划制订资金管控总体方案，明确资金风险管理目标，确定年度负债总规模、各板块资金预算、资金成本预算、各项风险预警和控制指标、风险应急预案等；制定集团资金风险管理制度和流程，对成员单位进行培训、监督和检查；建立覆盖所有资金业务及境内、境外各主体的资金管理系统，将风控措施嵌入系统流程，并不断对系统进行升级和完善。成员单位保证本单位各项业务依法合规，尤其境外企业，要严格遵守所在国家和地区的法律法规，执行集团各项制度，识别和防范交易对手信用风险，制定本单位操作风险管理流程，对本单位操作风险负责。

（六）强化数据治理，推动资金精益化管理

数据治理主要是通过数据标准化确保数据质量，促进数据互联互通，不再局限于结算、账户管理，而是向提高效率和质量、降低融资成本、控制资金风险等方面发展。数据治理基于数据梳理和数据整合，加强数据应用场景创新，激活数据价值，资金集约管理数据资产，服务数据决策。

1. 数据应用场景

在数据应用场景方面，充分利用业务系统数据，建立从资金后端到业务前端的全流程分析模型，进行数据应用场景挖掘，实现司库数据分析动态化、场景化和智能化，提升数据应用能力，赋能管理发展；通过司库结算平台与业务和财务系统集成，打通从业务到结算和记账全流程，规范财务业务过程，提高资金结算效率，实现穿透监测和安全合规。通过业务分类，从合同系统、共享系统获取相关业务数据，细化资金预算和计划安排，确保资金预算依据充分可靠；通过司库系统与客商系统的集成，实现应收、应付清收和黑名单企业管理，减少违规垫资和变相垫资；通过应收、应付模块与供应链金融平台的集成，实现应收、应付债权债务凭证的全链条流转，为供应链金融提供可追溯、可穿透的保障；通过对资金结算和预算的一体化管理，细化资金预算项目，强化资金支付事前审批和大额资金管控。

2. 数据精益管理

在数据精益管理方面，从资金存量、流量、效益、融资等方面对资金全周期开展多维度分析。

（1）通过对银行账户和余额监控，对资金集中度进行分析，了解资金未集中的原因，提升资金集中手段。

（2）对关键业务和历史记录开展大数据分析，全面剖析还原影响资金变动的业务驱动因素，总结资金收支波动规律，分析影响资金变动的因素，优化资金预算管理，做好资金头寸预测，提高资金使用效率。

（3）通过对筹资、融资和资金投向进行分析，科学评估金融资源配置效率，为在集团战略层面统筹金融资源、发挥产业链协同和产融协同效应，通过资金预算发挥资源配置作用提供充分可靠的依据。

（4）根据各金融机构授信、利率、期限及债券等直接市场融资情况，结合集团自身融资需求，优化债务融资方案。

3. 资金风险防控

在资金风险防控方面，主要管控舞弊风险、合规性风险、流动性风险和金融市场风险四大类风险。

（1）通过将金融资源全要素、全流程纳入线上管理，并将资金业务关键要素的控制流程和控制标准等固化于信息系统中，实现金融资源信息可视化、审批流程可视化、处理进度可视化、业务流量可视化。

（2）通过在付款金额、付款用途、付款对象等多维度设置预警参数和控制阈值，为支付事项、支付对象设置敏感信息，对大额对私支付、同一时期同一对象多次付款等异常支付进行审核和预警，做到资金风险早发现、早预警、早处置，发挥司库监测与预警作用。

（3）对债券、贷款、票据及供应链金融进行分析、监测和到期提醒，对资金链紧张的成员单位资金实时监控，做好资金流预测，确保债务能够按期偿付。

（4）加强对金融证券投资、金融衍生业务、银行理财等高风险投资业务的管控，严格控制投资范围。

（七）建立金融资源配置体系，提升资源统筹能力

积极回应集团公司战略发展要求，建立先进高效的金融资源保障和配置体系，实现金融资源最佳配置和集团公司利益最大化，是实现集团公司金融资源统筹的有效途径。

1. 金融资源配置

在金融资源配置方面，做好以下五点。

（1）积极服务集团主业，金融资源在支持集团战略和主业发展方面发挥战略支撑作用，坚持产业金融的根本定位。

（2）坚持集团公司统筹，强化集团统一管控，实现集团资源统筹。

（3）强化资本约束，优化资本结构，控制资产负债率。

（4）坚持效率优先，以价值创造为导向，降低集团整体融资成本。

（5）风险隔离，金融企业和非金融企业均坚持合规经营，防止风险在集团内部金融企业与其他成员之间传导。

2. 资金筹集

在资金筹集方面，要多渠道筹集集团经营和投资所需资金，满足集团战略发展要求。对资金来源坚持"先内后外，资本优化"的原则，即首先使用内部资金，其次使用外部资金，避免集团内部"存贷双高"。内部资金包括企业内部营运资金与两金管理、集团资金集中管理筹集的资金及资产处置变现的资金等。外部资金包括引入的权益资金和债务融资：贯彻落实中央企业稳健经营、资产负债率管控的要求，优先通过争取外部权益资金（包括国家资本金投入、引入战略投资者、上市融资等方式）增加权益资金。债务融资包括直接融资和间接融资，要加大直接债务融资力度，通过发行各类债券和资产证券化等产品提高直接融资比例（其中发行计入权益的永续债等债务融资工具应严格遵守国资委的相关规定，严控发行规模）。

3. 资金使用

在资金使用方面，可以通过资金预算强化资金资源使用，落实资金投向，在使用顺序和原则上主要考虑以下三个方面。

（1）在支持对象方面，首先是满足集团内部经营及投资需求，其次是支持产业链

资金需求，最后是金融证券投资和其他流动性管理工具。

（2）在投资项目方面，要充分考虑投资项目是否为集团主业、是否符合集团战略、是否在投资主体财务承受的范围之内、是否会推高资产负债率等因素。

（3）在配置效率方面，应在综合平衡收益和业务风险的基础上，强化风险底线思维，以集团收益最大化为原则合理安排资金投向。

4. 拓展金融管理职能

金融资源管理服务平台不仅将金融资源作为运营管理对象，更将其作为价值创造的重要资源，充分发挥金融统筹管理职能，促进金融赋能及大数据深度挖掘，丰富金融服务范围。

（1）搭建供应链金融服务平台，发挥行业"链长"优势，对商流、物流、资金流和信息流有效整合，将集团产业及产业链信用金融化与变现，依托大型集团信用优势及产业链核心地位优势，缓解产业链资金压力和降低产业链成本。在供应链金融开展过程中，要以真实贸易业务为基础，严禁为"空转、走单"贸易和融资性贸易等虚假贸易提供融资。

（2）加强金融关系管理，发挥集团统筹和信用优势，优化金融资源配置，包括集团内部金融企业之间的协同，以及与外部金融机构的合作。其中与外部金融机构的合作内容主要包括长期低成本资金支持、金融资源整合、风险数据库共享等。

（八）加强信息系统建设，搭建资金集约管理平台

通过资金集约信息系统建设，实现资金管理功能全覆盖和应用功能拓展，遵循系统建设、制度规范和数据标准的"三统一"架构，实现全集团"一张网、一个库、一个池"。其主要内容是基于资金集约管理的核心业务方案和建设内容，梳理资金管理系统功能需求，明确资金管理功能模块和对内、对外连接系统，按照统一规划、统一部署、分步实施的原则，打造面向资源配置、决策支持和风险防控的数智化资金集约管理平台。

资金集约管理平台以互联互通的系统建设为基础，对内紧密连接集团内各成员单位、集团财务共享平台、财务公司业务系统、合同管理等业务系统与产业链金融服务平台，对外联通国资委、商业银行、上海票据交易所、万得信息与天眼查等机构；对内深化业财融合、产融协同和风险监测，对外强化金融资源筹集、产业链和供应链

等金融资源有效链接,使数据业务流程贯通和互通互联。

资金管理功能模块有以下功能。

(1)基本管理功能,包括银行账户管理、资金集中管理、资金结算管理、资金预算管理、银行信贷管理(含授信、贷款、保函及信用证等)、融资担保管理、票据管理(应收应付票据、商业票据和银行票据)、金融证券投资(股票、基金、银行理财、金融衍生业务)、客商信用管理,以及应收款管理、境外资金管理等方面。

(2)数据应用功能,包括资金存量及收支情况、融资情况,以及融资成本、资金计划执行情况、外汇情况等,充分发挥资金监控功能。该部分功能和内容可通过大屏、移动端等形式展现。

(3)金融服务管理功能,包括金融关系管理、供应链金融服务、票据服务等。

(4)资金风险管理,包括客商及金融机构黑名单管理、资金收支监测和预警、资金内控合规性管理、利率和汇率风险管理等。

第七章　基于高质量发展的企业集团资产运营管理系统

随着国企改革三年行动的全面深化，企业集团有效推进企业战略重组、专业整合和产业链协同成为大势所趋。面对新经济、新模式、新业态，信息技术迭代升级、商业模式日新月异，创新挖掘数据资产等核心经济资源，加快科技成果转化，提升企业核心竞争力是高质量发展的必然趋势。本章在总结提炼创新实践的基础上，着重阐述财务管理如何在企业重组之中充分发挥价值引领作用，实现战略资产的高效配置；积极探索数据资产、智慧资本、无形资产等"软性资产"价值的挖掘和释放，体现其重大经济价值。

第一节　资产运营管理系统的内涵与特征

一、资产运营管理系统的内涵

作为企业的重要资源，资产得到有效运营管理对于企业实现价值创造至关重要。关于资产运营管理的内涵，主要有狭义和广义两种观点（孙华，2019）。狭义观点认为，资产运营仅指资产运营行为本身；广义观点认为，资产运营包括资产的运营过程、监管过程，以及对资产收益进行分配的过程，是资产筹集、投入、增值、分配等全过程管理。在此基础上，学者们从不同视角界定了资产运营的内涵，主要有两种主流观点：一种是侧重资产保值增值的资产运营效率视角，另一种是侧重产权交易的资本运营视角。基于资产运营效率视角，资产运营管理主要是指企业通过资本投入、生产经营和商业运营，最终实现资本增值、利润最大化的目标。该观点主要侧重企业的存量资产运营效率，如办公大楼、厂房、机器设备等，主要关注如何通过对资产的有效使用，使资产运营效率最大化。对于存量资产，主要从资产周转率等指标关注其运营效果，实现对资产的有效运营、监控、分析和预警，在提升资产经营与效益的同时，助力资产保值增值。基于产权交易的资本运营视角，资产运营主要是指资本运营，是独立于生产经营而存在的一种资本运营渠道，如收购、战略联盟、资产重组、资产剥离等，通过运用市场规则运作资本，实现提高企业经营利润的目的。该观点认为资本运营主要有扩张性资本运营和收缩性资本运营，强调通过首次公开募股（IPO）、联合投资、兼并重组等资本运营手段实现资产价值创造。扩张性资本运营主要指资本扩张的资本运营方式，是指在现有资本结构之下，通过内部积累资金或兼并、收购、追加投资等方法吸收其他主体资本，达到扩大企业资本规模的目的。扩张性资本运营按照产权流动，分为三种类型：横向型资本扩张（强化规模效应）、纵向型资本扩张（形成产业链优势）和混合型资本扩张（分散风险）。收缩性资本运营是指企业将自身的部分资产或者分支机构从母体剥离，从而降低企业规模，利于资源集约发展的资本运营方式。企业以这种方式对其主要机构和主营业务拆分重构，根本目的是使企业高效率运行，提高盈利能力。收缩性资本运营主要包括公司分立、资产剥离、分拆上市等。

基于会计准则对资产内涵的界定，上述两种观点均肯定资产的经济资源功能，但两者分别定位于存量资产运营管理、增量或无效资产运营管理。事实上，对于企业而言，尤其企业集团，单一强调对某类资产的运营管理均会导致对资产运营管理的片面理解，无法完全掌握资产运营管理的全貌。因此，上述关于资产运营管理的内涵有待拓展。

基于上述争议，部分学者认为，资产运营管理是以资本增值最大化为目的，以价值管理为特征，通过对企业全部生产要素的优化配置与产业结构的动态调整，优化企业资产结构，提高资产运营效率，使企业以一定的资产投入取得尽可能多的收益，保证资产保值增值。这种观点认为，只要符合会计准则，经确认、计量、报告的资产，其资产运营管理的目标均是实现资产保值增值和价值最大化。然而，这一概念主要聚焦对有形资产的运营管理，忽略了创新驱动和在新经济形态下蕴含巨大财富创造价值功能的研发、知识产权、数据资产、智慧资本等无形资产运营管理，这与新发展阶段的高质量发展要求并不完全契合。因此，在高质量发展背景下，资产运营管理应将有形资产和无形资产置于同一框架。

习近平总书记在党的十九大报告中指出，我国经济已由高速增长阶段转向高质量发展阶段，正处在转变发展方式、优化经济结构、转换增长动力的攻坚期。高质量发展是新时代的要求，是体现创新、协调、绿色、开放、共享的新发展理念的发展。2017年12月，中央经济工作会议强调，推动高质量发展是当前和今后一个时期确定发展思路、制定经济政策、实施宏观调控的根本要求。随着我国经济进入新常态，作为高质量发展的微观实现基础，企业层面的管理直接影响高质量发展目标。而财务管理是企业管理的中心环节，是企业实现基业长青的重要基础和保障。因此，在"准确把握新发展阶段，深入贯彻新发展理念，加快构建新发展格局"的大背景下，如何推动微观企业层面的资产运营管理高质量发展成为新发展阶段亟待回应和探讨的重要课题，这也将赋予新发展阶段资产运营管理新的内涵、新的特征和新的使命。

立足构建新发展格局的现实背景，基于新发展阶段高质量发展的实践需求，企业集团应按照《关于中央企业加快建设世界一流财务管理体系的指导意见》的要求，强化资产运营管理，通过专业化整合、资产证券化等运作手段盘活存量资产，通过改制上市、引战混改等改革措施做优增量资产，通过"两非"剥离、"两资"清理退出非主营业务，通过精益管理放大无形资产价值，以期通过资产运营管理使集团聚焦主责主业、优化资产和业务质量，实现集团"服务战略、协同共享、价值创造"的财务管理理念。

基于此，我们认为，基于高质量发展的企业集团资产运营管理系统的内涵是：紧跟创新驱动发展和数字化转型趋势，立足主业资产战略布局、提高资产运营质量，深化科技创新体制机制变革，提高科技成果转化率，深入挖掘数据资产价值，赋能产业发展，助力集团发展方式转变和核心竞争力提升。

二、资产运营管理系统的特征

资产运营管理是基于"服务战略、协同共享、价值创造"的财务管理理念，以优化资产结构、提升资产质量为重点，通过有形资产价值挖掘、无形资产价值释放、数据资产赋能产业，实现资产的价值创造和高质量发展目标，而对集团资产进行有效管理的一种行为。因此，在高质量发展背景下，企业集团资产运营管理系统的特征是管理目标聚焦性、管理对象异质性、管理效应裂变性。

（一）管理目标聚焦性

管理目标聚焦性是指通过资产运营管理来服务集团战略，促进集团产业结构向战略目标转变，控制集团产业发展偏离度。按照资产与战略、价值创造间的关系，集团资产可分为服务集团战略创造价值、服务集团战略低创造价值、偏离集团战略创造价值、偏离集团战略低创造价值四类，通过资产运营管理有助于明确资产在集团中的战略定位，对资产合理分层分类管理，促进集团聚焦主责主业，控制产业发展偏离度。

（二）管理对象异质性

管理对象异质性是指资产运营管理的对象包含集团所有的有形资产和无形资产，且不同资产管理具有明显的差异化特征。在高质量发展背景下，按照存量资产盘活、增量资产做优、无效资产清退的原则，实现有形资产的价值提升。土地、厂房、设备等闲置资产通过出售、租赁等方式盘活；借助外部资本市场，充分发挥市场价格发现、价值实现的功能。加大存量资产整合，提高存量资产的利用效率。对于无形资产，通过提质赋能机制，提高科技成果转化率，深度挖掘数据资产关联价值，培育在高质量发展背景下无形资产的核心竞争力和可持续价值创造力。

（三）管理效应裂变性

管理效应裂变性是指通过对资产价值的深度挖掘和释放，形成联动协同机制，实现资产价值创造的裂变性。在高质量发展背景下，通过资产的分层分类管理机制，强化对资产的战略性重组，实现"1+1>2"的叠加效应；通过动态调整有形资产的盘活优化、剥离清退等管理策略，持续释放有形资产效率；通过建立激励机制，提高科技成果转化率；通过数据赋能产业，持续挖掘数据资产的潜在价值；由此形成联动机制，实现资产价值创造的裂变性。

第二节　资产运营管理系统的发展现状

一、资产运营管理系统的成效

（一）构建一体化的资产配置管理体系

资产运营管理在本质上是为集团战略服务的。企业集团目前构建了一体化的资产配置管理体系，通过聚焦资产高效配置，服务集团战略。资产配置管理在实践中主要聚焦两个方面：一方面，集中统筹存量资产、增量资产，对存量资产的盘活优化、剥离清退建立统一的识别机制，增量资产的配置应服务战略，确保资产高效配置；另一方面，聚焦"产品、技术、管理"三大创新工作，创新推动战略资产配置管理一体化实践，固化资产运营管理标准、管理流程与管理体系。例如，中国交通建设集团有限公司（简称"中交集团"）全面启动"专业化、区域化、属地化、生产经营一体化"

改革，明确所属单位专业化定位和区域化分工，夯实属地化发展责任。通过强化区域统筹，明确专业化公司与属地化公司的责任边界，主要专业按区域分工负责，常规专业按区域划分全面放开，特殊专业按完全市场化原则参与内外竞争；系统建立"省域统筹经营+专业业务经营+延伸补充经营"工作机制，有效破除重复经营、内部同质化经营等弊端。坚持"以现场促市场"，提升经营深度与质量；建立省域资源战略地图，完善内部资源定价、交易和共享机制，实现区域资源集中统一调配，有效地改变了所属企业分头行动、集约不足的经营局面，降低了生产经营管理成本。

（二）发挥资产战略重组的协同效应

战略资产是企业在生产经营活动中的重要劳动资料，具有其他资产无法替代的战略属性。完整、高效的战略资产对于企业的重要性不言而喻，其管理直接影响企业经营效率的优劣。企业竞争的成败，通常并不取决于拥有资源的数量，而取决于资源配置的效率，让有限的资源最大限度地为企业创造价值，通过战略整合资源，进而支持战略目标实现。为推动战略资产整合，发挥资源协同效应，企业集团以全面预算管理为统领，运用数据价值分析的牵引作用，助推资源科学谋划、合理配置，充分释放战略资源的协同效应。目前，企业集团主要从"合并同类项""去掉重复项""删除无用项""优化调整项"四个方面开展系列战略性资产整合，有效地发挥了企业集团战略资产的协同效应。以中央企业为例，自党的十八大以来，已有 26 组 47 家中央企业实施战略性重组和专业化整合，通过战略性重组和专业化整合有效地推动企业内部深度整合融合，使中央企业聚集主责主业，产业布局不断优化，提升了专业化发展水平和国有资本配置效率。例如，中盐集团围绕"1+3+N"业务体系，聚焦盐业务及化工、复合肥、盐穴资源综合利用"三项综合利用业务"，明确中盐股份为盐业务运营平台，中盐内蒙古化工、中盐红四方为化工基地，中盐资产公司为资产运营平台，将原有分散的产销企业进行合并，组建中盐京津冀公司、中盐中部公司、中盐西南公司等具有区位优势、辐射区域市场的全产业链盐业企业，加快盐业务专业化发展。同时，加快推动已重组并购企业的整合步伐。对重组并购企业精准号脉，提出业务调整及整合建议，重视企业加入中盐三年内的关键时期，推进加快实现组织结构调整与经营绩效全面改善。中盐西南公司并入中盐集团后，优化资源配置，将原有 8 家区域公司及 2 家地市公司重整为 4 家区域公司，改变以往"散、小、弱、乱"的经营局面，形成规模化、专业化销售体系。推进区域整合和产销一体化，在东北、西北等地区，下大力气处置县级以下销售公司。针对资产规模小、业务相近的县级公司，合理布局业务区域，优化配置业务力量，通过吸收合并、"子改分"等形式，取消部分企业独立法人资格，将其改设为配送中心，从根本上解决法人链条长、管理层级多、管理效率低的问题。

（三）健全有形资产的管理机制

作为企业的重要资产，有形资产是企业正常运转的重要保障。针对这一特性，在企业日常经营过程中高度重视有形资产运营管理，建立涵盖资产全生命周期的管理运营机制，明确资产管理目标。通过相关制度建设，形成完善的管理机制，使资产在计划、采购、使用、更新、处置等流程具有明确的标准和程序，有助于加强资产在使用、处置等过程中的统筹管理，充分发挥资产的使用效率。同时，建立资产布局优化动态调整机制，通过对有形资产的合理评估和有效识别，将资产有机整合，实现资产的规模效应，减少重复投资和内部恶性竞争问题，形成协同发展机制，以有效支撑集团战略目标。例如，中国建材集团有限公司（简称"中国建材"）强化战略引领和战略落地，全面完成对11家二级企业的主业梳理和确定，并对3家重要子企业战略执行情况开展回顾检视，打造边界清晰、产业链控制有力的主产业平台。针对历史原因导致的水泥业务分散在多家公司的资源配置低效、机构人员重复及集团基础建材板块整体竞争力低等问题，中国建材通过对基础建材业务实施整合，在水泥、商品混凝土、骨料业务上构建起分布全国主要市场的核心利润区，以规模优势形成市场优势地位，有效提升了产业链控制力。同时，中国建材按照国有资本投资公司试点要求，加大差异化授权、放权力度，完善投资管理制度，推进投前管理前移、投中管理下沉、投后管理强化，建立投资管理闭环体系。

（四）探索无形资产的价值挖掘

随着技术进步和经济发展，无形资产在企业经营过程中发挥的作用越来越重要，可以有效提升企业的综合竞争能力。针对无形资产的重要地位，企业集团近年来加强了对无形资产的管理，建立了无形资产管理机制。以知识产权为例，作为企业形成核心竞争力的关键，企业集团高度重视，并形成与此相关的项目筛选、投资、运营等管理机制，为知识产权等无形资产价值最大化提供了保障。同时，随着数字经济的发展，传统的无形资产内涵和外延正受到严峻挑战，企业集团开始关注数据资产、智慧资本等无形资产，从对会计确认、计量、报告等方面的探讨逐步转变到价值挖掘。例如，中国电子科技集团有限公司（简称"中国电科"）推出"科技20条"系列激励举措,完善科技创新考核和评价机制。为强化人才激励保障,中国电科将荣誉表彰向科技创新一线倾斜,将薪酬分配向关键核心技术攻关、基础研究等重点领域倾斜,对高层次和关键核心人才工资总额实行全额单列,设置总师岗位津贴和专项奖励,采取员工跟投、岗位分红等中长期激励措施。中国电科通过股权激励与项目跟投实践探索,提高了科技成果的转化率。

二、资产运营管理系统存在的不足

(一)资产运营管理体系有待优化

目前,企业集团尚未建立基于集团视角自上而下统一的资产运营管理体系。基于资产特性,企业集团针对各类资产建立了具体的使用规章制度,但由于资产类别众多,且分布于不同的部门和子公司,企业集团内部对于同类型资产的资产运营管理各自为政,尚缺乏统一的管理体系,在一定程度上导致资产难以有效统筹管理和效率最大化。而且,企业集团基于创新驱动和数字经济背景形成的在新经济模式下的数据资产、智慧资本等无形资产形成数据孤岛现象,使用效率有待进一步挖掘。因此,建立统一的资产运营管理体系,以优化企业集团资产配置效率,是在高质量发展背景下企业集团实现资产保值增值的重要保障。

(二)资产运营管理机制有待完善

企业集团普遍存在业务领域多、产业布局广、各公司业务重叠与重复投资问题突出等现象,导致集团内部资产同质化竞争,降低资产运营效率和市场竞争力,部分行业出现产能过剩等问题。而且,企业集团内各业务资产往往处于产业链上下游,具有较强的关联性,但企业尚未基于产业链建立统一的资产联动管理机制,导致企业资产并未形成联动协同效应,缺乏资源合力,削弱了企业在产品市场和产业价值链中的竞争地位。此外,数据资产、智慧资本等资产与企业集团其他资产尚未建立联动机制,导致数据资产、智慧资本的价值难以有效发挥,资产整体使用效率难以有效提升。因此,在高质量发展背景下,企业集团资产运营管理应建立同质资产有效整合、关联资产资源互补的协同联动管理机制,以发挥资产的协同效应,使资产价值进一步释放、效率进一步提升。

(三)有形资产效率有待深度挖掘

有形资产是企业在经营活动中的重要资产类型,具有种类繁多、量大面广的特点。企业集团有形资产运营管理在当前存在的突出问题是效率有待进一步深度挖掘。由于历史原因，许多企业集团持有较多的厂房、机器设备，但并未对其建立有效的运营管理机制，导致这类资产大量处于闲置待盘活的状态，资产效率有待释放。而且，部分企业集团并未完全聚焦主责主业，形成专业化运营优势，存在大量非主业、非优势业务（"两非"），严重拖累核心主业竞争优势；部分企业集团存在长期亏损、扭亏无望的企业，形成低效资产、无效资产（"两资"），对这部分资产布局有待打破重构。虽然企业集团推进了战略资产整合，初步取得成效，但战略资产内部并未形成资源合力，企业集团战略资产的布局有待重塑、业务流程有待再造，以深度推进战略资产的融合。此外，企业集团资产管理大多数依赖内部资源，通过自身运营管理来发挥资产的价值效应，尚未建立统一的资产运营管理平台，由集团统筹协调所有资产的运营管理，以减少资产各自分散管理、无法形成协调机制的局面。而且，由于企业内部资源是相对有限的，无法具备所有的资源优势，单纯依赖在企业集团内部进行资产运营管理，无法统筹协调资产，使资产效率最大化，资产运营管理模式有待拓展。

（四）无形资产价值有待充分释放

在数字经济背景下，无形资产的内涵与外延发生深刻变化，在整个企业集团资产中的比重和地位日益上升。随着全球化的发展，企业发展不是依靠规模扩张，而是通过技术创新获取超额利润。企业价值创造从过去的以资本、资源驱动向以无形资产驱动转变，无形资产成为企业取得核心竞争力的关键。因此，无形资产对于企业生产经营和综合竞争能力提升发挥着重要作用。然而，企业集团长期以来高度重视厂房、设备等有形资产管理，并建立相应的资产运营管理机制，对创新驱动和在新经济形态下蕴含巨大财富创造价值功能的知识产权等无形资产的重视程度相对不足，导致无形资产的价值无法充分发挥。而且，科技成果转化缺乏激励机制，转化效率有待提升。因此，在高质量发展背景下，企业集团应统筹加强无形资产管理，充分挖掘无形资产的潜在价值，持续释放无形资产的价值创造能力。

（五）数据赋能产业能力有待提升

随着业务流程管理的一体化，企业集团资产运营管理通过数据赋能产业的能力有待加强。企业集团资产运营管理涉及各类资产，且资产类别较多、差异较大，传统各自为战、各自监管的管理模式并不能实现资产的动态优化。目前，资产运营管理尚缺乏统一的数据共享平台，以实现对数据的自动采集、传递、实时监控等。同时，数据资产、智慧资本等无形资产形成孤岛现象，潜在价值缺乏深度挖掘，对产业发展的协调指导应用价值有待深度探索和提升。因此，在高质量发展背景下，企业集团资产运营管理应统筹建立资产数字化管理平台，充分挖掘数据赋能产业发展的协同能力。

资产运营管理系统建设内容框架如图7-1所示。

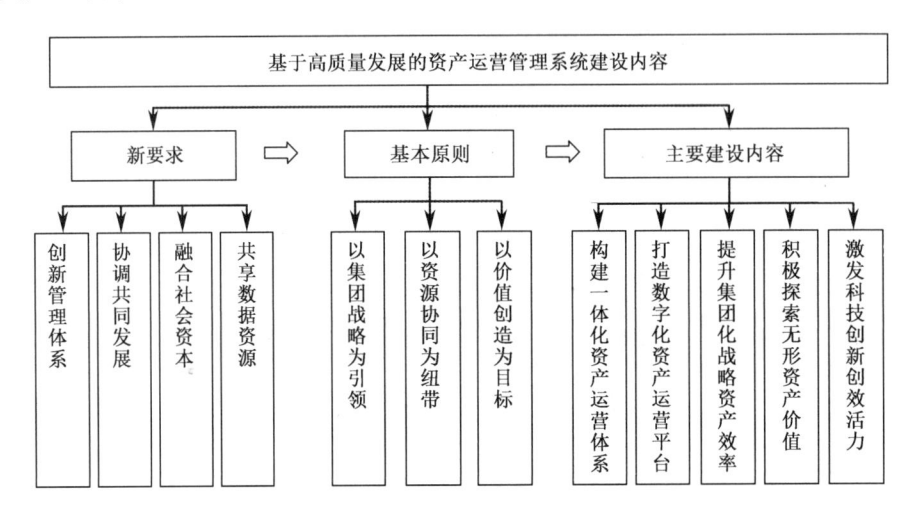

图7-1 资产运营管理系统建设内容框架

第三节 基于高质量发展的资产运营管理系统建设

一、基于高质量发展的资产运营管理系统新要求

（一）创新管理体系

在高质量发展背景下，企业集团应实现管理体系的创新，通过重构一体化的资产运营管理体系，统筹建立资产分类管理制度，制定资产分类管理运营措施，构建合理的资产运营管理评价体系，以优化资产结构，激发资产的价值创造活力。针对集团控制层级多、业务覆盖范围广、业务关联性强、单独管理不成体系等特点，应立足集团定位与职能，统筹建立一套符合集团战略的跨部门、多层级协同的运营管理体系，以服务集团战略。通过集团统筹管理，有助于加强集团对资产的运营管控能力，使集团统一管理内部资产，减少各公司或业务部门单独管理导致的资产运营低效率的问题，实现资产运营管理的有机统一和协调共同发展。而且，建立完善的资产运营管理体系有助于集团采取最佳的金融工具和方式实现对保值增值资产、持续优化资产、待

盘活资产、剥离清退资产的合理分类管理，实现新发展阶段资产保值增值的高质量发展目标。例如，国家能源集团牵头发起"北京国能新能源产业投资基金"，持续推动光伏、风电等新能源业务向优势企业和主业企业集中。中国宝武钢铁集团有限公司（简称"中国宝武"）强化"投融管退"各环节的能力，设立"退出资本资产办公室"，按照"应压尽压，应退尽退"的原则，全面推进剥离工作。

（二）协调共同发展

在高质量发展背景下，企业集团应实现有形资产和无形资产的协调共同发展。

一方面，对有形资产建立价值持续挖掘机制。针对企业集团资产闲置现象，应盘活用好存量资产，剥离清退无效资产；通过完善资产管理制度，做好闲置存量资产清查、分析、评估等工作，规范资产管理流程，强化资产运营管理，对陈旧、低效、闲置资产深挖价值潜能，不断探索创新管理模式，实现存量资产挖潜增效；通过专业化整合积极推进集团内部并购重组，加强产业链纵向合作和同行业横向协同，实现对资源的有机整合，做强优势产业，形成规模效应，减少同质化业务无序竞争。与此同时，基于产业布局与结构调整的背景，以一体化为目标推进产业链整合，把生产经营的各个环节相互连接组合起来，推动资源向优势产业聚集，提升企业在产业链、价值链中的地位，产业链"链长"的实力进一步凸显。

另一方面，应统筹加强无形资产管理，激发无形资产活力，充分挖掘无形资产的有形财富价值功能；通过建立资产管理联动机制，充分挖掘在新兴经济模式下数据资产、智慧资本等无形资产的潜在价值，与其他资产形成良性互动机制；通过精益管理无形资产，放大无形资产价值，帮助企业形成核心竞争优势。

例如，神华集团与国电集团联手组建的国家能源集团实现了煤炭企业与发电企业的重组，通过产业链上下游协同形成全产业链互补和规模竞争优势，有利于理顺煤电关系、实现煤电一体化发展；结合国有资本投资公司改革和集团煤电运一体化运营特点，加大授权、放权力度，建设一流企业总部，打造"战略+运营"管控体系。通过系列整合，国家能源集团形成"1家常规电力能源整合平台+1家煤电一体化专业化管理公司+23家省级区域电力管理主体"的电力企业管控架构，一体化产业协同能力显著提升。国家能源集团构建了统一的煤炭销售平台，成立电力营销公司，实现电力营销业务的集约化、专业化、平台化运作。在火电业务区域整合、产运销补链与强链的基础上，国家能源集团从产业金融、物资保障、科技环保等方面建设专业化保障平台。通过对物资、工程、置业等18家同质化公司进行重组，国家能源集团建立国家能源e购非招标采购平台，实现对各产业板块非招标采购业务全覆盖，建成国家能源e购商城专业电子商务平台，开启集团公司电商化采购时代。集团金融公司发挥产业金融贴近主业需求的优势，助力企业绿色转型。国家能源集团将信息科技定位为对核心产业进行补链、强链、延链，推进布局优化结构调整的新兴产业，重组信息智慧产业，成立数智科技公司，在聚焦集团"煤电化运"主营业务板块的基础上，协同推进智能矿山、智慧运输、智能电力、智慧化工四大产业有序发展，构建产业主导、多方参与、开放共享的数智产业生态圈，为集团高质量发展提供有力保障。

（三）融合社会资本

在高质量发展背景下，企业集团资产运营管理应强化资产战略配置理念，通过整合社会资源，发挥社会资本的杠杆效应，以激发活力，提升资产的配置效率。

一方面，应将现有资产配置打破重构，通过资产结构优化、产业布局调整、业务流程再造等，从"合并同类项""去掉重复项""删除无用项""优化调整项"四个方面深度推进战略资产实质性有机整合，以释放战略资产的价值创造效应。

另一方面，在充分挖掘集团内部资源的基础上，借助资本市场，通过IPO、定向增发、并购重组等手段，积极引进附带稀缺资源的社会资本，共同参与资产运营管理，以激发资产活力，发挥资产的价值创新效应。同时，企业集团在做优存量资产运营管理的基础上，可以联合产业基金、股权基金等进入新兴产业和高附加值产业，以进一步做好做强增量资产，通过对增量资产的运营管理挖掘新的利润来源。

例如，中国诚通控股集团有限公司（简称"中国诚通"）发挥基金投资作用，广泛撬动国企和社会资本，放大国有资本功能，通过其管理的中国国有企业结构调整基金、中国国有企业混合所有制改革基金、债转股基金等，支持中央企业在产业链上下游进行深度整合，实现固链、补链、强链、塑链；通过党委前置研究，把关投资方向，组建专业团队负责管理和运营，围绕国家战略和国资委重大改革任务明确投资重点，引导资本向产业链关键环节和"卡脖子"技术聚集；支持中央企业围绕产业链关键环节加大研发力度，通过自主创新不断向产业链、价值链高端迈进，投资集成电路、先进制造、生物医药等关键共性技术项目；通过激发产业链带动效应，服务构建现代产业体系和新发展格局；设立诚通国合资产管理公司，打造专业化的中央企业"两非"资产接收服务平台，帮助有关中央企业聚焦主责主业，防范并化解风险。

（四）共享数据资源

近年来，数据作为新型生产要素，成为经济发展新动能。为激活数据要素潜能，充分发挥海量数据优势，中共中央、国务院于2022年12月发布《中共中央 国务院关于构建数据基础制度更好发挥数据要素作用的意见》，从数据产权、流通交易、收益分配、安全治理四方面，初步搭建我国数据基础制度体系，提出20条政策举措。在此背景下，企业集团可以充分利用数据平台优势，推动企业资产运营管理的数字化和智能化，共享信息和资源，实现对资产的集成化管理，精准掌握资产使用效率。因此，在高质量发展背景下，企业集团应以打造一流创新生态系统为重点，突出数字平台的顶层设计和引领作用，统筹推进数字化能力建设，全面提升信息化水平，发挥数据平台在资产运营管理中的重要支撑作用。同时，应建立数据资源协同共享机制，通过挖掘数据资产价值，赋能产业链，释放数据资产的潜在价值。例如，中国化学工程股份有限公司（简称"中国化学"）针对集团资产种类多、数量大为资产管理工作带来的巨大挑战，积极顺应数字化转型潮流，打造资产管理数字化平台，通过资产管理数字化平台建设，提升集团资产及各类资源的整合共享能力，使业务间充分融合，提升数据的决策支撑能力，实现资产管理的"全面化、一体化、高效化"。

二、基本原则

（一）以集团战略为引领，聚焦产业发展

作为基于集团定位制定的中长期发展规划目标，集团战略是集团发展的根基和灵魂。在高质量发展背景下，资产运营管理建设应以集团战略为引领，聚焦主责主业。根据集团发展战略目标，资产运营管理按照集团战略与资产价值创造的关系对资产合理分类，将资产分为保值增值资产、持续优化资产、待盘活资产、剥离清退资产等，并紧扣高质量发展目标，构建市场化运营、专业化管理机制，通过资产分类管理助力集团优化调整资产布局，强化集团核心主业，提高资源配置效率，使集团聚焦主责主业并实现高质量增长目标。

（二）以资源协同为纽带，形成资源合力

现代企业集团涉及业务板块多，但各项业务彼此独立，缺乏有效的协同整合机制，导致资源利用效率较低。在高质量发展背景下，企业集团资产运营管理应建立资产联动机制，以资源协同为纽带，形成集团内部的资源合力。一方面，资产运营管理

基于自上而下的统筹需要、自下而上的现实需求，围绕集团主责主业，打破产业边界，建立产业链上下游资源协同共享机制，充分挖掘内部市场稀缺资源的产业链价值，增强内部市场主体间的耦合共生关系。另一方面，以数据资产等无形资产为桥梁，通过对数据资产的挖掘，精准识别潜在价值关联和利润机会，实现对集团资源的最佳配置；通过对集团资源协同共享，形成联动机制，可以实现整合资源、降低成本的目标，有助于建立资源优化配置、产业互相支撑的生态环境，形成资源合力。

（三）以价值创造为目标，实现保值增值

资产运营管理的目的是通过盘活存量资产、做优增量资产、剥离清退无效资产、精益管理无形资产等实现资产的价值创造功能。因此，在高质量发展背景下，资产运营管理建设应以价值创造为目标，实现资产保值增值。在资产运营管理过程中，根据集团战略目标，对保值增值资产、持续优化资产、待盘活资产、剥离清退资产等各类资产按类别合理选择资产优化和处置方式。对于不符合集团发展战略和主责主业需求的低效无效资产，应当加大处置力度，有效减轻债务负担，使集团聚集主责主业。对于属于国家重大战略需求的新兴战略产业，通过产业基金、风险投资基金等加大战略性新兴产业布局，助力形成新的增长点，以做优增量资产。对于无形资产，建立精益管理制度和潜在价值挖掘机制，培育无形资产的核心竞争力和可持续价值创造力，放大无形资产价值。通过对各类金融工具和手段的综合运用，实现高质量发展背景下的资产保值增值和价值创造目标。

三、主要建设内容

（一）优化顶层设计，构建一体化资产运营体系

在高质量发展背景下，企业集团资产运营管理应以精益管理为统领，通过顶层设计优化调整，为集团资产构建一体化的运营管理体系。

1. 资产集中管理

集团应建立资产集中管控模式，统筹协调内部资产，将分散在不同部门、不同子公司的资产统一管理，避免资产闲置或重复投资。在集团统筹资产管理模式下，集团侧重于战略决策和资源部署，统筹调配各项资源，并建立统一的资产运营管理制度。对于资产计划、采购、使用、更新、处置等流程，应建立明确的标准和程序，形成闭环管理。加强对资产在使用、处置等过程中的统筹管理，以充分发挥资产使用性能。

2. 资产分层分类管理

根据集团战略目标，集团对资产分层分类管理，不断优化资产结构。

（1）根据资产形态和管理权限，对资产分层管理，并建立符合资产形态特征的管理机制和模式。例如，对于具有普适性的资产，可以建立集团统一管理机制，对专有性资产采用放权管理模式。在此基础上，探索差异化分层管理模式，因企施策，因业施策，因地制宜，并区分不同业务特点。

（2）根据资产使用情况，对资产建立分类管理机制。将资产分类为保值增值资产、持续优化资产、待盘活资产、剥离清退资产、无形资产，并按类别合理选择资产优化和处置方式。对于持续优化资产，建立动态调整和追踪机制，持续推进资产动态优化。对于待盘活资产，寻求盘活优化措施。对于剥离清退资产，应坚持剥离清退原则。对于无形资产，建立提质赋能机制，充分挖掘潜在价值。通过构建一体化的资产运营管理体系，实现对资产的分层分类管理，不断优化调整资产结构。

3. 构建资产管理运营评价体系

企业集团应构建资产运营管理评价体系，探索合理有效的评价机制，通过创新资产运营管理机制，牵引资源有效配置和资产效率提升。资产管理涵盖资产的计划、采购、使用、更新、处置等全生命周期，企业集团应以效率评价为导向，将资产全生命周期纳入评价过程，构建基于"改进与提升""过程管控与经营结果"的资产效率评价体系，通过"事前、事中、事后"全过程的资产运营效率评价解决资产运营管理存在的"重使用、轻效率"的问题，促进资产高效使用。

例如，国家管网公司推动形成上游油气资源多主体多渠道供应、中间统一管网高效集输、下游销售市场充分竞争的油气市场体系。中国宝武对集团内同类业务单元实行业务、资产、人员等全方位整合，实现一体化高效运作，有效破解了联合重组中"联而不紧、整而不合"的难题。中国宝武加快构建高质量钢铁生态圈，上游聚焦铁矿石等关键原料供应环节；中游聚焦钢铁制造、技术研发和生产服务环节；下游聚焦用户对接及现代服务体系，打造绿色低碳、自主可控、安全可靠的现代钢铁产业链。招商局集团推动辽宁港口一体化发展，提升资源利用效率，逐步构建高效畅通的海上物流大通道。中国电子信息产业集团创新处置模式，与资本运营公司联合成立资产处置平台，取得明显成效；通过剥离有效盘活了存量资产，并将收回的资金全部投向主业领域，有力支撑了网信产业的创新发展。航空工业集团创新工作方法，创建资产接收处置平台+资产结构调整基金"双平台",实施市场化运作;通过处置平台快速剥离调整类资产,加速"两非"彻底出清;对接收资产分类梳理,优化管理和重新组合;通过调整基金,对错配资产、低效资产重新调整配置,通过市场化运作,为其赋能增值。

(二)聚焦资源效益,打造数字化资产运营平台

在高质量发展背景下,企业集团应围绕集团主责主业,聚焦资源效益提升,利用物联网、大数据等技术和信息化手段,建立数字化资产运营管理平台,以实现对资产的动态监管。利用资产管理数字化平台,企业集团将分散在不同管理部门、不同使用部门的资产进行统一管理,可以不断强化和完善资产全生命周期管理体系,对资产实施动态监控。在统筹内部有形资产、无形资产等基础数据的基础上,建立统一的资产管理数字化平台,企业集团可以有效解决信息不对称的问题,打破集团内各部门、各子公司间的信息壁垒,实现对资产的统一有效监管,便于集团利用共享资源对资产效率开展全面分析。同时,通过数字化平台,可以将资产管理工作流程化、清晰化,有助于实现对资产运营效率的实时监控,便于对资产分类管理。例如,通过数字化平台,企业集团可以发现待优化资产、待盘活资产和待剥离清退资产,便于集团统筹推进资产运营管理,从而动态优化调整资产。此外,通过存量资产盘活处置、能力共享、资产证券化等多种商业模式,对接外部供需资源及专业平台资源,开展资产管理、分析及盘活、处置等工作;利用资产管理平台,有助于盘清资产,识别资产优劣,打破系统内外各部门、各机构间的信息壁垒,将资产盘活处置工作流程化、清晰化。通过数字化平台建设,企业集团可以实现对资产运营的可视化管理,统筹资源共享与整合工作,优化资产配置。

企业集团资产运营管理涉及各类资产,且资产类别较多、差异较大,传统各自为战、各自监管的管理模式不能实现资产的动态优化。在高质量发展背景下,企业集团资产运营管理应采取实时监控模式,统筹建立资产数字化管理平台和预警监控系统,监测资产运营效率,从而动态优化调整资产。企业集团通过建立实时监管模式,有助于发现待优化资产、待盘活资产和待剥离清退资产,便于统筹推进资产运营管理工作。而且,数字化平台有助于企业集团对资产建立以效率为导向的全生命周期管理机制,构建基于"改进与提升""过程管控与经营结果"的效率评价体系,从而促进对资产的高效使用。

例如，中国铁路物资集团有限公司（简称"中国铁物"）为顺应数字化转型浪潮，通过投资与资产数字化管理平台的建立，实现对投资、产权、资产、专项任务的集中管理，加强对下属企业的动态监控，实现统一管控与动态跟踪。集团与下属企业共享资产、股权、投资项目等信息，可以及时了解产权、资产、投资与资产盘活项目、改革专项任务的静态和动态变动情况；同时，通过信息系统予以固化，逐步建立并完善适合集团的标准化管理体系。中国铁物优化投资与资产体系，规范股权和资产管理制度，满足集团的管控要求，保证集团统一管控制度的有效执行；通过建设分析决策平台深化数据分析应用，对数据进行统一管理和使用，及时获取财务及业务数据，帮助集团及各公司快速正确完成各种报表及分析，满足监管报表、企业管理报表的业务需要；通过平台的分析云对报表数据、指标查询、常用查询和统计报表、多维分析等再利用，深化对数据的分析应用，以支撑各类决策。统一资产管理平台的建立为资产盘活提供了数据支持。资产状态实时动态管理，为集团资产的保值增值提供了信息保障；对重要经济行为，以项目为单位全过程逐项跟踪，及时了解相关经济行为带来的股权、资产变动情况，并与集团其他管理系统实现信息共享，推动资产、投资向效益好、效率高的经济行为主体倾斜，为集团精准评价、科学决策提供数据支撑。投资与资产数字化管理平台有效地推动企业投资、产权、资产等领域数字化创新，实现了资产管理的规范化、精益化、可视化、智能化，全面提升了资产决策效率和监管效能，促进集团资源配置效率提升。

（三）发挥协同效应，提升集团化战略资产效率

在高质量发展背景下，企业集团资产运营管理应基于产业价值链，建立内部协同发展机制，强化资源整合，通过对关联资产价值再挖掘、释放形成资产联动机制，发挥资源协同效应，最大化资产价值，实现对集团战略资产的高效配置。

（1）围绕服务国家战略目标，从战略层面进一步明确主责主业方向，推动资源向关键领域和优势主业聚集。同时，以提升整体资源配置效率为目标、以业务做强做精为重点，推动集团内部兼并重组和资源深度整合，实现业务协同和资源共享，以提高资本配置效率和核心竞争力。通过整合推动机构、人员、管理、文化融合，引导资源向主业集中，减少重复投资和无序竞争，突出规模经济性，增强企业核心竞争力。根据集团战略，企业内部资源整合主要形成以强化规模效应为主的"横向合并"战略性重组、以完善上下游产业价值链为主的"纵向联合"整合、专业化整合。横向并购的

强强联合有助于降低边际成本，提升市场份额，增强实力和抗风险能力，发挥规模效益协同作用。纵向并购有利于完善产业链上下游协同，提高效益，增强全球话语权和影响力，发挥产业链带动效应。通过专业化整合，推动集团聚焦主责主业和核心优势产业，使集团业务结构更清晰、核心能力更突出。通过强化资源整合，使企业内部资源相互配合、相互融合、相互交叉，形成核心竞争优势。

兵器装备集团开展系列资产重组活动，以优化战略资产配置管理。例如，建设工业与长风机械、四川华庆、珠江光电整合；重庆长安工业与重庆望江整合；成都陵川与成都晋林整合。战略资产整合推动兵器装备集团产品和产能统一优化布局，取得资源共享、优势互补的效果。在资产运营管理系统指导下，兵器装备集团的战略性整合优化了资产结构，促进资源再组合、再分配、再利用，提升了国有资本的运营效率，实现了国有资本的高质量发展目标。中国石化有序推进公司内部专业化重组整合，中科炼化与湛江东兴采取吸收合并方式完成一体化重组；石油工程华北工程公司与河南工程公司、华东工程公司与江苏工程公司完成重组整合，实现了资源、资金、人力、财税、资质等方面的优势互补；石化油服内部启动测井、录井及定向井等高端业务的专业化重组，成立中国石化经纬有限公司，为培育石油工程核心技术、提升市场竞争力奠定基础。国家能源集团有序推进内部专业化整合，实施电力业务区域整合，形成包括 1 家常规能源整合平台、1 家煤电一体化专业化公司、2 家全域经营的新能源公司、2 家水电流域管理公司和 29 家省级电力公司的专业化管理全集团 2.7 亿千瓦发电装机的电力业务管控格局。

（2）以产业链、供应链安全为目标，着力完善布局产业链、供应链中的关键环节，充分挖掘产业链价值，激发产业链带动效应。通过增强行业内主导企业的优势地位和对整个产业链的带动作用，能够更好地针对产业链重点领域、瓶颈环节，打通堵点、补好断点，锻长板、补短板，实现优势互补，促进产业链竞争力有效提升，有力保障产业链、供应链安全稳定，优化供给结构，改善供给质量。因此，在聚焦主责主业基础上，鼓励集团完善产业链、供应链布局，以混合所有制改革为路径，以市场化运作为基础，联合产业基金、股权投资公司开展对相关优质企业的投资。同时，增量资产运营管理应围绕集团内部资源建立提质增效机制，把握增量资产布局方向。通过集团内部产业价值链资源挖掘，形成内部资源协同发展机制，实现战略资产的协同发展和优化配置，以有效支撑企业集团战略目标实现。

中交集团对同业企业的主业分别划定边界，使不同企业在主责主业中各有侧重，将其逐步培育成为细分领域的单打冠军。为此，中交集团出台《中交集团子企业主营业务管理办法》《中交集团产业分类标准目录》《子企业主营业务评审专家委员会工作规则》《子企业产业资源整合工作细则》等配套实施细则，以"集团法规"的形式确定内部企业的侧重和优势领域，在集团层面做到扶强扶优，将资源向主责主业企业倾斜。中交集团通过聚焦核心环节、关键领域，补齐产业链短板，在核心基础零部件、工业基础软件、关键基础材料、关键核心技术产品方面取得重大突破，实现产业链全面高水平自立自强。中交集团优化以振华重工、中交天和为代表的中交装备制造企业在上海、南通、苏州等华东地区的生产基地布局，加强与产业链上下游配套企业的集群化发展。

中交房地产集团有限公司强化专业整合，推动资源协同，重新明确所属平台公司发展定位，推进机构整合和业务整合：以组织机构优化调整为基础，推动业务归集，解决"集而不团、资源分散、同质化竞争"的问题，先后完成对联合置业、中交置业、中交鼎信等子企业的股权结构改造和调整，搭建包括1个总部和7个专业化平台公司的适应性组织架构；实行差异化管理，开展差异化考核，按照经营效益、人均效能表现，实施与劳动力市场相适应的工作分配机制，有效提高平台不同业务的经营发展活力；专业混改补齐产业链，通过对混改企业思源兴业的收购，将公司的产业链向前端延伸，实现了项目咨询策划、销售代理、物业服务、商业运营、资产管理等专业的集中，健全对"投融管退"的闭环管理。

（四）创新运营模式，积极探索无形资产价值

在高质量发展背景下，企业集团核心竞争力主要来源于无形资产，企业集团在加强产权保护的前提下，通过多渠道对无形资产管理提质赋能，提升无形资产，尤其数据资产、智慧资本的价值效益。基于数据资产、智慧资本的未来趋势和重要性，现有研究对数据资产、智慧资本的概念内涵、边界进行界定，并对会计上的确认、计量和报告开展深入探讨。

1. 智慧资本

在《智慧资本：组织新财富》一书中，斯图尔特将智慧资本定义为"个人与团队能够为其组织带来竞争优势的一切知识和能力的总和"。《没有资本的资本主义：无形经济的崛起》指出，资本主义重视财务资本在价值创造和价值分配中的作用，"智本主义"则认为只有智慧资本才是价值创造的最重要因素，主张价值分配应当向智

慧资本提供者（员工）倾斜。在经济时代，财务会计和财务管理仍然奉财务资本为圭臬，产生重物轻人的资源错配。智慧资本是指能够转换为市场价值的知识，是企业所有能够带来利润的知识和技能。智慧资本的价值就是人的智慧所在，智慧资本已成为企业获取市场竞争优势、提升价值创造能力的关键驱动因素，已超越土地、劳动力和资本等生产要素，成为企业价值创造的最重要的驱动因素。科学技术进步和商业模式创新推动人类进入新经济时代，新经济要求财务会计和财务管理调整研究对象，把更多注意力放在对智慧资本的确认、计量、报告和评价上。

2. 数据资产

在新经济模式下，数据作为新型的生产要素，是企业的核心经济资源。在大数据时代背景下，数据资产是很多新经济企业的核心经济资源，已成为新经济企业开拓市场、降低成本、获取竞争优势、赚取高额利润的无形资产，其价值效用远远超过实物资产。2019年10月，党的第十九届四中全会首次将数据作为与劳动、资本、土地、知识、技术、管理并列的生产要素，从制度层面确定数据作为一种新的生产要素的重要地位。2020年4月，中共中央、国务院印发《中共中央 国务院关于构建更加完善的要素市场化配置体制机制的意见》，提出要从三个方面加快培育数据要素市场：推进政府数据开放共享，提升社会数据资源价值，加强数据资源整合和安全保护。大数据商业应用第一人维克托·舍恩伯格在其2012年出版的《大数据时代》一书中提到，"虽然数据还没有被列入企业的资产负债表，但这只是一个时间问题"。基于数据资产的重要性，企业集团在加强集团数据资产安全管理的基础上，应通过对数据资产的价值充分挖掘，发现潜在价值关联和利润机会，实现对集团资源的最佳配置。

例如，新兴际华集团建设综合服务一体化平台、人力资源系统、集团EAS财务管理系统、项目管理系统等业务应用，各系统内部形成局部、独立的数据，难以实现数据共享和集成应用，存在资源分散、信息整合难度大等问题。为解决这一问题，集团建立了统一的信息资源编码体系，实施统一的信息编码规则设计，实现信息的唯一性、同一性，避免数出多源和信息失真、缺失，促进公共信息资源共享，并支持集团财务穿透查询、人力资源综合统计等业务工作开展。通过构建主数据管理系统，统一管理集团的重要数据信息资源，确保了重要信息在跨板块、跨公司、跨业务系统中的共享和一致性。

3. 激励机制

对人力资本等智慧资本建立有效多元的激励体系,形成驱动机制,充分调动人力资本的积极性,实现人才价值最大化。按不同管理类别、不同责任主体,设定差异化、个性化的主体管理评价机制,促进问题的发现与改进,充分发挥经营机制的激励导向作用。以经营目标责任书为主,以业务归口管理为辅,为资产使用和管理部门建立"事前引导、事中约束、事后追偿"的多元指标激励与约束机制,实施月度评价、年度考评,绩效考评与各单位绩效工资、年度经营激励及年度评优、管理层评价及员工岗位晋升紧密联系,激发全体员工在资产管理活动中的积极性、主动性和创造性,发挥资产的价值创造活力。通过导入多元激励体系,促进资产配置能力的提升,使激励更加精准有效。通过对无形资产的有效管理,培育无形资产的核心竞争力和可持续价值创造力,形成企业的有形财富。

例如,国家电网打造人才高地强企理念,实施高端人才引领工程、电力工匠塑造工程和青年人才托举工程,建设人才创新、创效平台,明确梯队建设目标,为挖潜增效、科技创新、产业升级、转型发展夯实队伍基础。健全多元职业发展路径,明确发展定位,形成领导职务、职员职级、专家人才三条通道并行互通、员工多元发展的职业成长体系,健全职员和人才发展序列选拔、培养、使用、激励模式,使一线员工更有盼头、奔头、劲头,激发其干事创业活力。完善多元人才评价机制,健全与公司战略目标相适应的职称和技能等级分级分类评价体系,发挥人才评价正向激励作用,以职业能力为导向,以工作业绩为重点,加强对人才的专业性、创新性考察评价,构建新型专业人才评价标准,支撑新兴产业发展。拓展多元人才激励机制,分层分级制订个性化人才培养方案,跟踪人才职业发展动态,支持人才队伍循序渐进、长效发展;强化人才综合激励,切实提升核心人才保留与紧缺人才引进的实力,健全容错与收益分享机制,打造人才成长发展和干事创业平台。

(五)促进成果转化,激发科技创新创效活力

在高质量发展背景下,企业集团应促进科技成果转化,形成以科技创新驱动企业集团发展的新格局。技术创新是驱动企业发展的关键,企业集团应强化企业技术创新主体地位,提升企业研发能力,坚持需求牵引和问题导向,引导人才、项目、政策等各类创新资源要素向企业集聚,不断释放和激发企业的创新潜能;发挥市场驱动作用,让企业真正成为技术创新决策、研发投入和成果转化的主体。同时,针对技术

创新的特殊性，企业集团应加快完善科技评价机制，扎实推进科技评价制度改革，用好科技成果评价指挥棒，坚持以质量、绩效、贡献为核心的评价导向，加大科技创新在经营考核中的权重，从而提高科技创新投入和无形资产形成率。而且，企业集团应建立健全符合科研活动规律的评价制度，完善自由探索型和任务导向型科技项目分类评价制度，建立非共识科技项目的评价机制。

作为科技创新的重要环节，科技成果转化至关重要，企业集团应健全完善成果转移、转化激励机制。加快建立自上而下的容错纠错机制，细化免责制度和政策，激励领导干部在科技成果转化过程中有担当、有作为。对科技成果转化"重要贡献人员"做出明确界定，合理区分科研人员和相关转移、转化服务人员的贡献，依据贡献给予相应奖励，充分调动各转化主体的积极性。形成适合科技成果转移、转化特点和规律的政策支撑体系，保障科技成果的顺利转移、转化。

在此基础上，企业集团应搭建公共平台，增强科技成果的流动性。科技成果转移、转化需要良好的市场化服务提供支撑。因此，企业集团应建立成果转化平台，以对接外部需求，积极推行科技成果市场定价、收益分配、转化评价机制，从而更好地促进科技成果转化。同时，强化科技创新激励，探索实施股权激励、员工持股计划、项目跟投、收益分红、超额利润分享等中长期激励机制，分类制订实施方案，持续加大对科技人员、科研团队和业务骨干的激励力度，以期通过增加对科技人员的激励，促进知识产权等科技成果有效转化和持续更迭，持续释放无形资产的价值。

例如，中国核工业集团有限公司（简称"中核集团"）为激发创新创效动力，展现科技强国"核"实力，积极构建新的科技创新组织模式和管理方式，大力提升科技创新能力和水平"势能"，形成以"科研管理规定"为总纲、以涵盖科技创新各方面的管理办法及管理细则为核心的完善的科技创新制度体系。为保障创新活动所需的人才储备，中核集团制订实施"高层次人才引进工作方案"，鼓励成员单位加大对高层次人才的引进力度，并采取与清华大学等多所重点高校开展专项人才培养、实施"核星计划"、进行教育培训等措施，加快建设一支世界一流的高层次人才队伍。同时，加大对领军人才的培养，建立首席专家、科技带头人制度，畅通科技人才职业发展通道；加快对青年领军人才的培养，设立"青年英才项目"，通过集中研发渠道给予支持，为青年科技英才开辟专门渠道。以科技成果转化管理工作为例，中核集团面临科研单位"不能转、不愿转、不敢转、不会转"、科技成果转化总体规模较小、产研协同转化机制不健全、产研协同转化意愿不强、管理体系亟须优化等问题。通过调研走访、分析比对，中核集团借鉴成功经验，并结合自身实际情况，完善科技成果转化生态系统，构建内生动力自行运作的转化体系，有针对性地解决"不能转"的问题；明确成果转化奖励额度，加强成果转化考核引导，解决"不愿转"的问题；推动首个科研人员持股项目落地、首个内部转化项目奖励兑现，通过举办科创大赛等方式，解决"不敢转"的问题；搭建三级服务平台，构建"科创基金+产业基金"接续孵化的服务模式，解决"不会转"的问题。目前，中核集团科技创新成果转化生态系统初见成效，极大地调动了科研人员的积极性，激发了创新活力。2021年，中核集团完成转化项目110项，转化合同收入6.7亿元，兑现奖励约8300万元，成果转化"质""量"齐升。中核集团通过促进科技成果向现实生产力转化，加快成果应用推广，形成科技创新发展新格局。

第八章 基于高质量发展的企业集团经济运行监控系统

第一节 经济运行监控系统的内涵与特征

一、经济运行监控系统的内涵

经济运行是指各种经济主体利用各种生产要素进行生产、流通、分配、消费等经济活动的过程,通常被广泛应用于政府对宏观经济的分析。在微观企业层面,"经济运行"这一概念的应用与国资委对国有企业的经济运行分析密切相关。作为国有资产管理的重要部门,国资委承担着国家对宏观经济运行管理的部分职责,负责国有企业监管工作,需要跟踪掌握国有经济运行情况。国有企业在制定企业发展战略、报告企业发展情况等方面逐步沿用对经济运行的表述,并将其应用于对企业的监控分析,从而产生"经济运行监控"的概念。

经济运行监控早期的概念内涵比较接近财务分析。发端于西方的财务分析,自改革开放之后逐渐受到我国企业的青睐,诸多国内文献对其概念和内涵进行了详细的阐述与解读。王又庄(1993)认为,财务分析是借助财务评价指标体系,分析企业的财务状况,做出财务评价,定期向投资者、债权人、政府有关部门及其他与企业有关的单位提供财务报告。祝素月(2000)指出,财务分析是以企业的财务报告等会计资料为基础,对企业一定期间的财务活动进行分析和评价的重要手段。财务分析可以评价企业的财务状况和经营风险,评价企业的获利能力及资产管理水平,为企业管理者和投资者提供重要的决策依据。张先治(2007)认为,财务分析是以财务信息及其他相关信息为基础,运用财务分析技术,对分析对象的财务活动的可靠性和有效性进行分析,为经营决策、管理控制及监督管理提供依据。郭复初(2009)认为,财务分析可以概括为对本金投入与收益分配的现状和影响因素的定量与定性描述,是财务决策、监控和考评服务的管理方法。上述概念集中体现了财务分析对象、方法和目的的三重内涵：第一，财务分析的对象是企业财务活动；第二，财务分析的方法是利用指标体系；第三，财务分析的目的是为企业利益相关者提供决策、管理及监督的依据。然而，随着实践的发展，经济运行监控的概念已经超出财务分析的范畴，兼具过程干预和预警纠偏等内涵，在推动企业集团实现预定目标中扮演着重要角色。高质量发展的现实背景又赋予经济运行监控系统促进企业高质量发展的新时代内涵。

上述经济运行概念界定包含三个要素——实施对象、实施方法、实施目的，经济主体是实施对象，利用生产要素是实施方法，进行生产、流通、分配、消费是实施目的。从这三个要素出发，企业经济运行是指企业实施的，通过充分利用各种生产要素（如资金、人员、材料等），以实现企业发展目标的各种经济活动的过程。系统的定义是，为了实现某种功能，各个相互联系、相互影响的要素共同构成的有机整体。因此，我们认为，企业经济运行是指企业通过充分利用各种生产要素，实现企业发展目标的各种经济活动的过程。基于高质量发展的企业集团经济运行监控系统，是以新发展理念为引领，以业财融合为基础，以预算执行分析和运行监控为重点，以风险预警和纠偏整改为目的，通过构建涵盖组织、流程、规则等各要素的系统，动态监控企业生产经营，发现经营问题及管理短板，加强过程干预及经济运行纠偏，促进企业集团高质量发展。

二、经济运行监控系统的特征

经济运行监控系统自产生之后，不断迭代发展，逐步形成了从横向到纵向，贯穿企业集团和下属企业，联通财务与业务的监控体系，目前已经成为企业集团推动战略目标落地，防范化解潜在风险的重要管理工具。在实践中，经济运行监控系统的功能定位不断拓展，形成依靠监控基础配合，实现对监控对象的管理，最终达到监控目的的作用机制，因此产生了有别于其他企业管理系统的三大特征。

（一）监控对象的聚焦性

指标追踪和分类监控是经济运行监控系统发挥作用的重要抓手。

（1）指标是将战略或目标从抽象转化为具体的重要工具。通过对指标的定期分析和动态追踪可以实现对企业运行的全过程监控，对发现的问题进行精确诊断，快速查找问题根源。指标追踪的前提是对企业目标和任务进行分解。作为由多个企业组成的经济实体,企业集团的目标及任务的分解需要基于一系列因素。首先,经济运行监控系统依赖企业所处的外部环境(包括政策、市场、经济环境等因素)确定相应的目标和任务,以确保目标的可行性和适应性。其次,战略规划是目标和任务分解的重要依据,经济运行监控系统以企业集团战略规划为基础制定相应的分解目标,以确保目标的整体性和一致性。在分解目标时,经济运行监控系统根据企业集团的需要,按照不同的产业类别制定相应的目标,以确保目标的针对性和有效性。为了实现对目标的有效监控和评估,经济运行监控系统还通过合理设置监控指标和阈值满足监控需求。监控指标设置可以量化,能够反映出目标的实现情况;阈值具有合理性,能够区分目标的不同阶段和成果。通过对监控指标和阈值的设置,分析指标偏离程度,不仅能够及时预警、识别风险,引导应对风险,还能反映纠偏效果。在实际运用中,经济运行监控系统通过追踪和监控具体指标,及时收集、分析和评估指标的变化,以帮助企业决策者了解企业运行情况、科学研判发展趋势,快速制定相应的政策和措施来调整和优化企业运行。

(2)企业集团发展既有自身发展的独特性,又有内部和外部环境的差异性;既有企业集团整体发展的协同性,又有产业板块间的异质性。经济运行监控系统在实施过程中,将根据企业集团的业务特征进行分析和研究,以便更好地实现监控和管理的目的。为此,经济运行监控系统采取差异化分类监控的方法,根据企业集团的业务特征,将集团的各项业务目标进行分类,然后针对不同的目标进行相应的监控和管理。通过差异化分类监控的方法,经济运行监控系统能够更好地满足企业集团的实际需求,增强监控和管理的效果,确保企业集团的生产经营运行稳定、健康,使企业集团的目标更加具体和明确,更容易实现。

(二)监控基础的融合性

信息是决策的基础和前提,企业集团所属企业的具体生产经营活动和财务管理活动是决策信息的重要来源,经济运行监控系统效果的发挥有赖于企业集团及时搜集、汇总和分析各方面的信息。同时,经济运行监控系统发挥预算执行与过程纠偏、风险监控与预警等功能,从本质上讲是对企业生产经营活动及财务管理活动的有效整合和集中反映。建立业务与财务高效协作机制,实现数据的实时传输与共享,推动财务管理由事后监督转为事中管控,既是企业集团应对数字化、智能化挑战的客观需要,也是确保经济运行监控系统有效运行的必然要求。

以业财有效融合作为基础，可以帮助企业集团实现对经济运行监控系统的有效运作和管理。经济运行监控系统通过将业务数据和财务数据有效地融合，快速分析企业集团当期的经营效益，并与预算、过去、行业进行比较，从而发现差距，可以更加全面地帮助企业集团分析经营状况和效益情况，及时发现和解决问题，为企业集团制定合理的经营策略提供支持，提高企业集团的经营效率和竞争力。同时，该系统还能够帮助企业挖掘差距形成背后的业务动因，找出运营过程中的薄弱环节及问题，提高管控的准确性。总之，以业财有效融合作为基础，经济运行监控系统有助于企业集团实现全面的业务和财务管理，提高监控系统的效率和准确性，为企业的经营决策和管理提供更好的支持。

（三）监控目的的一体性

风险预警和纠偏整改是经济运行监控系统的主要功能，但纠偏整改无疑是最核心的功能。风险预警服务于纠偏整改，监督相关主体落实责任，将企业集团在运行过程中产生的偏差控制在合理范围，以实现经济运行纠偏和达到企业集团战略目标。在实际运行过程中，通过监控指标对风险进行识别、分析、评价、推断、预测，根据风险程度发出警报，提示企业决策者关注，同时对重要风险点及关注事项进行排查，提出前瞻性、针对性意见和建议，最终实现对可能发生的问题及时预警、化解，确保企业集团目标落地。

经济运行监控系统采取过程监督机制，从实际与预算、过去、行业的比较来分析企业集团当期的经营效益，找出在运营过程中的薄弱环节及问题；通过结果检查，协调各部门对责任单位进行监督与整改，明确整改举措、责任主体、整改节点，对问题进行跟踪回顾；通过总结工作经验并应用于监控工作，可以更好地提高管控质量和能力，确保业务流程的有效性和可持续性。此外，借助循环改进的方法，经济运行监控系统能够不断优化监控流程和措施，以确保监控工作始终维持在有效范围内。针对企业的具体情况，运用经济运行监控系统可以制定明确的监控目标和指标，识别关键风险和威胁，采用有效的监控工具和技术，并建立规范的监控流程，从而提高监控工作的质量和效率。

第二节　经济运行监控系统的发展现状

一、经济运行监控系统的成效

经济运行监控系统历经多年实践的检验与发展，功能日益完备，作用更加凸显，受到企业集团的高度重视。经济运行监控系统之所以能在众多企业管理工具中脱颖而出，归根结底是它可以产生巨大的成效。整体而言，经济运行监控系统有助于引领企业集团高质量发展，有助于推动企业集团战略的实现，有助于实现企业集团经济效益的提升，有助于促进企业集团效率的改善。

（一）强化对企业集团高质量发展的引领

实现高质量发展是我国社会经济发展历史、实践和理论的统一，国家经济建设的实践呼唤高质量发展。企业是经济发展的微观基础，实现国家经济的高质量发展离不开企业高质量发展的支撑。经济运行监控系统将高质量发展的创新、协调、绿色、开放、共享、效益六要素有效融入企业集团经营实践，着眼于发展战略、发展阶段、产品生命周期、产品价值链，助力企业集团引导所属企业向战略目标看齐，向内部标杆、行业标杆汲取经验。同时，将运营监控、预算管理、资金管理、成本管理等进行有效整合，实现业财信息共享及指标穿透分析，推动企业持续对标改善，深入开展提质增效，提升经济运行质量，提高核心竞争能力、价值创造能力、产品盈利能力和企业盈利能力。以中国长安汽车集团有限公司（简称"中国长安"）为例，其构建的运营监控管理体系从整体角度出发，在企业集团层面对运营监控管理工作进行规范，有效应对了生产经营过程中的异常性、突发性、趋势性问题。这样既确保了高质量发展要求与企业集团生产经营的有效匹配，又及时协调处置了匹配运行中的各种矛盾，从而更加科学高效地推动高质量目标的实现，强化对企业集团高质量发展的引领。

（二）推动企业集团战略目标的实现

经济运行监控系统依托目标分解、量化考核、全面追踪、预警纠偏等能力，搭建完整的、系统性的执行和协调机制，构建从战略及经营目标制定、分解到最终实现的全流程管理模式，增强企业集团的执行和协调能力，提升整体运行效率。经济运行监控系统的建立和运行，不仅帮助企业实现了全面的业务和财务管理，还能够集中有限的资源进行高效利用，减少集团内部各相关主体之间的利益冲突，促进经营质量的不断提升。首先，通过系统的运行，企业可以及时获得业务数据和财务数据反馈，了解企业经营状况和效益情况，帮助企业集中资源进行优化配置，提高资源的利用效率和经济效益。其次，在企业经营过程中，各相关主体之间往往存在利益冲突，如销售部门追求销售业绩而不顾财务风险。通过建立经济运行监控系统，企业集团可以有效协调各部门之间的利益关系，促进企业整体利益的最大化。最后，通过对业务和财务数据的及时监控和分析，企业集团可以及时发现和解决在经营过程中存在的问题，优化经营流程，提高管理水平和服务质量，为企业集团的长期发展奠定坚实的基础。

经济运行监控系统的这一成效在兵器装备集团重庆长安汽车股份有限公司（简称"长安汽车"）的发展历程中有着清晰的体现。长安汽车作为一家知名汽车制造企业，在推进智能科技出行转型的过程中，借助经济运行监控系统，创新经济运行管理体系，充分挖掘有限的资源潜力，推动经营质量不断提升，产品结构得到不断优化，进一步推动了集团的转型。通过对销售数据和市场趋势的全面分析和研究，长安汽车及时发现和把握市场机遇，调整产品结构，推动产品不断升级和优化，提高产品的市场竞争力。通过强化经济运行监控，长安汽车及时了解市场需求和技术趋势，积极探索智能科技在汽车制造和出行领域的应用，加速转型和发展，提升了企业的核心竞争力。长安汽车目前自主乘用车产品已从第一代奔奔、悦翔升级至第三代CS55、睿骋CC等，产能结构持续优化，关停、转产老旧产能，逐步向新能源汽车过渡。

（三）突出企业集团综合经济效益的提升

经济运行监控系统开展预算执行分析、经营监控、风险预警、纠偏整改等一系列环环相扣、密切相关的管理活动，实现对企业集团经营活动的全流程管控。在此过程中，经济运行监控系统通过对关键指标的监控，提前预警业务端、财务端等不同环节存在的风险，依靠监控纠偏机制及时识别化解风险。经济运行监控系统针对企业集团存在的问题，借助闭环管理实现有效纠偏整改，避免潜在问题转变成实际损失。经济运行监控系统作为一种管理工具，能够有效整合数据、监控过程、掌握结果，并将其与绩效考核相结合。这不仅有利于实现对工作进展的实时跟踪和分析，也为企业集团的战略规划和决策提供了基础数据和重要依据。此外，经济运行监控系统所形成的无形但具有强制约束力的激励约束机制提高了各相关主体的积极性和主动性，改善了绩效考核的公平性和有效性，进一步推动集团向着更高效、更优质的经营模式和发展方向不断前进。

这些管理控制活动的有效实践，对于企业集团的经营质量及综合经济效益具有非常积极的作用，不仅在提高经济效益、优化产品结构等方面取得了良好的效果，还极大地促进了企业集团的信息化和数字化转型，增强了企业集团的创新力和竞争力。作为应用经济运行监控系统的典型代表，长安汽车的经营数据为此提供了有力佐证。在新冠疫情暴发、需求疲软等各种不利背景下，长安汽车的经营质量仍然得到了显著提升，销量增幅跑赢行业，收入增幅好于销量增幅，利润增幅好于收入增幅；计划准确率逐步提升。2020年，长安汽车销量与计划偏差仅为1%，同比好转17个百分点；2021年，长安汽车销售230.1万辆，同比增长14.8%，好于行业11个百分点；2021年，长安汽车自主品牌销售175.5万辆，同比增长16.7%，好于行业12.9个百分点。

（四）促进企业集团运营决策效率的改善

经济运行监控系统通过提升信息的全面性、可靠性、及时性和有效性促进企业集团运营决策效率的提升，具体表现在以下五个方面。

（1）系统采用数字化和智能化工具，在一定程度上统一数据的来源与标准，显著提升数据获取质效，实现不同板块、不同业务数据的快速汇聚。

（2）系统能够呈现多维信息，不仅有财务指标，还有业务指标，不仅能够呈现当期数据，还能进行数据追踪，实现对企业经营状况的多维展示。

（3）系统通过构建以牵头部门为主导、各部门协同配合的工作机制，促进企业集团内部信息共享与高效沟通。

（4）通过定期组织经济运行分析会，对内部和外部经济环境、国家政策、企业运行状况等信息进行分析，能够及时针对变化做出回应，解决相应问题，提高响应时间与效率。

（5）通过构建经济运行数据信息系统，完善系统自动生成结构化生产月报、重点产品跟踪表等功能，以及优化移动端管理应用、提升系统速度等，进一步提升运营工作效率，服务企业集团经营发展。

得益于经济运行监控系统带来的上述改变，企业集团能够全面、及时、系统了解企业经营状况、运营问题及行业形势，并能够集思广益，节约各部门商讨汇总的时间，提高整体的运营决策效率。不仅如此，通过经济运行数据信息系统的构建，开发完善系统自动生成结构化生产月报、重点产品跟踪表、移动端运营管理系统优化、推进系统提速等，进一步提升运营工作效率，服务公司经营。在具体实践中，长安新能源汽车的迅速崛起进一步佐证了经济运行监控系统的应用价值。长安汽车利用经济运行监控系统中的定期经济分析会，将国家对新能源企业的政策支持、对标的同类企业新能源汽车发展现状、外部新能源汽车市场的环境变化等相关信息及时充分地在分析会中加以呈现，从而引起管理层的高度重视，对市场变化做出快速准确的反应，配置资源，寻求支持，实现快速发展。

二、经济运行监控系统存在的不足

经济运行监控系统在实践中逐步发展，虽然前期建设取得一定成效，但制约其充分发挥作用的因素日益显现，具体表现在以下几个方面。

（一）监控机制构建有待完善

目前，预警监控偏向于事后管理。经济运行监控系统依靠过往数据及统计模型预测确定目标值，当目标值与实际值的偏差超过预警值时发出预警并进行处置。经济运行监控系统建设的初衷是希望对偏离值实时监控，及时预警，但在实际运行过程中，系统预警更偏向于事后管理，企业集团发现相关问题是基于所属企业及部门上报的数据，从数据的产生、收集、整理、上报到最终分析确定问题，中间要经过多个环节，所以从偏差产生到最终发现问题进行预警存在滞后性。同时，预警沟通手段通常比较单一。在一般情况下，预警沟通是集团总部先发现问题，后联系企业核实，排查确认数据异常的原因，而沟通多以电话交流为主。此外，数据的穿透性和共享性不足。当前，不少企业集团的经济运行监控系统无法实现数据的多维多级穿透，不能实现不同板块间数据及时有效的共享。这种情况造成了数据偏差，使企业集团的决策者及其他数据使用者无法直接有效地通过经济运行监控系统获取数据。同时，这样也无法实现实时监控整改情况，导致许多问题不能得到及时的解决，从而对企业集团的经济运行效率和管理水平产生了不利影响。因此,企业集团应进一步完善经济运行监控系统,优化数据管理和共享机制,确保数据的准确性和及时性,同时加强系统监控,及时发现和解决问题,提高企业的管理效率和竞争力。

(二)指标与预警设置亟须优化

指标是企业管理层分析和掌握企业经营情况,进行正确评价和决策的重要依据。但是,目前经济运行监控系统的指标设置偏重于财务指标,对非财务指标重视不足,大量的非财务指标信息未得到充分利用。而且,一些企业集团在对财务指标进行分析时,缺乏对指标内在逻辑的重视,并未基于企业自身实践构建相应的指标体系,导致财务分析无法深入业务活动,仅仅以数字谈数字。另外,指标预警值设置的科学性不足。经济运行监控系统将指标实际值与目标值进行比较,当实际值和目标值的偏差超出一定范围时便会发布预警信息。系统何时发布预警信息,预警效果如何,受到目标值的设定和预警偏差值的设定两种因素的影响。在实际运行过程中,部分企业集团目标值的设定主要依赖模型预测,模型及具体变量的选择都可能导致预测结果发生较大变化,影响结论的可靠性;部分企业目标值的设定是基于企业整体发展战略目标的分解或经验判断,缺乏客观依据,未形成具有普适性的方法。

(三)纠偏预警效能尚未充分发挥

就建立系统的初衷而言,企业集团希望经济运行监控系统能够根据财务数据反映的信息及时发现企业预算执行过程中存在的问题并通过不同系统的配合实现对问题的深度分析和有效解决;根据业务数据的分析对企业生产经营过程中可能发生的问题提前预警,避免风险的累积,从而帮助企业有效化解风险。在此过程中,信息流实现从业务到财务、从集团总部到所属企业的横向和纵向全面贯通,这是企业集团追求的目标之一,也是实现数据的可追溯性的重要条件,而数据的可追溯性是经济运行监控系统能够发挥预期作用的重要保障。系统通过可追溯的数据实现对数据波动原因的溯源分析,从内部产供销作业链条层层穿透,实现财务穿透业务,将具体的原因定位在具体板块、具体业务单元、具体指标,然后进行综合分析判断,确定指标偏离是企业自身决策失误、经营不善导致的,还是外部环境变化引起的。但是,在实践中,很多企业集团无法取得这种预期的效果,同比、环比等数据分析及指标预警存在滞后性,指标异动也是基于人的主观判断,纠偏预警的实际情况与设计预期相比还存在差距。

（四）信息化和数智化建设仍需加强

目前，企业集团的信息化和数智化建设水平参差不齐，这主要出于以下原因。

（1）不同企业集团，甚至同一企业集团，不同业务板块在前期信息化和数智化建设中并未统一规划、协同开展，而是各行其是、各取所需，对信息化和数智化的重视程度、业务需求、资源投入等不尽相同。

（2）部分企业集团因业务属性，需维持较高的保密性。当普通的信息化和数智化设备无法满足保密要求时，部分涉密企业基于保密考虑采用信息化和数智化技术的积极性、主动性不足。

（3）部分企业集团各业务板块所处行业环境不同，造成信息化和数智化建设内生动力存在差异。部分处于充分竞争行业的企业，基于紧跟市场形势、保障生产经营的需求，需要将产供销链条全部打通，并且愿意为此承担相应的成本。同时，随着市场环境变化及生产经营发展，企业不断根据需求对功能进行拓展，甚至实现与外界产业链、生态链的互联互通。部分处于竞争不充分行业的企业则亦步亦趋，甚至维持现状。

（4）数据钻取分析还无法完全支撑目标的达成。在理论上，数据穿透能力是确保从财务指标的偏离快速准确定位到产生变化的板块、业务单元，并追溯到具体业务指标、业务驱动因素的重要条件。但在实际工作中，不少企业集团在数据采集、录入、存储、分析等方面还存在尚未克服的困难，包括数据录入线上化、自动化存在断点，数据标准与流程不统一，数据链未贯通等，这些问题导致数据钻取分析不能完全支撑经济运行监控目标的实现。

第三节　基于高质量发展的经济运行监控系统建设内容

一、基于高质量发展的经济运行监控系统新要求

（一）指标设置要体现高质量发展

企业集团高质量发展是当今企业发展的重要目标之一，不仅可以提高企业集团的核心竞争力和盈利能力，而且有助于推动企业集团实现可持续发展，促进社会经济发展。在数字经济与实体经济深度融合发展的新时代，企业集团核心竞争力的内

涵已经远远超越财务资源与财务报表包含的内容。一方面，企业高质量发展的潜在能力绝不仅限于传统财务管理主要关注的有形资产，而是更多地体现在现行财务报告无法反映的无形资产或虚拟资产，如数据资产、人力资本、文化资本等。另一方面，创新、协调、绿色、开放、共享的新发展理念与高质量发展一脉相承，企业集团高质量发展的内在要求也与新发展理念异曲同工。因此，在新发展理念和高质量发展的引领下，企业集团的发展战略及生产经营活动的重心可能相应改变。在此背景下，经济运行监控系统的指标设置应充分体现新发展理念，紧紧围绕实现企业集团高质量发展的核心要义展开。

（二）决策支撑要更加科学有效

实现可持续发展是企业集团高质量发展的本质要求和长远目标所在。企业可持续发展的关键是企业可投入资源的持续性、企业资源配置及使用的有效性、企业经营管理的科学性（张先治，2019）。企业经营管理的科学性是指企业经营决策和管理控制的科学性，要实现企业集团高质量发展，科学的经营管理是关键。一方面，科学决策以信息作为依据，信息来源的及时性、准确性、有效性和全面性等直接影响决策的质量。经济运行监控系统追踪和监控的数据是企业集团经营决策信息的重要来源。另一方面，科学的经营决策能够有效提升企业集团的竞争力。在高质量发展背景下，企业集团要实现可持续发展，就必须更加有效地配置和利用各种资源，从实体经营、资本运营等多个方面提升自身的竞争实力，而这要求企业集团必须更快、更有效地做出科学的经营决策。在这背后，及时有效的信息是企业集团能够紧跟发展潮流，快速做出科学决策的重要条件。因此，为实现企业集团高质量发展，需要经济运行监控系统能够为管理层更好地决策提供支撑。

（三）风险预警要更加及时准确

风险预警是指企业对风险进行分析、评价、推断、预测，根据风险程度事先发出警报信息，提示企业决策者警惕风险，并采取措施对风险进行防范的行为。在新形势下，防范和化解各种风险，强化对各类风险的识别和预警是实现企业高质量发展的内在要求。但是，受制于外部环境、管理机制、人员素质等因素，企业集团在发展过程中必然会遇到各种各样的问题，存在各种潜在的风险，需要经济运行监控系统进行实时监控跟踪，及时发现影响企业发展的重要障碍和潜在风险，对已经发生的问题进行原因排查，提出前瞻性、针对性的意见和建议，对潜在风险进行预警、识别及处置。在数字化时代，不确定、不稳定、复杂和模糊成为常态，对未来的预见和洞察变得异常困难，颠覆和跨界变得相对容易，这给企业集团发展带来了极大的挑战。企业集团经营层更加需要经济运行监控系统提供及时准确的风险预警信息，及时应对和化解潜在风险，减少企业损失，这成为推动高质量发展的必然要求。

（四）对监控要实现闭环管理和分级分类

闭环管理是将企业集团战略目标与具体实施有效衔接的桥梁和纽带。企业高质量发展要求企业具备内部和外部资源配置协调、内部管理机制完善、生产经营方式绿色化、产品服务质量优、科技自主创新能力强等多种特征（张长江等，2022）。闭环管理在企业集团达到上述要求过程中发挥着重要作用。一方面，闭环管理可以提供企业集团战略实施过程的信息反馈，使计划变为行动有迹可循、有案可查，有效应对企业集团在生产经营过程中出现的各种问题。另一方面，闭环管理有助于破解严重制约企业集团高质量发展的难题，如预算执行不到位、过度投资、盲目攀比、未形成有效的制约和监督机制等。

众所周知，大型企业集团所属部门及企业众多、业务多元。企业集团实现高质量发展并不要求所有业务、所有部门都要监控，而是在综合考虑成本和收益的前提下，抓住主要矛盾和矛盾的主要方面。是否适合实时监控、是否有必要实时监控、技术条件是否满足实时监控等问题，需要企业集团充分考虑，根据实际情况进行分级分类监控。在实践中，需要做好两个方面的工作。一方面，正确划分不同层级的监控权限和监管内容，突出各层级监控的重点，防止出现监控权限过于集中、重点不突出等问题。牵头部门以整体监控预警为重点，产业部门以推进产业生态圈发展为重点，成员单位以运行状况、业务分析和重点问题整改为重点。另一方面，重视多维监控，对经济运行监控评价维度的选择既要突出重点，又要确保覆盖范围，警惕低风险事项演变发展为重大风险事项。

例如，兵器装备集团保定天威保变电气股份有限公司（简称"保变电气"）针对下属单位多层级、多业态的特点，从四个方面进行分层分级管控。

（1）在组织结构上分层级，集团总部各部门与下属成员单位之间协同合作，分层分级授权管控，分解战略目标和管理目标，使管理目标和反馈信息的传达具体精练。

（2）在监控指标上分层分级，分为一级指标、二级指标，以及落实到企业层面的三级指标、细化到企业各部门的四级指标，将各层级指标落实到各单位、组织甚至个人。

（3）实施阈值管理。针对各层级、各业务设置适当的预警值，协同财务、风险、业务等部门明确预警值的波动范围和异常值，采取预警通知、限期整改通知、派驻诊断组等管控方式。

（4）多维度对标分析。在集团层面，以整体分析为主，包括预算执行情况、集团对标、行业对标等，支撑多业态、多业务链条的对标提升。在企业层面，创新引入合同维度，开展分析，保障合同执行和风险受控，实现对业务活动的及时监控。

二、基本原则

（一）坚持财务与非财务指标并重

构建经济运行监控系统，需要坚持财务与非财务指标并重。当前，经济运行监控系统的监控指标以财务指标为主，这导致行业、产业、市场、技术、社会责任等很多能够真正反映企业未来发展趋势并具有重大参考价值的信息无法被纳入经济运行监控体系中，而它们对企业集团的高质量发展同样具有重要意义。企业集团实现高质量发展，需要掌握和利用包含财务信息在内的各种信息，使业务端和财务端有效衔接，而这需要在选取经济运行监控系统指标时跳出财务分析本身，以更加宏观的视角看待财务和业务融合。业财融合通过融合业务和财务的属性，实现数据精确溯源，成为发挥经济运行监控职能的重要基础。借助业财融合，经济运行监控系统能够实现对指标的穿透追踪，从而将发现问题与解决问题有机结合。因此，在高质量发展背景下，监控企业集团的生产经营活动，只有综合考虑财务信息和非财务信息，构建财务和非财务监控指标，才能确保经济运行监控系统更加全面、可靠。

（二）坚持精细化和宏观化相结合

由于企业集团业务活动的多样化、涉及主体的多元化，明确具体生产经营权责归属，对于落实相关主体责任、实现运行纠偏具有重要作用。指标体系是经济运行监控系统发挥作用的载体和抓手，但现有的指标体系和技术手段很难对不同层面、不同部门的情况进行充分反映，单单依靠现有指标无法更好地了解企业集团所属企业、部门在其中扮演的角色，难以有效识别及衡量各自的价值贡献。构建更加精细化的指标体系能够在一定程度上解决上述问题，克服人浮于事、收益与付出不对等等问题，更好地发挥经济运行监控系统的作用。此外，企业并非孤立地存在于社会中，而是与客户、供应商、竞争对手、政府等各个主体有机组合而形成一个生态系统。企业发展不仅与自身战略有关，而且受到整个生态系统的影响。然而，目前业绩评价多是针对企业自身，难以全面有效地反映企业所处生态圈的情况。海尔集团开发的共赢增值表为此提供了一个解决思路，它增加了生态收入、生态成本和生态利润的信息，即反映生态圈中其他合作方通过该生态平台获取的收入、付出的成本和获得的利润，从而更好地反映整个生态平台价值的总体创造情况（叶康涛，2022）。有鉴于此，企业集团经济运行监控系统也应考虑与企业集团发展相关的整个生态圈的问题，不仅要反映企业集团内部自身的问题，也要反映企业集团上下游价值链乃至整个外部生态圈的问题。统筹考虑内部和外部因素，把企业集团发展置于整个生态平台中考察，将有助于经济运行监控系统从更为宏观的角度反映企业的价值创造潜力及其可持续性，并在一定程度上抑制损人利己、影响整个生态圈的短视行为。通过构建更加宏观的监控指标体系，促进企业集团自身发展及整个生态圈的价值创造，进而实现生态圈的互利共赢和良性发展。

（三）坚持可行性和动态性相统一

坚持可行性和动态性相统一是构建经济运行监控系统的重要原则。

一方面，在构建经济运行监控系统之前，必须通过收集相关信息数据，充分论证经济运行监控系统实施的可行性。具体来说，包括以下内容：一是企业集团实施经济运行监控系统的硬件设施、规章制度等各类配套建设是否到位；二是企业战略的落实往往依靠具体的指标来体现，为了保证指标可执行，需要相应地考虑指标计算是否科学、指标数据能否获得、数据收集制度能否建立、运行成本如何等问题；三是设计的指标体系应处在企业集团自身可控范围之内，是企业集团能够通过自身力量加以影响和控制的指标，以确保集团所属企业能够通过自身管理水平的提升或经营效率的提高改善相应指标。

另一方面，经济运行监控系统是对企业集团运行的全过程管控，为了应对多变的现实及决策偏差的需要，动态性成为构建经济运行监控系统时必须考虑的原则。为保证政策措施的严肃性和延续性，企业集团的发展战略及相应的预算安排一经制定尽量不予修改，但企业集团的内部和外部发展环境并不是一成不变的，当环境发生重大改变时，特别是既定指标任务无法完成时，就应考虑适时修正相应的指标。另外，在指标构建时，虽然力求完善全面，但在具体运行过程中，可能存在不符合实际需要或与实际发展状况不匹配等问题，需要对相应的指标进行替换、修正和补充，并随着实践发展不断完善指标体系，使其更好地发挥作用。

（四）坚持与数字化发展相协调

数字经济作为新兴的经济业态，因其发展速度快、辐射范围广、影响程度深而成为推动社会变革的决定力量。为应对新形势、新挑战，把握数字化发展新机遇，拓展经济发展新空间，企业集团应加快推动数字化转型升级，系统推动研发创新、生产销售、经营管理等环节的数字化转型，进一步有效整合企业集团内部各类信息系统，打造全流程数据贯通、全价值链业务协同的新模式，培育自身智能决策能力，不断优化企业运行、产业链协同等方面的效率。面对企业集团数字化转型可能的与未知的变化，经济运行监控系统要与时俱进，及时响应内外环境变化。在此过程中，需要面对和解决如何整合挖掘数据资产、如何在多维数据的扩展中丰富监控指标、如何在数据管理流程的变化中监控预警等一系列问题。因此，紧跟数字化发展趋势，推进经济运行监控系统数字化升级，既是企业集团数字化转型的客观要求，也是系统建设需要把握的重要原则。

三、主要建设内容

（一）构建科学有效的管理机制

科学有效的管理机制是经济运行监控系统有序运行的坚实保障，有助于解决企业集团在生产经营过程中出现的利益冲突及目标落地的问题，对系统的构建及运行具有至关重要的作用。构建科学有效的管理机制，可以从以下几个方面着手。

1. 强化经济运行监控统筹作用

建立统一的组织协调机构，并赋予其必要的职能和权限，以确保其有足够的权威、足够的能力调动各参与主体。统筹预算执行、资金监控、信息共享、成本管理、风险预警等数据信息，共同服务经济运行监控工作。例如，中国长安将运营监控管理与成本管理协同联动，实施"XC1513"行动计划，以效率成本为核心，按照归口部门、业务边界分解成本管控指标，定期发布内部细分业务边界成本占比的对标数据，在月度经济运行分析中建立毛利率、期间费用占比、营业利润率及各业务边界成本占比分析和排名，实时跟踪，确保目标按期实现。

2. 健全协同联动的工作机制

围绕企业集团战略目标落地，将结果和过程类指标结合起来，综合考虑运营效益、运营质量和运营风险三个方面，将集团的战略目标科学地融入财务和业务发展目标中。同时，依靠激励约束机制引导各方共同协作、紧密联动。以量化的指标作为考评依据，将经济运行结果与奖惩挂钩，以确保各方能够基于自身利益考量而努力参与经济运行监控实践。

3. 构建分层分级、全面预警与循环改进管控相结合的监控机制

分层分级管控既体现在集团总部各部门与所属成员单位不同层级的协作，又体现在监控指标分层分级落实到各部门、各企业，压实各级主体责任。全面预警管控要求运营监控工作具备有效的预警机制，通过全面预警管控对企业集团未来可能面临的风险进行预测、识别及处置，保证运营监控高效运行。循环改进管控要求企业集团在运营监控机制的构建与落实上做到发现、分析、解决问题的闭环管理，通过分解、落实运营目标并持续跟踪，总结工作经验，优化、固化成果。例如，兵器装备集团协调联动财务部门、战略部门、产业部门、科技部门及重要子企业，对经济运行、"两圈一新"及金融产业发展、重大事项推进情况进行分析、预警、干预和评价，牵头部门和业务归口部门对经济运行和产业发展过程中存在的主要矛盾和问题、对重点工作任务推进的难点和堵点，分层分级压紧压实各部门、各单位主体的责任，联合督导问题解决和工作提升。同时，集团公司和下属企业以通报和报告双向沟通的方式，及时掌握进度和获取支持。

4. 建设经济运行信息共享平台

经济运行信息共享平台集成会计集中核算系统、司库管理系统和综合统计系统信息，实现全面及时的经营分析、财务分析和统计分析；建立基于预算、核算、统计等信息的内部数据库和宏观、金融、舆情等信息的外部数据库，以及行业政策、竞争对手等信息的对标数据库，有效提升决策支持力度。

（二）设置业财融合的指标体系

目标和计划通常因其高度的概括性而变得比较抽象，依靠量化指标对其解析、分解，追踪完成情况，实现从抽象概念到可视结果的转变是目标与计划落地的重要方式。以业财融合为基础设置的指标体系为经济运行监控提供了有力抓手，这主要归

结于以下几个方面。

（1）经济运行监控系统充分发挥预算执行、风险预警、纠偏整改等功能，依赖业务数据和财务数据的有效分析。量化指标为企业集团横向和纵向对比，实现对标管理和数据分析提供可能。横向对比能够反映企业集团在行业中所处的地位，客观体现企业集团与竞争对手的对标情况，揭示企业集团的优势及存在的差距和不足；纵向对比能够反映企业集团自身的发展变化，企业集团战略目标的实现进度及存在的不足是否有所改善。

（2）企业集团追求目标价值的最大化，必然要进行资源的有效配置和高效利用，而业财融合在此过程中将发挥重要作用。业财融合能够使财务部门及时了解企业集团业务运作情况、资源利用情况、业务活动绩效等，从而能够更加准确、及时地了解企业集团具体的运行情况，为企业集团提供决策依据，帮助其优化资源配置和调整资源的使用方式，从而提高资源利用的效率和效益。因此，建立业财融合的指标体系，不仅能够实现财务管理与业务管理的协同，更能够提高企业集团的整体运行效率和经济效益。

（3）业财融合可以使企业集团通过财务数据的变化迅速追踪业务动因，定位存在问题的板块、指标，帮助企业集团更好地了解自身的业务运作情况、资源利用情况及业务活动绩效。通过对数据的分析，找出存在问题的板块和指标，并进行及时有效的整改。因此，业财融合对于经济运行监控系统的功能发挥具有重要的作用，可以为企业集团的资源优化调整提供依据，帮助企业集团实现目标价值的最大化。所以，经济运行监控系统要构建业财融合的指标体系，以便充分利用有限资源，快速定位和解决问题。

例如，长安汽车创新性地建立 A 线预算目标+B 线滚动计划+C 线滚动预测的"三线"目标管理方式。A 线是年度销量预算目标，从企业的长期战略目标出发，在分析企业外部环境和内部条件的基础上制定的公司年度目标，具体体现为各产品的年度销量预算目标。B 线是基于实际业务活动调整的"$N+X$"滚动预测，客观真实地反映终端销售情况，指导日常生产经营工作，避免资源投入不合理。"N"为当年度销量计划编制月份，"X"为当年度剩余月份，按月滚动，确保当年度销量计划完整，每月月底前发布。C 线是基于行业预测与能力匹配的风险预测，及时预警经营风险。

（三）建立有效运转的执行调节机制

经济运行监控系统通过目标确定、计划编制、指标设计与选取、执行与反馈等一系列环节推动企业集团管控由定性到定量、由粗放到精细、由模糊到具体的转变，促使各部门、各企业甚至个人明确自身责任，层层传导压力，确保各项工作落到实处，提高企业集团的运营效率。

1. 建立有效运转的执行机制

在实现企业战略目标的过程中，目标设定、计划制订、过程监督、整改落实与结果检查等一系列工作都需要明确责任主体、工作方法、评价标准、时间节点，统一思想认识，形成系统方案，加强监督检查，对问题快速反应，对决策快速执行。同时，坚持目标导向，除战略调整或重大外部环境变化外，经济运行监控指标及目标值一经确定不得调整，以此督促企业集团上下查找差距、全力追赶差距、整改问题，提升经济运行质量。在此过程中，这一系列工作应该由谁来做、怎么做、何时做等诸多执行层面的问题直接关系到最终的结果。任何系统的顶层设计、规划安排都需要落地实施，只有设计与实施相互配合才能够确保系统效果，两者缺一不可；没有有效运转的执行力，经济运行监控系统的设计规划无论如何完备，都将是空中楼阁，具体效果无从谈起。因此，建立有效运转的执行机制是应用经济运行监控系统的前提。

2. 建立有效运转的调节机制

经济运行监控系统调节机制的功能在于有效应对企业集团内部和外部环境的变化，在与市场横向联系中，根据市场价格与供求变动信息，相应调整经营策略和生产方向；化解处置企业集团内部的矛盾和问题，借助动力机制和管理机制加以纠正和引导。具体来讲，包括以下内容。

（1）及时发现问题。通过指标分析，采取定期分析与动态跟踪相结合的方式，及时、精准识别定位突出问题。

（2）准确诊断问题。坚持分级诊疗，深入查找偏差及短板原因，挖掘改进根源。

（3）灵活纠偏问题。综合运用短板提示、业绩看板、风险预警、经营诊断等方式，对运行偏差进行提醒，指导运行质量改善。

（4）有效整改问题。督促所属企业确定整改目标、时间进度，抓实过程监控，确保整改有效落实，形成闭环。

建立有效运转的调节机制,根据信息反馈的回路,不断对指标完成情况进行监督和修正,使组织产生自适应能力,不断缩小目标值和实际值的偏差,是构建经济运行监控系统并确保系统健康有效运行的关键所在。

3. 建立高效运转的工作机制

经济运行监控以风险预警和纠偏整改为目的,在具体执行过程中应兼顾指标的深度和广度、对各类信息采集的时效性要求。对于重点指标和重点问题,通过缩短监控周期、进行专项研讨等方式实施强监控;对于低风险指标则实施弱监控;平衡把握各项监控指标的风险水平和监控力度,保障经济运行监控效率与经济运行安全。

例如,兵器装备集团在经济运行预警、干预和整改过程中,根据经营风险、财务风险、金融风险的高低,分别设置对标评价、业绩看板、短板提示、风险预警、经营诊断等具有不同广度和深度的监控手段。集团公司和全级次企业全面开展对标评价,将看板数据分解细化,对差异指标及其业务风险进行提示和监控,进行中央企业对标、行业对标、企业对标,帮助所属企业有针对性地改善指标;根据企业风险事项的严重程度,设置触发不同监控手段的阈值,分类别、分阶段开展短板提示、风险预警和经营诊断,在必要时引入外部机构,推动纠偏整改,实现全线排查和重点布防。

(四)推动数字化和智能化建设

数字化、智能化技术是"互联网+"的后续延伸,在技术层面上各有侧重,又相互促进,共同影响企业的生产过程,并进一步渗透到生产管理、研发设计、组装流程、售后服务等企业价值链的各个环节(邵婧婷,2019)。数字化、智能化技术的应用在生产管理、生产研发、生产组装等方面展现出了良好的成效,还有助于销售与售后协同发展。同时,数字化、智能化借助理念和技术创新,对企业结构和工作流程产生了颠覆性影响,推进以企业为中心向以人为中心的转变。企业集团主动适应数字化、智能化趋势,循序渐进地把数字化、智能化技术引入产品生产的整个生命周期,乃至整个产业网络结构,是企业集团形成自身竞争优势,实现可持续发展的重要手段。经济运行监控的对象是生产经营的各个环节,当监控对象发生变化或者将要发生变化时,应用数字化和智能化技术手段,构建与生产经营相配的基础设施是确保经济运行监控系统有效运行的应有之义。

因此,在经济运行监控系统建设过程中,要做好以下几个方面的工作。

（1）立足企业集团业务发展实际，推动在生产经营过程中产生的海量数据与会计信息系统中的财务数据更加及时高效地融合与共享，优化完善经济运行相关的数据资产，统筹宏观经济数据、行业和产业发展数据、历史业务财务数据等关联信息，更好地支撑经营管理决策。

（2）依靠丰富多元的数据，借助人工智能技术不断优化预测模型，预置多样化的应用场景，并开展场景化应用，为经济运行监控提供科学精准的预测值和预警值，提高监控预警的科学性。例如，长安汽车通过大数据平台建立 FB_Prophet 模型，并基于事件修正、多因子回归分析、产品生命周期分析、季节趋势分析等方法，开展对汽车销量的供求情况预测，推动分析、纠偏、整改等工作数字化、可视化，增强全员数据运营能力，打造快速分析、快速反应的管理环境。

（3）建立能够上下钻取数据、跨业务维度挖掘数据的操作系统，实现对产品、部门、客户等不同维度的数据全方位、多层次和立体化的分析呈现，从而能够更加直观、快速地发现问题，提高决策效率，展现纠偏效果。

（五）建立分层分类的实施机制

经济运行监控系统建设是一项复杂系统的工程，系统建设无法做到一蹴而就，需要建立分层分类的实施步骤，协同推进。具体来说，在纵向上明确企业集团和所属企业的职责和权限，在横向上推动财务部门和业务部门协同配合。

1. 企业集团与所属企业的权责划分

企业集团是经济运行监控系统设计、实施、保障、运行等一系列行动的主要策划者，需要从整体层面做出科学的规划安排。

（1）强化顶层设计。在充分了解和掌握企业集团实际情况的基础上（例如，组织架构、业务现状、财务流程、IT 基础等），准确分析和评估企业战略、系统目标、条件要求与企业现实之间存在的差距，据此制订相应的建设方案，明确经济运行监控系统建设的总体目标、技术要求、实施步骤和时间节点等。同时，通过采取将试点推进和全面布局相结合的方式，逐步推进经济运行监控系统建设。在一些重点业务板块或关键环节进行试点，探索解决问题的方法和路径，通过试点实践积累经验，逐步推广应用到全集团。在推进试点的同时，需要全面规划、布局经济运行监控系统建设，确保系统内容的完整性和协同性，避免出现功能重叠的现象。

（2）建立组织架构。企业集团构建运行监控组织体系，明确职权，落实责任，健全考核，妥善处理内部分歧，协调各方积极参与其中，确保经济运行监控系统顺利实施。为充分协同各相关责任主体，形成工作合力，企业集团将主要监控指标和目标值按照内部价值链和业务链分解落实到责任中心和具体管控单元，指导业务改善，确保目标计划、工作举措有效实施、达成，指导所属企业建立预算执行、监控及整改机制。例如，兵器装备集团按月度、季度召开经济运行监控例会，对金融业务、专项任务等召开专题会议，对经营情况、战略执行、产业发展、科技创新、重点业务等方面的指标执行和工作开展情况进行点检，结合会议简报、上行报告等方式，将经济运行分析情况和下一步工作要求在总部各部门和全级次企业之间传递，确保集团公司在战略目标主航道上整体平稳运行。

此外，长安汽车的前期经验也是可圈可点的。为确保运营监控管理工作顺利开展，需要建立有效的运营监控管理组织架构和责任网络。长安汽车运营监控管理工作要求集团所有部门和员工积极参与。财务经营部门作为牵头部门，其他职能部门作为配合部门，下属各成员企业直接参与监控管理工作。作为主要的负责部门，长安汽车的财务经营部职责包括，根据集团的年度经营目标，牵头分解和落实各成员企业的年度经营指标，并对下属成员企业进行监控管理。此外，财务经营部门还结合长安汽车其他职能部门提交的相关资料，定期对整个集团的运营情况进行总结分析。其他职能部门则协助财务经营部门开展运营监控管理工作，并按照规范格式定期向财务经营部门提交与运营监控管理相关的资料。

（3）强化动态监测。加强对参与主体、决策部署、外部环境的动态监测，及时掌握实际信息，督促参与主体认真履职，掌握决策落实情况及外部环境变化，为优化调整策略提供信息支持。通过细化工作目标、工作任务、工作要求，将年度目标任务分解到月度、季度，对主要经营指标实施月度滚动监控和滚动预测：以月度滚动监控动态跟踪指标发展趋势，分析长期波动规律，统筹考虑不确定性因素和多变量因素对经营的影响，有效把握企业集团经济运行规律，确保对于经营偏差和风险早识别、早应对；以月度滚动预测持续对标对表，查找指标差距，预置经营举措，适时开展压力测试等专项预测工作，加强预测执行差异复盘，提高过程干预和预警纠偏的及时性，着力推动工作改进和提升。

例如，兵器装备集团开展日常经营"$N+3$"滚动预测和重点事项专项测试工作，针对主要经营指标建立长期波动曲线，开展经营趋势分析和周期分析，增强对整体经营情况的把控力度；针对经营指标完成情况查找差距，采取积极主动的工作举措，及时弥补短板漏项，改进工作机制和方法，持续提升经济运行效率和效益；针对重点领域、重点企业进行经营压力测试，精准发现突出问题，提高企业在经济运行过程中的前置管控能力。

（4）加强数据治理。统一数据口径、标准和流程，加强IT基础设施建设，提高企业集团数据共享、数据挖掘、数据利用水平，推动及时科学决策。然而，需要强调的是，统一数据口径、标准和流程必须建立在符合集团实际发展需求的基础上，要兼顾成本和收益。在统一数据相关工作之前，需要明确统一目的和价值。当统一成本高而价值相对较小时，可以暂缓统一，直至找到合适的方案或稳妥的方法之后再实施。在此之前，可以通过一些替代方案，如搭建信息共享中心、统一集团会计科目等方式，循序渐进地推进数据标准和流程的统一。

2. 业务和财务的协调配合

加强业务与财务协调配合，特别是加快业财一体化建设步伐，推动业财融合是经济运行监控系统建设的重要内容。从某种程度上说，业财融合的深度和广度决定经济运行监控系统预警风险、发现问题、排查原因、解决问题的质效。有鉴于此，业财协调配合可以从以下两个方面着手。

（1）业务方面。一是夯实流程标准，统一基础。企业集团生产经营活动包括制订计划、开展生产、产品入库、产品盘点、产品销售等多个环节，涵盖商流、物流、资金流、信息流等多个方面，而且需要根据所搜集信息及时调整生产经营计划，做出相应决策。在此过程中，需要将业务发起、业务审批、业务执行、财务审批、财务监控、资金结算、会计核算等工作通过一套流程完成，为统一流程标准创造条件。二是推动业务工作与财务工作对接。紧紧围绕企业战略目标，针对业务频率高、数据量大、客户及供应商管理复杂等问题，制定与财务协同追踪、数据衔接的工作机制，共同推动问题解决。

（2）财务方面。一是推进业财标准化。大力推进业务信息、财务信息标准化，建立统一的标准化流程体系和底层架构、统一的数据采集与交换规范。打通数据价值链条，推进系统集成，实现各企业财务系统与业务系统的横向贯通，实现集团各级子企业财务系统的纵向贯通，达到企业集团内业财数据分层级集中汇聚与融合。如果统一数据标准、流程等存在较大的困难和挑战，就可以选择搭建信息共享中心、统一企业集团会计科目等方式，逐渐推进数据标准和流程的统一。二是财务前置业务前端。为适应前端业务的快速变化，打造敏捷响应与快速迭代的能力，及时洞察和研判风险因素趋势性变化。财务部门要将工作前置，延伸到业务源头，参与业务管理全过程，由事后管理转变为事前、事中管理，从对业务的会计核算转变为对业务的前瞻预测、绩效评估等。

第九章 基于高质量发展的企业集团财务风险管理系统

第一节 财务风险管理系统的内涵与特征

一、财务风险管理系统的内涵

财务风险管理是事关企业集团能否实现高质量运营的重要环节，在很大程度上影响其未来的健康发展。提高企业财务风险管理水平具有重要意义：一方面，风险管理模式的优化能够在很大程度上降低企业的财务成本，促进企业可持续发展。另一方面，企业财务管理水平的提升对于提高我国整体资源配置效率有重要的作用，有助于保障宏观经济高质量运行。

目前学术界对于财务风险管理系统的定义有很多，但对基于高质量发展的企业集团财务风险管理系统尚未形成统一的定义。表9-1整理了部分学者对高质量发展背景下财务风险管理系统内涵的理解。

表9-1 部分学者对高质量发展背景下财务风险管理系统内涵的理解

来　源	内涵理解
刘红娟（2019），《财务管理的重要性与风险控制》	财务风险控制的必要性主要体现在两个方面：一是为企业打造安全健康的运营环境，为财务管理有效性提供保障；二是促进企业加强对财务风险影响因素的分析，提高企业风险防范能力
胡跃南（2020），《对企业财务风险管理与控制的一些探讨》	财务风险预警系统是规避企业集团财务风险的有效措施，企业应对在财务活动中可能出现的风险因素进行全面的识别、分析与评估，建立科学的财务风险评估指标体系，并根据企业经营所处内部和外部环境的变化进行更新和完善
孙亚兰和马忠民（2021），《数字化转型下的企业财务风险管理创新策略研究》	财务风险控制就是企业在进行财务管理的过程中，选择采取一些措施来有效合理地控制财务活动，进而降低财务风险的行为
贾佳（2022），《财务风险管理与企业内控问题探究》	建立财务风险管理系统是保障企业稳定运行的基础工作，其指的是在企业经营过程中对资金进行规划，分析企业在经营过程中存在的资金风险及问题，对可能出现的财务风险进行控制，避免财务风险影响企业发展或对企业的正常经营造成影响

续表

来　源	内涵理解
杨修串（2022），《集团财务风险与防范研究》	企业集团需要建立内部财务风险管理体系，并进一步完善预算管理和资金管理制度，采取高效率的营运管理模式，优化资本结构，合理安排投融资并设计风险识别、分析及应对机制

战略风险管理作为财务风险管理系统的重要组成部分，是影响整个企业集团发展方向、集团文化、信息和生存能力及企业效益的重要一环。具体而言，战略风险管理是一系列风险管理过程和系统方法的集合，通过运用系统的技术手段来管理对企业成长轨迹、股东价值有巨大威胁的战略风险，确保战略制定和实施的有效性，并将实现战略目标过程中的不确定性和变化产生的影响控制在可接受范围内。企业集团的战略风险管理是通过建立有效的管理控制系统及实施完善的内部控制来实现的，管理层可以借助正式的信念系统和边界系统排除那些与集团战略不相符且具有风险性的机遇。内部控制则提供了保护资产安全，以及防范和发现错误与舞弊的制衡机制。美国反虚假财务报告委员会下属发起人委员会（COSO）在2017年发布的内部控制框架中进一步阐述了战略风险管理的相关概念，表9-2对其进行了简要梳理。

表9-2　COSO框架下对战略风险管理内涵的理解

侧重点	内涵理解
战略风险管理的宗旨	为组织创造、保持和实现价值指引方向
战略风险管理的作用	风险管理的关注重点不仅集中于防止价值受到侵蚀和将风险控制在可接受水平，还与企业的核心利益相关，是组织绩效提升的重要影响因素，在风险中蕴含着增长机遇
风险-绩效关系	整体的风险与绩效是相关的，承担的风险越大，企业绩效越好
风险管理对价值的影响	当管理层实施一项战略但没有取得预期收益或任务失败时，就损害了价值，战略风险管理可以对该后果进行抑制

结合上述分析，我们认为，基于高质量发展的财务风险管理系统以资金合规风险、债权债务风险、信息披露风险和境外财务风险等重大财务风险防范为导向，以制度建设和信息化平台为支撑，通过健全完善财务风险管理机制，加强源头治理，强化穿透监测，实现对重大财务风险精准识别、及时预警、有效处置，使财务风险总体可控。

二、财务风险管理系统的特征

基于财务风险管理系统的内涵界定和作用路径，企业集团财务风险管理系统具有以下特征。

（一）财务风险管理对象的多元性

作为企业集团战略发展方向之一的多元性，在促进集团发展的同时，也强化了其对于流动资金的需求。在探索进入新领域的过程中，企业面临的财务风险会随之提升。因此，企业需要根据风险管理对象的多元性采取有针对性的风险控制措施。具体而言，企业需要以企业战略为导向，以多元化发展阶段为根据，选择财务管理对象，并综合采取各种应对措施，降低财务风险发生的概率。

（二）财务风险管理规则的确定性

新经济形势变动的速度与特点使企业组织比以前更加重视风险防范，而集团的组建放大了财务风险产生的可能。企业为完成财务风险控制目标，需要建立功能完备、要素完整、联系紧密的财务管理控制系统，通过建立合理的风险管理制度、优化财务风险管理流程、规范财务风险管理规则等方式防范风险带来的不确定性。

（三）财务风险管理重心的前置性

财务风险管理贯穿企业活动始终，需要制定财务战略，以目标为导向建立财务风险管理框架，对影响战略目标实现的风险进行合理的控制和管理，也要考虑财务信息的偏差，制定富有弹性的管理措施，确保在发生意外风险时能够立即应对。财务风险管理的重点在于通过财务收集、环境认知等方法对未来的财务走向进行前置性分析，以此保证企业战略的实现。

第二节　财务风险管理系统的发展现状

通过总结分析财务风险管理系统建设成效良好的企业集团实践经验，结合财务风险管理系统现状诊断和内部和外部形势研判，可以发现目前企业集团财务风险管理系统存在以下优点与不足之处。

一、财务风险管理系统的成效

（一）财务风险管理意识逐渐增强

基于高质量发展的财务风险管理系统的主要特点之一是重视对企业集团财务人

员风险管理意识的培养。一方面，财务人员作为集团风险管理的主体，在防控财务风险方面发挥着举足轻重的作用，提高财务人员的风险意识与专业素养是应有之义。另一方面，强化风险控制意识是优化集团财务风险管理的重要前提，管理层结合企业发展的实际情况及以往在工作中出现的财务风险类型，积极总结经验，提高风险防控能力和风险防范意识，有助于建立全面的风险管理机制，进而保障企业集团的长远健康发展。例如，兵器装备集团下属的万友汽车投资有限公司（简称"万友汽车"）通过加强企业文化顶层设计，着力打造富有汽车商贸特色的诚信文化，强调"正心律己"对内部控制的基础性引导作用，鼓励员工自我控制，增强全员财务风险管理意识，为公司实现高质量财务风险管理提供了强有力的保障。

（二）财务风险管理制度建立健全

企业集团作为现代企业的高级组织形式，是以一个或多个实力强大、具有投资中心功能的母公司为核心，以资本为主要联结纽带，以公司章程为共同行为规范，由众多子公司和其他参股公司构成的一个多层次经济组织。相较于中小型企业，企业集团的组织结构更加复杂，管理难度和财务风险自然更高。当前，全面从严治党和依法治国日益深化，国家对企业集团的财务风险管理工作提出了更为严格的要求。在提升市场竞争力的同时，探索如何进行高质量的风险管理俨然成为企业集团财务工作面临的一项重要课题。为提升财务管理风险防控水平，企业集团认真分析内部和外部环境变化，把握财务工作发展规律，建立健全财务风险管理制度，明确风险控制目标，根据风险可接受程度，结合自身实际情况设计财务风险管理制度。例如，中国宝武通过构建以"党建、公司章程、三重一大办法"为根本，由根本制度、基本制度、重要制度、管理规范四大层次组成的党政融合的"制度树"体系，将集团的风险管理要求落实到制度层面，以提升体系设计的有效性，实现制度防风险能力的提升。

（三）财务风险管理监督初步形成

健全的内部监督与控制体系，是降低企业集团财务风险、提升运营效率的重要方式之一。监督审查是提升财务管理质量的有力支撑，这已成为企业界共识，所以当前的财务风险管理系统着眼于建设完善的监督机制。具体而言，在企业集团内部设置独立的审计工作中心，并派遣专人负责审计工作，由审计工作中心直接对企业集团下属各个分部进行审计监督，立足整体，强化对财务工作的管控效果。同时，进一步拓展和丰富内部审计职能、扩大监督审查的覆盖范围，促进内部控制体系效率的提升,达到优化风险管控机制的目标。例如,万友汽车考虑到高质量的内部控制体系建立、落地及不断优化完善需要强有力的领导机构统筹推进,成立审计与风险管理委员会,设立内部控制工作机构,统筹推进完善内部控制体系。单店建立单店总经理内部控制领导责任制,单店总经理作为单店"一把手",在资源配置、部门协调、流程规范、经费保障、工作开展、绩效评价等方面有力促进了内部控制工作在基层的开展。

二、财务风险管理系统存在的不足

(一) 债权债务风险较为严重

债权风险是指企业在出借或垫付资金行为发生后,可能无法收回资金的风险,企业的债权风险集中体现为商业信用风险。当企业未能对客户及供应商按照合同规定行使资金收支的权利时,就会产生资金被占用或损失的风险。近年来,市场竞争日益激烈,企业为了扩大产品销量、提升市场占有份额,常常采用赊销方式招揽客户。但是,赊销存在巨大的财务风险隐患,一旦应收款项无法收回,极易导致企业面临资金链断裂的危机。

债务风险是指可能无法按期支付带息负债本息,或者履行债务法定代偿义务发生财务损失的风险。企业面临的典型债务风险主要集中在以下两个方面。

1. 资产负债率过高,隐性债务高

银行借贷是缓解企业资金压力的一条可靠途径,但企业需承担定期偿还本金与利息的双重压力,一旦企业发展出现问题,就会面临破产危局。同时,尽管当前我国金融风险总体可控,但受国内经济下行压力加大和存量金融风险逐步暴露的影响,企业隐性债务风险问题突出。由于成本核算与实际情况不相符,企业对外融资及担保产生的债务往往在数据上不具备科学性和准确性,极易引发虚盈实亏问题。

2. 债务违约风险加剧,面临负债风险

企业财务杠杆比率越高,其信用风险溢价越高,债务违约风险也越高。财务杠杆水平是企业进行投融资决策后的结果,当企业融资规模大幅增加并用于投资和产能扩张时,其财务杠杆水平往往相应提升。近几年,企业违约原因逐渐多样化,不仅企业自身的融资结构和财务状况恶化会导致债务违约,企业治理结构瑕疵和外部环境的恶化（例如，融资环境、实际控制人风险、关联方的违规操作）也会严重影响企业的信用状况。因此，对于企业信用风险防范机制的研究需要更加广泛和深入。

（二）资金管理制度存在漏洞

资金合规风险是指在生产经营及投融资活动等各类资金收支过程中，因内部控制管理原因发生资金损失的风险。企业面临的资金合规风险主要体现在以下两个方面。

1. 资金内控制度不健全

国有企业易受传统观念影响，认为在政府注资下无须担心资金供应问题，在资金管理方面缺乏重视，存在严重的随意性，对于财务资金管理制度缺少执行力度。此外，企业集团拥有数量众多的子公司，部分子公司存在较为严重的多头开户现象，使集团公司整体管理资金的困难程度明显提升。

2. 资金预算管理存在漏洞

一方面，企业集团对于预算管理的重要性和必要性认知不够，在制订预算管理计划的过程中仅考虑财务部门的主体地位，未能将其他部门纳入计划制订的主体范围内，导致在执行中存在计划与实际不相符的情况。另一方面，现阶段企业仍然采用的是较为传统的资金管理模式，在预算管理方面存在盲目性和经验行为。这会引发资金浪费问题，更可能导致实际成本远远高于预算指标，在很大程度上影响项目进度及质量。

（三）金融业务管控难度增加

1. 金融业务管理手段较为单一

金融全球化进程的加剧导致经济金融风险日益多样化，市场环境在整体上呈现出较为明显的复杂化趋向。市场主体对于潜在的经济金融风险未能给予及时的关注，会给其日常经营造成显著的影响。企业需要全面明确经济金融领域现有的风险种类，采取有针对性的科学手段防控经济金融风险。

2. 信息共享机制不健全

财务信息共享能够将企业日常同质性金融业务和一些非核心金融业务进行集中专业化运作，进而实现经济效益的提升。一方面，金融业务由分散管理转向相对集中的管理模式，大幅减少了日常同质业务的人员总需求，能够降低人力成本。另一方面，业务规则和流程的标准化管理消除了一些非增值的、重复的作业流程，以及非必要的协调工作，在提高业务处理效率的同时降低了处理成本。然而，当前企业仍然难以转变思维模式，对财务信息共享的重要性认识不足，缺乏完善的信息共享机制。

3. 业务管理模式创新性不足

与一般业务相比，金融业务的风险类型相对较多，不仅包括市场风险和信用风险，还包括操作风险、法律风险及流动性风险。进一步说，金融衍生业务受到杠杆作用的影响，加之市场环境复杂多变，其发生风险的概率明显高于传统金融业务，极易增加风险管理的难度。就目前而言，企业仍旧停留在传统业务管理模式中，未能针对创新金融业务形成新的风险管理模式。

（四）缺乏良好风险管控体系

目前，多数企业集团并未形成健全的"法务管理、合规管理、内部控制、全面风险管理"财务风险管控体系，存在多头管理、内涵边界不清、职能重复、协同困难、信息不畅、合力不足、效率不高等问题。有的企业法务部门和职能缺乏，有的企业内控体系不健全，没有及时制定相应的配套制度，对企业内控的监督检查及违规处罚不力，无法防范风险。因此，企业对风险的管控仍处于初级阶段，尚未建立起全方位、全流程的风险管控体系，相关信息在各业务部门、各流程之间不能实时生成。此外，部分子公司只注重会计核算，对于风险一般集中在事后控制上，而事前和事中控制缺乏，很难顺利实现财务管理目标，再加上监督工作滞后，造成企业集团财务风险管理的低效。

（五）信息失真风险普遍存在

会计信息质量控制旨在确保对业务部门发生的各种交易事项进行准确无误的记录和传递，为会计核算和会计管理提供前提。企业集团经常存在会计基础工作弱化，会计信息反映不符合实际等现象。此外，企业集团总部和各子公司往往是以各自法人为单位的，使用独立的财务核算软件。企业集团内部的会计政策和会计核算制度常常不统一，对子公司会计科目明细项设置没有统一规定，同样的业务存在不同公司的账务处理等情况。与此同时，企业集团还存在财务人员的专业能力和会计核算水平参差不齐的现象，导致后续财务管理和财务信息质量控制困难。具体来说，企业集团的信息失真风险主要表现在以下方面。

1. 管理链条过长，造成企业集团财务信息质量低

企业集团往往存在冗长的控制链条，控制距离越长，出资人介入公司日常经营、获取信息的成本越高，信息传递给最终控制人的成本越高，导致最终控制人难以监督较低层级。当财务信息自下而上传递给上级时，多重组织层级的存在会对信息传递产生过滤作用，为使信息显得对接收方更加有利，信息发送者存在操纵或篡改信息的可能性。

2. 信息系统建设落后，难以遏制企业财务信息失真

企业集团涉及子公司数量多，下属企业之间行业差别大，缺乏系统完善的信息化制度和统一编码规定，导致企业数据汇总分析工作量大、时间滞后，严重制约决策准确性和及时性。由于信息化建设的落后，母公司只通过各分（子）公司报表上传实现合并编制报表的功能，很少提供关于数据分析、监控预警、预测决策的管理功能，财务信息化管理存在信息不集成、不共享、不对称、相关数据不能被有效利用等问题，无法对失真的财务信息进行约束。

3. 基层单位受利益驱使，导致集团财务信息造假

由于控制链条冗长，以及信息化建设滞后，母公司对下属公司的监督管理存在较大难度。基层公司为牟取私利，有动机对财务信息造假或制造信息孤岛，使母公司管理层无法根据财务报表进行有效的科学管理决策，严重影响企业集团效益的增长。

（六）税务风险管控存在难点

税务风险是指涉税行为不符合税收法律法规的规定，应纳税而未纳税、少纳税，导致企业面临补税、加收滞纳金、罚款等税收处罚的风险。对于企业来说，税务风险管理的难点主要表现在缺乏税务风险评估体系和有效的监督机制，缺少专业的风险分析工具，无法预知潜在税务风险点，事后应对措手不及，潜在税务代价巨大。企业在税务机关的检查中暴露出的问题会导致自身纳税评级下降，从而给税务工作带来诸多不便。因此，建立健全税务风险管控体系是企业的当务之急。

（七）境外风险管控难度较大

近年来，我国企业在"走出去"、开展大规模境外投资的同时，面临日趋复杂的

国际投资环境和各种各样的风险。企业集团境外投资财务问题与各类负面事件频发，带来巨大的财务损失。境外财务风险是指对境外单位财务资金管理监督不到位、境外单位财务资金管理出现漏洞等原因导致财务损失的风险，较为常见的境外财务风险包括政治法律风险、外汇汇兑风险及资金安全风险。

1. 政治法律风险

一些国家在政权更迭时，其政策方针也会发生相应变化。在此情况下，境外子公司极有可能出现海外项目资金难以回笼的问题，更有甚者会出现资金链断裂的现象；投资阶段的法律风险主要包括东道国对外商投资的政策法律限制、反垄断和国家经济安全审查、母国的管制、合作对手的法律状况和守约意识等方面；经营阶段的法律风险包括环境保护、劳工、公司治理、知识产权、税务、合约管理、法律文化冲突、国有化征用等方面。此外，当地政府机构和执法部门的执法水准和执法状况、对外资的态度，以及东道国法律政策的变化也会对企业的经营产生影响。

2. 外汇汇兑风险

企业在进行境外投融资等财务活动时，难免用外币结算。在这一过程中，由于汇率变动而产生的汇兑损失会增加企业的财务风险。外汇汇兑风险是指企业在对其掌握的外汇进行汇兑时，受到主观、客观限制或存在不确定性，主要包括以下情况。

（1）外汇管制风险。东道国政府主动通过法律或临时政策限制企业进行外汇汇兑或外汇汇出。

（2）多重汇率风险。在一些外汇管制国家，汇率的认定存在不确定性，甚至存在多重汇率风险。

（3）隐性汇兑限制。东道国政府虽未主动公开限制外汇汇兑，但采取窗口指导或私下授意方式进行干涉。

3. 资金安全风险

跨国集团的经营活动涉及的地域范围较广，海外子公司与集团母公司的联系不够紧密，在资金管理上比较分散，影响资金的整体使用效率和效益，从而带来资金营运上的风险。资金安全风险是指境外投资企业在经营过程中涉及资金筹集、使用、回收和收益分配等环节可能发生的风险。境外投资项目往往周期长，投资规模大，如果企业没有足够的融资能力，将无法保障境外投资。同时，企业过度融资将导致贷款规模过大而偿付能力偏低,负债率高使企业背上沉重的债务负担。此外,由于国际市场的复杂性,企业面临汇率和利率较大波动的风险,资金链容易断裂,陷入困境,甚至破产。

第三节　基于高质量发展的企业财务风险管理系统建设

一、基于高质量发展的财务风险管理系统新要求

财务风险是企业集团面临的各种风险的集中表现,处于企业集团风险管理的核心地位。随着互联网、大数据及云计算等财务智能技术的发展,在可以预见的未来,与财务智能结合的风险管理系统将会更加优化。建立良好的财务风险管理系统,从短期来看,有利于稳定企业财务活动,加速资金周转,进而保障资金的安全性、完整性和盈利性;从长期来看,有利于管理者树立风险管理意识,把握市场变化,推动企业全面、经济和有效管理风险,创造一个相对稳定的生产经营环境。国家高质量发展和防范化解重大风险的目标也对财务风险管理系统的建立和完善提出了一系列新要求。

(一)风险预判能力

风险预判是风险防范的前提,指的是企业在风险发生之前,对未来可能产生的一些内部和外部风险进行判断并做出相应调整的行为,体现为一种环境适应性。财务风险预判是指企业集团根据过往经验及相关数据,对可能发生的财务风险实时监控,在实质上是一种未雨绸缪的财务管理活动。具有风险预判能力的企业能够实现对财务问题的事前控制,采取有针对性的措施来抑制其发生的概率,或尽可能降低其对企业造成的损失。企业集团具有规模大、股权结构复杂、管理难度大等特点,因此潜在风险因素较多,财务风险因素更是运营管理关注的重点。培养财务风险预判能力可以有效防范财务风险,进而为企业的持续稳定发展创造一个良好的环境。

(二)管控高度协同

协同管控即以当前组织架构为基础,打破不同业务部门之间的固有壁垒,发挥生产设计资源和项目管理资源集中化优势,实现企业生产、经营和管理等各个环节的相互联动。协同管控的目的在于借助集团内部权责界定和资源配置方式,对组织涉

及的利益相关者产生影响,并以此间接引导组织朝战略目标迈进。企业集团现有的资源在实现整体协同后可以产生"1+1>2"的协同效应,即整体功能远超各项资源自身的功能之和。为实现上述目标,企业集团需要在目标、组织、横向与纵向连接等方面优化合作,并加强财会人员队伍建设。

(三)智能风控支撑

智能风控是金融科技创新的一部分,可以有效推动新技术在防范财务风险中的应用,这也是金融科技推动智能风控落地的优势所在。随着大数据、云计算、人工智能等新兴技术逐渐普及,传统的风控模式已经无法适应企业数字化转型的要求,企业以传统结构化数据为基础的风控模式已不能支持海量数据的市场环境。因此,企业需要依据系统设计理念,充分利用大数据、人工智能、云计算等技术,积极探索信息科技与业务场景的深度融合,搭建智能化风控平台,打造多元化、数字化、智能化服务体系,在强化风控防御体系的同时加快数字化转型步伐。

(四)及时风险预警

风险预警是以会计信息资料为基础,以计算、统计、分析、监控等方法为手段,通过设置预警指标并观察其变化,进而对企业可能或者将要面临的财务风险进行实时监控和预测警示的一项风控活动。在高质量发展背景下,海量数据在促进财务核算准确性提升的同时,也对风险预警的及时性提出了更高的要求,而大数据技术信息处理速度快的特点则为风险预警的及时性提供了保障。企业可以借助信息技术,并通过建立规章制度提升财务风险预警执行力、优化财务风险预警监督机制等方式加强风险预警及时性。

二、基本原则

(一)全面风险管理原则

围绕企业集团总体经营目标,将风险管控的思想贯穿于企业管理的各个环节和经营过程,培育良好的风险管理文化,实现各层级重点财务风险管理全覆盖。构建覆盖企业集团全方位、业务全流程的风险管控体系,包括风险管理战略、管理信息系统和内部控制系统等,从而为实现企业集团风险管控的总目标提供方法和实施基础。

（二）全员风险管理原则

实施风险管理不应该脱离业务，而应该全员参与，业财协同发力。业财融合能够加强业务部门与财务部门之间的沟通交流，促使各部门在沟通交流过程中及时发现企业经营发展中存在的各类问题及风险，并根据相关风险因素，提出针对性的应对和控制措施，实现提前解决或者尽早控制风险因素，避免风险带来的消极影响进一步扩大。

（三）全程风险管理原则

财务风险管理覆盖风险识别、评估、应对处置等方面，形成全流程闭环管理。全程风险管理要求企业充分结合自身生产经营特征，找准契合点，构建以风险管理为重点、以业务流程为纽带、集"设计—实施—评价—整改—完善"于一体的风险管理系统和以业务流程为核心纽带的内部控制体系。

三、主要建设内容

（一）重视事前财务风险预判

财务风险事前预判是成立组织、明确职责、形成识别系统、进行风险动态计量、提前发现和预防财务风险的过程。企业集团可以从以下几个方面入手建立风险预警机制。

1. 建立风险预警的信息技术辅助系统

相较于事中、事后的风险控制，事前风险预判的难度更大、技术要求更高、工作更复杂，仅依靠财务人员的主观判断和个人能力难以达到事前控制的准确性、针对性和及时性要求。因此，在进行风险预判时，需要结合相关的信息技术系统进行辅助判断，通过信息化管理优化风险预判效果、提升动态监控效率，实现防患于未然的风险管理目标。

2. 建立风险分析与处理机制

财务风险的分析与处理水平直接决定企业集团的财务预警系统是否能够有效发挥作用，其中风险分析指的是企业集团对其在生产经营过程中存在的风险进行识别和测算，风险处理指的是企业集团开发、选择相应的管理方案，以解决上述风险的有计划、有组织的活动。例如，兵器装备集团长安汽车金融有限公司（简称"长安汽车金融")运用市场营销模型在获客阶段进行贷款可能性预判和风险预筛,实现有针对性的精准营销;运用行为评分模型跟踪监控存量客户的风险变化,及时发现高风险账户,抢先启动防范措施,实现早期风险预警;利用催收评分模型对逾期客户的还款意愿进行预测,采取差异化的催收手段,提高催收效率,降低风险损失,通过对风险进行量化分析有效实现了事前风险预警。

3. 加强信息管理

企业集团所处的外部市场环境是动态的、变化的,所以企业集团的财务风险预警系统应是开放性的,兼顾内部财务信息和外部市场信息。最为关键的是,系统信息要不断刷新,相关资料要不断升级,以确保财务信息的及时性、准确性和有效性。企业集团可以运用大数据技术实现对财务信息的规范化管理,同时应适当增加资金投入,完善信息基础设施建设,提升财务风险识别的准确率。例如,中国移动利用人工智能、大数据等技术,按照"理风险、建模型、搭平台"三大步骤全面评估、预警、跟踪存在风险的业务场景和业务操作,通过"理风险",形成涵盖预算、资金、资产、核算等领域的财务风险地图,并实现对不同风险的分级分类;通过"建模型",形成多维度、可复用的财务风险模型;通过"搭平台",使风险在线实时预警功能落地,有效提升了风险识别的准确性。

(二)防范化解债权债务风险

1. 强化资产负债约束,防范过度融资风险

企业集团应实行资产负债率与带息负债规模双管控,坚守正自由现金流底线,确保带息负债增加与经营投资规模增长相配。企业集团作为落实资产负债约束的第一责任主体,可以从以下几个方面建立资产负债约束机制。

(1)优化资产负债结构。根据自身实际设定风险管控目标,合理进行投融资决策。

(2)健全内部控制机制。在投融资前,综合分析内部资产负债情况,谨慎做出决策;在投融资后,加强与债权债务人的协商和沟通。

(3)畅通内部信息渠道。母公司应规范内部财务信息报告制度,以加强对子公司的资产负债约束。

2. 加强信用风险管理,防范资金链风险

企业集团应加强对重点企业资金状况的监控,做好资金风险应对预案,一企一

策,提高自身造血能力。具体来说,企业集团应加强对债务人风险信息的统一管理,整合分析各类信用风险信息,以多种方式收集授信客户的背景信息,增强对其资产负债情况的监测和评估,谨慎做出商业信用决策。在新增债务人和对原先债务额外增加授信前,应查询内部和外部信息,判断其是否存在财务欺诈、违约等风险因素,有效进行前瞻预警和风险防控。例如,中国医药集团有限公司(简称"国药集团")在事前、事中与事后三个阶段对企业应收账款进行精益化管控:事前进行业务可行性论证,加强信用风险评估;事中强调对销售和发货加强管理,监督应收账款,并进行多部门联动;事后通过加强应收账款对账管理、核销管理及回款考核,建立逾期应收账款清收工作机制,尽可能将每个环节、每个节点存在的债权风险点纳入管控。

3. 加强存货风险管理,防范资金占用风险

加强存货管理,降低资金占用,对于企业的生存和发展具有重要意义。在产量和销售收入不变的情况下,加速存货周转可以相应地减少资金占用金额,减少银行借款和利息支出,提高企业经济效益。优化存货风险管理是强化企业基础管理、确保生产经营稳定运行的需要,也是应对当前宏观货币政策、降低财务风险的需要。具体而言,企业可以从以下几个方面完善存货管理机制。

(1)明确岗位职责,建立行之有效的内部控制制度。

(2)厘清关键控制点,加强存货资产管理,明确存货供应管理、领用审批、盘点流程等关键点的控制要求。

(3)优化存货结构,提高存货资金使用效益,确保存货处于最佳库存状态,降低存货采购、储存、销售成本,以及存货的资金占用量。

(4)加强监督,定期检查存货收发、保管、处置及业务授权批准制度的执行情况,促进存货管理制度的有效运行。

(5)定期进行库存分析,提高企业信息化管理水平,为企业的决策提供依据。

4. 优化融资结构,降低融资成本

企业通过短期债务与长期债务的有机结合,做到资源最优配置,建立合理的融资链,进行多元化融资并规范管理。企业也可以开展项目融资,通过项目建设形成存量优质资产,并将优质资产抵押,进一步提升融资能力。此外,企业也可以通过增加内源融资的方式实现债务结构优化。增加内源融资需要改善企业的经营状况,增加营

业收入，降低营业成本和利润分配，从而使更多的税后利润留存在企业内部。

5. 加强对外担保管理，防范隐性债务风险

为最大限度地防范债务风险，企业要严格控制担保总额，尤其要严格控制企业对集团外企业的担保，可以通过设置评估小组的方式加强担保风险控制。评估小组需要对现金流量、资信情况、财务情况进行动态评估，合理调整担保力度。企业也可以设立专业投资平台，通过平台出资担保，协助解决债务危机，以降低自身的负债率。此外，企业还应加强对外汇风险敞口和金融衍生品的集中管控，各级子公司要及时准确掌控本单位外汇风险敞口并采取相应的管控措施；通过进一步优化担保管理体系，明确责任主体，规范审批程序，防范越权担保、超额担保、不当担保风险。

6. 禁止融资性贸易，防范合规风险

所谓"融资性贸易"，是指参与贸易的各方主体在商品及服务的价值交换过程中，依托货权、应收账款等财产权益，综合运用各种贸易手段、金融工具及担保工具，实现获得短期融资或增持信用目的，从而增加贸易主体的现金流量。这种贸易方式以取得融资为目的，一旦实际贸易出现问题、资金链断裂，企业作为最后支付人将承受巨大损失。而且，在这样的贸易过程中，由于上下游客户都由他人控制，存在极大的资金风险、法律风险，以及虚开增值税发票等问题。例如，中国宝武利用工商大数据，聚合工商、抵押、涉诉、财务、税务、环保、舆情、实体清单、用电等外部征信数据，多数据源交叉验证，强化对外部交易对手及其关联企业的风险异动监测，排查有关企业的关联关系，探索产业生态圈资信评级，及时推送客商预警名单，防范外部交易对手资信风险、融资性贸易与围标、串标风险。

（三）优化资金风险管理体系

1. 健全资金控制体系

建立行之有效的资金控制体系，是企业优化资金风险管理工作的基本前提，有制度可依是资金管理工作顺利开展的根本保障。企业应结合自身实际情况，设计各环节之间既紧密联系又相互制约的灵活有效的内部控制制度。内控部门要结合企业所在行业特点、业务模式和经营规模，明确资金内控监管工作原则和任务、职责权限和控制程序，确保将内控要求嵌入资金活动全流程。例如，安能集团为确保企业资金链的安全，严格资金管理，强化银行账户管理，集中管理企业网银U盾及支付密码器，

同时将公司银行账户的开立、确认、变更、展期、注销全部纳入共享中心线上审批，实现全流程闭环管理。此外，安能集团还成立资金管理中心，搭建银企直联平台，严格执行资金归集制度，实现资金的规模效益。

2. 完善资金管理细则

资金管理细则的制定为组织内相关人员进行资金管理提供了行为规范，通过完善并高效执行资金管理细则，可以确保各项规章制度落到实处，实现资金管理活动的规范化，督促相关人员认真履行岗位职责，提升企业整体的科学化管理水平。例如，兵器装备集团依托系统，对账户、资金、票据、结算、融资、担保、应收账款等进行信息归集和统一管理，实现对资金业务的全面监控；评价企业金融资源全过程活动，平衡资金活动合规性和时效性，有效衔接各企业资金使用安排和资金头寸变化，提高资金管理效率和效益。

3. 资金预算目标导向

企业在制订资金预算计划时，应充分听取各业务部门的意见和建议，对自身在当前发展过程中面临的各种情况进行综合分析，统筹考虑企业集团的投资计划和融资能力，制定切实可行的资金预算。同时，资金预算在执行过程中还应建立考核制度，将各项指标细化到具体业务部门，及时查找实际与预算出现偏差的原因并予以纠正，实现对资金的有效控制。例如，兵器装备集团以细化资金配置标准、建立资金配置顺序、执行严格双指标管控、重点支持战略创新四项原则为导向，构建规范高效的资金预算管理体系，实现了对集团资金的有效管理。

（四）指导金融业务有序发展

1. 加强金融业务指引

金融业务指导，重点关注资本充足率、关联交易、流动性、经营及声誉等方面，持续降低金融业务不良资产率，维护金融体系安全和稳定。落实监管要求，建立金融企业和金融业务管控清单，确保各类金融业务有序受控，不发生重大金融风险。建立金融企业经营计划、资产财务报表日常报送制度，对收集的报表数据资料进行日常分析，对重大信贷资产风险的财务会计处理情况进行重点跟踪，发现并指出在遵守国家财经法规、强化资产财务管理、防范金融风险等方面存在的问题，提出改进建议和意见。

2. 建立信息共享机制

加强财务部门和其他部门信息共享机制的建立，下面是总体思路。

（1）进行组织架构变革和业务职能的调整。

（2）进行财务核算流程再造，具体包括业财一体化和预算管理等环节。

（3）实现多渠道登录财务系统，进行业务操作，提高财务业务处理效率。

（4）分阶段推进财务信息共享机制的建设，以充分应对和处理在变革过程中出现的各种问题。

例如，中国中车股份有限公司（简称"中国中车"）致力于推进战略财务、共享财务和业务财务三位一体的财务转型和财务管理能力建设。战略财务偏重于将公司战略分解落地和财务政策管理，要求偏重于政策，具有思维深度；业务财务着力推进业财融合，致力于业务价值链上的财务管理，要求具有业财融合和沟通协调能力；共享财务涉及企业的财务核算中心、资金结算中心和财经数据中心，要求具有服务和流程数字化能力。

3. 稳妥推进金融创新

在风险可控的前提下，推动金融服务"从债权融资到权益融资，从线下到线上，从单一金融到综合金融，从传统金融到特色金融"，不断提升服务主业的质量和能力。企业应该坚定不移地走安全发展之路，把金融安全放在更加重要和优先的位置上，在做好全面风险管理和安全保障的前提下，稳妥、审慎地推进金融科技创新。通过建立试错容错机制、完善风险补偿措施、申请纳入金融科技创新监管工具等方式，促进金融业务在更高水平上实现动态平衡。例如，兵器装备集团通过加大供应链金融推广工作力度，加强组织领导，强化宣传推荐，引导供应商积极注册供应链金融综合服务平台，推广使用财务公司商票和保理公司"中兵保兑单"等信用工具并鼓励向多级供应商信用穿透，确保供应链金融产品100%到期兑付，有效维护了集团的金融市场信誉，实现了集团金融业务的有序发展。

（五）提高财务合规管理水平

1. 加强财务制度建设

注重财经法律法规贯彻落实，提高财务制度规范化水平，合理划分财务活动权责边界，确保财务工作有规可依。深入进行财务管理内控制度建设，强化对财务管理各环节的监督制约；围绕预算编制、内控制度、资产处置等环节，对财务管理权责结构进行合理分解，对各个环节存在的风险点及时排查，以进一步完善工作流程。

例如，兵器装备集团以战略目标为牵引，以业务预算为基础，以绩效考核为抓手，推进规划与计划、投资、预算、考核联动，形成组织体系、目标设定、过程监控和考核导向的四位一体制度管理体系，实现资源有效配置，确保战略规划的落地和预算目标的实现。

2. 守好财务合规底线

把好大额资金支付、费用报销、津贴发放、对外投资、借款、担保等重要关口，守好合规经营的财务底线。资金使用的最后一道关口在财务，位于风险管控终端的财务人员若坚持原则，恪守规章制度，严格管控大额资金支付，就能对违法违规行为起到良好的抑制作用。因此，企业应完善双线汇报制，财务人员在为企业管理层决策提供有效支持的同时，还要注重保持自身的独立性，把握好财务合规的底线。

例如，中国石油从三个方面坚守财务合规底线：一是对财务造假、"小金库"、利益输送等损害国家和公司利益的行为零容忍，严肃惩治；二是防范化解财务金融风险，在构建企业内部三道风险防线的同时，加大对风险事件防范化解及协调处理力度；三是建设合规财务文化，牢固树立大局意识、责任意识、团队意识，坚守法纪底线、风险底线、道德底线。

3. 强化财务内部监督

财务内部监督主要是对内部控制建立与实施情况进行监督检查，评价内部控制实施的有效性。对于发现的内部控制缺陷，企业应及时加以改进，增强抵御财务风险和业务风险的能力。财务内部监督要与审计监督协调配合，审计部门应始终秉持客观、独立的原则，定期反馈监督结果并总结监督经验，降低监督遗漏的风险。例如，兵器装备集团以党内监督为主导，各方监督力量有机贯通，设计实施"1+2+3+4"大监督格局方案，即 1 个顶层协调领导机构、2 级监督力量、3 条监督信息报送主线、4 个监督协调机制。集团着眼顶层设计，同步优化子公司法人治理结构和基层党组织设置，在中兵上海等 8 家子公司完善董事会、监事（会）、经理层，建立科学决策、协调运转、灵活高效、有效制衡的法人治理结构，建立协同监督领导机构，完善协同监督运行机制，压实监督责任，健全监督体系，不断强化集团管控水平，促使子公司提升风控能力。

4. 强化职业道德教育

加强财经法规和财务制度宣传培训力度，树立财务人员合规经营理念，着力培育财务合规文化。财务工作是各项工作的基石，财务工作人员要加强学习，及时更新知识结构，准确掌握财经政策，不断完善财务制度及业务管理流程；全体干部职工要严格按照内控制度的要求，增强风险管理意识，提高风险管理能力，为进一步提升规范化管理水平提供有效保障。因此，企业集团应始终将财务队伍建设作为做好财务管理体系建设的重要突破口，以持续优化队伍结构、提升履职能力、强化职业道德为重点，加强财务队伍建设。

（六）警惕财务信息失真风险

1. 提高会计信息化水平

加快财务共享中心建设，通过采取系统集成、数据同源、统一规则等方式，提高会计凭证自动生成率，有效防范会计信息失真风险。在通常情况下，财务核算并不是集中管理，而是分散在企业集团的各个下属公司，这就导致母公司需要花费大量的人力、物力和时间进行财务分析与核算。而财务共享中心对综合效率和管控力等方面进行全面考量，可以有效调动并合理配置集团内部的各类资源，借助信息技术进行高效精准处理，解决财务业务低效的问题。例如，兵器装备集团建设数据源智能支撑体系，突破传统的由审批人员手动查询征信报告、人工解读报告信息，依据人工经验判定客户信用资质的局限，由系统自动完成一系列征信数据准备工作流，大大降低了人工解读数据的精力消耗及出错率，确保更加方便、快速和一致地使用信用报告信息，准确了解客户当前的信贷风险状况。

2. 建立跨部门工作机制

构建涵盖核算标准、业务基础、审计与监督、责任追究等环节的业财深度融合体系，确保各责任主体责权明确、沟通有效。财务部门应梳理与其他部门的对接工作流程，通过企业网站发布、专家举办讲座、部门交流等方式宣传财务制度、国家财经管理要求规范等，以加强其他部门对财务规章制度的学习，为跨部门合作打下良好的基础。与此同时，企业也应当为跨部门沟通创造条件，沟通交流形式可以多样化，通过制定跨部门规章制度,形成特定工作联系小组、特定项目小组和党支部小组等方式,为跨部门沟通提供便利。例如,国家电网通过开展财务在线稽核平台建设,拓展了信息化环境下在线稽核的广度和深度,在技术手段上强化了业财融合的无缝对接;并通过信息系统内嵌控制点,开展在线实时监测和预警,实现由传统的事中、事后检查向事前预警、事中监督、事后分析全面监督机制的转变,为协同监督提供了必要的信息基础。

3. 强化会计信息法定约束

企业应严格贯彻执行会计准则和会计核算办法,强化会计监督职责,切实提高会计信息质量。具体而言,企业制定的内部会计核算办法,应当与严格会计法则、实现会计工作规范化结合起来;应当与加强企业会计基础工作结合起来,将执行企业会计准则或行业会计核算制度建立在坚实的基础上;应当与强化企业会计管理结合起来,根据企业生产经营特点和企业经营管理要求,逐步建立责任会计制度、成本会计制度、内部报告制度等行之有效的管理制度,以满足各方对会计信息的需要。

(七)建设税务风险管理体系

税务风险管理体系的建设重点是便于实施。企业应当紧紧围绕"可管、可控、可视"三个原则建设税务风险管理体系,从源数据和税务工作流程全环节把控质量,实现精准纳税、规避系统风险。

1. 建立闭环的纳税指标评估体系

税务风险管理是一个循环往复的过程,是由风险定义、风险识别、风险监控、风险提示、风险分析、风险防范等步骤组成的结构化、标准化流程。企业应当建立闭环的税务风险管理体系,将风险管理理念和方法与企业税务管理业务和流程融合,通过标准化、结构化的风险管理流程和常态化运营,持续优化企业税务管理方式,不断提高企业税务管理的健康值。例如,中国建筑集团有限公司以降低税务风险、提升税务创效能力为总体目标,以满足税务核算、日常税务管理为起点,努力将税务筹划工作延伸到商业模式设计、商务合同谈判阶段,将税务管理工作融入业务环节,推进税务共享建设,提升管理精细度,加强税务分析,防范涉税风险,合理降低企业综合税负,有效降低了企业的税务风险。

2. 借助数字化工具，将税务风险维持在可控范围内

企业可以通过相关数字化应用或借助信息技术工具，将税务风险管理的各个要点前置到业务流程环节，以便提前做好风险预防。通过税务风险管理模块的建设，配置税务风险分析指标和税务风险报警阈值，实时获取涉税数据，评估企业潜在的税务风险，实现对税务风险事前预防、事中控制和事后评估的全过程管理。例如，中国核电在集团范围内推进税务信息化建设，在采购管理系统中应用增值税电子发票、在会计管理系统中应用增值税电子发票，有效促进了企业的纳税管理，降低了集团的涉税风险。

3. 实时可视监控税务风险

企业可以将税务风险管理由"期间型管理"升级为"实时性监控"，进而对税务风险管理的总体状况、风险点、风险处理进度等实现全流程、无障碍的可视化管理；向不同层级的决策岗人员动态展现税收风险状况，提示风险聚集点，充分发挥税务风险前置化管理对提升税务合规管理能力的重要支撑作用。例如，中国核电通过制定《税务管理导则》等涉税制度，明确了相关税务管理细分领域的管理依据、管理职责、管理流程和管理内容，并突破原有制度，引入流程图、流程表和风险点，将内控、风险管理方法融入制度建设，通过预防性控制手段，提升了税务风险内控管理质量。

（八）加强境外财务风险防控

自"一带一路"倡议提出以来，我国连续多年位居全球对外直接投资流量第三位，对世界经济的影响日益显著。但是，随着新冠疫情的暴发和蔓延，全球政治格局极速变化，世界经济的不稳定性更加突出，我国面临全新的机遇和挑战，包括中央企业、地方国有企业和民营企业在内的投资者必须进一步重视境外投资风险评估工作的作用，加强对境外投资的风险管控。

1. 加强对境外项目的风险评估

对于境外投资项目进行风险评估，是在经济全球化背景下面对日益复杂的境外投资环境必需的工作。一方面，企业集团的海外投资可能面临政治风险、金融风险，以及文化差异等带来的严峻挑战；另一方面，企业集团还需要考虑生态环境、社会责任等非传统风险。因此，企业集团有必要聘请第三方专业机构对风险环境进行事前评估。境外项目管理应明确"不评估、不立项"的原则，科学制定安防设施和安保力

量配备标准,并建立公共安全审计制度。例如,中国化学工程集团定期开展涉外法律风险排查处置工作:一是完善涉外项目法律审核和风险评估机制,涉外项目由法律、财务、项目、技术专业人员交叉审核、多级把关,提高审核质量,并通过召开专题评审会的形式共同研究、制定重大风险应对策略和具体措施。二是定期排查海外重大风险,建立境外重大项目合同履约风险和综合性授权风险季度排查机制,将排查出的风险纳入重大风险数据库督导化解。

2. 加大外汇资金风险防控力度

加大外汇资金风险防控力度,是企业境外资金风险管控的必要措施。在开展外汇业务监管时,存在尽职免责认定有难度、尽职与失职标准难界定的问题。企业要结合境外单位所在国家地区的法律法规,制定相应的管理要求,建立健全境外资金管控体系。

(1)企业内部要明确企业利益与国家利益之间的关系,并依据权责一致的原则,制定相关的责任和管理范畴。

(2)要对企业内部一些可能出现资金风险的环节,加大管控力度,提高我国境外投资工作的有效性。

(3)企业集团母公司要对各国经济风险状况进行细致分析,并制订相应的应急预案,提高境外投资工作的质效,这也是推动企业绩效提升的重要力量。

3. 完善境外资金安全保护手段

在传统企业运营管理模式下,企业内部并没有建立相应的资金风险预警机制。面对突如其来的境外风险,企业内部缺少完善的应对方案,进而导致资金出现不必要的流失。因此,企业内控部门要结合所属境外单位与国家的法律法规,对企业的境外经营资金进行管控并建立健全监管制度。为保证境外资金的安全性,企业需要加大对资金内控体系的监督和评价力度,及时整改问题,明确整改责任部门,对资金安全保护手段进行改革与优化。同时,企业要制定严格的追责机制,避免因责任不明而导致管理人员产生"钻空子"的心理。例如,为适应境外财务监管要求,加快国际化财务人才培养,中国中车选派财务人员参与资本运营、信息化建设、融资与跨境资金管理等重大专项工作,提高业财融合能力,充实国际化财务人才储备;结合海外业务规划和项目需要,以境外公司为平台,结合公司整体的外派计划,加大财务人员外派力度；鼓励和支持国际化财务人才全方位、多领域发展，切实参与境外国有资产的管理。

（九）建设智能风险预警机制

随着会计大数据时代的到来，企业需要转变传统思想观念，借助智能化信息技术，搭建财务数据分析平台，以便全过程、全方位、全员强化内部控制和风险防范。

1. 建设企业集团财务共享中心

财务共享中心是数据时代的一种新型内部控制模式，其核心是"专业分层，业务融合"，将企业业务和财务融合，以共享平台为支撑，在内部加强核算部门与其他部门之间的联系，战略性地实现内部业务专门化，利用大数据突破各个部门的壁垒，利用互联网、区块链等技术将各个子公司联合在一起；以财务部门为中心，利用共享平台联合带动整个企业协调发展。企业集团财务共享中心建设包括地点选择、流程设计和信息技术支持等方面。例如，浙江省国有资本运营有限公司基于数字化变革和内部管理改革提升的要求，结合国有资本运营企业的实际情况，开发搭建了包括智能报账、报表管理、资金管理、预算管理、税务管理、商务智能数据分析等内容的全业务财务共享中心，并与公司投资资产管理系统、自动化办公系统、用友NC系统等业务系统相衔接，有效实现了财务信息化和数字化变革，为集团平稳发展提供了财务支撑。

2. 借助信息技术，实现对数据的挖掘和分析

在信息化时代，企业需要处理的财务信息和数据量不断增加，仅采用人工进行分析处理存在诸多弊端。例如，财务人员的审核分析无法实现对财务数据的动态处理、人工审核的主观性会导致数据挖掘和分析出现失误。因此，为解决上述问题，企业需要借助信息技术实现对数据的分析和挖掘。同时，信息技术的运用能够使企业以可视化图表的形式，将晦涩难懂的财务数据生动地呈现出来，增强财务数据的可读性。例如，为适应外部环境变化和内部管理要求的提高，国家电网开展了基于智慧财务的电网企业项目管理智能化建设实践，通过对电网各个业务领域的分析，依托全业务数据中心，结合项目数据特点，利用人工智能、RPA、大数据分析等技术，构建相应的风险分析预测模型，实现对项目投资风险管理的全面分析，在提高项目效益预测准确度的同时，帮助财务决策支持能力从事后向事前延伸，有效降低了项目失败率。

3. 实现智能技术和财会人员双重把关

（1）智能技术和信息系统能够将可视化的财务风险报告发送给财务人员，为其提供风险防控的决策建议。财务人员在智能财务风险预警系统提供的风险评估结果基础之上，可以对具体的风险点进行二次人工核查，从而实现对于风险预警的双重把关，确保风险判断的准确性和科学性。

（2）财务人员可以将智能技术提供的风险防控建议和自身过往的实际工作经验相结合，为企业的运营提供更加科学合理的决策，有效降低企业在运营过程中的风险。

例如，长安汽车金融建立了基于决策管理平台的自动化审批系统，依托自动化数据处理、自动化评分规则计算、自动化决策实现自动化授信审批。该系统自动化处理数据，将内部和外部数据整合嵌在业务流程中，一旦申请进入，便由系统自动完成一系列数据准备工作流，包括调用接口查询、自动化解析、结构化存储，供评分模型及规则策略计算使用。运用自动化评分规则计算与自动决策，将评分模型、策略规则在决策管理平台中部署与管理，形成决策流程；每个申请都会调用决策管理平台的决策流程，自动进行所有模型评分计算、规则计算，形成最终的决策建议和风险提示。根据自动化决策结果，最终实现客户分层与差异化审批，风险极高的客户由系统直接"秒拒"，风险极低的客户由系统直接"秒批"，风险程度处于"灰色地带"的客户由系统给出风险提示，人工进一步有针对性地进行分析和电话核实。

（十）强化事后监督追责制度

事后监督追责制度的作用主要体现在以下几个方面。

（1）营造良好的外部环境，完善市场交易规则。

（2）明确发展形势，设定企业集团发展目标，实现有目标性的发展。

（3）提升内部管理水平，提高企业集团运作能力。

对企业的内部控制制度科学性和执行情况进行监督和控制是内部控制有效实施的基本保障。随着市场等外部环境不断变化，企业集团的内部控制会不断进行调整和完善，因此企业集团内部的监督控制机制对于运营而言极其重要。企业集团需要根据自身发展的特点制订内部控制评审工作计划，清晰划分各部门职责，并确定会计科目、重要业务流程及风险评估的评审范围，并应在总部和分（子）公司都设立评审机制。此外，企业集团还应建立相应的考核体系及奖惩机制，由财务管理部门牵头定期或不定期对各所属企业开展内部审计和抽查工作，互相审核，及时发现问题并予以改正。企业集团对成员单位财务风险管理体系不健全、制度执行不到位、监督检查不力、整改不彻底的，应追究相关人员责任。

例如，万友汽车充分融合"大监督"体系，共享监事会、审计、纪检监察及法务、财务等部门监督检查资源，推动财务风险管理机制动态优化。总部组建包括退休返聘专家干部、各部门业务骨干人员、片区经理的内控稽查团队，建立了"总部—区域—单店—关键重要岗位"四级监督工作机制。总部每年组织不少于两次的全覆盖检查及交流分享活动，区域中心不定期开展片区巡查，单店按月就近开展交叉检查复核，将关键重要岗位的资深专家定点、定向指导检查作为重要补充部分。发挥监督合力作用，畅通的信息输出共享是重要保障，公司为此建立了"大监督"问题整改双向反馈机制，建立了重大经营风险事件报告路径、责任和处理机制，建立了区域和岗位内部控制工作分享交流机制。

第十章 基于高质量发展的企业集团会计信息系统

第一节 会计信息系统的基本内涵与特征

一、会计信息系统的内涵

会计信息系统作为集专业理论、方法、实践于一体的跨学科系统,在各类企事业单位中发挥着至关重要的作用。该系统不但可以全方位、综合性地体现出公司的经营现状,而且也能在其中起到很好的监督作用,为管理者的决策提供坚实可靠的数据。在数字信息时代,面对瞬息万变的内部和外部环境,企业需要具有经营的敏捷性及决策的实时性,借助人工智能技术处理财务会计工作,从日常经营中产生大数据,并挖掘数据背后隐含的基本规律,使之服务于公司的经营决策。2016年,德勤和Kira Systems联手宣布将人工智能引入我国会计、税务、审计等工作中,标志着我国会计信息系统进入智能化阶段,也意味着会计信息系统正在不断优化,以实现高质量发展。

现阶段,有关会计信息系统的定义有很多,但对基于高质量发展的企业集团会计信息系统尚未形成统一的定义,不同学者有着不同的理解和界定。表10-1整理了部分学者对智能会计信息系统内涵的理解。

表10-1 部分学者对智能会计信息系统内涵的理解

来 源	内涵理解
夏远江(2018),《会计信息系统智能化的诊断与改造探讨》	智能化的会计信息系统主要在人机自然化的信息交互、云计算分析和财务报告输出三个方面与传统的会计信息系统存在差异,并利用图像识别技术、会计云技术和XBRL语言技术为智能化提供技术支持
刘勤和杨寅(2019),《改革开放40年的中国会计信息化:回顾与展望》	未来会计信息化将会引领会计工作向纵横延伸:(1)财务会计将与管理会计更加融合。(2)财务会计将与业务活动深度一体化。(3)会计信息系统将打破组织的边界,与外部系统实现有机集成,不仅会实现与税务、财政、金融系统的集成,还会实现与上下游企业、战略伙伴等机构信息系统的集成。(4)会计信息的呈现方式将向频道化、个性化、实时化、可视化等方向发展

续表

来源	内涵理解
续慧泓等人（2021），《基于管理活动论的智能会计系统研究——从会计信息化到会计智能化》	智能会计系统是基于智能化环境产生的，以资源优化配置为目标，以价值运动为对象，联结参与价值运动的主体形成的，具有自适应、自学习能力，满足微观管理和宏观经济调控需求的智能化大会计系统
谢志华（2021），《会计的未来发展》	新技术的出现并不是要求会计掌握新技术，而是要运用新技术实现业财信息的一体化，就是要实现会计从核算场景的信息向业务场景的信息拓展，从单位会计主体的信息向分部会计主体的信息拓展，从按公认会计准则的公众信息使用主体的信息向特定信息使用主体的信息拓展，从静态的事后信息向实时的动态信息拓展
陈素云（2022），《会计信息化发展规划（2021—2025年）解读——基于微观组织视角》	会计数字化转型是企业在内部和外部经济环境下必须进行的变革，其本质是通过数字技术在财务领域的应用，形成会计数据资产，推动财务管理体系变革，为企业创造价值和践行社会责任提供数据支撑

当前，学者对基于高质量发展的会计信息系统的研究仍处于探索阶段，对新时代背景下会计信息系统内涵的理解尽管各有侧重，但内涵大致相同。此外，"十四五"战略规划提出了高质量发展对会计信息系统的新要求：推动会计信息系统从信息化向智能化转型，以信息标准化为基础，以业财深度融合、财务共享为主线，实现信息更加真实可靠、更加完整准确、更加快速有效、更加合理合规、更加支撑决策。

结合上述分析，我们将基于高质量发展的企业集团会计信息系统内涵界定为基于核算和监督两大基本职能，运用智能化技术和手段在改进会计核算流程自动化的同时，实现从以核算场景为基础向以业务场景为核心转换，提高会计核算的真实性、准确性和可追溯性，实时提供决策所需的财务与非财务信息，进而实现以数据驱动的智能化、精细化的风险防控与战略决策。

二、会计信息系统的特征

基于会计信息系统的基本内涵，可以总结出基于高质量发展的会计信息系统具有四大特征：核算流程自动化、实时数据可视化、业财融合一体化、预警决策智控化。其中，核算流程自动化是基本要求，实时数据可视化是科学方法，业财融合一体化是主要抓手，预警决策智控化是重要保障。

（一）核算流程自动化

核算流程自动化是基于高质量发展的会计信息系统的基本要求。自动化的基础首先是标准化，标准化是指统一会计科目、核算规则、稽核规则、表单附件等。自动化是指智能财务平台根据记账规则自动生成记账凭证，根据稽核规则自动完成智能稽核，其目标是通过实现核算的标准化、自动化和智能化，来提高核算过程的合规性和效率性，以及核算结果的准确性。核算流程自动化的实现取决于业务管理模式和业务处理方式的统一、核算自动化规则的设计、核算自动化平台的构建、核算自动化制度的保障，以及新型财务组织与职责分工的支持。同时，可以借助机器人流程自动化（PRA）技术加强企业在营运过程中的管理控制能力，针对财务的业务内容和流程特点，以自动化替代财务手工操作，辅助财务人员完成交易量大、重复性高、易于标准化的基础业务，从而优化财务流程，提高业务处理效率和质量，减少财务合规风险，使资源分配在更多的增值业务上，提升管理会计报告系统自动化程度，驱动管理会计转型升级。核算流程自动化的目标是改善会计信息质量，提高财务会计业务效率，降低财务会计工作成本，提升财务会计做账合规性，同时减轻财务人员负担，促进财务会计转型。

（二）实时数据可视化

实时数据可视化是基于高质量发展的会计信息系统的科学方法。会计信息系统需将丰富的数据和决策支持结合起来，这就要求会计信息系统具备实时数据可视化的特征。在会计信息系统中应用可视化技术，就是利用计算机将海量数据形成图表，让使用者从纷繁复杂的数据中快速掌握内涵信息，通过触屏及其他交互操作，获得各种准确、详尽的目标信息和数据。同时，实时数据可视化将单一数据或复杂数据通过视觉呈现，从而直观地传递出数据蕴含的深层次信息。通过数据可视化，可以将一些抽象的、冗余的甚至表面"毫无联系"的数据（在适当的逻辑之下）通过特定工具整合起来，利用合适的图形表达出数据背后的深层信息。在信息可视化的基础上，强调人机交互，利用决策支持系统的交互特点，将可视化的呈现优势体现出来。会计信息系统利用实时数据可视化技术，能够对智能技术、互联网技术和其他各种先进技术进行充分利用，从而将按需定制的具有更高可靠性、安全性的财务信息提供给企业决策者。

（三）业财融合一体化

业财融合一体化是基于高质量发展的会计信息系统的主要抓手。会计信息系统要求在政策、规则、流程、系统、数据、标准统一的基础上，实现企业业务与财务工作的一体化融通。业财融合一体化是全球企业管理发展的趋势，财务人员不仅要参与经营活动分析，还要参与经营活动决策。企业不仅要求财务人员在发挥会计监督职能过程中与业务部门紧密协作、沟通，还要求业务人员和财务人员协同处理跨部门的风险问题，有效推动风险问题的解决。通过从以核算场景为基础向以业务场景为核心转换，实现业财一体化处理，降低信息不对称，将在信息记录和传递过程中出现问题的概率降至最低；通过对多方数据的交汇和核对，提供准确的会计信息，提高运营效率，助力自动化和智能化的实现；通过改进计量算法，提高会计信息的精细程度和个性化程度；通过统一标准，降低会计信息的交换成本；通过内控嵌入，提高会计监督和过程控制的能力。因此，企业要加强战略规划的业财融合，为战略制定提供决策依据，确保战略目标落地；要促进日常经营活动的业财融合，加强事前规划、事中监控、事后评价，将财务管理延伸至产品和项目的全生命周期；要创造条件，使财务人员深度理解业务工作、参与业务工作，为各层级、各环节业务管理与决策提供有用信息。

（四）预警决策智控化

预警决策智控化是基于高质量发展的会计信息系统的重要保障。会计信息系统的一大特点就是通过业财融合及数据协同共享为企业带来大量数据，使财务风险评估和预警智控化。在实践环节，往往同时引入机器学习算法，基于企业财务共享中心积累的大量数据，开展资金滚动预算审计并对风险及时预警，帮助企业提高预算准确性、减少损失和降低经营风险。对于企业发展来说，财务控制和风险管理的重要性不言而喻，合理有效的举措不仅能够保障企业的安全经营，而且能够为企业出谋划策，规避各类风险。基于高质量发展的会计信息系统可借助智能财务建设，采集细颗粒度的交易数据和过程数据，实现基层业务单元层面和流程环节层面的精细化管理和智能化运作；根据已有数据，运用科学方法，准确地识别风险，制定应对措施，使风险可控；建立健全财务风险管理长效机制，消除内部控制、质量管控等企业无法承受的风险。基于高质量发展的会计信息系统通过数据平台共享，加强信息反馈，以此降低企业运营风险，加强数据预测预判；借助大数据分析应用平台，通过建立多维分析和数据挖掘模型，实现精细协同管理、辅助决策支持和全面风险评估，服务企业高质量发展。

第二节 会计信息系统的发展现状

在强调经济高质量发展、"大智移物云区"的数字经济时代,智能化技术必然会给各行各业带来深远影响,部分企业进行了基于高质量发展的会计信息系统的相关实践探索,并取得良好成效。

刘梅玲等人(2020)以云南烟草商业为例,探讨了智能财务建设的总体思路。中国烟草总公司云南省公司及其下属单位在 2019 年初开展了智能财务建设的摸索工作,并把该项内容放在企业信息化建设的关键位置上。在建设的过程中,始终遵循系统性、前瞻性、先进性和可行性的原则,聚焦智能财务平台和管理模式的构建工作,包括流程设计、平台设计、组织规划和制度设计四项内容。云南烟草智能财务平台在建设过程中主要抓好以下五项重点工作:一是业务流程梳理,优化业务流程;二是表单附件梳理,改进表单附件,实现标准化和数字化;三是数据标准梳理,旨在调整或新建数据标准;四是信息系统梳理,旨在改造提升和新建信息系统;五是模型算法梳理,旨在新建或优化模型算法。

谢咏梅(2020)对商务智能在九钢集团会计信息系统中的应用进行了系统分析。在财务数据和决策管理同步增长的情况下,九钢集团的会计信息系统难以为管理层提供全面准确的决策信息。此外,国际市场环境变幻无常,单一的财务数据分析可提供的商业价值极为有限,无法帮助管理者制定合理的经营决策。因此,2013 年,九钢集团在会计信息系统中引入商务智能,经过 6 个月的开发和整合,商务智能管理会计信息系统正式运行。商务智能是运用现代数据仓库、数据挖掘、线上分析等技术帮助企业制定更加合理的业务经营决策,以实现商业价值的提升。商务智能的核心是对企业内部和外部环境的各种数据进行挖掘、处理和分析,将数据转化为业务经营决策所需的信息。九钢集团的实际应用显示,商务智能会计信息系统能够形成闭环结构,将决策信息从单一财务数据转变为更加全面的综合性信息,促进企业风险管理、绩效管理和财务管理能力的提升。

原诗萌(2020)经过长期的调研和实践,发现鞍钢集团在经过三年的努力后,已经建立起了完善的财务核算系统,能够实现统一核算、财务共享、中央数据仓库三位一体的统筹管理，完成了从会计电算化到信息化的升级转型。核算系统优化后，鞍钢集团相关工作人员的整体工作效率显著提升，减少了冗杂的工作和人员安排，集团的管理水平也得到了有效的提升，为鞍钢集团的高质量发展做出了不可磨灭的贡献：一是在财务方面为集团的顺利转型提供了相应的支持系统；二是财务信息化水平大幅提高；三是提高了核算效率；四是降低了人力资源占用；五是监督前置，利用信息化手段实现刚性控制和阳光审批。财务共享中心建设未来还将进一步向纵深推进：加速推进税务管理板块的创建工作，实现对发票的全阶段管理，增加财务共享系统的应用范畴，提高集团的税务管控水平；加大对数字化、智能化信息技术的使用程度；将财务系统拓宽至企业集团商旅平台，提升用户的使用感受。

焦安山等人（2022）深入研究中煤集团数智化转型的措施、内容及对企业财务转型升级的影响。中煤集团制定了财务数智化转型"三大进程"的整体规划：建设全集团统一的财务信息系统、财务共享中心。全集团统一的财务信息系统目前已建设完毕，并于2019年开始对财务共享工作的全面推进。中煤集团依托"移动互联、数据云端、远程智能"等综合技术应用，把企业中可共用的各项数据放置在数据平台上，实现云端配置、远程共享。中煤集团目前已经完成集团业务流程规范，推进数据治理及代码规则统一；提升会计基础水平、核算规范与信息质量；推进业财一体化深度融合；优化财务资源配置，提升财务运行效率；夯实集团控制力和风险管控力。

贾文博（2022）以中国石油为例，阐述了以 XBRL[①] 技术为基础的管理会计信息系统的特点及流程。现阶段，中国石油已经将 XBRL 的诸多功能融入管理会计信息系统中，企业在出具各种类型财务报告时能够自动出具 XBRL 格式的财务报告。中国石油财务管理信息化程度较高，已经具备强大的信息收集和标准化能力，在管理会计信息系统中直接嵌入 XBRL 转换器，将系统中传统格式的财务报告转换为 XBRL 格式。在应用 XBRL 技术后，中国石油管理高层可以实时制定财务报告元素和分类标准。XBRL 数据统计分析平台通过收集相关信息数据自动生成实例文档，对各项业务活动的经营状况进行分析，同时对所有的会计信息进行标记。管理会计人员可随时根据分类标准查询所需信息，有效避免了操作人员的错误输入和管理人员的蓄意修改，并且可以对风险及时预警，帮助监管部门识别并控制各种风险。这使管理会计信息更加真实，会计信息时效性大幅提升，会计信息更具有可比性，会计信息监管力度增大。

---

① XBRL 中文名为"可扩展商业报告语言"，是一种基于 XML 的标记语言，用于商业和财务信息的定义和交换。

通过上述分析，下面梳理总结会计信息系统目前已取得的成效和存在的不足之处。

一、会计信息系统的成效

（一）重视信息安全

基于高质量发展的会计信息化的主要特点之一是重视信息安全。将数据传输和存储工作作为支撑系统创建的基础，使各项财务数据都能利用互联网完成传递工作，因此其安全工作应当认真落实，为财务管理系统的信息化建设保驾护航。

（1）现有的会计信息系统已经高度重视财务共享，利用设备的更新迭代和网络技术的不断发展来增强企业财务信息的安全性和可靠性。

（2）实现对用户的动态化管理，杜绝由于操作原因或主观原因带来的数据损坏问题。

（3）目前的开机信息系统采用授权的形式来保障特殊信息的安全，依据数据的重要程度提供相应的获取权限，从而降低机密性数据泄露的风险，防止企业外部人士或内部不相关人员对企业信息随意访问，保障信息安全。

例如，为进一步提升信息系统对发展的支撑力度，兵器装备集团供应链金融部门持续升级平台，整合资源，构建数据治理能力，提升用户体验和黏性，持续推动业务连续性和信息安全性管理，提高信息系统可靠性和安全性。

（二）关注财务转型

企业在推进会计信息系统的同时，非常关注财务数字化转型工作。新型信息技术在财务工作中的大力推进，也使财务工作在电子支付、电子档案等领域有了新的突破和进展。财务数字化转型是从"最小数据集"向"大数据"转变，帮助企业用数据来管理、决策、创新，促进企业的良好稳定运营。

（1）现有的会计信息系统中的报账工作正在向数字化和智能化的道路上迈进，不仅能够让财务人员在线实时处理工作，也能方便财务管理的转型升级，使财务处理工作可以随时随地进行，极大地提高了工作效率。

（2）伴随新技术的应用及数字化转型工作的开展，企业硬件和软件的运算效率提升。

（3）在物流网技术应用大刀阔斧往前迈进的历史进程下，企业能够及时、有效地捕获业务活动的内容。

（4）企业深入参与购销过程，获取相关数据，大大缩减了财务信息的处理时间。

例如，保变电气明确了管控总体目标和改进的主要任务路线，希望借助财务共享应用平台实现提升效率、加强管控、支持决策的建设目标，并通过财务共享应用平台的建设，逐步打通与业务系统的接口，最终形成公司整体的共享服务平台，建设"业财共享支撑平台"和"数据处理中心"，向数字化、智能化财务转型。

（三）借力共享机制

现有的会计信息系统借力财务共享机制，实现企业高质量发展。财务共享机制是指企业借助互联网技术，采用现代化信息技术手段，将财务核算和资金管理等内容放到一起统一管理，形成更加规范的财务工作模式，减少不必要的成本浪费，提升财务管理工作的科学性。有别于当前的财务集中核算运转模式，财务共享机制的优势体现在全方位的业务工作中，不再局限于将工作人员集中到一起共同完成核算业务。企业从财务共享机制入手，对会计核算及资金管理职能重新定位，迅速搭建起财务共享平台，使信息在统一的平台上记录、流动，方便参与者查找、获取。企业按需实时、准确地获得与业务活动相关的信息，对各类数据进行详细的分析，为管理工作的准确决断提供数据支撑。利用财务共享机制，集团可以进一步提高管控能力，集中力量办大事，提高财务信息的处理效率，助力企业高质量发展。例如，兵器装备集团济南轻骑铃木摩托车有限公司（简称"轻骑铃木"）的财经综合管控系统的全面预算管理信息模块上线后，各业务部门的业务预算编制、财务预算编制、预算执行监控与网上报销系统相衔接，预算分析、评价等均在线运行管理，实现数据共享，进一步提高全面预算工作的效率及准确性。

（四）推动业财融合

业财融合是提升信息有效性的有力支撑，这已成为企业界普遍的共识，现有的会计信息系统建设大力推动业财融合。企业以往的财务工作和业务工作独立运作，各司其职。在信息化技术不断深化和发展的背景下，企业财务工作的内容不再局限于传统的工作内容，增加了在事前控制中的应用。业财融合的目的在于提升业务和财务之间的连接性，不再拘泥于从单个部门的角度去思考和解决问题，而是致力于从企业整体的视角去开展工作。业财融合将企业的业务工作和财务工作互相融合，进一步形成合力，助力企业提质增效。业财融合可以有效地提升管理者的管理水平，方便管理者在工作中更快发现并处理问题。业务部门将相关的数据信息发送给财务部门后，由财务人员将信息进行进一步整合和规范化处理，保障业务工作有条不紊地开展，取得业财双收、互利互惠的成果。同时，基于业财融合的财务报表分析可以使企业实现财务数据与业务数据资源共享，通过财务分析，提高信息的可靠性和有用性。例如，中国长安建立"XC1513"行动计划推进办公室，成员企业分别成立推进机构，基于"三中心"（战略财务中心、财务共享中心、业财融合中心）各个子系统及财务共享中心数据架构，建立横向到边、纵向到底的"XC1513"行动计划管理架构。

二、会计信息系统存在的不足

（一）数据颗粒化程度低

（1）数据颗粒化的实现基础是数据标准化，而现有会计信息系统的数据标准化不足，数据口径不一致。尽管企业在分析数据和共享数据时，统一报表格式、会计科目、记账和核算的规则，但不同企业还是有很大的区别。不同企业处理的业务是不一样的，在严格意义上也不太统一，但企业都是从会计准则出发选择会计政策和会计业务，所以制定统一的数据采集、生成、导出等标准有利于更加高效的财务运作。同时，在标准化的运作模式下，一些不能直接量化计入的数据容易被系统忽视，仅能通过人工在报表中以增加说明的形式体现出来。但是，说明内容复杂多变，管理者无暇顾及具体的会计内容，进而使管理者无法有效发挥出自身的业务工作能力。

（2）数据颗粒化的支撑是数据内容的丰富度，而现有会计信息系统中的数据层级不够细化，无法支持更深层面的分析。现行会计信息系统难以提供非财务指标；同时，由于业务信息系统和会计信息系统信息共享程度低，会计计量的颗粒度也不足。例如，制造业在成本核算中缺乏制造信息系统支撑，对于产品成本核算，在组织对象和产品零件明细计量的颗粒度方面都存在不足。财务报告遵循通用会计准则，披露数据按照固定模板生成，据此形成的会计报告主要遵循会计准则和满足监督需求，但会计信息应用者的诉求和工作内容存在差别。此外，会计系统对数据分析的时效性不足，难以及时支持决策和更深层次的分析。例如，万友汽车在数据精细度上还不能贴近前端，目前仍按公司层级报告数据，以通报方式开展财务分析，不能按业务单元、作业结构深入解读信息内涵；按月进行经营分析，评价得出的结论往往滞后于市场变化，更不能应对市场快速变化。

（二）信息处理效率较低

（1）现行的会计信息系统管理功能不足，无法对财务数据进行实时的分析和监控，不能让企业利益相关方及时、准确地了解企业的财务经营情况。会计信息系统的定位依然为以核算工作为中心，需要信息化和手工流程双线程并行操作，这使财务人员负担不断加重，管理效率和水平无法得到保证，难以及时支持决策。

（2）现行的会计信息系统具有层层审批的弊端，财务信息处理效率有待提升。在现阶段企业权责明晰的财务制度背景下，会计业务的办理需要各级人员共同完成，无法实现自动化处理。因此，会计信息的处理存在诸多环节，每个环节只有审批人员做出审批才能开展后续环节。由于各种原因，审批人员可能无法及时做出审批，整个财务处理环节将会停滞不前，造成财务信息处理效率低下。例如，从保变电气的情况来看，公司的财务管理通常缺乏至关重要的事前预算和事中控制；至于事后分析，虽然基于年终考核的需要能得到一定的重视，并在年度利润规划基础上辅以相关的会计资料，但其有效性受到影响。

（三）信息共享机制薄弱

（1）现有的会计信息系统存在信息孤岛，不同部门之间的数据标准不一致。信息化水平的提高是促进企业管理能力向上发展的关键因素之一。现阶段，我国企业经过多年的摸索后相应创建了各种各样的信息管理系统，包括自动化办公系统、费用报销系统、人力管理系统等，明显带动了企业管理效率的提升。但是，各系统之间的贯通性依然较弱，没有很好地互联互通。不同部门各自为战，容易出现信息孤岛现象，降低会计信息的运转速度，增加工作时间和工作成本。而且，其他部门数据更新后未及时反馈给财务部门，就会导致部门间出现数据不一致的情况，影响企业决策。例如，轻骑铃木未能将公司的业务预算和财务预算有效结合，未能让会计信息系统发挥出应有的作用。

（2）企业数据未能有效整合并实现互联互通，或者虽然实现了硬件联通，但数据接口、数据标准不一致，导致不同系统的财务数据，以及财务数据与非财务数据没有真正实现互联互通。例如，湖南云箭的各业务应用系统软件不够统一，"应用孤岛"现象明显，部分软件二次开发受限，缺乏统一的信息编码标准，集成难度大，信息的利用率和整合程度不高。目前，企业财会部门使用会计系统，业务部门使用业务系统，人力资源部门使用人力资源系统。虽然其他系统不在会计系统的框架范围内，但作为财务处理的上游系统，其与财务系统之间的关联性不容忽视。各个系统的数据不联动，业务不畅通，导致浪费大量的人力成本和时间成本。例如，人力资源部门通过人力资源系统完成对员工的考核工作，生成员工的薪资单，但缺乏与会计系统之间的有效连接，导致薪资单不能及时出现在会计系统中，增加了两个部门之间的交接工作。财务信息分散程度较高，不能够及时共享，给提高日常工作效率带来较大的影响。

（四）数据治理不够完善

（1）会计信息系统数据信息被篡改的风险较大。现行的财务信息系统会计处理过程和结果无法固化，生成的信息存在被篡改的可能性。例如，有些财会信息系统中已生成的业务流程可以被编辑和撤回，这在一定程度上为财务工作提供了便捷性，但使流程运行过程中数据被篡改的风险加大，且成本和难度低于传统的记账方式，这就会出现与会计信息系统创造理念背道而驰的现象。

（2）会计信息系统质量管理存在一定的不足。质量管理问题在会计信息系统不同生命周期都会出现，因此有必要分阶段进行梳理，确保构建科学完整的会计信息系统管理体系。例如，在前期的规划和设计中，应当规范数据质量的基本概念和方针路线，为后续数据结构和程序设计明确方向；在开发和测试时，应当对系统进行测试，确保系统功能符合前期制订的方案；在应用阶段，要注意对系统的日常维护，对于出现的各类问题及时处理，防止其扩散。现在的财会系统偏向于集成性系统，其中一个部位出现问题，势必影响整个系统的健康运转，甚至泄露或丢失企业的财会数据。这些问题都有可能降低信息使用者对企业财务信息的信任程度。

第三节　基于高质量发展的会计信息系统建设

一、基于高质量发展的会计信息系统新要求

在"大智移物云区"技术环境下，企业财务工作模式正从传统方式逐步向信息化、数字化、智能化模式演变。企业的高质量发展需要智慧财务的有力助推，这对会计信息系统也提出了新的要求。在高质量发展和社会对数字信息技术高度重视的背景下，传统的财务会计工作向信息化建设迈进的步伐正在加快。会计信息系统的完

善和应用,从短期来看将会显著促进会计信息的高质量发展,而且能够提升会计资源的深度和广度,从而将财会在公司决策中的辅助性作用体现得更加淋漓尽致;从长远来看,能够为会计信息化的建设创造出更加适宜的发展环境,将基于数字化技术的各项前沿技术融入未来的财会工作中,为会计行业的优化升级带来正向的作用。这对会计信息系统提出了一系列新的要求。

(一)会计信息系统信任保证

当前财务共享中心、云会计模式都是中心化的处理方式,篡改成本低,是会计信息系统提供真实可靠信息要求的一大难题。在信息化环境中,原始数据输入计算机后,后面的步骤都由计算机自动完成,减轻了财会人员的工作量,但由于通过计算机自动处理,不为人直接控制和掌握,使会计信息的失真风险更隐蔽。因此,基于高质量的会计信息系统的重要要求之一就是要强化数据治理和数据安全,建立健全统一的财务核算报告制度、统一核算的规则和流程,防止有保密性的数据信息被盗取篡改,而且要进一步提升管理会计信息系统的完整度。目前,区块链技术去中心化、分布式记账、抗篡改等特点与会计信息真实、可靠的需求不谋而合,可以充分保障会计信息的真实性。因此,多节点两层区块链技术的嵌入和纵横双向度模型的建构运行,可以起到防火墙和助推器的作用,促进会计信息系统信用保障机制的构建。保障数据安全需要规定信息的格式与分类标准,提高对网络技术应用的能力,坚持信息系统建设与信息保障体系建设同步规划,同时适当运用人工智能模式,为会计信息系统的信息保真赋能,促进会计信息系统进一步升级优化。

(二)会计信息系统信息共享

信息共享是基于高质量发展的会计信息系统新要求之一。推动会计信息互通共享,是当下会计信息化、财务数字化发展的关键领域。从国家层面来看,《会计信息化发展规划(2021—2025 年)》提出探索建立共享平台和协同机制,在监管部门之间推动会计监管信息的互通共享。会计信息系统的信息共享服务以信息技术为支撑,由企业集团财务总监和财务部门为主导,信息技术部门提供技术支撑,财务信息系统与其他业务系统集成一体化运转。立足财务共享中心,整合办公、采购、人力资源等系统,融合业务数据与财务数据,取得组织结构精进、流程模式化、提升效率、减少运营费用和提升价值的效果。财务共享受到了大型企业集团的青睐,在很大程度上是因为简化流程,降低人工、监督与管理成本。财务人员积极参与制定战略、业务经营等工作，及时获取业务信息，以便为企业领导提供决策依据。财务人员积极与业务部门对接、沟通，从财务专业角度为业务人员提供合理建议，从而优化业务过程控制。财务人员通过分析公司会计系统和业务系统的优点和缺点，再通过流程优化和改造，阐述如何将信息系统流程和业务流程融合起来，从而达到会计信息系统信息共享智慧化的目的。

（三）会计信息系统风险防范

基于高质量发展的会计信息系统需要体现会计信息系统在风险预警、决策支持和财务管理方面的作用。会计信息系统的风险主要是指由于人为的或非人为的因素使会计信息系统保护安全的能力减弱，从而造成系统的信息失真、失窃，企业资金财产损失，系统硬件、软件无法正常运行等结果发生的可能性。保护系统的安全就是保护系统免遭破坏或遭到损害后系统较容易再生。因此，要保护和维护好硬件系统安全、软件系统安全和会计操作人员安全。会计信息系统风险预警体系的构建能够使企业结合自身经营特征，优化财务管理制度，对经营数据信息做好有效的筛选，并能够体现出财务工作状况变化的指标；通过对预警指标的分析，对当前企业经营状况进行深度研究。财务风险预警体系的构建能够使企业实现对运营过程的监控。根据企业业务特点建立的风险预警系统，在分析企业风险的基础之上，能够及时提供警告信息。企业利用风险预警系统，坚持"服务战略、业财融合、协同共享、精益管理、风险管控、价值创造"的管理理念，运用科学方法，准确识别风险，制定应对措施，使风险可控，建立健全财务风险管理长效机制。

（四）会计信息系统价值创造

在信息运用环节，会计信息系统应当具有价值创造功能，以助力企业高质量发展；利用信息化、数字化手段，提供更多维度、更颗粒化、更融合业务、更高质量、能够满足多场景应用和频道化输出的数据，实现在财务会计方面动态、适时、多元地信息披露。在价值应用上，会计信息系统有助于提供对决策有用的信息，提高企业透明度，规范企业行为；有助于企业加强经营管理，提高经济效益，促进企业可持续发展；有助于考核企业管理层经济责任的履行情况。在基于价值创造的会计分析框架中，企业价值可以从现金流管理、风险管理和战略管理三个方面来衡量，而智能财务可以通过影响现金流管理、风险管理和战略管理三个方面来实现企业价值创造。在会计信息共享的影响下，企业不断完善全面预算管理系统、精益成本管理系统、资金集约经营系统、资产运营管理系统、经济运行监控系统、财务风险管理系统,各体系之间相互配合、相互影响、相互补充、相互促进,保证企业相关信息和财务管理需求能够及时地传递给企业管理决策层,以便管理决策层及时掌握相关信息,了解市场动向。除此之外,高效完备的财务管理体系也会促进会计信息共享的实施,为企业的长远发展打下良好的基础,促进会计信息系统创造价值。

二、基本原则

(一)以信息真实为基础,支撑各级管理运营

信息真实是基于高质量发展的会计信息系统的基础,要求企业提供的信息真实可靠,数字准确、内容真实,以支撑各级管理部门的管理运营。当前,科学技术迅猛发展,经济全球化进一步加深,面对全球日趋激烈的竞争、货币汇率和原材料价格的大幅波动,企业的会计信息系统必须提供及时、准确的信息,便于管理者控制成本、评估并提高生产力,以及设计更好的生产程序、运营管理程序。会计信息系统还必须准确地报告产品成本数据,从而使管理者能够根据最佳产品资源需求信息,制定产品价格,引入新产品或服务,抛弃过时产品或服务,应对竞争产品或服务。这就要求企业有良好的数据治理机制,通过业财一体化信息共享系统实现全过程数据整合、存储、分析、可视化、价值挖掘及追溯,使会计信息更加及时、可靠与真实,会计信息质量进一步提升,同时提升企业的风险防控能力,从而实现以数据驱动管理,支撑各级管理运营。只有信息真实可靠,会计信息系统才能借助数据挖掘、模拟、推理、模式分析等技术和方法对数据和信息进行分析,及时助力全面预算管理系统、经济运行监控系统、精益成本管理系统、资产运营管理系统、资金集约经营系统、财务风险管理系统六大系统的运行,为企业持续高质量发展保驾护航。

(二)以业财融合为核心,优化企业资源配置

业财融合是基于高质量发展的会计信息系统的核心,要求企业将财务管理嵌入业务流程,实现业务和财务的有机融合,通过管理合力助推企业优化资源配置。在会计信息系统建立的过程中,业财融合思维必须贯穿始终。业财融合在财务会计时代已经受到专家、学者和专业财经人士的高度重视。进入管理会计时代后,业财融合再次跃至财务管理的前沿。财政部此前发布的《管理会计基本指引》明确单位应用管理会计,应遵循融合性原则。管理会计应嵌入单位相关领域、层次、环节,以业务流程

为基础，利用管理会计工具方法，将财务和业务等工作有机融合。传统财务数据无法满足管理者事前控制、事中修正、事后总结的管理目的，业财融合应运而生。财务服务业务是企业适应市场环境的快速发展，提高经营效率的有效途径。业财融合需要财务人员深入业务本身，利用财务管理方法优化企业的资源配置，也需要对财务信息和业务信息进行整合。这个过程加强了财务人员和业务人员的交流，充分发挥部门间的协同作用，让财务人员自发性地介入业务服务全过程，准确分析业务改善的动因和方向，分解在业务处理过程中遇到的痛点，助力企业高效运转。

（三）以协同共享为保障，支持管理决策升级

协同共享是基于高质量发展的会计信息系统的保障，要求企业依托财务共享中心，打通业务、财务各个环节，实现数据的有效积累和链接，以支持管理决策升级。业财融合以共享中心内部收集的各类业务、财务数据为基础，寻找和改善管理痛点，为经营决策提供支撑，实现价值创造。业财融合已成为企业现阶段财务转型升级的必选战略和大型集团、跨地区企业的未来发展方向。协同共享的建设不是一成不变的，随着企业的发展，需要不断地优化升级。考虑到因各种原因可能导致的偏差，企业只有制定并完善相关的制度和监督体系，同时按照自身发展的需求，结合实际情况并考虑市场经济环境，不断优化改进，才能使协同共享机制更好地为企业服务。企业依托协同共享中心，实现业务数据与财务数据的有效链接和整合，同时借助合同管理，将面向市场、生产及成本的各个环节的业务活动纳入共享中心，实现业务数据的可视化及可追溯化。通过标准化的语言将业务数据与财务数据有效统一，财务工作以多种形式对业务数据进行积累与分析，有针对性地处理好企业在不断壮大过程中出现的财管问题，为企业的健康可持续发展保驾护航。协同共享全面支撑全面预算管理系统、经济运行监控系统、精益成本管理系统、资产运营管理系统、资金集约经营系统、财务风险管理系统六大系统的运行。

（四）以服务决策为目的，提升风险管控能力

服务决策是基于高质量发展的会计信息系统的目的，作为智能会计信息系统的出发点和落脚点，最终目的是提升企业的风险管控能力，确保战略落地。在数字化时代，不确定成为常态，企业对于未来局势的判断变得异常困难。企业规划未来发展道路，在竞争中立于不败之地，需要创新战略管理来适应环境变化。因此，数字化时代要求企业以服务决策为中心，紧紧围绕战略开展生产经营活动，重视对于内部和外

部环境的研判,提升风险防范能力,强化战略在智能会计信息系统建设中的支撑和纠偏作用。在决策制定、实施和过程管理阶段,智能会计信息系统都需要参与其中:在决策制定阶段,智能会计信息系统需要提供基础的财务数据信息;在决策实施阶段,智能会计信息系统需要根据战略制定决策;在过程管理阶段,智能会计信息系统需要进行精细的数据分析和回溯管理。企业战略决策规划落地,财务管理在其中起到了至关重要的作用。财务部门作为最了解企业决策的部门,基于财务管理,深度解析企业战略及过程细节,制定企业全年预算规划,能够承接战略决策执行落地,更能够利用自身优势提供更多维度、更颗粒化的能满足多场景应用和频道化输出的数据,有效地覆盖企业经营全流程。

(五)以数字技术为手段,提高数据治理能力

数字技术是基于高质量发展的会计信息系统的重要手段,借助5G、大数据、云计算、物联网、边缘算法、区块链等工具存储、分析、处理和传递数据技术,有效提升企业的数据治理能力。党的十九届四中全会首次将"数据"列为生产要素,标志着以数据为关键要素的数字经济进入新时代。数据治理是一个从数据产生、管理到利用的长期持续的闭环流程。在这个流程中,企业的数据质量不断提高,有助于企业更好地利用数据价值。当前,以人工智能、区块链、数据中台、工业大脑等为代表的数字技术不断涌现,快速向经济社会各个领域融合渗透,以数据为核心的数字化转型已是大势所趋。工业企业数据密集,在生产经营过程中积累了海量的数据资源。企业的数据能否支持企业数字化能力重构,精确反映数字孪生、有效支持战略决策成为数据治理的重要内容。以数字技术为手段,提高企业的数据治理能力,既可以使企业有效利用数据,又可以保证数据质量。同时,在数字技术提升治理效能的过程中,企业应建立基本的制度规则,构建平台治理体制,提高数据综合治理能力。

三、主要建设内容

会计信息系统是运用智能化技术和手段,在改进会计核算流程自动化的同时,实现从以核算场景为基础向以业务场景为核心转换,提高会计核算的真实性、准确性和可追溯性,实时提供决策所需的财务与非财务信息,进而实现数据驱动的智能化、精细化的战略决策。其主要建设内容有夯实财务信息化根基,提高信息管理规范;健全数据治理制度,强化信息管理治理;建设财务共享中心,充分发挥数据管理价值。

企业应遵循"夯实根基—健全制度—创造价值"这一层层递进的思路，建设基于高质量发展的会计信息系统。

（一）夯实财务信息化根基，提高信息管理规范

1. 建立健全统一的会计核算报告制度，统一核算的规则和流程

会计信息系统建设的前提是推进业务信息和财务信息的标准化，建立统一的、标准化的流程体系和底层架构，并统一数据的采集和交换规范。

（1）会计政策与会计科目标准化，核算流程、内控流程标准化。

（2）建立运营监控组织架构，统一数据口径，统一标准、流程，建立考评机制，实现对企业集团整体经济运行情况的动态监控和诊断，及时发现问题并反馈，同时在实践中探索建立多工具整合运用，以及业财融合的运营监控管理体系。

（3）各子公司采用统一标准，不断加强对管控薄弱环节的审核监督和风险管理控制，优化审核工作标准，保证财务共享中心信息的准确性和及时性。

例如，建设工业充分利用信息技术，做到"体系统一、政策统一、标准统一、平台统一"的四统一，提高合并财务报表编制、上报的工作效率和质量。此外，通过单点登录，实现各业务系统的访问入口的统一，同时将现有信息系统和未来新建系统逐步统一到核心平台，并逐步推进异构系统平台的集成、统一，以彻底消除信息孤岛，实现各类业务、财务、管理的高效协同。

2. 以财务决算为依托，全力推进财务基础管理提升

财务决算是全面总结企业业务活动、财务活动的一项综合性工作，是全年经营成果的系统汇总和反映，也是做决策、定政策、提管理的重要基础支撑和依据。

（1）夯实会计信息质量，切实履行会计信息质量的主体责任，严格按照会计准则、会计制度和财务管理有关规定，加强会计核算管理，加大会计核算和信息质量的审核力度，确保决算数据准确，严防会计信息失真。

（2）强化决算审计管理，严格遵守有关规定，对事务所数量、资质、审计年限不符合规定的必须及时更换调整。同时，企业要全力支持配合会计师事务所的执业活动，对于有重大分歧的事项充分沟通与交流，在必要时请示会计主管部门的意见。

（3）深化决算成果运用，高度重视对财务数据的挖掘利用，着力提升数据获取、

整合、分析、同步、展示等处理和利用能力，实现业务和财务工作的有效融合，为企业提升发展质量和管理水平提供有力支持。

（4）顺应信息科技发展趋势，不断完善分析工具，用信息技术赋能财务监管，依据算法、模型、系统建立企业数字映像、研判企业发展趋势。

（5）不断深化分析内容，既关注经营成果，也跟踪经营过程；既分析自身，也洞察行业；既看微观运行态势，也关注宏观经济走势；对不同行业、不同业务板块、不同子企业经营状况进行更加精确的分析诊断，持续提升发展质量。

3. 推进业务审核流程自动化，提高财务管理水平

基于财务信息化根基的夯实和数据治理的强化，企业可在业务审批、银企对账、票据核验等环节有所作为，推进业务审核流程的自动化。

（1）财务中心可以在业务审批流程中，增加自动审核节点。共享中心可以严格按照预先设定好的审核规则，在规定的时间内进行审核作业，支持将审核结果直观地反馈给业务人员和财务人员。

（2）财务中心可以根据业务需求和监管要求自动生成台账和报告，实现全流程自动采集、智能匹配、自动对账和核销等相关场景应用。

（3）在数据标准化的基础上，财务中心可以将增值税专用发票、增值税普通发票、车票、餐饮票等数据进一步结构化，以便审核业务单据中的信息，推进业务审核流程的自动化，提高财务管理水平。

例如，湖南云箭实现了电子发票查重功能自动化、预算管控自动化、财务凭证生成自动化。通过影像系统，实现增值税发票（包括增值税普通发票、增值税专用发票、增值税电子发票）光学字符识别，识别后的数据自动进行发票结构化数据存储，为后续发票重复报销检查提供基础，解决目前电子发票易重复报销的问题；通过对现有各类报销单据进行梳理，规划业务流程及凭证生成规则，实现后期凭证生成自动化功能，达到降本增效目的。

4. 进一步融合各类信息，建立数据分析展示平台

集成经营概览、资金管理、风险预警、客商分析、共享运营、成本分析、母子公司运行分析等方面，进行数据分析展示。在信息融合方面，需要打通数据价值链条，推进系统集成，包括企业财务系统和业务系统的横向贯通，还有企业集团全级次财

务系统的纵向贯通。例如，将财务管理、人力资源、信息技术和法律合规等集成融合，达到企业集团内业财数据的分层级集中汇聚与融合。以管理标准化、规范化、效率化为目标，推动资产配置管理一体化。通过财务共享中心处理平台，打通业务、财务各个环节，实现数据的有效积累和链接，进一步以共享中心内部收集的各类业务财务数据为基础，寻找和改善管理痛点，为经营决策提供支撑，实现价值创造。同时，借助合同管理，将面向市场、生产及成本的各个环节的业务活动纳入财务共享中心，实现业务数据的可视化及可追溯化。例如，保变电气建立数据分析展示平台，管理驾驶舱集成经营概览、资金管理、风险预警、客商分析、共享运营、成本分析、子公司运行分析七个方面的内容，进行数据分析展示。通过财务共享中心，公司能够全方位地控制子公司的财务行为，获得准确的财务信息，便于实现资源合理配置和财务信息共享，提供及时的财务报告，融合各类信息，提高公司整体的管控效率。

（二）健全数据治理制度，强化信息管理质量

1. 搭建数据治理体系

统一数据的标准、标签、模型、架构，保证数据的一致性。企业需要建立一套完善的数据治理体系，有制度、标准、分工和考核，以强化会计核算和报告机制。

（1）贴合内部业务流程，建立健全制度。

（2）实现数据标准化管理。数据标准化的标签管理具有专业性，需要有专门的责任分工。相关部门在数据前端根据需要设置合理的、标准的标签，专门的数据管理人员在数据后端收集和分析数据。

（3）依据数据治理机制压实主体责任。数据治理离不开团队协作和分工，若无法落实责任制，数据治理系统将无法发挥作用。因此，在方案规划阶段，需要相关部门充分交流，达成共识。

2. 强调数据安全

高质量数据是实现数据价值的前提，数据本身至少应具备可靠性与可信度，企业财务数据更是如此。企业应做好跨职能协调工作，通过执行过程和项目管理，尽量减少在数据交互过程中出现的不当决策或行动。在大数据时代，充分挖掘和发挥数据价值，解决数据安全问题刻不容缓。在具体操作时，企业应先制定数据安全管理制度，并在此基础上将企业数据按敏感程度进行分类分级管理；对来自黑客等外部威

胁及由于员工对敏感数据缺乏足够认识而形成的内部风险加以评估，并由相关技术人员及第三方完成数据备份、加密、脱敏、监控及审计等工作，尽量减少安全漏洞。同时，企业内部治理体系要发挥作用，加强会计数据质量监督检查，对违规问题严肃查处，确保数据的可靠性和准确性。

例如，保变电气为了将数据安全风险降到最低，从技术层面和管理角度为财务共享中心创造了一个安全、稳定的环境。用户登录保变电气财务共享系统门户时需要进行用户密码和短信验证码双重验证，大大提高了用户身份验证的准确性，进一步保障了系统的安全。保变电气的财务共享系统有自动备份功能，并且采用异机备份方式，系统数据安全系数更高。共享运维人员定期对重要的系统数据进行硬盘备份，以确保数据安全。

3. 提高数据的颗粒化

会计核算的颗粒度是指核算的对象层级。例如，成本的物料核算是否核算到最小单元品类，组织对象是否到小组甚至个人。数据颗粒化强调的是尽可能让与内部业务管理相关的数据线上化、标准化、规范化和标签化。数据量在信息化高速发展的时代不断增加，数据也越发复杂，对数据充分地解读与分析，将可视化作用发挥出来，可以确保财务管理的透明性与公开性。对财务数据多维度、多层次地细化，可以为企业管理层经营决策提供有效的数据支持，强化战略引领，优化资源配置。

例如，万友汽车作为汽车商贸企业，以标准化作业为切入点，逐步从交易处理中心向运营服务平台和智能数据中心发展，在此过程中精细化数据颗粒，提高信息质量，助力高效开展高频次管理核算。

（三）建设财务共享中心，充分发挥数据管理价值

1. 逐级逐步推进共享中心建设

财务共享中心的建设并非一蹴而就，而是由实践推动持续优化的，根据具体业务流程，逐步从标准化财务核算到智能化决策，逐级进阶。因此，财务共享中心的建设将按照以下几个阶段依次推进。

第一阶段是核算系统的互通性，确保企业财会工作者能够实现对不同机构财务数据的核算。

第二阶段是报账共享，让各位员工都能够自主完成报账工作。

第三阶段是标准财务共享，确保相关员工之间分工明确、权责明晰，独立自主地完成个人负责的板块工作。

第四阶段是业财一体共享，实现财务管控前移。

第五阶段是大共享，顾名思义，就是能够共享公司内的各类信息，不再局限于财务。

例如，保变电气在建立财务共享中心时，分以下几个步骤进行。

（1）加强业务筹划，将作业量大且重复发生、自动化要求高、面对面接触要求低、可标准化的流程、数据或服务，以及有助于提升总部对子公司管控能力的业务集中至财务共享中心。

（2）合理确定建设周期。财务共享中心建设周期设置为18个月，第一阶段完成整体咨询与本部上线，第二阶段为咨询成果转移及其他单位推广工作，并完善系统其他模块。

（3）加强培训宣贯。财务部门共组织各类人员培训58场次，基本覆盖公司全体员工。通过财务共享中心建设，公司实现财务业务标准化、信息化、数字化、智能化，财务转型到业财融合、服务业务、支撑战略的"价值创造"活动中。

2. 实现对业财融合数据的智能挖掘

共享中心与外围客户管理、供应链采购、合同管理、人力资源等各项业务之间完成系统间的整体性建设，打造财务与业务之间的沟通桥梁，建立一体化的服务和管理体系，实现业务结算集中化、会计核算自动化。共享中心统一出具各类报表，并依托"大智移物云区"等新技术，在各个方面体现财务信息系统共享的作用和意义，借助业务和财务之间的深度融合，在企业与外部投资人、债权人之间建立有效的联系，强化产业链、供应链的有效链接，促进各方资源之间的一致性，进而达到内部和外部互利共赢的局面。此外，不仅要促进财务运营的数字化进程，进一步推进财务与业务的标准化、自动化和业财融合来优化数据质量，而且要增加对财务数据的处理水平，智能挖掘数据资源，发挥数据资产作用，为会计信息系统支撑决策，以及为六大系统赋能提供坚实的基础。

例如，长安汽车构建了"1414"业财融合的经营型财务组织顶层架构，使财务工作更好地融入业务工作，以专业中心进行"点对点"的运作管理，强化业务拉通，突出矩阵式协同管理和集团分层管理，让职责更清晰、决策更高效，使财务能够快速响应，提供有价值的决策支持。

3. 建立不同业态的财务共享中心

面对不同产业群，很难将个性突出的生产制造纳入共享建设。未来的企业基层业务体现出个性化和灵活性，以快速应对客户和内外环境的变化，所以集团化共享中心建设针对不同业态，应该有不同的建设方式。业态较多的企业集团多采用统分结合模式。建设双层共享中心，除在集团层面建设统一的财务共享中心外，还应考虑不同层级子企业的管理需求及特点，建设共享子中心，或者财务集中核算，并基于 API 数据端口，实现部分数据对接，以此为不同服务对象提供差异化的、针对性的报告，形成多层次管理会计报告体系。目前，兵器装备集团下属不同业态的公司各自建立了适合自身生产经营需要的财务共享中心。当业务流程自动化、业财融合智能挖掘实现，以及不同业态的共享中心建成时，可以形成多层次的管理会计报告体系。

（1）面对上级监管机构，可以快速地提供标准的会计报告。

（2）面对审计监督机构，可以提供详细的可供穿透查询的汇总与明细会计报告及数据。

（3）面对投资者，可以提供综合反映企业价值及发展生态的报告。

（4）面对决策层，可以提供产品、市场、项目等多维度决策参考报告及风险预警报告。

（5）面对业务层，可以提供专项会计报告，指导业务活动过程控制。

财务共享中心能够针对内部和外部环境变化产生的需求变化，快速反应，完成报告，将其提供给不同的使用者。

第十一章 基于高质量发展的企业集团财务管理体系实施基础

基于高质量发展的企业集团财务管理体系是一个完整的系统,其高效运转,有赖于组织、人才、技术、文化和制度等要素体系提供基础保障。在 VUCA 时代,要想保障全面预算管理、成本精益管理、资金集约管理等子系统按照高质量发展要求顺畅运行,企业集团需要创新财务组织管理模式,并建设与之相配的人才体系、技术体系、文化体系和管理能力评价体系,以更快响应外部环境变化,实现企业集团高质量发展。

第一节 支撑高质量发展的财务组织模式变革体系

数字经济时代,支撑高质量发展的财务组织模式应从传统的科层制、职能型组织向"前台、中台、后台"的组织模式变革,以进一步提升财务的服务职能,实现对企业集团业务、管控、决策的全方位赋能与支持。其中,"前台"强调财务赋能业务,赋能服务网络,财务需要更好地理解和洞察业务需求与场景,通过"项目制"、跨职能团队等方式来更好地服务产品创新、服务创新、模式创新和精细化运营,帮助业务提升或者创造价值;"中台"强调财务资源整合与共享、能力沉淀与复用,通过业财一体化的共享运营中心,为前台提供生态化、智能化的端到端服务;"后台"强调构建人机协同的财务决策与创新中心,为前台和中台提供宏观市场分析、财务政策和规则、业务流程和交易模式、算法和业务模型,并主导持续创新项目,提供财务变革驱动力。企业集团通过持续构建"敏捷前台、精益中台、创新后台"的能力引擎式财务组织模式,全面支撑七大财务管理体系运行,助力高质量发展。

一、敏捷前台组织的建设思路

前台财务要充分利用并向业务部门推广各种管理会计工具。前台财务的建设，目的是延伸财务职能，将财务职能推向业务部门，充分满足一线业务部门在不同经营环境和外部环境下的需求，确保业务部门对财务的个性化要求能够高效率、高质量地得到实现，进而推进企业集团战略的实现。下面是敏捷前台的建设思路。

通过项目制、组建跨职能团队等方式，在前台打造矩阵式业财融合团队，加强财务层面、管理层面、业务层面的联动，对业务进行全过程服务、监督与控制，实现企业信息的流通与链接。聚焦资源配置和产品效益两条主线，前台财务组织按照职责职能分别派人员到业务单位，与业务形成如影随形的矩阵式业财融合经营团队，深入业务前端，从财务经营的专业视角随时为业务提供支持。在资源配置主线方面，前台组织可在研、产、供、销、运等全价值链方面进行资源配置，更好地服务业务，创造价值；在产品效益主线方面，前台组织可在体系建设、基地产品效益、新技术等方面嵌入业务，支持业务，进一步提升产品的盈利能力。

例如，在海尔集团的"自主经营体"组织转型模式中，"自主经营体"作为前台，财务职能的嵌入是重要举措。具体来看，在"自主经营体"组织模式下，一线业务团队中的财务人员需要竞聘上岗，成为前端业务部门的一部分。财务职能通过这种形式赋能具体的业务部门。"自主经营体"模式不仅促进了业务部门更好地落实企业集团战略目标，还促进了业财融合。通过打通业务与财务的通道，财务更能够理解业务部门运作的模式和痛点，并采用个性化手段满足其需求。2018年，为推进业务财务组织建设，长安汽车财务部更名为财务经营部，在职能上参与公司决策，承载更多的经营管理职能，实现财务由核算向价值创造转型、由管理向服务协作转型。在组织方面，通过整合业务领域，进一步提升财务经营能力，原属于战略规划部的运营管理处被整体划入财务经营部，负责长安汽车整体经营运转。2021年，公司级单位经营质量提升项目组并入财务经营部，成立经营质量提升项目处，负责公司重大经营问题专项攻关。此外，长安汽车通过建设财务"6+1"功能中心和打造矩阵式业财融合经营团队实现了业务财务的敏捷化。其中，运营管理中心，构建"以客户为中心，以产品为主线"的一流精益运营管理体系，实现运营效率提升；资源配置中心，构建从中长期预算到年度预算的全面预算管理体系，实现投入产出效率效益最优；产品效益中心，构建全生命周期产品效益分析及管控体系，承接以产品为核心的效益战略，确保产品综合效益达成；成本管理中心，构建全生命周期成本管理体系，实现成本在前、中、后阶段可预测、可控；资金管理中心，构建全价值链资金管理体系，满足未来企业发展资金需求，服务公司战略转型；会计共享中心，构建会计共享管理体系，实现数据集中共享和高效运用，快速为管理提供支持；集团管控中心，构建包括财务组织管控、内控体系建设、财务风险管控、财务标准化建设的集团化财务管控体系，加强对分（子）公司经营风险管控。

二、精益中台组织的建设思路

财务中台发挥承前启后的作用，一方面要简化前台的功能，另一方面要保障后台的运行。财务中台通过构建业财一体化的共享运营中心，全面整合集团数据支持和技术支持能力，是衔接前台作战单元和后台资源部门的组织模块。如果要落实好精益中台，就要拥有连接前台和后台的能力、整合数据的能力，以及按照前台要求进行定制化交付的能力，使中台不仅能支持前台产品快速创新，也能满足业务运营持续稳定的需求。为保障上述职能落地，中台型财务组织的建设思路主要包括以下内容。

以数据标准化为基础，以拉通业财一体化为建设要求，以运营中心加数据中心为建设目标，推动财务共享中心建设。财务共享中心秉承组织结构开放转型的理念，不将业务、财务区分为两个独立单元，而是消除彼此之间的数据隔阂，融合财务、业务及内部、外部多方面的数据。在此过程中，财务共享中心逐步完成向大数据中心、业务中心、智能化中心的转变，为整个企业集团提供中台支撑，具备应对前台业务部门的需求复杂多变、外部环境不确定的能力，可以及时将数据资源发送给后台部门，支撑其战略决策，使决策高效、风险可控，进一步为企业建立数据中台乃至实现中台战略创造条件。

三、创新后台组织的建设思路

财务后台以打造企业集团财务决策和创新中心为目标。借助中台提供的支持，财务后台不仅要对集团战略进行管控,还要对集团的运转机制进行设计,为集团发展提供战略性、方向性指引,并保障集团内部生态健康有序、蓬勃发展,所以相当于企业的大脑。财务后台面向企业内部的运营管理,聚焦挖掘数据价值,提高决策支撑能力,通过打通端到端数据价值链,创新并拓展挖掘数字技术各种应用场景,洞察新的价值,强化决策支撑作用,助力组织长远、可持续发展。

(一)加强监督和管理

通过加强监督和管理,画定规则红线,明确价值理念和战略内核,把控企业风险。后台是企业运作的基石,要想前台更敏捷、中台更强大,后台就必须足够稳固。

(1)后台需要设置有效的制度,以更好地监督和管理企业运行。制度体现了组织运行的规则、边界和行为准则,制度建设作为后台的核心武器,能够直接影响全员的行为,传递组织文化和战略意图。

(2)后台需要管理和把控风险。后台的重要角色之一就是风险把控者,监督企业在运行过程中存在风险的地方,担负风险防控的职责。

(3)在实施路径上,需要抓大放小地管理和监督人员。面面俱到的管理会增加管理成本,使组织失去活力,故可从管理关键干部入手。同时,后台监管的目的,不是降低业务运转的速度,而是让业务运作透明化和实时受控,从而实现企业的长期健康发展。

(二)提供赋能和支持

通过智库支持、资源支持和效率提升,帮助集团完善战略规划,并推动战略规划具体落地。

(1)后台需建立专家智库。专家智库的首要任务是着眼于集团长期发展和利益,积极开展战略研究,对全球经济、政治、资金、外汇、利率、税务、商业模式等进行集中研究和探讨,为集团提供方案咨询、政策建议和决策支持。

(2)后台还要负责财务政策的具体制定,发挥牵头引领作用,帮助企业实现人力资本、财务资本和组织资本的不断增值,为新业务做好获取优秀人才和进行外部融资等支撑性工作。

（3）后台需要通过不断探索体制机制创新，帮助组织提升整体运行效率并规避风险。同时，建立监督控制体系和资源支持体系。监督控制体系着眼于集团内控管理类需求，规范集团权限、规则、流程，帮助将管理流程嵌入核心业务链路中。

（三）建立智慧财务平台

通过建立智慧财务平台，后台可以利用先进数字技术作为支撑，挖掘集团内部和外部的海量数据，并采用人工智能技术对数据进行建模，构建智能决策系统。智慧财务平台的建设强调将技术作为生产力工具，积极拓展各类数字技术运用场景，从大数据、模型化、多视角三个方面提升集团财务组织信息化水平，在获取大量数据和建立完善量化模型模拟集团业务和商业模式的前提下，打通端到端价值链，不断细化集团的管理会计工作，洞察新的价值、强化决策支撑作用。后台可通过专家中心和智慧财务决策平台两者协同合作，为集团战略制定和经营发展提供坚实的基础。

第二节　支撑高质量发展的财务人才队伍建设体系

人才是建设基于高质量发展的财务管理体系的战略资源。财务组织"前台、中台、后台"的组织模式，需要业务财务人才、共享财务人才和战略财务人才与之匹配。战略财务充分利用专家团队的知识，结合智慧财务决策平台提供的数据和数据分析能力支持，指明集团发展方向与经营策略；业务财务是集团整体战略的执行者，按照战略财务指明的方向，通过运用和推广管理会计工具，向前端延伸财务职能，将财务职能推向业务部门，充分满足一线业务部门在不同经营环境和外部环境下的需求，确保业务部门对财务的个性化要求能够高效率、高质量得到实现，进而推进集团战略的实现。由此可见，战略财务和业务财务分别代表的是财务组织的后台和前台，使财务组织既能实现"集权"，又能兼顾个体差异，以"网状辐射"的形态使财务职能深入业务一线。共享财务以核算职能为主，释放并整合财务核心能力，为战略财务和业务财务提供数据支撑服务。

各类财务人才队伍的职能如图11-1所示。

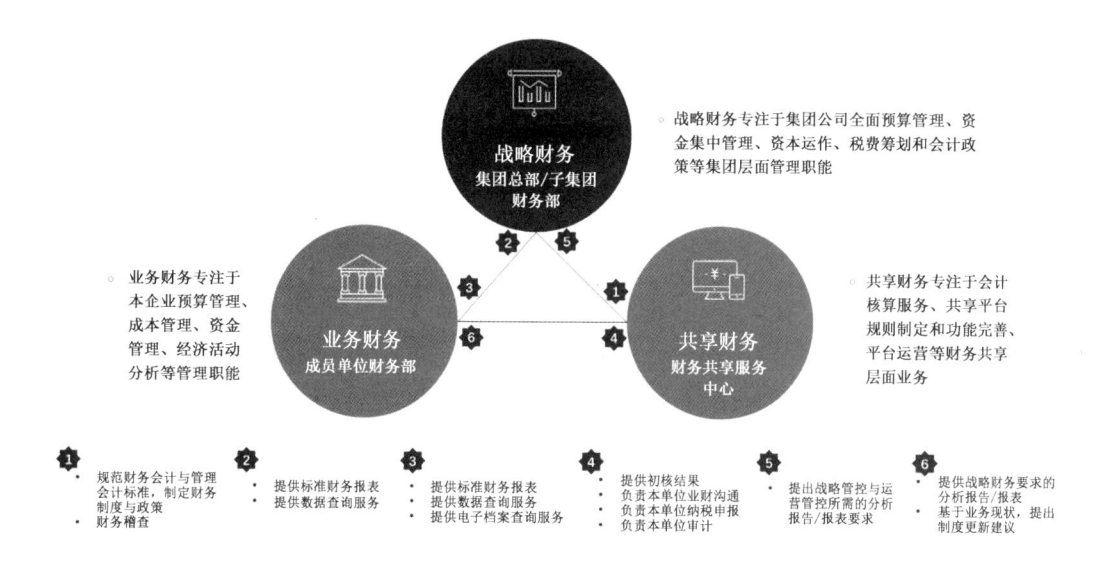

图 11-1　各类财务人才队伍的职能

一、业务财务人才的需求及培养

业务财务人才应该是精通业务与财务的复合型专家。业务财务人才基于对业务的深入理解，可以利用专业的财务知识，为业务单元提供财务解决方案和财务服务。在实践过程中，业务财务人才应当了解并熟悉集团的各项经营业务，扎根于集团产品研发、原材料供应、产品生产、制造工艺和成品销售各环节，与业务部门联系紧密、通力合作。除此之外，业务财务人才还需要分析财务数据，通过预测、计划、组织、执行、控制、评价等过程，帮助一线解决财务、数据和流程方面的问题，使经营决策更加科学；打破传统业务与财务分离的局面，为企业决策提供全面、精准的信息支持。

财务 BP 制度是推进业务财务人才建设的有力手段。财务 BP 靠近业务前端，通过参与业务模式设计、搭建业务的财务模型、协助业务部门和财务部门优化流程、参与预算编制和绩效设定、管控业务端客户财务状况、为业务部门优化审批和提供财务服务等活动，为集团创造价值。为克服财务人员不懂业务的难点，可以从业务人才中选拔具有财务基础的人员进行培训，让其担任财务 BP，并对应采取适当的激励方式，在实践中培养其业财双向融合能力。

长安汽车培养业务财务人才的方式值得借鉴。长安汽车制定了一系列业财融合人才培养策略。例如，发布战略性年轻干部培养——"业财融合"复合型人才转型培养项目通知,在全公司范围内的业务前端招募高素质专业化的优秀人才;围绕训战结合的总体思路,培养周期一年,前 6 个月实施"3+3"培养计划,即周一至周三在财务岗位培养,周四至周六参与重庆大学业财转型培训,进行定制化财务专业课程体系学习,后 6 个月在财务岗位实践培养;采用"一对一导师制",量身定制岗位,制订学习计划,深入岗位实践;开展课题研究,运用财务专业知识,结合业务前端经验,研究创新业务模式和业务路径。从人员结构来看,2021 年与 2017 年相比,财务部门人员非财务专业数量由 24 种增加到 31 种,非财务类人员占比由 17% 提升到 19.2%,财务 BP 占比由 48% 提升到 52.3%,培养了一批"财务中的业务专家、业务中的财务专家",更好地服务业务,创造价值。

二、共享财务人才的需求及培养

共享财务人才负责将集团标准化、同质化、操作类的财务会计业务进行统一管理,同时借助信息技术优势,帮助集团再造业务流程、优化组织结构、规范业务流程。共享财务人才应该既熟悉日常财务核算,又了解财务信息化、标准化、流程化等关键技术,同时要掌握成本控制、内控管理等具体业务操作。对于共享财务人才的培养,主要从以下两个方面开展。

(一)加强复合型人才选拔

着重选拔财务管理专业与计算机专业复合型人才,以及数字素养高的财务人才,丰富共享财务人才后备力量。例如,兵器装备集团财务部连同人力资源部组建财务面试官矩阵式团队,该团队涵盖财务、金融、外语等类型的高级经理、专家,对从校园和社会招聘的人员进行素质、知识结构、胜任能力等全方位评价,以结构化标准和流程对应试人员层层选拔,着力打造符合发展需要的高素质财务人才。

(二)打造共享财务人才专业培训体系

共享财务人才的能力培养,除了培养专业技能,更注重其未来的成长,企业要营造主动学习的氛围,将"被动接受"转为"主动需求",培养现有员工,使其具备使用财务软件的硬实力与软实力。

例如,长安汽车针对不同层级的员工,设计了相应的培养方案。

(1)对于高职级人员,财务经营部通过高职级评价机制、高职级人才盘点九宫格、年度教育培训计划、案例分享、讲师认证、送外课程培训、外聘师资等项目打造学习通道。高职级人员在职位任期内完成各项学习培训，成为晋升必要条件，实现由内生动力驱动学习。外聘师资进行培训，围绕领导力修炼，提升高职级人员全球化、国际化战略视野，提升高职级人员创新变革、战略运营、跨界整合、预见并规避风险的能力，不断丰富其理论和专业知识。

（2）根据财务经营部选拔制度，在完成基础知识学习后，经过第一轮考试选拔、第二轮无领导小组面试、第三轮成果答辩面试，通过者成为储备干部——经理级继任者。经理级继任者通过轮岗、部门会议议题分享等锻炼全面的能力，持续接受系统性培养，在实战训练中提升领导技能，成为管理层储备力量。为促进"业财融合"，公司从业务基层选拔优秀继任者加入财务经营部，从"研、产、供、销"等方面推动精益管理，通过商业模式创新，降低经营成本，提升经营质量。

（3）对于普通员工，采取以下流程：首先，新员工接受入职培训；其次，部门签订"师带徒协议"，一对一地进行传帮带；再次，针对将升任主管职位的员工，进行统一的转身培训；最后，通过经理级继任者选拔、大规模专业培训、六西格玛认证与培训、外部培训等，打好人才金字塔的基础。

三、战略财务人才的需求及培养

战略财务人才承担集团财务管理核心职能，包含搭建集团财务体系、维护集团财务管理部门职能、协助集团完成资本运营、进行整体资源配置、提供决策支持服务。战略财务人才作为集团战略决策与保障的成员，帮助集团实现价值创造与风险管理。由此可见，战略财务人才应从实现集团战略和价值创造目标出发，充分统筹调动集团资源（特别是财务方面的资源），保障集团战略目标实现。

对于战略财务人才的培养，需要建立战略财务人才库，包括经济、政治、资金、资本运营、税务、商业模式等细分领域具有深厚知识储备的人才。同时，对人才进行分类分层储备，锻造一支素质优良、数量充足、结构合理的财务专家梯队。要加强精准培训，夯实战略财务人才的理论与实践能力，注重在实践中培养人才，打造协同团队，配置维持项目运转的多种角色，建立团队协作关系。要建立健全激励机制，在"以人为本"的理念下，采用多种激励手段与之相配，激励战略财务人员加强理论研究，勇于创新实践，提升岗位业绩。

例如，长安汽车提出通过跨界锻炼、外部引进、合资企业回归、引进高级专家四种方式建设人才库和财务梯队的策略。跨界锻炼是指员工进入财务岗位工作一段时间后，到业务岗位锻炼，融入业务，然后回到财务岗位，更好地利用专业知识为业务提供支持；外部引进是指引入业务岗位的人才进入财务团队，丰富财务团队结构，快速弥补财务人员在新业务领域的短板；合资企业回归是指将中方财务人员派驻合资企业学习，然后将优秀的人员召回，将合资企业的先进做法融入长安汽车内部实践；引进高级专家是指从企业内部和外部引入专业领域的高级人才，负责前沿领域的专项课题攻关，突破制约企业经营管理发展的难题。

第三节 支撑高质量发展的数智技术应用支撑体系

在前台、中台、后台组织架构中，中台的任务是对技术、数据、业务流程进行梳理和标准化，并实现共享和复用。因此，组织需要投入大量技术资源进行建设，即建设财务中台，从而有效赋能前台业务系统，灵活支撑后台战略应用，助力财务组织"前台、中台、后台"的模式转型。财务中台包含数据中台建设、技术中台建设、业务中台建设三方面，三者共同支撑集团财务和业务运作，如图11-2所示。

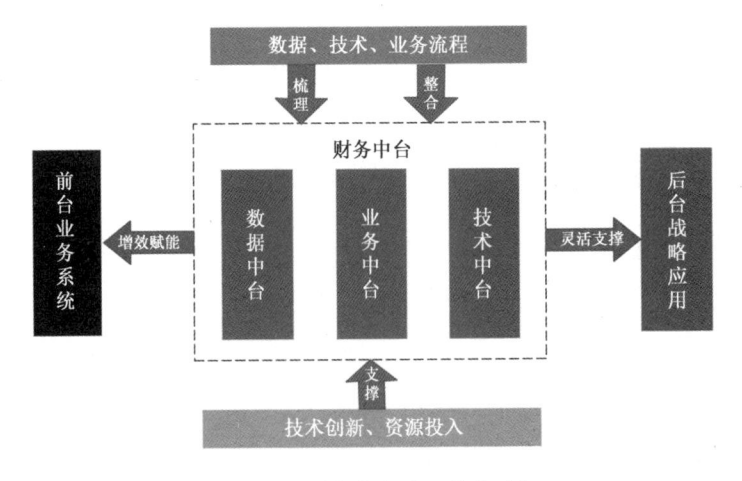

图 11-2 财务中台"承前启后"

一、财务数据中台：打造业务聚合平台

财务数据中台需要连接会计与业务信息系统。会计信息系统基于会计准则要求，

有固定的会计政策、会计科目等专业限制，而业务信息系统体现业务习惯和语言，很难将两者直接融合。因此，必须在财务管理的信息系统层面整体考虑业财融合，整体考虑各系统的关联逻辑，以及未来企业级财务数据中台的建设。财务数据中台连接会计与业务信息系统，加强以因果关系构造的数据结构建设，以实时、全景、动态、全程的方式反映集团的生产、经营和筹资、融资活动，实现业务、财务和技术三者的一体化、协同化管控和优化，推动业务决策从主观的经验导向逐步向客观的数据和模型驱动转变。只有建立财务数据中台，连接会计与业务信息系统，才能实现业财融合、数据融合与财务共享，为会计信息支撑决策，以及为七大系统赋能提供坚实的基础。

下面是财务数据中台的建设思路。

（1）从集团内部七大系统和集团外部公共数据系统汇聚多维度、细颗粒度、多领域的信息数据，通过数据治理形成大数据量级的标准化数据基础。

（2）支撑财务数据中台三个方向的价值应用：面向业务前端，将整合后形成的场景化业财一体信息，用"推—拉"方式送达前台业务系统，支持业务系统的交易处理与结果利用（例如，结算数据、发票数据参与凭证生成与稽核，业务执行数据参与预算分析，运营过程数据参与风险预警）；面向集团七大系统，根据固有信息加工规则，利用沉淀的结构化数据形成主题化业财融合报告信息，采用"拉"的方式，由七大系统自主采集并展示（例如，区域销售数据展示区域任务分析，业务成本数据展示业务活力分析，资金收支数据展示资金计划分析等）；通过管理后台，应用事件数据模型，对大数据进行挖掘，形成更为综合、更加精准、更具有前瞻性的经济信息，采用"推"的方式，将其送达智能大屏、移动设备端，支撑经营判断与决策（例如，资产运营数据披露资产效能，市场占有数据披露产品竞争力，研发投入数据披露科研创新能力，大额资金非正常进出数据披露资金管理风险）。

财务数据中台"业务聚合"如图11-3所示。

例如，建设工业为建立财务数据中台，根据《企业内部控制应用指引》"第18号——信息系统"的有关要求，指定信息系统建设实施归口管理部门，明确相关单位的职责权限，建立有效工作机制，持续做好主数据管理。一是组建了主数据管理团队，二是制定了主数据管理标准，三是搭建了主数据管理平台，四是建立了标准化管理体系。最终，公司实现了对4万多种物料、4000多个往来单位等基础数据的一处维护、多处引用的集成共享管理。

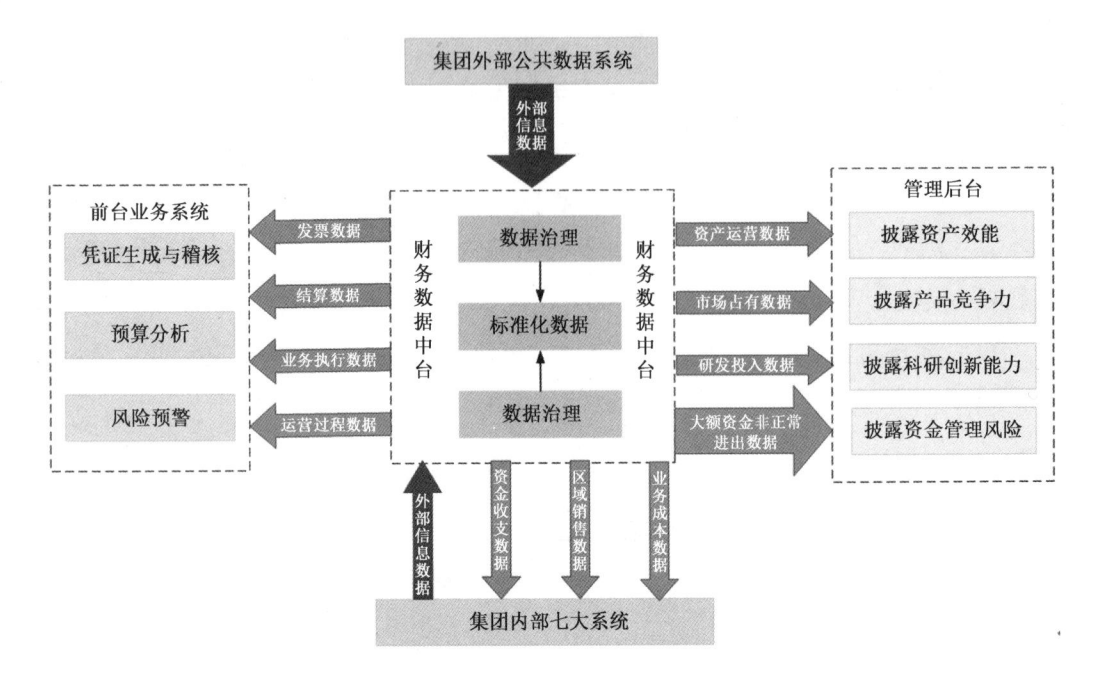

图 11-3 财务数据中台"业务聚合"

二、财务业务中台：建设业财一体化模式

财务业务中台主要面向业务前端，为业务部门提供多种可以复用、便于共享的财务功能。各业务部门可以根据自身需求随时灵活调用这些功能，获取财务服务。对财务业务中台而言，当务之急是实现对业财融合数据的智能挖掘。采取业财一体化模式，共享中心与外围客户管理、供应链采购、合同管理、人力资源等业务系统集成，财务系统与业务系统直联直通，进行财务业务横向一体化管控，实现业务结算集中化、会计核算自动化。共享中心统一出具各类报表，并依托"大智移物云区"等新技术，在决策优化、绩效提升、客户营销等方面发挥数据价值。通过深化业财融合，对外保持与投资者、债权人的有效沟通，强化产业链、供应链的有效链接，推动各方主体、各类资源、各种要素聚合发力，实现内部和外部利益相关者价值共生与共享。一方面，要加强财务运营数据的开发利用，进一步推进财务业务的标准化、自动化和业财融合来优化数据质量；另一方面，要提升财务数据分析能力，智能挖掘，形成数据资产，激活数据价值，为决策支持提供服务。

下面是财务业务中台的搭建思路。

(1) 梳理财务和业务流程及价值链,了解在业务领域中有哪些财务流程是有价值的、重复性的、可以标准化的,如资金支付、发票审核、凭证生成等。

(2) 对业务流程较为相似的功能进行整合和抽象,形成功能群组。

(3) 对功能群组内的功能进行标准化,并将其沉淀到财务业务中台,作为服务提供。

财务业务中台"业财一体化"如图11-4所示。

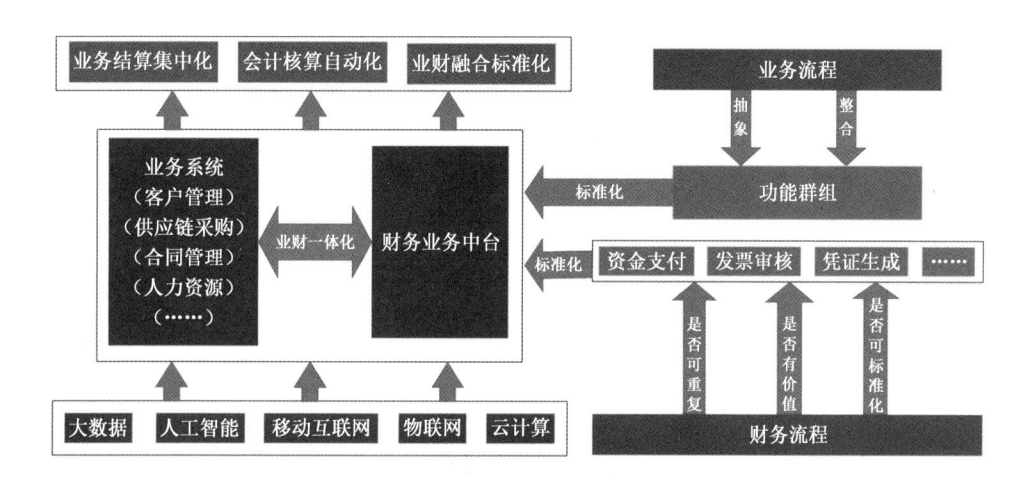

图11-4 财务业务中台"业财一体化"

建设工业搭建财务业务中台的过程可以作为范例。

(1) 根据《企业内部控制应用指引》"第18号——信息系统"的有关要求,优化管理流程,防范经营风险,全面提升现代化管理水平,从经营、财务、资产、人力、质量、研发、物流、生产、制造9个业务板块,创建自动化办公表单模板276个,为公司后续信息系统的建设夯实管理基础。

(2) 根据《企业内部控制应用指引》"第18号——信息系统"的有关要求,公司信息系统归口管理部门组织内部各单位提出开发需求和关键控制点。公司信息系统借助办公计算机和电子大屏,实现不同层级的可视化看板管理。例如,合同系统搭建了面向公司高层领导、中层领导和一线人员的包括管理看板、合同台账、明细报表的三层管理报表体系,实现对合同3个月待交付、逾期未完成交付(发货)和达成收款条件3个月内待收款、逾期收款的合同总额及明细的交付预警和应收款预警的自动实时输出控制,从而达到有效防范法律风险、维护公司合法权益、提高公司经营管理水平的目的。

(3)根据《企业内部控制应用指引》"第18号——信息系统"的有关要求,在信息化建设过程中,公司信息系统将生产经营管理业务流程、关键控制点和处理规则嵌入系统程序。公司核算管理、预算管理、生产管理、物流管理、资产管理、合同管理、资金管理和自动化办公系统相互集成,相关业务、财务流程互联互通。例如,合同系统与供应链系统集成,合同在生效后被实时传递到供应链系统,并在生产完工、销售启票、销售出库、收款等业务环节全部设置合同号的必填输入控制,通过层层相扣的系统设置,杜绝违规操作对合同执行造成的风险;总账系统与合同系统集成,实现了相关业务单据自动生成总账凭证,以及凭证与单据双向穿透查询的财务自动化、业财一体化的处理控制,进一步提高了基层财务与业务人员的工作效率和工作质量。

三、财务技术中台:提供数据智能应用

财务技术中台将智能时代的各种先进技术(如RPA、OCR、人工智能等)进行整合,快速提供给前台业务部门,使其在不需要技术人员的支持下,也能够完成聚合数据、分析数据、创新业务等工作。此外,凭借智能时代先进技术的整合,各个财务领域的工作方式发生变革。财务技术中台的出现大大解放了员工生产力,同时提高了组织工作效率。财务数据中台、财务业务中台在建设、实施、落地过程中都离不开技术层面的支撑与保障,所以以提供数据智能应用为目标的财务技术中台建设成为组织建设财务中台的重中之重。

下面是财务技术中台的具体建设思路。

(1)对业务部门常用财务智能化技术进行汇总。

(2)对技术按照业务场景、实现功能、实现逻辑等进行分组。

(3)与业务部门、业务流程打通,按照技术的不同分组,向相应业务部门提供模块化的技术支持,在业务流程中嵌入可选的技术服务。

(4)不断优化技术实现的逻辑,降低技术使用难度,提高技术的可用性,为技术在更多场景的应用提供可能。

下面是当前财务活动中常用的技术。

在共享财务工作领域，可利用 RPA、OCR 技术搭建会计机器人团队，提高财务中台的交易处理效率和质量。在业务伙伴工作领域，利用影像采集技术、发票云技术建设外部凭证结构化数据采集设备，提高业务端的数据采集效率；利用"目标利润倒推"模型，产生报价数据，辅助业务人员议价、控价，提高风险控制能力，使财务赋能业务。在战略财务工作领域，主要利用机器学习、知识图谱、分布式计算等技术，打造数据挖掘工具，建立市场趋势模型、运行预警模型，产生经济趋势预测数据、风险识别数据，通过 Web 服务、微服务平台将数据推送给管理决策人员，提高战略辅助支撑能力。

财务技术中台"技术整合"如图 11-5 所示。

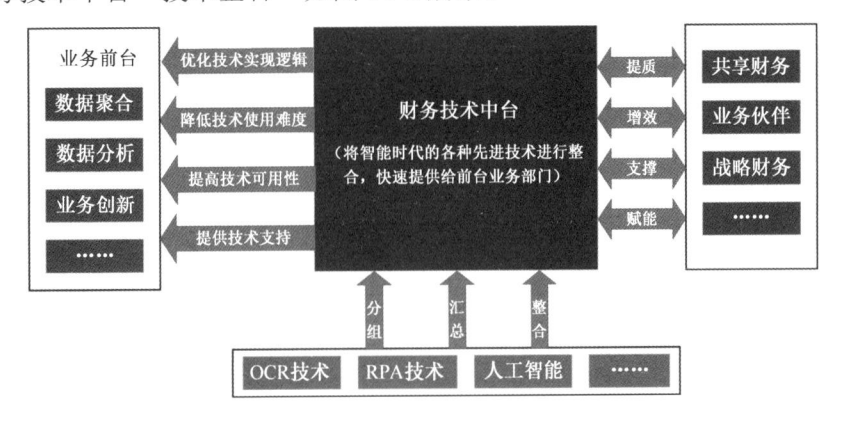

图 11-5　财务技术中台"技术整合"

第四节　支撑高质量发展的财务文化建设体系

财务文化是集团财务管理系统在贯彻经营理念、愿景、价值观，实现战略目标以及发扬企业精神的基础之上，结合集团财务管理面临的内部和外部复杂多变的环境，在企业实践中逐步产生并为财务团队认同和遵循的行为规范的总称。财务文化是集团文化的重要组成部分，是集团健康发展的基本保证。与"前台、中台、后台"的能力引擎式财务组织模式相配，集团应致力于塑造精益、诚信、创新的财务文化。

一、精益财务文化塑造

精益管理是一种优秀的管理模式。20 世纪 50 年代，日本丰田汽车公司率先开展精益生产活动，其要义是严格控制企业在生产和各项经营活动中的成本，使浪费现象在企业彻底消失。在这一生产模式下，精益精神为企业所提倡，丰田公司积极培育员工的精益思维，鼓励员工"一旦发现可以改进的地方，就以最快的速度改进""以最小的投入创造最大的价值"。

以精益思想为导向建构的财务文化，可以充分发挥文化对员工的思想导向作用，凝聚人心、约束行为，提升精益管理的执行力。在财务组织中提倡并贯彻精益文化的理念，尤其在财务前台组织运行的全过程、全环节融入精益意识，可以充分释放生产力各要素的能量，提升财务精细化管理的执行力，强化集团核心竞争力，为企业高质量发展提供新的动力。精益财务文化塑造的关键举措包括以下内容。

（一）激励导向，形成良性循环

通过设置合理的激励机制，营造和形成能够使全体财务人员衷心认同的精益价值观，调动每一位员工的积极性和主动性，引导全体人员为公司价值最大化而努力，形成全员性的改善机制。通过业务财务基于数据分析的对业务的洞察，推行全员生产维护（TPM）、品管圈（QCC）等相关的企业全员改进活动，提升集团上下的改善思维，在绩效考核中纳入人员改善情况，通过影响员工个人利益来引导员工行为，促使集团形成积极向上的氛围。

（二）理念认同，发挥凝聚效应

精益文化建设是一项系统性的大工程，涉及集团生产运营的各个环节，需要集团上下协同合作。通过开展教育和培训活动，使员工认识到浪费是集团生存和发展的最大敌人。同时，通过教育和培训活动，将精益生产的各种基本理论与方法教授给全体员工。因此，集团应积极动员所有员工加强学习，掌握新知识、新理论、新技能，在各层级员工中树立起精益文化思维和意识，使其掌握精益方法和原理。在此过程中，财务人员可以通过数据说明精益目标，揭示精益路径，持续提升业务人员的精益能力。

二、诚信财务文化塑造

诚信文化一直是财务文化的核心内容之一。财务工作本身需要很高的诚信，担负着向集团提供真实财务信息、如实反映集团生产和经营活动的责任。同时，财务人员掌握着集团资金与资产的流动，更需要坚持诚信的道德操守。诚信文化对于财务人员有以下三个要求。

（1）提供真实财务信息，不弄虚作假。

（2）财务数据核算要严谨，确保正确。

（3）重信守诺，严格保守财务工作机密，严格守护自身掌握的财务权限。

在前台、中台、后台组织架构下，财务人员的诚信不仅对于数据分析部门获取真实准确数据具有重要意义，而且能够促进矩阵式团队的和谐，维护集团财务安全。

三、创新财务文化塑造

智能时代商业创新的本质是场景创新，缺乏业务应用场景的创新是没有市场和生命力的。财务创新文化是为适应瞬息万变的市场环境而形成的。无论是敏捷性前台的快速响应能力、精益中台的流程和业务标准化能力，还是智慧后台的决策能力，都离不开财务人员的创新意识和创新精神。特别是在前台、中台、后台组织架构和业财融合的背景下，为了提高财务与前台、中台、后台的交互速度，必须提升财务组织和财务人员的创新意识与创新精神。创新文化要求财务人员大胆探索，敢于提出新问题，运用新技术，开设新业务，改进既有流程。实际上，技术的普及和平民化是一件容易的事情，但将技术与实际的需求相结合，并形成有意义和有价值的应用场景就没那么容易了。对于财务来说，在接触到一个新的技术概念后，不应急着去全面展开基础建设，而应客观务实地深入挖掘应用场景，并将技术应用到场景中，这样在技术层面投入的建设资源将更具有针对性，能够获得更高的投入和产出。

第五节　支撑高质量发展的财务管理能力评价体系

一、财务管理能力评价内容

财务管理能力评价体系是集团财务实施基础的重要组成部分，它不仅需要对财务特性进行评价，还需要对集团在生产实践中逐步发展和培育出来的相关财务管理能力进行评价，是集团持续创新能力、抗风险能力、盈利能力和高质量发展能力的共同保障。企业集团根据自身的战略管控和财务管控的要求，探索通过建立财务管理能力评价体系对集团和各分（子）公司的财务管理能力进行指导和评估，形成闭环管理，加强财务管控，可以提升集团的整体财务管理水平，为集团的高质量发展提供有力的支撑。

国资委发布的《关于中央企业加快建设世界一流财务管理体系的指导意见》明确"完善系统科学的财务管理能力评价体系"是持续完善五大体系中的重要内容之一，并提出具体建设思路。

（1）构建与集团战略和业务特点相适应、与财务管理规划和框架相配的财务管理能力评价体系，促进各级企业财务管理能力逐步改善，持续提升。

（2）科学设计评价指标，分类分级制定评价标准、评价方式和分值权重。

（3）完善评价工作机制，建立健全制度体系、组织体系，深化评价结果应用。

（4）结合财务管理提升进程，动态优化评价体系。

其中，国资委明确企业集团财务管理能力评价的内容应满足其多层级、多业态的管理模式，灵活构建适用不同类型单位的财务管理能力评价体系。

构建支撑基于高质量发展的七大财务管理系统顺畅运行的财务管理能力评价体系，评价的对象可以是以上七大财务管理系统。通过细化七大财务管理系统中的每个管理要素和每个财务管理流程活动，把财务管理工作量化到具体活动级，并为每个活动建立评价标准。通过对财务管理子系统各细分能力项进行有效的衡量、监控和评价，从"管理有效性、执行和处理周期、流程效率"等维度，配套设计评价指标，为财务能力评价提供量化工具。基于财务管理能力评价体系，制定财务管理领先实践标准，推动公司整体以有效的财务管理工具和方法为抓手，实现财务管理持续转型和提升，促进公司高质量发展。

二、财务管理能力评价程序与结果运用

（一）搭建体系

在企业集团财务管理能力评价体系设计过程中，需要加强顶层设计。同时，在评价体系的设计中要充分与成员单位沟通，充分吸收业务人员、财务人员、技术人员等的意见，保证评价体系的科学性，保证被评价者的知情权。评价体系要能够与

被评价者的管理过程相联系，以此做到评价的公平、公正和可靠。企业集团财务管理能力评价体系中的各项指标应当是完整且具有系统性与合理性的，能够反映企业集团财务管理各方面的能力，确保评价指标概念清晰可辨、权重设置合理。在构建企业集团财务管理能力评价体系时，还应当充分考虑评价体系的可行性，要求在选择各项评价指标时充分考虑难易程度，以及是否具有可行性，从定量或者定性的维度对财务管理能力进行分析和评价，使评价体系不仅易于操作，而且能客观反映企业集团财务管理的现实情况。

（二）确定方法

企业集团财务管理能力评价体系要利用多种方法进行客观、公正的评价，构建自评与复评相结合、书面与现场双管齐下的评价方式，公正地评价、反映成员单位的管理能力。同时，要注意搭配使用定性和定量的评价方法。财务管理能力评价指标具有多个维度，应当对多个维度的指标进行分析。若指标可以量化则进行定量评价，若不能量化则进行定性评价。

（三）制定规范

建设企业集团财务管理能力评价体系要有合理的规范。

（1）成立评价机构和组织，可以分（子）公司选派代表、集团公司进行复核的方式进行。

（2）确定评价周期和评分规则。评价周期要与各分（子）公司和成员单位的财务周期相适应，在完整的财务周期内合理地分次开展评价工作。评分规则要空间统一、时间统一，各分（子）公司和成员单位之间横向可比，不同的财务周期间纵向可比。

（3）进行等级划分。根据评价内容的重要性，对每个分项指标进行等级划分。

在对企业集团财务管理体系进行评价时，要对企业七个方面的能力逐一评价，然后根据划分的等级得出对企业的综合评价。由于企业集团财务管理能力评价体系中的各项指标都有相应的特点，所以在构建财务管理能力评价体系时，企业集团要针对财务管理能力的不同方面进行主次选择，不可盲目地追求数量，而要依据不同评价指标的重要性进行构建。

（四）结果应用

搭建财务管理能力评价报告体系，与被评价者进行沟通，帮助其认识问题，推进工作整改和持续迭代。将评价结果与财务部门的绩效考核挂钩，并将财务管理能力评价报告作为评优评先的重要参考。同时，宣传优秀案例，树立典型，以先进带动后进的方式提高集团整体的财务管理能力与水平。

第十二章　总结与展望

第一节　基于高质量发展的企业集团财务管理体系总结

习近平总书记在党的二十大报告中强调，"高质量发展是全面建设社会主义现代化国家的首要任务。"我国经济已经转向高质量发展阶段，经济社会发展必须以推动高质量发展为主题。推动高质量发展是遵循经济发展规律、保持经济持续健康发展的必然要求，是防范化解各种重大风险挑战、以中国式现代化全面推进中华民族伟大复兴的必然要求。因此，高质量发展是新时代新征程赋予企业集团的新使命，加快构建基于高质量发展的企业集团财务管理体系，是贯彻落实"培育具有全球竞争力的世界一流企业，做强做优做大国有资本"的重要举措，也是民营企业集团践行高质量发展要求，不断提升抗风险能力的重要途径。

本书基于组织权变理论、经济组织理论与价值管理理论，以建设世界一流企业集团为导向，以高质量发展为主题，突出"服务战略、业财融合、协同共享、精益管理、风险管控、价值创造"的管理理念，坚持"服务战略能力强、资源配置能力强、价值创造能力强、风险管控能力强"及"业财融合程度高、精益管理水平高、协同共享效率高、经济运行质量高"的管理目标，把握数智技术与财务转型深度融合的发展趋势，打造包括全面预算管理系统、精益成本管理系统、资金集约经营系统、资产运营管理系统、经济运行监控系统、财务风险管理系统和会计信息系统七大专业管理系统，以及组织、人才、技术、文化、制度五项基础支撑系统协同运作的财务管理体系，助力统筹发展和安全，支撑改革和创新，平衡质量和效益，全方位提升企业集团的创新力、竞争力、控制力、影响力和抗风险能力。

本书构建的基于高质量发展的企业集团财务管理体系遵循财务管理助力企业价值创造能力提升的两条路径——不断提升基于信息的业务运营能力和组织管理能力，充分考虑高质量发展对企业集团治理和管理的新要求，以及"大智移物云区"等新技术的应用对财务管理体系的新挑战，体现出鲜明的时代性和先进性特征。同时，七大运行系统和五大支撑体系相互协同、融合运行，彰显出系统的整体性和功能性特征。该财务管理体系在运行中，通过持续的成熟度评估和能力评价，推动迭代升级，更好地适应市场环境、商业模式、技术环境等内部和外部因素变化，具备较强的开放性特征，不仅在横向上拓展了财务管理的广度，而且在纵向上增加了财务管理的深度，充分发挥了"大财务"体系集团化运作和协同化作战的优势。各类企业集团及集团内部组织单位根据实际情况相机实施，对提升企业集团管控效能、促进高质量发展将发挥重要的作用。

第二节 未来展望

理念是行动的先导，发展理念从根本上决定着发展方式和成效，而高质量发展体现了新发展理念。自党的十八大以来，以习近平同志为核心的党中央对发展理念和思路及时做出调整，提出创新、协调、绿色、开放、共享的新发展理念，明确了我国现代化建设的指导原则，有力指导了我国新的发展实践。只有完整准确全面地贯彻新发展理念，才能有效破解一系列结构性、周期性、体制性问题，才能有效应对外部冲击，不断提高发展质量和效益，保持经济平稳健康可持续发展。在新征程上，必须努力实现创新成为第一动力、协调成为内生特点、绿色成为普遍形态、开放成为必由之路、共享成为根本目的的发展。因此，企业集团财务管理体系应完整准确全面地贯彻新发展理念，准确应对未来之变。

近年来，技术进步不断冲击和颠覆传统商业模式，并推动全球进入数字经济时代。层出不穷的新型商业模式、瞬息万变的经济环境和快速迭代的信息技术共同给企业集团带来一系列新的问题和挑战。

从外部环境的变化来看，随着市场环境日趋复杂多变，企业面临的经营不确定性越来越高，企业战略的能见度越来越低，企业对决策所需的各项数据的获取、提炼、分析的准确性、及时性要求也越来越高。这势必会大大削弱财务管理体系的描述、诊断职能，同时大大提升财务管理体系预测功能、实时控制功能的重要性。这就需要企业集团财务管理体系持续提升敏捷响应前端业务变化的能力，从而能够获取业务端的实时信息，及时满足管理需求。

从技术进步的角度来看，"大智移物云区"等新技术的发展使企业获取数据更容易、更全面，成本更低，这使企业集团拥有的数据量暴增，获取数据更完整、及时、可靠。许多新技术彻底改变了过去财务管理工作信息的传递方式，企业生产运营的所有数据，包括产品数据、生产线数据、作业数据等都可以通过物联网等新技术实时传输到企业的信息系统中。通过定义数据结构和标准，明确数据流转路径，企业信息系统可以在价值链所有环节的多个关键生产和管理节点采集数据，并将获取的数据自动、实时地传入数据仓库。同时，云计算、移动互联网、人工智能等新技术的进步使数据源存储和计算速度飞速提升，企业有能力对积累的海量内部和外部数据进行加工、分析、报告和展示，全面预算管理、精益成本管理、资金集约管理等财务管理体系能够更加高效、顺畅地发挥作用。因此，通过搭建数据管理平台，对企业数据资源进行整合运营，管理全流程的数据，推动财务管理创新与体系变革，赋能企业整体运营与管理成为时代的必然要求。

面对上述机遇与挑战，本书提出进一步提升财务管理体系效能，助力企业集团践行创新、协调、绿色、开放、共享的新发展理念，实现价值创造的若干展望。

一、创新财务管理机制，助力创新战略实现

在推进高质量发展的过程中，要牢牢抓住创新这个"牛鼻子"，突出科技引领。大型企业集团，尤其中央企业集团，在打赢关键核心技术攻坚战方面责无旁贷。习近平总书记指出，科技创新应坚持面向世界科技前沿、面向经济主战场、面向国家重大需求、面向人民生命健康，不断向科学技术广度和深度进军。如何聚焦"四个面向"，充分用好用足优势资源和政策支持，提升科技创新的效率效益，打造核心竞争力，成为新时代企业实现高质量发展的关键环节。其中，财务管理体系中的预算管理体系发挥了重要的资源保障作用，绩效考核及激励体系发挥了重要的指挥棒作用。通过提升预算对科技创新的资源保障作用、搭建科技创新投入产出绩效评价体系、创新设计科研人员激励制度、在重点科研领域和科研部门探索完善员工持股计划和项目跟投机制等多种措施，不断提升科研人员的积极性、主动性和创造性，有力服务企业高质量发展。

二、健全资源协调机制，带动产业协同发展

高质量发展要求企业集团将增强产业链韧性和竞争力放在更重要的位置，着力

打造自主可控、安全可靠的产业链和供应链。这就要求企业集团持续优化产业布局结构，建立健全内部资源协调机制，充分发挥其作为核心企业产业链"链长"的作用，带动配套企业协同发展，不断增强产业链的安全性和稳定性。企业集团财务管理体系可以借助大数据、云计算等技术，通过产业链上下游协同合作，借助产融结合，实现产业链整体的价值创造，缓解产业链上下游之间的矛盾。通过建立各类融资渠道，创新应用新的金融服务和工具，将资金供给方和资金需求方联结起来，以增强产业链流动性保障，破解链条内中小企业的融资困境，实现产业共建和协同发展。例如，国家电网在电费交纳场景中积累了各类用户用电行为和交费情况的大数据，这些数据能够充分揭示用户的生产经营用电情况和信用状况，有效反映企业生产经营情况及潜在风险，为银行等金融机构实施贷前核查和信用评级提供重要参考，为金融机构做好风险识别及控制、贷中授信审批和贷后风险防控等提供支撑服务。

三、依托集团精益管理，推动绿色低碳转型

我国已经向世界做出"力争2030年前实现碳达峰、2060年前实现碳中和"的庄严承诺，经济社会发展向全面绿色低碳转型迈出新步伐。这就要求企业集团将绿色发展理念融入全员、全要素、全流程，推动企业集团转变发展方式，以精益管理促进节能降碳，提升资源利用效率，服务绿色发展战略，推动企业集团绿色转型发展。

（1）在资源配置上要向低碳、减碳方向倾斜。实现"双碳"目标将带来各行业利润区间的重整转移，应更加注重价值创造理念，围绕资产减碳优化资源配置。既要做好存量高碳资产的减碳改造和有序退出工作，又要做好增量低碳资产、零碳资产的配置。

（2）充分利用财务管理工具，促进各方减碳。运用全面预算管理及成本管理工具，多渠道保障研发投入，提升研发效率和效果。优化业务财务，围绕"双碳"目标重构业务重点与模式，主动迎接"双碳"目标带来的变革，学习借鉴标杆企业运用碳交易开拓新的利润增长点的新商业模式，选择适合自身的细分市场。增加对绿色产业、绿色金融的考核内容，调整集团内部经营业绩考核体系，推动"双碳"目标落地。

（3）在内部财务信息披露上要全面准确地披露有关碳信息。在"双碳"目标下，碳信息披露是国家碳减排政策制定和碳交易市场建设的基础，也是碳金融定价及碳风险评估的依据。企业集团应以财务数字化转型为契机，做好碳排放量、碳配额、碳

交易、碳会计处理方法等信息的披露。

（4）在风险管控上，要充分估计气候风险可能对财务工作的影响。通过财务风险管控手段控制减碳节奏和步伐，避免冒进，产生非预期的沉没成本，如提前碳达峰导致的搁浅资产。

四、坚持财务开放协同，反映生态共生增值

未来的企业集团竞争是商业模式的竞争，企业集团以产业链为纽带，以品牌信誉为保障，通过汇聚各类资源，促进供需对接、要素重组、融通创新，向"平台型"甚至"生态型"商业模式转变将成为竞争的利器。财务管理体系的理念、对象、范围等将相应发生变化，以共生为内核的开放协同型财务体系成为时代的必然要求。

（1）财务管理范围将进行"由内而外"的边界拓展，管理范围从企业集团内部向上下游关键供应商、客户拓展。

（2）财务管理体系与业务体系之间的融合将更加紧密，财务作为业务商业合作伙伴及赋能者的角色定位更加突出。

（3）更为贴近业务的财务管理活动与颗粒度更细的财务管理信息，为划小经营单元、实现对价值创造最小主体的精准评价和精准激励提供了可能，财务赋能员工的作用得以彰显。

例如，海尔集团在平台化的共创共赢生态圈构建中开发"共赢增值表"，该表变"零和博弈"为多方共赢，企业之间合作大于竞争，生态各方的共同目标都是创造用户的最佳体验，最终实现共创体验、共享增值。"共赢增值表"从价值的定义、创造和分享上实现了三个价值的正向循环，从而清晰地表达了用户这个核心角色对企业价值的影响，通过全面评估企业和用户的价值，实现了对生态的动态监测和价值创造的驱动。

五、服务全体利益主体，共享生态增值成果

以企业集团为核心的产业生态建设，以资本和业务为纽带，将财务服务对象从单个企业或集团的利益相关者延伸到整个产业链、供应链、生态链，促进数据、信息、技术、标准、金融等全方位协同融合，实现价值共生、共建、共享、共赢，努力促进

企业集团成为产业发展的引领者、产业协同的组织者。这将使企业集团财务管理体系的服务对象从集团内部转为集团全体利益相关者，通过全方位刻画生态发展中各参与方的多重价值实现，多角度展现生态价值共赢，促进各利益相关方共享产业生态增值成果。

例如，海尔集团财务通过与全球39家银行、8万名创客、4.8万个客商、政府机构及国内外多所高校协同共创，率先打造智慧客商生态、智慧政企生态、智慧校企生态三大生态场景。以"电子档案"场景迭代为例，海尔集团财务与税务局、档案局、财政局"并联"，实现了电子化报销、入账、归档的升级，以政企直联提升企业数字化管理水平，从而便捷、高效地完成增值税发票的申请、开具、交付与管理工作，降低企业运营管理成本，实现生态共赢。在海尔集团，财务是链接多生态、多要素的共创平台，是用户体验持续迭代的共享平台，也是实现多边增值分享的生态平台。海尔集团财务已经由提高效益转变为提高创造，成为企业颠覆性变革的加速器与卓越引领者。

六、发挥数据资产价值，推动智能财务决策

作为天然的数据中心，财务如何实现从信息化向数字化、智能化转型，更好地释放数据资产价值，成为在高质量发展要求下财务管理体系转型的核心问题。中台建设为此提供了解决方案。中台采取数据技术对海量数据进行采集、治理、计算、加工，统一标准。同时，中台将企业数据的覆盖范围拓展到包含企业级所有数据的更大领域，通过对海量数据的采集、治理和分析，为业务前端提供多维度、多场景的数据应用，充分体现"数据优先"的思维。

依托中台，企业可以实现实时、多维、智能、自动的数据应用。中台包含一系列趋势性的新技术，如内存多维数据库、分布式计算、数据可视化、智能数据分析、机器学习等。内存多维数据库实现了对数据时效性的革命性突破，分布式计算大大提升了数据计算速度，数据可视化大大降低了决策难度，智能数据分析让数据价值获得更充分的挖掘，机器学习令系统具备了自助分析的能力。这些新技术在中台上叠加，将使企业在数据应用中获得前所未有的用户体验。同时，依托中台，企业可以实现更多的业务轻量化应用，解决业务问题。

未来，中台的建立有利于人工智能模型的训练和应用的创新。随着移动互联网、

物联网的广泛应用,数据采集成本将大幅降低。通过强化数据源端治理,建设完善的数据全生命周期治理体系,数据质量将持续提升。我们可以预见,在不远的将来,机器在财务管理体系中的应用将更加广泛,人机协同将持续深化,以数据和模型驱动经营决策将成为常态,基于中台的智能财务决策将真正得以实现。

七、深化管理会计应用,提升价值创造能力

管理会计的生命力在于应用,本质是通过收集、处理财务和业务信息,分析过去、管控现在、预测未来,服务企业价值创造和效能提升。数字化时代越来越依据分析结果做决策,需要通过管理会计梳理、过滤、捕捉有价值的信息,并将其转化为生产力。现在,市场竞争日趋激烈,企业对财务信息和非财务信息的整合性、及时性和准确性提出了更高的要求,管理会计逐步走到了业务前端,发挥其在战略制定、事前预测、事中管控中的重要角色。随着数字化时代的到来,新兴技术的不断涌现也为管理会计深化应用提供了新的契机和前景。未来,全面深化管理会计应用是企业集团增强价值创造力,实现高质量发展的内在需要。

在企业集团经营活动中,管理会计主要通过对价值驱动因素相关信息的收集、整理、分析和报告,在"战略—业务—作业"三个不同的经营活动层面,参与决策并发挥重要影响。未来应构建业财融合的企业集团价值分析体系,充分利用报表、数据、模型、管理会计工具,建立纵贯企业全部经营管理链条,覆盖各个产品、市场、项目等的多维度指标体系,开展价值跟踪分析,准确反映价值结果,深入揭示价值成因。基于此价值分析体系,可以在战略规划与执行层面,综合使用战略地图与平衡计分卡、全面风险管理方法等工具,提供基于价值分析报告和财务视角的专业意见与建议;在业务运营层面,不断深化作业成本法、价值链分析法等工具应用,持续优化价值链管理,提高业务价值链环节的运营质量及价值增值能力;在作业管理层面,持续对组织内部核心价值链相关流程、作业进行分析,从资源消耗的源头降低非增值作业,优化业务流程,减少浪费,提高作业效率或者提高流程速度和产出率,实现成本精益管理。

接下来,进一步通过数字技术赋能管理会计应用,使经营活动中的资源配置从局部优化、静态优化转变为全局优化和动态优化,更精准地应对各种不确定性。例如,在"实时成本核算及产能预测"场景下,通过"5G+物联网"实时采集最真实的业务

数据，实时追踪更新作业成本中的数据，实现生产成本的动态核算，支持产能预测。中国铁塔集团即以不断演进升级的信息技术为依托，以价值循环的形式梳理管理会计体系及建设思路，确定了资产数字化管理、业财一体、决策支持、战略引领为关键价值要素。其具体应用包括：一是基于物联网和互联网等技术，对全国数百万个塔类站址配套数千万个设备的资产资源实现全流程、精细化的管理，借助数字化技术实现对资产资源的全生命周期管理；二是基于系统集成技术进一步模糊业财税信息壁垒和管理壁垒，将财务规则嵌入业务规则内，规范业财工作流程，将业务变化实时反映到财务表现中，提高财务信息质量，实现业财税一体化。多维度的底层数据贯穿采购、建设、运维等业务流程全环节，为经营决策提供实时准确的数据支持；三是基于数据挖掘技术实现了经营预测和决策支持，提升管理的科学性和敏捷性。大量准确的、多维度的业财数据沉淀下来，深度挖掘应用数据价值，分析挖掘生产过程中的价值提升点和风险管理点，规范和改善运营管理，并建立科学有效的管理模型，为生产经营提供量化决策标准，向管理要效益。

案例篇

第十三章

基于高质量发展的企业集团全面预算管理系统案例

案例一 青山工业——以全面预算管理为核心的从战略到任务系统实践

一、背景描述

(一)企业基本情况

重庆青山工业有限责任公司(简称"青山工业")前身是国营青山机械厂,于1965年成立,是兵器装备集团重要的三级企业,同时也是中国长安汽车集团有限公司所属汽车零部件企业,主要经历了从三线建设到领先文化,再到高质量发展三个阶段。青山工业全面打造出满足3.0L以下乘用车的手动变速器(MT)、自动离合手动变速器(AMT)、双离合变速器(DCT)、新能源四大产品平台,形成20个系列、近300个型号的产品谱系,覆盖轿车、运动型多用途车、多用途汽车、轻型卡车、微型客车等车型。青山工业是一家科研型制造企业,拥有国家级企业技术中心和中国合格评定国家认可委员会(CNAS)认证国家级试验中心,其技术人员占员工总人数比例高达27%以上。目前,青山工业拥有员工2300人,总资产逾50亿元,年营业收入约60亿元。

(二)企业管理现状与问题分析

1. 管理现状

青山工业的全面预算体系以战略为导向,将战略规划体现在三年滚动预算中,年度预算以三年滚动预算为基础。在数据应用方面,公司在编制销量预测时,由于信息化程度不够,并未将项目管理的数据纳入销量预测中;在绩效评价方面,公司将全面预算目标作为绩效评价的基础,对员工进行绩效考核,并与薪酬挂钩;在部门交流协作方面,财务人员与业务人员目标有偏差,存在沟通不畅、步调不一致的情况。

2. 问题分析

"十三五"期间,青山工业战略目标与最终成果存在较大的偏差。究其原因,主要是公司战略向下延伸力不足，运营管理体系存在不足，具体体现在以下方面。

（1）从战略规划到目标任务的贯通性不强，年度预算无法有效承接战略规划。具体而言，在年度规划编制中，青山工业业务计划驱动业务目标的因果关系不够明确，导致年度预算支撑战略实现的路径模糊。此外，各责任中心制订的业务计划仅从部门角度思考并执行，缺乏全局性考虑。

（2）全面预算与项目管理未实现数据共享。青山工业三年滚动预算销量预测没有将市场项目立项等增量市场因素纳入考虑范围内，未完全实现业务财务数据共享，故难以及时发现三年滚动预算销量目标实现的风险与机会，导致战略应对外部环境变化的适应能力较弱。

（3）全面预算目标与绩效评价机制关联性过强。过去，青山工业将预算目标直接作为绩效评价体系的基础和标准，员工关注点就变成是否能完成预算目标、个人绩效是否会受到影响，导致预算中心在编制预算时产生预算松弛和博弈，极大地削弱了预算的决策制定能力。

（4）业财融合不够充分。从战略到任务纵向贯通的关键是实现业务与财务的深度融合。青山工业财务人员对业务的理解不够深入，在制定预算目标时难以结合业务实际情况，导致财务在推动战略目标落地过程中未能最大限度地发挥作用；而业务人员在业务开展过程中，缺乏财务知识，成本管理意识薄弱，导致预算目标在业务部门实现的难度加大。

（三）选择从战略到任务系统的原因

1. 贯彻集团财务规划的必然选择

兵器装备集团"十四五"财务规划总体目标要求，到2025年努力建成"国内领先"的价值创造型财务管理体系。为贯彻兵器装备集团的规划安排，青山工业丰富和完善"价值创造型"财务管控模式，为兵器装备集团建设具有全球竞争力的世界一流企业集团提供了强有力的财务支撑。

2. 促进公司转型升级的迫切需要

从内部和外部形势看，青山工业面临汽车产业"新四化"发展趋势加快、产品结构调整、行业竞争压力日趋加剧的新形势；从财务管理来看，传统的财务管理理念和方法已不能适应新形势的要求，财务管控缺乏可持续性和可复制性。在此情况下，青山工业亟须创新并完善管理体系，提高管理的精细化水平，增强对数字化时代的适应能力，提高资源配置的科学性、合理性，助力结构调整，转型升级。

二、总体设计

（一）从战略到任务系统的目标

从战略到任务系统的总体目标是以战略目标为牵引，以业务驱动财务为核心思想，运用滚动预算、弹性预算、情景分析等工具，推动年度预算与战略预算、财务预算与业务预算的有效承接，建立完善的具有高适应性的预算管理机制，实现对资源的有效配置，推动战略落地。

（二）从战略到任务系统的构建思路

从战略到任务系统构建的总体思路是建立一个"纵向贯通、横向集成、数据共享"的集成化运营管理体系，在战略目标分解落地的过程中确保方向不偏、措施有效。

青山工业的核心业务流程包括产品实现的业务循环、从战略到任务的管理循环，这两个循环形成数字孪生，通过双向数据流动，互相进行实时信息反馈，根据反馈的信息对管理循环和业务循环的环节进行调整，实现业务与财务的融合。人力资源管理、内部审计、纪检监督等职能为业务与管理循环提供服务与控制支持。

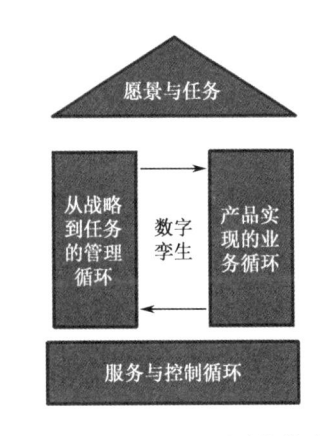

图 13-1 从战略到任务系统的构建思路

从战略到任务系统的构建思路如图 13-1 所示。

在从战略到任务的管理循环内部，具体考虑以下四点。

1. 纵向贯通

以预算管理为核心，打通战略目标分解落地的纵向环节。以战略目标为起点和终点，加强三年滚动预算、年度预算、目标任务之间的衔接。

2. 横向集成

以预算管理为核心，横向集成项目管理、绩效管理、成本管理等多种管理工具。

3. 数据共享

整合企业经营管理与业务数据资源，提升数据治理能力，为管理者提供决策支持。

4. 发挥全面预算管理的核心作用

全面预算管理作为企业管理的核心平台，集成了业务与财务数据、短期与中长期数据、预测与实际数据，推动战略目标实现。

（三）从战略到任务系统的内容框架

青山工业从战略到任务系统以全面预算管理为核心，由战略规划、三年预算、年度预算、"$N+3+X$"月度预算、目标与任务、项目管理、绩效管理、成本管理八大板块构成。从战略到任务系统分为战略目标分解的纵向贯通和管理工具的横向集成两个维度。从战略视角看，自上而下是战略目标分解落地的过程，自下而上是战略目标实现的过程。从战略到任务系统的内容框架如图13-2所示。

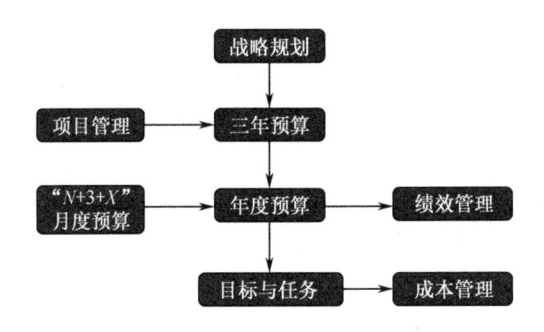

图13-2 从战略到任务系统的内容框架

系统内部模块之间的管理逻辑包括以下七个环节。

（1）战略规划→三年预算：战略目标向三年滚动预算分解。

（2）项目管理→三年预算：打通项目管理与三年滚动预算的关系。

（3）三年预算→年度预算：年度全面预算承接与分解三年滚动预算。

（4）年度预算→目标与任务：年度全面预算在部门内部的承接与分解，形成部门级的目标（KPI）与重点工作任务（GS）。

（5）年度预算→绩效管理：年度全面预算目标作为绩效评价的部分来源，减少过度依赖预算目标评价产生的不利影响。

（6）目标与任务→成本管理：成本中心的组织目标主要是成本管理，任务就是实现成本目标的路径，是业财融合实现的主要场景。

（7）"$N+3+X$"月度预算→年度预算："$N+3+X$"月度滚动预算的主要功能是发现年度全面预算目标实现的风险和机会，以有效应对外部环境变化。

（四）从战略到任务系统的创新点

1. 引入交互式预算理念，将其应用于战略实现场景

一方面，管理层以"战略课题研究"的方式将公司的战略目标、实现意图向下传达，共同探讨战略实现的路径。另一方面，管理层通过预算委员会频繁参与预算，对预算的编制、执行、反馈全过程实时跟踪，定期开会讨论预算的执行情况；对于未达到预算目标的项目重点关注，分析未达到预算目标的原因，共同商讨解决方法。

2. 预算的决策职能与控制职能实现分离

将预算的决策职能与控制职能分离，避免全面预算的计划与评价功能发生冲突的问题。从战略到任务系统不再将预算目标的完成情况直接作为绩效评价的依据，而是放松对预算目标完成情况的评价——减少 KPI 数量、取消 GS 评价、降低 KPI 考核权重、提高 360 度评价权重。当预算目标没有达成时，月度预算委员会不再评价并通报各部门预算目标的完成情况，员工关注的不是自己的业绩，而是集中于问题本身——为什么没完成既定的预算目标，问题在哪里，应该如何解决。

3. 强化"$N+3+X$"月度滚动预算的预警功能

从战略到任务系统采用"$N+3+X$"月度滚动预算，及时分析预测企业所处环境的变化，基于场景和规律进行数学建模，对关键预算指标设置预警值，及时发现环境变化带来的机遇与风险，使管理层能够快速调整资源配置、设立新的业务目标，以获取先机，保持竞争优势。

三、实践应用

（一）从战略到任务系统的纵向贯通

在纵向贯通维度上，包括从战略规划到三年滚动预算、从三年滚动预算到年度全面预算、从年度全面预算到目标与任务三条贯通路径。

1. 从战略规划到三年滚动预算

在实务中,青山工业将战略规划近三年的信息(包括 KPI 指标、重点工作等)作为三年滚动预算的基础,评估 KPI 目标的合理性,结合形势研判及公司未来面临的机会与风险等,将战略规划具象化到三年滚动预算。三年滚动预算对公司战略规划的有效承接在于强化战略规划的编制质量。在实务中,业务驱动财务(包括业务计划驱动业务目标)的因果关系难以明确,这是三年滚动预算无法有效承接战略的主要原因。对此,青山工业采取了以下做法。

(1)用平衡记分卡编制战略规划的指标体系。青山工业明确战略后,选取最能够体现公司战略意图的关键质量指标向下分解。在财务层面,选取利润总额、经营活动现金净流量衡量公司战略目标;在客户层面,选取变速器总成销量、市场开发项目计划完成率等支撑财务层面指标;在内部流程层面,选取量产产品准时交付率、质量体系建设达成率、PPM[①]达成率等因素支撑客户层面指标;在学习与成长层面,选取研发人员占比、"四化"人员占比、系统开发完成率等支撑内部流程指标。

(2)采用战略课题研究方式推进对重大战略问题的研究,为制订业务计划奠定基础。公司管理层通过这种方式将公司的战略目标、实现意图向下传达,上下共同研判外部形势的变化,探讨关键战略目标实现的路径,促进公司内部的交流沟通。

(3)确定驱动 KPI 的业务计划。战略规划目标需要有具体可行的业务计划支撑。对每个 KPI,分析讨论起关键作用的因素,结合部门职责和当期业务重点,将其具化为业务计划,引导员工关注当期工作的业务重点,以促进战略规划的落地实施。

2. 从三年滚动预算到年度全面预算

三年滚动预算在年度预算当年的信息是年度全面预算编制的重要来源。在三年滚动预算中,当年的目标是年度全面预算的控制性目标之一,当年的业务计划是年度全面预算配置资源的重要依据。

年度全面预算对三年滚动预算的承接在年度全面预算大纲编制中得以体现。年度全面预算大纲是年度全面预算编制的指导性文件,公司在编制年度全面预算大纲时,首先重点分析宏观经济形势和行业走势等外部因素对企业的机会与风险影响,其次分析公司内部能力与条件,最后结合三年滚动预算目标与兵器装备集团的要求,

---

① PPM 表示"百万分之几",在质量管理中表示不合格产品所占的比例。

提出预算编制纲领性要求和主要约束性目标与业务计划、资源配置的重点方向。年度全面预算大纲对预算编制的具体作用主要体现在目标、任务、资源配置三个方面。

青山工业 2021 年度全面预算大纲如图 13-3 所示。

2021年度全面预算大纲

- 外部环境
  - 国内外宏观经济形势展望
  - 财政/货币/利率政策
  - 大宗原材料价格
  - 汽车行业形势
  - 竞争对手
  - 客户
  - 总结——风险与机会

- 内部能力与条件
  - 市场开发
  - 产品开发
  - 产能
  - 供应商
  - 质量
  - 人力资源
  - 数字化
  - 总结——目标与能力水平

- 公司级预算假设
  - 产品销量及结构
  - 产能策划——基地/产线/人员

- 预算目标与要求
  - 兵器装备集团及中国长安要求
  - 公司三年滚动预算的目标与业务计划
  - 总结——年度全面预算目标/业务计划

- 预算编制的时间与要求

图 13-3　青山工业 2021 年度全面预算大纲

3．从年度全面预算到目标与任务

从年度全面预算到目标与任务的贯通包括三个层级的预算分解和编制，分别是公司级预算、预算中心级预算与预算中心内部的分解。

（1）公司级预算的编制，有以下两个方面的重点。

第一，采用交互式预算模式，通过高管频繁参与预算，和下属及相关部门进行交流和讨论，提高预算的灵活性和环境适应性。管理层定期参与决策过程，实时关注下层的预算执行反馈信息，集中精力于尚未实现的重要目标，根据环境变化及时审视并修改目标。青山工业公司级年度全面预算编制流程如图 13-4 所示。

第二，采用平衡记分卡，再次梳理年度全面预算目标体系。年度全面预算目标体系要体现"业务驱动业务、业务驱动财务"的思想，围绕年度全面预算最终财务目标进行分解。平衡记分卡在青山工业公司级年度全面预算中的应用如图 13-5 所示。

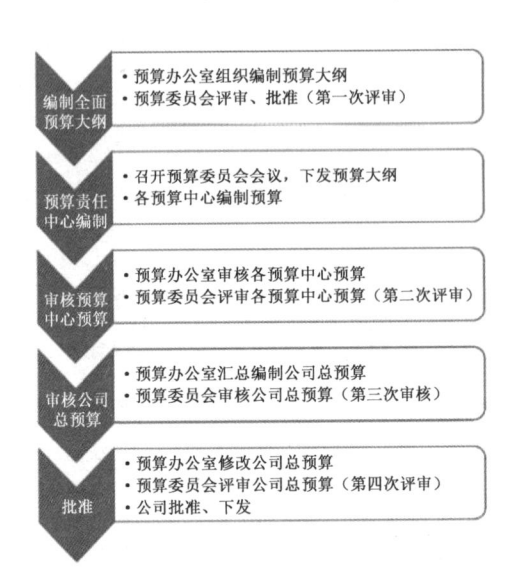

编制全面预算大纲
- 预算办公室组织编制预算大纲
- 预算委员会评审、批准（第一次评审）

预算责任中心编制
- 召开预算委员会会议，下发预算大纲
- 各预算中心编制预算

审核预算中心预算
- 预算办公室审核各预算中心预算
- 预算委员会评审各预算中心预算（第二次评审）

审核公司总预算
- 预算办公室汇总编制公司总预算
- 预算委员会审核公司总预算（第三次审核）

批准
- 预算办公室修改公司总预算
- 预算委员会评审公司总预算（第四次评审）
- 公司批准、下发

图 13-4　青山工业公司级年度全面预算编制流程

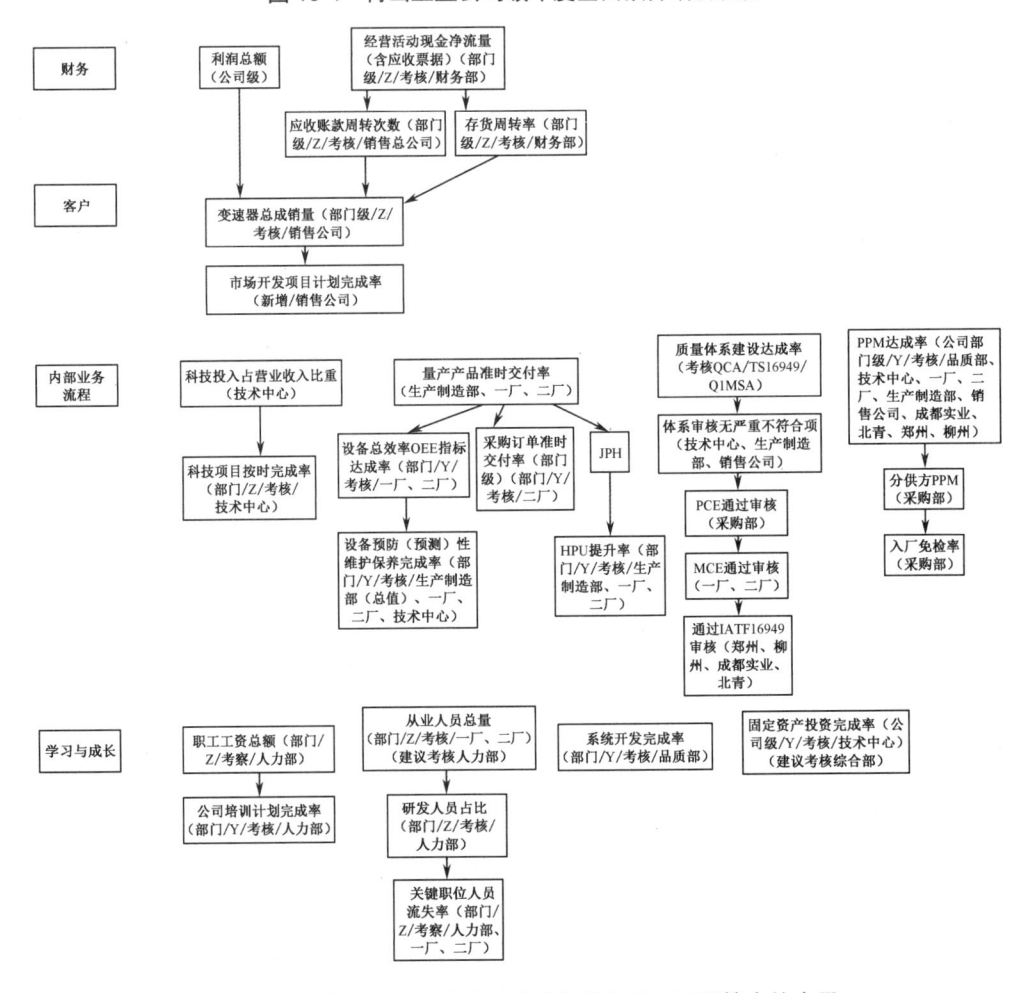

图 13-5　平衡记分卡在青山工业公司级年度全面预算中的应用

（2）预算中心级预算的编制。该层级的重点是明确预算假设和编制基础，采取基于战略、基于标杆、基于历史的"三基于"方法编制目标。青山工业预算中心级年度全面预算编制流程如图 13-6 所示。

```
全面预算    • 预算办公室下发全面预算大纲
大纲

预算假设    • 预算中心编制预算假设
           • 本预算中心面临的外部环境与条件、内部能力

业务计划    • 预算中心编制业务计划
           • 本预算中心的重点行动计划——"做什么"

业务预算    • 预算中心编制业务预算

财务预算    • 对多数预算中心而言，是成本费用预算
           • 对投资预算中心（投资项目组）而言，是资金预算

公司       • 预算办公室汇总编制公司总预算
总预算
```

图 13-6　青山工业预算中心级年度全面预算编制流程

预算办公室下发年度全面预算大纲后，预算中心从预算假设、业务计划、业务预算、财务预算四个方面编制预算。

① 预算假设包括公司外部环境的影响、公司内部其他预算中心的要求。例如，青山工业销售公司在编制预算时，主要的预算假设有销量预测与收入预测。销量是根据两方面的内容来预测的：一方面来自已量产的产品，已量产变速器的销量预测=变速器对应车型当年销量×车型增幅预测×青山工业变速器占车型的份额；另一方面来自新产品，在确定项目进入小批量生产阶段后，将新品变速器对应车型的规划销量、青山工业变速器占车型的份额及对比同类车型销量调整比例相乘，得到新品变速器的销量。收入预测则是根据客户的降价目标与市场竞争情况，结合青山工业的产品利润规划，得到目标价格，然后导入销量预测数据，将目标价格与销量预测数据相乘，得到年度收入预测。

② 业务计划的编制应有全局性，并且突出重点。预算中心应站在公司的高度去编制业务计划。表 13-1 所示为公司某预算中心的业务计划。

表 13-1　公司某预算中心的业务计划

主要工作	完成时间	责任人	资源配置				
			内容	支持部门	涉及投入	需求时间	其他
提高平顺化水平，提升生产效率	2021年2月15日	何　劲	完成新增11个检测线托盘投入，招标、实施、验收	综合部	固定资产	2021年2月20日	
人员优化	2021年4月10日	焦立伟	解决富余8人安置	人力资源部	人力资源	2021年4月20日	
扩能建设	2021年7月20日	谭小华	人员配置到位，增加6人	人力资源部	人力资源	2021年6月30日	

③ 业务预算。各预算中心基于业务计划编制业务预算，该预算是预算中心公司级的业务 KPI，是重点业务的主要目标。

④ 财务预算。该项预算实质是预算中心的成本费用预算、资金预算。

青山工业某预算中心预算编制如表 13-2 所示。

表 13-2　青山工业某预算中心预算编制

预算假设	业务计划	业务预算	财务预算
行业销量预计持平	老客户售后满意度改善	销量（万台）	驻点费用
			出场运费
主要客户新品集中上市	新品交付流程改善30%	新市场开发（万元）	新市场营销费用

各预算中心在编制年度全面预算的过程中，财务人员应全程参与，共同商讨支撑各项业务计划的作战计划，以及资源配置的合理性。具体而言，需要注意以下事项。

① 在制订作战计划时，要细化预算责任单元，突出预算的资源配置功能，增强部门间的协同，明确协同内容、单位、时间、资源投入等要素后，形成重点行动计划和资源配置计划。

② 在编制业务、费用预算时，可以基于作业基础管理、弹性预算等实现预算编制的精益化。结合成本动因，发现驱动成本的业务动因，实现基于业务的预算管控。

（3）目标与任务的编制，即预算中心内部的分解。该层级的编制重点是细化预算责任单元，分解预算中心预算，提出实现路径。具体做法是确定 KPI 年度目标实现路线图，实现 KPI 目标完成节点与业务计划的有机结合；分析 KPI 目标需要哪些具体可验证的业务计划来支撑，使 KPI 目标具象化。业务计划需要贴合实际，具有可执行性。

图 13-7 所示为青山工业变速器二厂的某项 KPI 与业务计划结合的路径图。为了达到 DF515 变速器的 R/1000@3MIS[①]目标值，变速器二厂分四个阶段制订详细的业务计划。从 2019 年 11 月至 2020 年 2 月，预测值出现了拐点。为了将故障率降低至 0.52，需要一些具体可验证的工作来支撑指标的实现。这些工作并非日常重复性的工作，而是关键、重点的工作。变速器二厂选择解决转速传感器故障分析及措施整改、四挡换挡故障分析及整改、前期售后问题回顾等作为支撑 R/1000@3MIS 实现目标值的主要工作。针对每项主要工作，有详细的作战计划支撑主要工作完成。例如，解决四挡换挡故障，就有三项具体可行的措施：故障变速器总成的快速返回、故障变速器总成原因分析及措施拟定、措施有效性验证及实施。

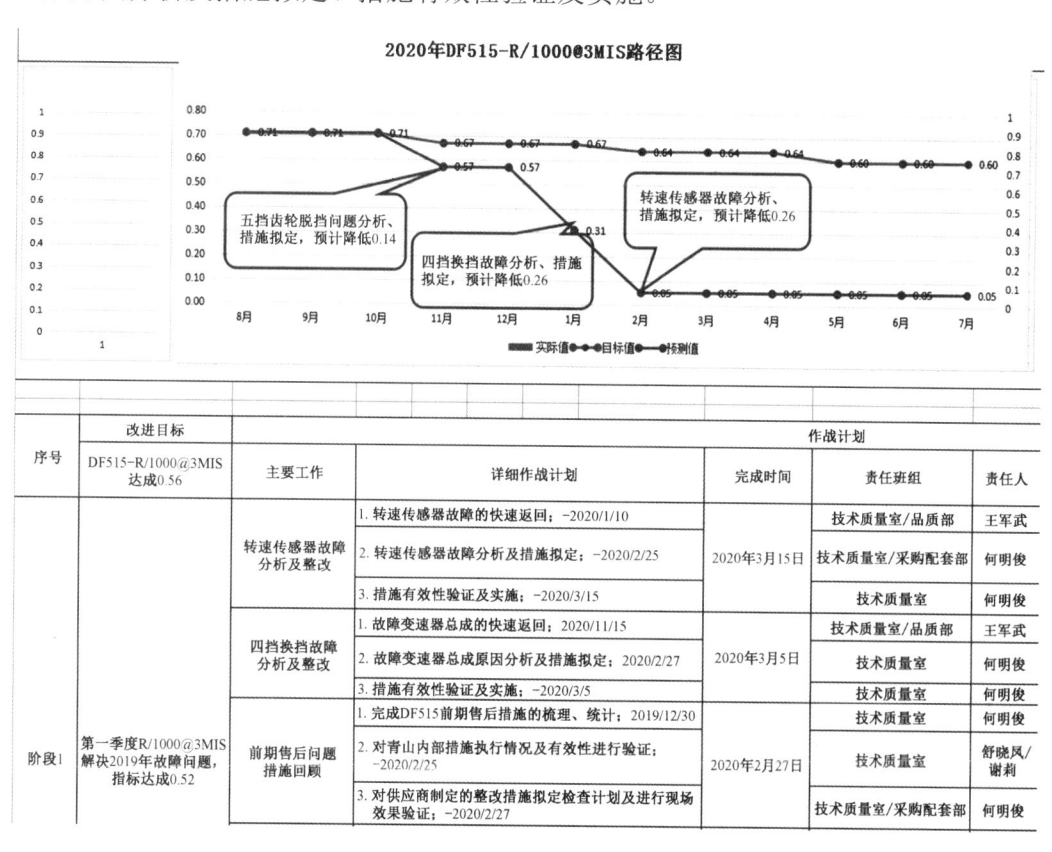

序号	改进目标	主要工作	作战计划			
	DF515-R/1000@3MIS 达成0.56		详细作战计划	完成时间	责任班组	责任人
阶段1	第一季度R/1000@3MIS 解决2019年故障问题，指标达成0.52	转速传感器故障分析及整改	1. 转速传感器故障的快速返回：-2020/1/10	2020年3月15日	技术质量室/品质部	王军武
			2. 转速传感器故障分析及措施拟定：-2020/2/25		技术质量室/采购配套部	何明俊
			3. 措施有效性验证及实施：-2020/3/15		技术质量室	何明俊
		四挡换挡故障分析及整改	1. 故障变速器总成的快速返回：2020/11/15	2020年3月5日	技术质量室/品质部	王军武
			2. 故障变速器总成原因分析及措施拟定：2020/2/27		技术质量室	何明俊
			3. 措施有效性验证及实施：-2020/3/5		技术质量室	何明俊
		前期售后问题措施回顾	1. 完成DF515前期售后措施的梳理、统计：2019/12/30	2020年2月27日	技术质量室	何明俊
			2. 对青山内部措施执行情况及有效性进行验证；		技术质量室	舒晓凤/谢莉
			3. 对供应商制定的整改措施拟定检查计划及进行现场效果验证：-2020/2/27		技术质量室/采购配套部	何明俊

图 13-7 青山工业变速器二厂的某项 KPI 与业务计划结合的路径图

---

① R/1000@3MIS：以 3 个月为考核期，销售出去的 1000 台变速器的故障率。

（二）从战略到任务系统的横向集成

从战略到任务系统横向集成了项目管理、绩效管理、成本管理等管理工具。

1. 从项目管理到三年滚动预算

新市场项目开发是企业战略目标实现的重要支撑，需要提前策划，但汽车传动系统新市场开发周期较长，所以需要将项目管理与三年滚动预算流程贯通，以便发现三年滚动预算实现的机会与风险。

青山工业基于从战略到任务系统横向集成的落地实施，使上述问题得到了解决。

（1）项目管理流程与（对市场部门的）绩效管理流程贯通，两个流程共享一套数据。这个过程需要借助项目管理系统与绩效管理系统的对接，绩效管理系统直接从项目管理系统中的绩效考核结果中取得数据，项目管理的绩效考核在对员工的绩效考核结果中占据30%的比例。

（2）项目管理流程与三年滚动预算流程贯通，根据"存量市场预期销量+增量市场预期销量=三年滚动预算销量预测"的公式，在三年滚动预算中涉及项目的部分可以从项目管理系统中的项目概算模块数据直接导入，系统对导入的存量市场预期销量与增量市场预期销量求和，得到三年滚动预算的预测销量，由此倒推出每一年度市场开发目标，为年度全面预算承接三年滚动预算打下了基础。

从项目管理到三年滚动预算需要对产品项目进行全生命周期管理。根据全生命周期理论，项目被分为开发阶段、新品阶段、量产阶段、退出阶段，在不同的阶段关注的重点不同，财务政策也有所不同。在项目开发阶段，需要重点关注研发投入，投入足够的研发成本研究改善产品结构性能，从而降低产品的生产成本；在项目的新品阶段，应聚焦如何设计成本目标达标的问题，将变动成本和固定成本控制在怎样的水平，达到目标的项目级利润；在项目的量产阶段，需要重点关注产品的成本优化，特别是控制增量固定成本，利用大规模的产品生产摊薄固定成本；在项目的退出阶段，获取足够的项目利润后，企业需要选择合适的时机撤出资源，避免造成亏损。

青山工业产品项目全生命周期管理主要通过项目损益表等工具实现，图13-8所示为项目损益表。

项目损益表-××市场（××产品）

			新品阶段	量产阶段				
			SOP时间	SOP一年	SOP二年	SOP三年	SOP四年	SOP五年	备注
		SOP时间	2020年11月30日						
		销量规划		500.00	30000.00	30000.00	25000.00	15000.00	销售总公司输入
		售价	1250.00	1250.00	1237.50	1225.13	1212.87	1200.75	销售总公司输入
变动成本	材料费	材料成本	1030.83	1030.83	1020.53	1010.32	1000.22	990.22	根据对比测算
		包装费	2.89	2.89	2.86	2.83	2.80	2.78	制造、财务共同测算
	加工费	车间人工成本	63.43	63.43	62.16	60.92	59.70	58.51	参照类似产品测算
		制造费用-低值易耗品	0.53	0.53	0.52	0.51	0.50	0.49	参照类似产品测算
		制造费用-机物料消耗	2.73	2.73	2.68	2.62	2.57	2.52	参照类似产品测算
		制造费用-燃动	1.98	1.98	1.94	1.90	1.86	1.83	参照类似产品测算
		制造费用-其他可控制造费用	3.56	3.56	3.49	3.42	3.35	3.28	参照类似产品测算
		制造费用-内部配送费	13.79	13.79	13.51	13.24	12.98	12.72	参照类似产品测算
	销售	销售费用-外部质量损失	8.75	8.75	8.66	8.58	8.49	8.41	参照类似产品测算
		销售费用-运输	3.60	3.60	3.60	3.60	3.60	3.60	制造、财务共同测算
		销售费用-仓储	3.02	3.02	0.31	0.31	0.31	0.31	参照长安市场当前水平
边利		边利额	114.89	114.89	117.24	116.87	116.49	116.10	
		边利率	9.19%	9.19%	9.47%	9.54%	9.60%	9.67%	
增量固定成本	折旧	项目投资	0	0	0	0	0	0	考虑项目投资总额
	项目费用	人工	200000.00	0.00	0.00	0.00	0.00	0.00	考虑项目团队专职人员
		技术服务费	0	0.00	0.00	0.00	0.00	0.00	来源于项目费用预算
		样机费	5000.00	0.00	0.00	0.00	0.00	0.00	来源于项目费用预算
		A样工装费用	0.00	0.00	0.00	0.00	0.00	0.00	来源于项目费用预算
		产品开发费（模具）	370000.00	0.00	0.00	0.00	0.00	0.00	来源于项目费用预算
		试验工装费	5000.00	0.00	0.00	0.00	0.00	0.00	来源于项目费用预算
		协作费	3650.00	0.00	0.00	0.00	0.00	0.00	来源于项目费用预算
		运输费	1200.00	0.00	0.00	0.00	0.00	0.00	来源于项目费用预算
		差旅费	7000.00	0.00	0.00	0.00	0.00	0.00	来源于项目费用预算
		改造生产线工装费	0	0.00	0.00	0.00	0.00	0.00	来源于项目费用预算
		开发损失费	0	0.00	0.00	0.00	0.00	0.00	来源于项目费用预算
		委外试验费	0	0.00	0.00	0.00	0.00	0.00	来源于项目费用预算
		整车专项费	0	0.00	0.00	0.00	0.00	0.00	来源于项目费用预算
项目级利润		项目级利润额（元）					11,142,711.85		
		项目级利润率					9.07%		

图 13-8 项目损益表（截图）

2. 从年度全面预算到绩效管理

学术界有学者提出，放松对预算完成率的考核能够减少预算博弈，提高预算亲和力。预算指标与目标的设立，核心应该是在企业经营、投融资等过程中优化资源配置与控制风险（汤谷良，2019）。因此，在从年度全面预算到绩效管理贯通的过程中，应避免将预算与业绩评价直接挂钩，而是引导预算编制人员将目光聚集在对业绩的持续改进上。

以往绩效管理工作存在着诸多弊端。例如，将预算作为绩效评价的标杆，预算与业绩之间联系过于紧密，导致在预算管理中常见的预算"说谎"和相互推诿责任等问题，加大了部门之间的鸿沟；将业务核心放在业绩考核，而非业绩持续改善上，顾此失彼，同时遏制了企业创新。

针对上述问题，青山工业根据从战略到任务系统横向集成的思想，采取了以下措施。

（1）放松对预算目标完成情况的评价。其具体表现为：减少 KPI 数量、取消重点工作内容评价、减少 KPI 考核权重、提高 360 度评价权重（原对中层干部绩效考核 65%，360 度评价 10%，现分别改为 55%、30%）。青山工业近几年 KPI 数量变化如图 13-9 所示。

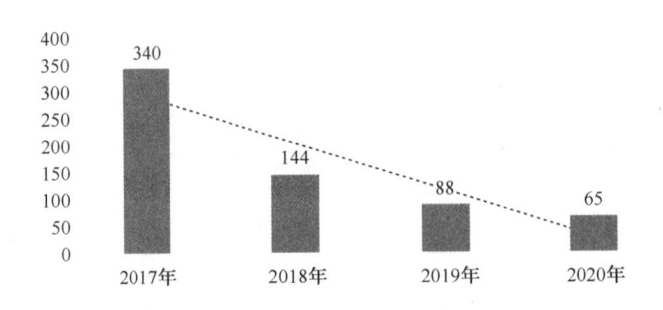

```
400 ┐
350 │ 340
300 │
250 │
200 │      144
150 │             88
100 │                   65
 50 │
  0 └────────────────────
    2017年  2018年  2019年  2020年
```

图 13-9　青山工业近几年 KPI 数量变化（单位：项）

（2）重视绩效评价的个性化。根据部门的业务性质制订个性化的绩效评价方案。青山工业绩效考核规则（列举）如图 13-10 所示。

考核规则

考核规则：为了充分考虑指标难易程度，部门 GS 或 KPI 对公司整体经营的影响，考核结果更加公平，特制定：
1. 部门考核得分 = KPI 考核得分 × KPI 占比 + GS 考核得分 × GS 占比
2020 年各部门 KPI 及 GS 占比方案如下：

部门	KPI占比	GS占比
成都实业、北青公司、重庆销售、郑州青山、机具公司	80%	20%
变速箱一厂、变速箱二厂、研究院、生产制造部、品质部、采购配套部	60%	40%
财务会计部、人力资源部、综合部、审计与风险部、纪检部、党委工作部	50%	50%

注：如果某单位某个期间无 GS，则 KPI 占比为 100%；反之同理。

2. KPI 考核得分计算
KPI 考核得分 = ∑ 一级指标得分 × 权重注：若一级指标下包含多个二级指标，则一级指标得分 = 完成二级指标

3. GS 考核得分计算
GS 考核得分 = 完成 GS 个数 ÷ GS 总数

4. 特殊指标

序	指标名称	责任单位	单位	目标值	考核细则		
一、下限类 X = 完成值/目标值							
						完成率	
	配套件采购降成本额	采购配套部	万元		少一个百分点扣0.7分	100.00	多一个百分点加1.2分
	项目定点	销售总公司	万元		少一个百分点扣0.7分	100.00	多一个百分点加1.2分
	开源（政府补助）	综合部	万元		少一个百分点扣0.7分	100.00	多一个百分点加1.2分
	经营活动现金净流量	财务会计部	万元		少一个百分点扣0.8分	100.00	多一个百分点加1.2分
二、上限类 X = 2 −（完成值 ÷ 目标值）							
						完成率	
	销售降价损失	销售总公司	万元		少一个百分点加1.2分	100.00	超一个百分点扣0.7分
	逾期货款	销售总公司	万元		少一个百分点加1.2分	100.00	超一个百分点扣0.7分

图 13-10　青山工业绩效考核规则（列举）

（3）月度预算委员会不再评价通报各部门 KPI 或者重点工作内容完成情况，不再批评或表扬，而是重点发现绩效计划执行的问题，共同探讨改进路径。

从全面年度预算到绩效管理需要借助预算管理系统与绩效管理系统的对接，绩效管理系统能够有效反映业务的预算执行情况。在对员工的绩效进行考核时，需要

从预算系统中的预算执行结果模块提取数据，并对员工预算目标的执行结果进行客观分析，赋予其一定比例，结合项目管理系统中的绩效考核结果与 360 度综合评价等因素，综合计算得出员工的绩效评价结果。青山工业绩效管理系统框架如图 13-11 所示。

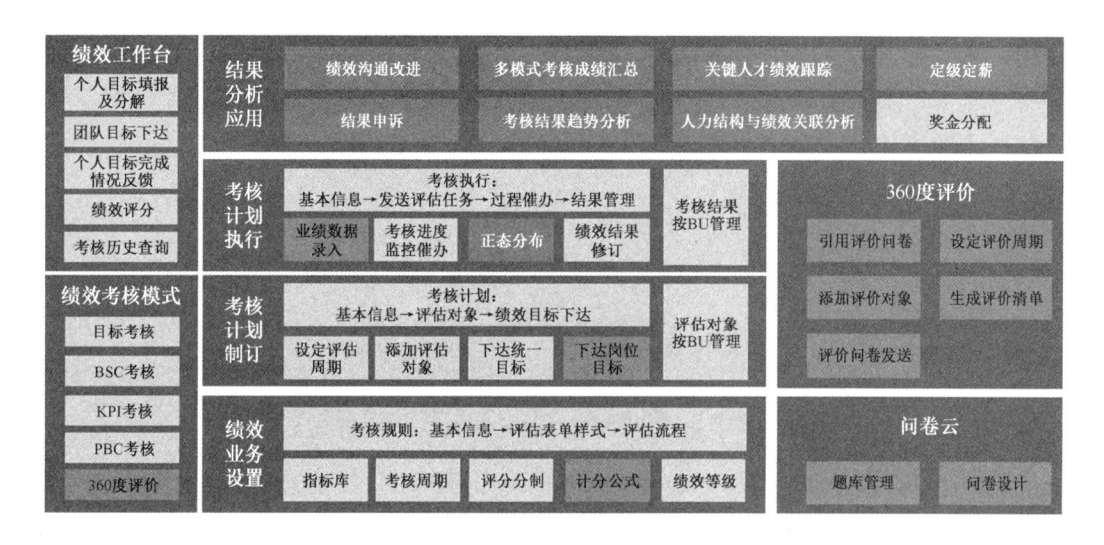

图 13-11　青山工业绩效管理系统框架

3．从目标与任务到成本管理

从目标与任务到成本管理的横向集成是实现业财融合的主要场景，成本中心的目标主要是组织成本管理的目标，任务就是实现成本目标的路径。下面是青山工业从目标与任务到成本管理实现横向集成的做法。

（1）采用业财融合的成本管理模式，重点是会计师与工程师高度协同配合。其中，会计师的优势在于掌握数据的全面性。在业务过程中，会计师采用标杆管理等方法，分解成本目标，使用作业成本管理等工具明确驱动成本的业务动因，提出实现成本目标的路径，推动重点成本项目达成目标；而工程师的优势在于了解业务，负责按成本管理路径落实成本管理措施。

（2）每个产品项目都会配备产品开发财务经理，重点业务部门配备业务财务人员。青山工业采取强矩阵式项目管理，分为管理和汇报层级，在项目履职过程中逐级开展工作。在项目中，财务专员主要负责项目的目标成本下达及跟踪管理、产品项目总体投资费用分析、产品项目各阶段成本测算、财务板块转段评审等工作。同时，采用双重汇报机制，财务专员主要向项目总监汇报，其次对财务部门领导负责。财务人员深入业务前端，运用数据分析，提供业务决策支持，实现目标任务、资源配置和成本管控的结合。青山工业研发财务人员深入业务参与产品开发流程如图 13-12 所示。

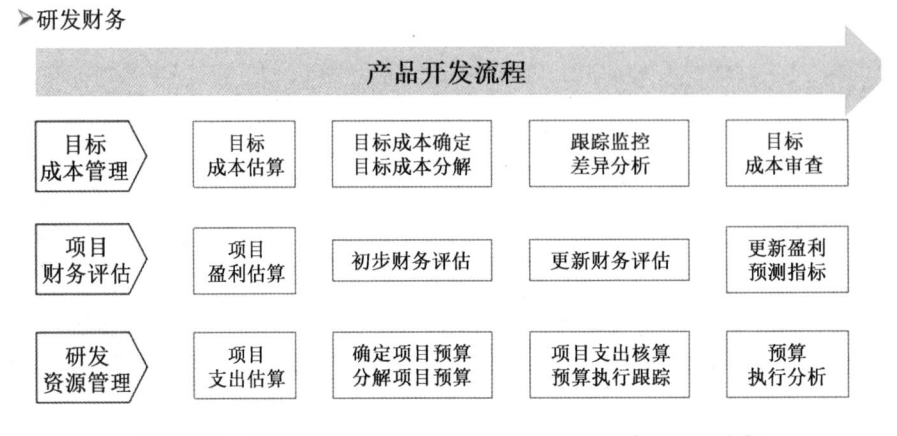

➤ 研发财务

产品开发流程				
目标成本管理	目标成本估算	目标成本确定 目标成本分解	跟踪监控 差异分析	目标成本审查
项目财务评估	项目盈利估算	初步财务评估	更新财务评估	更新盈利预测指标
研发资源管理	项目支出估算	确定项目预算 分解项目预算	项目支出核算 预算执行跟踪	预算执行分析

图 13-12 青山工业研发财务人员深入业务参与产品开发流程

4. 从 "$N+3+X$" 月度滚动预算到年度全面预算

从 "$N+3+X$" 月度滚动预算到年度全面预算横向集成体现在及时揭示完成预算目标的风险和机会，提升对经济形势的预判和应对能力。汤谷良指出，滚动预算及预测的重要任务就是对外部动态环境带来的风险和机遇进行追踪和预测，为领导层提供动态审视战略的依据，通过预测发现的风险和机会及时触发情景分析，从而快速调整、分配企业生产运营活动所需的资源，动态调整绩效目标，确保目标实现。因此，"$N+3+X$" 月度滚动预算的作用是发现年度全面预算目标实现的风险和机会，使管理层对历史信息的滞后决策有机会转变为基于预测的前瞻决策。

在具体实施中，青山工业对滚动预算预测结果低于年度预算目标的，要求说明原因，提出追赶措施；对预测结果等于年度目标但实际未完成的，重点考核。预测的主要手段有作业基础、弹性预算、基于场景的数学建模等。例如，青山工业采用数学建模方法对销量滚动预算进行预测。统计乘用车行业过去五年的每月销量，剔除一些突发事件和偶然性因素的影响，进行回归分析，得到乘用车行业的销量季节偏离度模型。将 "$N+3+X$" 月度滚动预算预测的每月销量偏离度与模型对比，以此发现年度全面预算目标实现的风险和机会。青山工业销量季节偏离度模型比较如图 13-13 所示。从图 13-13 可以看出，青山工业的销量季节偏离较大的月份在 12 月，有较大风险。经了解，青山工业 12 月并没有新品上市，是销售部门在前期销量预计低于预算的情况下，仍然预计全年能够完成预算销量目标所致。因此，管理层要求销售部门制订切实可行的追赶计划并细化落实。图 13-14 为青山工业 2019 年 4 月初编制的月度"$N+3+X$"滚动预算与 2019 年度全面预算销量预测的比较模型，在 12 月呈现出"剪刀差"，这与公司销售季节偏离度模型的结果是吻合的。

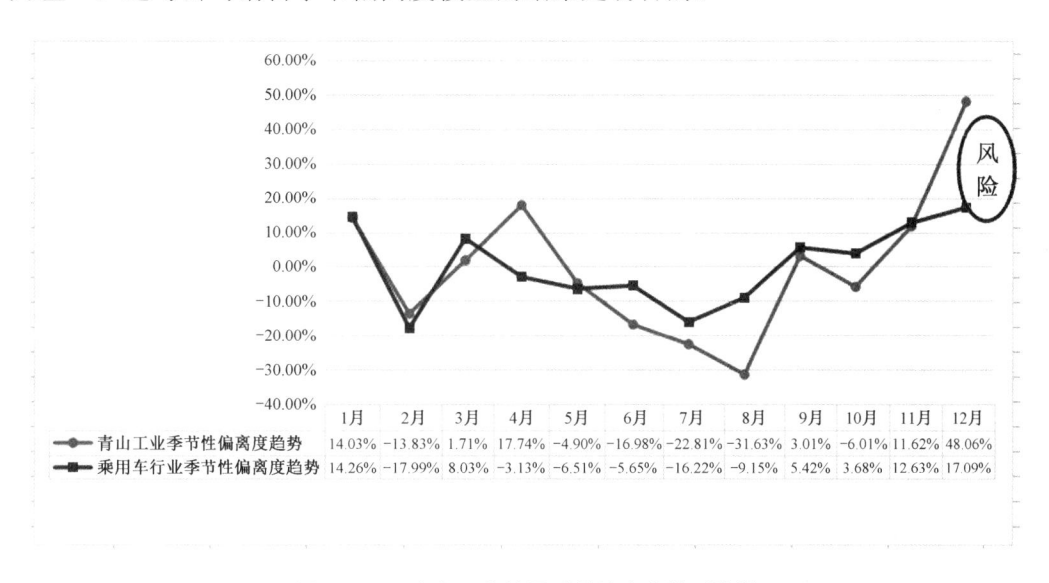

	1月	2月	3月	4月	5月	6月	7月	8月	9月	10月	11月	12月
青山工业季节性偏离度趋势	14.03%	-13.83%	1.71%	17.74%	-4.90%	-16.98%	-22.81%	-31.63%	3.01%	-6.01%	11.62%	48.06%
乘用车行业季节性偏离度趋势	14.26%	-17.99%	8.03%	-3.13%	-6.51%	-5.65%	-16.22%	-9.15%	5.42%	3.68%	12.63%	17.09%

图 13-13　青山工业销量季节偏离度模型比较

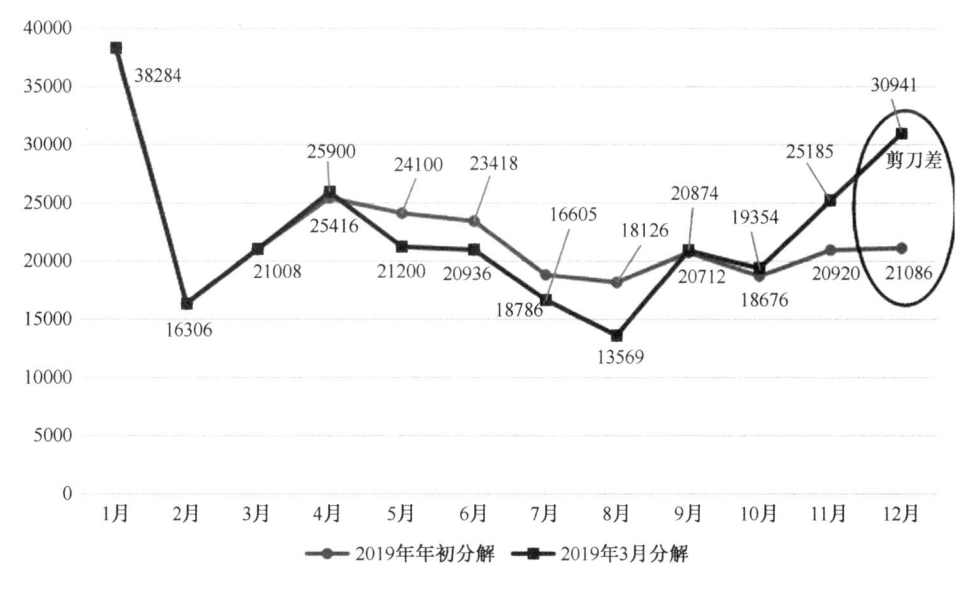

图 13-14　青山工业 2019 年 4 月初编制的月度"$N+3+X$"滚动预算与 2019 年度全面预算销量预测的比较模型

四、实施成效

青山工业贯彻实施以全面预算管理为核心的从战略到任务系统，不仅确保了战略的落地，而且能够根据外部环境变化及时调整、分配资本支出和运营活动所需的资源，建立新的绩效目标。青山工业运用从战略到任务系统已经初步取得一定成效，主要体现在以下三个方面。

（一）经营质量持续改善

从战略到任务系统通过从战略规划到目标与任务的纵向贯通，项目管理、绩效管理、成本管理等工具的横向集成，使公司实现资源合理配置，作业高效协同，战略有效贯彻，经营质量持续改善，价值创造稳步增加。自 2020 年以来，青山工业双离合变速器产品销量稳步提升，2021 年销量实现 61 万台，同比增长 55.13%，经营性利润率同比提升 1.73 个百分点，成本费用占比同比降低 1.73 个百分点。

（二）部门间的沟通协调明显增强

青山工业减少 KPI 考核数量，增加主观评价部分，并且根据公司内部和外部环境变化，针对不同业务性质部门制定个性化的绩效评价指标。这一措施增强了公司部门之间的沟通交流，促进部门协同，加深了部门和员工对经营目标和工作任务的理解和认同，后续工作的开展更加高效顺畅。因此，青山工业业务运行的流程效率得到明显提升。从图 13-15 可以看到，青山工业 2021 年从第一季度到第四季度的流程效率逐月提高。

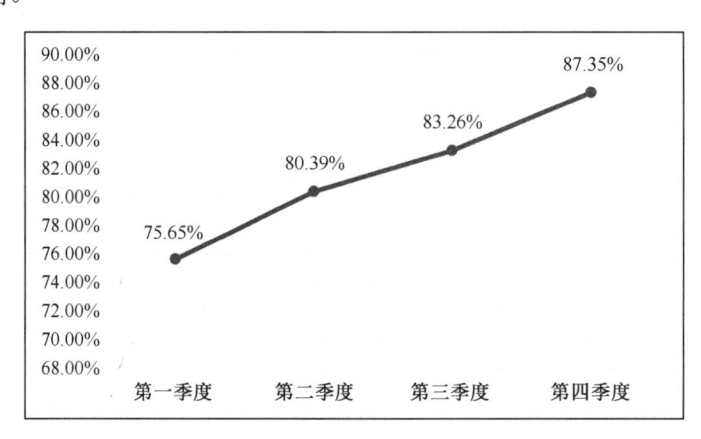

季度	流程效率
第一季度	75.65%
第二季度	80.39%
第三季度	83.26%
第四季度	87.35%

图 13-15　青山工业 2021 年从第一季度到第四季度流程效率趋势

（三）高素质人才队伍建设持续加强

在构建从战略到任务系统的过程中，财务人员通过理论与实践结合、与外部专家沟通讨论等方式，能力水平和知识结构得到进一步优化，高素质人才队伍不断壮大。目前，财务人员本科学历以上占比 90%以上，研究生学历占比约 20%，高级和中级会计师合计占比约 40%，同时拥有注册会计师、注册税务师、注册管理会计师等高层次人才。

五、总结启示

（一）从战略到任务系统实施的基本条件

要保证以全面预算为核心的从战略到任务系统精准落地实施，企业需要具备以下基本条件。

1. 具备与系统落地相适应的组织机构

实施从战略到任务系统，企业需要具备相应的组织机构。青山工业的财务经营部下设预算管理室、产品开发财务室、业务财务室和会计室四个内设机构。预算管理室在系统中的定位是公司价值创造的推动者，以全面预算管理深入企业经营管理循环。产品开发财务室和业务财务室在系统中的定位是成本领先战略的推动者，主要负责搭建公司成本领先战略体系，协同产品项目组及业务单位推动目标任务实现。会计室在系统中的定位是财务信息化的支持者，主要负责财务核算信息化及会计共享服务中心建设，以及集成业务系统数据等工作。

2. 形成完备的业务流程管理流程

为了提升各部门的工作效率，保证战略的顺利实施，企业需要立足流程管理，实现全业务的流程化运作。青山工业主要以从采购到付款（PTP）、从订单到收款（OTC）、从核算到报表（ATR）三大核心流程进行专业化分工，打破了传统的根据地域分布、子公司布局进行分工的工作模式。在每个流程中，不同的岗位负责处理所有子公司的若干业务节点，能够更好地进行会计处理的业务对标和持续优化。围绕业务进行统一的流程管理，将业务流程固化，有利于打破部门间的壁垒，进一步提升工作效率，实现企业战略目标。

（二）从战略到任务系统实施的关键因素

1. 以服务战略为核心

在从战略到任务系统中，战略既是整个系统的出发点，也是落脚点，终极目标是推动战略落地。不断变革的数字化时代要求企业必须以服务战略为中心，紧紧围绕战略开展生产经营活动，重视对于内部和外部环境的研判，提升企业的风险规避能力，强化战略在全面预算中的支撑作用。

2. 强化业财融合思维

要推动战略任务落地，业财融合理念贯穿各业务价值链环节是关键。财务人员需要深入业务本身，从财务角度，利用财务管理方法优化各业务单位的资源配置，识别在战略目标落地过程中存在的问题及风险，协同业务单位纠偏及改善，最大化地发挥战略目标达成的推动作用。

（三）未来展望

由从战略到任务系统衍生出来对于未来发展的思考，主要有以下两个方面。

1. 加强从战略到任务系统的信息化建设

目前，青山工业从战略到任务系统的信息化程度还不够高，在今后的发展中可以从以下三个方面进一步改善。

（1）加快财务核算、人力资源管理、项目管理等系统的集成，形成数据中台，为全业务数据抓取提供基础。

（2）着手加强战略规划与信息化系统的协同度，在每个信息化子系统中，引入战略规划板块，完成战略规划与全面预算的内在逻辑在信息化系统中的搭建。

（3）优化信息系统的数据分析功能，将预算管理员从"数据海"中解救出来，为公司高层提供决策支持。

2. 加快财务管理转型升级的步伐

财务转型进入快车道，财务管理向业务财务、共享财务和战略财务转型成为企业界共识。企业需要以创新驱动加快财务管理转型升级的步伐，可以从以下两个方面加快财务管理转型升级。

（1）加强财务团队建设。加大对高层次人才的引进力度，特别是既懂财务又懂业务的复合型人才；建立人才流动机制，鼓励业务人才流动到财务团队中。

（2）加强业财一体化建设。发挥业务财务作为财务管理前台的作用，向上承接战略目标，向下推动产品级、部门级目标任务达成。

案例二 长江电工——制造型企业全面预算信息化建设提升企业管理水平

一、背景描述

（一）企业基本情况

重庆长江电工工业集团有限公司（简称"长江电工"）创建于1905年4月，隶属兵器装备集团，是大型国有多品种大批量传统制造企业，也是国家批准保留军品生产能力的骨干企业之一，同时也是近代重庆市第一家工业企业，一直居重庆市工业企业百强。经过多年的发展，长江电工已成为国家特种产品生产的定点企业，拥有重庆、宜宾两大加工制造基地，产品主要有特种产品、汽车零部件、金属材料、紧固器材四大系列共60余个品种，其中主要特种产品及其生产工艺设备的研发投入与生产一直处于国内领先水平，拥有一支实力雄厚的科研、产品开发队伍。

长江电工始终牢记"强军报国、强企富民"的历史使命，以"同舟共济、自强不息"的长江精神，始终坚持"诚信、务实、创新、和谐"的企业价值观，做到"员工满意、客户满意、合作者满意、社会满意、股东（国家）满意"，为打造"世界一流科技创新型弹药企业"奋力拼搏。近年来，长江电工按照国家战略及政策的要求，积极调整企业战略及方针，按时保质完成任务，通过抢抓机遇、开拓市场、创新技术、抓实党建、深化改革等多方面举措，发展方式由规模高速增长向高质量发展转变，向成为"世界一流科技创新型弹药企业"这一愿景迈出坚实的步伐。

（二）企业管理现状与问题分析

当今的市场环境更加开放，更加复杂，给企业带来了越来越大的竞争压力，企业必须建立一个将战略目标迅速转化为执行能力的管理体系，以应对瞬息万变的内部和外部环境，全面预算管理正是这样一个连接战略管理与战略执行的管理工具。全面预算需要有一个运行平台，利用信息系统平台可实现全面预算的高效化，从而使全面预算的作用得到完全发挥。长江电工从2016年开始在企业积极推行兵器装备集团财务管理战略,由于全面信息化管理系统建设花费较大、人才培养难度较高等原因,公司对建立和完善管理信息化系统的主动性不强,对于财务数据的分析和归集仍然需要人工核算,不利于效率的提高。公司要想在实际操作过程中将全面预算管理信息化管理作为常用的管理工具,在各个方面为量化目标提供数据支撑和覆盖运营工作还有待完善。

(三)选择全面预算信息化管理的主要原因

1. 确保精细化过程管理,是提升全面预算管理效率的必然选择

在我国经济转型的背景下,越来越多的企业开始采用预算管理软件、成本软件、管理会计报告和分析软件来加强自身对管理会计工具和方法的应用,许多企业开始提出建立"会计信息化体系"的概念。同时,越来越多的单位意识到自主研发管理会计系统的重要性和必要性。全面预算管理作为企业全周期管理的重要工具,涉及企业经营管理的方方面面,通过对内部和外部环境的充分分析,并结合企业战略发展目标,制定预算整体目标。全面预算有复杂的表格体系,将企业各项经营管理活动表格化和数据化,其使用的数据量非常巨大,需要企业将全面预算系统化、信息化,以提高管理效率。

2. 确保高效协同管理,是存储全面预算管理有效数据的必然选择

全面预算是企业各项经济活动的数据化结果,会存储大量的数据,需要建立全面预算信息化系统,通过有效的硬件设施应用,将数据存储并进行备份,对于企业未来进行历史数据查询和管理产生重要的作用。"工欲善其事,必先利其器",在信息时代,企业要高效开展全面预算管理工作,必须打造利器,这个"器"就是信息技术,而信息化是支持全面预算管理落地,支撑全面预算管理功能发挥和价值实现的重要手段和推动力量。加强预算管理在企业中的应用,一方面需要信息具有及时性,甚至要求做到实时性,使决策者能够随时掌握企业当前的状况;另一方面需要信息具有集中度,能够有效整合和科学分析大量的财务和非财务信息,这就必然需要通过信息化来实现。

3. 确保战略目标落地,是提升全面预算管理质量的必然选择

全面预算对于企业而言是管理水平与质量不断提升的工具,全面预算信息化建设是将企业全面预算程序化、系统化,将数据纳入全面预算管理,并将全面预算控制

执行制度系统化，进而不断提升企业全面预算管理质量。同时，企业战略规划只能解决确立目标的问题，无法解决目标落地的问题。企业需要运用全面预算管理信息化管理这个工具，对资金、信息、业务等进行整合评估，对权力进行分授、对业绩进行综合评价，将中长期战略目标分解到具体年度，进而将年度目标与各项业务工作有机结合，使战略目标落到实处并成为资源配置的指挥棒，达到创造价值的目的。

二、总体设计

（一）全面预算信息化系统建设目标

1. 实现流程规范化

通过建立预算编制、预算审核、预算分解、预算执行、预算控制、预算调整等各环节的标准运作流程图，明确各部门的工作职责、业务流程、工作流程，通过信息化手段把相关制度和规定嵌入程序，从而规范各项具体操作步骤、操作人及操作内容，增强各项业务规范化操作流程，实现预算管理各环节标准化操作。

2. 实现控制程序化

通过信息化集成，执行过程自动检索预算、资金计划、预算执行情况等相关信息，对超预算执行情况进行预警提示，有利于提前控制，实现事前控制，将管控前移。

3. 实现信息协同化

通过预算目标的确定、预算过程的控制、预算执行的考核分析等活动，合理分配资源，实现经营业绩指标及企业管理目标。同时，通过信息化集成，打破全面预算系统与其他业务系统、核算系统之间的"信息孤岛"，实现预算数据与实际数据的及时、高效互动，充分共享。

4. 确保考核透明化

利用全面预算信息化系统，建设相应考核制度，匹配符合企业经营管理需求的考核指标体系；通过对预算执行情况的数据提取，实现预算执行与考核的联动，确保战略目标的有效落地。

5. 确保管理科学化

运用信息化系统的多维数据，将预算控制嵌入业务流程，高效整合企业大数据资源，合理分配企业各类资源，实现企业科学化管理，提升企业全面预算管理质量。

（二）总体思路

全面预算信息化建设基于企业业财一体信息化建设的推进，将全面预算信息化系统建设作为重点项目，选用浪潮 GS 管理软件作为信息化工作平台，完整描述了企业从零信息化基础编制预算到建立整套集业务预算、资本预算、薪酬预算、财务预算于一体的全面预算信息化系统，将预算管理职能和各部门的业务活动联系起来。同时，与物流系统、核算系统、成本管理系统、网报（网上报销）系统、合同管理系统衔接起来，构成一个完整的信息决策支持系统，促进技术、业务与财务的交汇融合，有效提升企业管控决策质量，助推企业发展战略领先，提升企业管理水平，确保企业各项战略目标的实现。本次建设的全面预算信息化系统，是对预算目标确定与下达、预算编制与审批、预算执行与控制、预算分析与考核决策等多方面活动进行管理的一套完整的预算管理体系，属于业财一体信息化建设的基础内容。

长江电工预算管理体系总体思路如图 13-16 所示。

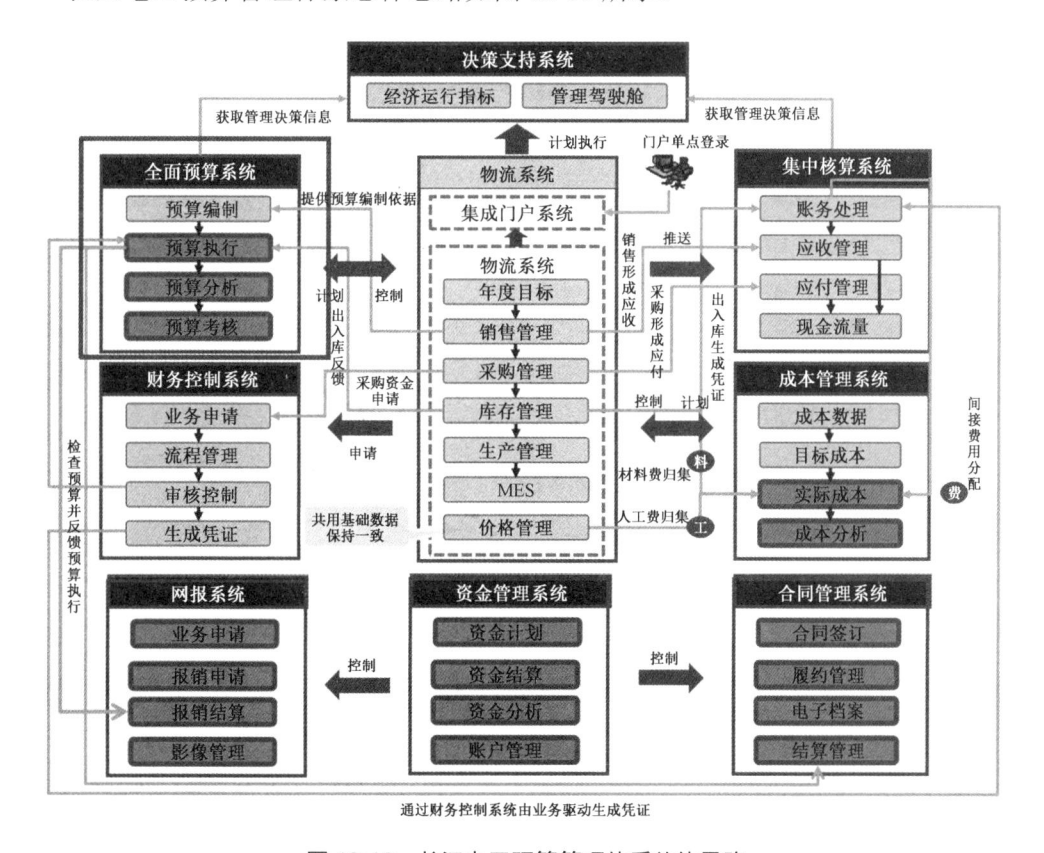

图 13-16　长江电工预算管理体系总体思路

（三）内容及创新

全面预算管理是企业对经营活动、投资活动、财务活动进行资源分配的预算安排，是一种全方位、全过程、全员参与的管理模式，通过运用信息化平台，建立一套操作性强、切实可行，又承载着精细化全面预算管理思想的管理系统。长江电工全面预算信息化系统是集团公司将企业作为试点单位进行建设的重点项目，完整描述了企业从零信息化基础编制预算到建立整套集业务预算、资本预算、薪酬预算、财务预算于一体的全面预算信息化系统，并将其他管理会计工具整合其中，促进了技术、业务与财务的交汇融合，提升了企业管理水平，确保了企业各项战略目标的实现。

（1）创新使用全面预算信息化系统，为企业管理会计实践提供了新的思路和方法。长江电工在没有标杆牵引和体系复制的背景下，以自身管理需求为出发点，因势利导、循序渐进地利用信息化平台，进而融合其他管理会计工具，建立一套完整的全面预算管理系统，取得较好的运用效果。

（2）创新使用全面预算信息化系统，财务部门在管理会计实践中的责任得到更全面的诠释。全面预算是系统的、全方位的预算，只有业务部门参与其中，形成系统合力，全面预算才能顺利、有效地实施，做到全员参与。

（3）创新使用全面预算信息化系统，管理会计发展得到了持续改进和不断推动。长江电工在实施过程中自觉进行了持续改进，坚持贯彻"实施—发现短板—改进—再实施"的实践思路，在企业形成信息化预算文化，全面预算信息化系统在经营目标规划、过程控制、业绩评价等多个方面发挥了不可替代的作用。

三、实践应用

企业以价值链为目标建设全面预算体系，将价值增值观念贯穿企业经济活动的每个环节，通过研究企业价值链的构成，确定采购、生产、销售等整个业务流程及产品开发管理、技术管理、行政管理、财务管理、人力资源管理等各环节、各阶段价值增值的可能性，并在此基础上编制预算，在预算流程规范化的前提下，进行全面预算系统的建设。以价值增值为目标的全面预算体系如图13-17所示。

（一）组织机构及参与人员

长江电工设立全面预算管理委员会，由总经理任委员会主任，由总会计师任副主任，其他公司副职领导任委员会成员。预算管理委员会是预算管理最高权力机构。预算管理委员会下设预算管理办公室，由财务资产部负责人任办公室主任，战略规划、人力资源、制造保障、科技质量、党群工作等业务部门负责人为办公室成员，各单位指定一名兼职预算员负责本部门责任预算的编制与分析，从人员组成机制上保证业务部门参与，共同建设全面预算信息化系统。全面预算管理信息化人员体系如图 13-18 所示。

（1）各业务单位指定预算员为预算系统建设唯一联系人。

（2）企业指定信息化总管人员和预算委员负责具体业务的实施。

（3）软件公司指定全面预算系统专门实施人员负责。

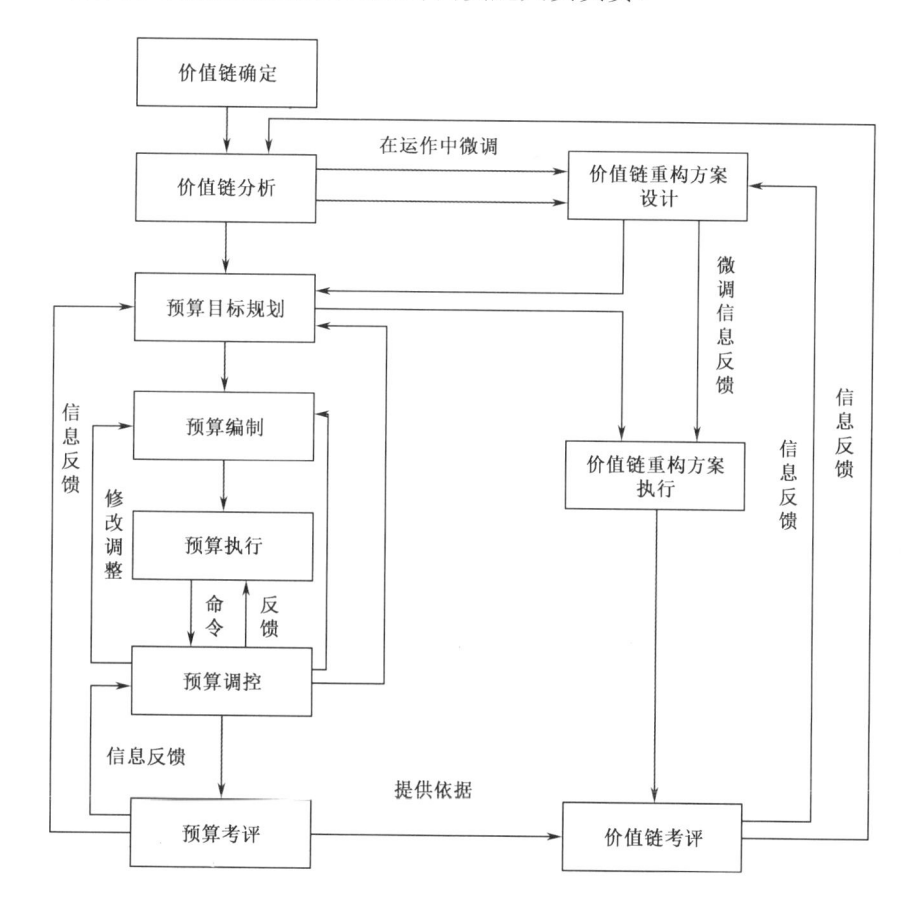

图 13-17 以价值增值为目标的全面预算体系

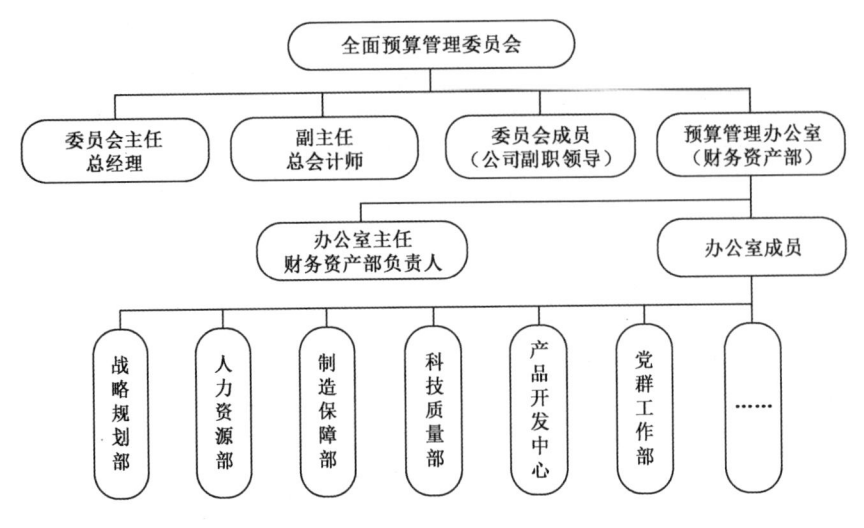

图 13-18　全面预算管理信息化人员体系

（二）全面预算信息化系统的建设流程

借助数据中心和量化分析工具建立包含"目标制定、预算编制、预算下达、预算管理、预算执行、考核决策"的全员参与、全过程监控、全方位管理的信息化系统。遵循"先有业务，后有预算"的原则，运用滚动预测等手段，实现及时有效的预算控制，从系统中获取预算执行数，借助多维预算分析模型提高预算分析质量，通过分析提供数据，为企业管理层决策提供财务支撑。全面预算管理信息化体系如图 13-19 所示。

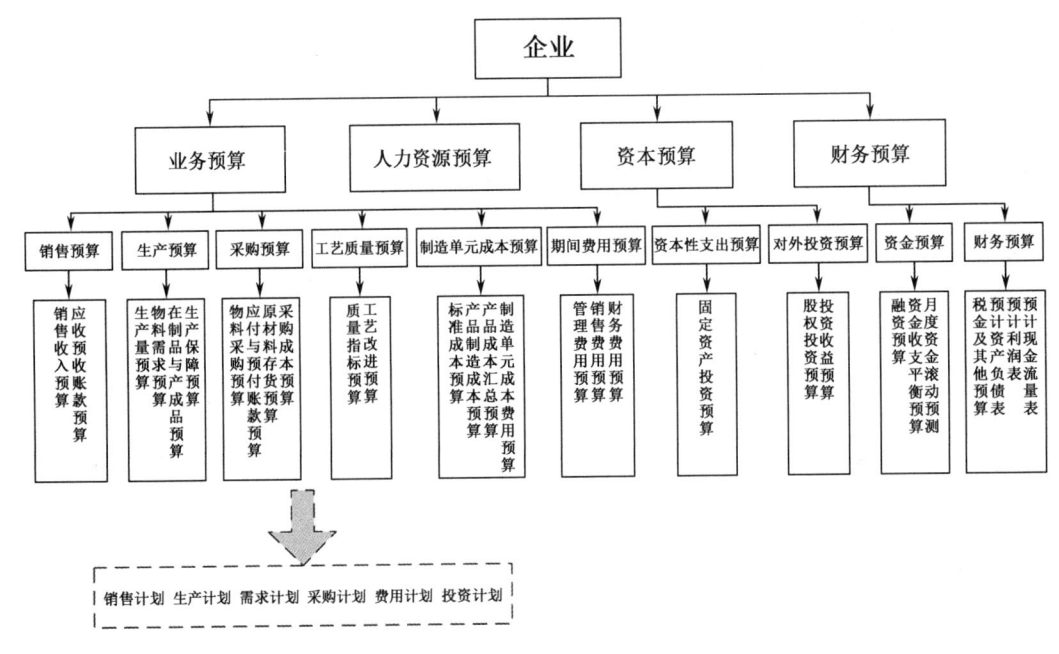

图 13-19　全面预算管理信息化体系

1. 确定系统建设方案及制定表样

制订系统建设方案,根据软件特性,丰富并优化、综合部分表格,在预算编制过程中采取"四层结构"的预算编报设计思路,通过"支撑表→需求表→归口表→汇总表"方式,实现预算的编报过程,如图13-20所示。

(1)支撑表。

对象:各需求部门。

构成:由构成某项预算的具体事项构成,如出差几次、开展什么活动。

来源:直接填报。

作用:充分预测,作为各需求部门提出预算需求的可量化依据。

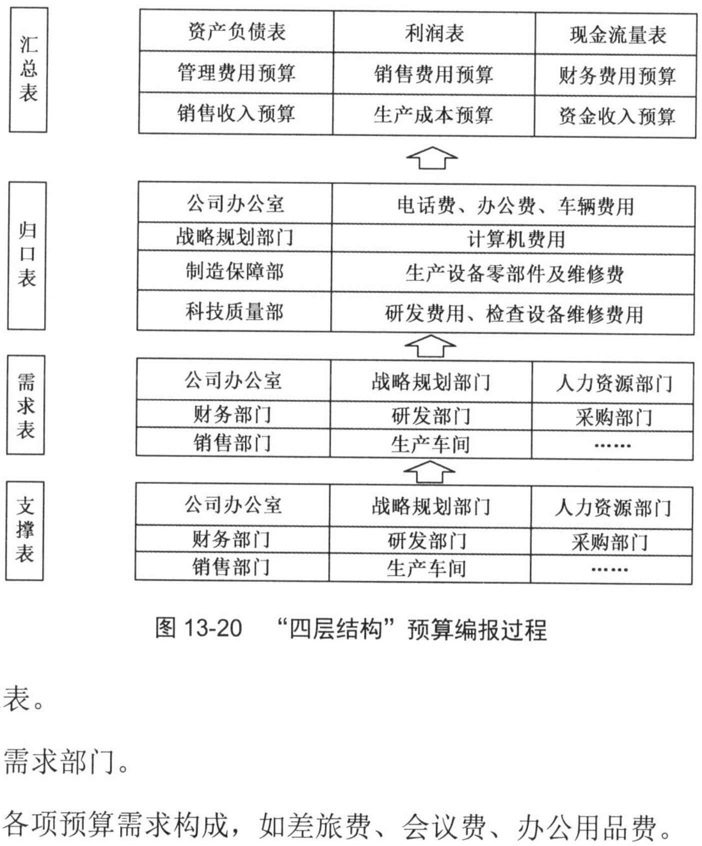

汇总表	资产负债表	利润表	现金流量表
	管理费用预算	销售费用预算	财务费用预算
	销售收入预算	生产成本预算	资金收入预算

归口表	公司办公室	电话费、办公费、车辆费用
	战略规划部门	计算机费用
	制造保障部	生产设备零部件及维修费
	科技质量部	研发费用、检查设备维修费用

需求表	公司办公室	战略规划部门	人力资源部门
	财务部门	研发部门	采购部门
	销售部门	生产车间	……

支撑表	公司办公室	战略规划部门	人力资源部门
	财务部门	研发部门	采购部门
	销售部门	生产车间	……

图13-20 "四层结构"预算编报过程

(2)需求表。

对象:各需求部门。

构成:由各项预算需求构成,如差旅费、会议费、办公用品费。

来源:由支撑表自动生成,部分填报。

作用:现金流、易理解、易填报,作为形成归口预算的基础内容。

（3）归口表。

对象：各归口部门。

构成：由各项归口预算构成，如电话费、研发费用。

来源：由需求表自动归集汇总，部分填报。

作用：形成公司各项归口预算，作为综合平衡、量化考核依据。

（4）汇总表。

对象：财务资产部。

构成：由业务预算、资本预算、财务预算构成。

来源：归口表，转换填报。

作用：形成财务预算，全面反映公司预算成果。

通过与软件公司沟通，最终确定49张表样，可以根据管理层需求不断丰富完善，借助信息系统提高工作效率。图13-21所示为全面预算信息化系统表样。

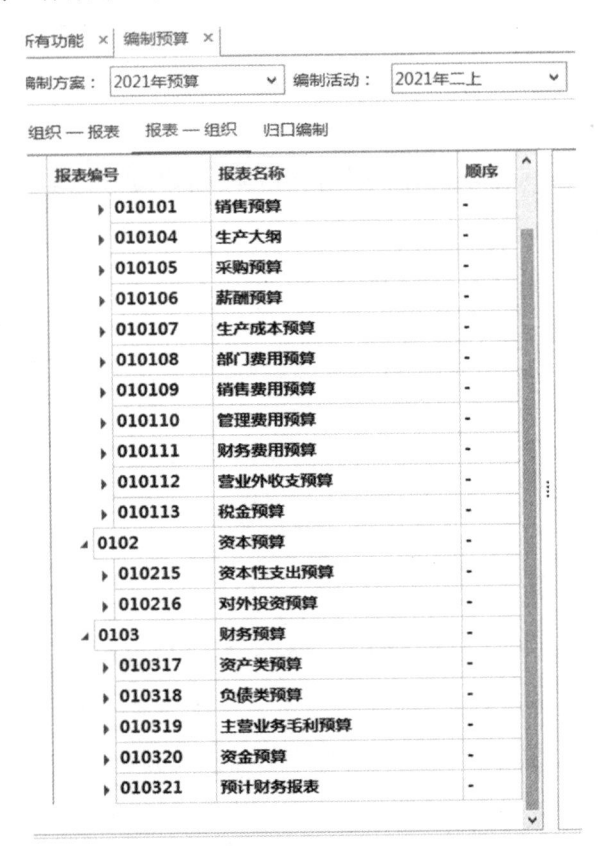

图 13-21 全面预算信息化系统表样

2. 系统中报表编制内容及指标下达

（1）导入预算基本假设，为预算编制提供依据。

（2）采用"三上"的预算编制方式。

（3）预算编制采取分级编制、逐级汇总的方式。

（4）在预算编制时考虑业务往来，支持预算合并报表。

全面预算信息化系统中报表编制内容如图13-22所示。

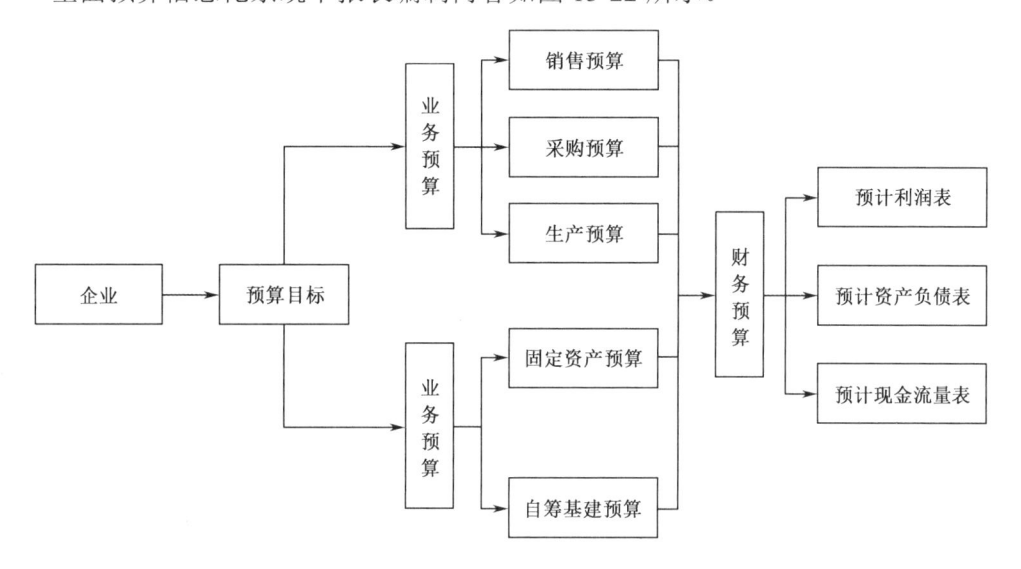

图 13-22 全面预算信息化系统中报表编制内容

利用信息化管理平台对各年预算数据进行多版本管理，按需求选择前期各个版本，如2021年"一上预算""二上预算""三上预算"，展示特定版本的全面预算数据，以"三上三下"的形式最终形成企业可执行战略目标的全面预算，同时由系统对各业务单位下达预算指标。业务预算指标上报及下达方式如图13-23所示。

3. 系统进行预算管理

全面预算信息化系统是企业利用现代信息化技术提升企业全面预算管理水平，包含预算控制、执行分析和考核决策。

（1）预算控制。

预算系统与会计集中核算系统及其他业务系统有效集成，通过"费用控制、资金控制"等控制方式，对业务执行过程自动控制，确保预算控制功能的有效发挥。预算执行数据需要最终反馈给核算系统和预算系统。

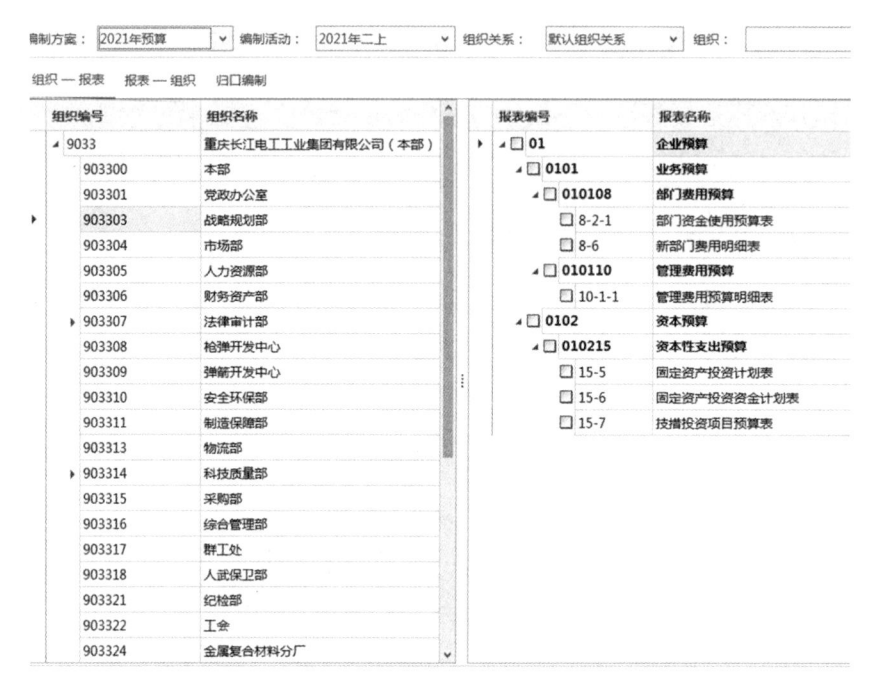

图 13-23 业务预算指标上报及下达方式

费用控制实现方法是在系统中统一会计科目与预算项目、关联核算对象与预算主体、设置提示或禁止等控制方式；资金控制实现方法是在全面预算系统中启用滚动预算，核算系统关联预算项目、核算执行反馈给预算系统。预算调整审批流程如图 13-24 所示，预算控制类型及控制点如图 13-25 所示。

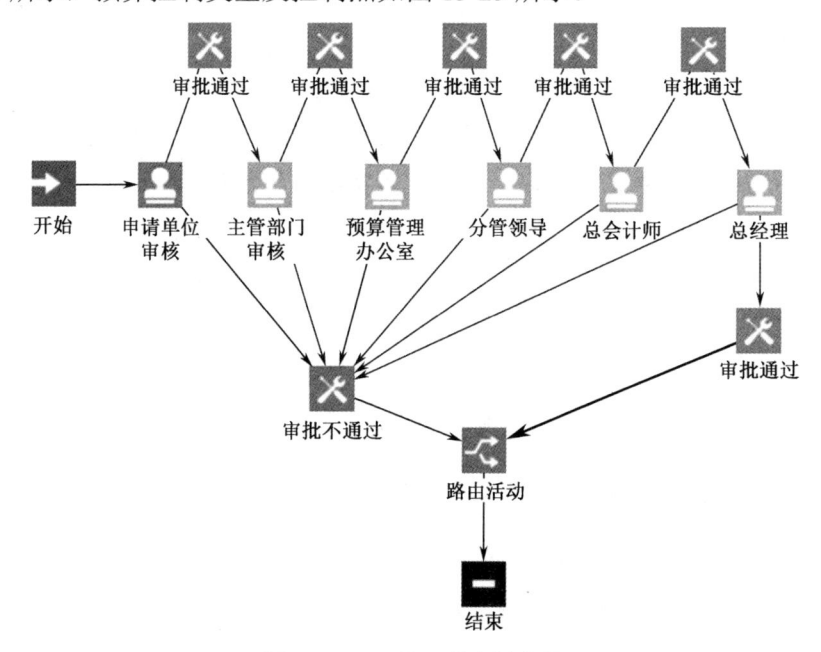

图 13-24 预算调整审批流程

图 13-25 预算控制类型及控制点

（2）执行分析。

全面预算信息化管理逐渐成为企业内部管控的一种重要方法，有助于企业的发展。建立月度—季度—年度三级分析监控机制，提供月度预算指标执行分析功能，将从财务系统或业务系统获取的预算完成情况与月度滚动预算对比分析，可以掌握执行差异。通过引入多维数据分析方法，借助量化分析工具模型协调资源配置，使预算编制更加细化，紧密贴合企业的业务实际，避免了"编一套，做一套"的预算"孤岛效应"。借助多维数据分析工具编制的预算，使企业管理者能有效地进行数据监控。

① 引入波士顿矩阵，分析产品盈利能力。例如，长江电工近年不断研究开发 XKJ-SJ 并实现增量销售，可将其归为明星产品；汽车零部件、射钉销售受房地产、汽车市场影响有所下滑，目前企业应予以重点关注，将其归为问题产品；XKJ-XZ 与 XKJ-WM 销售增长率低，但市场占有率很高，属于金牛产品。长江电工产品波士顿矩阵如图 13-26 所示。

② 进行 SWOT[①] 分析，科学制定企业战略。近年来，长江电工经过快速发展，具备了一定的实力和竞争力，但与国际先进水平、与国家的重托还有不小的差距，尤其特种产品制造水平、产品质量、信息化水平，无法支撑企业未来长期持续发展。长江电工内部和外部环境 SWOT 分析如表 13-3 所示。

---

① SWOT 为 strengths，weaknesses，opportunities，threats 的缩写，即优势、劣势、机会、挑战。

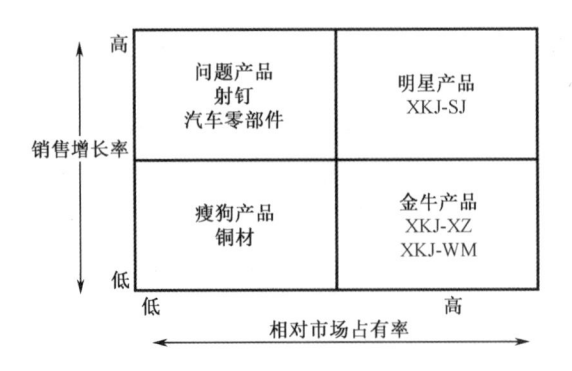

图 13-26 长江电工产品波士顿矩阵

表 13-3 长江电工内部和外部环境 SWOT 分析

优势	劣势	机会	挑战
1.能力优势：公司是重点保军企业，在国内技术最强，产能最大，品质最优。 2.品牌优势：国内枪弹行业引领者，掌握枪弹研制核心技术；是紧固器材国标编制单位；特种产品、"双环牌"运动弹和"南山牌"紧固器材等产品拥有独立知识产权	1.员工忧患意识、竞争意识、危机意识、创新意识仍有待提高；全员劳动生产率与集团平均水平仍有差距。 2.核心产品单一，抗风险能力弱，枪弹生产技术、工艺设备精度、产品质量水平还有提升空间。 3.汽车零部件无高端产品，盈利能力较低，新能源汽车配套产品较少	1.国际部分地区局势动荡及国内外反恐形势需要为产业发展提供机遇。 2."一带一路"建设提速，为公司国际合作提供机遇。 3."创建世界一流企业"和"数字化转型"等战略的实施推进，为公司在提升自身制造技术水平上带来机遇	1."十四五"期间，在三重压力影响下，保持公司各项经营目标稳定增长存在挑战。 2.面对国家行业开放的政策，延伸产品金属复合材料面临激烈的市场竞争

③ 引入 EVA 价值驱动分析，解构企业价值创造过程。长江电工抓住价值创造的根本目标，根据 EVA 驱动分析，融合全面预算、标准成本，根据价值诊断结论和敏感性分析结果，确定资产使用效率情况、成本费用使用情况、资源投入产出情况等，逐步引导管理者将经营管理重点从简单关注营业收入、利润总额转向关注应收账款、存货管理和固定资产投资，推动企业抓住经济质量的关键环节和指标，全面优化资源配置，实现企业价值创造。EVA 价值驱动分析如图 13-27 所示。

（3）考核决策。

预算考核是对企业内部各级责任部门或责任中心预算执行结果进行的考核和评价，是管理者对执行者实行的一种有效的激励和约束机制，引入三维价值取向的 KPI 指标体系，发挥绩效考核"指挥棒"作用，利用 KPI 进行预算目标规划，遵循 SMART 原则，确定考核的标杆值，设置挑战值，有力推动企业战略的执行，系统通过预算数与完成数的比较自动形成评价结果，及时反映价值链管理情况，使绩效考核行之有效。KPI 指标体系框架如图 13-28 所示。

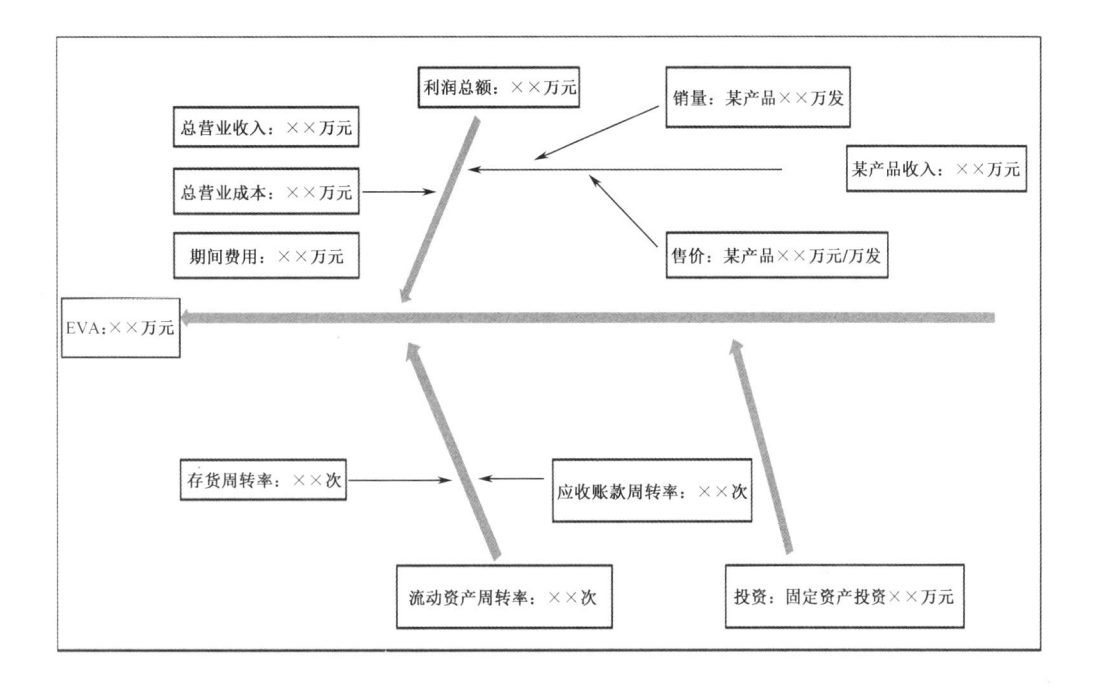

图 13-27　EVA 价值驱动分析

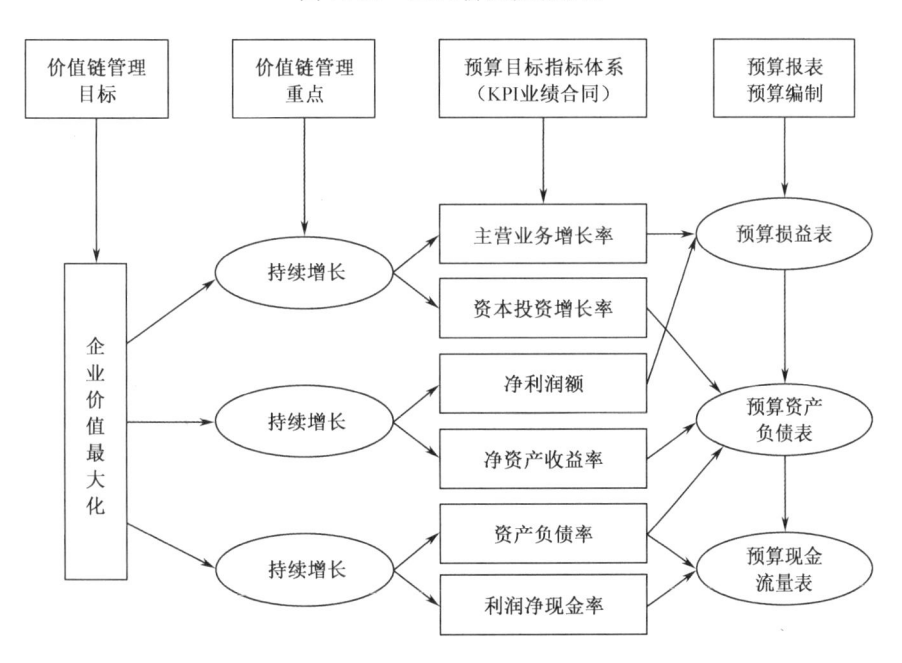

图 13-28　KPI 指标体系框架

四、实施成效

（一）实施前后情况对比

1. 实施前的情况

传统绩效管理模式已经无法适应现代企业管理，需要通过信息化平台的应用来提高企业管理水平。

（1）预算编制、审核、执行、考核所有工作需要手工录入完成，预算管理人员主要精力都耗费在数据收集、检查、审核、汇总等复杂且烦琐的工作中，不仅工作量巨大，而且难以避免人为差错，数据处理效率低。

（2）企业治理效果不理想，不能在正确猜测的基础上通过优化资源配置来适应市场变化，主要是由于信息资源治理滞后，导致大量预算治理信息不能及时处理，信息传递速度缓慢，信息资源不能共享，也无法对预算资金进行及时跟踪、控制，对预算的分析无法全面及时地进行，不能及时发现、调节和纠正预算偏差。

2. 实施后的情况

公司积极推行兵器装备集团财务管理战略，通过对全面预算管理系统的应用，解决了传统手工模式存在的许多问题，在大幅提高效率的同时，也提升了准确性，使企业管理覆盖到各个业务方面、精细到各个业务层面，使企业管理无盲区、无死角，做到全员参与、全面覆盖、全过程管理，进一步促进企业管理的全面提升。全面预算信息化系统为企业构建了一套完整的信息化预算管理体系，成为现代企业管理水平的主要标志，具体体现在以下几个方面。

（1）完善企业考核体系，突出全面预算导向作用。

自 2016 年以来，公司建立全面预算信息化数据平台，根据全面预算的导向作用，更好地控制各单位当年的成本费用发生情况；从业务源头抓起，持续解决在经济运行中出现的问题，加强对预算执行情况的考核，根据各单位特点，制定可实施、可考核的责任书，将预算完成情况与绩效和奖惩紧密挂钩，增强全员责任意识，提高工作积极性、主动性；将信息化与边界管控相结合，把制造费用、销售费用、资金使用等嵌入预算信息化系统中，形成预算约束机制，更便于实际考核。图 13-29 所示为 2021 年各单位奖罚汇总表中对××车间的考核情况（截图）。

序号	单位	项目	1月考核奖罚额（元）	2月考核奖罚额（元）	3月考核奖罚额（元）	4月考核奖罚额（元）	5月考核奖罚额（元）	6月考核奖罚额（元）	7月考核奖罚额（元）	8月考核奖罚额（元）	9月考核奖罚额（元）	10月考核奖罚额（元）	11月考核奖罚额（元）	12月考核奖罚额（元）	考核奖罚小计（元）
1	××车间	产量（吨）													0
		××车间累计		13039	20231	26231	40300	35134	42434	48503	50985	51895	58929	54033	
		××车间	-902	13941	7192	6000	14069	-5166	7300	6069	2482	910	7034	-4896	54033
		存货			-882	-348	-377		-187	-127		-208	-201	-500	-2830
		制造费用		5820	660	2160	-1260	-2880	12960	-2220	-1320	1320	7020	-3102	19158
		能源	-2571	1834	1231	-345	-1103	-99	1018	-226	-2678	18	3487	458	1903
		工装													0
		质量(材料+废损)	14820	12360	9780	15300	21180	7500	1740	9000	4680	780		300	82620
		技安环保	-2800	-1600	-600	-1900	-400	-3200	-1000		-200	-1000	-1000		-10900
		精益管理	-2142	-2261	-2142	-2499	-2380	-2618	-2618						-14518
		设备能源	-550	-550	-300	-2180	-500	-850		-1248					-5628
		品种产量													0
		质量管理	-7659	-1662	-555	-3688	-791	-2127	-4613	890	2500		-2272	-2052	-14370
		其他（综合计划、精神文明、成本管理）									-500				-500

图 13-29 2021年各单位奖罚汇总表中对××车间的考核情况（截图）

（2）完善企业体系化建设，提升企业管理水平。

企业利用全面预算信息化系统，完善企业体系化建设。

① 树立现代企业管理是一种战略管理，是一种资源整合式的信息管理的观念，真正从市场角度出发，从市场组织生产、经营和管理，从而实现企业计划管理的模式转换和管理飞跃。

② 完善 KPI 指标考核体系，遵循 SMART 原则，明确指标可行性，设立数量化和可达成性的指标，通过预算执行情况反映重点经营行动和关键价值驱动因素，为管理者及时诊断在经营中出现的问题并采取行动，为业绩管理和上下级沟通提供客观依据。

③ 梳理各经营业务、投资业务、技术管理各方面的管理流程，建立和完善生产管理制度、质量管理制度等业务制度，优化生产过程、规范生产流程，保证产品质量达到标准等，保障将制度落实到行动上。

④ 完善财务内控体系建设，将全面预算管理与内控标准相结合，修订《内部控制管理手册》和《控制评价手册》，使财务管控活动规范化、标准化，强化财务风险控制，增强风险管控意识，通过明确重要风险的管理控制点和应对策略，不断完善、改进经营管理与业务流程，形成内控与管理的互动机制，建立内控管理体系。

长江电工通过完善体系化建设，实现企业精细化管理，进一步提升企业管理水平，促进企业又快又好发展。

(3) 通过成本控制约束，提升企业盈利能力。

深入推进全面预算信息化系统建设，加强经营管理，严格控制生产成本、经营成本、管理成本、质量成本和改革成本，抓住每项成本控制的关键环节和关键因素，把成本分解控制到实处，加强各单位的经营意识和成本意识。细化落实，扎实推进，按年开展生产车间成本调研，挖掘生产经营中存在的问题，将生产车间的实际成本与预算成本相比，强化对预算指标的执行监控，认真做好预算执行情况分析；及时修订直接材料、人工、工装等成本的标准成本，提升预算精确度。

① 建立标准成本数据库，数据库集成工艺路线、工时定额、材料定额、费用动因等信息，成为成本管控的重点参考标准，充分体现业务驱动成本管控。

② 实施节创价值工程，以加强研发过程、摸清瓶颈工序等方法在工艺上降低成本，以引进新供应商、改变付款方式等方法降低采购成本，以加强内部管理、降低工装消耗、错峰用能等方法在制造环节降低成本，以人力分流、强化预算管理、减少成品流转时间等方法在管理环节降低成本。利用全面预算信息化系统查找成本管控的缺失点，持续节创价值，降低成本，提高效益，2016—2021 年累计实现节创价值8037.20 万元。图 13-30 所示为成本管理之标准成本。

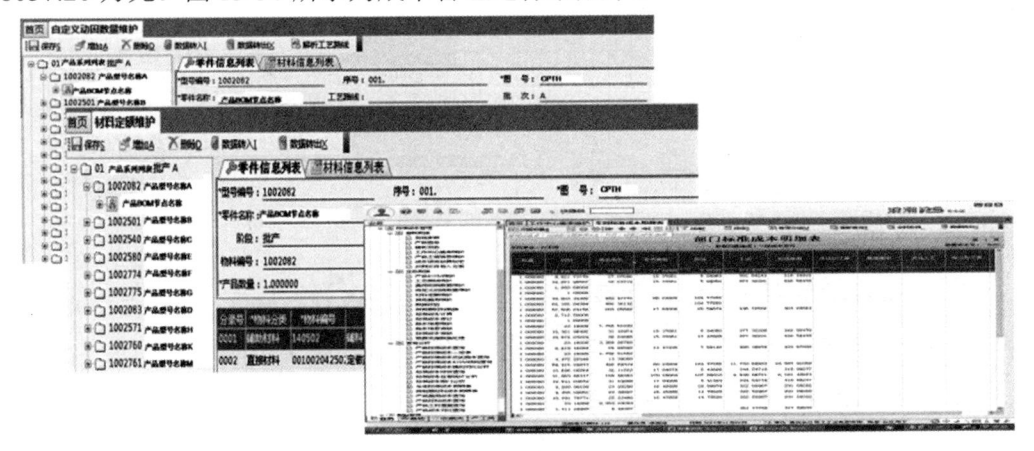

图 13-30 成本管理之标准成本

(4) 不断引导企业价值创造，提升企业竞争能力。

全面预算信息化系统是现代企业发展所需的管理会计工具，运用现代信息化技术，构建集经营、资本投资、薪酬、财务预算于一体的管理体系，深入推进价值创造型财务管理体系建设，深度运用管理会计工具，加强业财融合，确保企业各个经营环节的价值创造。

① 通过三年滚动预算、年度预算将战略目标落地分解，通过考核及执行分析进行管控，及时纠偏，及时引导，以促进战略目标明确、战略路径清晰、战略措施得当。

② 应用管理会计工具，设置关键绩效指标，将企业的整体目标和员工、部门紧密联系起来，做到"人人头上有指标"，保证企业经营目标的实现。同时，将经营业绩指标中的"营业收入""利润总额""经营现金净流量"与员工的个人工资绩效挂钩，使员工增强参与感。2021 年，企业经济规模效益稳步提升，营业收入较上年同期增加 6.23%，利润总额同口径较上年同期增加 27.46%。

③ 通过建设财务信息化系统，实现业务自动流动和协同办公，促进财务管控企业流程再造，提高运行效率与运营质量。

④ 合理配置资源，以积极争取国家优惠政策等有利方式，实现财务价值创造，2016—2021 年创造价值金额达 2596.80 万元。

（二）对解决单位管理问题情况的评价

1. 增强协同效应

在实施前的系统中，各种数据的多维度抽取组合功能不够完善，如产品成本数据至少需要从经济属性、技术属性和责任属性三个维度进行组合。现在，利用浪潮 GS 全面预算系统，企业搭建覆盖全业务的多维预算体系，推动管理全面升级，使各业务部门统筹规划，协调行动，形成综合的、全面的管理，建立具有全面控制约束力的机制。

2. 固化业务流程

在实施前，由于对业务的认识不全面，操作业务员与软件设计员沟通不畅和协调不及时的问题经常出现。现在的预算系统涉及面广，具有跨部门、跨专业的特征，其本质是业务系统而非单纯的财务系统，固化了流程与机制，在很大程度上降低了人的主观干扰，对预算成果的推进与持续发挥具有明显的积极作用。

3. 完善考核体系

通过对平台的应用，单位内部财务部门与业务部门的联系畅通，利用多维数据分析模型解决了传统财务模式存在的许多问题，提高了效率，也提升了精确度，为企业决策分析提供了有力支撑，实现业务、技术、财务的有机融合，促进企业走可持续发展道路，进一步提升企业管控决策质量，实现价值创造。

五、总结启示

（一）全面预算信息化系统应用的基本条件和关键因素

随着现代企业的不断发展，为了应对瞬息万变的内部和外部环境，提升企业盈利能力、竞争能力及管理水平，实现企业价值导向、先进管理、科学管理，确保战略目标落地、精细化过程管理及高效协同管理需要的目标，长江电工积极探索创新管理工具，实施"企业全面预算信息化管理助推企业价值创造"项目，其主要内涵是：以"企业价值创造"为导向，以"价值链分析"为基础，以"提高战略适应性"为前提，运用浪潮 GS 管理软件信息化工作平台，通过预算编制、执行、控制、考核等一系列活动，建立多维数据分析模型，引入对标分析、风险分析、SWOT 分析模型、产品波士顿矩阵模型，为企业决策提供有力的支撑。

全面预算信息化管理是企业协调的工具、控制的标准、考核的依据，是优化企业运行机制的一种有效工具，是一场管理的革命；通过战略目标分解，明确了各部门的工作目标，实现业务、信息、资金、人力等资源的优化配置，提高企业管理一体化水平；通过完善绩效考核量化指标体系，对企业经营活动进行全过程的管理控制，促进企业走可持续发展道路，与企业战略有效衔接，进一步提高预算管理的科学性和有效性，提升企业管理精细化水平。

（二）全面预算信息化系统在应用中的优点和缺点

1. 全面预算信息化系统优点

（1）全面预算信息化系统主要解决了预算编制的效率和标准化问题，同时借助信息工具提升部门间预算编制的协同性和准确性。通过对平台的应用，企业建立了单位内部财务部门与业务部门的畅通联系，财务部门不仅可以通过预算编制、执行、决策分析掌握业务部门的业务信息，还可以通过预算执行与业务情况的对比分析，发现问题并及时改进。

（2）企业以全面预算管理为导向，研究制定精准反映高质量发展和质量提升的指标体系。财务部门参与相应的经济责任考核和薪酬激励及各项奖惩制度的制定，促进企业实现年度经营目标；同时，搭建绩效管理信息化平台，建立电子绩效档案，实现全过程管理，提升绩效管理价值。

（3）提升工作效率，解放业务人员的双手。在传统的预算管理模式下，人工核算容易出现差错。现在采用信息化系统，不仅可以减少在财务会计工作中发生的错误，保证财务信息的准确性，而且可以按需要提取相关数据进行分析，快速形成管理所需的信息，为企业管理者的决策提供依据，同时减少了工作人员的工作量。

2. 全面预算信息化系统缺点

（1）系统尚未广泛使用。全面预算信息化系统的使用是保证企业战略目标落地的重要保障，但这样先进的、可以替代人工分析的系统，在企业的使用并不广泛，其普及速度和更新频率对企业要求较高。

（2）数据存储安全性要求较高。全面预算信息化克服了传统预算管理过程信息分割分散的缺点，但其使用的大量数据是"对内"的，涉及企业战略投资、行政事业单位涉密信息等大量数据，一旦泄密，将造成不可估量的损失。

（3）系统要求更专业的业务人员。业务系统需要各业务部门共同配合，只有这样才能深度融合，对员工的要求更高。员工需要从思想上转变，同时提高业务水平，逐步提升全面预算信息化建设的软环境。

（三）进一步完善全面预算信息化系统建设的建议

1. 注意信息安全

信息安全是面向管理会计的信息系统建设中不容忽视的重要方面，要确保信息安全，必须将相关信息按性质分类，并根据信息安全的要求加强保密性，使信息在产生、传输、处理和储存的各个环节不被泄露给非授权者。

2. 提高软件的易用性

由于系统的业务板块使用者大部分为非财务人员，应在系统的表格重要栏目中增加数据的填制标准和计算勾稽关系的注释，方便业务人员使用。

3. 提升实施人员能力

企业管理层必须重视和加强信息化管理人才队伍建设，坚持定期和不定期培训交流，与其他单位相互借鉴学习，不断提高信息化管理人员的业务水平，同时还要提高会计人员的职业修养，使管理会计人员遵守相关法律法规，实事求是，坚持工作原则和职业操守。

案例三 轻骑铃木——夯实业务预算基础，提升全面预算编制和执行水平

一、背景描述

（一）企业基本情况

济南轻骑铃木摩托车有限公司（简称"轻骑铃木"）系中日合资公司，成立于1994年，注册资本2400万美元，主要生产和销售摩托车及其零部件。2007年1月，中方股东由中国轻骑集团有限公司变更为中国南方工业集团公司，与日本铃木株式会社各占50%股份。总经理由日方派遣，中方负责人任财务副总经理，由中方派遣。

公司工厂占地面积575亩[①]，具有冲焊、机加工、涂装、发动机、整车及配件生产能力，年设计产能48万辆摩托车。

公司2009年规模效益达到峰值，年销售60万辆摩托车，利润达1亿元。自2011年起，因应对国家第三阶段机动车污染物排放标准（简称"国三排放标准"）不利、管理脱离市场和公司实际情况，公司急速陷入连续亏损的困境，年亏损达7000万元。

自2014年起，公司通过运用全面预算、对标管理、经营预测等管理会计工具，调整经营思路、战略规划，强化"合资合作、变革增效、务实进取"，加强股东之间的沟通协调，强化全面预算管理，经营实现持续减亏。公司不断探索和发展全面预算管理，从实、从细、从严夯实业务预算编制，提升了全面预算编制和执行水平。

在"十三五"期间，公司强化财务服务战略，突出全面预算牵引，把全面预算作为一项重要的管理会计工具加以应用，强化业财融合，提升全面预算整体编制和执行水平，形成了全方位、全组织协同的全面预算管理体系。以价值为导向，强化风险管控，大刀阔斧实施产品、营销、管理、财务、薪酬绩效等一系列变革，盈利能力和资产质量显著提高，管理水平有力提升，经营业绩取得重大突破。2018年，公司结束多年的亏损局面，实现利润39万元；2019年、2020年利润分别为4177万元和1.11亿

[①] 1亩≈666.7平方米

元；2021年利润为1.39亿元，创建厂以来历史新高，公司整体竞争力显著提升。

（二）企业管理现状与问题分析

公司在2011年设立预算部门，该部门与成本核算部门合署办公，预算人员主要为兼职。当时，全面预算管理在具体实施过程中存在诸多问题，主要表现为以下几个方面。

（1）年度预算目标和战略目标脱节，年度预算编制未能结合公司战略目标规划、实际经营情况和摩托车行业环境分析预测。

（2）业财融合度低，未能将公司的业务预算和财务预算有效结合。

（3）预算的控制力度不足，在公司实际经营活动中没有发挥牵引、控制和监督作用，弱化了权威性。

（4）员工的预算意识淡薄。在预算执行过程中，员工缺乏对全面预算管理的正确认识。

（5）组织保障较弱。预算工作专职人员只有一人，预算课长为兼职，预算管理得不到应有的保障。

在全面预算管理过程中出现以上问题的根本原因在于，公司负责人对全面预算的作用认识不到位，全面预算管理意识淡薄，同时业务预算基础薄弱，预算编制较为粗糙，在某些环节缺乏逻辑性、合理性，预算执行及监控随意性很大，导致执行与预算偏离，经营结果与预算偏差很大。因此，全面预算未能发挥牵引、监控、配置资源、服务战略和支撑决策的作用。

二、总体设计

（一）全面预算管理的目标

全面预算管理是指企业以战略目标为导向，通过对未来一定期间内的经营活动和相应的财务结果进行全面预测和筹划，科学、合理地配置企业各项财务和非财务资源，并对执行过程进行监督和分析，对执行结果进行评价和反馈，指导调整和改善经营活动，进而推动企业实现战略目标的管理活动[①]。通过全面预算管理，能够明确各职能部门的预算职责，使各部门有效贯通，在实际业务中相互配合，统筹兼顾，平衡公司与各职能部门的关系，实现公司利益最大化。公司实施全面预算管理，在当时

---

① 财政部，《管理会计应用指引第200号——预算管理》，2016年。

的经济环境下，基于以下两大需要。

1. 市场形势与客户需求变化的需要

"十三五"时期，我国经济正处于优化、调整、转型、升级的深刻变化时期，新环境、新变化要求企业尽快摆脱粗放的发展方式，要求企业积极转入精细化发展新轨道，需要企业转变管理理念和方式，真正以客户为中心，不断适应市场形势和客户需求快速变化的需要。公司面临的摩托车行业形势和竞争格局非常严峻，固有产品结构已不适合市场发展的需求。在此背景下，公司考虑从管理入手，逐步调整产品结构，适应市场发展和客户需求。

2. 公司内部管理、经营发展的需要

在公司重组后的前期，摩托车市场处于上升阶段，公司经营业绩较好。但是，公司价值理念导入不足，管理环节存在"孤岛现象"，企业管理的系统性、科学性、规范性不足，管理脱离国情，存在提成费偏高、新产品缺失、自主研发太弱等一系列问题，2013年仍亏损5000多万元，员工、上下游企业普遍信心不足。公司亟须进行管理变革，扭转亏损局面，提升活力。

（二）全面预算管理的总体思路

公司对全面预算管理不追求"高大上"，更关注"实细严"，从实处做起，从细节入手，精确编制，严格监控，专项分析，服务战略。

全面预算管理是集业务预算、投资预算、研发预算、薪酬预算、费用预算等于一体的综合性预算管理，预算内容涉及业务、投资、资金、财务、人力、管理等众多方面，虽然最终以财务预算体现，但预算的基础是公司"人财物、供产销研"各职能部门。全面预算要做到"横到边，纵到底"，就必须把预算延伸到各项业务，做实做细每个步骤，合理配置资源。

各部门业务预算编制反映各部门的行为轨迹。业务预算编制越可靠、越详细，每个业务编制过程越清晰，资源配置越及时，实施的指导性和可行性就越强，越能够促成目标的实现。

在具体操作上，公司将业务预算编制作为抓手，以销售业务预算为龙头，逐步建立覆盖所有经营活动的业务预算编制流程，形成包括销售、成本、投资、研发、薪酬、费用、财务的整体全面预算报表编制体系。

1. 建立全面预算管理的严肃性和权威性

作为"一把手工程",以全面预算启动会为契机,强化全面预算管理力度,彰显决策层重视程度,自上而下贯彻,达到理念认同,建立全面预算管理的严肃性和权威性,以此作为预算管理工作全面展开的坚实后盾。

2. 设置业务预算模型,督导业务部门精细编制业务预算

预算部门牵头,以夯实、细化业务预算编制为要点,结合会计核算实际操作及内部管理需要,设置各部门业务预算模型,以最小化项目为单元进行精细编制。业务预算基本信息必须全面,编制说明必须合理,数据计算过程必须明晰,确保各业务活动均有预算。编制务必以业务预算为基础,系牢节点,做到预算报表数据有出处,编制结果精准。

3. 建立严格有效的监控机制

预算执行的过程监控是关键,以预算部门为推手,始终贯彻"先算后花,先审后用,先核后报"的预算管理原则,执行监控过程有力,细化监控维度,建立预算执行预警机制,对超预算情况及时预警并查找原因。

4. 以公司绩效改革为契机,建立预算考核机制

全面预算指标执行情况与人力部门组织的绩效考核相结合,促使各部门预算执行严肃认真。

(三)全面预算编制的主要内容

公司业务预算编制主要内容可从以下三个维度来概括。

(1)以业务项目划分,主要有销售预算、研发预算、成本预算、投资预算、薪酬预算、费用预算、固定资产清理处置预算等。根据重要程度,其中的投资预算又可分出折旧预算等。

(2)以业务部门划分,涵盖公司销售部、服务部、研发部、采购部、制造部、品质部、安全运行部、人力资源部、综合管理部、财审部等所有部门的业务预算。

(3)以会计核算类别划分,分收入预算、直接成本预算、间接成本预算、研发费用预算、销售费用预算、管理费用预算、财务费用预算、其他收益预算、营业外收支预算等。费用预算又分为期间费用预算和固定费用预算等。

业务部门的业务项目涉及不同的项目矩阵，如安全技改部门的业务预算涉及安全费预算、环保费预算、部门费用预算、投资预算、间接成本预算等。无论何种业务预算，预算部门均全部归集编制为矩阵式预算。

（四）业务预算编制和执行的创新

1. 建立矩阵式预算模型，细化预算维度，强化业务预算精度，提高预算编制的及时性和精确度

公司业务预算编制以"上下结合、分级编制、逐级汇总、交叉汇总"的方式进行，预算部门建立既适合业务部门特点，又反映财务监控意图的"预算模型"，除投资预算外，固化所有业务项目及对应序号，可将新业务项目添加为固化项目。在总体上，以财务核算的模式对业务预算进行要求和指导，对业务部门的专项预算和部门费用预算进行逐项分析并对应财务核算的会计科目，建立"下业务项目，上会计科目"的矩阵式预算表格。如此，业务部门对其业务所对应的各项费用清晰明了，预算部门不仅掌控业务部门的所有预算项目，而且对每项费用涉及的业务部门了然于胸，在此基础上的预算编制精确并有据可依。

2. 实行"业务""财务"双监控模式，转化业务数据衔接财务数据，优化资源配置

在实践中，业务部门通常以"收付"来理解预算执行，而财务以"权责"为原则进行核算。通过"业务""财务"双监控，实现业务部门和预算部门的"各自所需"；通过对预算的执行分析管控业务预算的执行方向，传递财务监控意图，使预算执行严格受控；同时，及时按流程权限调整预算，有效优化资源配置。

在全面预算管理过程中，辅以灵活运用零基预算、弹性预算、滚动预算、经营预测等方法，扎实精细，真正做到"横向到边，纵向到底，全员、全过程、全方位"的全面预算管理。

三、实践应用

（一）全面预算的组织机构

公司设立全面预算管理领导小组，由总经理担任主任，由中方负责人（副总经理）担任副主任，由各职能部门相关副总、总监担任委员。全面预算管理委员会下设

全面预算管理办公室，中方负责人（副总经理）兼任办公室主任，公司各职能部门主要负责人为办公室成员。全面预算管理办公室常设部门为财务审计部，具体负责全面预算管理日常工作，包括全面预算布置、业务预算汇总、组织预算听证、预算编制与上报集团、预算执行监控、分析、评价，以及与预算相关事项的日常处理等。

（二）预算人员范围

公司所有部门均纳入全面预算管理范围，财务审计部设 2 名专职预算人员，由财务审计部负责人分管；其他各业务部门设兼职预算员，负责部门预算的汇总编制、分析执行差异等，保证公司全员参与全面预算管理。业务预算实行三级管理，班组汇总到课，课汇总到部，以部为单位提报给预算部门，保证预算工作高效运转。

（三）全面预算编制应用的资源、环境、信息化条件等部署要求

1. 人员保障

人员保障采取"2+N"模式，即在财务审计部设 2 名专职预算人员的基础上，各业务部门均设置一名兼职预算员，负责该部门预算的编制、执行控制、分析差异等，使工作精干高效。

2. 资源利用

在全面预算管理初期，充分利用 Excel 办公软件设置预算表格公式，对业务数据进行合理充分归集，实现线下系统化管理。

财经综合管控系统的全面预算管理信息模块上线后，原 Excel 电子表格全部设置到全面预算管理系统中，各业务部门的业务预算编制、财务预算编制、预算执行监控与网上报销系统衔接，预算执行分析、评价等均通过在线运行管理，实现全面预算的在线信息化系统性管理，进一步提高全面预算工作的效率及准确性。

3. 实施环境

预算部门牵头组织全面预算布置会、预算听证会，公司高层、业务部门负责人、预算相关人员参会，预算部门指导业务部门对业务预算进行编制。预算人员配备必要的办公设备。

（四）全面预算编制具体应用模式和应用流程

公司在全面预算管理实践中总结出一套适合自身的"应用模式"：运用财务核

算、管理会计思维研究全面预算编制技术，制作"下业务项目，上会计科目"的"全面预算模型"，业务部门据此编制业务预算；财务预算以业务预算为基础，运用财务核算模式，编制"一表"带"多表"的财务预算"套表"，表表衔接，所有财务预算数据有据可查，并根据管理需要衍生所需的内部管理会计报表。所有预算均分解至月度。

1. 业务预算编制精细化、合理化

公司每年及时召开全面预算布置会，具体布置年度全面预算工作，确定公司全面预算内容并划分至业务部门，安排各阶段的时间节点。

公司在全面预算布置会后发布年度全面预算内容及部门责任。表 13-4 所示为 2022 年全面预算部门分工表。

表 13-4　2022 年全面预算部门分工表

序号	责任部门	提报预算内容
1	营业部、服务部	2021 年 10—12 月分车型销量，2022 年 1 月—2023 年 3 月分月、分车型国内销量（包含大排车）、全年产品价格、折扣折让；分月配件销售额
2	国际贸易部	分月、分车型出口销量、收入；出口配件收入；提成费、入门费
3	资材部	分月车体、发动机、主材、包装物、委外加工成本及采购降本目标、物流费收入等
4	制造部	分月辅料、机物料、修理费等成本；各车型工时定额，制造降本目标
5	安全技改部	分月燃动费、修理费、安全生产费用、固定资产投资等
6	技术研发部、品质保证部	新车型进度表、试验费、检测费、认证费、研发费等提报及设计降本目标
7	管理人事部	人工、薪酬（技术研发部、安全生产人员薪酬单独列报）、高级人员劳务费测算、资产处置、废料收入、各项管理费等
8	各部门	分月固定费用
9	财务审计部	固定资产折旧计提（在账及 2022 年预算新增）、税金、财务费用、各项摊销费用等计算、间接成本的分配计算、全面预算编制、专项管理会计报告编制等

（1）科学研判市场形势，精细编制销量预算。

摩托车市场作为完全竞争市场，有如战场。《孙子兵法》曰"知己知彼，百战不殆"，研究市场是赢得市场的必然要求，研究市场也是销售业务预算的基本需要。在符合公司战略的情况下，营业部门做了以下工作。

① 从外部宏观环境分析产业政策、经济环境对摩托车消费的影响，对摩托车行业政策进行研判。

② 通过行业销量对标分析，研究产业发展趋势、竞品企业销量情况，结合公司

资源和经营现状制定营销策略、精细精准编制销售业务预算。

③ 利用营销分析工具进行 SWOT 分析,确定可利用的营销资源。

营业部门以五年规划、三年滚动计划为战略牵引,平衡产品结构、销售价格、营销政策,确定年度销售目标总量。

销售业务预算以目标总量为基础,分解为款式、大系列车型、仕样明细车型,最终根据各区域销售能力分解至各区域。

作为"龙头"的销量预算,是其他业务预算的基础,销量预算是否"精""细",在一定程度上影响以此为基础的其他业务部门业务预算的精细程度。

表 13-5 为销售预算表示例。

表 13-5 销售预算表示例

系列	车型	配置说明（出口国家）	2022 年经营计划			代理		直供		2022 年预计计划分解			合计
			执行价（元）	政策（元）	计划（辆）	执行价（元）	比例	执行价（元）	比例	1月	××月	12月	
S***系列	S***-5 车型	鼓刹、单启动											
	跨骑车小计												
U***系列	U***-2 车型	鼓刹											
	踏板车小计												
F**系列	S***-3 车型	铝轮、鼓刹											
	弯梁车小计												
	国内自产车合计												
出口 CBU	X***车型	危地马拉											
	出口车合计												
	销量总计												

（2）以销量预算为基础,合理编制业务（费用）预算。

① 固化业务部门业务项目。根据部门职责范围,按照全面预算内容对部门进行责任分工,并结合往年开支项目,逐步固化业务部门业务项目,将所有经营事项均纳入预算管控范围,以做到预算覆盖全员、全方位、全过程。

② 建立"下业务项目、上会计科目"的矩阵式预算模型。对固化的部门业务项目建立业务预算模型,根据其业务实质一一对应到会计科目,整合成为"下业务项目、上会计科目"的矩阵式预算模型,以此将业务语言转化为财务语言。业务预算模型既要适合业务部门业务特点,又要强化业务预算精度;而预算模型既提高工作效

率,又提高预算的精确度。

矩阵式预算模型不仅使各业务部门了解本部门相关的财务指标,同时将财务数据和业务数据融合,统一了业务项目预算的核算标准,便于快捷地充分分析业务预算的执行差异,牵引经营活动有效开展。

"下业务项目、上会计科目"的矩阵式预算模型如表 13-6 和表 13-7 所示。

表 13-6 矩阵式预算模型(下业务项目)　　　　　单位:千元

项目明细	预算科目	项目编制说明	2021年1—9月实际	2021年1—12月预计	××部 2022 年度预算				税率
					1月	××月	12月	1—12月合计	
生产报废	生产成本—生产报废	***	1.00	1.20	0.50			0.50	不含税
物流费	其他业务收入	***	5.00	6.00	5.00			5.00	13%
网络信息费 6%	管理费用—办公费	***	0.20	0.20	0.30			0.30	6%
网络信息费中国橡胶商务网 3%	管理费用—办公费	***	0.30	0.30	0.30			0.30	5%
采购部门出差费用	管理费用—差旅费	***	5.00	6.00			1.00	1.00	
采购部门新车型出差费用	研发费用—差旅费	***	1.00	2.00	0.20			0.20	
……									
合计	……		12.50	15.70	6.30		1.00	7.30	

注:表中数据非实际数据,仅表示数据逻辑之用。

表 13-7 矩阵式预算模型(上会计科目)　　　　　单位:千元

预算科目	预算说明	2021年1—9月实际	2021年1—12月预计	××部 2022 年度预算				备注
				1月	××月	12月	1—12月合计	
其他业务收入	***	4.42	5.31	4.42			4.42	
生产成本—生产报废	***	1.00	1.20	0.50			0.50	
制造费用—修理费	***							
制造费用—机物料消耗	***							
管理费用—办公费	***	0.50	0.50	0.60			0.60	
管理费用—差旅费	***	5.00	6.00			1.00	1.00	
研发费用—差旅费	***	1.00	2.00	0.20			0.20	
……	……							
合计		11.92	15.01	5.72		1.00	6.72	

注:表中数据非实际数据,仅表示数据逻辑之用。

(3)对于重要的专项业务预算,预算部门单独设置模板,牵引专项业务,利于执行监控与分析。

① 投资预算，必须填列预算年度前的"预计转固"。预算部门设计投资预算模型，投资管理部门按表做出分阶段投资预算及付款计划，便于后续折旧计算及投资支出执行分析。

表 13-8 所示为 2022 年投资预算表部分内容示例。

表 13-8　2022 年投资预算表部分内容示例　　　　　　单位：千元

序号	分阶段投资（或转固）	固定资产名称	使用部门	机种	固定资产投资价值（含税）	签订合同日期	2022年预计付款时间			2022年预计转固时间		
							1月	××月	12月	1月	××月	12月
1	2022年新增投资及付款 ……	焊接自动化设备	JZC	全机种	500.00	2022年3月						
2		注塑模具	JJ	U***车型改型	5000.00	2022年7月						
……		……										
70		小计			5500.00							
71	2021年11月之前转固并在2022年继续付款	Y***车型注塑模具			3250.00	2020年10月						
……		S***车型注塑模具			940.00	2020年5月						
79		小计			4190.00							
80	2021年11—12月拟转固，在2022年继续付款	立式加工中心	JZF		719.00	2020年1月						
……		……		……	……	……	……	……	……	……	……	……
91		小计			719.00							
92	2022年以前投资未转固，预计在2022年转固或继续付款	L***车型油箱冲压模具	JZC		823.00	2020年2月	246.90					
……		……			……	……	……					
102		小计			823.00		246.90					
	合　计				11232.00		246.90					

② 折旧预算。折旧费用在固定费用中占比较大，需"细""准"计算。所有固定资产的折旧，由预算部门根据固定资产卡片及投资预算明细分别按月计算。

表 13-9 所示为 2022 年折旧预算汇总表。

表 13-9　2022 年折旧预算汇总表

一、截至2021年9月底固定资产卡片在2022年应计提折旧									
项目	折旧类别	原值	2021年预计			2022年预算			
			1—10月	11—12月	1—12月	1月	××月	12月	1—12月
折旧期内	制造费用—折旧								
	销售费用—折旧								
	管理费用—折旧								

续表

一、截至2021年9月底固定资产卡片在2022年应计提折旧								
项目	折旧类别	原值	2021年预计			2022年预算		
			1—10月	11—12月	1—12月	1月	××月	12月	1—12月
2022年已过折旧期	专项储备								
	制造费用—折旧								
	销售费用—折旧								
	管理费用—折旧								
	已过期折旧的原值								
	合　计								

二、2021年11—12月预计转资的固定资产在2022年应计提折旧								
	折旧类别	原值	2021年预计			2022年预算		
			1—10月	11—12月	1—12月	1月	××月	12月	1—12月
	制造费用—折旧								
	销售费用—折旧								
	管理费用—折旧								
	合　计								

三、2022年之前投资预计2022年转固								
	折旧类别	原值	2021年预计			2022年预算		
			1—10月	11—12月	1—12月	1月	××月	12月	1—12月
	制造费用—折旧								
	合　计								

四、2022年投资当年转资应计提折旧								
	折旧类别	原值	2021年预计			2022年预算		
			1—10月	11—12月	1—12月	1月	××月	12月	1—12月
	制造费用—折旧								
	销售费用—折旧								
	管理费用—折旧								
	合　计								

五、折旧汇总								
	折旧类别	原值	2021年预计			2022年预算		
			1—10月	11—12月	1—12月	1月	××月	12月	1—12月
	制造费用—折旧								
	销售费用—折旧								
	管理费用—折旧								
	已过折旧期								
	合　计								

③ 细分研发预算维度，设置"研发项目下的明细费用"和"明细费用下的研发项目"模板。针对公司自身研发特点，预算部门为研发预算设置"新产品进度表"和"研发费用预算表"（研发投资需报至投资管理部门统筹管理）。其中研发费用预算表分项目下的费用与费用下的项目两个维度，目的是后续分项目的研发费用、分研

发明细费用的研发项目执行监控及新产品贡献统计，同时明细科目符合加计扣除政策与兵器装备集团的贯标要求。

表13-10为2022年新产品进度表。

表13-10 2022年新产品进度表

类别	车型名称	车型说明	新产品级别	生试 预计月份	生试 数量	量试 预计月份	量试 数量	PLOT 预计月份	PLOT 数量	商标（"SUZUKI"或"轻骑铃木"）	是否自主开发车型	备注
新项目车型	***	旅行车	5级	7月初	15辆	11月末	22辆			SUZUKI	否	
新项目车型	***	***简化版	3级			3月中	16辆	5月中	10辆	SUZUKI	否	
其他车型	***	***国四版	2级			3月中	9辆	5月初	10辆	轻骑铃木	是	
其他车型	***	极客飒警车	2级	9月中	2辆	11月中	2辆	12月中	15辆	轻骑铃木	是	
……	……	……	……	……	……	……	……	……	……	……	……	……

注：1. 本表由技术研发部填写，车型请按计划车型填写，行数不足可自行添加。
2. 其他部门对应前期试验、领料、领件等参考此表。

研发费用预算表如表13-11和表13-12所示。

表13-11 研发费用预算表（费用下的项目）

序号	项目明细		预算科目	项目编制说明	2021年1—9月	10月	11月	12月	2021年预计	2022年预算				税率
										1月	××月	12月	1—12月合计	
1		新项目车型	U***（**改型）	研发费用—差旅费	……									
……		……	……	……	……									
7	差旅费	其他车型	***N-2	研发费用—差旅费										
……		……	……	……										
10		量产车型	量产车型	研发费用—差旅费										
11		新项目车型	U***（***改型）	研发费用—其他										
……		……	……	研发费用—其他										
14	SV指导费	其他车型	***N-2	研发费用—其他										
……		……	……	研发费用—其他										
20		量产车型	量产车型	研发费用—其他	……									
21		……	……	……	……									
	合计													

表 13-12 研发费用预算表（项目下的费用）

序号	项目明细	预算科目	项目编制说明	2021年1—9月	10月	11月	12月	2021年预计	2022年预算				备注
									1月	××月	12月	1—12月合计	
1	新项目车型 U***（***改型）	差旅费	研发费用—差旅费	……									
2		SV指导费	研发费用—其他										
……		……	……	……									
10	其他车型 ***N-2	差旅费	研发费用—差旅费										
11		SV指导费	研发费用—其他										
……		……	……										
37	量产车型	差旅费	研发费用—差旅费										
……		SV指导费	研发费用—其他										
42		……	……										
合　计													

2. 财务预算编制实行"一个套表"模式，实现不同维度的管理，优化配置预算资源，大大提高业财融合度

预算部门根据业务预算信息，按照财务核算，最终生成报表模式所需的各个财务报表，这些财务报表与各部门的业务数据表、集团公司报表、日方格式报表等全部嵌入"一个套表"；通过公式设置，一表带多表，每个表数据均有出处，表与表之间相互关联。"一个套表"中包括近70张基础表，满足不同管理需要。

"一个套表"包含的预算表包括：销量、价格、政策等收入相关预算表；直接材料、间接材料、薪酬、燃动费、工时、成本分配、全成本等成本相关预算表；期间费用、固定费用、技术提成费、折旧、摊销等费用相关预算表；利润、现金流量、资产负债、毛利、边利、其他业务利润等财务相关预算表；部门业务预算表；集团公司预算补充表；日方格式表；等等。所有工作表的公式定义层层递进，环环相扣，勾稽关系清晰。

各表数据保持实务性、逻辑性、合理性和有效性，满足股东各方及公司内部不同需要。若有业务预算数据修订，则全表数据即时相应发生变动。"一个套表"最大限度地实现了对业务内容、业务部门、核算类别三个维度的预算管理。

"一个套表"已成为预算部门统一的预算编制模板，既确保收入、成本、费用、其他损益等各项目全面、细化，又保证预算与核算科目标准统一，大大提高了预算编制效率，计算精准，查询便捷。预算资源配置到哪个部门、哪个项目、哪项费用，清晰透明，能够有力地牵引业务，实现业财高度融合。尤为重要的是，它为后续的预算执行监控筑牢了基础。

图 13-31 为业务预算套表示例（截图）。

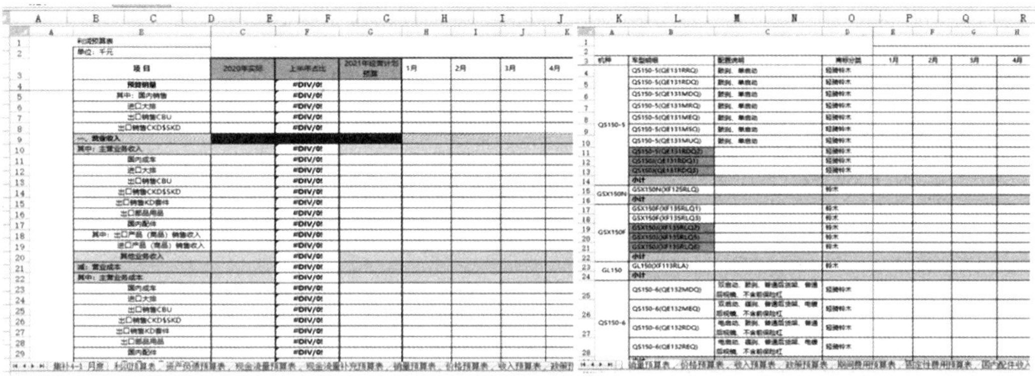

图 13-31　业务预算套表示例（截图）

图 13-32 为预算科目汇总表示例（截图）。

图 13-32　预算科目汇总表示例（截图）

3. 全面预算听证阶段严肃细致，确保预算项目合理

"一个套表"编制完成后，形成年度全面预算初步结果，无论初步预算结果是否达到集团"一下"目标，每年 11—12 月预算部门都组织开展各部门预算听证质询，参加听证质询的人员包括全面预算管理委员会成员、各部门负责人及预算编制相关人员。部门负责人针对本部门编制的业务预算，向全面预算管理委员会汇报，并接受全面预算管理委员会的质询。

预算质询内容包括内外贸销售、研发、资材、制造、投资、薪酬、固定与变动费用、固定资产清理、节创价值等预算内容，强化业财融合。

全面预算听证质询客观上能够"挤压"部门预算的"水分",有利于提高全面预算的编制质量,促使各业务部门对业务预算编制高度重视,特别是在业务预算编制前要科学研判、合理预估,使业务预算编制尽可能合理、有据,编制说明充分等,促进经营目标的有效达成。

2022年全面预算听证质询安排如表13-13所示。

表13-13　2022年全面预算听证质询安排

序号	听证主题	主要内容	汇报部门	日期2021年11月	周
1	国内经营计划	销量、结构等（国内、进口大排）	营业部	22日8:30—10:50	周一
		营销政策等			
		国内配件收入、缺货率等	服务部	22日11:00—12:30	周一
2	出口经营计划	出口CBU、CKD(SKD)、KD、配件	国际贸易部	23日8:30—10:20	周二
3	研发预算	研发项目车型、非项目车型等投资及费用预算,新车型进度计划等	技术研发部	23日10:30—12:30	周二
4	成本预算	外购件、主材、委外加工、包装物实施降本的车型、时间、金额;降本程度;代加工创造价值;物流费收入等	资材部 技术研发部	23日14:00—15:30	周二
		制造降本:工艺、材料、管理等	制造部	23日15:40—17:00	周二
5	投资预算	一般固定资产投资、小型技术措施、固定资产处置等	安全技改部 管理人事部	24日8:30—10:30	周三
6	薪酬预算	1. 双方股东预算要求; 2. 公司薪酬体系改革方案; 3. 2022年人力、薪酬预算分解	管理人事部	24日10:40—12:30	周三
7	费用预算	2022年固定费用预算	各部门	各部门业务预算听证后	
8	财务预算	1. 折旧、摊销等费用预算; 2. 2021年公司损益预测及2022年财务预算	财务审计部	26日15:00—17:00	周五

注:若时间临时有变,将另行通知。

4. 日常全面预算执行监控严格精细,确保年度预算目标达成

各部门在年度预算范围内,每月初根据年度预算项目提报月度预算,确保日常业务以年度预算为牵引。

预算执行的过程监控着重对固定费用的监控,各部门固定费用细分为固定制造费用、固定销售费用、一般管理费、研发费用。日常实际支出时,预算部门逐一对照部门业务明细项目预算,以"预算模型"为参考,对"业务项目"和"财务实际"进行精细化"双监控",监控业务执行是否在业务预算内,监控财务指标是否在财务预算内。在年度预算范围内,实行刚性控制;月初对上月费用预算执行情况进行分析,与业务部门对接纠偏,包括控制纠偏或审批调整后纠偏。

严控不等于"死控",对于超预算但公司生产经营必需的业务项目,经批准后追加调整预算,即作为正常预算进行监控;对年度预算外项目追加申请制定严格的审批流程,确保预算外项目得到有序管理,在经营目标的可控范围内。

表 13-14 所示为某部门月度预算执行情况。

表 13-14 某部门月度预算执行情况

项目明细	预算科目	下达预算	追加预算	全年预算(含税)	全年预算(不含税)	1月至本月业务实际	1月至本月财务实际	剩余预算	时间进度	1月			××月		
										本月预算	业务实际	财务实际	本月预算	业务实际	财务实际
……	……														
办公家具	管理费用—办公费—其他办公费														
差旅费	管理费用—差旅费														
销售部门餐费	销售费用—职工薪酬—职工福利费														
厂区交通器材更换	专项储备—安全生产经费														
……	……														

5. 强化预算执行分析,确保执行方向不偏离,为战略服务

(1)对固定费用预算执行情况分析纠偏:月初参考财务核算账目,分部门分业务将财务实际数据归集到部门月度预算执行表中,分别从业务预算和财务预算两个口径对预算时间进度进行分析,从公司整体层面和部门明细业务层面全方位监控预算执行,对超预算时间进度的项目及时预警,分析、查找原因,确保每项支出都在预算监控范围内,及时纠正预算执行偏差。

固定费用预算执行分析表如表 13-15 所示。

表 13-15 固定费用预算执行分析表

部门	固定制造费用/固定销售费用/一般管理费用/研发费用								固定费用合计							
	下达预算(含税)	下达预算(不含税)	追加预算(不含税)	全年预算(不含税)	1月至本月业务实际	1月至本月财务实际	时间进度(业务实际)	时间进度(财务实际)	下达预算(含税)	下达预算(不含税)	追加预算(不含税)	全年预算(不含税)	1月至本月业务实际	1月至本月财务实际	时间进度(业务实际)	时间进度(财务实际)
管理人事部																
财务审计部																
***部																
合 计																

（2）公司经营业绩指标和全面预算指标分析：通过财务核算系统对公司经营业绩指标和全面预算批复指标进行归集，通过环比、同比、预算完成情况等多维度对比分析，对预算执行的偏差度重点标注，总结分析偏差原因，促使业务在预算的牵引下有序开展。

（3）预算分析服务战略。例如，通过月度边际利润分析，为公司生产经营、战略决策提供有效支撑。

① 每月对每个明细车型的单辆价格、单辆成本、费用分担、边际贡献进行分析研究，从款式、系列、明细车型分别分析其边际贡献，对内销产品、出口车型定价、营销政策制定等提供数据支撑。

图 13-33 所示为产品定价预测。

a. 内销产品定价预测　　　　　　　　b. 出口产品定价预测

图 13-33　产品定价预测

② 对营销区域盈利分析、部署区域营销战略及资源配置发挥重要作用。表 13-16 所示为营销区域盈利分析。

表 13-16　营销区域盈利分析

序号	车型		R***小计	X***小计	L***小计	Z***小计	R***小计	M***小计	U***小计	Y***小计	F***小计	边利贡献合计
	单车平均边利											
1	江苏	1—12月进货										
		营业贡献										
		营业贡献										
2	山西	1—12月进货										
		营业贡献										
		营业贡献										

续表

序号	车型		R*** 小计	X*** 小计	L*** 小计	Z*** 小计	R*** 小计	M*** 小计	U*** 小计	Y*** 小计	F*** 小计	边利贡献合计
		单车平均边利										
3	宁夏	1—12月进货										
		营业贡献										
		营业贡献										
4	河北	1—12月进货										
		营业贡献										
		营业贡献										
5	安徽	1—12月进货										
		营业贡献										
		营业贡献										
6	浙江	1—12月进货										
		营业贡献										
		营业贡献										

③ 为踏板车倍增计划、战略车型计划、"爆款"行动、登高计划、双品牌战略等决策方案提供重要的数据支撑。

四、实施成效

（一）公司扭亏为盈，效益效率连创新高

全面预算的引领作用出色，公司产品结构完成重大调整，经营规模、效益、经济运行质量持续大幅改善，持续推动公司高效稳步发展。

2016年至2021年，公司产品销量、收入、效率年均增长率分别达到22%、29%、22%，利润总额创公司成立以来新高，存货周转率、应收账款周转率超过行业优秀值。公司先后获得兵器装备集团"特别贡献奖""财务工作先进单位"，以及济南市做强做优做大"首次突破"奖励、济南市创新发展奖励等。公司取得的主要成效如图13-34所示。

图13-34 公司取得的主要成效

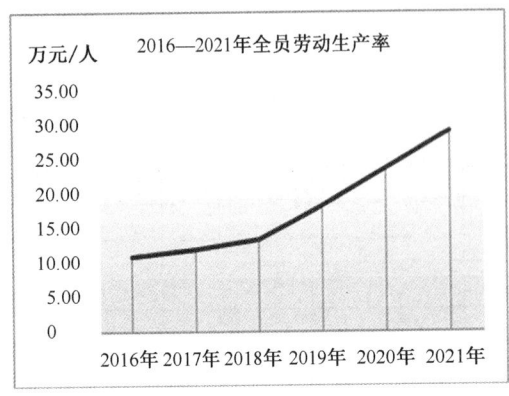

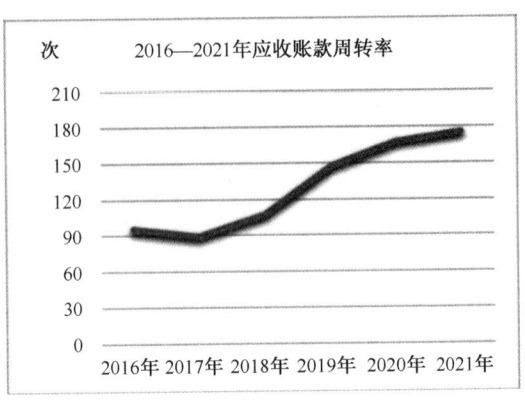

图 13-34　公司取得的主要成效（续）

（二）固定费用率逐年下降，彰显预算执行监控效果

公司固定费用率逐年下降，彰显预算执行监控效果，提升盈利能力。2016—2021 年固定费用率变化如图 13-35 所示。

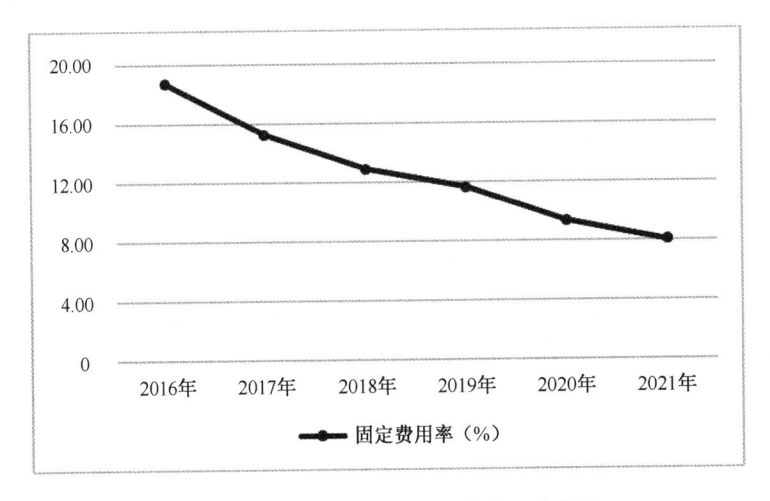

图 13-35　2016—2021 年固定费用率变化

（三）全面预算编制和执行水平提升

预算部门不断研究预算报表编制技术，研究预算表格应用设计，统一、固化预算编制模板，并指导应用于业务部门的预算编制，使业务部门能够更直观地理解预算的实质，重视预算的编制和执行分析，使全面预算实实在在地起到牵引作用，充分、有效地促进业财融合，促进公司高质量发展。

五、总结启示

（一）业务预算编制的基本应用条件

公司的一切经济资源均需列为预算控制对象；应用财务、管理会计思维，不断研究预算编制技术，形成统一的预算编制模板，引导业务预算编制质量提升。

（二）业务预算编制应用的关键因素

公司高层领导重视，执行层具体落实，落到实处，做到细处；对预算执行进行监控，坚持对业务预算进行预算时间进度分析，确保预算执行在年度预算范围内，无论业务预算还是预算，都必须为企业战略服务。

业务预算编制应用的关键因素如图 13-36 所示。

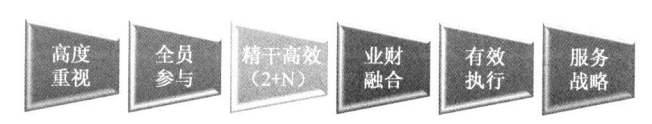

高度重视　全员参与　精干高效（2+N）　业财融合　有效执行　服务战略

图 13-36　业务预算编制应用的关键因素

（三）全面预算的改善方向

进一步精耕细作，业务预算编制向全面信息化迈进。持续优化预算编制模板，有效利用财经管控系统全面预算管理模块，利用统一的"预算模板"，建立公司预算人员共同参与的预算编制平台，缩短全面预算的编制时间，减轻预算人员的工作强度，进一步提高全面预算的编制水平、质量和效率。满足不同管理需求，向管理会计方向发力，进一步提高业财融合度。

（四）全面预算的未来展望

建立全面预算综合信息集成平台，通过与财务核算系统、网上报销系统有效集成，实现预算在线实时监控，即时查询预算审批、执行情况，实现自动分析、出具相关图表，实现数据共享，为经济业务各环节提供数据支持，为公司高质量发展提供强有力的支撑。

（五）关于全面预算工作的感受

（1）领导高度重视。作为"一把手"工程，全面预算自上而下贯彻落实。

（2）持之以恒。每年度的全面预算工作，财务部门和业务部门都要经过交流、听证、平衡、修订、再修订、确认等过程，公司始终紧抓预算工作。

（3）传导压力。向龙头部门传递压力，如××年度预算销量为国内 N 万辆，销售部门考核销量为 $N+2$ 万辆，给经销商安排 $N+5$ 万辆。对费用进行控制性下达，如各部门固定费用按预算的 90% 下达，树立节创意识。

案例四 长安工业——基于价值持续提升的业绩评价体系探索与实践

一、背景描述

（一）企业基本情况

重庆长安工业（集团）有限责任公司（简称"长安工业"）隶属兵器装备集团，是国有大型军品结合型企业。长安工业全面贯彻集团公司"133"发展战略，深入落实集团公司"1666"财务工作规划，结合企业实际，全力构建"兵装一流"精益价值型财务管理体系。长安工业秉承集团公司财务管理"1666"规划的六大理念，打造全面预算、成本价格、业绩评价和资源管控四大体系，实施资金全流量精益运作、成本全价值链精益管理、运营全过程精益监控和风险全方位精益防控四大行动，夯实提质增效、管理会计、财务改革、能力提升、人才队伍和会计信息六大支撑，不断提高资源配置的效率和效益，持续使企业价值最大化，为建设国际一流的防务企业提供强有力的财务支撑。业绩评价体系作为精益价值型财务管理体系的重要组成部分，准确传导企业战略导向和价值目标，有效评价和改善组织业绩，助推企业价值持续提升。

业绩评价体系是由一系列与业绩评价相关的评价制度、评价指标体系、评价方法、评价标准及评价机构等形成的有机整体，由企业业绩评价制度体系、组织体系和指标体系三个子系统构成。业绩评价体系是确保企业战略落地的关键，企业的发展需要通过它来明确和引导，并撬动干部和员工的积极性，将思想、精力、资源聚焦在企业各项业务中。

（二）企业管理现状与问题分析

随着全球政治经济格局动荡变化，国内经济发展进入新常态，因长期快速增长积累的结构性矛盾比较突出、经济下行压力犹存。军品竞争性采购机制建立后，军品产业面临愈来愈激烈的竞争。国家提出建设"小核心、大协作、专业化、开放型"的国防科技工业体系，对军工企业尽快确定核心、抓住核心、开放体系，提升企业生存和竞争力提出了新的要求。同时，兵器装备集团将高质量发展作为解决近期和长期问题、有效应对外部环境和形势深刻变化、实现成为世界一流企业愿景的重要举措。长安工业作为重点保军企业，积极贯彻党和国家战略，落实好集团公司"133"发展战略，积极适应外部环境变化，以高质量发展为根本要求，主动变革创新，加速应对新形势、新任务、新要求。长安工业经营质量逐步向好，但仍面临较大的挑战。

1. 职工创新能力不强，价值创造能力不高

作为历史悠久的大型国有企业，长安工业承担了较多的历史债务和企业办社会职能，人员多，职工思想保守，创新困难大，员工主动创造价值的积极性不高，部门间的协同性不强，部分干部的经营、大局、集体意识不强。

2. 基础管理不强，经营质量不高

长安工业属传统的国有制造企业，与先进企业相比，企业基础管理精益度不够：预算管理不够精准，部分生产性费用的预算标准模型还有待优化；成本管理不够精益，班组、分厂、公司等多级多层次成本管控模式还有待优化；运营管控不够，生产过程消耗大，运营成本高，投入产出分析机制还有待完善；制造厂周转库存大，资源配置不尽合理；闲置资产较多，资产红利还有待深度挖掘。对标行业内先进企业，公司的经营质量还存在较大的提升空间。

3. 规模效益不高，盈利能力不强

虽然长安工业的特种产品规模在集团公司内部保持领先，但与国内一流的军工企业相比，经济规模依然偏小，抵御竞争风险、市场风险的能力还比较弱。其主导产业的特种产品附加值低，创新能力不足，在产品交付与客户保障等方面还存在一定的问题。本部亏损、特种产品亏损严重，劳动生产率远低于集团公司，甚至低于保军企业的平均水平。长安工业的开发建设业务战略性收缩，工程建设项目毛利低，股权改革难度大；工业智能处于新创阶段，前期投入较大，尚未实现盈利。

4. 业绩评价与价值关联不大，可持续发展能力不强

长安工业虽然建立了一定的业绩评价制度，在一定程度上解决了薪酬自定、薪酬与业绩脱节、薪酬增长过快及只升不降等问题，但公司的业绩评价体系仍停留于事后评价，对公司价值提升的支撑度不高。部分业绩评价指标不能有效分解公司的战略要求，未能充分体现对公司内部价值转化和外部价值增值的战略导向。同时，长安工业作为传统的机械加工型企业，特种产品地位弱化、价值降低、盈利能力不足，符

合武器装备发展方向的核心技术少，满足智能制造发展方向的生产能力不高，基于数据驱动产品创新的管理能力不强，通过科技创新提升价值的能力不强。

（三）构建基于价值持续提升的业绩评价体系的主要考虑

在面临复杂的国际国内经济环境、严峻的产业形势下，如何较好地解决目前在业绩评价管理过程中存在的问题，如何利用好业绩评价这根"指挥棒"，为企业"把好脉""开好方"，实现各产业板块健康持续发展是长安工业面临的重要课题。

1. 推动企业与员工价值相同，提升价值创造能力

选择业绩评价管理工具是推动企业与员工价值相同，提升价值创造能力的内在动力。基于价值持续提升的业绩评价体系，有效地将企业目标与企业内部组织目标在各个层面上统一，实现了企业与员工在精神、物质和责任使命等方面的价值集合，提升了企业内部各组织的协同效率，激发了全员主动想事、干事、成事的价值创造内生动力。

2. 改善管理水平，提升经营质量

选择业绩评价管理工具是企业改善管理水平、提升经营质量的重要途径。单一的管理会计工具已无法满足和支撑企业高质量、高效率和高效益地快速发展。一套完善的管理体系必须是多种管理会计工具的集成。基于价值持续提升的业绩评价体系，集合平衡计分卡、KPI、目标管理法、全面预算管理、EVA等多项管理工具方法，为企业的管理活动创建了很好的基础架构。在细化企业经营目标的基础上，突出重点，使目标贯穿各个业务层面，资源配置更加集中。同时，全过程、全方位的动态业绩评价可以对企业经营活动实时监控、及时纠偏、强化改进，促进企业不断提高管理水平和经营质量，助力企业高质量发展。

3. 适应未来市场竞争，提升企业经营业绩

选择业绩评价管理工具是企业适应未来市场竞争，提升企业经营业绩的重要保障。未来企业的竞争更重要的是取决于企业的战略性竞争优势。战略性竞争优势是企业在同行业中具有的长期的、稳定的、综合的竞争实力，其关键是形成特有的核心竞争力。战略性竞争优势必定在战略性经营业绩上体现出来。因此，如何建立科学、系统、全面地衡量企业战略性经营业绩的指标体系，直接关系到对企业战略性经营业绩和竞争优势的正确评价。基于价值持续提升的业绩评价体系就是提升企业核心

竞争力和综合评价企业经营业绩的重要保障。

4. 强化战略导向，实现可持续发展

选择业绩评价管理工具是强化战略导向，实现可持续发展的必然要求。基于价值持续提升的业绩评价体系为企业的战略管理活动打下了很好的基础。在分解战略目标时，更加突出战略导向，使战略目标在各个运营层面达成一致，使资源配置更加集中高效，有助于企业战略的实施，促进价值创造能力的提升。

综上所述，业绩评价作为最高效的战略执行工具，在战略分解落实、指标维度设计、考核激励效果等方面具有独到的优势，不仅能有效弥补长安工业现有绩效管理方面存在的不足，而且能提升企业在组织协同、经营、价值创造等方面的能力，促进企业可持续发展。因此，引入该体系符合长安工业全面深化改革、推动转型升级的整体战略要求。

二、总体设计

（一）构建业绩评价体系的目标

长安工业全面贯彻"价值引领"的理念，以专业管理、业务执行的分级组织体系为保障，以运行规范、权责明确的业绩评价制度体系为支撑，重新构建以价值为导向的业绩评价指标体系，打造企业与员工的价值共同体，激发全员价值创造的内生动力，确保了企业持续创造价值和长期价值最大化。

（二）构建业绩评价体系的总体思路

长安工业构建基于价值持续提升的业绩评价体系，以持续创造价值、长期价值最大化为目标，从价值创造的路径着手，从外部超越客户期望的价值增值和内部低成本高价值实现两方面进行评价，同时为确保价值创造的长期性和持续性，对价值创造的风险进行动态评价。具体来看，有以下四个核心理念。

1. 基于使命与战略的价值评价

构建基于价值持续提升的业绩评价体系必须是基于使命与战略的价值评价。业绩评价体系以持续创造价值和长期价值最大化为目标，对企业的一切业务活动和管理行为开展价值识别、价值诊断和价值评价，引导企业进行资源配置，为业绩评价提供方向和目标，确保企业的使命和战略落地。

2. 基于客户与市场的价值增值

构建基于价值持续提升的业绩评价体系必须是基于客户与市场的价值增值。业绩评价体系以适应、创造、引领市场等"客户满意""超越客户期望"为目标,打通从客户需求到客户体验价值的全过程,加快技术、项目和商品各环节的价值转化,加速客户价值在企业内部的快速流动和价值增值。

3. 基于产品交付的业务改进

构建基于价值持续提升的业绩评价体系必须是基于产品交付的业务改进。业绩评价体系以提升产品交付的内部价值链效率和效益为目标,通过持续对业务活动价值性及其资源占用进行评价,倒逼业务活动改进和管理基础提升,确保活动的低成本、高效率、高效益。

4. 基于价值创造风险的动态评价

构建基于价值持续提升的业绩评价体系必须是基于价值创造风险的动态评价。业绩评价体系通过对价值创造的风险进行动态评价,改善整个运营管理体系,确保企业价值实现、管理、分享全过程依法合规和持续规范,实现价值创造的持续性、长期性。

构建基于价值持续提升业绩评价体系的总体思路如图 13-37 所示。

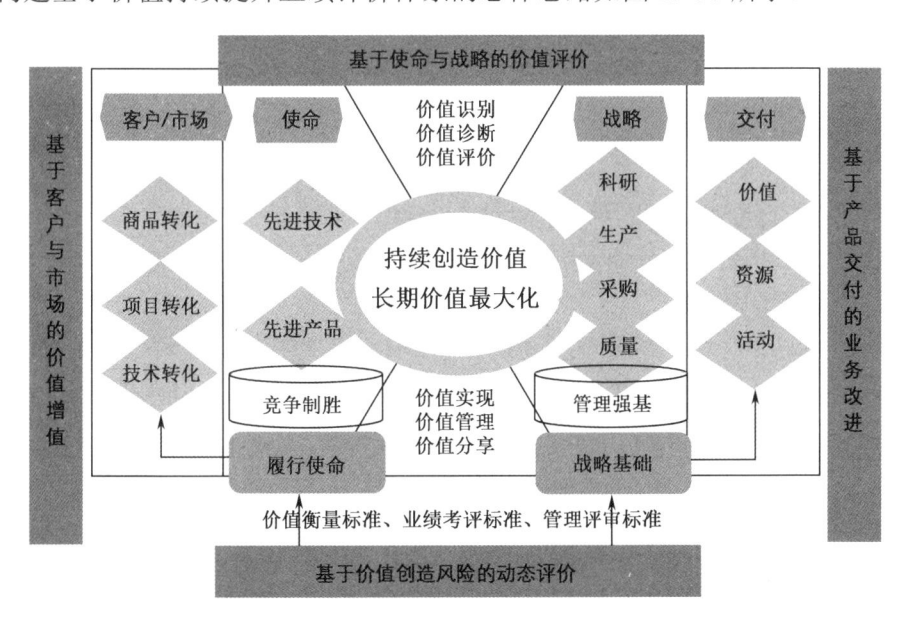

图 13-37 构建基于价值持续提升业绩评价体系的总体思路

(三) 相关管理会计工具方法的主要内容

按照横向到边、纵向到底的原则,深入价值链各环节,统筹财务指标和非财务指标、长期战略目标和短期经营目标、企业目标与社会责任、领先指标与滞后指标,运用平衡计分卡绩效管理工具,基于企业愿景和战略建立业绩评价指标体系,结合 KPI 和 EVA 建立企业和部门关键指标,通过全面预算确定指标目标值,最后使用目标管理法,完善岗位绩效目标。持续完善和优化绩效评价指标体系,使绩效指标和企业战略相结合、企业发展和员工利益相统一,提升员工和部门价值创造的积极性;对标先进企业,发现本单位经营短板,分析找准根本原因,采取相应措施,不断提升经营质量、效率和效益,助力公司价值的持续提升。

构建基于价值持续提升的业绩评价指标体系的主要内容如图 13-38 所示。

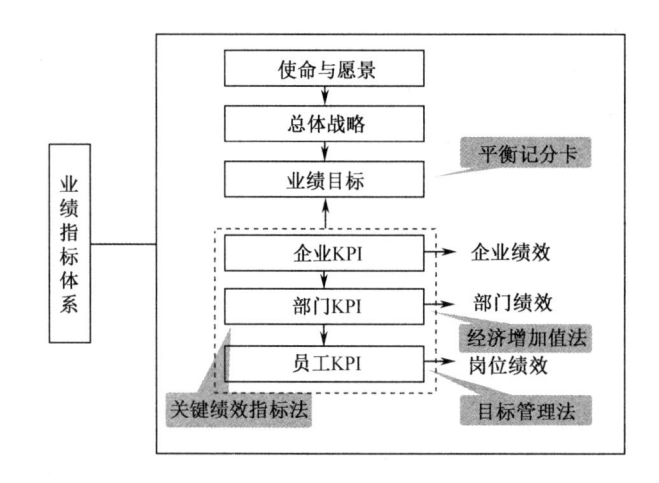

图 13-38 构建基于价值持续提升的业绩评价指标体系的主要内容

(四) 运用相关管理会计工具方法的创新点

长安工业构建基于价值持续提升的业绩评价体系,全面承接了"价值引领"的管理理念,首次以价值导向统领企业生产经营全过程,从价值的角度评价企业生产经营各个环节,打造了企业与员工的价值共同体,激发了全员主动创造价值的内生动力,确保企业持续创造价值、长期价值最大化,促进了企业高质量、高效率和高效益发展。

(1) 创新性地集成运用多种管理会计工具,从价值的角度重新构建绩效评价指标体系,打通企业价值链各环节,贯穿企业价值创造全过程。长安工业通过综合运用多项管理会计工具,打造企业与员工价值共同体,激发了全员创造价值的积极性,实现价值链与资源链的对应匹配，强化了企业的价值引领作用，确保企业战略目标顺利实现，促进了企业高质量、高效率和高效益发展。

（2）创新性地集成运用多种管理会计工具，提升了业绩评价的科学性、精细性和完整性。关键绩效指标法（KPI）量化企业流程绩效管理指标体系；平衡计分卡从多个维度对企业、部门进行考核评价；目标管理法通过被考评部门、员工完成目标的情况来进行考核评价；经济增加值法（EVA）以价值驱动和资本成本为中心，反映一定时期内的价值创造情况；全面预算以企业发展战略和目标为导向，逐层分解和下达给内部组织各个单位，确保企业经营目标顺利实现。

三、实践应用

长安工业业绩评价体系坚持客观公正、分级分类、权责明确、规范有效的宗旨，贯彻落实服务战略、业财融合、协同共享、精益管理、风险管控和价值创造六大理念，以持续创造价值、企业价值最大化为目标，构建基于价值持续提升的业绩评价体系。长安工业构建基于价值持续提升的业绩评价体系主要分为以下五步。

（一）业绩评价体系的落地策略

长安工业对企业目标和企业内部组织目标进行分析，员工与企业在物质、精神和责任使命上的追求是高度统一的。员工努力的价值回报就是企业价值积累的过程，员工的自我价值实现需求就是企业价值提升的需求。要使企业的价值持续提升，业绩评价体系就必须引导打造企业与员工的价值共同体。

由于企业内部各组织、各部门在公司价值链中都具有不可替代的作用，同时承担的业务内容和业务性质并不一致，用一套策略进行管控无法精准评价组织或部门的价值贡献，必须构建差异化的评价方式，来促进对组织和部门价值的精准评价。要促进企业的价值提升，就必须引导企业内部组织自主管理、自我评价、自我提高。基于价值持续提升的业绩评价体系的落地策略主要从以下三个方面着手。

（1）强调"自主管理"：变"要我干"为"我要干"，在战略牵引下由各单位申报，激发全员主动想事、干事、成事的价值创造内生动力。

（2）突出"自我提高"：自己与自己纵向比有进步的，自己与其他单位横向比有提高的，部门能获得更好的业绩，员工能拿到更高的薪酬。

(3)打破"唯部门论":每个部门的年薪基数都一样,每个部门都有获得高薪的机会,打破个别部门"天生丽质"的现象。

(二)业绩评价体系的主要构成

长安工业基于价值持续提升的业绩评价体系的构成,主要包含以下三个方面。

(1)优化业绩评价体系的顶层设计,按业务性质构建企业监控、专业管理、业务执行的分级管控组织体系,确保整个评价过程客观准确。

(2)按照"企业发展实现价值、党建促进企业发展、风险防控确保企业健康发展"的宗旨,制定"发展、党建、风险"三维度的业绩评价指标体系。指标设置要充分体现公司的使命与战略,兼顾风险与效率,提升价值与交付、保障客户与市场的目标导向;指标监控要强化指标周、月、季度分析反馈机制,确保目标落地;指标评价要客观公正,奖罚分明。

(3)为保障目标落地,激发"全员主动想、全员主动干、全员努力追求卓越"的内生动力,建立运行规范、权责明确的业绩评价制度体系,完善工效挂钩模式、共创共享的激励制度,充分发挥激励引导的"指挥棒"作用,提升全员价值创造的活力。

构建基于价值持续提升的业绩评价体系的主要内容如图 13-39 所示。

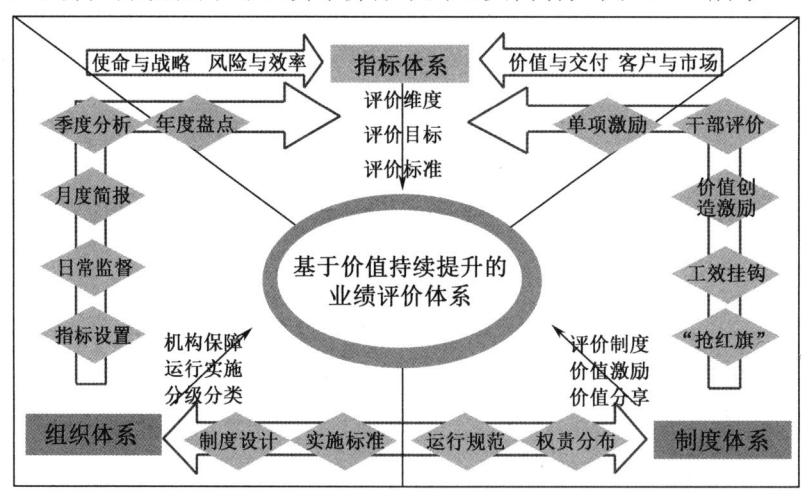

图 13-39 构建基于价值持续提升的业绩评价体系的主要内容

(三)优化业绩评价的组织体系

1. 优化顶层设计,建立公司绩效管理组织机构

长安工业以客观公正为原则,调整企业组织机构设置,优化责权利匹配,促进自主管理，构建责权对等的管控体系，完善企业目标设定、过程监控、效果评价、结果应用全链条评价体系。公司绩效管理委员会由公司领导班子成员组成，负责顶层设计、明确原则、凝聚共识，全面统筹协调资源，稳步推进业绩评价管理工作开展。该委员会下设公司绩效考核办公室，公司总会计师担任办公室主任，挂靠战略管理部门，由战略、财务、人力、风险、党建部门组成，负责绩效管理的实施，按周、月、季、年实施企业运行情况监控及分析；明确指标归口管理部门，设置专业指标，制定相关专业评分细则、实施考核及反馈。

2. 优化责权布局，完善企业组织机构设置

按照业绩评价体系建设思路，厘清业务执行、保障、监督责权分布，梳理企业组织机构设置，优化责权布局设置，推进企业过程监控和效果评价公开透明、量化精准。

（1）构建分级分类的专业管理及监督评价组织机构，将公司发展涉及的策划、运营、财务及管控等业务整合，承担企业整体运营监控责任；进一步明确其他职能部门的业务归口管理职能，构建专业管理监督机制。

（2）重点推进研发和制造体系变革。在研发系统，改革企业技术研发中心，合理分配研发管理、项目管理、产品和技术研究职责，组建"一委一部五所"，形成"科技委管总、项目管理部主管、专业研究所主建、项目团队主研"的组织架构，实施项目负责制，完善了业务推进、监督管控、服务保障的科技创新专业管理模式。在制造系统，实施"四全"（全计划、全质量、全成本、全技术状态）体系建设，优化生产组织方式，合理配置制造资源，有效提升制造系统要素质量和资源效益，支撑产品制造过程提质、提速、降本，促进制造系统核心功能的提升。

3. 优化运行模式，强化过程管控

公司绩效考核办公室基于价值目标和战略导向，运用平衡记分卡、EVA 和 KPI 等相关方法，明确年度绩效指标设置；财务管理部运用全面预算法，确定年度绩效指标的目标值；业务执行单位根据确定的目标值，确定指标挑战值和年度绩效系数。绩效考核办公室全面负责整个绩效评价过程，完善日常运营问题监督、月度投入产出分析、季度综合运营分析、年度盘点及评价分级监控机制，保障业绩评价管理体系的高效运行［最终的绩效评价结果=（挑战值-目标值）×绩效系数］。

业绩评价组织体系的运行模式如图 13-40 所示。

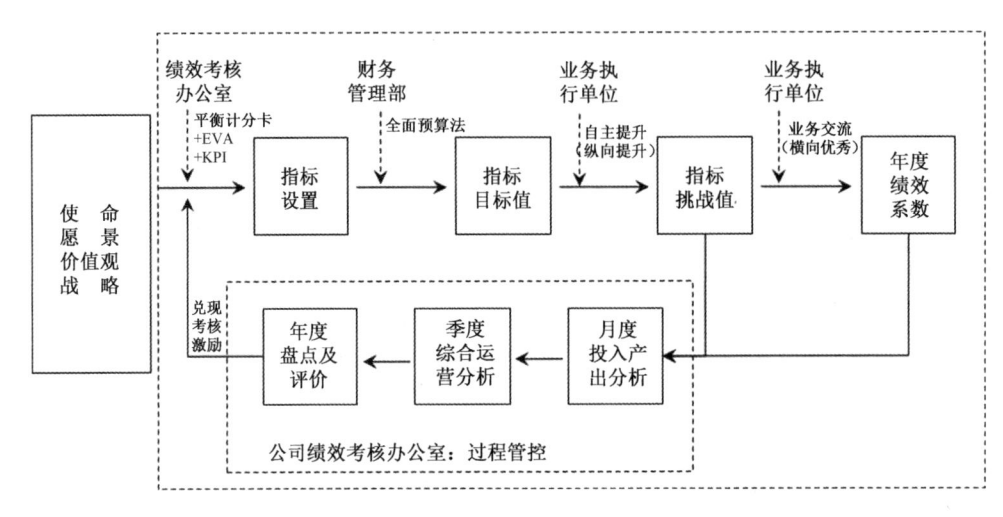

图 13-40　业绩评价组织体系的运行模式

（四）重构业绩评价的指标体系

1. 重构具有长安工业特色的业绩评价指标体系

按照企业属性、战略目标及高质量发展要求，长安工业重新构建了"发展、党建、风险"三维度高质量发展指标体系。在发展维度推进对平衡计分卡的深度应用，构建财务、客户、内部运营、学习成长"4"评价要素体系，形成"1+N"绩效指标体系（其中，"1"指通用类指标，"N"指重点关注类指标）；在党建维度突出党建引领作用，和业务深度融合，主要包含党建标准化及支部特色工作；在风险维度聚焦企业健康发展保障，主要包含风险识别、风险防控和防控成效。

在构建指标体系时，要明确指标设置原则及来源。指标设置与战略目标保持一致，突出重点，将考核权重向关键核心指标倾斜。精简指标，指标设置聚焦公司战略核心和二级单位核心功能。坚持 SMART 原则，依托业务分解和大数据建设，做实业务预算，建立可量化、可考核目标。合理规范指标来源，明确指标设置范围由公司战略目标分解、年度任务、提质增效、价值创造、活力提升及公司关注的痛点、难点问题组成。

表 13-17 所示为通用类指标模板。

表 13-17 通用类指标模板

维 度		权 重	指 标
发展	财务	××	1.业务收入增长率……
	客户		1.……
	内部运营		1.……（各项业务工作）
	学习成长		1. 人才队伍建设……
党建	党建标准化	××	1. 党建标准化体系现场检查得分……
	和业务深度融合		1. 党建融合业务工作……
风险	风险识别	××	风险识别清单……
	风险防控		风险防控措施……
	防控成效		风险整改事项……
履职尽责及其他突发事件等不占权重但可扣分的专项考核			

2. 科学设置指标目标值

发挥战略牵引作用，利用 EVA 价值提升驱动路径，结合全面预算，设定企业年度价值目标基准，根据公司预算管理委员会审议通过的年度预算方案，将预算目标层层分解至各部门，作为年度主要业绩考核指标基准值。EVA 目标分解如图 13-41 所示。

3. 优化指标及目标值确认方式

推行各单位"价值自主管理"，实施"二上二下"的部门绩效目标申报、审核及确认机制。根据制定的业绩考核指标基准值，各单位自主申报年度业绩指标目标值（包括但不限于上年度业绩指标完成情况、存在的问题，本年度 KPI 设置及原因、指标目标值、挑战值及提升情况分析、考核评价细则等），将其纳入二级单位责任书，作为年度业绩评价依据。长安工业业绩评价指标体系主要分为四大类：生产经营类、研发技术类、职能管理类和分（子）公司类。

发展类的具体指标如表 13-18～表 13-21 所示。

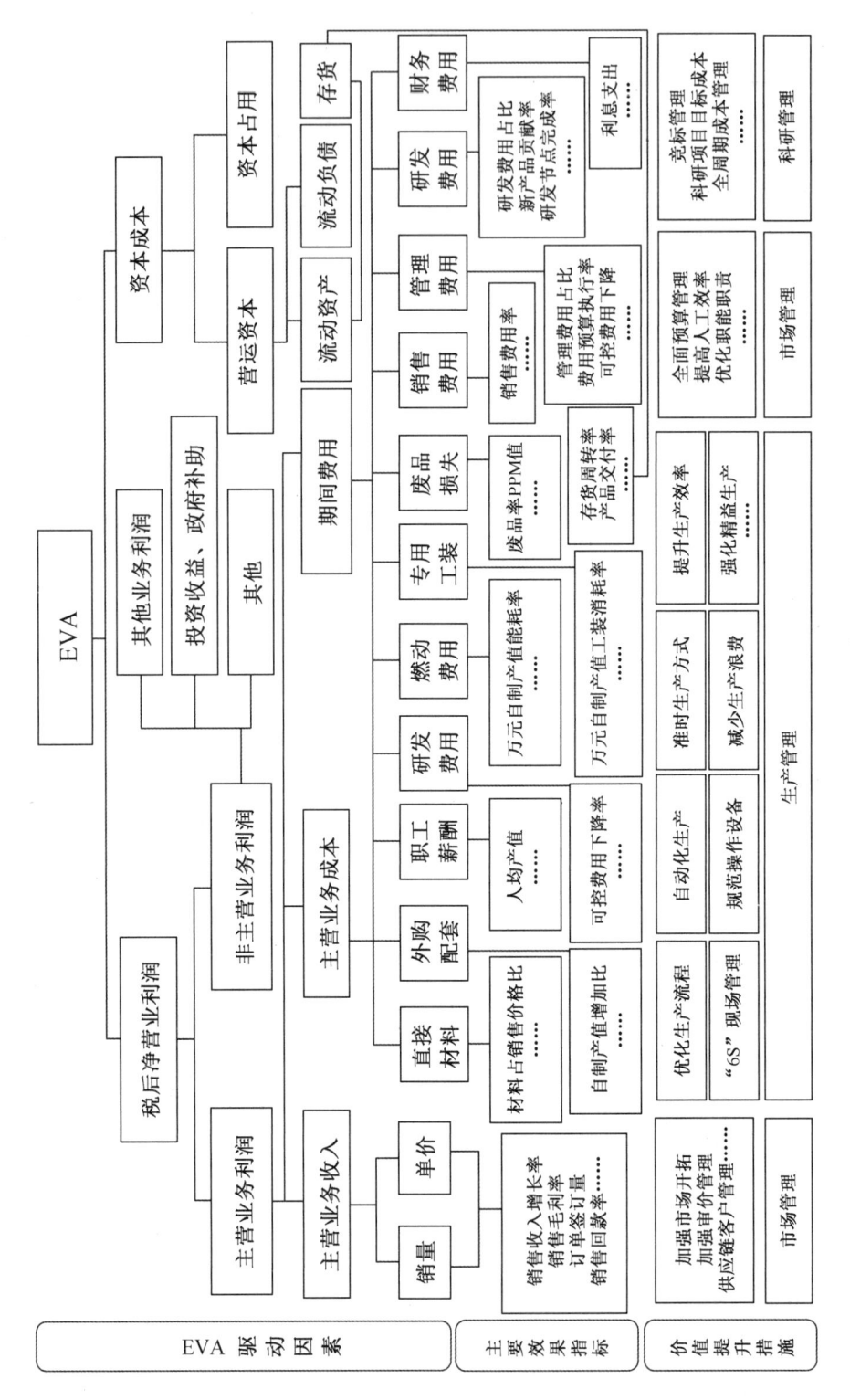

图 13-41 EVA 目标分解

表 13-18　生产经营类发展指标

维度	KPI 和重点	指标内容	设置目的（简述）
财务	降本增效	1. 自制产值增加 2. 万元自制产值能耗 3. 万元自制产值工装消耗 4. 存货周转 5. 制造费用占比 ……	通过降低生产成本，支撑公司当期生产经营目标的实现
客户	客户保障	1. 产品按时交付率 2. 客户保障响应效率 3. 客户投诉数 ……	促进生产单位提升客户意识，提升客户保障能力
内部运营	均衡生产	1. 商品产出计划完成率（月度、季度、年度） 2. 备件按合同产出 3. 科研试制按计划完成 ……	保证公司产品合同按期履约，保障当期生产经营目标实现
	投入产出	产品投入产出率……	提升公司生产经营效益
	质量控制	1. 产品质量损失 PPM 值 2. 责任内严重质量问题数 3. 年度超试验大纲用量 ……	提高公司产品生产实物质量，降低生产质量成本，提高生产经营质量
	基础管理	1. 违反工艺技术状态管理的问题数 2. 加强现场"5S"管理 ……	规范生产单位管理
学习成长	人才队伍建设	年末从业人数；基辅比；管理人员；专业岗位新增高技能人才数 ……	为公司的高效发展提供有效的人力保障

表 13-19　研发技术类发展指标

维度	KPI 和重点	指标内容	设置目的（简述）
财务	降本增效	1. 科研项目费用预算执行率 2. 科研项目目标成本 3. 新产品毛利率 4. 科技投入占营业收入比 ……	通过降低科研成本、产品全生命周期成本，提升产品盈利能力，支撑公司当期生产经营目标的实现
客户	新产品争取与技术提升	1. 科研项目立项数 2. 项目竞标成功率 3. 专利数，关键技术突破 ……	促进科研单位提升客户意识，提升客户保障和服务能力
内部运营	项目研发	1. 项目研发里程碑节点完成率 2. 解决产品技术问题 ……	保证公司科研项目按进度执行，保障生产单位科研试制及商品生产执行
	质量控制	1. 设计质量问题按规定完成处置 2. 科研项目设计质量问题数 ……	提高公司科研质量，降低质量成本，提高生产经营质量

维度	KPI 和重点	指标内容	设置目的（简述）
内部运营	技术基础管理	1. 工艺技术提升项 2. 产品设计优化项 3. 科研项目基础能力建设 ……	提高公司科研技术能力，保障公司可持续发展
学习成长	人才队伍建设	高级技术工程师数量，高级人才、核心人才引进	为公司的高效发展提供有效的人力保障

表 13-20　职能管理类发展指标

维度	KPI 和重点	指标内容	设置目的（简述）
财务	降本增效	1. 部门费用节约额 ……	通过降低运营成本、提升资源配置的效率和效益，助推公司提升经营业绩
客户	内部客户服务	1. 员工满意度 2. 配合工作完成率	促进单位内部协作效率，提升外部客户服务保障质量
	外部客户保障	客户投诉数……	
内部运营	收款	1. 年度产品收款率 2. 应收账款总额	降低资金占用，提升资源保障能力
	存货	1. 抵消、无效存货处置额 2. 年末库存降低额	降低资金占用，提升产品周转率
	资源效益	1. 房租、地租收入 2. 低效无效、零星房屋资产处置 3. 土地资产处置	充分挖掘资产红利，提升资产效率
学习成长	人才队伍建设	年末从业人数，取得职称人数，学历晋升	为公司的高效发展，提供有效的人力保障

表 13-21　分（子）公司类发展指标

维度	KPI 和重点	指标内容	设置目的（简述）
财务	降本增效	1. 毛利率 2. 期间费用占收入比 3. 带息负债总额 ……	通过降低运营成本、提升资源配置的效率和效益，助推公司提升经营业绩
客户	客户维护	1. 现有项目流失数 2. 现有客户销售额 ……	促进现有市场的维护服务能力，提升新市场开发力度
	新业务拓展	新签合同金额……	
内部运营	外部股权改革	按时间节点推进……	推进公司战略落地，加快公司转型升级
	资金链安全	偿还贷款，年末融资规模……	降低财务风险
	设备修复时间	关键设备故障修复天数……	提升关键技术能力
学习成长	人才队伍建设	年末从业人数，取得职称人数，学历晋升	为公司的高效发展提供有效的人力保障

(五）完善业绩评价制度体系

1. 构建业绩评价制度体系

长安工业围绕价值持续提升，坚持体系规范运行及权责合理分布的思想，从组织及权责分布、目标设置、过程控制及评价、引导与激励四个维度构建业绩评价制度体系；将企业的业绩评价制度与各管理板块规定融合，《战略管理规定》明确业绩评价的组织及权责分布；《全面预算管理办法》和《绩效目标管理办法》明确业绩评价指标体系的目标设置，《经营业绩管理办法》《全面风险管理规定》《党建标准化体系指引》明确业绩评价的过程控制及评价，《员工薪酬管理规定》《价值创造激励管理办法》和《干部管理规定》保障业绩评价的目标落地，充分发挥业绩评价的引导和激励作用。

2. 重点完善激励制度

"引导与激励"是业绩评价制度体系的核心，完善的激励制度可以激发企业员工的干事激情和活力，促进价值的自主管理、自主提升、精准评价、合理兑现。长安工业坚持战略导向、问题导向和目标导向，以调动单位积极性、激发员工活力为目标，统筹资源调控，围绕企业价值提升和员工价值需求，以构建企业和员工共同价值为目标，完善企业激励制度。

（1）推进"抢红旗"模式，自主提升价值。在业绩评价标准中，引入年度工作价值系数。年度工作价值系数（1.0~1.5）与二级单位、员工年度薪酬挂钩，各业务单位的最终奖励根据年度工作价值系数放大或缩小。建立业务交流机制，组织二级单位开展年度业务交流工作，各单位逐一报告、展示下一年度工作计划，由公司领导、各单位从战略支撑、价值创造、跨越提升、工作难度等方面，评价单位绩效，形成部门年度工作价值系数，促进二级单位主动提升自主管理水平，主动思考业务，主动挑战更高目标。

（2）优化工效挂钩模式，精准评价兑现。结合业务属性，深化绩效分配改革，建立差异化的挂钩模式，实施生产经营类单位激励与利润总额及人均利润挂钩；市场营销类单位激励与市场拓展成效挂钩；产品研发类单位激励与科研项目难度、数量等挂钩；业务支撑类单位激励与劳动量挂钩。深化做实业务预算，采用"预算—监控—调整—清算"全链条式管理模式，建立预算执行情况看板和预警制度，定期开展执行情况分析，结合实际情况进行预算调整，进行年度使用情况清算，将清算结果应用于各单位绩效考核。

（3）完善价值创造激励，共享价值创造。围绕对企业战略的贡献度，从价值创造、成本节约两个衡量维度，由研发、制造、采购、销售、管理、党建六个价值链环节入手，结合员工职业发展及收入增长的需求，通过将物质激励与非物质激励相结合的激励方式，制定公司、单位、团队、个人四个层级的激励方案。重点围绕研发活力提升和创新氛围营造，完善项目团队考核、评价、分配细则，优化科研项目工资制度，明确项目的额定人数、标准周期、大型项目总体与各分（子）系统的分配方案，构建成果分享机制，使创新人才分享成果收益，大幅提升科技人员的积极性。

（4）开展"3A"干部评价，传导价值压力。对干部及部门班子实施"党建优、发展优、风控优"+"期望评价"的评价方式，促使班子不仅管业务，还要聚力党建融合及风险防控。

（5）设置单项共享奖励，完善价值激励。建立并实施科研项目工资制度，实施全员竞标奖励，激发创新活力；设置全员生产均衡奖励，引导资源聚焦产出，传导计划压力；设置一般专项、重大专项奖励，促进企业重点、难点问题的解决。

四、实施成效

长安工业构建基于价值持续提升的业绩评价体系从 2018 年开始，经过不断完善和优化，盘活了绩效管理机制，极大地调动了企业内部组织创造价值的活力和能力，提升了公司经营效率和效益，支撑了企业绩效管理与财务管理的融合，强化了绩效管理对公司战略导向的支撑，助推公司的价值持续提升。

（一）评价体系逐步优化

在业绩评价方面，长安工业完成了企业内部业绩评价管控体系的搭建和优化，助推企业精益价值型财务管理体系的搭建和完善。坚持战略导向、问题导向和目标导向，进一步探索优化管理授权和激励政策，将企业目标、内部组织目标、员工个人目标统一到企业的长期价值创造上。2018—2020 年，公司累计申报价值创造项目 186 个，累计实现节创价值 3 亿元。

（二）管控机制逐步强化

在管控机制方面，长安工业构建了基于价值的薪酬动态调整机制，极大地激发了干部职工的活力，促进企业形成自主管理、主动提升的干事创业氛围；强化了分时、分类、分层的全过程动态监控反馈机制,极大地提升了企业经济运行监控的及时性、有效性和刚性。

(三) 企业价值大幅提升

在研发方面,长安工业新项目不断涌现,实现近10余个新产品型号的立项,构建了未来两大产品领域;成功拓展了新产品装备领域,成功竞标多个项目;创新拓展了无人领域,无人技术及产品得到长足发展,系统构建了无人装备体系。

在生产方面,完成了制造系统变革,生产更加均衡。在任务增加的情况下,实现按期交付,改变工厂历来的延时生产、错时生产的状况。

在经营方面,规模效益稳步增长,经营质量不断提高。特种产品收入规模再创新高;经营性利润每年增幅高于收入增幅,产品综合毛利率逐步提升,资产负债率逐步下降。

五、总结启示

长安工业基于价值持续提升的业绩评价体系的建设和实施,有效解决了企业绩效管理与战略关联度低、重短期经营、业绩考核难以量化等问题,促进了企业价值持续提升。总体来看,长安工业取得如此成绩,得益于以下几个方面的改善。

(一) 注重管理协同

将业绩评价与企业研发、生产、薪酬激励等打通并充分融合,将企业价值提升的各关键因素转化为业绩评价指标并加强过程管控和评价,促进企业价值提升,发挥管理协同效应。

(二) 加强业财融合

无论是业绩评价体系搭建,还是具体的指标设置,都注重发挥财务价值管理和数据信息优势,通过业财融合聚焦价值创造,持续提升业务部门的价值创造能力。

(三) 促进价值共同

共同的价值追求是人心的纽带,通过引导构建员工与企业的价值共同体,践行"为贡献者分享价值"的价值导向,极大地激发员工进行价值创造的活力和动力,促进企业价值持续提升。

第十四章

基于高质量发展的企业集团精益成本管理系统案例

案例一　湖南云箭——"133"战略引领下的科技创新型企业成本管理实践

一、背景描述

（一）企业基本情况

湖南云箭集团有限公司（简称"湖南云箭"）是兵器装备集团直属的国家重点科研生产型企业，前身为1890年清末湖广总督张之洞创办的汉阳兵工厂，迄今已有130年历史，是中国近代兵器工业的奠基者之一，被誉为"湖南军工的摇篮"，一直全面承担着"保军强军"的使命和任务。目前，湖南云箭为湖南省高新技术企业，拥有国家级国防企业技术中心，2013年获批建设国家博士后工作站。湖南云箭按地域分布由辰溪总厂区、长沙新区（含研发中心）、辰溪红敏区三部分组成，在册员工3100余人。

自20世纪80年代以来，湖南云箭的主业是提供航空特种装备。航空产业的特点是技术密集度高，更新迭代快，相比其他产业具有更大的技术创新风险。湖南云箭创新产品多，研发周期长、风险高，离散制造特点较为显著，难以取得规模效益。基于这一特点，为了开拓生存发展的空间，近年来公司一直致力于从传统加工制造型企业向科技创新型企业转型升级。

（二）企业管理现状

近年来，按照兵器装备集团的总体部署，湖南云箭财务管理体系加快向运用管理会计的价值创造型财务管理体系转型，公司的成本管理也经历了由最初传统国有企业的粗放式成本管理向对标集团公司内先进企业，借鉴成功经验，进而立足公司自身科技创新型企业定位，探索适应自身发展思路与方向的成本管理体系变革。

长期以来，湖南云箭的成本管理偏重于针对生产制造环节的成本核算，以反映事后成本数据为主，成本规划与控制能力较弱，更谈不上对研发设计、售后服务等价值链环节的成本管理。在推行管理会计之初，公司主要以学习、模仿集团公司内其他优秀企业的成本管控理念和方法为主开展工作，先后使用了全面预算、标准成本法等工具对成本管控体系进行优化升级，对部分批量较大、已经定型的成熟产品的成本管控起到了一定作用，但尚未从根本上与公司科技创新型企业的战略定位相适应。

（三）企业管理问题分析

湖南云箭研发周期长，风险高，创新产品多，同时合同订单多为单件小批量模式签订，产品离散制造特点较为显著，难以取得规模效益。相比集团公司内其他企业，公司还存在以下难点和痛点。

（1）成本与创新相容性差。成本管理对无法衡量投入产出的风险性开支或短期无法获取收益的开支明显排斥，对创新型业务容忍度低，形成成本管控越严，创新越难开展的尴尬局面。

（2）以降损降耗为目标的成本管理效果不明显。产品的"定制化"特性突出，通过将制造过程损耗降到最低、严格作业标准和预算管控等传统手段控制成本效果不明显，显示出不可持续性。

（3）业务与财务缺乏共识。成本控制在基层难以推进，成本基本都是财务人员使用的"专有名词"，绝大多数业务人员只关心效率与质量，使标准无法统一、成本控制难以执行，成本工具难以发挥应有的作用。

二、总体设计

（一）科技创新型企业科研工作的基本特点

通过多年实践和长时间管理与科研的艰难磨合，公司的管理部门与科研部门总结出科技创新型企业的科研工作具有以下基本特点。

（1）科研的基本理念从"用我的技术设计新产品"向"基于未来需求和使用场景设计新产品"转变。

（2）复杂系统的科研工作主流程由传统的"基于纸质文档与二维图纸的物理模型设计新产品"向"基于三维数字模型与仿真验证设计新产品"快速转变。

（3）企业的科研工作仍然应坚持"精益创新，持续迭代"的理念。

一直以来，我国的科研创新由三个分工相对明确的主体协同完成，即高校负责基础理论的研究，设计院所负责产品原理样机的研发，企业则以主攻产品工程化批量制造为己任。随着对创新的举国重视，一些科技创新型企业已经有机会通过持续创新保持企业收益的高速增长，这类企业由单纯的产品工程化创新向基础技术创新迈进的趋势日益明显。但是，对大多数传统制造型企业或正在转型的企业而言，基础技术理论创新是高风险投入，需要谨慎决策，仍然需要坚持在企业资源可承受的范围内精益创新，注重循序渐进，从工程化创新到原理样机研发，再到某些基础技术研究的不断迭代演进。

（二）不同战略使命的成本管理理念差异分析

根据定位和战略不同，可将企业分为两类：一类是传统加工制造型企业，偏重于消耗物料资源，为劳动密集型，多选择成本领先战略；另一类是科技创新型企业，偏重于提供知识、技术，多选择差异化战略或专一化战略。科技创新型企业与传统加工制造型企业相比具有以下不同点。

1. 生产要素不同

相比传统加工制造型企业，科技创新型企业的知识、智力的投入占比明显较高，主要提供以满足客户需求为主的个性化、附加值高的产品，不单纯以量的扩张为主要目标。传统企业提供的产品一般处于生命周期中的标准化阶段，在技术扩散的效应下，其生产的产品在性能、规格和款式上逐渐趋于同质化，因此传统企业只有依赖大量的资金、设备等有形资产的投入来扩大再生产，以达到规模经济、降低成本的目的并获取最大的利益。

2. 竞争基础不同

传统加工制造型企业的主要收益来源是尽量高的投入产出比，以尽可能少的资源换取最大的产出。其成本管理理念是，成本管理的核心即最大限度地节约资源，表现在管理行为中就是对研发创新等风险业务的资源投入持保守态度，组织结构追求高度标准化，价格优势为其主要的竞争优势。科技创新型企业的主要收益来源为不断发现战略蓝海，即追求产业或产品的独特性，技术优势为其主要的竞争优势。其成本管理理念相比传统加工制造型企业，不再单纯追求节约资源，更加注重通过管理引导对资源的精准投放，对创新行为形成必要的支撑，表现在管理行为中就是提高对风险投入的容忍度，对供应链追求能力最大，在管理上注重通过信息手段提升效率与防控风险，注重不同地域和不同层级间的管理协同。

3. 风险收益不同

科技创新型企业的风险收益比传统企业高很多。两者在收益方面的差别是明显的，比较容易理解，这里着重分析一下风险方面的问题。两者产生风险差别的原因是两类企业在资金投入、成本控制方面不同。科技创新型企业在产品的研究开发、中间试验和小批量试制方面有相当大的资金投入，在产品的售后服务上也有较大的投入；同时，随着技术的不断升级迭代，还要承担比传统企业更高的产品降价风险。在传统企业，尤其经营稳定的大型企业所耗费的资金与产生的回报之间，能够建立起人们容易理解的函数关系。而在科技创新型企业，这样的函数关系不容易建立。传统企业尽管成本控制范围有弹性，在控制过程中也有许多不确定因素，但总能够通过对成本形成原因的分析和对成本费用发生规律的掌握来不断地促使其标准、目标和预算符合实际，以此来引导企业健康发展。科技创新型企业对成本的控制则不能简单地搬用上述做法。虽然标准成本、目标成本和费用预算等形式依然可以利用，但由于实际控制过程中的不确定因素更多，所以对成本动因的分析和对成本费用发生规律的掌握更为困难。

4. 对业绩评价体系的要求不同

传统企业技术设备、工艺、生产相对成熟，因此市场稳定，风险较小，其业绩评价主要着眼于当前，重过去的成果，重结果静态评价，重有形资产业绩，重投资者利益。科技创新型企业强调科技的有效精准投入，注重技术积累。科技创新型企业的特点决定了它是为了取得将来的高报酬，并不着重于当前的盈利水平，其业绩评价体系的着眼点应该是企业将来的可持续盈利能力、增长潜力和未来的价值创造能力。

基于上述差别，企业要成功转型为科技创新型企业，应加快转变经营思路，从传统成本管理的思想桎梏中解放出来。企业应积极引入战略成本管理理念，改进绩效评价体系，完善各项机制，以价值链分析为基础，以智能化、信息化为手段，以市场为导向，围绕企业战略方针，促进"业、技、财"深度融合，提高成本信息质量，优化企业内部和外部作业流程，精准投入，了解竞争对手，寻找差异化途径，不断优化成本竞争力，提升科技竞争力，提升企业长期竞争优势，实现企业价值最大化目标。

（三）在集团公司"133"战略引领下的战略成本管理框架

1. 成本管理服从企业战略

成本管理聚焦支持企业战略目标达成，不过度强调短期财务指标。从机制到操作各个层面对创新研发预留通道，增加非经济指标衡量模式，提高对风险业务的容忍度，平衡好创新投入、经济效益与企业承受能力之间的关系。

2. 由追求"最低成本"向追求"最有竞争力"的成本转变

成本只是结果，而不是原因。单件小批量加工制造的特点决定公司无法实现最低成本，需要追求最有竞争力的成本；与市场和客户接轨，通过外部价值链的反馈来进行成本管控。

3. 从业财融合向"业、财、技"融合进化

只有业务、工艺与财务融合才能使降本降耗走得长远，从技术层面看才能更好地降低成本；只有业务、工艺与财务融合才能与其他部门有共同语言，使成本管理制度行之有效。

航空特种装备固有的技术密集特点和日趋激烈的市场竞争，决定了企业的竞争力不能仅仅体现在产品性能或成本优势某一特定方面，需要将技术创新和成本控制结合起来，实现以功能不断优化、技术不断进步为前提的成本领先，实现企业价值最大化这一根本战略目标。推进"业、财、技"融合的战略成本管理是科技创新型企业的必要路径，其中不断进步的技术是基础，既重视产品设计能力，又高度重视新产品工程化能力，有效且严格执行的控制体系是支撑，而效率与质量是成本在业务层面的具体体现。

三、实践应用

综上所述，科技创新型企业的成本管理应从以下三个方面着手开展。

（一）构建"业、财、技"一体化的成本管理体系

1. 科技创新型企业"业、财、技"融合的必要性

传统的业财融合更多强调的是财务工作与其他管理业务的融合，如财务与运营管理、生产管理、供应链管理等融合。值得强调的是，业财融合是双向观念，一是财务人员需要了解其他管理业务的基本技术，二是其他管理人员应了解财务的基本理念和知识。

在科技创新型企业中，财务人员如果对所在企业的主要技术没有一定的了解，对

上述科研创新工作的基本逻辑和流程缺乏认知，就很难在日常决策中真正做到业财融合。最突出的表现是，财务人员对技术和科研流程理解的程度往往显著影响到企业投放资源和评估战略风险的准确程度。

2．做好顶层设计，从机制上推动融合

（1）科技创新型企业中负责研发创新的部门（如研发中心等）在组织机构上应保持相对独立性。企业财务部门对于研发创新部门的财务管理应把握好度，讲求"抓大放小"，不能不管，也不能管死。在实践中，财务一般做到"三管"即可：管"规矩"，包括财务核算制度、内部控制规则与框架、对科研部门绩效的总体评价；管"资源"，包括年度科研经费的总体预算、科研部门的财务人员配置；管"共享业务"，包括对报销、资金收付等共享业务的一体化管理。

（2）设立公司级的创新委员会和技术委员会，直接向公司党委负责；对公司的创新型业务和研发项目的开展和资源投入做出具体判断和建议。其中，创新委员会主要负责对公司的产业和技术发展方向进行论证和评价，并针对那些可能无法立项但有助于提升企业研发、技术能力的前瞻性产品和技术研究项目，为公司党委提供决策支撑；技术委员会主要负责已立项研发项目的规划、过程监控和结果审查、研发技术团队的业绩评价等工作。公司党委在资源配置决策时，对两个委员会提出的建议充分考虑，为不一定带来经济收益的前瞻性、开拓性的创新业务预留资源。

（3）在人员配置上实行技术人员与财务人员双向进入，交叉任职。从2018年开始，公司财务部门的成本管理、价格管理和定额管理三类岗位工作人员全部从具有工程技术专业背景的人员中选拔，再由财务部门进行会计知识培训后上岗工作；同时在公司研发部门的每个产品研发团队中至少派驻一名具有财务专业背景的项目管理人员，负责项目经费预算和决算、目标成本管理、研发阶段的供应链管理等工作。公司针对这两类人员专门制定激励政策。例如，具有交叉任职背景的人员可以享有一定的津贴，在中层干部及青年后备干部选拔时具有同等条件优先的便利，申报评聘非行政序列职级时可适当放宽年限要求。

（4）对预研、演示验证项目等短期内无法产生经济效益但对技术积累、锻炼科研队伍有促进作用的项目淡化以经济指标为标准的预算审核条件和绩效评价标准，转而更为弹性地支持和评价这类项目。例如，公司在每年年度预算中预留一定比例的科研经费，专项用于预研和演示验证项目；对项目评价，更着眼于是否按期进展、是否完善公司技术路线、是否契合公司战略等软性指标；有意识地选拔年轻科研人员担任此类项目的总师，以锻炼队伍。

3. 强化财务人员技能培训与转型

在实践中，公司一般要求财务人员对技术和产品的了解达到以下程度。

（1）应对所处产业有基本的理解，如对产业发展的历史、现状及未来趋势走向有一定程度的认知。

（2）应对所在企业的主要产品有一定程度的了解，如熟悉产品的基本运用场景、主要关键性能、同类型产品的前沿进展等内容。

（3）基本清楚产品加工制造的主体流程和运用到的主要技术。

（二）推进基于产品功能的面向成本的产品设计

1. 军工产品面向成本设计的必要性

主要军工产品系统配套件供应链相对封闭，产品设计对后期成本支出起着至关重要的作用，这一特性决定了相比其他产品，军工产品在设计阶段已经固化的成本比例更高。但是，对于创新业务或复杂系统来说，设计阶段的首要任务是确保性能和指标达到设计要求，成本管理和控制的动力不强，这一矛盾在科技创新型企业中尤为突出。在推进战略成本管理的过程中，成本管理的阵线必须前移，深入推进"业、财、技"融合，从传统的成本节省转向成本避免，立足预防的前沿阶段。

面向成本的产品设计（DFC）如图14-1所示。

2. 推行动态目标成本管理，适应军工产品研发

既往实践证明，军工产品同样需要目标成本管理来达到控制成本、增加收益的目的。但如果单纯将目标成本管理理解为限价设计，产品不易实现新功能、新技术等创新目标，也缺乏不断迭代进步的后劲。特别对军工产品来说，在极端条件下使用的可靠性等问题必须付出相当大的代价予以解决，有其行业特殊性，需要从技术、质量、成本等多个维度予以考虑。在产品设计阶段推行动态目标成本管理，是一个可行的办法。军工产品在研发设计的不同阶段，成本的特点差别较大，具体如表14-1所示。

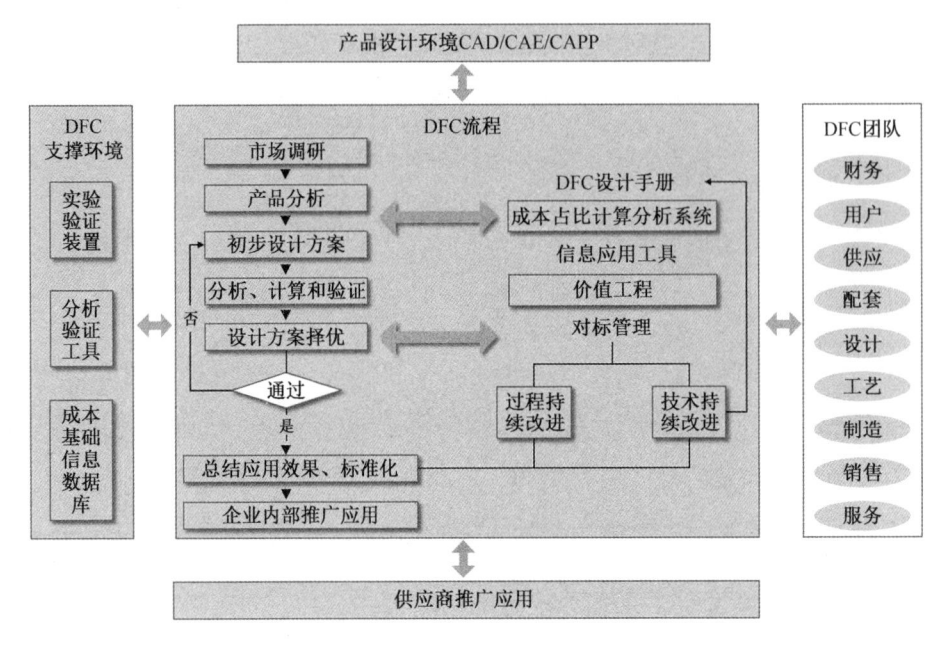

图 14-1 面向成本的产品设计

表 14-1 军工产品在研发设计不同阶段的成本特点

项目各阶段	主要研发目标	成本相关特点
论证（L）	评估研发目标，构想使用场景，界定产品功能	提出研制总经费及各阶段经费安排意见，调研同类产品成本价格与销量
方案（F）	明确技战术指标，论证（关键）技术路径，评估设计风险，完善产品设计和试验思路	估算整体产品成本和价格，评估产品性价比，初步建立供配关系，评估新技术研发的风险投入，设定预算研发经费
工程研制（初样 C）	实施关键技术攻关，研制初样产品实物，设计试验方案和工艺方案	平衡不同设计方案的风险和成本，计算初样产品实物成本，分解关键分系统目标成本
工程研制（正样 S）	确定产品技术状态，确定产品验证方案，尝试小批量生产验证和修改工艺方案	确定分系统供配关系，测算分系统目标价格，配置生产准备资源（如产品流程设计、设备的调试、小的技术改进）
定型（D）	验证产品功能，确定批量生产工艺和试验方案，形成稳定连续的小批量生产能力	谈判锁定分系统最高价格，测算批量生产成本，制定批量生产降成本方案
批量生产（P）	研制工作总结，技术档案归集	实施并修正降成本方案，进行分系统降价谈判

从上表可以看出，军工产品在研发阶段仅实行静态目标成本管理是不够的，应包括从项目立项论证阶段到项目批量生产实施全研发过程目标成本管理，内容应覆盖研发目标与进度管理、技术状态管理及质量管理等多方面技术、业务内容。2019 年，新出台的军品定价议价规则也要求分阶段管理目标成本和价格，从研发方案论证阶段就开展面向成本的产品设计，分解落实目标成本，进行各阶段阶梯式成本价格策划与控制，旨在保证产品在性能基础上达到成本最优。

3. 运用价值工程方法实现成本最优配置

军工产品重点要实现功能与成本的最优匹配，通俗讲就是要"将成本用在刀刃上"，使客户愿意为产品和功能买单。在设计产品时，通过运用功能—成本矩阵分析法等价值工程方法将产品功能区分为主要功能、次要功能和形象功能。其中，主要功能是实现主要技战术指标所需的功能，是产品和技术的核心；次要功能用于支撑实现主要功能；形象功能用于提升产品形象等非用途目的。设计阶段的成本管理的主要任务不是一味降低成本，而是将有限的成本资源在这三者中进行最优配置。

针对主要功能，在目标成本中要优先予以保证，特别是针对主要功能的技术创新，要适度放宽成本限制，容忍研制风险；针对次要功能，应通过开展限价设计、标准化设计、零配件通用（借用）等方式降低成本耗费，达到性价平衡；针对形象功能，则应充分评估其必要性，做出功能适当取舍，以利于成本控制。

4. 以激发创新为目标的全价值链成本管理

复杂产品或系统的研发设计离不开价值链协同，通常的价值链管理都是以利益最大化作为目标，但创新型企业的价值链管理仅有效益目标远远不够，还应在收益管控的前提下激发整个价值链的创新能力，以推动技术创新和管理创新。

从纵向价值链来看，军工产品的供应商多数为从科研阶段确立的单一来源供应商，变更非常困难，缺乏价格比较，容易出现供应链垄断的现象。同时，因科研经费分配等原因，供应商的研发和创新动力往往不足。解决方法有两个：一是在目标价格中针对创新予以激励，二是在设计的每个阶段确定并修正主要分系统（配套件）的最高目标成本。

军品项目主要客户为国家和上级部门，企业应全面研究和满足客户需求，实现产品功能与成本的平衡，提高与客户的商务谈判能力，量价结合，充分扩大产品全寿命周期价值，稳定此部分市场；对于外贸产品，有所选择，要放弃与发展主业不一致的客户，更注重对成本优势的构建，在市场竞争中获胜。

从内部价值链来看，企业要深入研究如何借助内部价值链取得竞争优势。从企业内部价值链的角度，弄清楚企业价值产生的环节，找出统驭每个价值链作业的成本动因。分析不创造价值或浪费价值的价值链作业，分析企业成本管理的重点环节，在机制上将设计部门与成本管理部门关联，避免过度设计、在生产过程中频繁更改设计造成的巨大浪费，将目标成本管理提前到型号设计阶段。注重在设计阶段进行工艺设计改进，开展技术革新。对工时进行科学管理，合理控制单位费用水平；对专用费的管理和核算要明晰。

(三) 管理会计工具智能化

1. 设计、工程、制造信息系统的一体化建设与运用

离散型加工制造的特点是分系统多且复杂，相比生产线制造的产品"试错"机会少且成本高，并有较大的质量风险。因此，每个新产品在产品设计、工艺布局和制造部署三个阶段的高效打通或一体化布局非常重要。

(1) 开展基于模型的产品设计（MBD），追求产品设计数据数字化，从源头上为后续工程制造及供应链布局打下信息化基础。

(2) 重视各阶段的数字仿真技术运用，提升效率且控制试错成本，包括设计阶段的功能指标仿真、工艺仿真和制造仿真。

MBD 工程化应用如图 14-2 所示。

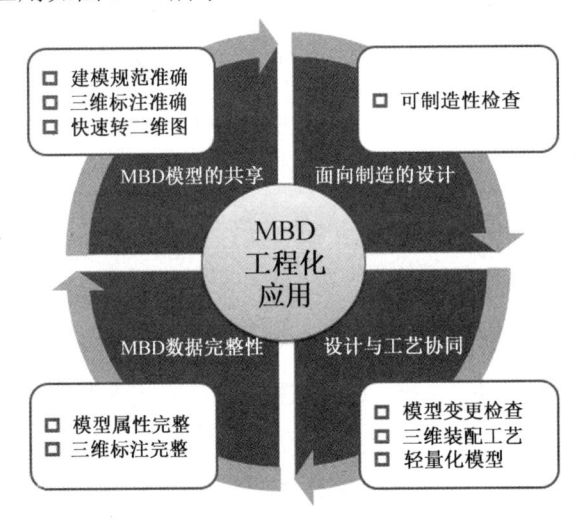

图 14-2 MBD 工程化应用

2. 深挖工业软件系统的财务功能

(1) 基于产品数据管理（PDM）软件优化材料定额管理。以 PDM 系统为基础，结合关系数据库管理系统等自主开发定额管理模块，实现对材料消耗定额的自动计算、汇总和查询，提高对材料消耗定额的计算精度和编制速度。

(2) 依托 Teamcenter 等工艺软件系统中的工艺辅助设计模块开展工艺仿真，在产品"定制化"中尽量追求工艺一致性，同时提升工艺设计效率。结合 Vericut 等数控加工仿真系统，优化工时定额管理，提升成本核算的准确性。

（3）通过在制造执行系统（MES）中定义关键质量流程加强对制造过程的质量监控，同时利用系统提升质量成本数据传输效率和质量问题反应速度。

通过 PDM、全面成本管理体系（TCM）和 MES 三系统直联的设计、工程、制造一体化并行展开，优化定额管理、增强财务与业务之间的关联一致性，提高成本数据的准确性。

3．构建基于标准成本系统的"业、财、技"融合管控平台

集成本分析、成本控制和成本计算于一体的成本计算模式，包括成本标准制定、成本差异分析、成本计算及账户处理，包含制造技术、供应链管理和成本控制的几乎所有基本信息，如产品或成本结构、工艺路线、质量标准。

（1）规范及完善标准成本数据库。升级物流系统，对原有的物料编码、名称规格、计量单位等基础数据进行规范、整合，对全部物料计划价格进行调整，并修订完善材料、工时、费用各类定额标准，协同工艺技术人员按系统要求编制产品物料清单（BOM）、工艺路线，形成所有批量生产产品的标准成本数据。

（2）数据共享有效管控。打通标准成本系统与全面预算系统之间数据共享的路径，实现对两个系统的集成应用，提高预算编制的效率、准确性及预算管控的有效性；实现标准成本系统与编码系统、物流系统的贯通，保证编码、价格等基础数据的一致性；实现标准成本系统与实际成本系统、财务核算系统的集成，实现对成本的闭环管理，提升成本核算信息的质量，提高成本差异分析效率及精准度，为下一步成本改进提供依据。

标准成本系统逐步成为财务人员与工艺技术人员交流与协同的平台，助推对新工艺技术的运用，倒逼进行通用化设计，并实现对内部结算价格的快速动态调整，适时测算外协成本，提升生产安排效率。

4．依托信息手段提升传统会计业务的办理效率

积极推进财务网上报销系统建设，通过网上报销系统，实现会计核算业务的异地协同与共享管理，更好地支持小微组织创新；实现对各类经济业务支出的标准化统一报销管理，预算事前管控；与电子影像系统关联，将各类原始单据、票据利用图像数字化技术进行电子化处理，实现异地原始单证实时扫描、集中在线审核，同时通过与业务系统的集成，实现数据的自动交互，实现单据影像采集、重扫描、补扫描、归档、查看、光学字符识别、查重等功能，做到业务活动、电子影像及原始单证之间的一对一关联，满足公司电子影像与档案管理的需要。网上报销系统建设主要达到以下几个目标。

（1）制度标准化。通过系统建设，将单位经济业务审批权限、报销及付款标准、流程内嵌到系统中进行自动控制。例如，系统按照职级自动判断报销标准，有助于单位各项规范、制度的落地，同时减少人工工作强度，降低错误的发生概率。

（2）原始凭证电子化。通过影像系统建设，实现原始凭证影像电子化，提高电子原始凭证的传递效率；通过凭证、报账单，实现电子影像联查功能，减少手工检索凭证和原始凭证的工作量，去除财务纸质档案查阅慢、控制难的痼疾。

（3）电子发票查重功能自动化。通过影像系统实现增值税发票（包括增值税普通发票、增值税专用发票、增值税电子发票）光学字符识别，将识别的数据自动进行发票结构化数据存储，为后续发票重复报销检查提供基础，解决目前电子发票易重复报销的问题。

（4）预算管控前置化。通过网上报销系统建设，实现与现有预算关联，在单据提交时进行预算控制，实现预算管控的自动化、前置化。

（5）财务凭证生成自动化。通过对公司现有各类报销单据梳理，规划业务流程及凭证生成规则，实现后期凭证生成自动化，达到降本增效的目的。

业财融合流程如图 14-3 所示。

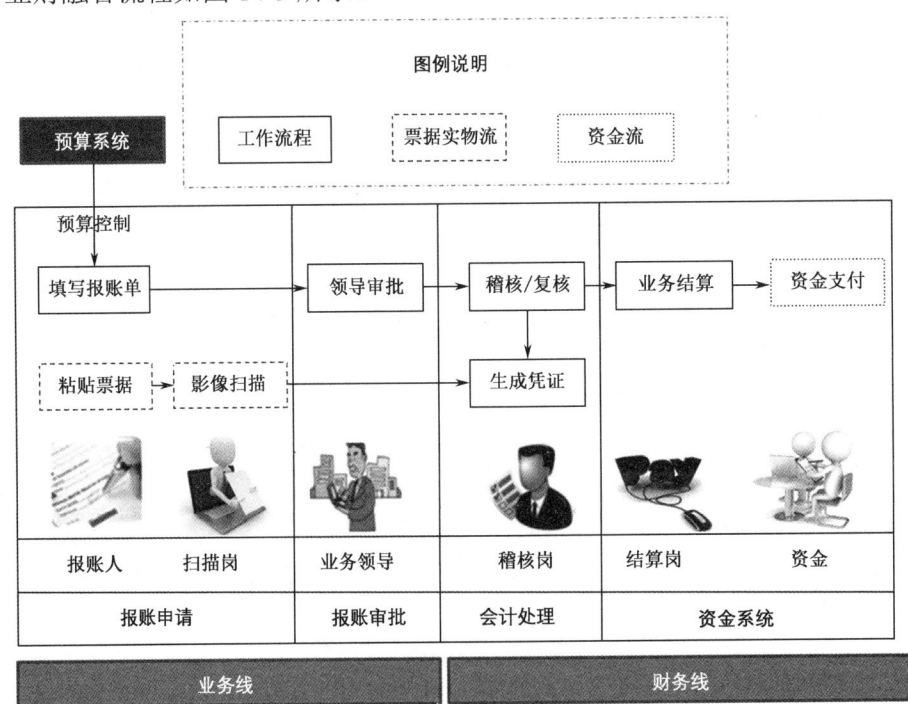

图 14-3　业财融合流程

四、实施成效

（一）企业成本管控能力提升

公司同时推进"业、财、技"融合与新产品目标成本管理，通过对 6 个品种 14 个产品开展目标成本规划并分解落实，确立了设计、工艺、采购的改进方向及目标，不断构建并完善研制阶段目标成本管理工作机制；同时开展多个新产品报价、竞标、商务谈判、合同签订等价格策划工作，有效支撑了研制阶段的价格管理工作。

在信息化方面，公司通过开展标准成本系统、物流系统等信息系统建设工作，通过流程、制度和表单的电子化，使财务基础管理工作不断加强，连获兵器装备集团会计信息质量一等奖、财务工作先进单位等荣誉称号，财务信息质量与服务效率不断提升，为业财融合向"业、财、技"融合的进化奠定了基础。

（二）企业价值创造能力增强

公司通过探索建立涵盖军品报价、审价、采购定价议价的价格管理新机制，完善军品报价工作流程，创新财务与技术双向进入的人员保障机制，以及"业、财、技"融合的综合价格管理模式，使近年公司产品价值创造能力逐年增长。

（三）企业成本管理体系不断完善，降本增效效果显著

公司通过建立健全外协产品管理机制，编制外协管理标准化手册，强化了供应商准入、保供、质量控制、竞价、奖惩、退出等关键环节的制度建设，搭建"业、财、技"协同的价格管理平台，构建外协产品议价竞价机制，坚持量价结合、阶梯降价的原则，完善量价结合的阶梯降价模式，使外协产品成本得到有效的控制。

公司制定下发《降成本工程实施方案》，建立降本项目立项、监控、评估、考核、总结闭环管理流程，从设计降本、供应链降本、工艺降本等领域设立 44 个降本专项课题，组织分解课题并纳入绩效考核，完善了激励约束机制，强化跟踪点检工作机制，落实责任清单，产品成本费用占收入比重逐年下降。

五、总结启示

（一）建立与企业战略相配的成本管理系统

成本管理系统建设需紧跟企业战略，与企业战略结合，为企业战略服务。通过成

本管理系统对各类成本数据和有效信息的分析，以及多种手段控制成本，更好地发挥企业的战略优势，提高企业实力，实现企业长远发展目标。

（二）提升成本管理信息化、智能化

成本管理的智能化发展将驱动财务的组织形态发展改变，对管理人员的能力也带来了更大的挑战和更高的要求。企业管理人员应抓住信息化时代赋予的新机遇，将智能化技术与成本管理进行深度融合，为企业管理创造新价值。

（三）推动成本管理"业、财、技"融合

成本管理工作需由业务部门、财务部门和技术部门共同参与，企业应正确认识"业、财、技"融合，明确其在企业经营发展过程中起到的重要作用，遵守"业、财、技"融合的相关要求，对企业的内部环境进行改善和优化，提高对"业、财、技"融合的重视，为企业培养专业的"业、财、技"融合人才，同时加强构建"业、财、技"融合信息管理系统，为相关管理部门提供有效的沟通平台，实现对数据的共享和传递。

案例二 长安工业——全价值链投入产出分析在经营管理中的探索与运用

一、背景描述

（一）企业基本情况

重庆长安工业（集团）有限责任公司（简称"长安工业"）隶属兵器装备集团，是国有特大型军民结合型企业、国家重点保军骨干企业之一，其前身为1862年李鸿章创办的上海洋炮局，是我国历史最悠久的工业企业之一。2009年，长安工业由老厂区搬迁至现在的渝北空港工业园新区，分为机加区和火工区两个区域，总投资12亿元，占地面积2400亩，建筑面积18万平方米。目前，长安工业已发展为以特种产品研制为本，以智能制造、工程建设、汽车相关产品为重点的新的"1+3"产业结构企业集团，现正以"十四五"规划目标为牵引，致力于打造国际一流防务企业，巩固高质量发展基础。

（二）企业管理现状与问题分析

历年来，长安工业本着"创造犀利的武器、争取国防的安宁"的经营理念，为国防事业的发展做出了巨大的贡献，但作为百年老国有军工企业，自身经营管理存在一定的问题。

1. 经营分析模式落后，数据分析运用性差

公司一直以来以财务指标作为分析基础，比较指标趋势变化，关注传统的产品收入、利润等相关指标，注重产品成本核算和经营控制影响利润的环节，以财务信息作为生产经营决策的依据，忽略非财务指标。例如，强调削减成本（财务指标）而忽略甚至降低质量标准（非财务指标）。为降低某产品成本，采用价格相对较低的替换材料或者外协件，虽然短期降低了产品成本，但由于质量较差，导致在后续售后维护中投入更多的售后成本，最终降低了产品毛利，不能达到降本增效的目的。

2. 信息化建设不完善,经营效率低下

目前,公司信息化建设处于中级水平,整体为信息与人力结合的状态,人力比重较大,部门间的信息传递较慢。只有部门财务数据能够实现动态化共享,非财务信息联动和共享困难。现场管理和物流管理信息系统缺乏,信息数据的提取和利用困难,导致公司获得业务问题的信息普遍滞后,错失补救时机,最终影响经营效率。例如,客户临时增加产品订单,市场部反馈信息给制造保障部和生产单位。在产品生产过程中,原材料不足,需要补充投料,生产部门将情况反映给制造保障部,制造保障部核实公司该类材料的结存情况,最后将材料需求情况反馈给采购部,要求补充备料。在此过程中,所有信息的反馈都是部门间单一传递的,部门间信息的联动性差,经过一圈信息传递循环,花费大量时间,影响生产进度。

3. 产品成本管控粗糙,成本核算不精细

公司历年来重视直接构成产品单位成本的成本因素,如直接材料、直接人工、燃动费等,致力于在材料、人工、燃动等方面寻求降本增效的途径,导致降本增效空间不断缩小。在产品成本管控中,产品的物流成本、设备运行效率成本、设备因素导致的误工成本、人员流动成本等间接成本因素容易被忽视,成本项目多数采用分摊方式计入,不能有效地为公司的目标成本管理和标准成本管理提供强有力的数据支撑。例如,核算产品 M 的单位生产成本:在某道工序需要领用通用半成品 A,通用半成品 A 用于产品 M 的内部流转距离较长,用于产品 N 的流转距离较短。如果当月发生的内部流转费用为 X 万元,按当月完工产品的工时分摊,就会出现产品 M 分摊内部流转费用较少、产品 N 分摊内部流转费用较多的情况,导致管理层忽略内部流转费用中的问题,不能及时纠偏。

(三)选择全价值链投入产出分析的主要原因

传统产品生存空间被挤压,公司在行业内还未形成明显的竞争优势,市场发展压力较大,生产成本高,经营效益低下,信息化建设不完善。为适应未来战略发展,公司需要一种以全价值链成本为导向,并结合战略的分析投入产出的创新方法,于是全价值链投入产出分析得以运用并逐步推广。

1. 改变传统经营分析模式,为经营决策提供有效的信息

全价值链投入产出分析主要是以经营管理中存在的问题为导向,采用 PDCA[①]分析方法,为管理者提供财务、非财务、长期、短期的所有信息,对影响公司投入产出的业务活动进行细化,通过挖掘问题、分析问题、解决问题,形成闭环。在重大经营决策分析时,公司不再只关注收益指标,而同时关注资本投入、新增投资回报率等指标,综合考虑一项决策在财务收益、公司价值方面带来的影响。将所有信息形成信息链,强调管理层综合性思考,即从全价值链职能交叉的观点出发,识别和逐步解决公司在生产经营、机制设计、研发、供应链管理等方面存在的问题,使公司在成本控制、质量控制、技术控制等方面得到有效的提升。着力改善公司整体运营状况,从任务完成型向价值创造型转变。

2. 增强信息传递联动性,提升经营效率

全价值链投入产出分析打破部门与业务间的壁垒,要求生产、采购、物流、市场、质量、科研、财务、信息等部门全员参与。利用公司现有的协同平台和 ERP 系统,将原来需要部门间口头、纸质传递的信息网络化,增加信息的透明度,动态跟踪信息的传递情况,加快信息的反馈速度,提高人员的工作效率,避免错失事件处理的最佳时机(对突发事件效果更为显著),改进经济运行质量,提升公司经营效率。

3. 强化全成本管控,精化成本核算

全价值链投入产出分析转变成本控制导向,分析、精化业务,精准匹配财务资源,做到战略预算、业务预算、财务预算的匹配协同,逐步推动财务功能由控制成本向配置资源转变,加强对质量成本和物流成本的管控。成本核算实施"一组一厂"模式,从纵(公司、部门、班组)、横(业务、产品)两个维度多级多层次进行成本管控,实现对制造全成本、全过程精确管控与核算,为公司进行目标成本管理与预算管理提供数据支撑。

二、总体设计

(一)应用全价值链投入产出分析的目标

面对市场竞争激烈、产品竞争优势较弱、信息化建设不够全面、战略转型压力大

---

① PDCA 为 "plan, do, check, action" 的缩写,即"计划、执行、检查、处理"。

的情况，公司应用全价值链投入产出分析有以下主要目标。

（1）梳理影响企业投入产出的关键因素活动，进一步确定目标改善的关键点，找出问题，找到管理改善的方向，建立科学有效的投入产出模型工具和机制。

（2）在现有信息化建设的基础上，不断提升信息化系统，将价值流和信息流动态结合，精确掌握生产过程中的投入产出信息，及时发现在价值流动、增长过程中的短板，使管理更加科学、高效，为企业经营决策提供强有力的数据、信息支持，提升产品盈利能力，增强企业竞争优势。

（二）应用全价值链投入产出分析的总体思路

公司全价值链投入产出分析以战略为起点，坚持成本领先原则，通过对各项关键活动进行梳理、分析，找出问题关键点，确定投入产出业务整改清单，明确整改内容，落实整体负责部门及业务牵头部门，规定整改时间，合理安排计划，并严格执行，定期检查项目执行力度和考核强度。全价值链投入产出分析总体思路分为三个阶段——策划阶段、实施阶段、固化阶段，如图 14-4 所示。

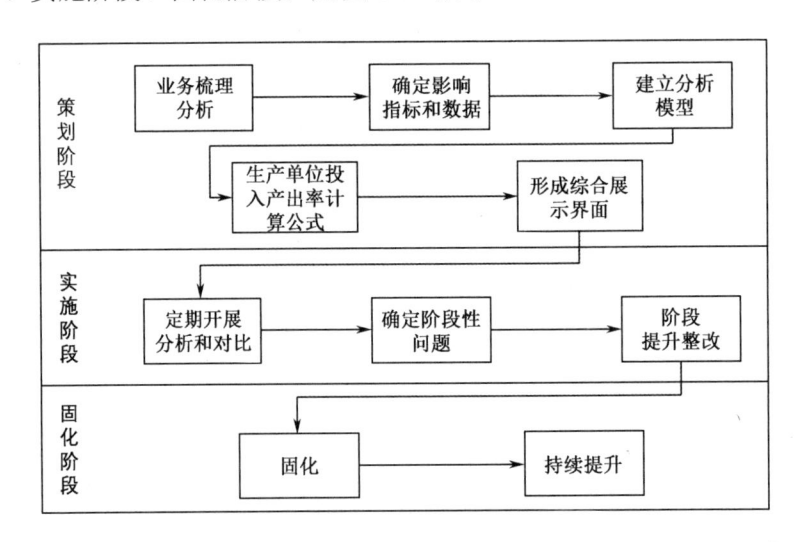

图 14-4　全价值链投入产出分析总体思路

1. 策划阶段

在策划阶段，对关键业务进行梳理，确定影响公司投入产出的指标和数据，建立投入产出分析模型，确定生产单位投入产出率计算公式，结合信息化平台形成综合展示界面。

2. 实施阶段

在实施阶段，通过定期开展投入产出专题分析和对比，确定阶段性问题，并针对问题提出整改方案，逐一解决各项问题。

3. 固化阶段

在固化阶段，通过建立各项制度及机制，固化各项流程，并持续跟进执行情况，及时反馈，不断调整，持续提升，形成价值信息流的良性循环。

（三）全价值链投入产出分析的主要内容

为更好地了解全价值链投入产出分析的相关理论，下面对全价值链管理过程中影响公司竞争力的关键资源和能力、公司基本活动和支持活动的分解、公司投入产出的关键活动因素，以及全价值链投入产出分析在经营管理中的运用几个方面进行简要阐述。全价值链投入产出分析内容如图14-5所示。

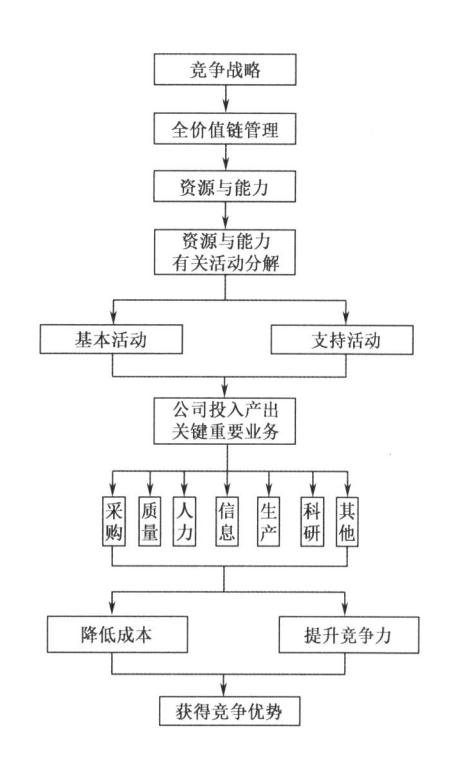

1. 全价值链管理过程中影响公司竞争力的关键资源和能力

公司决定"能够做什么"取决于公司独特的资源与能力，资源是指公司拥有或控制的有效因素总和，是公司能够获得持续竞争优势的基础。公司资源主要分为有形资源、无形资源、人力资源。有形资源是可见的、能够用货币计量的资源，是企业的实物资源。无形资源是没有实物形态，无法用货币精确计量的资源。人力资源是组织成员向组织提供的技能、知识及推理决策能力。从企业资源特性可以看出，企业的无形资源和人力资源一般难以被竞争对手了解、购买、模仿或替代，因此是企业十分重要的核心竞争力来源。能力是指公司配置资源，发挥其生产和竞争作用的能力。公司能力来源于企业有形资源、无形资源和人力资源的整合，是公司各种资源有机组合的结果。公司能力主要由财务、组织管理、营销、研发、生产管理等能力组成。

图14-5 全价值链投入产出分析内容

2. 全价值链管理过程中公司基本活动和支持活动的分解

公司的每项生产经营活动都是创造价值的经济活动，公司所有的互不相同但又相互关联的生产经营活动，构成了创造价值的动态过程，也构成企业价值链。价值链是一种在复杂的制造过程中采用的会计分析方法，了解资源使用与控制状况，通过对企业的活动进行分解，考虑这些活动本身及其相互关系能够给企业带来的竞争优势。价值链中的活动可以分为两类，一类为基本活动，另一类为支持活动。全价值链公司基本活动与支持活动如图14-6所示。

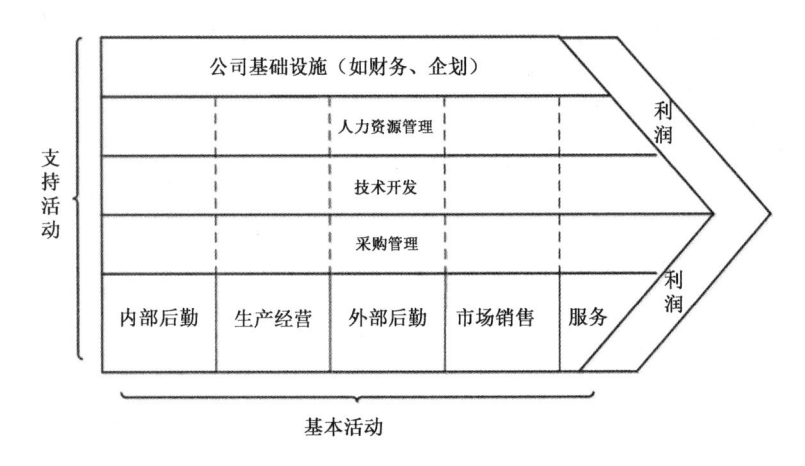

图 14-6 全价值链公司基本活动与支持活动

3. 全价值链管理过程中公司投入产出的关键活动因素

制造业全价值链投入产出分析主要从各项基本活动和支持活动入手，确定影响公司竞争优势的关键活动，明确各项关键活动之间的联系，厘清和细抓各项关键活动中的问题痛点并逐个突破。公司经过对经营活动进行梳理，确定影响公司投入和产出的五大主要活动，分别为科研活动、生产活动、采购活动、质量活动、人力活动。同时，公司信息化能力建设不足也是制约投入产出管理、决策的重要原因。

（1）科研活动。公司通过对科研活动分解，确定科研活动影响公司投入产出的主要因素为科研结题导致的材料呆滞、科研材料专用性高（通用性不强）、科研生产工艺更改导致的物资呆滞、科研试制产品数据库建立不完善、科研进度受阻等。

（2）生产活动。公司通过对生产活动分解，确定生产活动影响投入产出的因素为生产进度滞后、产品在生产过程中报废率高、设备使用效率低下、生产用物料管理不规范等。

（3）采购活动。公司通过对采购活动分解，确定采购活动影响投入产出的因素为安全库存采购放量导致库存呆滞、采购不及时导致物资短缺、采购与生产需求计划不匹配、采购周期设置不合理等。

（4）质量活动。公司通过对质量活动分解，确定质量活动影响投入产出的因素为公司质量部门人员品牌意识淡薄、生产部门废品损失管理不精细、公司质量索赔机制不健全等。

（5）人力活动。公司通过对人工成本分解，确定人工成本影响投入产出的因素为劳动成本与劳动效率不匹配、人工成本与生产产值不匹配。

4. 全价值链投入产出分析在经营管理中的运用

（1）梳理并确定生产过程投入产出的路径。经过对公司各项业务活动的价值链进行详细梳理，确定应收账款占用资金、售后质量保证服务、生产活动投入产出、研发活动投入、劳动生产率、经济订货批量等关键业务环节中存在的不足，精准细化问题点，对存在的问题逐层分解，搭建价值链业务流程图，打破价值链上的业务壁垒，整合公司内部和外部资源，形成资源有效利用的业务价值链，建立投入产出模型，力求投入产出平衡，公司价值最大化。生产过程投入产出流程如图14-7所示。

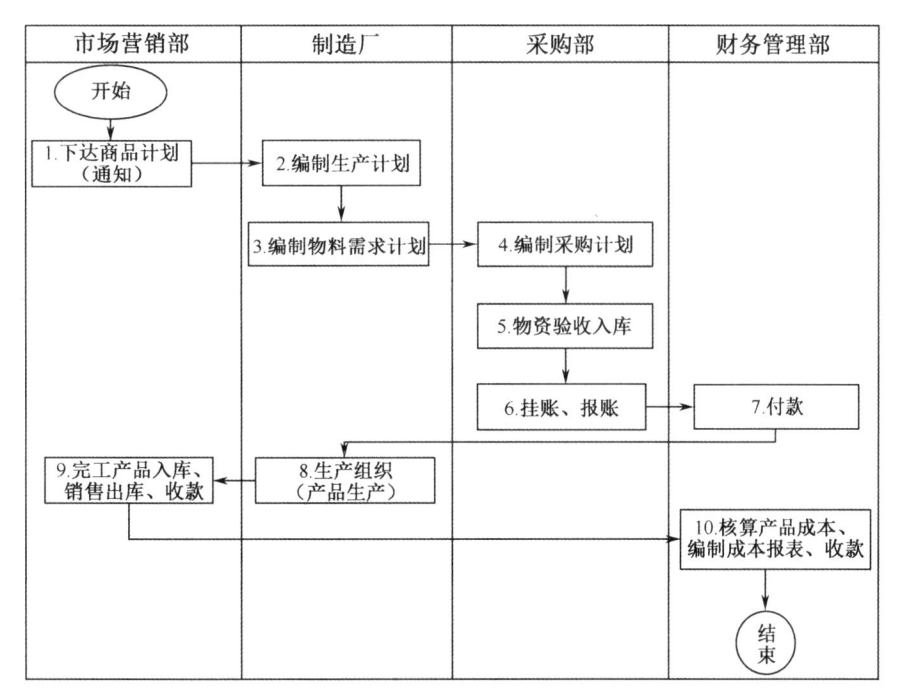

图14-7 生产过程投入产出流程

（2）建立月度投入产出分析例会制度。公司通过建立月度投入产出分析例会，建立组织机构，跟进投入产出工作清单，挖掘管理短板，找到问题切入点，明确责任单位及时间节点，实时跟踪清单任务完成情况。每月进行集中研究、分析，并制定措施进行解决。

（3）确定公司投入产出分析的关键指标。公司运用平衡记分卡，从财务角度、客户角度、内部流程角度、学习与创新角度四个角度确定投入产出分析的主要关键指标。

（四）应用全价值链投入产出分析的创新

应用全价值链投入产出分析的创新主要体现在改变传统的指标分析思维，不局限于某项或几项指标的数值高低分析，率先从全价值链角度分析公司的价值，转变经营理念，使公司完成从追求利益最大化向追求价值最大化转变，由点到面地解决公司在经营管理中的问题。

（1）从战略创新运用的角度，全价值链投入产出分析是成本管理信息应用的拓展，为企业确立可持续的竞争力定位，以促进主要管理职能、强化战略管理为目标。

（2）从成本的角度，全价值链投入产出分析用于制定价格、改变产品，提高盈利能力，公司在成本上获得价格优势，提高竞争力。

（3）从信息管理运用的角度，全价值链投入产出分析从财务和非财务两个方面系统地展示各环节信息，信息及时性和透明程度高，能够追踪公司关键的经营数据，提供更加精确的成本信息供决策者使用。

（4）从企业价值运用的角度，全价值链投入产出分析是一套综合性的分析系统，能够从业务活动中发现公司价值提升的关键因素，更多地追求公司价值最大化，有利于公司长远发展。

三、实践应用

为更好地体现全价值链投入产出分析在公司战略、成本、信息、价值方面的应用，现结合公司在一些关键活动中投入产出分析的相关活动举例说明。

（一）组织机构及方式

全价值链投入产出分析作为一种创新型管理模式，是公司"十四五"重大战略规划之一。为有效地推进全价值链投入产出分析创新型管理模式，公司设立专项管理工作组织机构，成立专题会分析小组，下设五个小组，分别为三个分厂及财务和科研部门，开展投入产出分析的具体工作。

(二) 参与部门

参与公司全价值链投入产出分析的牵头部门为财务管理部，参与部门包括装备及工艺研究所、科研试制部、市场营销部、特种装备制造厂、精密装备制造厂、特种车辆制造厂、制造保障部、采购部、品牌质量部、能力发展部、数据信息中心、人力资源部、战略运营部等。

(三) 应用全价值链投入产出分析的资源、环境、信息化条件等部署要求

应用全价值链投入产出分析，需要做好以下工作：首先，在管理理念上，高层转变思想，以新的理念和思路确立新的经营思维。其次，在组织上，公司高层参与并得到关键部门管理人员的支持、认可与推广。最后，公司指定一个关键管理部门组织牵头，督促其他部门管理人员积极行动，保证在其管理领域有效地执行。为更有效地推动全价值链投入产出分析在经营管理中的应用，公司需要整合内部和外部资源，合理配置各部门相关资源（包括人力、设备、材料、信息、基础设施、时间进度等）进行统一部署，要求各部门高度重视投入产出分析工作并积极参与相关工作，明确工作目标承担机构的相关职责。下面是对整体工作的部署。

1. ××厂投入产出分析专责组

组长：分厂。

成员：财务部、采购部、市场部、数据信息中心、能力发展部、品牌质量部、工艺研究所。

职责：负责分厂投入产出分析。

2. 科研投入产出分析专责组

组长：科研试制部。

成员：军品发展部、工艺研究所、分厂、采购部、市场部、品牌质量部。

职责：负责科研投入产出分析。

3．财务部投入产出分析专责组

组长：财务部。

成员：分厂、公司各职能部门。

职责：负责全公司投入产出分析。

各部门、各专责组联动配合，采用定期召开例会的方式，及时沟通与解决在投入产出分析过程中存在的问题，共同商讨方案，采用PDCA方式让问题解决形成闭环，并持续改进、固化。各部门共同努力，历时一年，解决了公司在科研、质量、成本等方面的疑难问题。

（四）具体应用模式和应用流程

公司通过对内部和外部各项资源进行整合和对价值链上的业务活动进行归类，从三个层面开展全价值链投入产出分析专项工作，三个层面分别为控制投入、增加产出、增强保障。

1．控制投入

（1）强化存货管理。

通过对年初结存的存货形成原因、数量、价值进行细化分析，共计清理出存货约8000类，金额共计6000余万元。按存货周转速度甄别存货风险等级，并按绿、黄、红、黑四类对存货进行标识，通过业务价值链梳理找出导致存货呆滞、变质的因素，对于正常存货，不定期检查存货状态、使用情况、周转速度，结合市场预测及客户需求变化趋势，及时判断存货未来需求变动及价值状态。对已经形成的非正常存货，单独存放、标识、管理，并按存货性质提出处置建议，制订处置计划并严格执行，缓解库存压力，增强"两金"管控，加速存货变现、资金回笼利用。非正常存货处置明细表如表14-2所示，存货按周转速度分类表如表14-3所示，低效无效物资处置推进计划表如表14-4所示。

表14-2 非正常存货处置明细表

编号	责任单位	物料类别	名称	子库存	物料编码	型号	类别	计量单位	实盘数量	金额	性质	期限	颜色	形成原因	处置意见	备注

表 14-3　存货按周转速度分类表

项目名称	绿色	黄色	红色	黑色	合计
数量					
金额					
占比					

注：正常存货。黄色表示生产剩余，今年无计划，可使用概率大的产品。红色表示下马产品，长期无订货，可使用概率小的产品。黑色表示不可使用的产品。

表 14-4　低效无效物资处置推进计划表

序号	物资性质	产品大类	处置数量	处置金额（万元）	处置方式	责任单位	处置时间节点 ×年×月	处置时间节点 ×年×月	处置时间节点 ×年×月	时间待定	截至×年×月处置完成情况 处置数量	截至×年×月处置完成情况 处置金额（万元）	备注
1													
2													
3													

（2）清理分厂多投料。

公司经过对整个生产环节业务链的梳理，最终确定影响分厂多投料、投入产出率不高的因素主要为工艺技术落后、设备维护不及时（突发异常）、材料在生产中报废、人员操作不当导致产品废损、安全库存设定不合理等。公司针对这类问题，从全价值链角度，对存在的问题细化分解，持续改进；强化质量管控，加强对人员培训，不定期组织测试，增强人员质量意识；加强信息化建设，增加业务部门对信息反馈的速度，严肃计划刚性，加强计划执行力度；重新界定安全库存设置，避免因安全库存和损耗率导致材料呆滞、多投。制造厂年材料投入产出情况表如表 14-5 所示。

表 14-5　制造厂年材料投入产出情况表

序号	领用单位	期初 ①	领用原材料 ②	下料件投入 ③	投入 ④=①+②+③	产出（完工产成品）⑤	期末 ⑥	投入产出效率 ⑦=⑤/④
1	特种装备制造厂							
2	精密装备制造厂							

（3）重设安全库存和产品损耗率。

公司经过对产品生产和采购周期的全面厘清，重新拟定重点产品安全库存种类，将历年来设定安全库存的品种由 9130 种降低为 66 种，明确每年 6 月对上一年设定的安全库存进行修订，使其更加符合市场预期；统一不同件号、相同零部件损耗率，并根据每年合格率的情况进行修订，体现投入产出的效果，有目标地提升产品良品率。

制定安全库存管理制度，规范安全库存设置要求，包括安全库存的修订、审核、执行原则；明确超需求物资购买审批流程，包括需求申请、部门会审、公司审签等。界定相关部门的管理职责：分厂负责各自产品物料的需求计划；采购部设定采购物资最小起订量，负责设定原材料、标准件安全库存；制造保障部审核安全库存设定的合理性；信息部门负责对 ERP 系统数据进行完善，及时按发布的安全库存对系统进行维护。

（4）建立采购周期数据库。

公司采购部牵头梳理在外购件、原材料中一年内无周转的物料，判定其合理性，重新梳理物资需求计划形成过程。采购部清理由采购放量导致的物资近 4000 余种，金额近 5000 万元，以及科研剩余物资、维修材料等数十种其他物资。分析导致材料、外购件呆滞的原因，根据各类物资采购周期长短，建立对应的物资采购周期；在 ERP 系统中形成采购周期数据库，设定外购物资周期数据约 10 万条，最长周期为 270 天，采购周期 60 天的物料占 67%，采购周期 30 天的物料占 30%。每年对采购周期数据库进行集中核查，并按物资需求计划，结合安全库存，合理安排采购周期，确保存货资金占用最小化，严格按需求计划合理配置采购资源，杜绝采购放量行为。采购物资周期数据库如表 14-6 所示。

表 14-6 采购物资周期数据库

序号	物料代码	物料名称	采购提前期	供应商产能	供应商库存
1					
2					
3					
4					
5					
6					

（5）开展分厂人工成本分析及劳动效率倍增策划工作。

公司人力资源部牵头对制造厂人工成本进行细化分析，完成制造厂自制产值与工效挂钩方案，在结算工资价格的基础上，计算每个产品占自制产值的比重，根据不同产品的盈利能力、预期规模设定不同的价格增减目标，传递成本压力；完善人工成本事前、事中、事后管理的相应配套机制，编制效率倍增方案，打破人工成本与价值互替原则，改善人工成本与产值不匹配的因素，实现人工成本价值化。

2．增加产出

公司通过树立品牌意识，完善质量管理，以及强化应收账款管理等途径增加产出。

（1）树立品牌意识，完善质量管理。

公司自上而下，转变质量管理理念，推行全面质量管理创新模式，重新调整组织结构，设立品牌质量部和客户保障部，树立品牌意识，制订用户体验计划，随时满足客户需求，提升企业竞争优势。定期开展质量管理培训，召开质量管理体系问题整改专题会。公司为解决质量管理的瓶颈问题，加强质量管理人才队伍建设，通过培训、选拔，塑造一批专业素养高的专业型人才。

公司品牌质量部牵头对公司近三年废品损失的真实性进行分析，成立废品督察检查组，完善废品损失追责考核机制，加强监督检查力度，制订废品控制方案；制订公司合格率提升方案，成立组织实施机构，从人、机、料、法、环、测方面，全面开展分析，找出产品报废的关键点，制定改进提升措施；制定质量考核及质量责任追究管理规定，修订47项条款、2个流程、16项标准，强化内部和外部质量索赔机制。

（2）强化应收账款管理。

公司市场部牵头，清理年初应收账款明细、账龄及收款时间，对应收账款进行风险分析，按风险等级分为绿、黄、红、黑四类，制定应收款项管控方案和风险防范机制：一是搭建和维护营销渠道，及时跟踪、了解回款进度；二是加快营销信息反馈速度，采取合同洽谈、产品发运、售后服务等联动方式回收货款；三是改变营销理念和收款策略，加强产品营销意识，树立全员收款意识和应收尽收观念。应收账款清理明细表如表14-7所示，应收账款回款推进情况表如表14-7所示。

表14-7 应收账款清理明细表

序号	单位	发票编号	产品项目	合同号	年初余额	风险类别	未回款原因	措施
1								
2								
3								
4								
5								

表 14-8　应收账款回款推进情况表

序号	单位	产品项目	合同号	年初余额	×月末余额	×月已回款	×年预计回款		风险类别	未回款原因	措施	×月收款计划	预计回款时间	×月末账龄			
							当期	历史						3个月内	3~6个月	6~12个月	……
1																	
2																	
3																	
4																	
5																	

3．增强保障

通过设备资产分析、科研试制全价值链管理、推进信息化建设等手段，提升生产效率，实现信息共享，支撑公司业务决策的管理目标。

（1）设备资产分析。

公司制造部牵头对公司约 5000 台生产设备使用情况进行全面梳理，分析设备资产使用效率，全面掌握公司生产设备使用状况，找出影响设备使用效率的关键因素，明确影响设备使用效率的主要因素，从技术改进、技术措施投入、工艺技术提升、维护保全、盘活资产五个方面，对公司现有设备提出建设方向。

推进设备结构化调整调拨工作，发挥设备最大效能，为推进设备共享方案奠定基础。在设备维修技术协议方面，延长维保时间标准和考核标准，转移因设备原因导致生产失误的风险，降低生产延误、进度滞后的风险。通过改进，公司设备利用率同比提升 7.5%。

（2）科研试制全价值链管理。

公司对科研价格管控中的原材料、外购与外协、自制、装配、试验五个业务链进行细化分析，对每个业务链的现状、存在的问题及降本增效的措施进行细化分解。对 8 个项目 400 余种原材料进行分类，分析使用频次，生成原材料优选目录。对近万种，约 20 万个，涉及厂家 600 余家，回厂周期为 45~60 天的科研用外购件，建立外购件库房，严格把控，规范台账管理；统筹使用 40 余种上千个外购件，提高了外购件的统筹使用效率。编制科研试制业务管理流程，并赋予信息流和成本流功能。推动科研"交钥匙"工程，建立交付清单 40 个，形成科研数据库，清除从试制到生产的障碍，实现试制生产一体化管理。

（3）推进信息化建设。

公司成立数据信息中心，全面推进大数据时代企业战略转型，为投入产出提供高水平保障：一是加强ERP系统建设，开发新功能，以适应管理需求，形成管理信息链，增强信息可视程度和数据联动；二是开发新的系统，改变人工处理大量单据的情况，减少低价值、重复性的工作，提高工作效率，同时避免人员失误导致管理不规范的情况，推进业务透明化和数据信息共享；三是在信息系统中展示公司各环节投入产出情况，通过搭建综合数据平台，实时更新生产单位材料、零部件投入产出信息，动态跟踪，确保数据的准确性。

（4）支撑公司业务决策。

公司应用全价值链投入产出分析，结合美国著名管理学家布鲁斯·亨德森提出的波士顿矩阵分析法，解决如何使企业的产品品种及其结构适合市场需求的变化，并将企业有限的资源有效地分配到合理的产品结构中去，科学地分析一项经营业务存续的必要性，顺应公司聚焦"主责主业"的发展战略。

（五）在实施过程中遇到的主要问题和解决方法

全价值链投入产出分析在实施应用过程中，在观念转变、信息化建设、物流建设方面都遇到了一些问题。

1. 观念转变问题

公司部分人员认为投入产出分析是一项经营结果分析，全价值链投入产出分析是一种系统的价值创造管理机制，是促进业财融合的一种手段，虽然要求大部分部门参与，但在员工间推广不足，不被大众接受。公司需要采用上下结合的方式，让员工加强沟通与学习，提供培训机会，促进全员参与、全员转变。

2. 信息化建设问题

公司所处行业特殊，保密要求高，信息化建设有局限性，覆盖面窄，全价值链投入产出分析对信息化要求非常高，而公司的信息化建设满足不了管理需要。公司应加大信息化建设力度，向数字化转型迈进。

3. 物流建设问题

公司尚未建立信息化物流管理体系，在生产制造方面对物流成本的管控始终有局限性，物流信息反馈不及时，数据共享和联动性差。公司应加快物流建设布局，配置各种资源。

四、实施成效

通过近一年的全价值链投入产出分析探索，公司在经营管理和价值创造方面都取得了成效，为公司长远发展奠定了基础。

（一）内控管理

公司填补了管理过程中的一些机制空白，建立和完善管理机制，具体包括"科研质量管控方案""损耗率、安全库存评审要求""废品控制方案""合格率提升方案""质量体系""安全库存管理要求和规范""成本费用核算管理规定"等；优化"成本核算""工单管理""科研试制成本核算""废品处置"4项流程。

（二）价值创造

公司在"降本节支""严控两金""盈亏平衡""低效无效资产处置""全成本管理""强化质量体系""生产效率提高""科研管控"等方面取得显著成效，各项成本费用大幅降低，降本增效成果显著，人工成本降低1600万元，质量成本降低111万元，制造厂生产性费用降低1188万元，采购成本降低961万元，财务费用降低500万元。

（三）盈利能力

公司的盈利能力指标大幅好转，盈利能力明显增强，利润同比增加2.25亿元，经济增加值同比提高53.82%，应收账款周转率同比提高67.76%，带息负债总额同比降低14.46%。

（四）采购质量

公司开展阳光采购，高效保供，助推供应链管理水平高质量发展；重构质量和科研体系，强化质量管控，全面开启品牌质量建设新篇章。

（五）生产管理

公司进行月度动态跟踪监控，确保投产平衡，合理安排生产计划，最优配置企业资源,实现均衡生产;加大技术投入,开展技术攻关,不断克服技术问题带来的生产瓶颈;强推精益生产,聚焦制造行业价值链系统的精准升级。

(六)信息管理

公司加速信息化建设,创建信息化共享平台,打通信息闭塞环节,解决因信息单向传递形成的"信息孤岛"问题;增强信息的及时性和透明化,实现信息可追溯;减少大量人员操作,促进效率倍增,助推企业管理水平迈上新台阶。

五、总结启示

全价值链投入产出分析在公司经营管理中的成功应用,充分说明应用全价值链投入产出分析对公司战略发展、经营管理、价值创造具有推动作用,因此应用全价值链投入产出分析有其独特的创新优势。

(一)助推公司战略发展

全价值链投入产出分析是公司"十四五"战略规划的重大部署,最终目标是对公司成本流、实物流、信息流进行整合,形成一套综合分析体系,及时挖掘经营管理中存在的不足,为公司战略决策提供支撑,带领公司从任务完成型企业向价值创造型企业转变,实现成为世界一流防务企业的愿景。

(二)夯实公司成本管控

公司全价值链投入产出分析注重每个活动环节的成本管理链条结构,目的是实现全面成本管控,着力于成本管理的关键活动点,精准进行成本核算管理,开展全面质量管理,明确只有成本低又具有差异化的产品才能为企业带来长远的竞争优势,提升企业价值。

(三)优化公司经营决策

全价值链投入产出分析为公司经营决策提供支撑,采用 PDCA 分析法、SWOT 分析法、平衡记分卡分析法、波士顿矩阵分析法等较为健全的分析模型,弥补了单一数据分析的不足;综合考虑财务信息和非财务信息,提升了信息反馈速度,对突发事件及时处理,规避了信息受阻带来的风险。综合数据分析能够识别公司的竞争优势、增加价值的机会、降低成本的机会,为公司提供更加优质的管理决策支持。

案例三 建设工业——基于四新技术应用的 TVM-1251N 全价值链精益成本管控体系构建与创新实践

一、背景描述

（一）企业基本情况

重庆建设工业（集团）有限责任公司（简称"建设工业"）是兵器装备集团直属骨干企业之一，主要从事特种产品、汽车零部件和新产业产品研发生产工作，前身为 1889 年张之洞创建的被誉为"民族工业摇篮"的湖北枪炮厂，是我国近代 24 家军工企业之一。建设工业跨越了两甲岁月，历经了四次搬迁，实施了四次引进，创造了四次辉煌，党和国家领导人毛泽东、邓小平亲临视察。130 多年兵工历史，40 余载军转民历程，建设工业已成为我国特种产品的重要生产基地，产品产销量位居全国同行业之首，为我国国防建设做出了贡献，曾获得"全国优秀企业（金马奖）""全国五一劳动奖状""建国 35 周年嘉奖令""建国 50 周年国庆阅兵装备工作突出贡献奖""建国 60 周年国庆阅兵保障服务先进集体""庆祝中华人民共和国成立 70 周年阅兵保障工作突出贡献奖"等殊荣。

2009 年，建设工业"退城进郊"，由重庆市九龙坡区谢家湾整体搬迁至重庆市巴南区花溪工业园区，搬迁后的建设工业迎来了新的发展时期。自党的十九大以来，建设工业实施"一核两翼"发展战略，坚持以"建成世界一流的特种产品应用研究制造基地和国内重要的汽车零部件研发制造基地"的发展目标进行创新驱动，以精益思想和方法统领各项生产经营工作，大力推进"产品专业化、技术标准化、制造自动化、管理信息化"，增强军工核心能力，不断推动企业转型升级、做优做强，打造"有规模、有地位、有效益、有未来"的企业。

（二）企业管理现状与问题分析

随着国家大力推进军队改革和装备竞争性采购，同时受"十三五"大批量订货和新老产品交替的影响，建设工业在"十四五"初期将处于新老产品迭代升级，以及系列新技术、新材料、新工艺、新设备广泛运用阶段,成本管控与经营效益面临巨大挑战。历经"十三五"期间的整合发展,建设工业面对新经济、新时代的发展要求,站在"十四五"的新高度、新起点,描绘了新的蓝图,特别是针对多基地、多产业、多业态的快速发展格局,对财务成本管理提出了新的要求,成本管控在把握全局性、规划长期性、执行标准性、赋予竞争性等方面需要进一步拓展、延伸。建设工业为有效破解在高质量发展过程中面临的成本与创新等冲突,亟须构建具有长期性、全局性等多维度支撑发展的系统化、规范化、标准化的精益成本管控体系,财务管理体系建设亟待转型升级。

二、总体设计

四厂整合,特别是 2018 年底与四川华庆机械公司整合之后,建设工业面临新老产品迭代升级与系列新技术、新材料、新工艺、新设备广泛运用阶段,在四新技术运用中面临资源投入的必要性、合理性与成本规划的长远性、全局性之间的问题。为有效破解在高质量发展过程中面临的成本与创新等冲突,提升经营质量、加强各基地统一成本管控,建设工业构建了具有长期性、全局性等多维度支撑发展的基于四新技术的全价值链精益成本管控体系。该体系以"成本设计、设计成本、成本运营、运营成本"为总体思路,基于战略成本、成本效益、全价值链、优生和持续改进五大理念和对创新/科技、市场/客户两项必要投入的容忍理念,以经济效益提升为出发点,以预防控制和潜在成本管控为着力点,从盈利目标出发策划成本控制目标,以业务板块成本课题为举措确定成本控制任务,以精益成本管控为核心思想,构建系统化、规范化、标准化的模型,分类设计成本激励约束机制,支撑战略发展和提升财务管理水平,达到了预期目标。

(一)确定建设思路,明确工作目标

建设工业基于四新技术的精益成本管控体系,围绕"成本设计、设计成本、成本运营、运营成本"的工作思路,计划通过 2～3 年的建设,开展基于业务模式的全业务流程精益成本分析,提炼出与成本相关的关键业务点,提供控制策略和方案,建立工作规范,打造具有竞争性的 TVM-1251N 全价值链精益成本管控体系,成本费用占营业收入比重逐年降低 2%～5%,达到行业优秀水平。建设工业 TVM-1251N 全价值链精益成本管控体系建设思路如图 14-8 所示。

```
                        TVM-1251N
                    全价值链精益成本管控体系

        ①                ②                ③
      总体设想          构建目标           基本着力

  ◆ 围绕"成本设计、     ◆ 定量目标:从2019年起,每年成    ◆ 基于业务模式的全业务流
    设计成本、成本运         本费用占收入的比重下降2个百        程精益成本分析
    营、运营成本"           分点,达到行业优秀水平          • 提炼出与成本相关的关键业务点
    建立富有竞争性的战略成   ◆ 定性目标:                    • 提供控制策略和方案
    本管控体系            • 搭建并传承体系                 • 建立工作规范
                        • 构建成本评价模型
                        • 建立成本控制标准

      2018年末构建         2019年深化              2020年固化
       (1.0版)            (2.0版)                (3.0版)
```

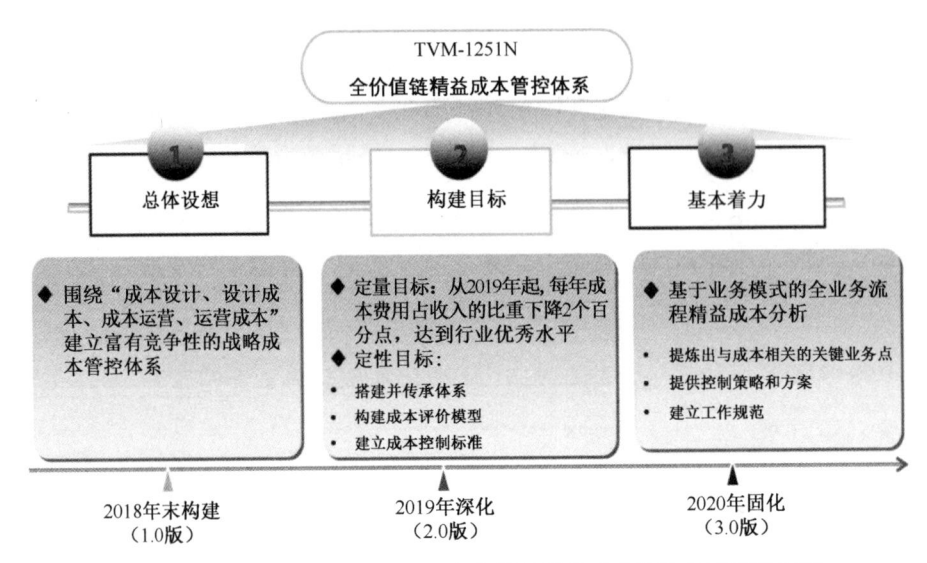

图 14-8 建设工业 TVM-1251N 全价值链精益成本管控体系建设思路

1. 成本设计

成本设计即战略成本策划、顶层设计。通过对投资、研发、采购、生产、质量、销售全价值链环节进行成本管控方案设计，规划成本控制目标，落实短期和长期的经营目标。

2. 设计成本

设计成本即产品设计、工艺设计环节的成本管控。产品的设计开发过程决定后续制造环节的总成本。将成本管控重心前移，以产品目标成本为导向，倒逼产品设计、工艺设计创新，进行成本管控。

3. 成本运营

成本运营即运用工序成本、标准成本、目标成本、作业成本等成本管理的方法和工具，建立全价值链成本各环节的管理工作标准和评价体系。

4. 运营成本

运营成本即企业在生产经营过程中，研发、采购、生产、销售等环节实际的成本消耗。通过对各项消耗数据的收集、整理、价值分析等，进行成本改善和控制。

（二）搭建管控体系，扩展 1251N 理念

建设工业建设基于四新技术的 TVM-1251N 全价值链精益成本管控体系，涵盖产

品内部和外部的产品实现全价值链过程，以价值创新为目标，以竞争对手、兵器装备集团优秀企业为标杆，辅以"1251N"成本管理工具，实施标准化管理。建设工业 TVM-1251N 全价值链精益成本管控体系如图 14-9 所示。

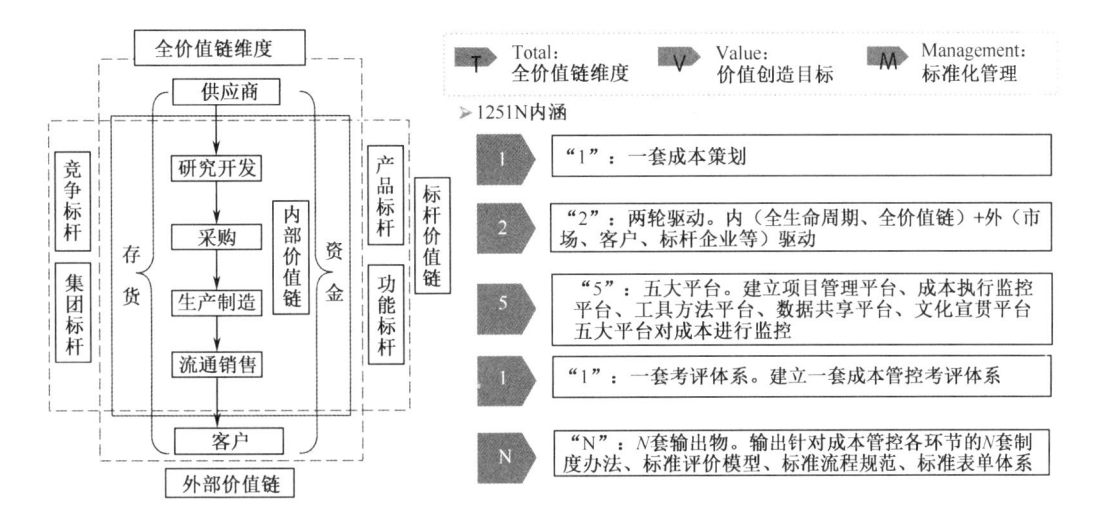

图 14-9　建设工业 TVM-1251N 全价值链精益成本管控体系

1．全价值链管控

全价值链管控包括内部价值链管控和外部价值链管控。其中，企业内部价值链管控包括研究开发成本管理、采购成本管理、生产制造成本管理、流通销售成本管理等。外部价值链管控包括对供应商价值链、客户价值链与竞争对手价值链的管理。

（1）内部价值链管控。

① 研究开发成本管理是企业对产品开发设计阶段的成本管理。在不影响产品性能、质量等条件下，通过对产品的用料、加工工艺进行优化设计，控制企业采购物资品种、批量、供应商数量等，对后续的采购成本及加工成本进行事前控制。

② 采购成本管理是企业在生产投入前采购环节的成本管理。企业以供应商体系管理、采购价格最优、资金占用最低等方式进行采购环节成本控制；通过制定"一主一辅一备"供应商体系管理模式，筛选、控制采购供应商数量及质量，推进集中采购等模式控制采购价格，并按生产计划匹配采购计划，控制采购资金占用等。

③ 生产制造成本管理是企业对产品生产制造环节的成本管理。生产制造成本包括生产过程中投入的材料、人工及各项费用等，企业通过工艺优化改进（如毛坯精化、工艺集成、工序自动化加工、新工艺应用等）、控制材料消耗定额（如辅料、刀

具、量具等物料消耗），提升加工效率及合格率，对生产制造环节成本进行管控。

④ 流通销售成本管理是企业对销售产品价格、售后服务及客户管理等相关成本的优化管理，其中包括军订产品审价方案策划、外贸产品价格指导手册发布等，以快速应对销售市场，提升产品的盈利能力。

（2）外部价值链管控。

① 供应商价值链管理。通过制定"一主一辅一备"供应商体系管理模式，筛选、控制采购供应商数量及质量，推进集中采购等模式，控制采购价格，使生产计划匹配采购计划，控制采购资金占用。

② 客户价值链管理。通过了解客户对产品的使用方式及使用周期，降低销售成本及售后服务成本，合理安排交货时间、数量，避免产生过多库存积压成本。

③ 竞争对手价值链管理。对比分析了解竞争对手的优势和劣势，建立各项业务标杆，以此衡量和改善自身业务，有的放矢地建立自身优势。

2. "1251N"成本管控工具方法

建设工业主要从成本规划、成本管控、成本评价等方面，设计"1251N"成本管控工具方法。

（1）一套成本策划。

建设工业按照战略发展、经营决策需要，分别制订了公司级、专业级或单位级的成本策划方案。

（2）两轮驱动。

建设工业将内部和外部作为成本管控的驱动轮。内部即围绕产品全生命周期、全价值链开展成本管控。外部即对市场、客户、标杆企业等进行综合成本分析。

（3）五大平台。

建设工业通过项目管理、成本执行监控、工具方法、数据共享和文化宣贯五个平台开展成本管控体系建设工作。

① 项目管理平台。梳理降本创新项目课题，采取"课题负责单位周点检，分管领导月度点检，季度办公会进行报告"工作机制。从成本项目的立项、监控、评估、考核、总结五个方面建立闭环管理流程，全面实现成本项目管控的精细化。

② 成本执行监控平台。借助信息系统，以预算管理为基础，对成本费用执行情

况、两金占用管控情况进行预警及通报,并建立关键任务管理(KTM)表,对关键任务管控问题进行跟踪及结束管理。

③ 工具方法平台。提供全面预算管理、标准成本管理、目标成本管理、面向成本的产品设计、投资决策分析等成本管控工具方法。

④ 数据共享平台。借助预算系统、物流系统、在制品系统、实际成本系统、标准成本系统等信息化手段,建立原材料、配套、外协设计选用标准数据,工装、试验、辅料等各项标准消耗,使成本数据与预算、报价、工艺改进融合,实现成本信息集成化管理,建立成本信息数据共享平台。

⑤ 文化宣贯平台。主要利用生产班组看板及公司门户系统,对成本管控思路、工具方法等进行宣传,并对典型成本管控做法及效果进行展示,增强全员参与成本管控的意识。

(4)一套考评体系。

建设工业建立了一套有效的成本管控考评体系,分类、分板块针对性地设计成本激励约束机制,以奖为主,以罚为辅,充分激发企业的成本管控活力,完善成本管理评价体系。

(5)N套输出物。

在全价值链精益成本管控过程中,输出针对成本管控各环节的N套制度办法、标准评价模型、标准流程规范、标准表单体系。

三、实践应用

(一)突出理念先行,开展成本策划

1. 理念先行

理念是一切创新行动的先导,建设工业基于四新技术的精益成本管控体系构建突出成本策划,实现五大理念,两大容忍先行。

建设工业 TVM-1251N 全价值链精益成本管控理念如图 14-10 所示。

(1)战略成本理念。开展"根本性、长远性、全局性"的成本规划和管理,以获得和保持竞争优势为目标。

> 成本效益理念
> 核心是"开源"与"节流"并重,构建成本效益模型,开展开源节流降本价值质量提升工作,统筹好"投入"与"产出"

> 战略成本理念
> 开展"根本性、长远性、全局性"的成本规划和管理,以获得和保持持久竞争优势为目标

> 全价值链理念
> 全业务流程管理,必要成本减半,浪费成本趋零

> 优生理念
> 从设计源头树立产品优生观念,确保推出的新产品既符合客户需求,又具有先天性的成本竞争优势

> 持续改进理念
> 体系构建源于业务,服务业务,根据业务优化不断完善体系

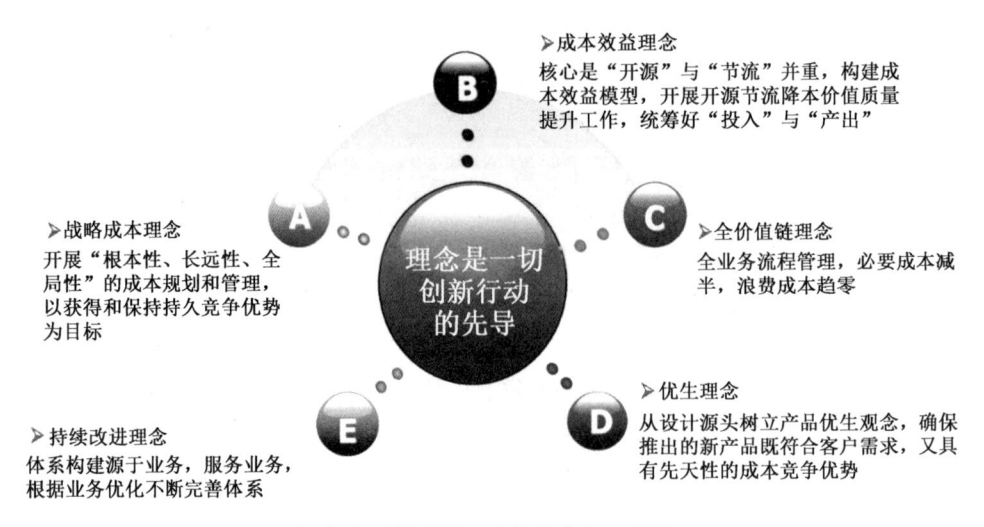

理念是一切创新行动的先导

两大容忍:创新/科技、市场/客户的必要投入

图 14-10 建设工业 TVM-1251N 全价值链精益成本管控理念

（2）成本效益理念。核心是"开源"与"节流"并重,构建成本效益模型,开展开源节流降本价值质量提升工作,统筹好"投入"与"产出"。

（3）全价值链理念。全业务流程管理,必要成本减半,浪费成本趋零。

（4）优生理念。从设计源头树立产品优生观念,确保推出的新产品既符合客户需求,又具有先天性的成本竞争优势。

（5）持续改进理念。体系构建源于业务,服务业务,根据业务优化不断完善体系。

（6）两大容忍。在成本管控中,对创新/科技、市场/客户的必要投入予以容忍。

2．成本策划

以经济效益提升为出发点,以预防控制和潜在成本管控为着力点,将重心放在预防上,突出成本策划,体现"预测、预期、预防"并重的价值管理理念。通过设定清晰明确的目标,树立统一的"价值观",实现各部门、各业务及整体与局部在经营理念上的高度一致;从盈利目标出发策划成本控制经济目标,确定成本控制工作任务/项目,形成业务板块成本课题/举措,实现成本类别与责任主体两线协同,同时处理好成本与成本、成本与主体、主体与主体、成本与预算四大关系。

建设工业 TVM-1251N 全价值链精益成本管控体系成本策划如图 14-11 所示。

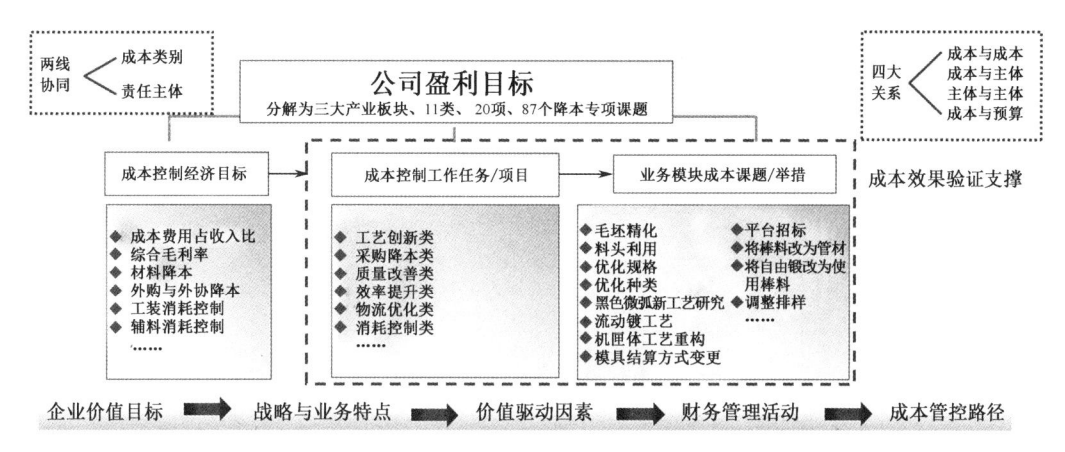

图 14-11 建设工业 TVM-1251N 全价值链精益成本管控体系成本策划

（1）企业战略目标。到 2025 年，实现销售收入 80 亿元、研发数字化、制造智能化、管理信息化，为建设世界一流企业奠定坚实基础，打造有规模、有地位、有效益、有未来的科技型企业，实现"效率、效益、规模"倍增。

（2）成本控制经济目标如表 14-9 所示。

表 14-9 成本控制经济目标

序号	成本控制	目标	备注
1	成本费用占收入比	逐年降低×个百分点	
2	综合毛利率	提升×个百分点	
3	材料降本	利用率提升×个百分点	
4	外购与外协降本	降低×元	
5	工装消耗控制	控制在×元，自制率达到×%	
6	辅料消耗控制	控制在×元	

（3）成本控制工作任务如表 14-10 所示。

表 14-10 成本控制工作任务

序号	任务	责任单位	目标	主要工作任务
1	外协回收	生产管理部门	××××	实施供应商平台化招标（资质、能力、价格综合竞争）；建立公司供应商集中生产场地，将外贸及民用枪产品供应商集中，督促其取得装配承制资格，消除安保隐患，降低供应链运营成本
2	外购降本	采购部门、财务部门	××××	1.供应链体系优化调整，资源整合，使供应商达到规模化、专业化降本； 2.通过商务政策支持，以及量价结合的方式，实现精益采购，降低采购成本； 3.通过改变采购策略，用对比转供与直供价格差异、引入竞争机制、打包竞标等方式达到优质优价采购，降低采购成本； 4.通过材质代用、规格代用、材料改制及精裁剪等方式降低库存，利用库存降本； 5.通过技术创新、工艺创新，提高材料利用率，提高产品合格率，提升产品质量，降低生产成本

续表

序号	任务	责任单位	目标	主要工作任务
3	毛坯精化/原材料降本	工艺技术部门	××××	通过毛坯精化和材料类别、规格调整实现降低材料成本
4	工艺技术突破	工艺技术部门	××××	推动特殊工艺技术取得突破（PIP、TAC、黑色微弧氧化等），实现降本
5	生产制造优化	生产制造单位	××××	统筹各基地制造资源，实现工装、试验、能源、维修、仓储物流等消耗降本
6	"五费"等非经营性支出降本	各单位	××××	严格执行中央八项规定，严控费用审批，通过压缩"五费"等非经营性支出实现降本

（4）专项降本课题如表 14-11 所示。

表 14-11 专项降本课题

序号	项目方向	降本课题	现状及问题	目标（万元）	具体降本举措	输出物	责任单位	
							牵头单位	配合单位
1	外协回收	外协回收	配套外协成本占制造成本16.66%，空心化严重	××××	分四批进行外协回收：第一批，专业化类零部件；第二批，主要零部件（机加件）、高附加值机加零部件；第三批，小批量、高新产品自制的主要零部件（机加件）、高附加值机加零部件；第四批，集中打包整合到有资质的供应商或建立厂内供应商集中生产基地，在有资质的供应商中实施综合竞标采购	生产分工	生产管理部门	采购部门
2	外购降本	原材料采购降本	新材料采购成本高	××××	8106、8109、MPS700、AF1410 商务政策降本，降幅达 10%		采购部门	财务部门
		主要零部件采购降本	1. 塑料件合格率低，尺寸难保证，导致注射及注塑废品损失大，零部件价格高；2. 精铸件成本高	××××	塑料件：通过商务谈判及战略合作提成协商，实现商务降本；将尼龙采购模式由供应商自购调整为公司集中采购；粉末件：公司提供技术，对供应商进行帮扶，减少废损；精铸件：引入竞争性采购模式，与供应商协商降价	采购合同、协议	采购部门	财务部门
		特殊工艺采购降本	新的热表处理工艺质量要求高，供应商独家供货，缺乏竞争机制	××××	1.TAC/DLC 零部件：结合付款政策直接与供应商谈判降本；2.在商务协商的同时寻找新的供应商，引入竞争性采购模式	采购合同、协议	采购部	财务部门

续表

序号	项目方向	降本课题	现状及问题	目标（万元）	具体降本举措	输出物	责任单位 牵头单位	责任单位 配合单位
3	原材料与工艺调整降本	原材料规格调整	部分机加零件所用原材料、锻件材料利用率低，消耗成本大。材料利用率为10%~20%	××××	调整29个零件原材料规格，材料利用率提升15.6%	更改通知书	工艺技术部门	毛坯生产单位、采购部门、财务部门
		毛坯精化		××××	分四个阶段对主要产品零件进行毛坯精化，材料利用率在原有基础上提升46.6%		工艺技术部门	
4	……	……	……	……	……	……	……	……

（二）基于四新技术，构建分析模型

基于四新技术，构建分析模型，涉及创新投入及工艺改进。以成本效益提升为核心理念，构建创新投入成本模型、工艺改进综合成本分析模型，支撑处理在四新技术运用中面临的资源投入的必要性、合理性与成本规划的长远性、全局性之间的关系。

1．成本效益核心思想

以成本效益提升为核心理念，用"投入"与"产出"对比分析来看待资源投入的必要性和合理性，正确处理"开源"与"节流"的关系、研究成本增减与效益增减的关系，以确定最有利于提升效益的成本预测和决策方案，而不是一味地降低成本。

成本效益核心思想如图14-12所示。

ICB(Index of Cost Benefit)综合分析：$ICB=B/C$

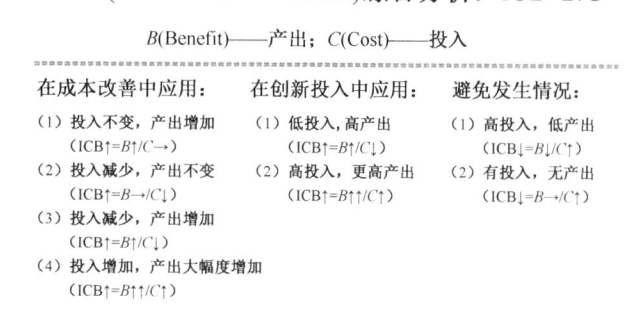

B(Benefit)——产出；C(Cost)——投入

在成本改善中应用：
（1）投入不变，产出增加
（$ICB\uparrow=B\uparrow/C\rightarrow$）
（2）投入减少，产出不变
（$ICB\uparrow=B\rightarrow/C\downarrow$）
（3）投入减少，产出增加
（$ICB\uparrow=B\uparrow/C\downarrow$）
（4）投入增加，产出大幅度增加
（$ICB\uparrow=B\uparrow\uparrow/C\uparrow$）

在创新投入中应用：
（1）低投入，高产出
（$ICB\uparrow=B\uparrow/C\downarrow$）
（2）高投入，更高产出
（$ICB\uparrow=B\uparrow\uparrow/C\uparrow$）

避免发生情况：
（1）高投入，低产出
（$ICB\downarrow=B\downarrow/C\uparrow$）
（2）有投入，无产出
（$ICB\downarrow=B\rightarrow/C\uparrow$）

图14-12 成本效益核心思想

2．创新投入成本模型

创新投入成本主要从五大维度、九项指标、十五项标准开展成本效益综合分析，将投入与产出对比，分析成本增减与收益增减的关系，来看待资源投入的必要性和合理性。创新投入成本模型如图14-13所示。

◆设计费：设计费报价额得分=设计费报价额基准值÷设计费报价额×5

◆售后服务：以方案免费服务期、技术服务指导方式、技术服务反馈时间等为标准

综合成本 65分 —— 设计环节 5分 —— 运营环节 20分 —— 售后保证 5分 —— 商务条款 5分

◆净成本最优：35分
> 综合成本得分=综合成本基准值÷综合成本报价×35
> 每年综合成本=（初始投资总额+资金成本+制造成本-所得税抵税效应）÷建设项目使用寿命

◆总投入及集成：30分
> 改造方案投入设备、工装、设备备件等投资明细及预计投资额，并提供改造方案投入资产与公司资产集成应用情况

◆单件制造成本：
单位制造成本得分=单位制造成本基准值÷单位制造成本×5

◆人工效率：
人工效率得分=用工人数基准值÷用工人数×5

◆设备效率：
设备效率得分=设备使用数量基准值÷设备使用数量×5

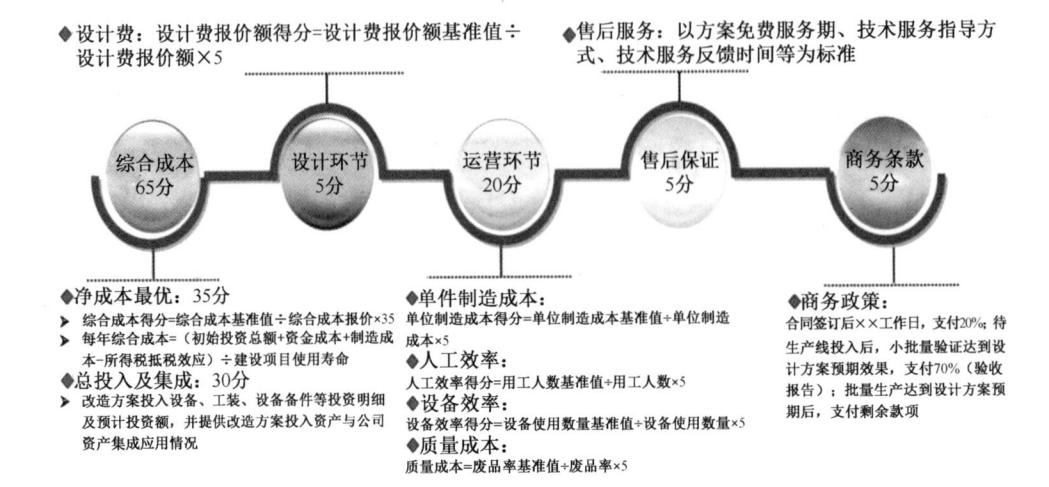

◆质量成本：
质量成本=废品率基准值÷废品率×5

◆商务政策：
合同签订后××工作日，支付20%；待生产线投入后，小批量验证达到设计方案预期效果，支付70%（验收报告）；批量生产达到设计方案预期后，支付剩余款项

图 14-13　创新投入成本模型

3．工艺改进综合成本分析模型

工艺改进综合成本分析主要聚焦产能、生产周期、设备使用数量、设备创造的价值、用工、质量、物流路径和一次性投入八大环节和材料、工装、人工、燃动、折旧等 18 项成本数据变化，形成 1 份分析报告、3 张评价主表、12 张成本测算分析表。工艺改进综合成本分析模型如图 14-14 所示。

八大分析环节

- 产能分析
- 生产周期分析
- 设备使用数量分析
- 设备创造的价值分析
- 用工分析
- 质量分析
- 物流路径分析
- 一次性投入分析

1份分析报告
零件工艺改进结论性报告

3张评价主表
- 工艺改进前后对比表
- 工艺改进可行性分析表
- 工艺改进前后成本分析总表

12张成本测算分析表
从主要材料、工装成本、人工成本等方面进行测算分析

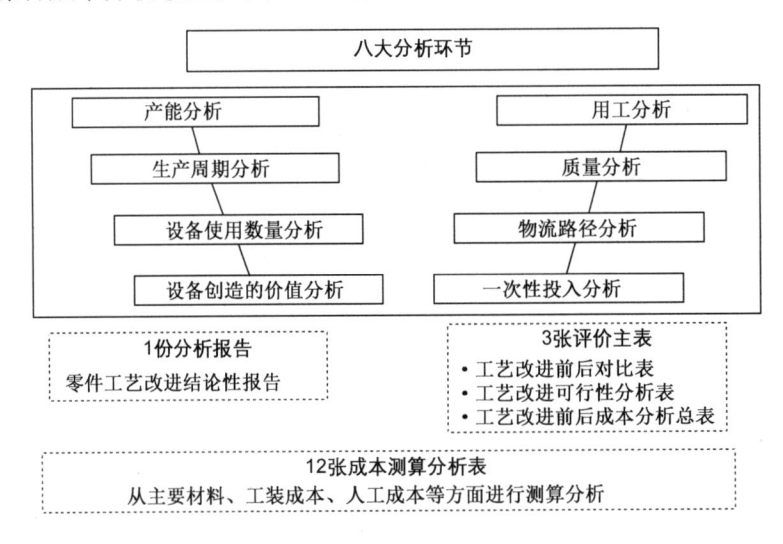

图 14-14　工艺改进综合成本分析模型

该模型涉及的基本概念主要包括以下 7 个方面。

变动成本，指在特定的业务量范围内总额随业务量变动而呈正比例变动的成本。

固定成本，指在特定的业务量范围内不受业务量变动影响，在一定期间的总额保

持相对稳定的成本。

混合成本，指除固定成本和变动成本之外的成本，因业务量变动而变动，但不呈正比例关系。

复利现值系数，指将终值折算为现值的系数。

静态回收期，指工艺改进后引起的现金流入累积到与初始投资额相等所需的时间。

动态回收期，指工艺改进后引起的现金流入折现值累积到与初始投资额相等所需的时间。

净现值，指工艺改进后未来现金流入的现值与未来现金流出的现值之间的差额。

（1）1份分析报告。

分析报告主要指零件工艺改进结论性报告，主要填列工艺改进前状况及问题、工艺改进主要做法、工艺改进后预期效果及工作推进计划。零件工艺改进结论性报告如表14-12所示。

表14-12 零件工艺改进结论性报告

项　目		报告内容
一、工艺改进前的状况及问题		
二、工艺改进主要做法		
三、工艺改进后预期效果		1.测算前提
		2.管理效益
		3.经济效益
		4.具体效果： （1）质量提升：（减少废品，降低废损率） （2）生产效率提升：（缩短生产周期××天、日产量提升××件、减少设备××台等） （3）人员效率提升：（减少用工人数情况） （4）资金占用减少： （5）污水处理费节约额： （6）其他
四、工作推进计划		第一阶段（××年××月—××年××月）： 第二阶段（××年××月—××年××月）： 第三阶段（××年××月—××年××月）

（2）3张评价主表。

3张评价主表主要包括工艺改进前后对比表、工艺改进可行性分析表和工艺改进前后成本分析总表。

工艺改进前后对比表如表14-13所示，主要从工艺改进前后工序、设备使用及零件加工工时（台时）等基本情况进行对比，分析工艺改进点及资产投资情况。

表 14-13 工艺改进前后对比表

项 目	改进前	改进后
工序号		
工序内容		
设备数量（台）		
资产编号		
资产名称		
资产总功率（kW）		
零件加工工时（台时）		

工艺改进可行性分析表如表 14-14 所示，主要从净现值及项目投资回收期进行评价。若项目净现值>0，项目回收期在 2 年以内，则项目可行。

表 14-14 工艺改进可行性分析表

项 目	复利现值系数（$X\%$）	折现现金流	备注
初始投资			
单件成本节约额（元）			
预计年产量（件）			
第 1 年节约成本现金流（元）			投资报酬率按$X\%$的复利现值折现，一般按折算 N 年计算
第 2 年节约成本现金流（元）			
第 X 年节约成本现金流（元）			
静态回收期（年）			
动态回收期（年）			
净现值（元）			

注：从净现值指标和项目投资回收期两方面进行投资可行性分析。

工艺改进前后成本分析总表主要从变动成本、固定成本、混合成本、一次性投入成本及综合效益提升转换价值等方面对工艺改进前后单位零件成本进行对比分析，是综合评价项目可行性及经济性的基础表。

工艺改进前后成本分析总表如表 14-15 所示。

表 14-15 工艺改进前后成本分析总表　　　　　　　　单位：元/件

成本项目	工艺改进前单件成本	工艺改进后单件成本	改进后单件成本增减额	计算依据
零件单位成本小计				
（一）变动成本				
直接材料				见主要材料附表
工装费用				见工装成本附表

续表

成本项目	工艺改进前单件成本	工艺改进后单件成本	改进后单件成本增减额	计算依据
工装复磨费用				见工装成本附表
设备操作人员—工资				见人工成本附表
子弹				见子弹费用附表
（二）固定成本				
制造费用—设备折旧				见制造费用（设备折旧费）附表
制造费用—厂房折旧				见制造费用（厂房折旧费）附表
制造费用—其他费用				见制造费用（其他费用）附表
（三）混合成本				
辅助材料				见辅料成本附表
燃料动力				见燃料动力成本附表
废品损失				见废品损失费附表
（四）一次性投入成本				
一次性开发费				
资金成本				
（五）综合效益提升转换价值				

（3）12张成本测算分析表。

12张成本测算分析表主要包括主要材料、工装成本、人工成本、试验消耗、设备折旧、厂房折旧、其他制造费用、辅助材料、燃料动力、废品损失、污水处理、流转过程在制品资金占用12张成本测算分析表。

（三）联动评价体系，驱动三位一体

建设工业将成本管控情况纳入公司对各单位和人员各类绩效评价体系中，构建"票子、面子、位子"三位一体的联动评价体系：每月考评结果纳入月度绩效评价中，每季在全体中层管理人员参加的公司季度经营活动运营情况大会上将考评结果通报，每年考评结果用于各单位及中层管理人员年终绩效考评。成本管控情况一方面与工资薪酬挂钩，另一方面作为中层管理人员年终排序的依据之一，排序结果作为中层管理人员调整及末位淘汰的依据之一。

建设工业三位一体联动评价体系如图14-15所示。

1. 评价体系

（1）薪酬分配体系：实施"产量、质量、成本、安全"6211薪酬分配体系，有效发挥分配的杠杆和导向作用。

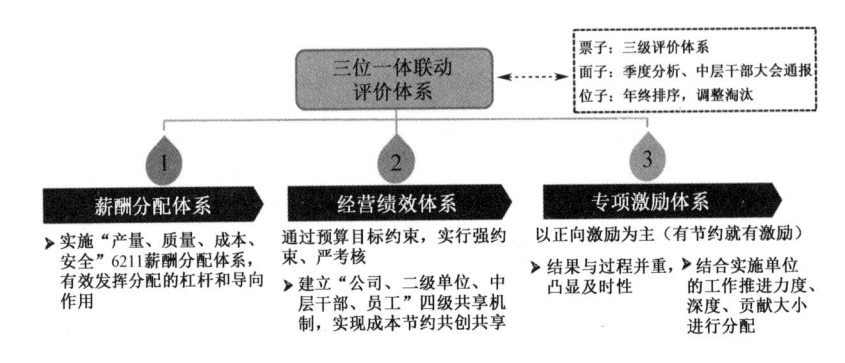

```
                    ┌─────────────────┐         票子：三级评价体系
                    │  三位一体联动   │ ←---→  面子：季度分析、中层干部大会通报
                    │   评价体系      │         位子：年终排序，调整淘汰
                    └─────────────────┘
              ┌───────────┼───────────┐
              ①           ②           ③
        薪酬分配体系   经营绩效体系   专项激励体系

        ▶实施"产量、   通过预算目标约   以正向激励为主（有节约就有激励）
         质量、成本、  束，实行强约
         安全"6211薪   束、严考核      ▶结果与过程并重， ▶结合实施单位
         酬分配体系，  ▶建立"公司、二    凸显及时性         的工作推进力度、
         有效发挥分配  级单位、中                           深度、贡献大小
         的杠杆和导向  层干部、员工"                        进行分配
         作用          四级共享机
                       制，实现成本节约共创共享
```

图 14-15 建设工业三位一体联动评价体系

（2）经营绩效体系：通过预算目标约束，实行强约束、严考核。建立"公司、二级单位、中层干部、员工"四级共享机制，实现成本节约共创共享。

（3）专项激励体系：通过预算目标约束，以正向激励为主，实行强约束、严考核。结果与过程并重，凸显及时性。结合实施单位的工作推进力度、深度、贡献大小进行分配。

2．运行机制

建设工业运用一大模式、二大方式、三大机制确保 TVM-1251N 全价值链精益成本管控体系有效运行。

（1）一大模式，即通过四个环节构成一个动态循环并呈螺旋式上升的系统化运行模式。

（2）二大方式，包括预算体系控制和成本管理项目控制两种方式。预算体系控制以责任部门为主线，按预算目标→执行监控→预算调整→预算评价的流程开展工作；成本管理项目控制以项目为主线，按立项→执行→监控→总结的流程开展工作。

（3）三大机制包括单位负责机制、联动伙伴机制和成果督导机制三个方面。单位负责机制指以成本责任中心为主导开展成本管控；联动伙伴机制指多业务部门协同，跨职能团队进行矩阵式管理，旨在破解业务与财务之间的职能壁垒、认知偏差和行为冲突，推动跨部门、跨业务的一体化协同；成果督导机制指以工作推进组为主导开展的点检、通报、整改、会议等工作。

建设工业成本评价体系保障图如图 14-16 所示。

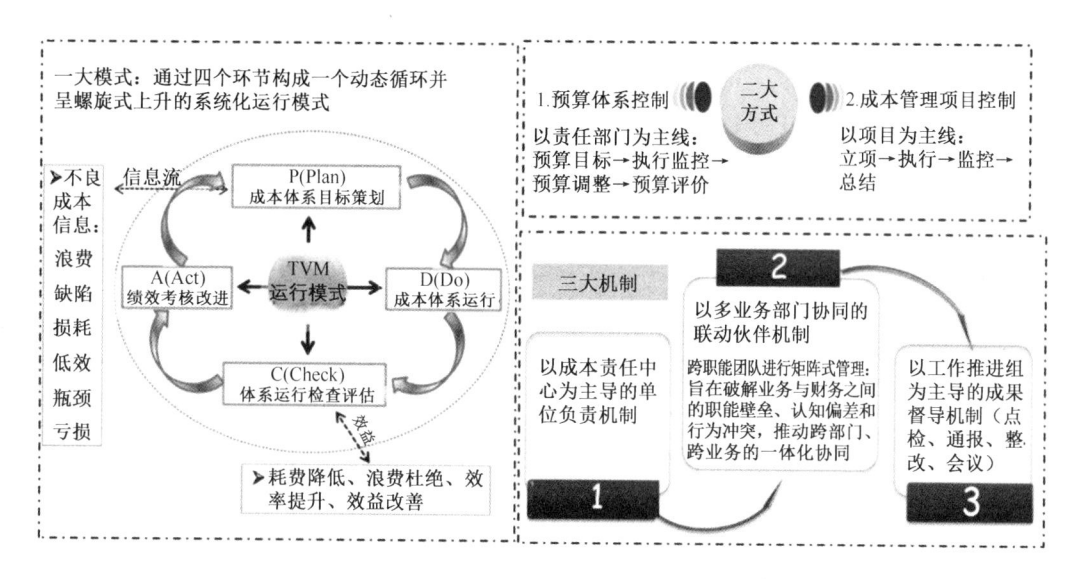

图 14-16　建设工业成本评价体系保障图

四、实施成效

建设工业从 2018 年底开始创建基于四新技术的精益成本管控体系，2019 年主要通过应用工艺改进综合成本分析模型，发挥财务引领作用，推进业务单位实施工艺改进降本，实现成本费用占收入比同比下降，各产品成本控制取得明显成效。2020 年，建设工业面临新技术、新材料、新工艺、新设备广泛运用的情况，四新技术的精益成本管控体系有效破解了企业在高质量发展过程中面临的成本与创新等冲突；通过 2019—2021 年持续不断地深入建设与应用，健全了财务管理体系，形成了系列标准化成本管控工具方法，提升了产品盈利能力和财务管理能力，推动了智能财务创新，为企业新制定的"1233"中长期发展战略的实施和未来数字化、智能化发展打下了基础。2020 年 10 月和 2021 年 3 月，建设工业总会计师分别在中国管理会计沙龙、兵器工业集团财会年会、兵器装备集团 2021 年财务工作会上进行了经验交流，进一步提升了公司形象，扩大了影响力。

（一）健全财务管理体系，提升财务管理能力

通过基于四新技术的精益成本管控体系建设，建设工业进一步健全财务管理体系，并提升了财务管理能力。

1. 实现财务管理的四个改变

（1）管理空间由短期控制向中长期规划转变。

（2）管控模式由从上至下向团队合作制转变。

（3）分析方法由表单化向模型化转变。

（4）财务管理岗位设置由传统岗位制向项目制转变。

2. 明确财务人员的四个定位

（1）提升财务资源配置能力的服务战略。

（2）提升财务价值创造能力的业财融合。

（3）提升财务决策支持能力的协同共享。

（4）提升财务监督管理能力的风险管控。

3. 构建能力提升的三个标准

通过深入开展对标行动，对标世界一流企业，从以下三个方面构建财务管理能力提升衡量标准。

（1）岗位胜任能力评价、学习创新能力评价的人才队伍能力。

（2）全面预算、经济运行监控、内部控制标准、资金集中管理、会计统计、成本管理等财务管理标准及评价标准的财务管理能力。

（3）信息化模块覆盖率、财务与业务模块的互联互通率的管理能力。

4. 创建精益管理三个中心

（1）报销、核算、资金、税务等信息处理集中共享的财务共享中心。

（2）以"一张表"从预算、成本、价格方面进行有效价值路径策划和分析的价值创造中心。

（3）内部控制、监督检查等风险防控中心。

三个中心的创建为研发数字化、制造智能化、管理信息化打下了基础。

（二）应用成本工具方法，提升企业经营效益

自项目实施以来，通过全面应用成本工具方法，建设工业取得了良好的经济效益。与项目实施前相比，建设工业科技投入持续增加，科技投入占比增长 0.7 个百分点，毛利率提升近 8 个百分点；销售收入增长 108 个百分点，利润增长 76 个百分点。

（三）推动智能财务创新，打造财务数据工厂

目前，面对智能制造、移动智慧和数字化的新时代，财务工作面临提升财务数据治理能力的新挑战。通过项目的实施，建设工业进一步明确了智能财务创新的方向，聚焦效率和效益倍增，推动组织、流程、标准管理变革和财务智能化变革，重塑以价值创造为核心的财务共享服务体系，推进财务管理体系和管理能力现代化建设，运用 RPA 技术实现财务自动化变革，全力提升财务管理体系和治理能力，致力于打造财务数据工厂。

五、总结启示

（一）聚焦服务发展战略与价值创造

精益成本管理建设需要紧紧围绕公司战略，服务公司战略，始终将价值创造作为财务工作的核心职能，以全价值链分析为基础开展财务管理活动，有力支撑公司战略落地，支持经营决策，服务公司高质量发展。

（二）成本管理理念是创新行动的先导

成本管理不是一味地削减成本，应建立一种低成本、高效益、可持续的经营模式，并确保成本与战略、组织、流程等协同，确保成本最具有竞争力，成本管理理念是创新行动的先导。

（三）业财建设为业财融合开辟有效路径

通过健全和完善开源节流降本增效工程运行机制，搭建各部门全流程参与的价值管理平台，为业财融合提供了坚实的载体，推动财务工作向业务领域和生产经营全过程深度延伸。

案例四　长江电工——"目标成本法"助建公司竞价体系，支撑公司战略决策

一、背景描述

（一）企业基本情况

重庆长江电工工业集团有限公司（简称"长江电工"）创建于 1905 年 4 月，隶属兵器装备集团，是大型国有多品种大批量传统制造企业，也是国家批准保留军品生产能力的骨干企业之一，同时是近代重庆市第一家工业企业，一直居重庆市工业企业百强之列。经过多年的发展，长江电工已成为国家特种产品生产的定点企业，拥有重庆、宜宾两大加工制造基地，产品主要有特种产品、汽车零部件、金属材料、紧固器材四大系列共 60 余个品种，其中主要特种产品及其生产工艺设备的研发投入与生产一直处于国内领先水平，拥有一支实力雄厚的科研与产品开发队伍。

长江电工始终牢记"强军报国、强企富民"的历史使命，以"同舟共济、自强不息"的长江精神，始终坚持"诚信、务实、创新、和谐"的企业价值观，做到"员工满意、客户满意、合作者满意、社会满意、股东（国家）满意"，为打造"世界一流科技创新型弹药企业"奋力拼搏。近年来，长江电工按照国家战略及政策的要求，积极调整企业战略及方针，按时保质完成任务，通过抢抓机遇、开拓市场、创新技术、抓实党建、深化改革等多方面举措，发展方式由规模高速增长向高质量发展转变，向成为"世界一流科技创新型弹药企业"这一愿景迈出了坚实的步伐。

（二）企业管理现状与问题分析

目前，长江电工将标准成本体系作为成本管控的主要手段，公司各职能部门协同管理并不理想。在市场经济环境下，管理难度、决策复杂程度和控制力度都大幅提升，现行的成本管理工具支撑整个成本管理控制系统已捉襟见肘，对新的成本工具选择应用势在必行。公司管理目前存在以下主要问题。

（1）产品价格竞争力不足。

（2）经济效益亟待提升。

（3）成本管理模式与企业组织结构、产品结构不匹配。

（4）信息技术手段跟不上成本管理创新的需要。

（三）选择目标成本的主要原因

1. 提质增效

近年来，公司面临多方面提升经营质量效益的挑战和压力。

（1）公司领先发展战略目标要求企业提质增效。

（2）客户要求参与多方竞价。

（3）公司对成本费用管理不够精细，控制活动不够全面，降本增效没有达到预期目标。

2. 决策控制

作为传统机械加工企业，长江电工立足产品成本打造核心竞争力是公司发展的必然选择。长江电工领导班子对成本管理现代化和精细化的需求越来越急迫，先后开展精益生产、全面预算管理、成本领先工程等一系列管理提升活动，无论是精益生产中的"5S"管理，还是全面预算中的成本预算，或成本领先工程中的标准成本管理，都无法成为支撑决策的全部依据，具体表现在两个方面：一是现行成本管理模式支持参与新产品竞价的效果不理想，二是现行竞价模式对生产与质量监控考虑较少。

3. 绩效评价

长江电工虽已建立科学合理的评价模式和机制，但业绩评价不够精细，而且一线生产管理者中有"质量为重，产量次之，成本最轻"的意识，成本管理未引起各业务部门的足够重视，也未得到生产一线的足够支持。现行的成本管理与公司提出的"全员管成本"还存在较大的差距。

企业要实现上述目标，就需要财务部门提供的成本数据具有前瞻性、准确性、全面性，以适应企业精细管理和创造价值的需求，而财务部门迫切需要新的成本管理工具实现上述目标。

二、总体设计

（一）总体目标

长江电工运用目标成本法的总体目标是在产品生命周期的研发和设计阶段对产品成本进行规划和管理，以创造和提升客户价值为前提，以成本改善或成本优化为主要手段，争取竞争中的成本优势，保证目标利润的实现。

（二）总体思路

长江电工作为大型国有企业，其强大的思维定式与行为惯性在一定程度上制约了管理创新。因此，运用新的管理工具必须统一思想、顶层谋划、系统推进，避免与现行管理方式冲突，使新旧管理相结合，顺利达成目标。下面是实施目标成本法的主要原则。

1. 以市场为主导，以客户为核心

充分调研市场，掌握市场信息，积极寻找客户，并清晰地了解客户的需求，结合目标市场客户的需求个性化、差异化特征，制定有针对性、有区别的目标价，而不是粗放地以单一价格面对不同的客户。

2. 以产品设计为主线

设计人员统筹考虑客户的差异化需求、材料、人工、设备等要素，财务人员全程参与，以达到设计成本满足目标成本的目的。

3. 以价值链为导向

当客户要求新产品的设计成本高于目标成本时，公司要将新产品置于整个价值链体系中进行考量，努力消除冗余价值，降低预计成本。

4. 以流程设计为手段

技术人员设计科学合理的工艺生产流程，实现以最高效率的方式生产产品。

5. 组建跨部门的团队

以目标或更低的成本制造产品需要组织不同专业领域的人员参与，这些人可以为目标成本的实现提供专业支持。公司组织市场、技术、生产、财务、质量等相关单位骨干人员成立目标成本规划小组,参与目标成本法的实施。

6．考虑产品生命周期成本

在确定产品的目标成本时,必须考虑产品全生命周期的各项成本,包括产品的市场规划和概念设计、初期设计、工艺设计和测试、生产、销售和客户服务等相关成本。各阶段工作对产品成本的影响如图 14-17 所示。

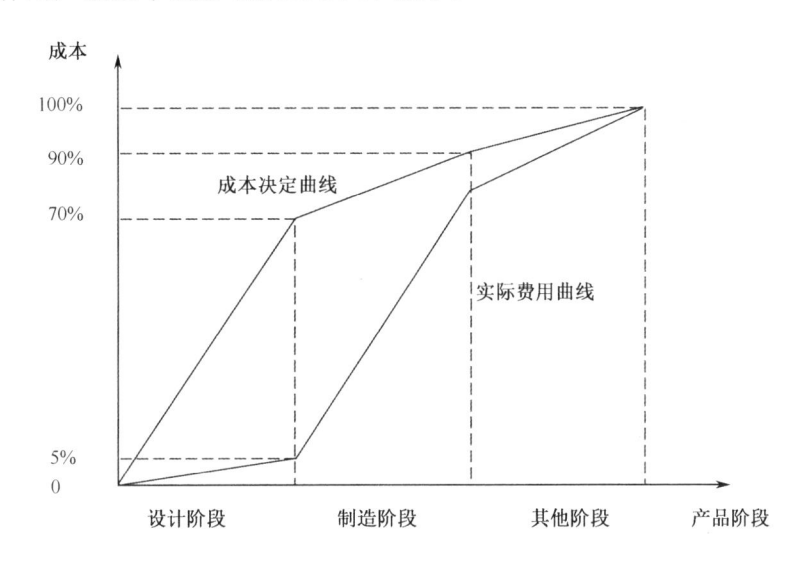

图 14-17　各阶段工作对产品成本的影响

三、实践应用

(一)目标成本法组织机构

长江电工结合自身生产经营状况,参照相关要求,建立目标成本法组织机构,如图 14-18 所示。

1．目标成本规划小组

为顺利实施目标成本法,公司设立目标成本规划小组,由总经理直接领导,总会计师直接统筹;销售副总经理领导市场部门、计划部门,技术副总经理(总工程师)领导技术部门、质量部门,生产副总经理领导采购部门、生产管理部门;以职能部门为主,市场技术部门协同,职能部门负责人与车间主任为辅助成员,负责测算、协调、解决运行中的具体实施问题。目标成本规划小组负责顶层设计,全面统筹协调资源。

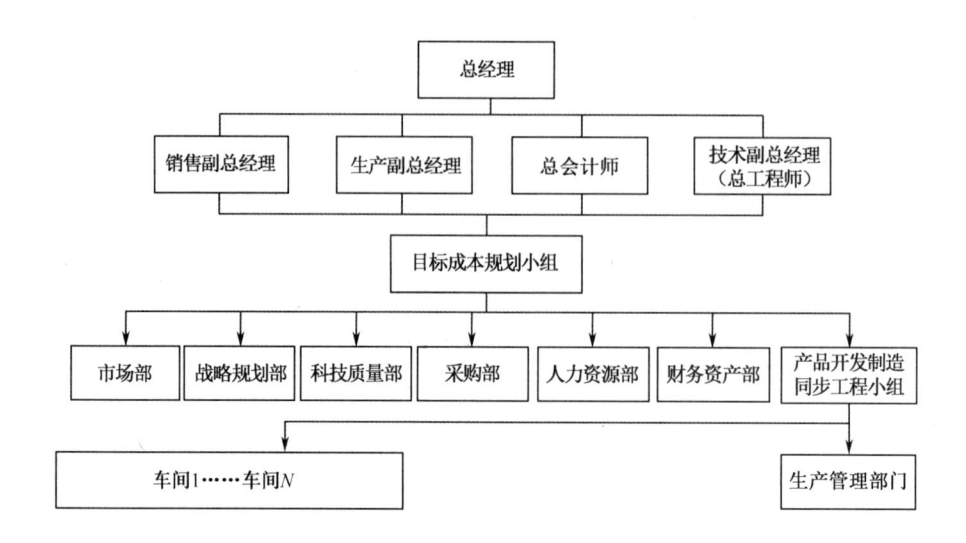

图 14-18 目标成本法组织机构

2. 产品开发制造同步工程小组

长江电工为了在开发、生产环节达到目标成本的要求，专门设置产品开发制造同步工程小组。该小组由总工程师领导，以科研开发人员为主要人员，以生产部门及相关部门的技术人员为辅助人员。其工作方法是将产品的设计、开发人员和生产工艺工程师及制造部人员组织起来，讨论产品设计、开发、研制、质量、生产等阶段可能遇到的问题，高效地解决相关问题。

（二）目标成本法考核组织机构

为了更好地指导各部门、各单位高效开展目标成本工作，促使目标成本管理的规范化、科学化，需要建立一套目标成本管理操作指南。结合现有的规章制度，长江电工制定适合自身的目标成本管理制度，制度对目标成本法组织机构、工作流程、绩效考核、用途做出详细规定，具体包括目标成本管理办法、目标成本的核算规定及目标成本与实际成本差异分析规定。在结合内部和外部环境确定整体目标成本的基础上，长江电工将成本指标层层分解，落实到每位员工身上，制定目标成本责任制及指标考核体系。指标考核组织机构如图 14-19 所示。

（三）夯实基础，推进目标成本管理

1. 决策层的支持及调动全员积极性

长江电工决策层充分认识到目标成本管理能够提高企业竞争力、提升公司管理水平、增加企业效益的重要意义,以保证目标成本管理顺利实施为目标,科学、合理地配置目标成本管理所需的一切资源,协调公司内部各方关系,以奖惩制度为手段,调动全体责任中心参与目标成本管理的积极性。

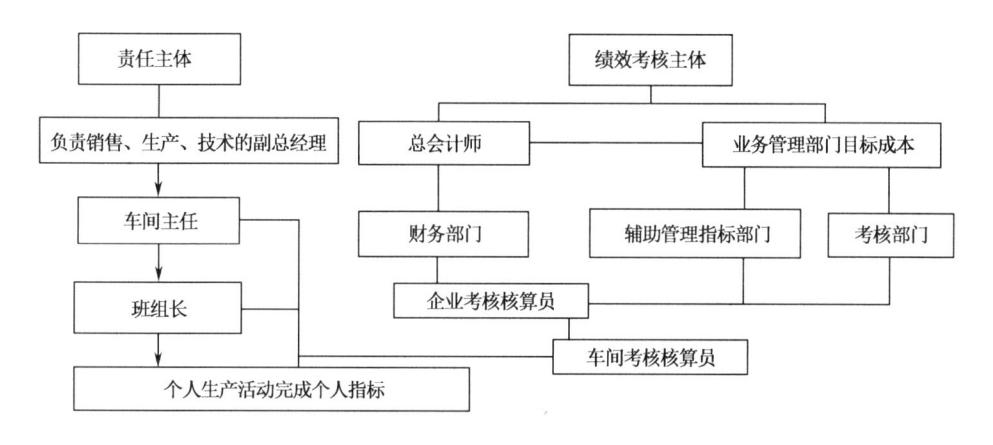

图 14-19 指标考核组织机构

2. 以应用信息技术手段为契机

目标成本管理需要大量基础数据,先进的信息化技术能够持续、有效推进目标成本管理。长江电工以企业现有的信息化应用系统为切入点,建立目标成本协同平台与产品成本数据库,应用成本数据参与目标成本的实施,实现联动式的成本管理。

(四)目标成本应用模式

1. 目标成本法实施的管理流程

长江电工目标成本管理流程主要涉及产品的研究开发规划、设计、生产销售及售后服务阶段。研究开发规划阶段主要是目标成本的制定与划分阶段,设计阶段是目标成本的落实阶段,生产、销售阶段则是目标成本的持续改进和具体实现阶段,售后服务属于目标成本的外延管理阶段。企业产品流程与目标成本法管理流程如图 14-20 所示。

2. 目标成本控制系统的构建

长江电工成本管理是以成本规划为起点、以成本核算作为成本分析与成本考核的信息基础、以成本控制为核心、以成本管理方法为关键点的科学管理方法。产品成本的 70%～80%已经在产品规划与设计阶段确定,后期在生产阶段成本很难降低,因此产品规划阶段是目标成本管理的重点。

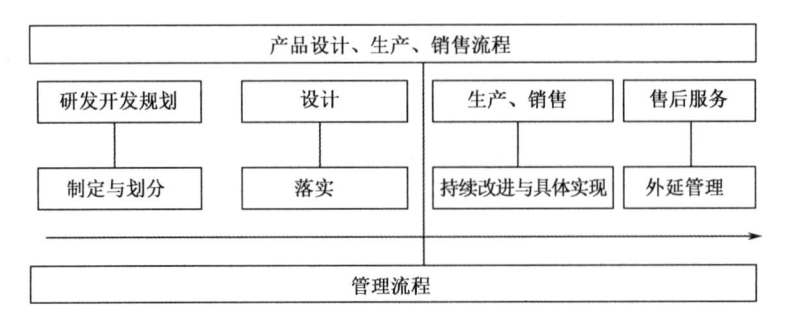

```
                    产品设计、生产、销售流程
  ┌──────────┬──────────┬──────────────┬──────────┐
  │研发开发规划│   设计   │  生产、销售   │ 售后服务 │
  ├──────────┼──────────┼──────────────┼──────────┤
  │ 制定与划分│   落实   │持续改进与具体实现│ 外延管理 │
  └──────────┴──────────┴──────────────┴──────────┘
                         管理流程
```

图 14-20 企业产品流程与目标成本法管理流程

长江电工以"五因素法"编制的标准成本管理体系偏重于对生产过程的控制，而目标成本法将成本控制前置于产品的开发设计阶段，对产品全生命周期进行成本管理控制，能够充分适应市场变化，有效地降低产品成本。

长江电工经过科学合理地分析、研究，参照国内外先进的目标成本管理经验，将目标成本控制系统划分为前馈控制系统、过程控制系统和反馈控制系统三个部分。

目标成本控制系统流程如图 14-21 所示。

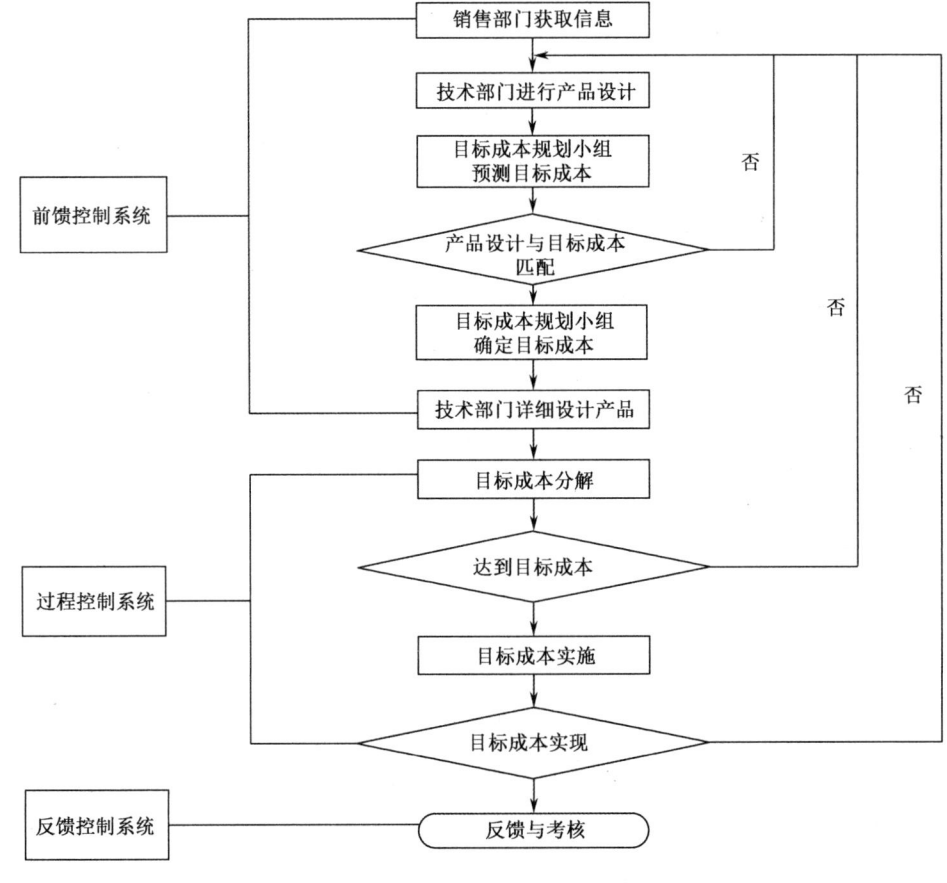

图 14-21 目标成本控制系统流程

（1）前馈控制系统——目标成本的确定。

运用逆向思维核算成本是目标成本确定的核心思想。在目标成本确定的过程中，财务人员要求销售部门进行充分的市场调研，尤其对采购方的价格、采购量的需求及对产品的性能要求重点进行调研，并对同期市场价格进行详细分析，拟定产品售价初步方案。技术部门针对收集的资料进行产品结构及流程设计。目标成本规划小组结合企业自身客观状况、生产工艺及企业战略，运用科学的核算方法确定企业合理的目标成本。

① 目标成本的预测原则。

第一，确定目标成本要体现先进性原则。以科学、可靠的数据为依据，通过本量利分析（专业财务的分析）、盈亏平衡点（业务财务的决策）、市场分析（战略财务的判断），进行目标成本的预测和确定，使企业内部和外部的各种潜力通过目标成本管理发掘出来，增强企业的管理水平。

第二，确定目标成本需遵循可行性原则。根据市场竞争需要及结合企业客观状况确定目标成本，确定的目标成本必须是企业目前可以实现的成本。

第三，目标成本具备应变性与实用性原则。目标成本必须适应市场的要求与企业的实际情况，能够根据内部和外部环境的变化，随时进行调整；对目标成本进行分级分步管理，能够在企业各管理层级与产品的各个环节分解成本。

第四，目标成本要求全员性原则。为达成目标成本，全体员工参与并组建由销售、研发、计划、采购、制造和财务等部门人员组成的跨职能权限的目标成本工作小组，共同开展成本规划和控制工作。

② 目标成本的预测方法。

根据企业自身的生产经营特点，基于产品在市场中的特殊性及客户的单一性，在众多方法中选择适合企业情况的收入、成本预测分析法来确定目标成本。公司拥有成熟的标准成本系统和较完整的标准成本数据库，能够高效、便捷地提取类似产品的成本数据，因此企业选择收入、成本预测分析法。这种方法的基本原理是，首先确定销售收入和目标利润，再确定目标成本，即目标成本=销售收入-目标利润-税金。下面是该方法的具体步骤。

第一，归集、整理产品相关成本信息。预测目标成本需要企业大量收集和整理各类资料，长江电工的主要资料包括战略部门提供的企业生产经营方案，技术部门设定的产品物料清单表、产品的材料及能源消耗定额，采购部门的主要材料价格相关信息，财务部门产品历史成本基础数据、同类产品的价格及成本资料，市场部掌握的竞争对手的市场占有情况、客户的需求，人力部门的定额工资等。除市场相关因素需要及时整理外，在企业标准成本体系中，物料清单表、材料、能源、人工、费率等要素直接参照利用。

第二，科学地进行信息处理。销售部门根据市场相关信息，确定市场或客户愿意承受的产品销售价格。目标成本规划小组分析产品成本信息数据，运用合理的成本核算方法，计算各项定额、材料价格变化等对产品成本的影响。

第三，确定目标成本。目标成本规划小组根据相关数据和信息，结合企业年度的经营指标，确定企业年度目标利润，减去按规定应依法缴纳的税金，等于企业目标利润。产品目标成本计算公式如下：

产品目标总成本=销售收入-应纳税金-目标利润

=（单位售价-单位产品销售税金-单位产品目标利润）×销量

=Σ（单位售价×销量-应纳税金）-目标利润

目标总成本=单位产品目标成本×计划产量

公司接到采购方新产品需求通知后，按照通知书要求，组织目标成本规划小组对新产品的价格、成本、费率、技术指标等相关资料进行准备工作。销售、技术人员对产品相关指标进行分析，需要向生产部门和财务部门提供内部参照产品，以便其后续对新产品进行管理。

销售人员分析市场相似产品价格，拟定新产品的目标售价，上报销售副总经理，公司决策层研讨确定目标售价及目标利润。技术人员根据产品需求及技术指标要求，设计产品构成及工艺路线。财务人员根据参照产品，从标准成本系统中提取相关数据，计算产品目标成本。产品成本表如表14-16所示。

目标成本规划小组成员根据相应职责，共同研讨目标成本，确定后上报公司决策层，经评定后以目标成本参与市场竞价，以及进行后续成本管控。

表14-16　产品成本表　　　　　　　　　　　　　　　单位：元/万粒

项　目		金　额
利润		
税金		
价格		
单位产品定额工时		
制造成本	直接材料	
	燃料动力	
	直接人工	
	废品损失	
	专用费用	
	制造费用	
	小计	
期间费用	管理费用	
	财务费用	
	小计	

（2）过程控制系统——目标成本的分解与落实。

① 目标成本分解的定义。

目标成本的分解结合企业客观因素，将目标成本值（即目标总成本、单位产品目标成本和成本降低目标的数额）进行科学、合理的划分与剖析，使之单元化、清晰化，形成一个相互制约的目标成本体系，通过落实相应责任，完成对目标成本全面、具体的控制、分析与考核。

② 目标成本分解的方法。

按照企业管理层级，结合产品成本要素，按公司、部门、业务、科室、个人的级次进行自上而下的层层分解，重点对产品的变动成本（直接材料、直接人工、制造费用等）进行分解和控制，尽量将目标成本的分解做到量化、细化和责任化，企业内部协同合作，从而高效地进行成本控制活动。

重点产品可变成本要素分析如图14-22所示。

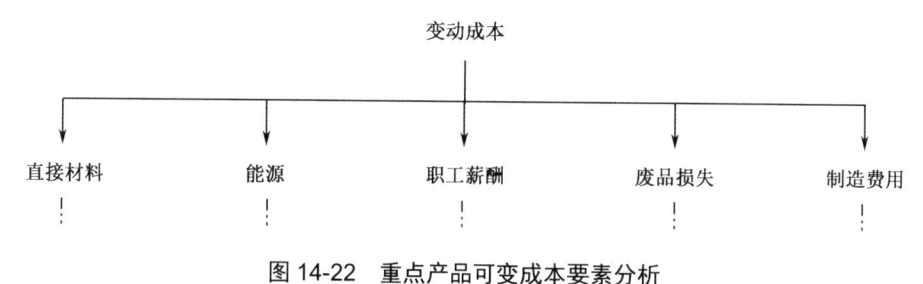

图14-22　重点产品可变成本要素分析

这种方法有利于从用途控制产品的成本费用，也有利于将目标成本直接下达给有关部门和个人，从生产成本费用的实际消耗中进行控制，但不便于从生产费用计划的编制上事先进行控制。产品专用费用分解表如表 14-17 所示。

表 14-17 产品专用费用分解表　　　　　　　　　　单位：元/万粒

	消耗数量		板式工装	量具	……
	板式工装	量具			
A 车间					
1 班组					
张某					
李某					
……					
2 班组					
王某					
钱某					
……					
B 车间					
3 班组					
谢某					
郭某					
……					
4 班组					
何某					
吴某					
……					
产品合计					

③ 目标成本的责任落实。

目标成本法的必要保障主要包括明确相关责任、管理细化、分项落实。通过对目标成本的分解，企业对各部门、各班组和个人的目标成本具体明确，使之成为或大或小的成本责任中心。在落实目标成本责任时，公司做到了以下几点：一是明确和量化责任，便于后续计算与考核；二是明确责任与利益的关系，使责任与利益相配；三是各责任中心的目标成本要明确，科学、合理、准确地划分责任；四是确定责任界限，正确划分可控成本与不可控成本。

④ 目标成本的控制过程。

各责任中心明确各自的目标成本，按照企业目标成本规划，在规定时间制定自身成本改进的措施和实施进度，查找实际成本与目标成本的差距，在预期内达到目标成本，具体按以下步骤进行：一是确定自身的目标成本，检查本责任中心目标成本的执行情况；二是分析实际成本与目标成本的偏差原因，制定成本管理改进措施和实施进度；三是实施目标成本控制，评价目标成本的效果。

（3）反馈控制系统——对目标成本的反馈与考核。

① 对目标成本的反馈。

反馈控制就是总结计划期内目标成本的执行情况，查找问题，建立实际与目标的差异模型，编制目标成本执行分析报告，分析差异形成的原因，确定差异的责任，并进行绩效考核。对目标成本的反馈应在整个目标成本法的执行过程中随时进行。

目标成本执行分析报告主要包括目标成本的指标值、实际值、目标值与实际值的差异及原因分析。企业应根据计划要求，定期报告目标成本执行情况，可以通过表格的形式直观表现。目标成本执行分析报告如表 14-18 所示。

表 14-18 目标成本执行分析报告　　　　　　　　　　单位：元/万粒

项目	目标值	实际值	差异		原因分析
			差异额	差异率	
直接材料					辅料消耗较目标成本减少
直接人工					部分费用计入延迟
能源费用					未充分考虑能源损耗，实际消耗增加
……					
合计					

在分析各项目的差异时，应做到量化差异。例如，产品消耗的材料成本差异，主要由两部分构成，一部分是材料消耗定额的差异；另一部分是采购价格不同构成的差异，必须在反馈控制系统中正确区分产生差异的原因，做到责任明确、考核公正。

② 对目标成本的考核。

公司建立以责任主体为考核对象的绩效考核体系，对目标成本与实际成本差异进行分析考核，实时纠偏，将目标成本节约的 60%作为薪酬奖励给责任单位，对目标成本未完成的责任单位给予成本超支 60%的处罚，有效激励责任单位和员工不断优化成本管控措施，持续推进节创价值工程，提高公司经营效益。

四、实施成效

(一) 实施前后情况对比

1. 实施前

在目标成本法实施前,企业的部门协同效果不理想,各业务部门"各司其责",成本管理仅由财务部门负责牵头;数据收集较为困难,只在使用时才进行收集,不能做到完整、准确、实时、共享。

2. 实施后

公司实施目标成本法后,构建部门协同平台,成本管理工作得到较大的提高,以技术、财务、制造、质量部门为主,其他职能部门为辅的成本管理小组,深入推进成本领先工程;同时,建立企业成本数据库,该数据库集成工艺路线、工时、价格与费率等信息,为决策提供有力支撑。

(二) 目标成本法解决问题的成效

1. 有力支撑企业成本领先战略落地

目标成本法为更精细的成本领先实践打下了良好的基础,精细且多维度的成本信息使成本形态划分成为可能,待其他条件成熟时可以过渡为更加精细的成本管理。

2. 显著促进经济运行质量和效益提升

结合标准成本体系,企业对产品成本的全过程控制力逐年增强,实施成本领先战略的成果逐步显现,同时通过实施将成本节约金额作为工资奖励返还给员工的政策,促进员工收入稳步提高。

3. 优化成本控制环境,助推建立成本领先文化

(1) 以产品售价为主导,以目标成本信息为基础,结合标准成本体系的决策行为更加科学理性。

(2) 以成本管控为基础的预算体系和绩效评价体系极大地激发了员工降本节支的积极性、主动性和创造性。

（三）目标成本对决策的支持

目标成本承载的信息具有先进的指导意义，更丰富、更综合，为业务活动的持续改进指明了方向。

1. 用于外贸产品竞价

运用高质量、低成本战略，通过对目标成本管理体系的构建与实施，在保障产品性能和质量的同时，对产品全生命周期进行成本管控。对亏损外贸产品，在售价限定、质量要求提高的条件下，技术部门优化产品结构及工艺流程，提高产品良品率，有效降低产品成本，巩固公司产品在外贸市场的地位。

目前，公司外贸产品在非洲和亚洲 20 多个国家与地区的市场占有率稳步提升，而且顺利进入欧洲新市场，进一步提高公司在外贸市场的竞争力，提高公司的影响力，每年为公司带来近 2000 万元的利润。

2. 用于竞价决策

随着军方装备采购体制改革深入推进，装备采购大多数通过竞争性谈判进行，特种产品价格显得愈加重要。在确保竞标成功的前提下，公司按照利益最大化的原则，在新产品竞价过程中，依托公司是国内品种最全、质量最好的某类产品的科研、生产基地，充分发挥技术优势，以目标价为基准，从产品的成本形态入手，对每个产品部件的成本都做了详细的目标成本测算，并与技术部门积极互动，重新细化工艺技术方案，确定最佳的加工方法。同时，结合产品成本属性，通过对产品的边际贡献分析，修正产品变动目标成本，为产品竞价、竞标成功提供坚实的基础。

公司的 5 种产品在科研竞标阶段中标，2 种产品参与市场竞价成功，大幅度提高了公司的市场竞争力。新产品批量生产后，预计能为公司每年带来 9 亿元的收入，为公司未来几年的发展奠定了良好的基础。

3. 用于资产投资及研发投入

目标成本的先进指导性助推成本领先战略。目标成本法的最大特点就是"源泉控制"的属性，即高度重视产品的前期工作——开发、设计环节，在产品的开发、试制阶段就进行充分、透彻的成本分析与控制工作，并以目标成本作为每个具体环节的约束条件，确保进入正式批量生产的产品成本水平能够满足目标成本的要求。对产品成本的分析与控制工作使成本领先战略更上一层楼。

公司在大额固定资产投资项目中设立项目会计师岗位，进行投资效益分析，由原来的投资后评价转变为财务等部门共同参与的前期论证；在研发项目中设立项目会计师岗位，引导研发人员进行面向成本的产品设计，总体把控成本，真正让财务人员在投资和科研管理上由后台走向前台。

4．用于产业结构调整

针对金属材料分厂铜材和覆铜加工混合经营且一直处于亏损状态的情况，公司对其进行经济效益分析，主要是通过对目标成本法的运用，发现铜材产品市场占用率低，人工成本大幅度高于竞争对手2500元/吨，能耗高于竞争对手500元/吨，且设备资产属于超负荷使用，老化现象较严重，无法满足新工艺的要求，设备更新需要投入上亿元资金。根据整体战略规划，为适应市场的转变，公司将铜材自制转变为委外加工，同时改进覆铜加工工艺，使覆铜加工成本降低2600元/吨，成材率提升了3个百分点，减员61人，节约成本1500万元/年，进而提升覆铜产品的竞争力。

公司对瘦狗产品中的螺栓业务进行分析：螺栓市场需求大，工艺技术透明度较高，市场竞争激烈，而公司生产的螺栓质量远高于市场需求，在加工过程中所需的工装主要是从外单位购买的，价格较高，公司未掌握核心技术，无法进行工艺攻关，导致该业务一直处于亏损状态。经评估，公司决定关闭该业务，减员75人，节约成本800万元/年。

公司对瘦狗产品中的电机业务、建筑安装业务进行分析：南山公司电机业务为贴牌生产，缺少核心技术，生产效率低下，而建筑安装业务与主业关联度低。公司从战略出发，淘汰了南山公司电机业务，关闭了长江建司，减员32人，节约成本500万元/年。

目标成本法在公司产业结构调整、退出不增值业务上发挥了决定性作用，公司先后淘汰螺栓业务、铜材加工业务、南山公司电机业务，关闭长江建司，消灭了亏损源，止住了出血点。

五、总结启示

通过实践，公司运用结合标准成本的目标成本法，对公司成本管控起到决定性作用，目标成本法成为管理层进行决策的重要依据。通过实施目标成本法，公司建立成本领先的目标成本体系，全面提升成本管控水平。

（一）目标成本法的基本应用条件

目标成本法适用于企业产品处于比较成熟的买方市场环境，且产品的设计、性能、质量、价值等呈现出较为明显的多样化特征。环境相对稳定、产品结构清晰、物料管理规范的生产企业，运用这种成本管理方法可以体现出企业有较高的基础管理水平。

（二）目标成本法成功应用的关键因素

目标成本法成功应用的关键在于企业能及时、准确地取得计算目标成本所需的产品售价、成本、利润及性能、质量、工艺、流程、技术等方面的财务和非财务信息。

（三）目标成本法在实施中的优点和缺点

1. 目标成本法的优点

（1）谋求成本规划与利润规划活动的有机统一，有助于提升产品的综合竞争力。

（2）强调产品生命周期成本的全过程和全员管理，结合全价值链分析，有助于提高客户价值和产品的市场竞争力。

（3）突出从原材料到产品出货全过程的成本管理，有助于提高成本管理的效率和效果。

2. 目标成本法的缺点

目标成本法应用不仅要求企业具有各类专业人才，还需要有关部门和人员通力合作，对管理水平要求较高。

（四）对于发展和完善目标成本法的建议

成本管理的关键在于对成本进行有效的控制。为发展和完善目标成本法，我们提出以下几点建议。

1. 增强企业全体人员的成本意识

为使全体企业人员具有成本意识，企业在进行成本指标分解、做到"人人有指标"的同时，应根据指标制定一系列奖惩制度，使员工能够真正理解成本管理与成本落实，并积极配合。企业应使班组长了解标准成本，在管理思路上引导班组长带动员工降低工序成本。成本管控的执行应当是企业全员参与。

2. 划分成本中心，明确成本责任

要明确各单位人员的责任，设定成本中心。成本中心是收集成本的基本单位，可划分为生产中心、服务中心与辅助中心。在此基础上，将成本中心的费用与其责任联系，提高其运行的效率与效果。

3. 加强成本控制并突出重点

成本中心的建立为成本控制提供了基础。成本中心的管理人员应在本中心找出用量大、单价高或浪费严重的项目，将其作为重点控制项目，确保降低成本的目标得以实现。对重点控制项目，应指定专人负责，从工艺攻关入手，按月跟踪项目进度及取得的效益。组织成立标准成本管理系统，该系统可以实现对成本信息的高效快捷反映，不断提高差异分析的科学性和准确性。

（五）推广应用目标成本法的建议

企业扎实的内部管理、良好的成本管控能力是取得竞争优势的重要条件，基于标准成本的目标成本法是一种有效的成本管控手段，能清晰划分成本中心的责任，找出成本差异的责任者，将成本管理从事后前置到事前和事中，便于成本考核，对标理想成本和行业先进水平，有利于实现成本自我革新。

标准成本管理是一种成本计算方法，具有核算与监督的职能；是一种管理会计方法，具有控制与管理职能。因此，基于标准成本和目标成本管理是财务会计与管理会计的有机结合，它具有的职能符合企业管理要求，应在企业管理中广泛推广。在国有企业推行目标成本法具有重要的现实意义和实际价值。

第十五章

基于高质量发展的企业集团资金集约经营系统案例

案例一 财务公司——数智赋能，智慧共享，兵器装备集团司库管理应用实践

一、背景描述

（一）司库体系建设是中央企业数字化转型的突破口

党中央将发展数字经济上升到国家战略，习近平总书记要求促进数字技术和实体经济深度融合，赋能传统产业转型升级，催生新产业、新业态、新模式，不断做强做优做大我国数字经济。国资委高度重视国有企业数字化转型工作，印发《国有企业数字化转型行动计划》，实施专项行动，加快开创数字化转型新局面。在中央企业立足新发展阶段、贯彻新发展理念、构建新发展格局的关键时期，中央企业要主动把握数字经济大发展的战略机遇，将司库体系建设作为促进财务管理数字化转型、企业数字化转型的切入点和突破口，重构资金管理体系，推动业财深度融合，统筹配置金融资源，全面提升财务管理精益化、集约化、智能化水平，加快培育具有全球竞争力的世界一流企业。

（二）司库体系建设是建设世界一流企业集团的必然选择

近年来，中央深改委审议通过《关于加快建设世界一流企业的指导意见》，明确指出要加快建设一批产品卓越、品牌卓著、创新领先、治理现代的世界一流企业。国资委发布《关于中央企业加快建设世界一流财务管理体系的指导意见》，提出"1455"管理框架，积极引导中央企业建设与世界一流企业相适应的世界一流财务管理体系。资金管理是世界一流财务管理体系的五大职能之一，司库管理是资金管理的高级模式，内涵更为丰富，职能更为全面，作用更为突出。国资委发布的《关于推动中央企业加快司库体系建设进一步加强资金管理的意见》提出，司库体系是企业集团对资金等金融资源进行实时监控和统筹调度的现代企业治理机制。通过司库体系建设，在加强资金集中管理、提高资金运营效率的同时，更好地推进业财一体化建设，充分发挥司库在优化资源配置、强化集中管控、防范潜在风险、提高决策支持力等方面的

作用，建设世界一流财务管理体系。

（三）司库体系建设是推动中央企业高质量发展的必然要求

技术创新与管理变革的双轮驱动是不断提升企业核心竞争力、实现规模效益持续扩张的重要保障。司库管理是企业集团管理变革的重要组成部分，支撑中央企业高质量发展的司库体系要充分体现创新、协调、绿色、开放、共享、效益等核心要素。中央企业通过加强司库体系建设，可以做到以下几点。

（1）强化集约管理，提升资金运营效益。发挥财务公司资金集中管理平台的作用，降低资金成本，压控带息负债规模，优化资源配置，提升资金运营效率。

（2）推进协同共享，构建共生共赢生态圈。整合产业链数据信息，促进业财资数据共享，搭建产业链金融服务平台，精准对接上下游企业金融需求。

（3）加强资产管理，提高资产运作能力。健全客户和供应商信用体系，明确信用政策和激励约束机制，完善存货管理机制，提高资产运作效益。

（4）建设智能风控，实现风险可控在控。明确资金业务关键要素的控制措施和控制标准，加强资金风险关键指标监控，发挥司库监测与预警功能，全面防范各类风险。

（四）司库体系建设是落实兵器装备集团"133"战略的重要支撑

面向"十四五"，兵器装备集团大力实施"133"战略，聚焦建设具有全球竞争力的世界一流科技企业集团，实现效益倍增、效率倍增、规模倍增，着力全面重塑特种装备科技创新和制造体系能力，抢占汽车转型升级制高点，加快战略性新兴产业发展和国际化经营。兵器装备集团通过加快司库体系建设，做到了以下几点。

（1）加强资源配置，聚焦主责主业，发挥产业链协同、产融协同作用，提高科技创新能力，实现价值创造，助力效益倍增。

（2）加强数据治理，深度挖掘数据价值，构建具有因果关系的数据结构，剖析资金变动的业务驱动因素，提供科学性和前瞻性决策支持，提高决策效率。

（3）加强业财融合，对接业务系统和财务共享中心，打通端到端数据价值链条，实现资金流、商流、物流、信息流"四流合一"，为集团公司各层级、各环节业务管理与决策分析提供新的助力。

二、总体设计

司库是企业集团一体化经营模式的保持和发扬,突破了原来的"看守资源"这一理念,成为一项能够创造价值的管理功能。为充分发挥司库体系建设的效益,兵器装备集团从建设原则、建设目标、管理机制、制度体系、实施措施、系统建设等方面统筹规划,制订了司库体系建设方案,计划通过"三步走",建成"制度健全、运行高效、风险可控、价创明显"的中央企业一流司库体系。

(一)谋定一流司库体系建设原则及建设目标

1. 司库体系建设原则

(1)坚持效益性原则。将资金等金融资源作为运营要素,通过专业化管理实现价值提升。

(2)坚持安全性原则。通过制度流程化、流程信息化,建立健全司库管理内控机制,持续提升司库信息安全水平。

(3)坚持智慧性原则。注重信息技术创新与管理模式创新融合,充分发挥互联网、云计算、大数据、人工智能、区块链等现代信息技术对司库管理的赋能作用。

(4)坚持协同性原则。注重科学统筹各方要素,平衡"破"与"立"的关系,既保证高起点,又避免重复建设和管理震荡,提升司库体系建设效率。

2. 司库体系建设目标

通过司库体系建设,将原来分散的、独立的管理内容加以整合,通过整体规划和计划,以集中化、专业化、一体化的资金管理实现全集团资金流、业务流的融合,创造金融价值,并为管理层决策提供强有力的支持。兵器装备集团计划在2023年底实现司库信息系统"智能友好、穿透可视、功能强大、安全可靠",建成"制度健全、运行高效、风险可控、价创明显"的中央企业一流司库管理体系。

(1)实现"全要素"管理。全面建成具备银行账户、资金集中、资金预算、资金结算、票据管理、应收款项清收、融资担保、供应链金融服务、风险智能预警等功能的司库信息系统,实现对资金业务的全面监控。

(2)实现"全流程"管理。建立统一的司库数据和流程标准化体系,提高操作、监控、预警、分析等数字化管理水平,实现资金业务生成、发起、审批、流转、内控等重点流程线上管理。

(3)实现"全覆盖"管理。推动将全级次成员单位纳入司库管理体系,分企业、分层级、分品种确定资金业务差异化管理策略,最大限度地扩大司库管理的覆盖范围。

(二)规划司库体系管理职能

根据规划,兵器装备集团司库体系具有五大职能,如图 15-1 所示。

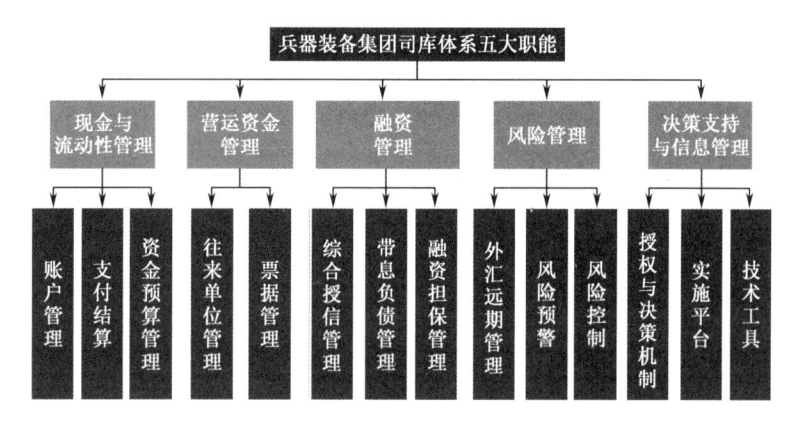

图 15-1 兵器装备集团司库体系五大职能

1. 现金与流动性管理

现金与流动性管理需要科学的账户管理架构、高效的支付结算体系、合理的资金预算管理策略。充分发挥现金集中的规模效应,提高现金周转效率和现金使用效益,确保支付结算安全及时。

2. 营运资金管理

营运资金管理主要涉及往来单位管理、票据管理等,目标是制定良好的应收应付政策与程序并强化管理,以满足营运资金需求,节约资金成本,提高资金使用效率。

3. 融资管理

融资管理主要包括综合授信管理、带息负债管理、融资担保管理。针对企业资金和业务现状及相关管理需求,综合使用各类金融市场工具,统筹管理,建立并维持低成本的短期与中长期融资渠道,使投资价值最大化,有效降低财务成本,提高理财收益。

4. 风险管理

风险管理对司库管理面临的各类风险（如市场风险、信用风险、流动性风险、操作风险）进行识别、度量、分析并采取相应的缓释措施。

5. 决策支持与信息管理

有效的司库管理运行体系，既要有明确的司库战略、政策、制度和流程，又要有相应的授权与决策机制、实施平台和技术工具。同时，利用大数据，司库系统可以多维度分析、预测与企业金融财务资源相关的各类信息，为决策提供依据。

（三）厘清司库体系建设要素

司库体系建设的系统性、整体性较强，涵盖组织体系、管理制度、管理机制、信息系统、人才队伍等要素，各要素自成体系，又紧密联动，相互促进。因此，中央企业要坚持全局观念、系统思维、创新意识，明确工作目标，加强顶层设计，把握基本原则，改进管理模式，推进司库体系不断完善和持续优化，实现对资金等金融资源"看得见、管得住、调得动、用得好"。同时，把握好司库体系建设的重点领域和重要环节——组织体系建设是保障，信息系统建设是支撑，考核评价是关键。

（四）突出司库体系共享集成和业财融合

司库系统实现内部纵向、横向和外部集成三方面的系统对接，内部纵向对接汽车整车、汽车零部件、输变电和汽车流通服务四个产业板块级共享中心，以及非共享中心的财务（资金）系统模块；横向对接集团共享中心的标准共享、集中核算、核算共享和经济运行信息共享四个系统；对外集成银行、票据交易所、第三方信息库等。

兵器装备集团司库采用未来主流方向的微服务平台架构，支持功能模块化、程序组件化、维护可视化、部署虚拟化。模块独立开发，分别升级运维，系统集成和部署能够实现自动化，系统管理和服务扩展更加简单、快捷，满足国资委对系统高性能、易扩展的需求。建立统一的司库资源数据标准化规范，一方面为内部和外部系统集成和扩展奠定标准基础，另一方面为后续集团内部管理提升及国资监管数据上报等降低对接难度。在实现"一张网、一个库、一个池"等基础功能的基础上，增强司库在决策支持深度、经营分析精度、风险管控广度等方面的能力，后续将逐步引入第三方风险数据库、财务公司大数据和 RPA 等智能应用，储备可视化工具等兼容性、适应性和扩展性基础逻辑框架。

（五）制定司库体系"三步走"建设策略

兵器装备集团综合平衡效率与安全、发展与效益，确定了三步走的建设规划。

1. 业务支持

第一步（2021—2022），开发、测试、试运营，完成司库管理平台主体功能建设，发布统一的标准规范接口；升级改造统一支付、结算通道，增加集团公司合作直联银行，实现与财务公司系统直联对接；完成实体财务共享中心及具备系统对接条件的二级企业的系统试点集成，实现账户、结算、计划等数据自动传递；在试点基础上，逐步推进全级次范围内企业应用推广；持续迭代优化司库系统功能。

2. 资源配置

第二步（2022—2023），连接、集成、智能化，与财务公司规划建设的大数据平台集成，提升数据分析能力；与商业银行票据接口直联，实现多银行票据业务的集中办理；推进银行票据直联，建立集团公司统一的电子票据交易平台，完成各实体财务共享中心与司库系统的直联推广；优化完善司库系统功能，借助金融工具提升自动化、自助化能力；跟踪集团公司国际化资金管理需求。

3. 决策支持

第三步（2024—2025），共享、赋能、国际化，丰富扩大与集团产业链其他数据平台互联互通，双向赋能；实现集团公司总部和各级企业司库信息的智能化决策管理；持续深挖司库汇集大数据的商业价值，助力产业链精准营销、智能风控和产业链金融；根据集团公司国际化进程，逐步推进跨境资金集中管理等；新增需求完善与系统持续迭代。

兵器装备集团司库体系建设规划如图 15-2 所示。

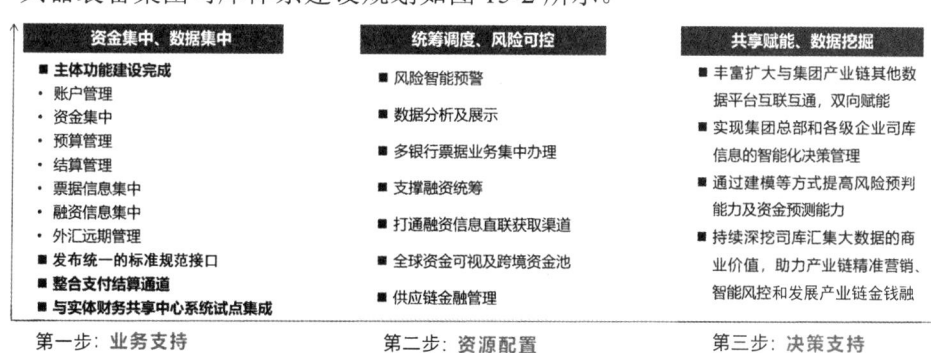

图 15-2　兵器装备集团司库体系建设规划

三、实践应用

自 2004 年开展实践探索以来,兵器装备集团司库体系建设经历了夯实基础、增强实力、防控风险、智慧转型四个阶段,从最初以财务公司为平台实施资金集中管理,解决兵器装备集团发展所需资金,到迭代建设两代司库管理平台,加强集团公司战略管控,强化资金预算管理,深入推进产融协同,提高资源配置效率,再到主动顺应财务管理数智化转型发展大势和集团战略转型诉求,积极探索数字赋能、智慧共享的新一代司库体系,增强司库管理数字化能力,强化风险预判和决策支撑。

(一)加强体系顶层设计,注重系统性和前瞻性

在已开展司库体系建设的基础上,兵器装备集团全面贯彻国资委加快司库体系建设的工作要求,对标世界一流司库体系建设,从集团公司层面加强顶层设计,制订《集团公司加强司库体系建设工作方案》,针对管理体系和系统建设等提出明确目标,计划在 2023 年底实现司库信息系统"智能友好、穿透可视、功能强大、安全可靠",建成"制度健全、运行高效、风险可控、价创明显"的中央企业一流司库体系。该方案制定了 4 个方面 21 条具体措施,明确时间节点及责任单位,有力地支撑了司库体系建设的有序推进。

(二)搭建管理组织体系,形成协同管控合力

兵器装备集团紧盯目标任务,进一步优化司库管理机制,形成集团公司统筹、财务公司实施、成员单位执行三位一体的管理组织和"统一管理、分级授权"的管理模式,梳理整合资金管理各项职责,厘定各自职责边界和工作机制。集团公司财务部主抓司库体系顶层设计和制度体系建设,统筹协调司库管理工作并进行监督考核。财务公司负责司库信息系统建设和维护,并代为履行一定的管理职责。成员单位执行和落实司库体系建设管理要求。集团通过组织调动相关主体充分参与司库体系建设,构建起上下贯通、各司其职、执行有力的严密组织体系,凝聚起紧密协作、协同共管的强大合力,为司库体系建设顺利推进提供了有力保障。

(三)完善管理制度体系,实现管理规范标准

兵器装备集团着眼于实现司库管理规范化、标准化,以规则的确定性应对资金管

理领域潜在的风险和挑战，高度重视司库体系长效机制建设，建立健全"顶层制度、管理细则、操作规范"三级司库管理制度体系，以顶层制度为首、以管理细则为骨、以操作规范为魂，规范司库管理行为，提高司库管理效率，防范相关领域风险。集团陆续制（修）订《资金管理办法》《银行账户管理办法》《大额资金管理办法》等15项制度，初步形成了包括2项顶层制度、8项实施细则、5项操作规范的三级司库管理制度体系，为加强司库体系建设明确了制度基础和具体规范。

（四）推进信息系统建设，实现管理高效智能

兵器装备集团充分利用前期司库信息系统资源，积极汲取外部司库建设的成熟模式和有益成果，统筹考虑财务管理转型方向及信息网络基础环境，新一代司库信息系统在"5+5"财务共享中心建设的基础上，以"多维连接"能力为核心，遵循系统建设、制度规范和数据标准的"三统一"架构，打造共享型司库管控平台，实现全集团"一张网、一个库、一个池"，对内覆盖集团公司境内319户法人单位，对外联通11家银行及国资委、人民银行、银保监会、票据交易所等。兵器装备集团建立统一的司库数据和流程标准化体系，提高操作、监控、预警、分析等数字化管理水平，实现资金业务生成、发起、审批、流转、内控等重点流程线上管理；从集团公司总部、财务公司、成员单位纵向一体打通，从业务到司库、从司库到外部金融机构和市场数据服务商横向衔接打通，建立端到端的运营和管控全流程闭环。

（五）深化典型场景应用，发挥数据资产价值

1. 加强闭环管理，提升资金预算刚性

兵器装备集团优化"年预算、月计划、周控制"资金预算管理体系，通过与支付信息联动，自动进行资金计划的检查、占用和释放，推动预算上报、调整、审批、执行、分析全流程线上闭环管理，以及月计划按支出项目控制、周大额支付按单笔明细控制的限额管控，强化资金计划的执行控制和结果反馈，做到"有预算不超支，无预算不开支"。

2. 深化产融协同，强化司库管理弹性

在司库核心业务基础上，兵器装备集团构建"一圈一链"金融服务谱系，在传统司库账户、资金、结算、票据、融资等管理范畴的基础上，围绕集团公司产业开展金融服务，进一步扩大司库管理外延，形成以供应链金融、汽车金融为依托的产业金融

服务业态，打造基于上中下游的价值创造型产业链，构建共生共赢产融生态圈。

3. 借力信息技术，增强风险管理韧性

兵器装备集团围绕国资委司库体系建设指导意见中关于防范各类风险的具体要求，强化风险防控技术支撑，通过信息系统固化和规范资金管理内控流程、合规风控要求，守住操作合规风险底线，严防舞弊风险，缓释流动性风险。

4. 深挖数据价值，提高业务支持活性

兵器装备集团加强数据治理和价值运用，以业务管理全流程贯穿为基础，通过对沉淀数据（如资金头寸、融资成本、收付结算、票据、融资等）进行多维度、全方位的分析研判，通过报表分析和智能化图形展示，深度挖掘数据价值，推动企业管理决策、业务运营、客户服务更加便捷高效。

四、实施成效

兵器装备集团通过开展司库体系建设，优化了一体化管控模式，提升了资源配置能力，强化了重大经营活动监控，取得了"看得见""调得动""效率高"的实践效果。

（一）看得见，全面掌握集团信息

动态掌握资金等金融资源的配置情况，可实时监控银行账户余额、交易明细和资金流向，及时掌握结算、票据、融资等信息，同时实现对计划流程、业务处理进度等信息的全面掌握，最终实现资金要素信息可视、审批流程可视、处理进度可视、业务流量可视。

（二）调得动，统筹管理资源调度

统筹管理资源和调度能力持续提升，资金集中管理成效显著。兵器装备集团全口径资金集中度自2017年的56%提升至2021年的74%，合并归集资金约910亿元，每年节约财务费用约10亿元，带息负债率从2019年的25.54%下降至2021年的16.06%，商业银行账户100%纳入司库管理。

（三）效率高，优化系统，提高能力

通过优化底层算法策略和智能化技术手段，全面提升系统的整体运行能力、处理

效率及稳定性和安全性，突破了企业与银行之间效率低的瓶颈，极大地改善了客户体验。新一代司库信息系统能够让1000人同时在线、200人同时办理业务，系统3秒完成响应，单日付款量最高达30万笔，超过对公支付结算峰值的10倍，平均每笔结算业务耗时0.84秒，超出行业平均水平2.4秒，实现承载能力更强、响应速度更快、处理效率更高、安全防护更严、智能应用更广。

五、总结启示

经过多年发展，兵器装备集团已建立了具有兵器装备集团特色的集约化司库管理体系，取得了显著的成效，也总结了丰富的经验。

（一）司库体系建设是一项系统工程

司库体系建设是一项系统工程，涵盖管理制度、管理机制、信息系统等要素。与传统的资金集中管理相比，司库管理在管理理念上，不再视资金为企业经营的辅助要素，而是将其作为关键的运营要素，追求管理专业化和价值最大化；在管理内容上，不仅注重现金管理，还注重对包括现金在内的各类金融资源的管理；在管理方式上，不仅强化账户管理，还强化资源管理和风险管理；在管理平台上，充分利用内部金融机构的专业优势，实现资源集成、信息集成和管理集成，提升财务管理水平。

（二）司库体系建设顶层设计是关键

司库管理理念的革新是深入推进集团公司司库体系优化升级的前提。司库体系在设计之初就应该充分考虑企业发展战略、行业特点、业务布局和资金管理模式，从建设目标、管理机制、制度规范、信息系统、实施路径等方面做好司库体系建设顶层设计和中长期规划，加强组织、流程、数据、技术、人才等要素统筹和协同创新，推动司库体系建设高标准起步、高水平设计、高质量建设、高效率运行。

（三）司库体系建设管理机制是保障

以高效利用企业金融资源为目的，建设统筹管理集团公司金融资源的司库体系，需要在组织架构、制度流程、信息系统、人力保障等方面给予更多重视与更高标准的保障。

1. 提高组织管理层级,科学划分机构权责

司库以集团公司所有金融资产作为管理内容,需要集团公司站在全集团的高度对司库体系进行统筹设计与布局,一是因为司库作为资金管理的手段与形式,应当是对集团公司资金战略的具体体现,与集团公司总体发展战略相配;二是因为司库体系的建设与推行涉及集团公司资金管理体制的变革,涉及集团公司上下各级企业的财务管理乃至经营计划工作,建设与推行难度很大,需要以集团公司强大的管控力作为后盾;三是因为司库管理突破了以往资金集中管理的范畴,对金融资产的集中管理与配置不再局限于财务部门的权责范围(即使在集团公司总部,也需要管理层对相关部门的协作进行统筹),只有在集团公司层面进行决策与管理,才能从框架设计环节开始就保障司库建设的质量,充分发挥司库的各项职能。

2. 优化资金管理体制,建立统一的司库制度环境

司库管理是对集团公司发展战略与资金战略的执行落实,司库功能的拓展升级需要司库管理制度配套跟进。

(1)账户集中管理、结算集中管理及投融资集中管理等司库职能的实现,都需要以集团公司资金管理体制的深度调整为前提。

(2)司库管理制度应切实发挥对全部司库管理内容进行指导规范的作用,司库流程设计应涵盖对每个参与主体的行为控制。随着司库功能的日趋复杂,应确保各级成员单位可依据统一的制度体系对金融资产进行管理。

(3)在与司库配套的制度体系中,应当建立并完善相应的考核与激励机制,一方面强化对企业司库管理行为的约束力,另一方面提高司库管理实效,确保金融资源的保值增值。

3. 强化系统集成建设,提升整体信息化水平

司库信息系统不仅是承载司库管理行为的高效运作平台,也是为司库管理提供信息资源支持的数据集散中心。因此,司库系统的建设既要随着司库内容的拓展开发相应的管理模块,又要高度重视系统信息的集成,这至少包括三个方面的内容:内部各子系统之间的信息集成、与集团其他系统之间的信息集成,以及与外部金融机构的信息集成。司库信息系统是对司库管理制度与流程的实体化呈现,应当在司库优化升级方案的总体指导下,对模块多线程开发、模块功能设计与系统间集成进行

统筹布局。其中,实现司库系统与集团公司其他系统之间的集成是最有难度的,需要以集团公司整体信息化水平的提升为基础。

4. 重视人力资源保障,甄选与培育司库管理团队

随着司库职责的拓展,司库管理内容将会涉及会计、管理、金融、经济等多个学科领域,并包含大量的分析与判断,仅依靠财务、会计或其他单一专业背景的人才难以胜任,必须不断提高管理运作团队的专业素质能力,从而保障司库工作的有效开展。

(四)司库体系建设未来展望

兵器装备集团司库体系建设尽管取得了显著成效,但依然存在不足之处。例如,管理颗粒度仍需细化,与外部系统直联的范围和效率还需提高,数据分析能力仍显不足,业务赋能还需不断深化。基于此,兵器装备集团将从以下几个方面推进司库体系持续优化。

1. 深入数据治理,提升数据价值

完善数据规范和标准化治理,构建"组织—业务—技术"三位一体的数据治理体系,建立数据治理组织,统一数据底层标准,加强对元数据、主数据的管理,构建数据共享中台,实现对数据的统一、规范管理,推动"业、财、资"数据共享。与业务应用场景深度融合,构建高可信度、高质量的数据标签体系,通过数据模型算法治理,提升司库系统的数据洞察能力和基于场景的数据挖掘能力,制定覆盖"采、存、管、用"数据全生命周期的安全策略,以标签体系、模型治理与安全策略,提高数据可用性。

2. 深化智能应用,推动智慧转型

随着司库智慧转型,数据驱动逐渐代替经验驱动,借力数字技术实现验证、预测和自动化,支撑企业搭建以金融资源运营为核心的价值创造型管理体系。在账户管理上,司库贯通会计核算系统,形成财资共享结算平台,以司库账户管理与核算资金账务双向校验,智能识别私开的账户,及时预警低效的账户。在投融资决策上,对外部金融数据形成横向、纵向智能对比与未来预测,对内结合账户分布、金融资源结构、银行关系等数据,自动生成多角度、精细化的投融资建议方案。

3. 深耕生态赋能，助力产业发展

以司库作为促进经济内循环的重要体系，促进产融协同，整合产业链企业间的商流、物流、资金流、信息流，形成电子化、标准化产业链资产数据，构建风险管控模型，根据企业多层次资金属性，自动匹配资产信息与资金属性，及时、精准地提供资源支持。充分发挥龙头企业的"链长"作用，依托产业资产数据，建立准入、评估、资源支持等产业链金融生态管理机制；积极运用区块链等技术，形成可溯源资产池，传递龙头企业的信用资源，打造高质量的产业链金融生态圈。

案例二　保理公司——升级司库管理体系，推动供应链金融发展

一、背景描述

（一）中央对加快司库体系建设和供应链金融发展提出新要求

司库体系是企业集团运用现代网络信息技术，以提高资金运营效率、降低资金成本、防控资金风险为目标，以服务战略、支撑业务、创造价值为导向，对企业资金等金融资源进行实时监控和统筹调度的现代企业治理机制。司库体系的发展将有力地推动企业集团财务管理水平的提升，推动企业管理创新与变革，促进产融深度融合，不断提升产业竞争力和抗风险能力。为此，国资委连续发文要求中央企业加快司库体系建设，全面提升财务管理精益化、集约化、智能化水平，加快培育具有全球竞争力的世界一流企业。

随着国内经济由高速增长转入高质量发展阶段，长期快速增长而积累的矛盾和问题日渐凸显，实体经济与金融行业发展失衡、产业链龙头企业与配套企业发展不平衡、中小微企业成本管理与资金融通困境等导致产业链、供应链韧性活力不足、经济风险发生概率上升，而传统金融模式难以满足中小微企业的融资需求，所以党中央号召中央企业做好供应链金融示范，以产业金融作为银行融资的补充力量，帮助中小微企业突破融资瓶颈。兵器装备集团深入践行中央政策精神和要求，协同推进司库体系建设与供应链金融发展，通过重构内部金融资源管理体系，实现"1+1>2"的综合发展效果。

（二）集团公司发展战略对资金管理与供应链金融做出新部署

1. 集团公司产业发展需要更高水平的资金管理能力

随着集团公司"133"发展战略的深入实施，集团公司经营规模、发展质量与产业体系都将快速迈向新的发展水平，对资金管理与供应链金融服务提出更高的要求。

2. 集团公司供应链金融产业仍有较大的发展空间

集团公司"两圈一新"产业布局具有广大的产业链体系,存在巨大的供应链金融需求。2021年,集团公司对上游企业整体应付账款超过1000亿元,全年集团公司内供应链金融资源投放不足100亿元,业务渗透率不到10%,一级供应商融资渗透率不到25%。

3. 司库管理具备推动供应链金融发展的天然优势

在司库系统功能逐步拓展完善的过程中,通过与集团公司财务管理系统、成员企业ERP系统等集成对接,可以在通盘掌握集团公司金融资源、成员企业财务状况的基础上,实现业务数据与资金数据的集中和匹配,充分发挥成员企业"链长"的信息优势,为拓宽供应链金融提供业务信息与风险管理支撑,推动业务向更高水平发展。

(三)司库体系建设对推动供应链金融发展具备应用基础

1. 大型企业集团司库管理的先进经验

国内各大型集团在学习、借鉴国外司库管理的基础上,探索建立金融资源统一协调的司库管理模式,在降本增效、风险防范等方面取得较大成效,为兵器装备集团共享型智慧司库平台建设与供应链金融服务提供了高起点的建设经验基础。

2. 商业银行丰富的专业司库管理产品服务

商业银行能够为企业集团司库管理提供多样化的金融支撑服务,部分银行将优势产品与数据逐步向企业集团司库平台开放,极大地促进了资金业务应用的数字化、自动化能力提升,引导供应链金融产品升级。

3. 金融科技发展日新月异提供的技术支撑

以"大智移物云区"为代表的新一代信息技术成为企业数字化转型的催化器,特别是大数据、人工智能等全新技术的应用,为企业集团构建司库管理体系与供应链金融服务平台提供了强有力的技术支撑。

4. 集团公司司库体系建设的积累与沉淀

伴随兵器装备集团资金管理精益化水平不断提高、司库配套管理制度不断完善,各成员单位对以司库为基础的资金管理认识逐渐加深,为司库升级与后续供应链金融应用提供了实操基础。

二、总体设计

核心企业扎根于产业,企业经营贯穿研、产、供、销全产业链条,并在供应链中占据核心地位,对行业发展趋势及内部运营的认知具备其他主体不可比拟的先天条件,具备天然的信用、信息、数据及风控等优势。通过对司库体系的升级改造,将核心企业业务信息、金融资源加以整合,以统一平台进行展示和调用,将有利于促进供应链各环节的信息流通,推动产业链快速发展。因此,兵器装备集团在司库建设的项目目标、建设原则、平台能力方面统筹规划,强化金融资源管理能力,在满足司库资金管理主要功能升级的基础上,优化在供应链金融领域的引领作用。

(一)项目目标

兵器装备集团根据国资委工作要求和自身管理需要,制定新一代司库平台"155"建设目标,通过"分布式多维连接、微服务柔性架构、功能简捷友好、兼顾智能与安全"等特色化开发设计,构建资金管理"全流程、全要素、全覆盖"的共享型智慧司库管理体系,打造"兵器装备集团特色共享型智慧司库平台"。以此为基础,建立一体化供应链数据收集、整合、共享平台,引领供应链金融发展。

司库平台"155"建设规划如图15-3所示。

图15-3 司库平台"155"建设规划

司库平台通过采取信息化手段落实集团公司管理要求,在优化组织架构职能、完善管理机制的基础上助力兵器装备集团建成资金信息统一、资金配置有序、资金风险可控、融资渠道多样、高度服务主业、价值创造一流的新一代司库管理体系，通过产业数据整合指导各项业务发展。

（二）建设原则

兵器装备集团共享型智慧司库平台围绕"充分利用集团公司内部资源、坚持功能创新与集团公司实际的平衡、兼顾效率与安全的平衡、个性需求与共性开发的平衡，以及集团公司管控与企业好用的平衡"五大基本原则进行建设及推广。

1. 充分利用集团公司内部资源

最大限度整合利用司库前期开发资源、企业共享中心资源、财务公司信息化资源，减少资源重复投入。

2. 坚持功能创新与集团公司实际的平衡

除借鉴先进经验之外，既有对以往资金管理基础和原有系统优秀功能的继承，又有贴合自身运营实际的功能创新。

3. 兼顾效率与安全的平衡

统筹好司库与涉密或非涉密网络的连接、与共享中心和银行系统连接的关系，在提升效率的同时高度关注数据的安全。

4. 个性需求与共性开发的平衡

充分认识不同企业信息化水平的差异和资金管理需求的差异，既要考虑企业对司库功能的个性化需求，又要体现集团公司司库整体功能共性开发的实际情况，选取最大公约数，避免功能过度冗余。

5. 集团公司管控与企业好用的平衡

在满足兵器装备集团管控要求的同时，尽可能满足成员单位对资金管理的需求；通过采取信息化手段最大限度地简化流程，尽量减少各层级的额外工作量，提升整体工作效率和管控效益。

（三）平台能力

共享型智慧司库平台需具备"一体化、标准化、共享化、自动化、自助化、可视化"六项能力。

1. 一体化

实现功能完善、信息集成、数据共享,支持资金业务全流程管理。

2. 标准化

整合司库管理标准化体系,实现平台规范化运营;运用统一的数据语言,开展数据挖掘与分析,开辟金融业务场景。

3. 共享化

服务组件化,满足系统集成稳定性,以及与第三方系统的信息交互要求,实现"一点接入,多点触达",为金融企业后续开展业务数据分析提供有力的支持。

4. 自动化

对定义清晰、逻辑固化、简单重复的工作由系统自动化处理。

5. 自助化

平台操作简单便捷,业务流程、分析可以灵活配置。

6. 可视化

在集团公司和企业管理的要求下,在内控规则的范围内有序流转,支持工作流程可跟踪、可监控,并根据管理需要开放商务智能展示。

(四)建设意义

通过建成"智能友好、穿透可视、功能强大、安全可靠"的司库信息系统,所有子企业银行账户全部可视、资金流动全部可溯、归集资金全部可控,实现司库管理体系化、制度化、规范化、信息化。同时,充分利用司库信息系统与其他信息系统互联互通形成的数据资源,建立集团公司统一的数据仓库和数据集市,借助智能化信息技术深度挖掘数据价值,推动供应链金融管理决策链、生产经营链、客户服务链更加敏捷高效,进一步增强战略决策支持深度、经营活动分析精度、财务风险管控力度,努力建成世界一流水平的司库管理体系,引领集团公司供应链金融产业发展。

三、实践应用

（一）完善司库功能建设

1. 共享型智慧司库平台总体架构

共享型智慧司库平台总体架构如图 15-4 所示，借助互联网、大数据、人工智能等创新技术，实现"账户统一管理，结算统一管理，计划统一管理，票据统一管理，投融资统一管控，与外围系统有效集成"，固化管理要求，规范操作流程，实现对资金等金融资源"看得见、管得住、调得动、用得好"。

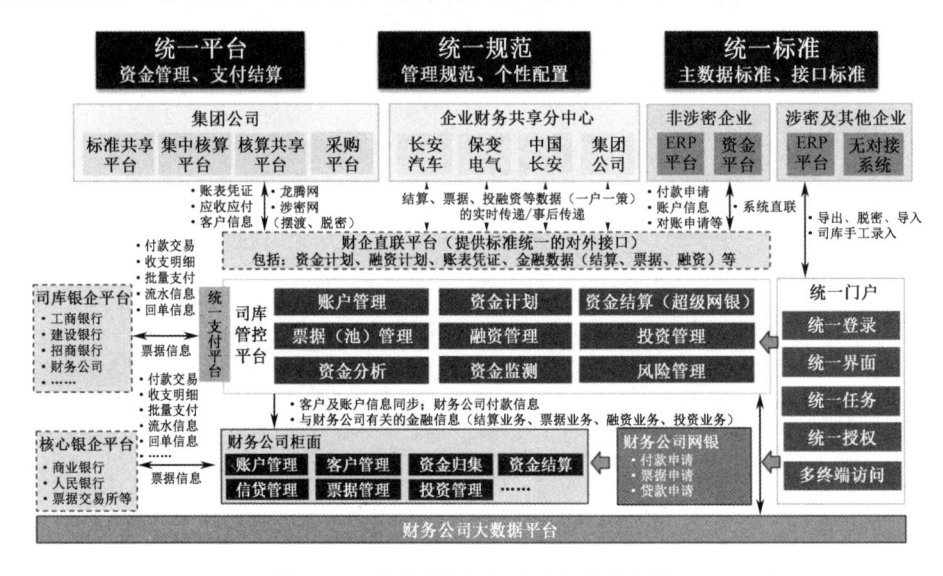

图 15-4 共享型智慧司库平台总体架构

（1）统一平台。在充分考虑集团公司资金管控模式和金融企业构建面向全产业一体化金融服务平台的前提下，统筹整合新一代司库管理系统与财务公司核心业务系统相关功能，打造金融服务统一平台。

（2）统一规范。将司库管理要求内嵌至信息系统，实行统一、标准化的管控，同时支持工作流、审批流的个性化运用和配置。

（3）统一标准。对涉及资金信息的主数据、基础数据与指标标准进行统一设计和贯彻，整合集团公司和各成员单位的资金、业务、财务等数据，实现对司库数据的集中统一管理，并预留与集团公司内部系统、银行等金融机构外部系统的标准服务接口，便于后续内部和外部数据的进一步打通与金融服务能力的进一步提升。

（4）分级管控。司库系统内所有功能满足多层级管控的需求，即集团公司统一管控，二级单位将平台作为资金管理的平台工具实现对下级单位的管控。

（5）数据融合。将财务公司和各级金融机构的资金数据进行整合，基于数据平台建立资金数据集市，提供给集团公司总部、金融企业及各级单位使用。

（6）决策可视化。实现集团公司整体及各层级资金监控、分析及预测的可视化，为管理决策提供支撑。

2. 完善资金管理标准化体系

在集团公司标准共享平台已建立的财务标准化的基础上，结合司库及资金业务特点，遵循金融行业标准、国资委主数据规范，整合集团公司资金管控要求及企业管理的共性需求，制定集团公司司库主数据类型、数据及枚举值的统一标准规范，确保在集团公司范围内保持一致性、完整性和可控性。

司库管理体系主数据标准清单如图15-5所示。

编号	大类	主数据类型
1	公共类	国别、省市地区、币种、集团板块、组织机构（公共、资金、计划）、往来单位、会计科目、银行字典、利率、汇率、系统用户等
2	账户类	账户性质、账户类型、账户用途、账户状态等
3	结算类	结算方式、资金用途、支付渠道、资金管理模式、上划策略等
4	计划类	资金计划项目、大额资金项目计划控制方式、计划控制维度、大额支付标准等
5	票据类	票据介质、票据种类、票据状态等
6	融资类	授信类型、融资类别、借款用途、投向行业、借款形态、还息频率、还款方式、担保方式、抵质押物分类等

图 15-5 司库管理体系主数据标准清单

3. 制定司库平台集成统一标准服务接口

根据基础数据标准定义，司库平台发布统一标准集成接口，对外实现与集团公司、集团公司各实体共享中心、具备对接条件的企业相关系统的互联互通，对内实现与财务公司系统资金指令的传递及司库信息的同步，支撑集团公司全级次企业司库数据的集中、汇总及分析诉求。在脱密的基础上，未来将以集团公司供应链金融服务平台为总出口，进行外部金融机构数据接口对接，为集团公司产业引入外部金融资源，提升金融服务质量与效率。司库平台集成统一标准服务接口如图 15-6 所示。

编号	分类	接口数量
1	账户管理	6
2	资金计划	3
3	多银行结算管理	10
4	票据管理	9
5	融资管理	9
6	基础信息	5
7	财务报表	4
8	门户集成	4
9	其他接口	2
主要接口合计		53个

图 15-6 司库平台集成统一标准服务接口

4. 与大数据平台协同，逐步挖掘司库数据价值

借助大数据平台，提升数据分析及决策支持能力，对财务公司、共享中心和各级金融机构资金数据进行深入分析与挖掘，建立集团公司司库数据分析集市，进一步增强在战略决策支持深度、经营活动分析精度、资金风险管控广度等方面的能力。

司库数据整合分析挖掘逻辑架构如图 15-7 所示。

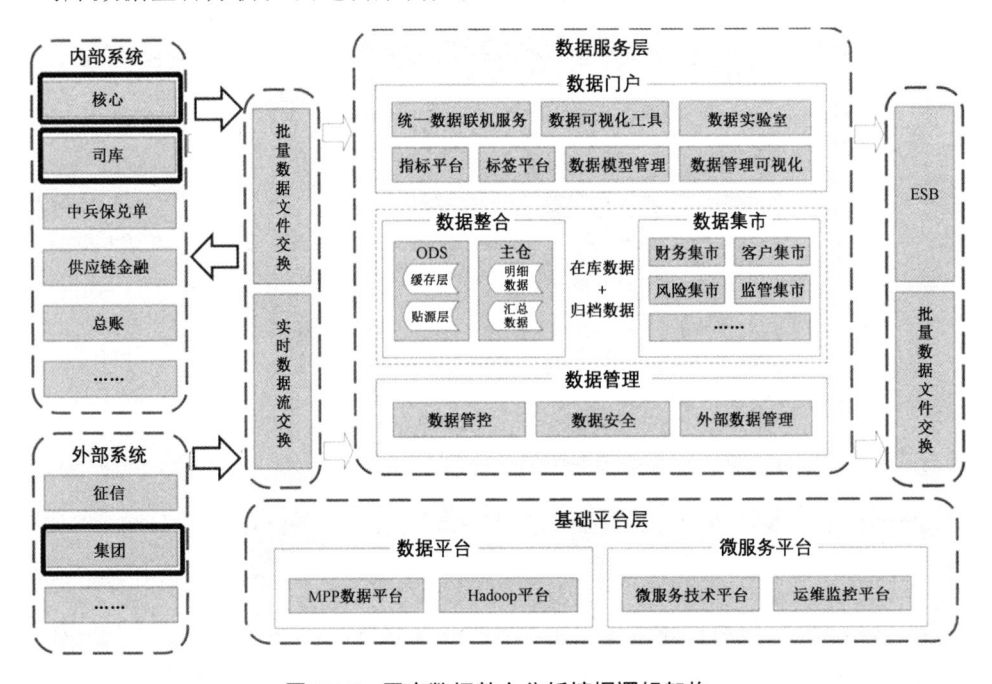

图 15-7 司库数据整合分析挖掘逻辑架构

与大数据平台协同，建立司库数据仓库集市，集中资金数据，打破数据壁垒，为高效分析决策提供结构化数据支撑；全面挖掘司库数据价值，为提升资金管理效率、降低融资成本、防范资金风险提供系统支撑；根据对关键业务数据和历史资金记录的大数据分析，发现资金收支波动的规律，优化资金预算管理；充分利用业务系统数据，建立从资金后端到业务前端的全流程分析模型，为企业重大经营投资决策、供应链金融提供支撑。

5. 打造资金监控及分析平台

以大数据分析与人工智能技术为核心，基于共享型智慧司库平台内部和外部数据，预置资金管理数据成熟算法模型，通过对资金的监控分析，使集团公司及各成员单位全面掌握资金总体情况。实现资金信息动态反映、资金业务全面监控，实时监控银行账户余额、交易明细和资金流向；基于票据交易所"集票宝"数据，及时掌握资金状况和异常变化，实现对票据信息的动态采集、可视监控和兑付预警。通过数据汇总分析，提升供应链金融服务的触达能力，及时根据企业资金需求提供相应的产品服务，同时提升金融产品的风险控制能力。

（1）全面可视。通过多维可视化图表展示、实时联动分析，以及多级穿透交互方式，资金业务数据更直观、更清晰。

（2）资金监控。多角度监测资金进出，专业分析资金流向，进行数据异常提醒，对变动信息实时把控。

（3）数据分析。整合多源数据，形成全局视野，智能分析数据，整合集团公司资金，实现对现金流的灵活把控。

（二）推动司库供应链功能创新

根据集团公司产业多元化、业态复杂，不同成员单位网络部署有差异，以及信息化水平参差不齐等特点，参考以军工、汽车为主业的集团公司建设司库或同类型项目经验，通过对标学习，在全面对标调研及论证评审的基础上，结合集团公司信息化及网络现状，探索制订共享型智慧司库平台建设方案，以司库系统与信息对接"全要素、全流程、全覆盖"为目标，全面对接全级次企业和金融信息，开展司库面向供应链金融服务的功能创新。

1. 实现中央企业第一家"智慧司库"+上海票据交易所"集票宝"集成应用

为落实国资委对中央企业建立司库管理体系、加强债务风险防控的要求,进一步加强供应链与票据管控体系建设,作为兵器装备集团金融服务创新的主阵地,集团公司财务公司在兵器装备集团授权下,主动出击、积极谋划、率先探索,借助金融牌照优势和金融服务经验,成功促成了与上海票据交易所的深入合作及试点,通过数智化方式创造性构建起"票据交易所集票宝"+"司库平台"服务模式,打造了产融结合新样本,将兵器装备集团各级次单位在全部金融机构的全部票据信息的一体化、动态化集中管理变为现实可能,实现对全部票据的自动采集和可视监控,有效提升票据账户管理、到期流动性管理、业务交易信息管理、全口径业务风险管理,为缩短票据持有周期、降低票据贴现成本、优化银行授信结构、制定优化供应链金融产品提供了可靠抓手。同时,依托司库管理体系建设,进一步加强了资金管理和债务风险防控,强化债务风险穿透式监测预警,全面提升企业抗风险能力。

2. "司库超级网银"+"多银行现金管理产品"集成应用

与商业银行优势互补,针对集团公司企业开户银行众多、银行账户分布不均且所属区域分散等情况,依托商业银行"多银行现金管理产品",实现银行一点接入,统管全部非合作银行账户的资金结算模式,全面提升集团公司资金集中管理的广度及深度。

3. "智慧司库"+"第三方风险数据"集成应用

基于工商银行先进的大数据风险数据库,建设形成风险及舆情信息共享服务平台,赋能司库平台的风险预警能力,围绕风险探查、经营情报、舆情监测、关联分析、评估报告提供风险自助查询及智能风险防控支持。通过风险筛查,识别企业是否存在质量与声誉问题;通过资质筛查,查询企业投标资质与应标资格;通过股权审查,有效降低围标、串标风险;通过合作方风险审查,控制下游回款风险与合同纠纷;通过子公司风险控制,审查子公司是否有效执行母公司政策。以此全面评测集团公司产业链上下游企业各类潜在风险,为产业链企业合作、供应链金融产品准入提供有力的辅助管理手段。

4. "智慧司库"+"大数据平台"集成应用

与大数据平台协同,建立司库数据仓库集市,集中资金数据,打破数据壁垒,为高效分析决策和供应链金融触达提供结构化数据支撑；全面挖掘司库数据价值，围绕提升资金管理效率、降低融资成本、防范资金风险提供系统支撑；根据对关键业务数据和历史资金记录的大数据分析，发现资金收支波动的规律，优化资金预算管理，建立并完善供应链金融产品供给方案；充分利用业务系统数据建立从资金后端到业务前端的全流程分析模型，为金融企业投融资决策提供支撑。

（三）推进成员单位试点建设

根据兵器装备集团"4+5"共享体系规划，保变电气共享服务中心是兵器装备集团四个共享中心之一。保变电气共享服务中心建设自2017年启动，历时18个月建成。随着产品生命周期管理（PLM）、MES、ERP等智能制造系统的启动建设，2022年保变电气着力推动财务共享系统与业务系统的集成，打造内外贯通的业财一体化数据平台，解决企业基础管理水平较为薄弱的问题，实现业财融合程度的进一步深化。

在兵器装备集团财务部指导下，财务公司、保理公司、保变电气共同协作，以加快司库体系建设为契机，率先启动"中国兵器供应链金融平台与保变电气财务共享系统直联项目"，开展"业财融合、产融协同"尝试，作为司库管理系统与供应链金融系统直联的先行先试标杆，为集团公司成员企业推进司库建设及数字化转型工作起到了积极的示范作用。

中兵保兑单上线后，保变电气作为第一批使用和推广中兵保兑单的成员单位，建立了较为良好的合作与对接基础。在功能设置上，共享系统直联中兵保兑单平台后，新增"中兵保兑单"这一可以选择的付款方式，并可以实现从财务共享系统中直接一键签发中兵保兑单的快捷功能，有效降低财务人员频繁切换系统带来的工作量和出错风险。此外，通过供应链金融平台与保变电气财务共享系统的数据直联，保理公司可以及时抓取保变电气供应商的生产计划、交付情况、开票金额、挂账信息等不同贸易环节的数据源，进而对供应链的商流、物流、资金流和信息流进行有效整合，为开展供应链金融的客户画像、精准营销和风险管控等工作奠定坚实的基础，有效提高业财融合的综合服务能力。双方系统数据直联功能的顺利开启，不仅可以有效提升集团公司供应链金融业务的开展效率，还可以有效规避传统方式的操作风险。

此次直联试点，为后续司库平台对接供应链金融平台，实现业务数据的直接传输、调用，指导业务发展做出了良好的示范，有利于后续借助科技、资本等手段，在合理控制风险的前提下满足集团公司产业链上下游企业的金融需求，逐渐构建场景化的新生态，共同提升产业链生态硬实力，助推产业链金融资源高质量融入"两圈一新"集团公司产业生态圈。

四、实施成效

在兵器装备集团统筹下，司库平台建设以信息对接"全要素、全流程、全覆盖"为目标，全面对接全级次企业和金融信息，启动全面应用及推广工作。根据企业系统直联要求，全力配合集团公司内重点汽车企业和军品、民品企业共享平台及其他企业系统与共享型智慧司库平台集成。根据企业使用系统反馈及体验，以"智能友好、穿透可视、功能强大、安全可靠"为目标，持续优化司库平台。

（一）共享型智慧司库平台实现全级次企业应用

目前，司库平台已实现集团公司层面"账户统一管理，结算统一管理，计划统一管理，票据统一管理，投融资统一管控，与外围系统有效集成"的先期目标，助力集团公司实现资金集中管理及资金分级管控，促进资金业务线上规范运行及资金业务的可视可控，提升资金管控服务能力，增强资金统筹聚合能力。通过统一平台运营，司库平台成为集团公司及成员单位提升资金使用效率、强化决策支持分析和加强资金风险防范的有力抓手。司库平台已在集团公司全级次企业内完成部署，集团公司所属全部二级单位及主要三级单位已正式使用，逐步向全级次企业推广，届时集团全级次业务数据将进一步统合，为后续业务分析和使用奠定雄厚的基础；资金管理功能已在集团二级特种装备企业全面推广使用，实现企业对本部及下级单位的资金全面管理；风险信息查询功能直接构建在集团公司供应链金融服务平台之上，已实现全级次成员单位注册上线，可以自由使用风险目标识别、风险交易预警、风险方案管控、风险结果评估等多项功能，为企业与集团公司金融机构提供风险自助查询、名单智能定制、信息增值服务，以及租赁式反欺诈等全渠道、全链条的智能风险防控支持。图 15-8 所示为共享型智慧司库平台首页。

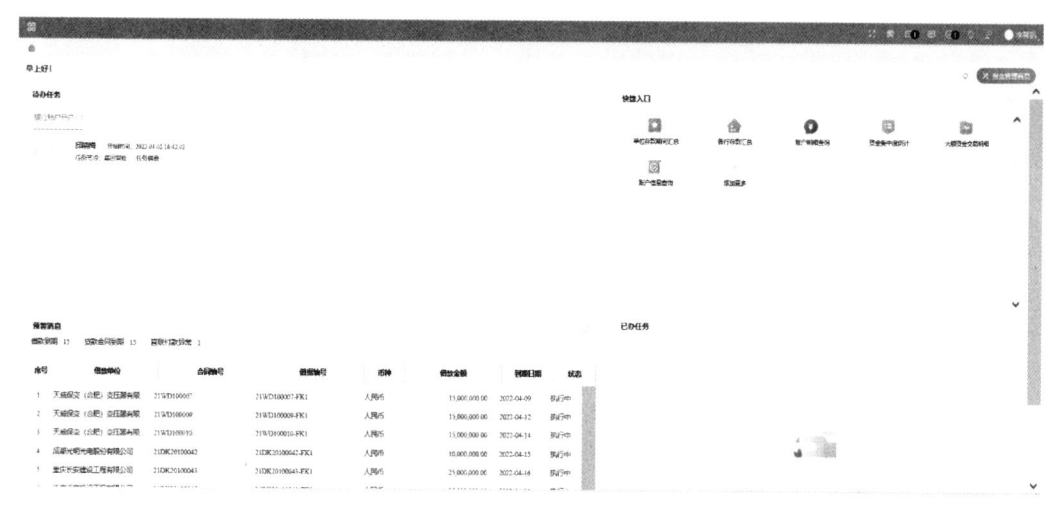

图 15-8 共享型智慧司库平台首页

（二）集团公司供应链金融服务快速发展

共享型智慧司库平台的应用进一步提升了集团公司供应链金融企业供应链数据收集、管理能力，为业务指导与发展提供了有益助力。通过数据整合与加工，形成了兼顾共性与个性的系统化金融解决方案，切实解决融资痛点：结合集团公司供应链企业"小额高频""长尾需求旺盛"等特点，搭建能够多级穿透的中兵保兑单融资平台，简化融资流程，提升长尾客户共性服务能力；通过进一步收集需求，构建各板块供应体系的客户画像，在传统保理的基础上，针对特定场景开发具备集团公司特色的池保理、订单融资等创新业务模式，为重点产品保供降本提供稳定的资金支持；同时，根据产品需求，提升金融科技支撑能力，将融资到账时间大幅压缩，最高降幅可达 90%，产业链合作对象不断扩展。截至 2022 年 6 月，累计与 3600 多家集团公司供应链上下游企业建立了合作关系，平台累计交易量超过 450 亿元，融资余额达 72.68 亿元。通过建立有效的产融结合模式，兵器供应链金融板块精准靶向集团公司上下游中小微企业融资难、融资贵的问题，在已投放融资中，单笔金额小于 100 万元的融资占产业链总融资笔数的 81.6%；非票据业务平均融资成本低于社会平均融资成本 165 个基点（按照 7%计算），累计帮助产业链降低融资成本 1.76 亿元，通过兵器装备集团及成员单位的商业信用变现，助推集团公司产业链金融运营效率、财务协同与价值创造能力提升。

（三）试点企业对接成果显著

自 2019 年 12 月 10 日保变电气签发首张中兵保兑单以来，保变电气对加深产融结合高度重视，积极通过集团公司供应链金融平台为其产业链上下游企业提供更多、更好的金融产品，有效解决中小企业融资难、融资贵、融资慢等难题。2002年5月，保变电气财务共享系统与中兵保兑单平台数据直联成功落地，进一步打通供应链金融服务的"最后一公里"，金融数字化对业财融合的赋能作用不断显现，供应链金融的服务手段、风控措施与业务效率再添保障，为更好地服务集团公司战略与企业转型提供了有利条件。截至2022年8月15日，保变电气通过供应链金融服务平台累计签发中兵保兑单规模突破10亿元，对应融资转化规模突破5亿元，集团公司供应链金融高质量服务产业链中小企业的效果得到有力体现。

五、总结启示

（一）司库管理体系建设以产业为本

司库管理体系是集团公司司库建设的顶层架构向产业实际应用延伸的重要支撑，涉及战略、组织、流程、技术、数据等关键因素，需要真实反映产业需求，同时预判产业发展，形成源于实际、先于实际的建设方案。兵器装备集团司库体系建设通过深入学习研读国内外司库相关学术文献，及时总结兵器装备集团和其他企业集团司库建设的经验和教训，对标学习中国石油、中广核、中信集团等先进的司库建设经验，重点关注功能架构、逻辑架构、关键算法模型及数据标准化等顶层设计核心内涵，总结行业最佳实践、司库管理共性特点及个性特色，在充分结合兵器装备集团实际情况和国内外现金司库管理经验的基础上，充分调研4个共享中心、14家典型企业，提炼技术创新点、模式创新场景，形成了新一代司库体系可实施的建设规划方案并启动建设。司库主体框架建设完成后，试点先行，并着重与各实体共享中心建设协同，通过系统集成和持续迭代探索司库资源数据统一的最优路径，积累集团公司共享型智慧司库建设及推广经验，逐步面向集团公司全部板块进行集成和推广。

（二）产融结合依托数字化转型

在资金管理基础上，司库系统为供应链金融发展提供了重要支撑。产融结合实际是企业集团在产业与金融之间的全局性资源配置，促使产业链上的企业逐步建立相互促进、相互依存的生态环境。通过司库系统"一张网、一个库、一个池"的整体规划，实现集团公司数据统一标准、规范采集，实现集团公司产业链数据层面的全部打通，拥有全局资源配置的先决条件。借助大数据平台提升数据分析及决策支持能力，能够对财务公司、共享中心和各级金融机构资金数据进行深入的分析与挖掘,建立集团公司司库数据集市。通过风控指标工具准确、完整、及时地提炼有效信息并快速做出反应,帮助金融企业精准决策,并辅以大数据动态可视化图表,提供全级次多维度风控指标,支持贷前预警、贷中控制和贷后跟踪。此外,通过账户集中可视及集中监控,可实现基础交易数据、账务数据、金融数据的数据要素可追溯、可穿透,在各共享系统数据融合的基础上形成高效动态的资金监测、资金分析,以及绩效考核等数据应用,为风险防控和资金决策提供依据。

(三) 有序发展源于机制保障

为加快司库体系建设,进一步加强资金管理,兵器装备集团研究制订了《关于集团公司加强司库体系建设工作方案》,经集团公司党组会审议通过,并面向集团公司全级次企业召开关于推进司库体系建设部署会,进行宣贯推广。

1. 优化司库体系管理机制

兵器装备集团建立财务部统筹、财务公司实施、成员单位执行的三位一体司库管理组织体系,形成"分工明确、职责清晰、协同高效"的管理机制。集团公司财务部负责制定加强司库管理体系建设工作方案,持续完善"顶层制度、管理细则、操作规范"三级司库管理制度体系,统筹协调司库管理工作并开展监督考核;财务公司负责司库信息系统建设和维护,推动司库信息系统建设方案落地,充分发挥信息系统资金归集、资金结算、资金监控和金融服务等作用;成员单位执行和落实司库体系建设管理要求,负责司库信息系统使用和金融资源具体运用。

2. 加强体系建设组织领导

将司库体系建设作为集团公司、成员单位和财务公司"一把手"工程,主要负责人亲自部署、亲自推进。集团公司财务部负责牵头落实,建立财务、风险、信息等多部门协同联动机制,制定《加强司库体系建设工作方案任务分解清单》,明确各项重点举措、工作目标、时间安排、实施路径、责任单位等。财务公司加快完善司库信息系统,按照兵器装备集团研究制定的《财务公司体系建设重点任务推进清单》组织开展相关工作。成员单位贯彻执行资金管理相关制度,加强人员培训和司库人才队伍建设,确保司库体系运行高质有效。

3. 强化建设执行考核评价

兵器装备集团将司库体系建设与运行情况纳入企业绩效考核平台，信息系统建设及应用、司库体系制度执行情况等直接与企业绩效考核结果挂钩。兵器装备集团定期对成员单位资金使用的合法合规性、资金内控有效性等进行检查，重点关注银行账户可视率、资金集中度、带息负债综合融资成本率等资金管理关键指标并加大考评力度，持续提升资金管理水平和效率。

第十六章

基于高质量发展的企业集团资产运营管理系统案例

案例一 建设工业——企业重组下的战略资产配置管理实践

一、背景描述

(一) 企业基本情况

重庆建设工业（集团）有限责任公司（简称"建设工业"）是兵器装备集团直属骨干企业，是国家重点保军企业。公司始于1889年张之洞创建的被誉为"民族工业摇篮"、兵器工业先驱的湖北枪炮厂（后改称"汉阳兵工厂"），跨越了两甲岁月，历经了四次搬迁，实施了四次引进，创造了四次辉煌，曾铸就三座丰碑，曾迎来毛泽东、邓小平、江泽民等党和国家领导人亲临视察。

自2014年以来，按照兵器装备集团战略部署，公司先后进行了四次整合，形成了"一个总部、成渝两区、四大基地、三大业务板块"的整体格局。公司占地一万余亩，现有员工4000余人。建设工业通过整合发展、合资合作，确定了"一核两翼"的发展战略：进一步调整产业、产品结构，做大特种产品核心业务，成为先进国防科技工业的代表；做强汽车零部件、军品新产业两大羽翼，打造隐形冠军；力争把企业打造成拥有一流产品、一流技术、一流装备、一流设施、一流管理的汽车零部件研发制造基地，成为有规模、有地位、有效益、有未来的"四有"企业。

(二) 企业管理现状与问题分析

1. 整合企业：建设工业解决发展问题

（1）战略资产不足，军品规模偏小，导致企业面临"跨越式"发展的挑战。近几年，建设工业通过改革、调整、发展，积累了丰富的资源，实现了由求生存向求发展的转变，基本解决了生存问题，经济效益大幅提升，产业结构不断优化，员工收入不断增长，进入高质量发展阶段，但与国际一流军工企业相比，军品规模偏小，抗风险能力差。

（2）企业生产能力不足，影响国家国防建设需要。部队紧急订货量超过企业核定生产能力，部分工序存在瓶颈，需要新增投资。但是，紧急订货不会持续，一旦形成生产能力，后期产能将产生富余。同时，即将定型的新型产品与现役产品相比，性能、结构、材料、工艺等发生重大变化，新技术、新工艺、新材料的运用使量产需要新增大量投资。

（3）军品行业竞争加剧，竞标压力大。随着行业竞争加剧，新产品竞标参与单位多、样机制造数量大、周期短，竞争激烈，基于传统研制模式建立的科研、试验、试制体系难以满足轻武器发展的需要，竞标压力大。近年来，为满足军品竞标的需要，长期超负荷运行不利于企业持续发展。

2. 被整合企业解决生存问题

被整合企业资产体量更小，面临一无产品、二无订货、三无资金的发展困境。

（1）新产品没有定型，产品结构单一问题短期得不到解决。

（2）老产品没有订货，产品订单不足，企业负重前行，经营规模相对更小，抗风险能力更差。

（3）资金短缺。企业进行技术改造缺乏资源，职工收入增长相对缓慢。

（4）民品发展后劲不足。汽车传动轴规模小，投资不足，持续亏损，面对行业调整，若无资金、人才持续投入，难以实现发展。

（5）连续多年亏损，经营困难。企业人均收入低于社会平均水平，人才流失严重，企业经营举步维艰，难以走出困境。

（三）推动企业战略资产重组的必要性

1. 推动企业战略资产重组是迎接国际竞争挑战的必然选择

随着世界政治经济格局的发展变化，国与国之间的经济竞争优势不可能仅靠强权就能维系，只有依靠企业之间的竞争优势才能实现。而国际企业的相互竞争优势，在市场全球化、企业跨国化、资本国际化的趋势下越来越借助经营规模大型化来实现。这个目标靠新增投资是远远达不到的，只能通过企业间的战略资产优化配置来实现，推动国有资本布局优化、结构调整，推进国有企业战略性重组、专业化整合，促进国有企业与各类所有制企业相互融合、协同发展。

2. 推动企业战略资产重组是适应国防科技工业发展大趋势的必然选择

党的十九大提出建设世界一流军队的目标,面对不断变化的国际局势和国内发展形势,适应国防科技工业体制改革和军队武器装备采购体制改革,紧紧抓住国家第四次特种产品能力调整和汽车产业优化升级的重要机遇,加快推进"产业相同、产品相似、工艺相通"的军工企业合并重组,是优化特种产品科研生产能力布局,提升保军能力和发展能力的必然选择。

3. 推动企业战略资产重组是集团公司建设世界一流军民结合型企业集团的必然选择

军工企业是国家战略性产业的重要组成部分,是国防现代化的重要工业和科技基础,也是国民经济和科学技术发展的重要推动力量。但是,由于国有军工企业建厂时间较长,企业普遍存在层次过多、业务方向过宽、优势资源分散、不良资产较多、历史包袱沉重、观念陈旧、管理落后等多方面的问题。

国际局势变化和国内发展形势给特种产品发展带来了机遇和挑战。兵器装备集团2014年的工作会明确要求"加快提升特种产品产业规模和实力,进一步提升兵器装备集团特种产品的核心能力和保军地位"。通过紧紧抓住国家第四次特种产品能力调整和汽车产业优化升级的重要机遇,加快推进"产业相同、产品相似、工艺相通"的军工企业合并重组,是优化特种产品科研生产能力布局、提升保军能力的重要举措。通过对传统军工企业深度整合,优化资源配置,提升行业竞争力,有利于缩短与世界一流企业之间的差距。

4. 推动企业战略资产重组是企业持续发展的必然选择

在国防科技工业计划经济及国家市场经济双重经济模式下,传统军工企业面临自身发展的瓶颈。通过对传统军工企业战略资源深度整合、配置,取长补短、集中资源,能够实现资源共用、优势互补,发挥协同效应,将企业做大做强;通过整合可以实现从同业竞争到专业整合,从市场角力到优势互补,从单兵作战到合指成拳,可以优化产品产业结构、市场主体结构和组织人员薪酬结构,促进企业管理提升、降低成本、提升效率、提档升级;同时,实现在规定时间内调配战略资源,增强保供能力,有利于提升供给质量与效率,推动企业高质量发展,提升核心竞争力,增强核心功能。

5. 推动企业战略资产重组是企业发展共赢的必然选择

两家企业合并，对企业而言实现共赢。

（1）对216厂来说，有以下好处。

① 利用建设工业的资金优势，加大投入力度，加快产业、产品升级和科研生产条件改造，巩固并提升其军品、民品行业地位。

② 利用建设工业的民品资源，扩大市场份额。建设工业拥有民用特种产品科研生产资质，猎枪产品批量进入美国市场。216厂可以利用建设工业民用特种产品许可证和销售渠道，加快民用特种产品的发展。同时，建设工业汽车零部件已进入国内主要汽车厂和国际一流零部件企业配套体系，216厂可将其汽车传动轴导入建设工业现有市场。

③ 利用建设工业的人才、管理优势，促进员工思想解放、观念转变，提高经营管控水平，提升盈利能力。

（2）对建设工业来说，有以下好处。

① 利用216厂富余的生产能力，降低投资风险。建设工业生产任务饱满，但生产能力不足，而216厂产能利用不足60%。两厂合并，资源共享，可以减少投资。

② 利用216厂产品体系，丰富产品谱系，形成小、中、大口径产品系列，拓展应用领域，实现系列化、规模化发展，提升市场竞争力。

③ 利用216厂积累的大口径产品技术，加快工艺优化和新产品开发。

二、总体设计

（一）目标

推动重组整合，绝不是形式上的"堆大堆"，而是通过实施完全彻底的整合、磨合、融合，通过对资源的再利用、再分配、再配置、再优化，提高核心竞争力，推动整合后的企业高质量发展，创造更大的经济效益，使企业在竞争激烈的商业环境中立于不败之地，迈向世界一流企业之列。

（二）工作思路

在企业重组整合中，紧紧围绕"13363"战略资产配置工作思路，充分发挥财务

"价值导向、资源配置"的核心作用，驱动企业价值创造，促进高质量发展。

"13363"战略资产配置工作思路如图16-1所示。

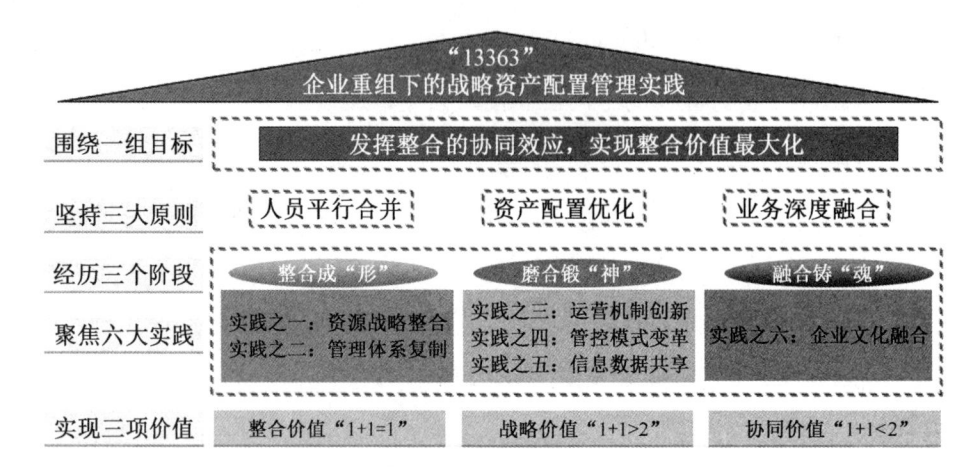

围绕一组目标	发挥整合的协同效应，实现整合价值最大化		
坚持三大原则	人员平行合并	资产配置优化	业务深度融合
经历三个阶段	整合成"形"	磨合锻"神"	融合铸"魂"
聚焦六大实践	实践之一：资源战略整合 实践之二：管理体系复制	实践之三：运营机制创新 实践之四：管控模式变革 实践之五：信息数据共享	实践之六：企业文化融合
实现三项价值	整合价值"1+1=1"	战略价值"1+1>2"	协同价值"1+1<2"

图16-1 "13363"战略资产配置工作思路

"1"即发挥整合的协同效应，实现整合价值最大化这一目标。

"3"即坚持人员平行合并、资产配置优化、业务深度融合三大原则。一是人员平行合并。二是资产配置优化。资产由新公司统一调配、使用，不再有边界。对各生产基地的产品和产能进行统一优化布局，优化资产结构，体现整合优势。三是业务深度融合。

"3"即每次整合都经历"整合、磨合、融合"三个阶段。

"6"即聚焦资源战略整合，支持战略目标实现；着眼管理体系复制，实现对企业的有效管控；运营机制创新，牵引资源有效配置和资产效率提升；管控模式变革，创新推动战略资产管理一体化；信息数据共享，依托业财信息一体化的数据化平台，合理配置存量资产；铸造建设之魂，推动企业文化融合。

"3"即实现"1+1=1"的整合价值、"1+1>2"的战略价值、"1+1<2"的协同价值。

（三）战略资产重组价值

1. 获取战略机会

企业整合重组后，得到了新的发展机会。

（1）直接获得正在生产或竞标的订单及市场。

（2）获得时间优势，避免工厂建设延误的时间。

（3）减少一个竞争者并直接获得其在行业中的地位。

两家企业采用同一价格政策，可使它们得到的收益高于相互竞争时的收益。

2. 发挥协同效应

企业重组的协同效应是指重组可以产生"1+1>2"的效果。企业通过重组整合，在研发、生产、市场、人才等各个领域发挥协同效应。在生产领域，可以带来新技术的运用，减少资源浪费及重复投入，充分利用未使用的生产能力。在市场领域，可以产生规模经济效应，是进入新市场的一条捷径，增加产品的市场占有率和控制力。在人才领域，可以吸收关键的管理技能，补齐人才短板。

3. 提高管理效率

企业重组的另一价值来源是提高管理效率。现在的管理者以非标准方式经营，当被更有效率的企业收购时，现在的管理者将被替换，从而使管理效率提高。

4. 发挥示范作用

建设工业重组下的战略资产配置为企业重组提供了一个鲜活的案例，是理论创新和案例实践结合的产物，为企业产品战略和市场战略提供了重要保障，为业财融合提供了重要的理论价值及实践价值，也为其他企业提供了可复制、可借鉴的理论及实践经验。

（四）企业战略资产重组历程

自2014年以来，建设工业经历了四次整合。每次整合都经历了"整合、磨合、融合"三个阶段。

公司以创新的精神推进全面整合、深度融合，大力推进改革调整，实现了思想、目标、行动、标准、管理的"五统一"，通过人员整合关、薪酬统一关、业务管理优化关、业务流程再造关、资源整合关、文化融合关"六道关"，达到了预期目标，整合重组效果已经显现。

（五）创新点

1. 实践意义

建设工业战略资产重组整合实践，打造军工企业战略资产重组整合新范本，为集团公司未来资产战略重组提供了一个可复制、可借鉴的成功范本,具有创新实践意义。

2. 理论意义

建设工业战略资产重组整合实践是理论结合实践的产物。其综合运用战略资产配置、全面预算管理、经营绩效管理等管理会计方法,推动业务战略与财务战略有效结合,更好地服务企业总体战略。

三、实践应用

在企业重组整合中,充分发挥财务"价值导向、资源配置"的核心作用,从"再利用、再分配、再配置、再优化"四大方面,按四种方式进行资源再配置、再优化。以全面预算管理为抓手,统筹配置财务资源;以精益管理为统领,优化配置运营资产;以产业链转型升级为方向,推动战略资源投入;以管理标准化、效率化为目标,推动资产配置管理一体化,实施六大方面的实践。

(一)实践之一:资源战略整合

资源战略整合,支持战略目标实现。整合的实质是对企业资源配置格局的调整。从宣布整合开始,为推动战略资产整合,发挥资源协同效应,以全面预算管理为统领,利用数据价值分析的牵引作用,助推资源科学谋划、合理配置,充分释放资源的协同效应。从"合并同类项""去掉重复项""删除无用项""优化调整项"四个方面开展系列战略性资产资源整合重组,有效支撑公司战略目标的实现。资源战略整合如图16-2所示。

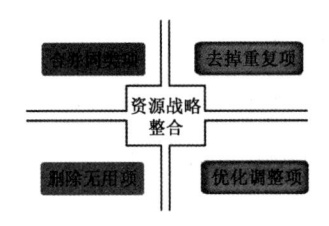

图16-2 资源战略整合

1. 产业结构优势互补,产品结构显著优化

重组整合后,形成了军品、汽车零部件、新产业三大板块,结构更加合理,实现

了同步协调发展，形成了以发展特种产品为核心业务，以做强汽车零部件、军品新产业为两大羽翼的新建设工业产业结构。

2. 同质同类业务合并

公司根据战略，逐步分解预算，进行业务结构调整，并以业务结构保证战略目标实现为目标，开展作业分析，确定价值链中的保值、增值环节，据此调整产、供、销、人、财、物、研发等业务结构模式，指导同质同类业务合并整合。

3. 组织机构扁平优化

服务战略整合，更加关注战略价值和战略成本，牵引组织机构向共享、扁平方向演进，打破了原有的组织框架，搭建了"直线职能制"组织结构。几厂变一厂，全面系统合并同类项。二级机构较整合前减少20%，实现了一套组织机构、一个管理体系。

4. 标准统一，管理统一

在继承与发扬的基础上，结合调整后的产业格局，重新梳理再造业务流程，细化基础管理，统一管控模式，实现政令畅通和精简高效。同时，统一薪酬、社保、公积金、餐饮、交通等福利标准，以及管理、技术、工艺、质量、生产作业标准，统一评比表彰、绩效考核等标准，从而实现标准统一和管理的平台体系化。

5. 资源统筹配置管理

对各基地的资源进行统一调配，对几个厂的资产、市场、产品、产能、人员进行统一优化布局，初步解决整合企业产能不足，被整合企业产能过剩的问题，避免资源的重复投入，整合优势初步显现。实现资源整合、优势互补，使企业的地位优势、资金优势、管理优势、人才优势、制造优势和市场优势等得到有效发挥，进一步巩固企业在国家轻武器领域的优势地位。

（二）实践之二：管理体系复制

着眼体系复制，实现对企业的有效管控。自整合以来，探索多个管理体系的有机融合运用，在规范化与效率间寻求平衡，实现对企业的有效管控。通过管理体系的导入，为资产配置管理提供标准和方法。

1. 核心管理体系和模式复制

在"集团管两端（统筹、策划），基地管中间（实施）"的管控定位下，将"价值创造型财务管控体系、经营绩效评价体系、JPS 精益'人'形体系"三大管理体系和模式复制到新合并企业。

2. 加强财务管理顶层设计，构建新财务管控模式

以有效支撑战略落地为目标，以关注业务协同和风险控制为重点，针对公司整合后的新格局变化（从单一产品向多元化、从单一企业向集团化等转变）开展财务管理顶层设计，谋划与公司整合发展战略相配的财务工作思路，构建新财务管控体系和模式，实现财务管理的 4 个统一（体系、政策、标准、平台）和 3 个集中（资金、人员、信息）。

（1）开展财务顶层谋划。财务转型路径与公司战略紧密结合，财务管控模式与产业协同。财务转型路径及管控模式如图 16-3 所示。

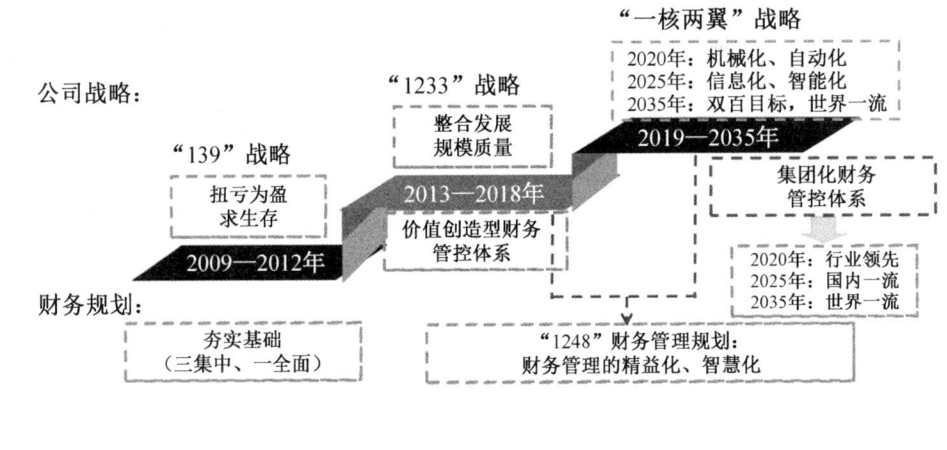

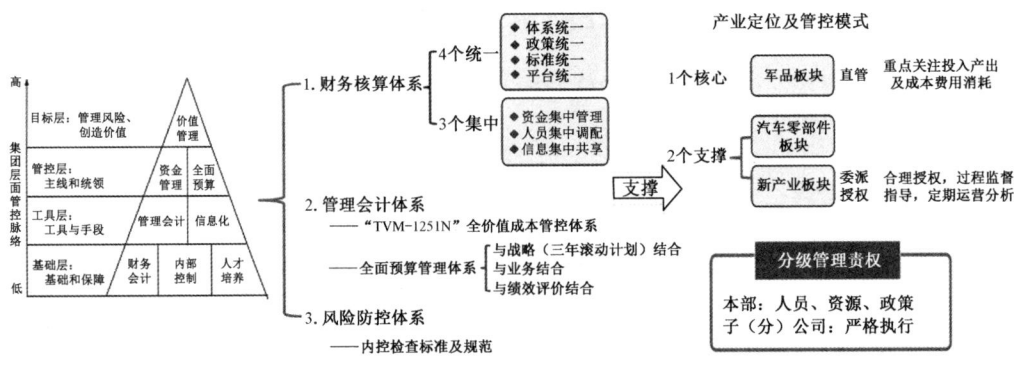

图 16-3　财务转型路径及管控模式

（2）全面导入财务管理体系，以价值创造型财务体系为核心，以全面预算管理体系为切入点，以资金管理体系为重点，以成本价格体系为支撑，以财务标准化体系为基础。在两厂深度融合的过程中，以全面预算管理为抓手，统筹配置财务资源；运用班组工序成本、标准成本等管理会计工具，建立成本消耗标准；集中统筹资源，切换高利率贷款，统筹存量资源，实现对财务资源的高效配置。

（3）流程再造助推一体化管理。全力提升财务综合治理能力和财务管理水平，谋划"1248"财务工作思路；通过对标世界一流管理提升行动，加强财务管理，提升价值创造能力，拟在构建"财务共享中心（报销、核算、资金、税务等信息处理集中共享）、价值创造中心（以'一张表'从预算、成本、价格方面进行有效的价值路径策划和分析）、风险防控中心（内部控制、监督检查）"的前提下，建立财务管理能力评价模型，再造基于高质量发展的价值创造型财务管控体系，如图16-4所示。

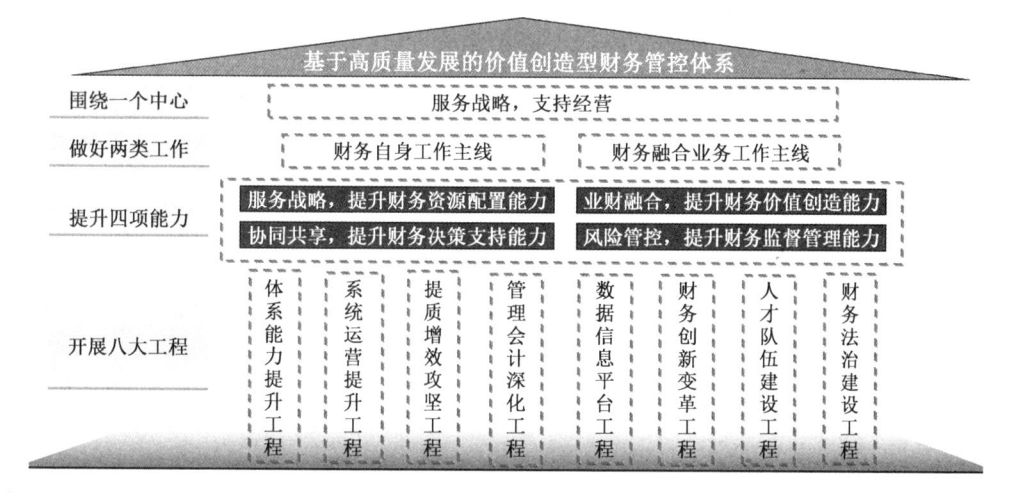

图16-4 基于高质量发展的价值创造型财务管控体系

（三）实践之三：运营机制创新

创新资产运营机制，牵引资源有效配置和资产效率提升。以企业基础数据管理平台为支撑，以绩效评价为导向，构建"基于改进与提升""基于过程管控与经营结果"的绩效评价体系；充分发挥绩效评价解决"帽子、票子、面子"的导向作用，牵引资产价值效率达到最优，促进资产资源高效运营。

1. 引领性

绩效评价始终以战略为引领，贯穿资产运营的全过程。根据公司战略，结合公司的外部经营环境及内部资源,制定远期及近期目标。在此基础上制定公司年度经营计划,通过全面预算管理锁定年度经营目标,将年度目标分解成财务、生产、质量、研发、人力、党建、重点工作七大类基本指标和安全、保密两大类一票否决指标,并根据各项指标对公司经营的重要性赋予其不同的权重,层层分解落实,确保战略目标落地。

2. 协同性

预算始于战略,止于绩效。预算本身并不是最终目的,而是充当公司战略与经营绩效之间联系的工具。预算管理水平的差异决定了绩效体系的主导思路。公司预算从"控制型"向"战略型"转型,其绩效评价体系也从传统的"惩罚绩效体系"向"奖励节约型绩效体系"转变。

3. 针对性

根据整合后的业务板块属性,按不同的管理类别、不同的责任主体,设定差异化、个性化的绩效评价方式,促进发现与改进问题,提高经营活力,达到或超越绩效计划约定的经营成果,充分发挥经营机制的激励导向作用。

4. 参与性

在诊断式预算管理的基础上,引入交互式预算管理方法。公司管理层与部门中层干部、员工代表充分沟通预算目标值、绩效评价基准值与评价方式。在预算体系的基础上,针对在重组整合中遇到的具体问题或管控难点,共同商定衡量绩效计划实际成果的基本标准及衡量方式;同时加强领导层与员工的互动交流,使预算信息更加通畅,有利于提高预算管理对外部环境及内部战略变化的适应性。

5. 共享性

在充分发挥预算管理控制功能的基础上,进一步强化预算的资源配置功能。以经营目标责任书为主,以业务归口管理为辅,对各项财务指标、非财务指标实施月度评价,年度考评兑现,绩效考评与各单位绩效工资、年度经营激励兑现及年度评优、管理层评价及员工岗位晋升的通道紧密联系,激发全体员工在生产经营活动中的积极性、主动性和创造性,使企业充满创造最优经营结果的活力。通过导入管理会计工具和价值创造财务体系,促进被整合企业预算管理水平和资源配置能力的提升,为实施精细化绩效评价奠定基础,让激励更加有效和精准。

表 16-1 所示为激励政策示例。

表 16-1 激励政策示例

单 位	奖励项目	设定目标完成情况	激励	奖扣核算公式	分配比例	
					管理层	单位
各分厂	成本费用节约	计划-实际≥0	奖	节约额×(20%～30%)	30%	70%
		计划-实际<0	扣	超支额×(10%～15%)	30%	70%
精益制造部	在制品资金占用	目标值-实际月均值=$X>0$	奖	奖励金额=X×实际占用时间（月）×(1%/12～2%/12)	50%	50%
		目标值-实际月均值=$X<0$	扣	扣款金额=X×实际占用时间（月）×(0.5%/12～1%/12)	50%	50%
外贸公司	压库促销	已实现销售收入且当年回款	奖	奖励额度=Σ合同数量×3元/支+Σ合同数量×（实际销售价格-销售底价）×对应的奖励比例	70%	30%

（四）实践之四：管控模式变革

1. 聚焦财务资源高效配置

（1）集中统筹资金资源。统筹存量、流量、账户、结算、战略合作等各类财务资源，紧紧依托集团公司"财务公司"与"司库集中"两大平台，进一步发挥"兵装财务+兵装保理"双轮驱动作用，导入并推广中兵保兑单、财务公司商业承兑汇票等多种金融产品。深化资金集中管理，构建中长短（年、N+3、月/日）三级资金管控体系，建立资金管控联动机制（管理前移，参与业务，收付款合同审核联动机制），充分发挥资金存贷资源集中调配的优势，实现资金资源价值最优。自整合以来，资金和票据集中度明显提升，资源集中度由80%提升到100%；贷款资源结构进一步优化，资金效益有效发挥，较整合前增长234%。

（2）聚焦资源高效投放。财务资源投放必须服务战略，确保资产高效配置。财务资源投放向"产品研发、自动化（智能化）、合资合作、人才投入"四大战略发展重点倾斜。公司研发投入占比逐年提升，生产线自动化改造步伐加快，积极推进合资合作，建设创新型人才队伍。

2. 变革产业链运营管控模式

通过诊断问题，横向对标和纵向对比，找到各业务板块的薄弱点和关键点，推动产业链资产运营模式优化。

（1）加强投资价值管理。构建基于"四新"技术的综合价值分析评价模型和"TVM-

1251N"全价值链成本管控体系,对公司研发项目、新工艺运用、新生产线投入等予以财务经济性综合评价,加大其价值管控,新投入资源优化提升率达15%。

(2)构建零件工艺改进前后成本评价模型及应用。从投资回收期、产能提升、人员效率提升、质量提升、设备效率提升、设备占用面积、物流路径优化7个方面进行零件工艺改进前后成本评价分析。

(3)以班组工序成本管理推动生产组织方式变革。从单一产品、小批量、单件组织模式向按产品、按生产线的布局模式和精益生产变革。厂房利用率提升20%,调剂使用设备500余台套。

(4)以分类建立采购定价模型推动采购资源集约化及采购模式的变革。通过对标对表,从单一零件向部件模式转变、从单一产品向集成模式转变,从传统分工模式向分类竞标模式转变。

(5)优化民品管控模式。基于市场的不确定性,搭建"经营事项决策平台、经营预警监控平台、信用等级风险提示平台、会议汇报管理平台"四大平台。

随着整合的深度推进,以"一核两翼"战略为牵引,着力解决制约企业高质量发展的成本、效率、质量、安全等问题,公司扎实开展"81023"创新工程,聚焦"产品、技术、管理"三大创新工作,创新推动整合后的一体化融合工作,创新推动战略资产配置管理一体化实践,固化资产运营管理标准、管理流程与体系。

"81023"创新工程如图16-5所示。

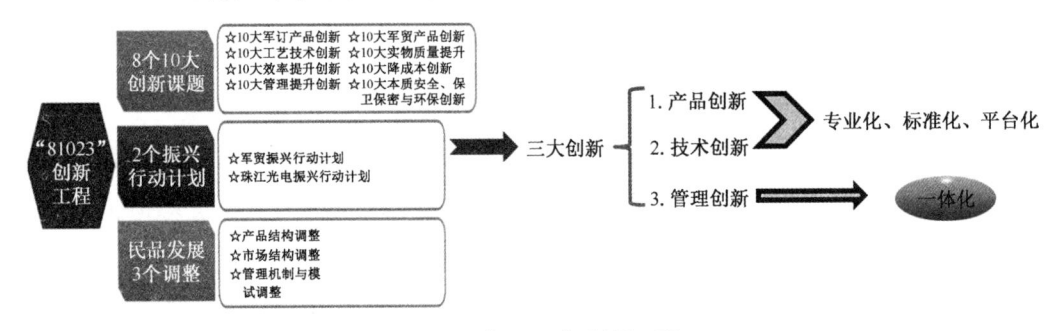

图16-5 "81023"创新工程

(五)实践之五:信息数据共享

依托业财一体化数据信息平台,合理配置存量资产,有效发挥资产价值。随着整合的深入推进,信息颗粒度显著细化,实现跨部门业务协同和数据处理,业财融合更加深入。依托业财一体化数据信息管理(满足财务和业务部门高效协同使用,数据及时交互传递,自由抽取组合),发挥数据价值功能,向闲置资产要效益。通过"实时采集、过程控制、集中集成、协同共享",全面促进财务转型,提升公司管控能力。

财务信息系统如图 16-6 所示。

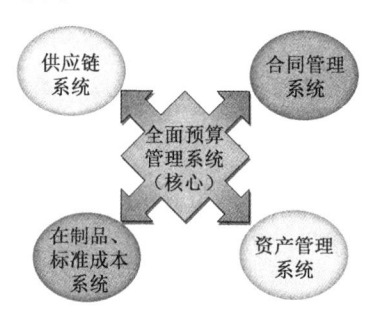

图 16-6 财务信息系统

(六)实践之六：企业文化融合

铸造建设之魂,深入推进企业文化融合。在深入分析研究的基础上,融汇不同工厂文化精髓,提炼总结新建设工业文化理念,发布"JS1612"军工领先文化理念,全面坚持党的领导,发挥党的政治核心作用,坚持文化引领,发挥好精神文化的辐射凝聚作用,得到员工的广泛认同,筑牢整合调整的根基。在资产、业务、管理整合和磨合的基础上,深度推进企业文化融合,企业价值观、发展理念、愿景、目标和管理模式等系列文化得到高度认可。

图 16-7 所示为"1366"党建工作思路。

坚持一条主线
坚持党委对公司各项工作的全面领导,建设世界一流轻武器应用研究制造基地和国内重要的汽车零部件研发制造基地

聚焦三心
一是不忘初心,牢记保军报国、强企富民的企业使命;二是推动中心,大力实施新"一核两翼"战略,全力推进改革、发展、党建领先战略;三是聚拢人心,坚持党建工作与生产经营工作深度融合,创造建设工业人的美好生活

狠抓六个建设
以政治建设为统领,加强思想建设、组织建设、作风建设、纪律建设,把制度建设贯穿其中,深入开展反腐败斗争

实现六好目标
培育好思想,建设好班子,创建好机制,打造好基层,弘扬好作风,塑造好文化

图 16-7 "1366"党建工作思路

四、实施成效

通过战略资产配置管理的推动，有效促进了业务战略与财务战略的融合，为产品战略和市场战略提供了重要保障。"量"的变化持续带动"质"的提升，有形资产聚集产生规模效应，无形资产与有形资产叠加产生乘数效应。企业较整合之前效益、效率均实现增长，资产负债率得到改善，成本费用占比持续降低，盈利能力不断提升，运营效率持续改善。

（一）八大企业优势

战略资产配置管理实践帮助建设工业在行业地位、产业产品、研发技术、经营规模与效益、资金、机制与管理模式、创新与人才、企业文化八个方面取得了优势，为企业带来了更多的发展机遇。整合后，建设工业成为国内最大的轻武器研发制造企业，代表我国轻武器行业的最高水平，在国内具备绝对的竞争优势，具有一定的话语权、主导权，能够争取国家更多政策，能够得到军方更多支持。

（二）整合价值凸显

1. 整合价值"1+1=1"

企业整合绝不是简单的"1+1=2"的物理叠加，而是产生了"1+1=1"的化学反应，实现了组织生态系统的完全"二合一"，生成一个极具活力和竞争力的崭新企业，产生"1+1=1"的汇聚效应。

2. 战略价值"1+1>2"

建设工业通过合并，实现资源整合、优势互补，使企业的地位优势、资金优势、管理优势、人才优势、制造优势和市场优势等得到有效发挥，进一步巩固了其在国内轻武器领域的优势地位，取得了"1+1>2"的裂变效果。

3. 协同价值"1+1<2"

整合给建设工业带来了"1+1>2"的价值倍增效应，同时带来了"1+1<2"的成本削减效应，这一增一减释放的力量是无穷的，立竿见影地发生了"1+1<2"的质变。

（三）战略资产高效配置

在企业的生产经营活动中，战略资产是重要的劳动资料，占企业总资源的绝大部分，是任何其他要素都无法替代的。战略资产的完整、高效对于一个企业来说是非常重要的，其管理的优劣直接影响到企业的成本和利润。企业竞争的成败，通常并不取决于所拥有资源的数量，而取决于资源配置的效率，将有限的资源配置到最大限度为企业创造价值的地方。面临两个整合企业，只有统筹好两个厂的资源，才是战略资产整合成功的关键。通过企业重组，建设工业整合几个厂的战略资源，充分发挥资源配置作用，使资产资源价值最大化。

五、总结启示

建设工业战略资产配置管理的成功实践，为兵器装备集团未来资产重组和业务融合提供了一个可复制、可借鉴的模板，起到了示范性作用。

在建设工业从单一企业向集团化企业、从单一产业向多产业、从管资金资产向管资本运营等转变的过程中，财务工作紧紧围绕整合发展目标，根据企业产业定位和发展模式，探索出一套基于高质量发展的价值创造型财务管控体系，实现"四个统一、三个集中"，顺利实现价值创造型财务体系的导入和运行。

建设工业创新资产运营方式，通过整合，统一优化布局，进一步调整产品、市场、资产、人员等结构，做到了资源共享，优势互补，实现了对资源的再组合、再分配、再利用，充分发挥资产运营效率和效益。

通过几年、多次的战略资产重组整合，建设工业基本达到了整合目标，但深度融合和资源高效配置支撑企业更上一个台阶，还有一段路要走。建设工业将始终以价值为导向，以资源高效配置为核心，紧紧围绕高质量发展这一主题，谋划好战略资产配置管理的下半篇文章。

案例二 南方资产——基于高质量发展的大型企业集团产业投资平台产融结合资产配置实践

一、背景描述

（一）企业基本情况

南方工业资产管理有限责任公司（简称"南方资产"）成立于 2001 年 8 月 28 日，注册资本 33 亿元，经营范围为实业投资、信息咨询，是兵器装备集团的全资子公司，隶属金融板块。南方资产定位为兵器装备集团"科技企业集团资本助推器""战略新兴产业孵化器""总部经济贡献中心"三位一体的产业资本投资平台，承接"产业投资平台""资产经营平台""资本运营平台""金融投资平台"四大战略职能定位，是以产业投资、资产经营、资本运营和金融投资四大业态为主要支撑的综合性资产管理公司。

（二）企业管理现状及存在的问题

2017 年 7 月，在全国金融工作会议讲话中，习近平总书记把服从服务于经济社会发展作为做好金融工作要把握好的重要原则之一。他强调，金融要把为实体经济服务作为出发点和落脚点，全面提升服务效率和水平，把更多金融资源配置到经济社会发展的重点领域和薄弱环节，更好满足人民群众和实体经济多样化的金融需求。

2017 年 10 月，党的十九大报告提出，"深化金融体制改革，增强金融服务实体经济能力"。

2022 年 10 月，党的二十大报告进一步指出："建设现代化产业体系。坚持把发展经济的着力点放在实体经济上，推进新型工业化，加快建设制造强国、质量强国、航天强国、交通强国、网络强国、数字中国。"

近年来，集团公司不断强调金融回归服务实体本源，强调着力发挥"以融促产、

"以融强产"作用,聚焦主责主业,履行强军首责,聚焦创新驱动,做精技术、做强实力、做深产业链、做优产业群,不断完善产融结合协调体制机制。

南方资产作为集团公司产融结合平台,坚持产业金融定位,深化产融结合,围绕主业开展投资,不断提升金融服务主业水平,但同时存在着服务集团产业主动谋划不够、服务集团主业资产配置占比不高、利用产业基金撬动社会资本支持服务集团主业发展力度不够等问题。

(三)基于高质量发展的产融结合实践方向

为了有效改善现状,南方资产立足"服务主业、创造价值"的发展使命,积极推动"十四五"战略规划落地,坚持以党建引领,推动服务主业跃升,努力做到"四个提高",在支持集团公司实现高水平科技自立自强和支撑构建现代化产业体系上下功夫。一是加强对习近平总书记关于金融工作重要论述的学习领会,增强服务主业意识和责任。二是发挥产业投资"排头兵"作用,建立产业链投资地图,制定《产融结合工作方案》《南方资产服务主业手册》和《南方资产产业投资生态圈手册》。三是围绕集团"两圈一新"产业开展重大项目投资或项目并购;加强服务集团协同机制建设,协同产业基金建立军品、汽车、战略新兴三个专业团队,着力为产业投资布局提供一揽子金融服务方案,进一步完善对集团公司主业体系的服务。

二、总体设计

(一)目标

南方资产牢牢把握新时代军工中央企业产业资本投资公司的战略定位,履行好"服务主业、创造价值"的发展使命,聚焦主责、主业,围绕"两器一中心"战略功能,全面服务集团公司"133"战略,积极融入"两圈一新"产业群,为集团公司产业高质量发展提供综合、系统、完整的金融资本解决方案,体现军工集团产业资本投资公司的责任与担当,助力集团公司打造具有全球竞争力的世界一流科技型企业集团,全面建设一流的产业资本投资公司。

预计到2025年,南方资产服务集团主业投资占比将达到80%,较"十三五"末期提高15个百分点,资产管理规模翻一番,达到300亿元。

南方资产"十四五"战略规划如图16-8所示。

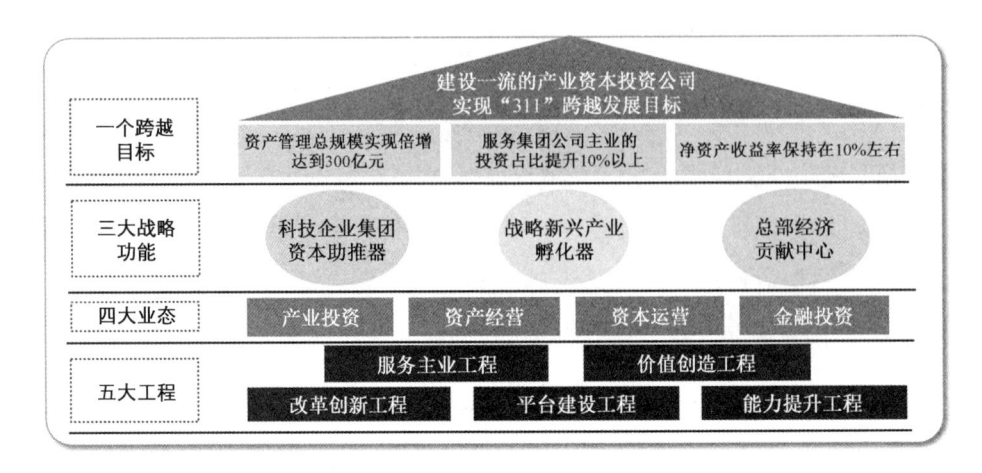

图 16-8 南方资产"十四五"战略规划

(二) 构建思路

南方资产坚持"金融服务主业"的总要求,推动金融资本和产业资本深度融合,以"产业投资、资产经营、资本运营、金融投资"四大业态为支撑,进行"市值管理、基金管理、资产经营、流动资金管理"四大统筹,充分利用自身的金融资源和资本运营经验,探索覆盖全生命周期的金融产品和服务,为产业布局提供股权融资、资本市场融资、债权融资及产业链融资等一揽子金融服务方案,有力地服务集团公司主业体系。

南方资产服务主业模式如图 16-9 所示。

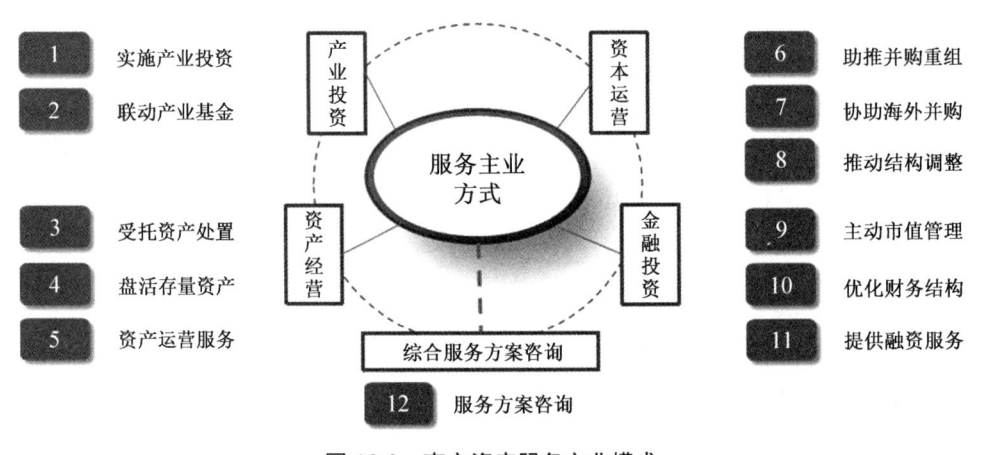

图 16-9 南方资产服务主业模式

(三) 主要内容

1. 发挥产业投资平台作用,聚焦产业需求,加快强链、补链

在产业投资方面,南方资产立足集团公司产业发展现状,重点投资具有上市基础的企业和项目,开展战略投资、重大资产重组、对外资本收购兼并等工作,协同集团内企业开展外部能力并购调研和内部创新孵化工作,全面构筑"以军品产业为主体,以汽车产业为重点,以战略新兴产业为支撑"的投资生态。

2. 发挥资本运营平台作用,坚持做强、做优、做大国有资本

在资本运营方面,南方资产统筹集团公司市值管理相关工作,结合国家宏观经济背景、行业发展情况,主动用市场化手段维护市值稳定;通过增持与减持操作、定向增发等资本运营方式,实施上市公司市值管理,创造收益;提升集团公司产业上市平台募资、并购等资本运营能力,为集团企业转型升级提供资金和技术支持;把握军品、智能装备、新材料、机器人等市场投资机会,进行产业链协同布局。

3. 发挥金融投资平台作用,实施精益管理,赋能价值创造

在金融投资方面,南方资产以统筹集团公司流动性管理职能为先导,立足流动性管理,开展价值投资,使资产最大限度地保值、增值;坚持采取"研究先导、组合管理、严控风险、价值创造"的投资原则,平衡风险与收益,优化整体资产配置结构;坚持风险防控底线思维,建立健全投研体系,加大对宏观、行业与标的基本面的研究力度;秉承价值投资理念,通过定向增发、公募基金等方式进入资本市场,实现价值增值。

4. 发挥资产经营平台作用,通过市场化和专业化提升资产价值

在资产经营方面,南方资产以服务集团公司产业布局调整和转型升级为目标,统筹管理集团公司"两非"资产,借助资产证券化等金融工具,运用市场化手段,开展集团公司土地资产盘活和持有型物业的运营管理,深挖集团内部资源价值能力,盘活存量资产,提升价值创造能力。

(四)创新点

1. 理念创新

南方资产坚持以党建引领,不断推动服务主业跃升,做到"四力提升",在支持集团公司实现高水平科技自立自强和支撑构建现代化产业体系上下功夫。

(1)提升产业影响力,加大投资体量大、带动能力强、发展前景好的服务主业项目投资数量和比重,突出科技创新、产业控制、安全支撑作用。

（2）提升赋能服务力，深度参与集团公司系统性、关键性、牵引性项目投资、运作和服务，加大投后赋能力度。

（3）提升利润贡献力，梯次谋划、压茬推进重点企业改革、改制工作，提升资产证券化水平和资产价值。

（4）提升资源利用力，拓展服务主业资金来源，加强基金平台管理，完善基金谱系建设。

2. 模式创新

（1）持续构建服务圈，深度参与集团公司重大专项，归集集团内部优质资源，发挥金融服务先导作用。

（2）强化构建生态圈，持续构建以兵器装备集团科技委和"两圈一新"产业链单位等为依托，以社会专家咨询机构为补充的集团内外专家智库平台，加强与行业高层次专家的交流，强化对产业资源的了解和把握。

（3）深入拓展朋友圈，固化、优化、强化战略合作方，推动地方政府、金融企业、产业链上下游、高校、科研院所及社会资源等合作实现对创新要素最大限度地整合，助力集团公司高质量发展。

3. 工具创新

南方资产以全面提升股权流动性为核心，发挥"产业+基金"作用，按照"一个主体、三大平台、六个谱系"基金发展总体思路，撬动社会资本支持集团产业发展；根据集团公司发展战略的需要进行战略投资、重大资产重组、对外资本收购兼并等工作，协同集团内企业开展外部能力并购调研和内部创新孵化工作，服务主业，充分发挥资本助推器和产业孵化器的作用；积极参与集团混合所有制改革，重点投资集团公司内部具有上市基础的企业和项目，培育企业上市，提升集团公司资产价值，充分发挥助力改革、改制和资本运营的作用。

三、实践应用

（一）主要做法

1. 整体框架

制定五年战略规划—分解年度计划—编制业务预算—平衡风险与收益—确定投

资规模—动态调整—年度投资计划。

2. 主要操作方法

以战略目标为牵引，将资源向主责、主业倾斜，持续优化资产配置结构，稳步提升服务集团公司主业投资的占比。

（1）明确产融结合工作要点。根据年度产融结合方案要求，设定各项指标，回归金融服务实体本质，盘活集团内部资源，引入外部资本，重点关注集团产业发展及资产管理的需要，建立服务主业措施清单。

（2）明确年度风险管控重点任务。根据年度重大风险评估，有效识别在年度经营过程中的风险点，设定公司风险容限指标。同时，集团公司对金融证券投资额度和结构重新审视，突出资源配置的导向性，突出强化对高风险投资或权益投资结构占比的控制，持续优化投资业务结构，严防金融风险。

（3）构建大类资产收益预期框架。结合外部经济形势，对集团内各行业进行研究分析，同时对股票、债券和外汇等市场进行综合研判，明确各类资产配置的预期收益率。

（4）搭建资产配置模型。为有效推动战略规划落地，根据年度分解目标，在夯实业务预算、筹资预算的基础上，开展现金流和利润压力测试，综合考量资产负债约束，平衡风险与收益，稳健开展各项投资，实现国有资产保值增值。长期股权投资项目税后内部收益率应高于行业平均水平，在原则上不低于国资委对商业类中央企业股权资本成本率考核的指标（6.5%），金融证券投资收益率不低于一年期贷款市场报价利率（LPR）+1%。

3. 主要保障措施

（1）全链条业财融合。实现预算、立项、决策、投资、管理、结算的全链条贯通。通过预算管控、资金管控、成本管控、财务结算等经营管理活动实现业财融合，并做到对资金的有效管理。

全链条业财融合如图 16-10 所示。

（2）全生命周期管理。从项目入库、预审、立项到项目的过程计划制订、项目过程监控反馈，再到项目验收，最终退出，形成全面管理。

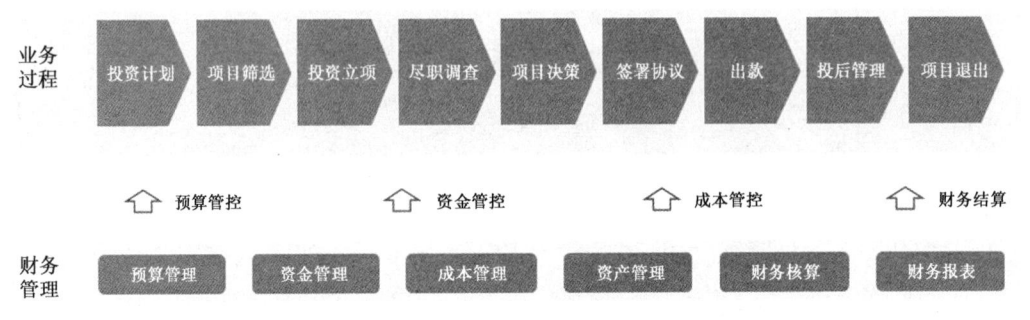

图 16-10 全链条业财融合

全生命周期管理如图 16-11 所示。

图 16-11 全生命周期管理

(3) 全流程风险管控。为每个投资项目建立"项目档案",始终将风险管理贯穿于投资项目的全生命周期管理当中,最大限度地避免出现风险事件,切实提高公司风险管控能力与水平。

全流程风险管控如图 16-12 所示。

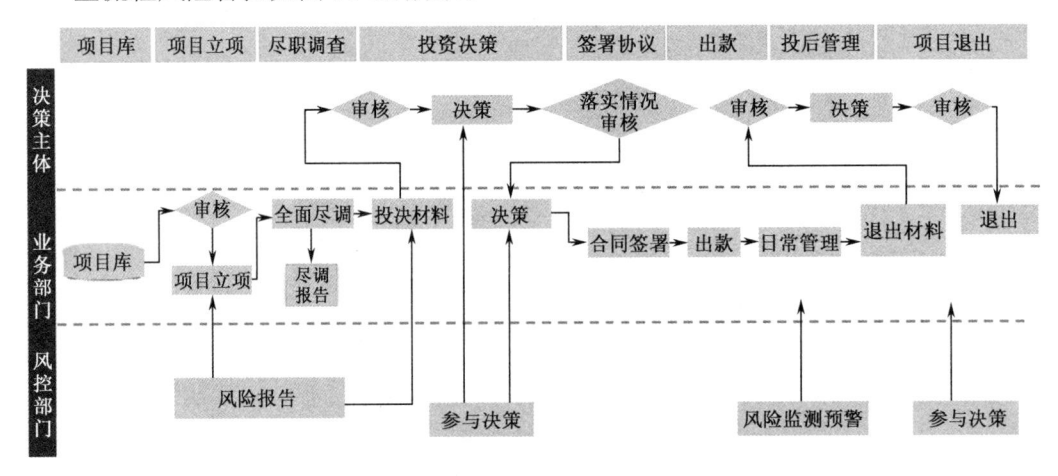

图 16-12 全流程风险管控

（二）实践案例

南方资产资源配置聚焦主责、主业，以产融结合为出发点，以价值创造为导向，以资源协同为纽带，基于产业各发展阶段、企业全生命周期的不同需求提供多元化的金融支持，推进金融与产业的协同和融合，推动兵器装备集团产业生态链的优化和升级。

1. 实践之一："产业+基金"模式

A 公司是某地军工龙头企业，南方资产作为领投方，联合外部机构设立专项基金，出资参与 A 公司的混合所有制改革。这是服务集团公司军品圈，聚焦集团公司军品主业的重要布局，进一步促进集团公司在技术、市场资源方面与 A 公司的合作与共享。

项目设立专项基金并引入顶级合作方，打造了"央地、基金、产业"三方协同的创新投资模式。

（1）利用专项基金形式，引入战略资源，助力企业做大做强。作为 A 公司第二大股东，南方资产充分实施"专项聚焦、深耕协同"策略，为 A 公司发展提供专业能力支撑，利用专项基金的专注性、灵活性，通过引入与公司具有较强战略协同价值的投资者，加上兵器装备集团的产业背景，在科研、技术、生产、渠道、市场、资本运营等方面为 A 公司赋能，助力企业做大做强。

（2）充分发挥专业能力，整合各方资源，推动公司业务发展。在成为 A 公司股东后，南方资产以股权投资为纽带，充分调动产业融合资源，帮助 A 公司快速落地混合所有制改革。

（3）创新性地开展"央地、基金、产业"协同，深耕项目发展。南方资产深度聚焦企业发展，通过专项基金汇聚多方资源力量，创新性地开展"三方协同"：积极协同中央军工企业与地方军工企业，在业务领域为公司产业赋能；积极协同国家级基金与中央企业金融资源，为公司资本运营提供专业支撑；积极开展产业协同，整合行业优质产业资源，推动国防装备领域的产业升级。

2. 实践之二："资本+并购"模式

B 公司是一家民用爆炸物品行业信息化的"物业"管理公司，是民用爆炸物品行业中的领军企业。南方资产协同集团内 X 研究所联合成立 Z 平台公司，并以向 Z 平台公司借款的形式全资收购 B 公司。

项目设立合作平台，打造了资本方协助产业方出资、实际控制权仍为产业方的创新模式。X 研究所和南方资产联合成立收购平台，并以股东借款形式向收购平台提供借款，用于收购 B 公司的股权，实现 X 研究所对收购平台的控股。南方资产为平台公司提供主要的并购借款。这种国资并购模式，南方资产作为资本方协助出资，满足了产业方实际控股的要求。

项目打造了 X 研究所军品业务产业化、市场化、资本化平台。本次收购，南方资产与 X 研究所共同设立 Z 平台公司。一方面，Z 平台公司用于推进对 B 公司的收购和实施收购后的管控工作。另一方面，未来双方将持续运作 Z 平台公司，向其注入更多优质资产，运用资本市场手段实现投资的保值、增值，助推 X 研究所乃至整个集团的军品产业快速发展，充分发挥 Z 平台公司的产业化、市场化、资本化作用。

3. 实践之三："资本+改革"模式

C 公司是特种防护细分领域的龙头企业。南方资产充分发挥资本运营优势和资源优势，将原有"三步走"改革方案调整为"股权激励+上市"两步走的混改计划，提高了在科创板上市的审核速度。同时，南方资产积极应对监管政策收紧及资本市场的变化，协助 C 公司持续调整和完善上市审核材料，助推 C 公司成为国内第一家以特种防护装备为主业登陆科创板的企业，成功募集资金近 30.25 亿元，超募资金 10.88 亿元。

通过改革，C 公司形成了"集团控股+南方资产参股+战略配售+员工股权激励"的股权架构，充分增强其发展动力并激发职工活力，经营业绩提升显著，改革成效初步显现，成为集团公司旗下改革上市标杆企业。2021 年，C 公司营业收入同比增长 52.70%，利润总额同比增长 71.96%。

四、实施成效

（一）在服务程度上，实现从融入到融合的转变

南方资产立足服务主业工程，建立"重大专项建设、集团部门对接、重点企业服务"三位一体的服务机制，加强服务集团协同机制的建设；充分发挥产融结合的作用，制定"两圈一新"产业链投资地图或投资策略，完善《南方资产服务主业手册》

《军品投资生态圈手册》等材料，系统梳理《南方资产产业投资生态报告》；提升服务主业能力，建立多个专业团队，围绕"两圈一新"产业和装备服务工程开展能力建设，并完善专家智库和项目评审体系。

截至 2022 年底，南方资产服务集团公司主业投资规模超百亿元，配置占比达71%，较"十三五"末期提升 6 个百分点。

（二）在服务方式上，实现从参与到引领的转变

南方资产牢牢把握新时代军工中央企业产业资本投资公司的战略定位，围绕金融服务主业手段及工具变革，逐步形成包括六大板块及细分领域的服务主业清单，构建"1+2+4+8+N"的服务主业工作体系，深化融入主业的程度，构建产业投资体系。

南方资产投资模式如图 16-13 所示。

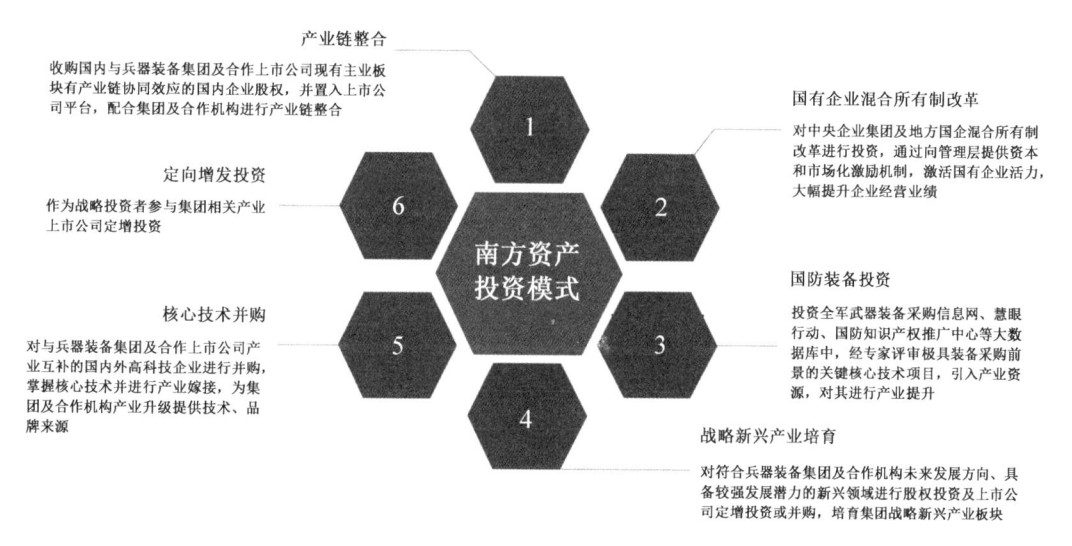

图 16-13 南方资产投资模式

（三）在达成效果上，实现从服务到助推的转变

南方资产主动策划，参与改革，在集团公司统筹下梯次谋划、压茬推进重点企业改革、改制工作，以此为突破口，激活机制、聚力创新，提升集团公司资产证券化水平和资产价值；以咨询策划、投资参股、参与公司治理、引入外部资源等方式，因业施策、因企施策，助推改革工作按计划稳步进行，成为集团改革工作不可或缺的"第三方"。通过改革，相关参控股企业单位活力提升，产业布局优化，结构调整成效初步显现，焕发出蓬勃生机。

五、总结启示

南方资产产融结合资产配置实践坚持战略导向、目标导向，聚力改革、聚焦创新，发挥资本优势，立足"服务主业、创造价值"的发展使命，通过理念创新、模式创新、工具创新，充分运用"产业+""资本+""改革+"等方式，不断提升产业影响力、赋能服务力、利润贡献力、资源利用力，深度打造产业融合服务圈、产业布局"生态圈"、产业整合"朋友圈"，在保障主责、主业资源投入的基础上，优化资源配置，在创造价值的同时实现服务主业跃升的三个转变，取得了较好的实施效果，对同行业企业产融结合具有一定的指导和借鉴意义。

（一）功能方面

南方资产积极参与集团混合所有制改革，突出"资本+改革重组"，重点投资集团内部具有上市基础的企业和项目，培育企业上市，提升集团资产价值，充分发挥自身助力改革、改制和资本运营的作用；突出"资本+创新孵化"，根据集团发展战略的需要，进行战略投资、重大资产重组、对外资本收购兼并等工作，协同集团内企业开展外部能力并购调研和内部创新孵化。

（二）配置方面

南方资产聚焦"两圈一新"，构建"以军品产业为主体，以汽车产业为重点，以战略新兴产业为支撑"的投资生态体系，生态圈投资布局逐步形成且给主业赋能的力度不断加大，特别是加大军品、战略性新兴产业布局；深入贯彻落实国资委关于加快发展战略性新兴产业的部署，构建自主可控的产业生态体系，将数字化转型理念全面融入"两圈一新"高质量产业生态圈建设。

（三）服务方面

南方资产聚焦全面深化改革，以改革、改制为突破口，重点挖掘"两圈一新"产业发展需求，发挥资本优势，为集团企业转型升级、结构调整提供金融支持；与集团各主要部门及重点企业对接课题研究、项目投资、改革改制、创新孵化、资本运营等工作，对集团产业发展规律理解得更加深刻，服务主业的体系日趋完善；围绕集团战略落地和机构设置，形成管理扁平化的产业投资团队，并成立产融结合领导小组，使公司本部和基金管理部门密切协同。

当前，百年未有之大变局加速演进，集团处于建设科技型企业集团和高质量发展的关键期，南方资产作为集团内唯一的产业资本投资平台，在服务主业的精度、力度和深度上都面临更大的挑战和更高的要求。南方资产将继续坚持战略导向，持续完善基于产融结合的资产配置方向，根据主业的发展需要动态调整优化资源配置，努力实现服务主业与价值创造的有机统一，推动公司高质量可持续发展，为助力集团打造具有全球竞争力的世界一流科技型企业集团贡献应有之力。

第十七章

基于高质量发展的企业集团经济运行监控系统案例

案例一 中国长安——多业态集团企业高质量经济运行监控体系创新实践

一、背景描述

（一）企业基本情况

中国长安汽车集团有限公司（简称"中国长安"）是兵器装备集团旗下的一家特大型多业态汽车企业集团，统筹发展整车、汽车零部件、销售与服务、物流等业务板块，形成了比较完善的产业链。

（二）企业管理现状与问题分析

中国长安是典型的多业态汽车集团企业，近几年的高速发展对管理提出了更高的要求，管理短板越来越制约公司发展，突出表现在几个方面：缺乏整体意识，下属单位以自身利益为重，忽视企业集团整体利益；沟通效率低下，导致资源配置不合理；预算管理形式化，监督考评机制不完善导致战略目标达成率低；对风险的管控不到位，难以及时预测防范企业集团在运行过程中出现的风险；管理粗放，业财融合不足，对业务层的支撑和牵引不足。

为解决上述问题，同时加强对成员企业的监督和管理力度，打通各企业间的沟通交流渠道，提升风险管理能力，中国长安经过多年的摸索和总结，依托有效的信息化系统，通过规范的数据来源、良好的组织环境、统一的标准、规范的流程及合理的考评制度等，建立了一套符合自身发展阶段及特点的运营监控体系，促进了管理水平的提升。

二、总体设计

（一）设计目标

建立运营监控组织架构，统一数据口径，统一标准、流程，建立考评机制，实现对企业集团整体经济运行情况的动态监控和诊断，及时发现问题并进行反馈，同时在实践中探索建立多工具整合运用及业财融合的运营监控管理体系。

（二）设计思路及主要内容

采用系统化的工作方法，在指标设计与选取的前提下，通过计划编制与落实、过程监控与分析、结果检查与整改的管控程序，构建有工作目标、评价标准、过程监督和检查反馈的要素完备、全面科学的运营监控管理体系。在运营监控管理体系建立的基础上，不断整合其他管理工具和方法，强化业财融合，持续拓展运营监控管理的深度和广度。运营监控管理体系如图17-1所示。

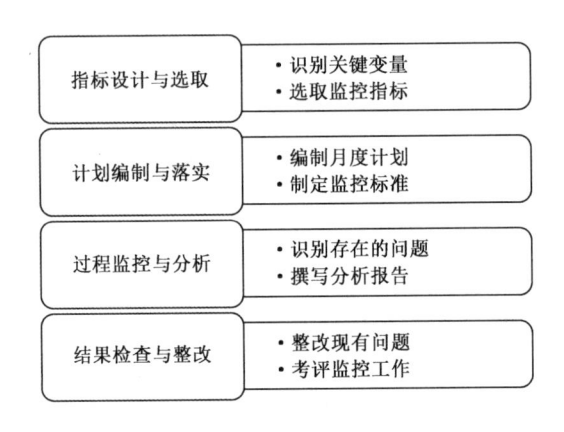

图17-1 运营监控管理体系

（三）组织架构

建设有效的运营监控管理组织架构，搭建运营监控管理责任网络，是运营监控管理工作顺利开展的组织保证。中国长安运营监控管理工作要求公司所有部门、全部人员共同参与。在组织架构上，财务经营部为牵头部门，其他职能部门作为配合部门，下属各成员企业直达业务层。运营监控管理体系组织架构如图17-2所示。

财务经营部是中国长安运营监控管理工作的主要负责部门，其职责为根据中国长安年度经营目标，牵头分解落实各成员企业年度经营指标，负责对下属成员企业实施运营监控管理，结合中国长安其他职能部门提交的相关资料，定期对中国长安整体运营情况进行总结和分析。其他职能部门配合财务经营部开展运营监控管理工作，定期按规范格式向财务经营部提报与运营监控管理工作相关的资料。

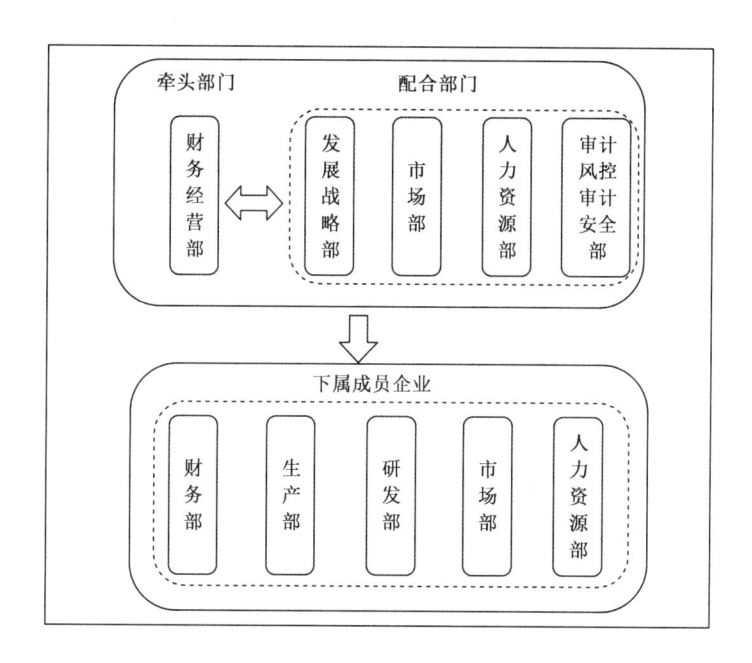

图 17-2 运营监控管理体系组织架构

三、实践应用

(一)运营监控管理体系的构建与实施

1. 指标设计与选取

运营监控指标的设计是建立运营监控体系的第一步,也是合理建立运营监控体系的关键环节。中国长安按照以下原则选取具体监控指标,对下属单位运营情况进行全面监控。

(1)科学性原则。由于企业集团下属成员企业具有数量多、级次长、业务广和差异大的特点,运营监控管理指标的选取综合考虑了各单位的具体情况、企业集团内部和外部环境与管理需求的变化,经反复验证后确定,做到客观、科学。

(2)可操作性原则。在构建运营监控管理指标体系时充分考虑指标数据的可获得性,使其简单、易行,能够在具体实践中实现。

(3)定量性原则。运营监控管理指标的设置应该通过某种方式进行量化并表达出来。

(4)动态性原则。企业集团的经营发展是一个动态的过程,监控指标应该根据内部和外部环境与经营战略的变化不断修正。运营监控指标应该是一个动态调整的指标体系,随着企业集团面临的内部和外部环境的变化而调整。

(5)全面性原则。监控指标设计要贯穿企业集团财务运行的全过程:一方面,要尽可能做到准确监控企业集团在运营过程中面临的各种财务风险;另一方面,在坚持全面性原则的基础上,对经济运行过程中的关键风险点实施重点监控。

最终,中国长安从运行效益、运行质量和运行风险三个维度展开并构建了运营监控管理指标体系。中国长安运营监控管理指标体系如表17-1所示。

表17-1 中国长安运营监控管理指标体系

维度	指标大类	具体指标
运行效益	盈利情况	利润总额、净利润、息税前利润、归属母公司净利润、经营性净利润等指标
	盈利能力	综合毛利率、总资产收益率、净资产收益率、期间费用占比等指标
运行质量	资产利用情况	存货净额、存货库龄、存货周转率、应收账款净额、应收账款账龄、两金占比等指标
	销售活动	销售收入、销量、出口量、市场占有率等指标
	人力资源	从业人员人数、工资总额、劳动生产率等指标
	产品研发	主要是对产品或技术研发进度与数量进行监控
	客户评价	万辆车客诉量、投诉处理满意率、销售再购占比、客户把握率等指标
运行风险	财务风险	资产负债率、带息负债率、已获利息倍数等指标
	经营风险	产品质量、库存等指标
	其他风险	主要是指竞争风险、客户偏好转换风险、行业方向转换风险、战略收购风险、法律风险等

运行效益维度反映企业经营活动的财务成果,是结果类指标的集合。运行效益维度又可以分为盈利情况与盈利能力两个方面。盈利情况是对运营效益绝对值的反映,是在企业生产、销售、研发等各项运营活动共同作用下的最终结果,是将企业收入扣除企业发生的成本费用后的价值。盈利能力是以相对值的形式对企业在一段时间内的运营效益加以反映,这一指标衡量企业通过运用可支配的经济资源,进行经济活动赚取利润的能力。

运行质量维度反映企业在经营过程中的主要业务与重点项目的完成情况。运行质量可以通过资产利用情况和各项业务或流程的完成质量两个方面进行反映。资产利用情况是指资产利用的充分性,可以通过存货、应收账款等资金占用情况及资产周转效率加以反映。各项业务或流程的完成质量,具体包括销售活动、人力资源、产品研发和客户评价,可以通过企业对外销售规模、金额、劳动生产率、在研项目完成率、客户满意度等来反映。

运行风险维度具体体现为财务风险、经营风险和其他风险三个在企业运营过程中需要关注的风险控制点。其中，财务风险是对企业财务管理目标实现产生直接影响的不确定事件的集合，主要体现在企业资产和现金流的充足性，企业现有的资产和现金流是否能够按时偿还债务、支付利息，能否覆盖企业在经营过程中产生的各项费用。运营类风险是对企业日常运营目标实现产生直接影响的不确定事件的集合，指的是因流程设计、人为操作不当或不可控的外部因素给企业造成经济损失的概率。其他风险是指不能归入上述两种风险的风险，包括但不限于自然灾害风险、政治风险、竞争风险等。

2. 计划编制与落实

计划编制与落实是运营监控管理的基础环节，也是运营监控管理与全面预算管理衔接的重要环节。在签订"经营责任书"后，按照上一环节划分的工作内容、职责及年度目标编制月度工作计划，明确工作进度、阶段和任务，并确定操作性强、符合实际的运营监控管理工作标准。

月度滚动经营计划是在确保年度目标达标的前提下，基于过去实际发生的情况，编制当年后期未实际发生月份的经营计划，是对年度经营目标的分解和逐月滚动落实。在每年 1 月 25 日前，下属成员企业需将年度经营目标分解为全年 12 个月的月度计划，月度计划一旦确定，将作为计算累计计划完成率的依据，并且作为考察月度预计和月初计划偏差度的标准。从 2 月到 12 月，下属成员企业需对月度计划进行逐月滚动落实。在每月 25 日（从 2 月开始）上报滚动经营计划时，需更新上个月的实际完成情况，并把当月计划数更新为本月预计完成数。本年度 12 个月计划全部执行完毕后，下年度计划的周期开始，如此循环往复，使整个体系处于连续的状态。月度滚动经营计划如表 17-2 所示。

表 17-2　月度滚动经营计划

月度计划	1 月	2 月	3 月	4 月	……	12 月
1 月经营计划	预计	计划	计划	计划	计划	计划
2 月经营计划	实际	预计	计划	计划	计划	计划
3 月经营计划	实际	实际	预计	计划	计划	计划
4 月经营计划	实际	实际	实际	预计	计划	计划

基于上面对月度滚动经营计划的介绍，可以将中国长安滚动经营计划编制工作流程归纳为以下步骤。

中国长安财务经营部根据主要监控指标和重点工作任务等内容，结合对下属成员企业经济运营情况监控的需要，在上一年度 12 月 31 日前编制下发月度滚动经营计划样表。

下属成员企业根据下发的月度滚动经营计划样表内容，结合签订的经营责任书的年度经营目标，在每年 1 月 25 日前将各项指标根据产品市场开拓情况、行业发展特点等进行客观预测，将年度经营目标分解为月度计划。下属成员企业将月度计划逐级分解，最终落实到具体产品、责任人和各区域市场。

从 2 月开始，下属成员企业开始逐月滚动落实计划，即在 2 月 25 日上报下月经营计划时，将 1 月的计划数更换成实际财务快报数，将 2 月的计划更换成 2 月预计数，3—12 月的计划根据实际情况预测。后续月份以此类推。

下属成员企业在每月 25 日前将次月的月度滚动经营计划报送至中国长安财务经营部。当月销量、营业收入、利润总额、经营性利润、净利润、经营现金净流量等主要经济指标预计完成（编制当月的预计完成数）与月初计划（上月报送的本月计划数）偏差度在 10%以上时，必须在报送月度滚动经营计划时，附上指标差异说明书面报告。

月度滚动经营计划流程如图 17-3 所示。

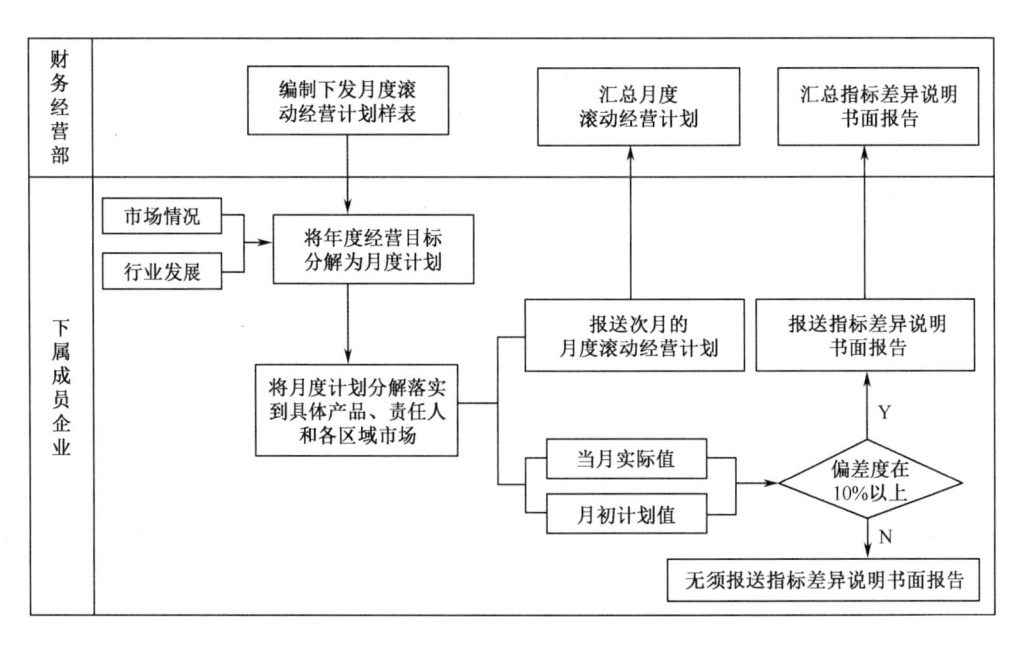

图 17-3　月度滚动经营计划流程

3. 过程监控与分析

过程监控与分析是运营监控管理工作的中心环节。为及时了解和掌握下属成员企业的经济运行状况，发现在生产经营过程中存在的突出问题，保障企业全年目标的实现，中国长安在过程监控与分析环节设置了月度预警机制和月度经济运行分析机制。

（1）月度预警机制。

月度预警机制是为了加强经济运行监控的针对性和时效性，及时了解各下属成员企业的经济运行波动情况而构建的一种过程监控机制。它是在当月实际完成值与计划值的偏差度超过一定值或者一定范围时，下属成员企业需提高警惕，找出偏差产生的原因并进行改进的一种纠偏手段。月度预警机制需要企业集团牵头设立，并敦促企业集团内的各下属成员企业积极配合执行。月度预警机制流程如图17-4所示。

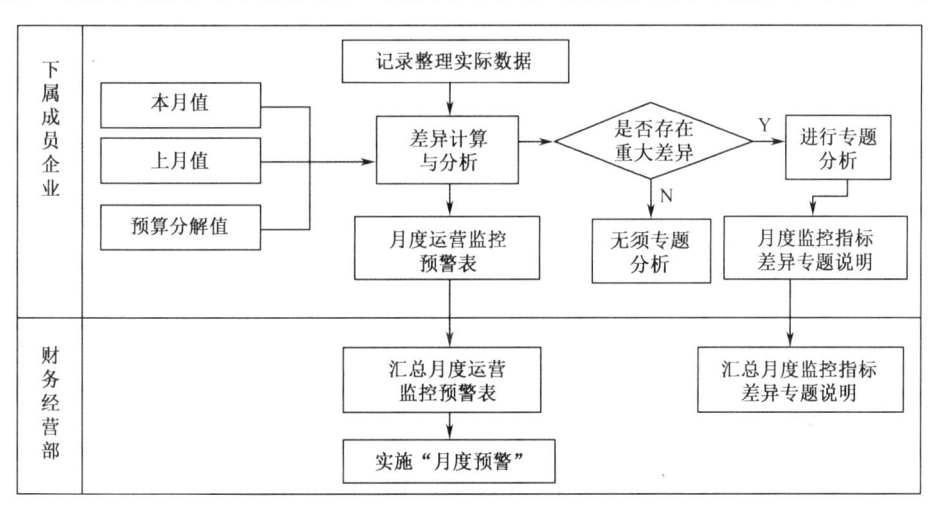

图 17-4 月度预警机制流程

（2）月度经济运行分析机制。

月度经济运行分析机制是为根据运营管理的需要指导下属成员企业、反映企业集团运行状况和行业发展趋势而建立的一种内部经济分析机制。中国长安财务经营部每月定期召开一次月度经济运行分析会议，以便及时、深入掌握企业的日常运营状况，给予下属成员企业反馈，确保经济运行质量。在这个过程中，中国长安财务经营部负责牵头完成中国长安月度经济运行分析报告，并组织召开由公司领导、总部各部门领导及下属成员企业高层领导和相关部门参加的月度经济运行视频分析会议。月度经济运行分析机制流程如图17-5所示。

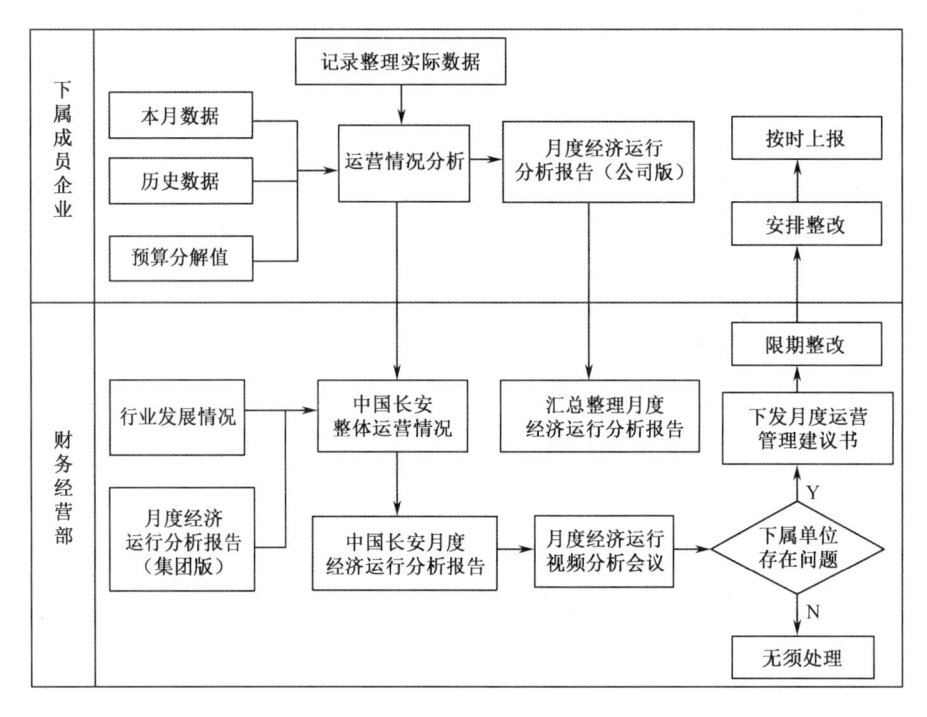

图 17-5　月度经济运行分析机制流程

4. 结果检查与整改

结果检查与整改是运营监控管理工作的最后一环。中国长安以 PDCA 闭环管理为手段，在实际工作中注重抓好问题整改与提升。针对在"月度预警、月度经济运行分析"中发现的指标向坏趋势及经济运行过程中其他亟待解决的突出问题，及时向成员企业下发月度运营管理建议书。成员企业针对存在的问题进行整改时，要明确到具体时间节点、责任人和整改目标等，并需要在提交给企业集团总部的整改报告中体现。企业集团总部及相关业务部门按整改报告中的计划对成员企业的整改情况进行检查，整改情况和检查结果将运用于对具体企业责任人的考核评价。中国长安由此形成对经济运行中存在问题的闭环管理。

5. 保障机制

运营监控管理工作不是自发完成的，它需要良好的组织环境、规范的数据来源、有效的信息化系统及合理的考评制度作为保障基础，成功推行运营监控管理工作不是一朝一夕就能实现的计划，需要企业集团长时间、多方面进行调整和完善。

（1）良好的组织环境。

良好的组织环境为运营监控管理体系的有效实施创造有利的客观条件。中国长安以专题研讨会、培训会等多种形式，对运营监控管理工作的必要性、重要性及运营监控管理工作流程、标准和要求等进行宣传、部署，统一思想，明确工作目标。

（2）规范的数据来源。

高质量数据是运营监控管理工作得以顺利开展的重要前提，而高质量数据得益于规范的数据来源。只有通过对数据进行全方位、多层次的分析，才能充分了解企业的市场地位、发展情况等信息，并在此基础上进行深入剖析。中国长安建立了涵盖总部、二级企业和三级企业的三级分工管理机制；在数据质量控制上，建立数据审核制度，同时强调在数据统计过程中统计人员的独立性，确保统计工作的连续性和稳定性；统一数据口径，规范报送格式，确保统计数据的相关性和可比性。

（3）有效的信息化系统。

有效的信息化系统是运营监控体系的必要支柱。中国长安着力推动企业集团信息化发展，目前正在推动共享中心建设工作，在财务共享的基础上建设以信息化平台技术为基础的决策支持系统，以人与计算机相结合的形式，不定时开展对企业集团组织成员财务信息的数据获取与检查，实现财务分析、行业对标、风险预警、趋势预测和绩效评价等决策支持功能，并图文并茂地进行数据展现和提供分析报告。

（4）合理的考评制度。

科学、合理的考评制度是运营监控管理工作的有力保证。中国长安按照及时性、准确性和全面性原则对于各下属成员企业上报的定期统计报表、月度滚动经营计划、月度经营分析等资料进行质量考评，计分并划分等级，定期对考评结果进行通报。中国长安要求各下属企业发现问题应立即纠正并将纠正结果报中国长安财务经营部，对于拒报、虚报及未按期上报资料的单位或人员向有关部门提出处理意见和建议。中国长安运营监控管理指标体系如表17-3所示。

表17-3　中国长安运营监控管理指标体系

评比内容	计分细则	评比周期	备注
运营统计周报	基本分为100分。不报为0分，迟报一天扣2分，报表差错一处扣1分，报表数据漏填一项扣1分，报表数据管理系统运用不规范一处扣1分。一次性通过加5分	每一报送周期进行计分，每月反馈计分信息，年终进行综合评比	报送资料发送主题和文件名严格按照报送要求执行，每错一处扣1分。对业务基础管理工作进行半年、全年总结的单位，给该业务加5~10分
月度运营监控预警表			
月度滚动经营计划	基本分为100分。不报为0分，每迟报一天扣2分，报表差错一处扣1分，报表数据漏填一项扣1分		
月度经济运行分析报告（企业版）	基本分为90分。不报为0分，迟报一次扣2分，经营分析全面、客观，措施建议促进企业经营业绩提高加1~10分		

（二）中国长安运营监控管理与成本管理协同联动的探索

从宏观环境看，短期内经济下行压力加大，随着经济新常态的到来，企业和企业之间的竞争由增量竞争转化为存量竞争，且日趋激烈；从行业环境看，随着汽车行业增速趋势放缓，中低端存量市场竞争白热化，势必用低成本战略倒逼企业提升综合能力，行业长期高速增长再难复制，靠经营规模高速增长产生的规模效应消化降价损失、摊薄固定成本的模式同样难以复制；从中国长安自身看，各下属企业存在成本费用结构不合理，细分业务边界的成本费用规模与营收规模不匹配的问题。重新审视企业经营规模与成本费用的配比关系，推动业务层持续对标改善是企业"转型升级、重构能力"的迫切需要。

单一的、传统的运营监控管理核心关注财务报表指标，并通过多维度的对比，分析财务报表背后的业务问题，再进一步通过PDCA闭环管理，持续优化企业运营质量。这里存在几个短板：一是管理颗粒度细化的程度不够；二是对业务层持续改善提升的支持不足；三是对经营层优化成本费用结构的推动不够；四是对战略层打破思维定式，改革创新、转型升级的牵引不足。

有鉴于此，中国长安拟在"十四五"期间实施"XC1513"行动计划（2.0版），紧密衔接预算管理、运营监控管理与成本管理，推动成员企业持续优化成本结构，牵引业务层持续对标改善，推动运营监控管理向业财协同联动方向发展。

"XC1513"行动计划框架如图17-6所示。

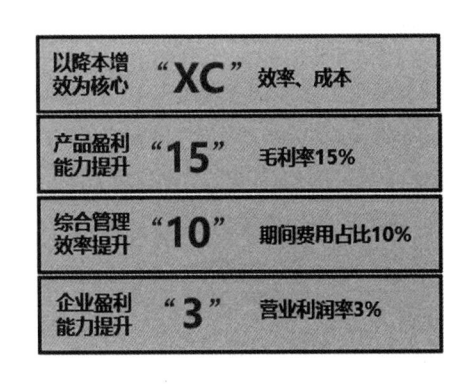

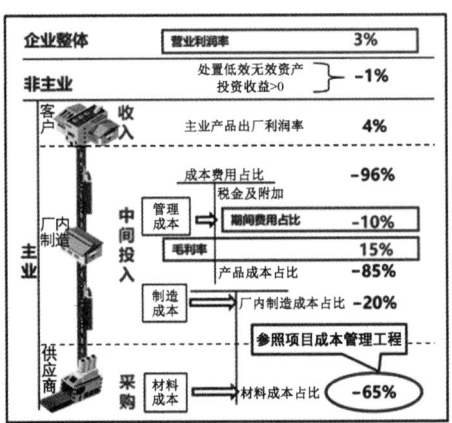

图17-6 "XC1513"行动计划框架

1. 管理架构

中国长安总部拟建立"XC1513"行动计划推进办公室，成员企业分别成立推进机构，基于总部战略财务中心、财务共享中心、业财融合中心各个子系统及财务共享中心数据架构，建立横向到边、纵向到底的"XC1513"行动计划管理架构。"XC1513"行动计划管理架构如图17-7所示。

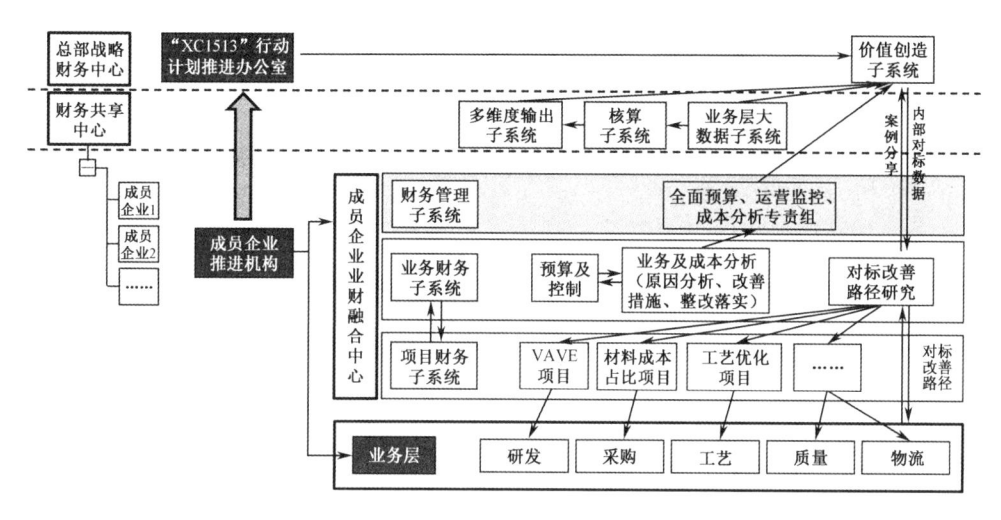

图 17-7　"XC1513"行动计划管理架构

2．工作方法

（1）确定目标。

"XC1513"行动计划"十四五"规划目标如表17-4所示。

表 17-4　"XC1513"行动计划"十四五"规划目标

企业类别		毛利率目标	期间费用占比目标	营业利润率目标
零部件企业	2020年毛利率在13%（不含）以上	优于2020年毛利率 X 个百分点	优于毛利率目标减 X 个百分点，且优于2020年期间费用占比 X 个百分点	不低于 X%，且优于2020年营业利润率 X 个百分点
	2020年毛利率在10%与13%之间（包含）	优于2020年毛利率 X 个百分点		
	2020年毛利率在10%（不含）以下	优于2020年毛利率 X 个百分点		
销售服务、物流服务企业		优于2020年毛利率 X 个百分点	优于毛利率目标减 X 个百分点，且优于2020年期间费用占比 X 个百分点	

将总体目标分解至各年，形成每年阶段性目标。成员企业各年目标表如表17-5所示。

表 17-5　成员企业各年目标表

企业名称	毛利率（期间费用占比、营业利润率）					
	各年幅度	2021 年	2022 年	2023 年	2024 年	2025 年
中国长安合并						
企业 1						
企业 2						
企业 3						
……						

各成员企业需将阶段性目标进一步重分类至业务层面，统一口径直达业务层，有利于对标寻找差距。分业务边界成本费用占比各年目标表如表 17-6 所示。成本费用占比业务边界分解如图 17-8 所示。

表 17-6　分业务边界成本费用占比各年目标表

业务边界占比	2021 年	2022 年	2023 年	2024 年	2025 年
材料成本占比					
燃料动力占比					
工装模具占比					
人工成本总额占比					
质量成本总额占比					
运输成本总额占比					
利息费用占比					
租赁费用总额占比					
部门运营可控费用总额占比					
厂房及设备修理费总额占比					
……					

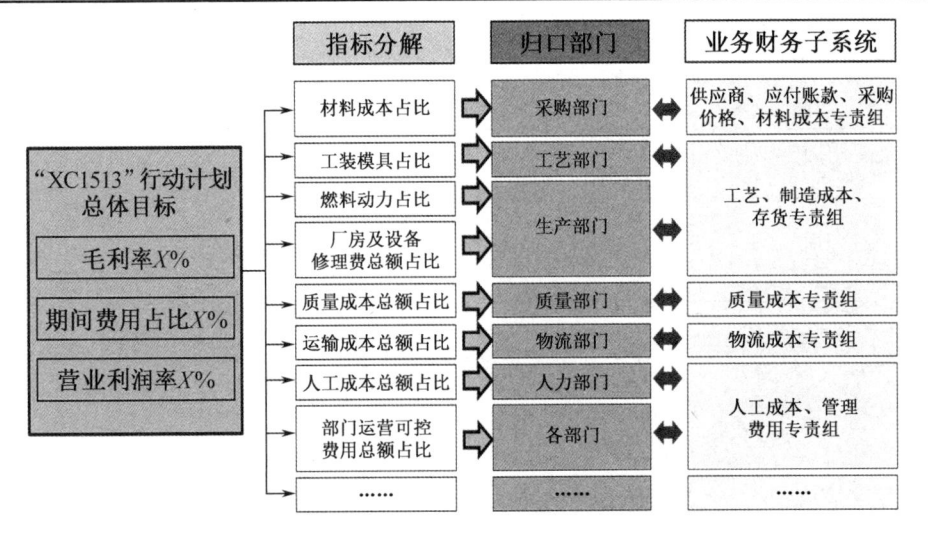

图 17-8　成本费用占比业务边界分解

(2) 对标及持续改善。

中国长安定期发布内部企业细分业务边界成本占比的对标数据，并根据需要组织成员企业开展业务层深入对标学习。各成员企业可以与内部企业对标，也可以与外部行业标杆企业对标，要全方位对标最佳实践，识别自身的短板。

各成员企业需加强对各业务边界短板的持续改善，特别是在企业间横向排名靠后的业务板块，需建立改善课题，洞察本质，总结梳理核心问题，制定改善措施，其中能立行立改的部分在当年改善完成，不能立行立改的部分纳入"十四五"规划，建立五年改善计划，并分解至各年阶段性目标和重点工作，支撑"XC1513"行动计划（2.0版）阶段目标及总体目标的实现。业务边界对标改善逻辑如图17-9所示。

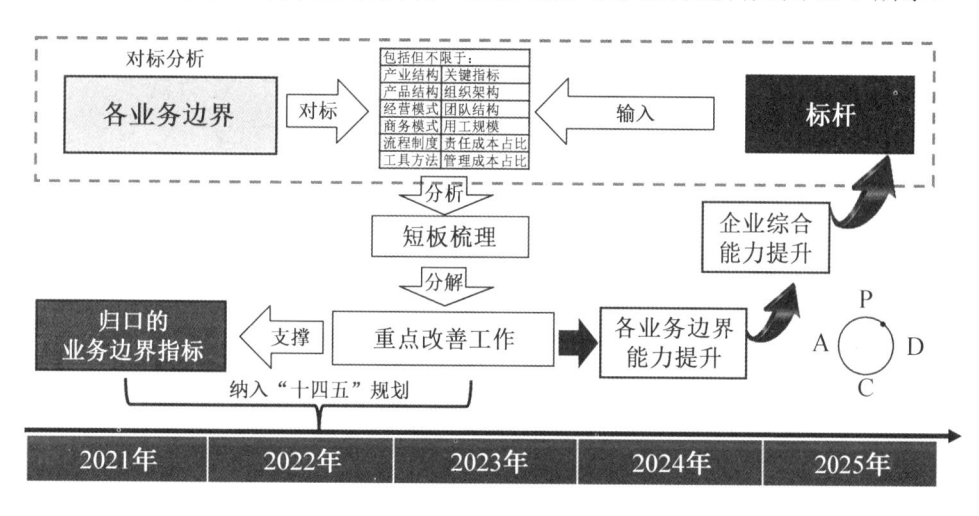

图 17-9　业务边界对标改善逻辑

(3) 全员参与。

每位员工都参与是中国长安改善和提升成败的关键，成员企业需强化内生动力，调动全体员工参与改善提升活动；需建立并完善改善提升相关制度体系，健全改善提升工作机制，建立跨业务边界改善项目组，强化员工培训工作，建立激励机制，激发改善项目组及全体员工的潜能。

(4) 过程控制。

中国长安财务经营部在月度经济运行分析中建立毛利率、期间费用占比、营业利润率及各业务边界成本占比的分析和排名机制，同时不定期对成员企业改善课题执行情况进行飞行检查。各成员企业建立重点工作、阶段性目标跟踪机制，确保阶段性目标按期实现。

（5）成果落实。

中国长安将"XC1513"行动计划（2.0版）阶段性目标作为全面预算编制与经济责任书指标下达的重要依据，同时在运营监控过程中实时跟踪。

四、实施成效

（一）建立标准化监控流程

中国长安运营监控管理体系从整体角度出发，在企业集团层面对运营监控管理工作进行了规范，将运营监控管理工作进一步分为指标的设计与选取、计划编制与落实、过程监控与分析及结果检查与整改；在监控重点指标的过程中，通过明确监控标准与处置流程，实现了对运营活动中出现的异常性、突发性及趋势性问题的流程化处理。

（二）构建全面的指标体系

中国长安以战略意图为引领，将结果类指标与过程类指标相结合，从运营效益维度、运营质量维度与运营风险维度三个方面对监控指标进行提炼细分，搭建了分层分级指标结构树。在成员企业监控指标的基础上，中国长安按照"一厂一策"的方针，规范下属成员企业的重点监控指标。

（三）强化牵引业务层高质量发展

中国长安以持续优化成本费用与营收规模配比关系为重点，以推动业务层持续对标改善为切入点，以"XC1513"行动计划推进、运营监控管理、预算管理、成本管理整合运用为抓手，打通业务层提升企业盈利能力的路径；着眼于企业战略、发展阶段、产品价值链、产品生命周期，向目标看齐，向标杆看齐，汲取经验，提质增效，倒逼成本费用管控，着力提升业务层核心能力、价值创造能力、产品盈利能力和企业盈利能力。

（四）提升企业集团整体运营质量

中国长安运营监控管理工作的监控点涉及收入、成本、产品质量等各个方面，尤其关注问题企业的绩效改进工作。通过运营分析，发现企业存在的问题，通过合理有效的改进措施与严格的监督考评，切实解决存在的问题，达到持续提升运营质量的目的。2021年，在新冠疫情的冲击下，中国长安经济运行质量仍然实现稳步提升，其中营业收入同比增长 23.93%，增幅高于行业 20.13 个百分点，利润总额同比增长 27.18%，这是企业集团上下共同努力的结果，与行之有效的运营监控管理密不可分。

五、总结启示

（一）运营监控管理体系的构建与应用，应做到分层分级管控、全面预警管控与 PDCA 循环管控

分层分级管控要求运营管理工作根据企业集团内各子公司、部门、岗位的管理权限设计分级运营监控管理模式，每一级均拥有自己的职责，在整个运营监控体系中充当不同的角色。分层分级管控体现在两个方面：一方面，在组织结构上分层分级。在企业集团运营管理工作中，企业集团总部各部门与下属成员单位处于不同的层级，各层级之间协同合作，共同完成运营监控管理工作。另一方面，在监控指标上分层分级。监控指标可分为一级指标、二级指标及落实到企业层面的三级指标、细化到企业各部门的四级指标，分解各层级指标至各责任单位、个人，压实主体责任。全面预警管控要求运营监控管理工作应具备有效的预警机制，通过全面预警管控对企业未来面临的风险进行预测、预警，随后根据预警信号进行问题分析和整改，保证运营监控高效进行。PDCA 循环管控要求企业集团在运营监控管理体系的构建与落实中做到发现问题、分析问题、协同解决问题的闭环管控，通过分解运营目标，跟踪执行过程，反馈落实成果并加以改进，及时总结经验做法，用于下一次目标分解与落实这一循环往复的过程，促使企业集团运营监控管理质量呈阶梯式上升。

（二）运营监控管理体系的构建与应用，需要相关制度、资源与环境的配合

在运营监控管理体系的构建与实施过程中，需要良好的组织环境、规范的数据来源、有效的信息化系统，以及合理的考评制度等保障机制。良好的组织环境是运营监控管理体系有效运行的客观条件，能够激发组织成员的积极性、责任感、合作精神、奉献精神，提升企业运营的方向性、科学性、有效性，保障运营监控管理工作有序、高效展开。规范的数据来源是运营监控管理工作顺利开展的重要前提，只有数据保持规范性、准确性，运营分析才能得出有效的结论。有效的信息化系统是运营监控体系的必要支柱。信息化系统可以消除由于信息传递和语义错误而造成的信息扭曲和理解误差，提高信息的易传输性和易理解性。同时，信息化系统的快捷性、规范性、透明性和先进性也是传统人工、纸质化办公手段难以比拟的，特别是财务共享、人工

智能、大数据等管理模式及技术变革会给运营监控管理带来革命性改进。合理的考评制度是贯彻落实运营监控管理工作的有力保证，通过对考评制度的设计，可以使下属成员企业明确运营监控管理的重点、难点及各项工作要求，指引运营监控管理工作落实与改进。

（三）运营监控管理体系的构建与应用，对于多业态企业集团健康发展具有重要作用

多业态企业集团具有复杂的组织结构、多元化的经营业务、多类型的成员企业，这使企业集团建立一个有效的运营监控管理体系变得尤为重要。中国长安运营监控管理工作的实践案例表明，通过指标设计与选取、计划编制与落实环节，可以推进企业集团管控由定性到定量、由粗放到精细、由模糊到具体的转变，使各单位、部门甚至个人明确自身责任，从而为实现具体目标而努力，提高企业的运营效率；通过"月度预警、月度经济运行分析"等过程监督机制，结合企业自身实际情况，从实际与预算、过去、行业的比较来分析企业当期的经营效益，通过对比对标，找出差距与不足，深刻剖析原因，揭露问题，使企业集团总部能够及时了解下属成员单位的运营状况，有助于找出在运营过程中的薄弱环节及潜在风险，提高企业集团管控的准确性。

案例二 长安汽车——经济运行监控实践

一、背景描述

（一）企业基本情况

重庆长安汽车股份有限公司（简称"长安汽车"）隶属兵器装备集团，是中国汽车四大集团阵营企业，其前身可追溯至1862年建立的上海洋炮局。经过多年发展，长安汽车已成为中国自主品牌汽车的一支重要力量。2022年，长安系中国品牌汽车销量累计突破2330万辆，这是继2014年销量突破1000万辆大关后，短短7年便实现销量翻番的跨越式发展。

（二）汽车产业环境变化影响

1. 汽车产业进入剧烈震荡期，迫使企业加快转型升级

汽车产业作为我国实体经济的重要支柱产业，其本身具有的高技术含量、高产业集中度等特性，决定其发展对全社会经济增长具有相当的乘数效应，能有效带动有色金属、电子、软件、石化等相关产业的发展，同时极大地解决社会就业问题，特别是汽车消费长期以来占据社会零售额10%左右，在当前消费疲软的大背景下，更是发挥着稳定经济"定盘星"的重要作用。全球主要经济体，如美国、日本、德国、法国等，汽车工业产值均占本国国内生产总值的10%以上。

2022年是我国汽车产销总量居世界第一位的第14个年头，尽管面临芯片短缺、原材料价格持续走高等不利影响，汽车产销仍然呈现稳中有增的发展态势，并在"电动化、网联化、智能化"方面取得了巨大的进步。新能源市场的亮眼表现尤其成为最大的亮点，以电动化、智能化为代表的新汽车正日渐成为行业新的增长点。面对行业变革，汽车企业正在努力通过加速实施产品和技术转型、产业链拓展、体系力提升等，构建企业竞争优势，实现转型升级。

2. 应对市场变化与竞争形势，必须提高企业经营质量

习近平总书记在党的十九大报告中指出，我国经济已由高速增长阶段转向高质量发展阶段。据国家信息中心预测，未来我国市场仍有较大的增长空间，2022年底我国汽车保有量为4.17亿辆，未来汽车保有量可以达到6亿辆。同时，以5G、人工智能为代表的信息技术快速突破，为这个传统产业带来新的生机，在新一轮科技与产业革命驱动下，汽车产业将朝着智能化、电动化、网联化等方向发展。

与跨国汽车企业相比，我国品牌在发展中面临多个发展痛点。

（1）合资企业通过合资自主、产品价格下移等方式加大对低端市场的争夺。

（2）汽车是典型的资本密集型和高投入产业，我国品牌单靠自身积累难以支撑持续发展，更不可能缩小与跨国车企的巨大差距。

（3）品牌提升缓慢。当前我国品牌主要集中在低端市场，单车规模小，成本分摊大，溢价能力与合资品牌差距较大。

（4）合资企业以其技术、品牌等优势，掌控合资话语权，获取高额利润。

（5）市场化的体制机制尚未构建，决策效率、市场反应速度不能满足竞争要求。

面临诸多机遇和挑战，在汽车行业"新四化"的背景下，主流汽车企业率先突围。我国品牌头部汽车企业不断坚持自主创新、打造差异化竞争力，采取切实有效的措施，坚决改善经营质量，在产品质量、技术水平、服务水平等方面，已经达到或领先合资品牌。

3. 创新运营管理体系，是企业战略落地与打造极致效率的重要举措

在当前汽车行业深度变革、我国汽车产业处于低增长新常态之际，长安汽车同样面临着种种挑战。相比行业巨头，长安汽车体量相对较小，手中能够加以利用的资金、技术、人才等要素相对较为匮乏，但企业肩负的振兴民族汽车产业的重任并未因此减少。

为应对新时代我国经济发展与企业转型的要求，适应新一轮产业革命带来的深刻变化，切实提升自主品牌汽车核心竞争力，灵敏、高效地应对市场需求变化，提升企业经营质量，实现企业战略落地，长安汽车结合自身发展要求，建立系统、科学、完善的创新型运营管理体系，将极致效率打造为企业核心竞争力，助推企业转型升级。

（三）企业管理现状与问题分析

（1）环境变化。全球经济受高通胀影响，衰退程度和不确定性加深，地缘政治复杂，行业竞争越发激烈。

（2）客户变化。"80后""90后"年轻用户逐渐成为我国汽车市场新生主力军，消费需求和方式发生重大变化。

（3）产品变化。以新能源汽车、智能汽车、共享汽车为代表的技术和生态正深刻改变着汽车行业。

（4）技术变化。人工智能、3D打印、物联网、区块链等新技术正在颠覆一切。

对于充分竞争的行业，环境、客户、产品、技术对企业的挑战越来越大。为确保战略落地、全面预算达成，需要建立一套系统来支撑。

（四）企业选择经济运行管理的主要原因

近年来，国际形势严峻复杂，国内经济下行压力加大，面对当前汽车行业正在发生的一系列复杂深刻的变革，企业只有积极拥抱奔腾向前的时代变革洪流，锐意进取，方得始终。这就要求企业必须制定或者优化适应潮流的、行之有效的经济运行管理制度，以实现企业经营水平的提升及最大化企业的经济效益，从而实现企业长期稳定健康发展。

而与当前普遍存在的"做好财务数据统计和分析即完成经济运行管理工作"的观点不同，长安汽车推行的经济运行管理，是为实现预定目标，对生产经营活动进行的计划、组织、指挥、协调和监督等活动。它承接公司战略，重点关注目标计划、运行分析/纠偏、绩效评价等方面，发挥竞争优势，激发企业活力，促进企业效益的提升，助推预定目标实现，以确保企业持续健康发展。

二、总体设计

长安汽车经济运行管理体系以兵器装备集团"1666"财务规划为指导，围绕长安汽车第三次创新创业计划及"12765"财务规划，对公司运营流程进行全面整合，初步搭建起"以预算执行分析为牵引、以经营监控为重点、以风险预警为抓手、以纠偏整改为目的"的经济运行管理体系。长安汽车经济运行管理体系主要有以下特点。

（1）建立周监控、月分析、季评估的经济运行监控系统，通过中长期预算、年度运营管理，实现业财融合、数据驱动、运营纠偏、效率提升，强化运营过程管理，确保企业年度经营目标达成。

（2）以业财融合为基石，以关键业务与职能、功能为中心，通过建立矩阵式团队，将财务团队嵌入关键业务环节，发挥财务团队在运营过程管理中的目标分解、偏差管理、关注效率、绩效反馈等方面的作用，与业务部门协同开展制定经营目标、改善业务活动、分析经济效益等经营活动，全过程深度融合，实现企业管理价值的提升。

三、实践应用

长安汽车经济运行管理体系贯穿公司各职能价值链，实现顶层规划、新品开发、制造采购、物流营销、客服售后等业务单元互联互通，通过"目标计划管理、经济运行分析、经济运行纠偏、经济运行绩效评价"等管理环节实现全过程闭环管控，助推经营单位经济运行质量提升，从而支撑整体经营目标实现。

长安汽车经济运行管理体系如图 17-10 所示。

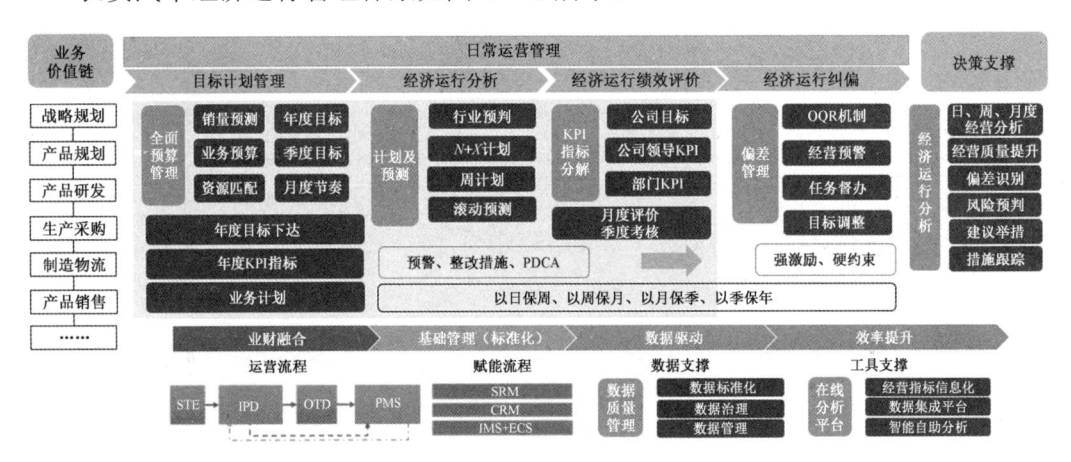

图 17-10 长安汽车经济运行管理体系

（一）目标计划管理

1. 建立"中长期战略目标与短期经济运行目标融合"的目标计划体系

企业中长期战略规划和短期业务计划分别用于指导不同时间长度内的企业经营策略，前者多为确定企业未来的趋势性、方向性的发展路径，而后者偏重更为具体的、短期能够实现的经营目标。

围绕当前企业存在的规划、计划管理层级多，前后衔接不够紧密，执行偏差大等突出矛盾，对标合资企业长安福特，公司将企业中长期规划、业务计划和年度预算目标三个关键流程进行有机融合，推进"3+2"长周期计划及"N+X"年度滚动预算管理模式，向上承接战略，向下联通业务流程。

产品策划部牵头，以企业愿景、战略目标为基础，结合市场自由需求预测、市场竞争、客户需求、技术发展等要素，制定10年产品产销量规划。

战略规划部牵头，以产销量规划为基础，匹配研发能力、营销能力、产能、效益测算等因素，制定产品规划限制需求量，以及中长期业务规划。

财务经营部牵头，基于战略规划部限制需求量，应用"大数据+业务计划"的目标制定模型，制定预算目标。

中长期战略目标与短期经济运行目标紧密衔接，贯通战略规划与运营业务，确保战略落地。"中长期战略目标与短期经济运行目标融合"的目标计划体系如图17-11所示。

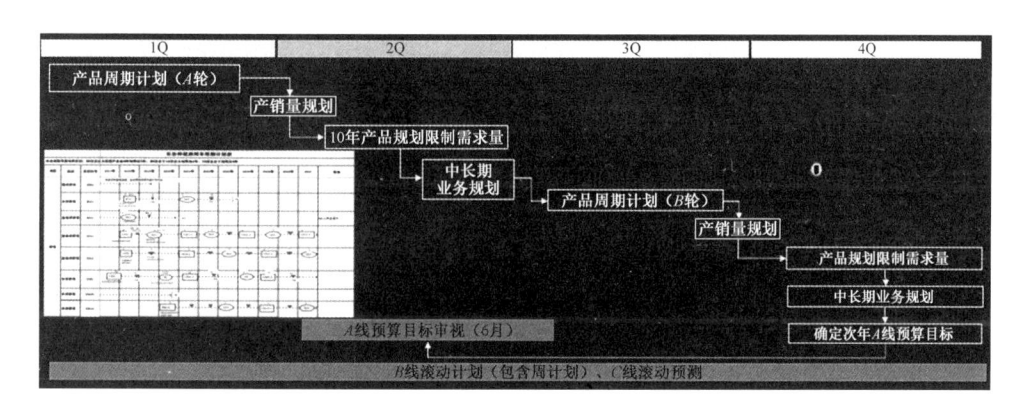

图17-11 "中长期战略目标与短期经济运行目标融合"的目标计划体系

2. 创新预算目标（A线）+滚动计划（B线）+滚动预测（C线）的"三线"目标管理方式，形成相互印证、相互修正的短期经济运行目标管理体系

A线是年度销量预算目标，是从企业的长期战略目标出发，在分析企业外部环境和内部条件的基础上制定的公司年度各种经营活动所要取得的结果，是企业经营思想的具体化。从长安汽车来说，是在当年度要实现的批零售规模，管理周期为年度，管理颗粒度细化到产品，原则上应在每年12月底前确定次年度销量预算目标。

B线是基于实际业务活动调整的"N+X"滚动预测，客观真实地反映终端销售情况，指导日常生产经营活动，避免资源投入不合理。其中，"N"为当年度销量计划编制月份，"X"为当年度剩余月份，按月滚动，确保当年度销量计划完整，在当月月底前发布。

C 线是基于行业预测与能力匹配的风险预测，预警经营风险。

"三线"目标管理方式如图 17-12 所示。

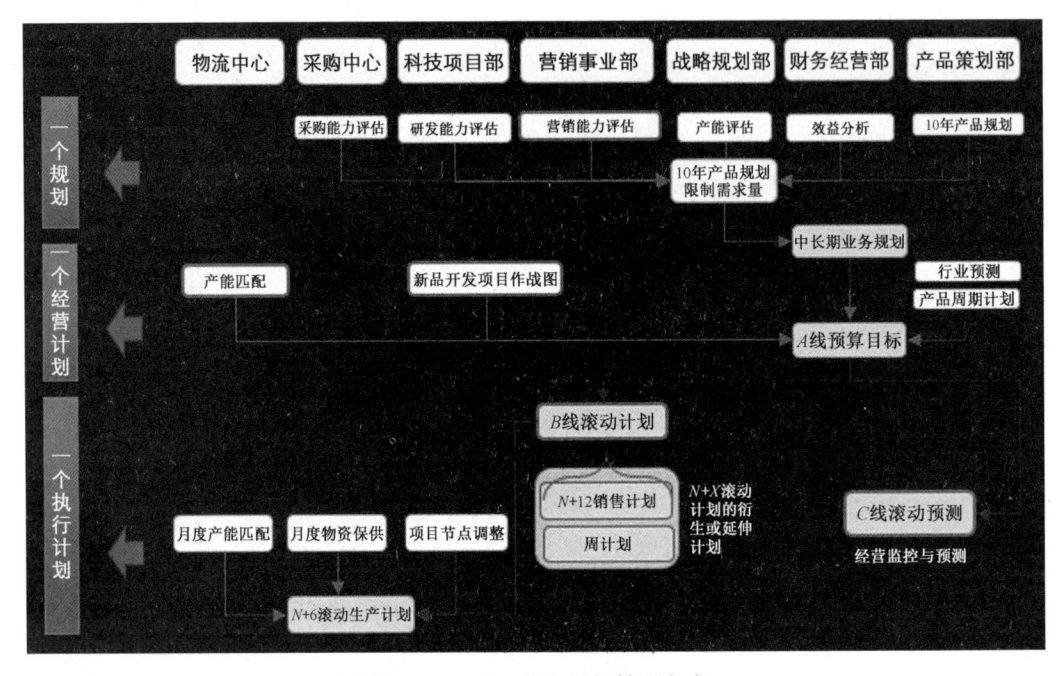

图 17-12　"三线"目标管理方式

3. 创建"大数据+业务计划"的目标制定模型，提升预算目标准确性

目标制定模型是建立在市场竞争要求与实际经营能力的基础上，评估企业年度目标的方法，在原则上以成熟产品零售目标市占率同比持平为基础预测，考虑新产品上市、产品换代、产品改款等机会因素，以及产品生命周期、竞品新品等风险因素。新产品目标以产品规划为准。

（1）基于自 2000 年以来的海量行业历史数据，结合季节性指数，综合考虑宏观等多因素影响，并进一步运用专家调查法提升行业预测准确度，筑牢目标制定的基石。

（2）精准为用户画像，贴近市场和用户，锁定客户群体；考虑产品动作、渠道发展等业务计划，通过资源匹配等业财融合手段修正目标；预算目标与业务活动深度融合，并来源于可支撑的、可量化的业务活动。"大数据+业务计划"的目标制定模型如图 17-13 所示。

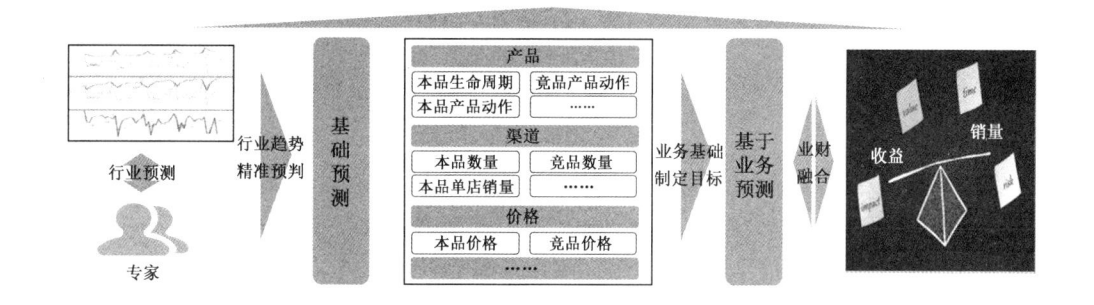

图 17-13 "大数据+业务计划"的目标制定模型

4. 运用大数据进行 C 线滚动预测，预警风险

通过大数据平台建立 FB_Prophet 模型，并基于事件修正、多因子回归分析、产品生命周期分析、季节趋势分析等方法，运用大数据进行 C 线滚动预测，及时预警经营风险。目前模型预测准确率超过 90%。

运用大数据进行 C 线滚动预测的具体方法如下：

建立 FB_Prophet 模型，应用 2016—2020 年销量数据，输入节假日、正负事件集，产品动作集（本品、竞品），对销量进行预测，得到初始预测结果。

$$y(t) = g(t) + s(t) + h(t) + \varepsilon_t$$

其中：$y(t)$ 为销量预测，$g(t)$ 为趋势项，$s(t)$ 为季节项，$h(t)$ 为事件因子项，ε_t 为随机误差项且服从正态分布。

选取各类因子（行业销量、价格竞争力、宏观经济等），通过历史趋势数据建立销量回归模型（多元），利用多元因子预测，对 FB_Prophet 预测结果中趋势项和季节项进行拟合修正。

$$g'(t) + s'(t) = f(宏观经济、行业销量、渠道销售力、价格竞争力……)$$

将修正后的趋势项和季节项叠加 FB_Prophet 模型事件因子和随机误差，得到最终预测结果，即：

$$y'(t) = g'(t) + s'(t) + h(t) + \varepsilon_t$$

5. 聚焦客户价值创造，基于清晰的业务运转流程，确定科学合理的关键绩效指标

（1）以客户为导向，以产品为主线，建立端到端集成的公司顶层业务架构，设计流程架构，建立流程体系。

企业架构主要包括业务架构和 IT 架构两部分，业务架构承接公司战略，驱动 IT 架构的规划和建设，其核心是流程体系；IT 架构支撑业务架构，保证业务组件的有效管理，保证目标的实现。流程架构不是具体的流程活动描述，是从宏观维度对流程进行定位，并明确管理流程边界、归属及衔接关系，其具有相对稳定性，向上承接战略，向下以核心业务为主线，明确各业务之间的关系结构。

从与华为对标来看，长安汽车流程建设没有阶段性目标。从 2004 年开始，基于企业痛点和短板，长安汽车先后建立了产品开发（PDS）、供应商关系管理（SRM）、从订单到交付（OTD）、全面质量管理（TQM）、客户关系管理（CRM）等流程，流程建设未按照"世界一流"的愿景进行规划，没有阶段性的流程成熟度目标；同时，运营流程有缺失，流程间衔接不畅，未遵从分层的方法论，影响战略承接和落地的有效性。在对标长安福特开展体系建设的基础上，长安汽车通过引入华为流程管理理念，局部对标行业标杆和最佳实践，遵循汽车行业流程分类框架，建立起端到端集成的公司顶层业务架构。

基于公司顶层业务架构，长安汽车设计运营流程架构，构建长安汽车流程体系的高阶流程，包括运营流程、赋能流程、支撑流程。其中，运营流程中的从战略到执行（STE）、营销与服务（PMS）流程有待搭建，集成产品开发（IPD）流程由 PDS 流程集成需求管理（市场管理）与产品策划，OTD 流程进一步梳理明确各业务间的输入输出关系。公司顶层业务架构如图 17-14 所示。

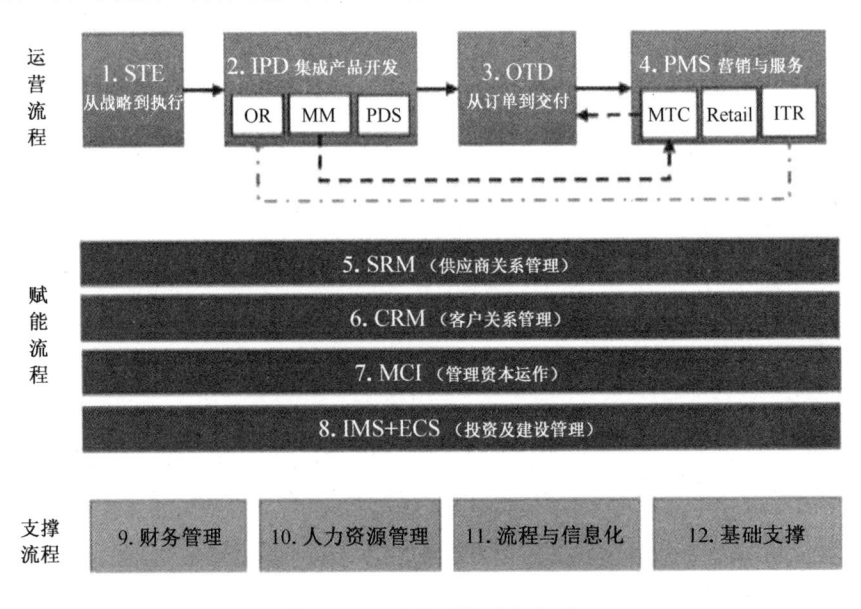

图 17-14　公司顶层业务架构

（2）基于明确的业务流程，从公司战略出发，遵从目标分解模型，以核心价值链流程端到端构建指标体系。

指标是基于业务流程在执行过程中天然形成的输入输出数据，依照业务目标、规划与标准设置的量化工具。孤立的单点指标无法发挥最大的价值作用，指标建设需要通过商业逻辑的联系将一系列单独指标构建为完整的指标体系，将单兵作战变成军团推动。

指标体系设计从公司战略出发，遵从目标分解模型，将战略目标从上到下层层分解，形成以指标为核心的目标责任体系，围绕关键绩效指标评估、度量业务举措，明确指标责任单位，确保所有指标都是责任单位负责运营的。

指标体系将流程架构（业务动作）与指标（结果衡量）紧密结合，在过程中进行指标的数据运营，在日常运营中持续观察成效，借由 PDCA 不断地循环迭代，提升业务能力水平。

（3）利用平衡计分卡评估指标体系的科学性。

指标体系衡量业务经营管理动作，如何确认指标体系的科学性、合理性、有效性十分重要，而平衡计分卡就是指导设置指标体系的有效工具。平衡计分卡以组织学习成长为基底，支撑内部运营与外部竞争，从而达成财务目标，匹配战略金字塔的目标拆解，所以也是从战略拆解—关键成功因素—业务举措—指标—责任组织单位层层承袭，公司战略最终收拢聚焦到财务（只有获得财务收益，企业才能永续经营）。现在有观点认为平衡计分卡已经落伍，互联网企业不重视平衡计分卡。其实这种认识并不科学，互联网企业或许没有类似的管理操作，但管理思想仍然存在。互联网企业最初多数是消耗风险投资，看重的是客户竞争模块，需要的是流量，但到了中后期就千方百计追求流量变现，其实就是回归财务盈利模式。平衡计分卡如图 17-15 所示。

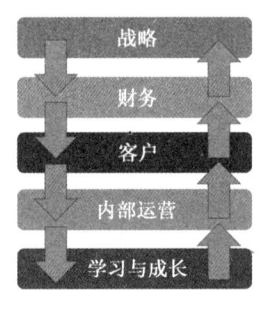

图 17-15 平衡计分卡

6. 关键绩效指标逐级分解，并基于方针展开，确保指标落地

（1）从企业集团战略出发，横向到边，纵向到底，进行指标体系分解。

按照组织层级来分，公司 KPI 指标分为公司 KPI、公司副总裁 KPI、部门 KPI 和员工 KPI。

（2）基于方针展开工作，制订行动计划，确保指标落地。

方针管理是一种针对企业整体管理的方法。它通过在可操作的基础上将企业管理层的目标与日常生产管理相结合，综合考虑企业的战略管理因素和经营管理因素。方针管理概念的核心是方针，即企业的战略目标。

（二）经济运行分析

随着经济全球化和国际一体化的发展，市场竞争日益激烈，企业要想在复杂的经济环境中立足，必须科学决策，而科学决策依赖对当前经营形势的准确判断。长安汽车科学决策机制主要包含以下两个方面。

（1）围绕核心经营目标，建立日监控、周分析、月回顾运营监控分析机制，以日保周、以周保月、以月保季、以季保年，按节奏推进年度经营目标达成。

日、周、月运营监控分析机制如图 17-16 所示。

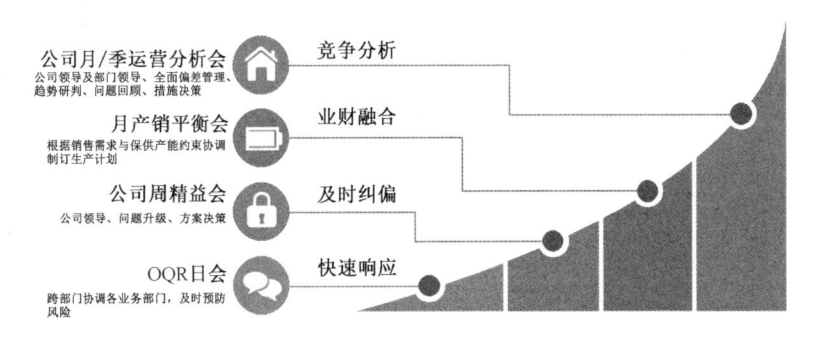

图 17-16 日、周、月运营监控分析机制

（2）以长安汽车财务经营部为依托，成立围绕核心经营目标的运营快速反应矩阵式团队（OQR），以四层级管理规则实现运营效率提升：一是 OQR 日会侧重快速响应；二是公司周精益会侧重及时纠偏；三是月产销平衡会侧重业财融合；四是公司月/季运营分析会侧重竞争分析。

长安汽车经济运行分析包含企业经营业务分析、宏观经济分析、产业政策分析、

汽车行业分析、公司重大事项分析、公司重大风险预警、KTM 任务管理等环节。

企业经营业务分析的主要内容有 KPI 指标回顾，以及公司总体和主要经营单位的运营分析，包含计划达成、同比与环比表现、与行业和细分市场对比、重点产品竞争格局分析等。

宏观经济分析的主要内容有工业增加值、固定资产投资增速、社会消费品零售总额、消费物价指数、城镇居民人均可支配收入、外汇储备、大宗商品价格指数等影响汽车消费走向的关键经济指标。

产业政策分析的主要内容有汽车产业的风向政策、汽车消费的促进和拉动政策、主要车企的动态等。

汽车行业分析的主要内容有行业预测、细分市场分析、国别分析、车型分析、主要竞争车企分析、行业发展趋势预判等。

公司重大事项分析的主要内容有研发项目进展、投诉分析、保供和库存推演、双积分推演等涉及公司当期经营的重大问题。

公司重大风险预警主要涉及旺季保供生产、双积分购买和销售、新能源补贴的申报等当期存在较大风险的预警。

KTM 任务管理涉及当期和前期任务的督办管理、提示风险。

（三）经济运行纠偏

企业在经营过程中难免遇到各种意料之外的情况，从而使其经营偏离当初既定的路线，所以在运营过程中不断识别、纠正偏差就显得非常重要。为保障战略和计划的落地执行，长安汽车建立了以下纠偏机制。

1. 滚动审视监控机制

长安汽车建立"以周保月、以月保季、以季保年"的滚动审视监控机制，及时发现偏差，运用风险事项专项分析、经营/运营预警、任务督办、损失买单等管理机制实行 PDCA 闭环管理。

2. 目标偏差分析

长安汽车通过增减利分析模型（量差、价差、结构差、成本差），量化分析市场变化对预算目标造成的影响。

3. 坚持底线，毫不妥协

（1）针对产品库存问题，动态监控，提前预警，触碰红线立即暂停，并重视问题，严格考核。

（2）针对产品盈利问题，新品成本控制必须达标，对亏损产品提出改善路径，限期解决。

（3）针对产品销量问题，严控新品进度，上市节点不变，经典产品量与利必须同步达成，组建专责团队负责这一工作。

4. 高效联动，快速反应

针对市场、政策法规、竞争对手等的变化，长安汽车以保持市占率不变为原则，要求负责人员1天提出应对措施，3天内报公司决策。问题不过夜，后方保障团队1天提出应对预案，原则上在3天内解决问题。

（四）经济运行绩效评价

1. 加大市场化改革力度，围绕客户需求，不断提升客户体验

（1）大力推进"2倍工程"。长安汽车建立行业首个5G远程诊断服务中心，可以为100多万个客户提供智能服务；组建客户体验官团队，建立首席体验官微信群，及时收集、处理第一手客户反馈信息。

（2）坚决整改服务问题。长安汽车建立并执行客户评价红黑榜机制，开展老大难问题集中攻关，提升销售、售后服务满意度。

（3）提升客户经营能力。长安汽车提出诚信服务五大承诺：价格透明——买贵即赔，服务自选，拒绝捆绑；时间标准——按期交付，超期赔付，预约守时，无须等待；品质保障——新车交付，不满即换，一次修好，返修免费；快速响应——有问速答，限时反馈，应急救援，超时补偿；服务专业——专业讲解，客观真实，品质服务，满分体验。长安汽车全面贯彻以客户为尊的理念；建成会员积分管理、客户评价、服务支持等能力中心，以智能运营强化闭环管理；设立访客量、活跃度、留存率等六大评价指标，为客户经营提供决策支持。

2. 打造以经营结果为导向的激励约束体系，激发组织和员工的活力

长安汽车建立孵化创新业务激励机制，长安汽车大学孵化项目有序推进，助力创

新业务发展;全面实施项目跟投机制,推进利润分享、红线指标和负面清单等激励约束机制,构建全员、全产业链命运共同体;对偏差指标进行专项诊断,打造具有针对性的培训和改善项目,提升绩效。

(五)健全以数据驱动的经济运行监控系统

长安汽车构建集数据管理、分析、应用于一体的大数据平台,通过 IT 手段实现以数据驱动管理;基于四大运营流程,打通流程数据断点,建设在线运营指标,全面整合 100 多个内部核心业务系统。12 个业务板块构建的运营指标超过 1200 个。公司周运营会、月运营会在线展示各项数据,经营数据系统导出率达到 100%,实现"系统集成,指标联动,在线分析,高效反应"。

1. 运营流程体系建设

长安汽车发布四大运营流程架构和运营机制,流程体系覆盖度提升 12%;制定客户洞察(CIS)业务方案,实现从 PDS 向 IPD 转型;发布 OTD 指标体系,实现客户订单线上透明,订单全过程跟踪。

2. 提升数字化水平

长安汽车完成 7 个系统中台部署,累计上线指标 2175 个,新建移动决策中心 9 个;在 23 个部门开展 49 个大数据场景指标在线运营,推动业务数字化转型。公司周精益会、月度运营分析会已实现数据实时在线化。

3. 增强全员数据运营能力

长安汽车启动"数据分析大赛""种子计划",强化"看数据、信数据、用数据"的数据文化,举办数据分析师训练营。

四、实施成效

(一)经济运行管理体系高质量运转,产生显著的综合经济效益

面对供应链瓶颈、经济下滑等各种困难因素,长安汽车仍逆势上扬,公司经营质量显著改善,计划准确率逐步提升,销量增幅跑赢行业,2020—2022 年计划准确率持续保持在 95%以上。2022 年,长安汽车销量创近五年来新高,同比增长约 2%,实现公司总体销量同比三连增。长安系中国品牌汽车销量规模再创新高,自主板块实

现同比两位数增长（12.3%），表现大幅好于行业。新能源汽车销量规模实现大幅跃升，全年销量同比增速大幅好于行业；海外出口销量实现新突破，刷新出口销量新纪录。

（二）助推企业集团运营决策效率，奠定企业集团高质量经营基础

长安汽车通过对经济运行数据信息系统的构建，自动生成结构化生产月报和重点产品跟踪表，移动端运营管理系统优化，进一步提升运营工作效率，服务公司经营。

（三）支撑企业集团战略落地，推进企业集团向智能科技出行公司转型

长安汽车通过建立经济运行管理体系，推进机制转型和管理转型，持续提升运营管理 PDCA，业务管理实现由事后应急处理转变为事前管控，支撑运营效率改善和高效经营决策。长安汽车通过经济运行管理体系创新，利用有限的资源，推动经营质量不断提升，产品结构持续调整，主动淘汰竞争力弱的产品。自主乘用车产品产能结构持续优化，关停、转产老旧产能，逐步向新能源汽车过渡。

五、总结启示

汽车市场飞速发展，为有效应对市场竞争，促进企业持续较快发展，提升企业经济运行质量，企业运营管理亟须向基于全产业链协同的智能经济运营管理转型，进一步提高企业运营管理效率，快速、精准支持企业经营决策，构建集数据管理、分析、应用于一体的大数据平台，服务企业生产经营，实现"现状可见、问题可查、风险可辨、未来可测"。

第十八章

基于高质量发展的企业集团财务风险管理系统案例

案例　长安汽车金融——汽车金融风险量化管理体系建设与实践

一、背景描述

（一）企业基本情况

长安汽车金融有限公司（简称"长安汽车金融"）是兵器装备集团直属金融企业，是西部首家持牌汽车金融公司，专业为汽车经销商及机构和个人消费者提供汽车金融服务。长安汽车金融注册资本47.7亿元，现有员工超过400人，业务涵盖长安轿车、长安欧尚、长安凯程、长安福特、长安马自达、长安铃木、长安标致雪铁龙等长安汽车全部品牌，覆盖除港澳台以外的全国各省、自治区、直辖市，为超过3000家汽车经销商、上百万个人消费者提供优质金融服务支持。2017年，国内汽车金融市场规模已步入万亿元时代。随着经济环境与消费习惯的变化，尤其年轻一族消费行为的改变，银行、融资租赁公司、小额贷款公司、担保公司等各类金融机构争相涌入，市场竞争日趋激烈。

（二）企业管理现状与问题分析

汽车消费贷款需求具有"短、频、急"的特点，在信贷业务上则体现为"金额小、笔数多、时效快"。在汽车消费信贷过程中，公司主要面临两种风险，即信用风险与欺诈风险。信用风险是客户以自身真实资质获得贷款，但在还款过程中发生违约；欺诈风险是客户伪造信息、盗取他人信息，或受中介主导骗取贷款，恶意欺诈。在传统风控模式下，申请贷款需要提供收入证明、银行流水、房产等资产证明，以及身份证、申请表等繁杂的授信资料，这些资料的真实性较难核实；审批人员依据专家经验评估风险，一笔贷款申请由不同的人员审批，结论可能存在较大差异，审批标准不统一，而且效率低下；仅掌握客户在本单位的贷款信息，无法获知客户风险特征全貌，信息数据较为局限，不能提前预警客户潜在的风险，风险管理滞后。

汽车金融信用风险、欺诈风险形成过程如图18-1所示。

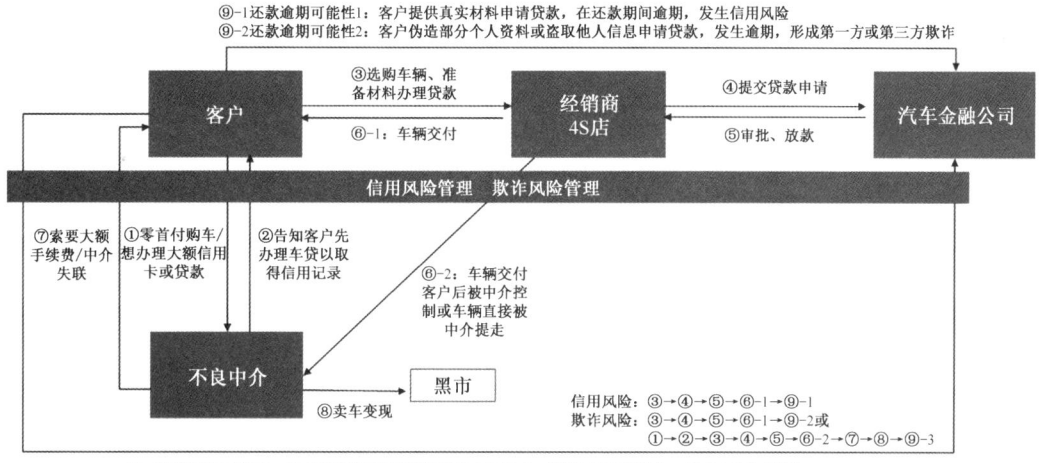

⑨-1还款逾期可能性1：客户提供真实材料申请贷款，在还款期间逾期，发生信用风险
⑨-2还款逾期可能性2：客户伪造部分个人资料或盗取他人信息申请贷款，发生逾期，形成第一方或第三方欺诈

```
        ③选购车辆、准
        备材料办理贷款          ④提交贷款申请
客户 ───────────────→ 经销商 ───────────────→ 汽车金融公司
     ←───────────────  4S店  ←───────────────
        ⑥-1：车辆交付           ⑤审批、放款

━━━━━━━━━━ 信用风险管理　欺诈风险管理 ━━━━━━━━━━

⑦索要大额  ①零首付购车/  ②告知客户先
手续费/中介  想办理大额信用  办理车贷以取
失联        卡或贷款       得信用记录
                                    ⑥-2：车辆交付
                                    客户后被中介控
                                    制或车辆直接被
                                    中介提走
                不良中介 ─────→ 黑市
                                              信用风险：③→④→⑤→⑥-1→⑨-1
                        ⑧卖车变现            欺诈风险：③→④→⑤→⑥-1→⑨-2 或
                                              ①→②→③→④→⑤→⑥-2→⑦→⑧→⑨-3
```

⑨-3还款逾期可能性3：中介利用某些客户对短期资金的渴求，利诱客户获取贷款，形成中介主导欺诈

图18-1　汽车金融信用风险、欺诈风险形成过程

业务迅速发展，业务规模不断扩大，对公司的服务效率和水平提出了更高的要求，也提出了新的财务管理要求，公司需要在财务管理过程中进行风险管理模式变革，搭建风险量化管理体系，实现由传统风控模式向大数据智能风控模式转型。在财务管理过程中，公司需要加强风险控制和预警，关键就是使决策更加规范化、标准化、科学化，从而最大限度地避免因人员因素导致的风险发生，提高财务效能，降低财务风险。因此，当业务规模快速增长时，公司在提升财务管理能力的过程中开始采取风险成本精细化管理方式。

（三）企业选择风险量化管理体系的主要原因

随着移动互联网、大数据、云计算、人工智能等新一代信息技术的快速发展与深入应用，建立基于大数据的量化风控体系成为公司风控转型的必然选择。在智能风控模式下，通过客户授权，从官方机构、第三方数据平台、网络电商等多渠道自动获取客户风险关联信息，使对客户的评估更加全面。运用机器学习风控经验，统一决策标准，可实现全面灵活的风控策略。用机器代替部分人工处理工作，可以实时输出风险因子信息，提供实时风险管理视图，实现高效科学决策。

二、总体设计

（一）"系统化、标准化、精细化"风险管理目标

业务特征和风险过程决定汽车金融效率与成本，风险管理越来越成为财务管理

中的成本问题。为了更好地解决风险与收益之间的矛盾，长安汽车金融确立"系统化、标准化、精细化"的风险管理目标，并以此确定实施方案和技术路径，从而明确了财务风险管理的方向。长安汽车金融风险量化管理体系总体规划如图18-2所示。

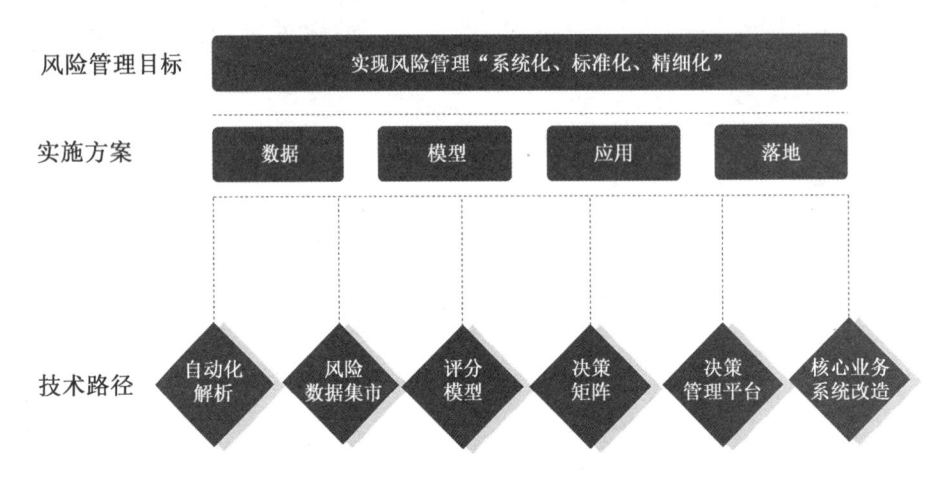

图 18-2　长安汽车金融风险量化管理体系总体规划

1. 风险管理目标

（1）系统化。

在数据和工具的支撑下，实现业务流程控制、风险计量监测、风险结果分析全过程的系统化，用机器代替部分人工，极大地降低人工成本及人工核对数据的出错率。

（2）标准化。

对政策、经验等进行总结，形成规则，规范操作，集中控制，实现标准化决策，统一风险偏好。

（3）精细化。

根据面临风险的个体差异建立精细的量化模型，实现对逐笔业务信用风险、欺诈风险的准确计量和精细化管理。

2. 实施方案

实施方案包括数据、模型、应用、落地一体化建设。

3. 技术路径

技术路径包括自动化解析、风险数据集市、评分模型、决策矩阵、决策管理平台、核心业务系统改造。

（二）"量化决策"风险管理原则

财务风险的识别和度量是财务风险管理的基础，汽车金融行业特点决定了其财务风险管理应具有更强的技术性与时效性。市场竞争日趋激烈，在汽车金融信贷业务中，客户提供的资料越来越少，风险因素隐藏在资产、社交、消费等海量信息中。随着移动互联网、大数据、云计算、人工智能等新一代信息技术的快速发展与深入应用，越来越多的客户信息可以通过客户授权获取，确立以数据驱动风险决策的"量化决策"原则，能够辅助企业进行精准、高效、稳定的风险决策。

坚持量化决策原则，多维度、多角度深入挖掘客户信息数据，扩展数据深度与广度，使决策结果更为客观、全面。充分运用金融科技手段，实时输出风险因子信息，提供实时决策建议。用数据支持决策，减少对经验和主观判断的依赖，保持风险决策的连续性和稳定性。

（三）"模型+策略+系统"全流程创新

基于风险管理的企业财务管理是一种创新的成本管理，是一个动态的风险识别、评估、决策和控制的连续过程。风险量化管理体系建设将在财务管理中的定量分析、定性预测、信息化建设等多个重要环节进行创新实践。

（1）建立数据驱动型评分模型，基于历史违约规律将客户未来发生违约的可能性以可量化的评分形式输出，既具有风险识别与计量的准确性和可靠性，又具有很好的可解释性。

（2）利用评分和规则形成交叉决策矩阵，实现在客户综合资质评估上的客观数据与专家经验双轮驱动机制。

（3）创新审批模式，构建基于决策管理平台的自动化系统，实现基于风险量化管理的自动化授信，快速锁定潜在客户，增加客户的自主选择和公司与客户之间的互动体验。

（4）建立可复制、可借鉴的风险量化管理体系搭建与应用机制，将其推广运用于整个汽车产业链的智能分析决策中，融资租赁公司、小额贷款公司、担保公司等开发风险量化管理体系的金融企业也可以参考、借鉴。

三、实践应用

（一）创新财务风险管理理念，健全风险量化管理体系

风险管理是一个重要的现代化财务管理手段，汽车金融风险管理的核心是打造智能风控，关键是风险量化。企业要建立新型的财务风险控制体系，就要搭建金字塔结构风险量化管理体系，如图 18-3 所示。金字塔底层是数据，需要进行多元化数据收集、处理、汇总、存储；顶层是业务目标，量化管理体系建设是实现业务目标的必经之路，是使数据发挥价值、支撑科学决策的根本之举。风险管理涵盖"自上而下"和"自下而上"两个过程。"自上而下"强调业务驱动思考，根据业务目标进行应用场景设计，开展风险量化工具建设。"自下而上"强调数据驱动开发，数据积累程度及数据质量决定了量化决策水平；数据是变量，结合专业量化工具开发模型和策略，并通过 IT 系统落地实施，最终服务于业务目标，使企业实现决策智能化。

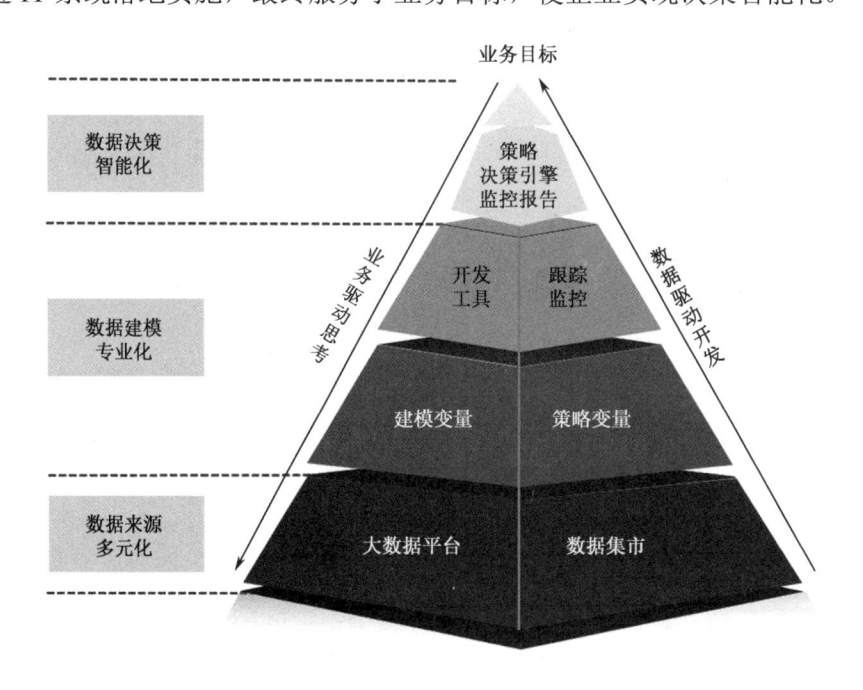

图 18-3　金字塔结构风险量化管理体系

（二）夯实财务风险管理基础，建设数据源智能支撑

在大数据时代，财务风险管理要彻底革新工作流程和方法，积极探索新的管理模

式,更加重视数据的作用及其运用,改变传统财务工作"信息孤岛"的窘况,实现信息共享,并形成数据管理组织架构、数据收集流程、数据采集内容、数据检查标准和数据质量优化等数据管理工作方法。

在风险量化管理体系建设中,运用自动化数据处理技术开发征信自动化解析系统,对征信报告自动查询、自动解析、自动计算衍生变量,实现结构化数据存储;突破传统的由审批人员手动查询征信报告、人工解读报告信息,依据人工经验判定客户信用资质的局限,由系统自动完成一系列征信数据准备工作流,大大降低了人工解读数据的精力消耗及出错率,确保更加方便、快速和一致地使用信用报告信息,准确了解客户当前的信贷风险状况。

在此基础上,利用网络传输技术、海量数据存储技术、数据库技术、容错技术等设计、开发以风险管理为主题的零售风险数据集市。根据业务数据需求,划分风险主题域,采用以领域模型驱动的方式进行风险数据集市层次设计。临时层是数据库和源系统数据间的隔离层,主要目的是把数据接口文件装载到风险数据集市中,数据接口文件经过数据验证和相关处理更新到中间层。中间层为增量更新,根据不同的主题域对数据进行加工处理,从数据使用频度、数据量、数据时效等几个角度评估确定各主题域的存储形式,对静态数据和动态数据加以区分,对关键变化数据(如贷款余额)采用拉链表方式保存其历史,最终保存与源系统一致的最细粒度的数据。汇总层是根据实际应用需求创建的便于查询的有针对性的汇总表,用降范式宽表设计对数据进行轻度整合,保证数据使用的方便性,使其在多个应用模块中可以共享。风险数据集市架构如图18-4所示。

(三)抓住财务风险管理核心,建立风险量化评分模型

风险度量是财务风险管理的核心内容,解决财务成本问题的关键是风险补偿或风险溢价管理。创新风险成本计量和管理方式,建立风险量化评分模型能够提高度量风险成本的精确性。在风险量化体系建设中,主要是基于存量历史数据,不断挖掘数据规律,建立并优化以风险成本为中心的计量模型。汽车金融风险管理生命周期与全风控模型如表18-1所示。根据各类模型的作用、数据要求及与业务发展的紧迫程度,以申请评分模型为突破口,使信贷审批快速实现量化风险评估及决策,同时掌握通用的风险模型开发流程和建模技术,逐步实现申请反欺诈模型开发、模型优化,以及整个业务流程涉及的行为评分模型、催收评分模型、市场营销模型等构建。

风险数据集市架构

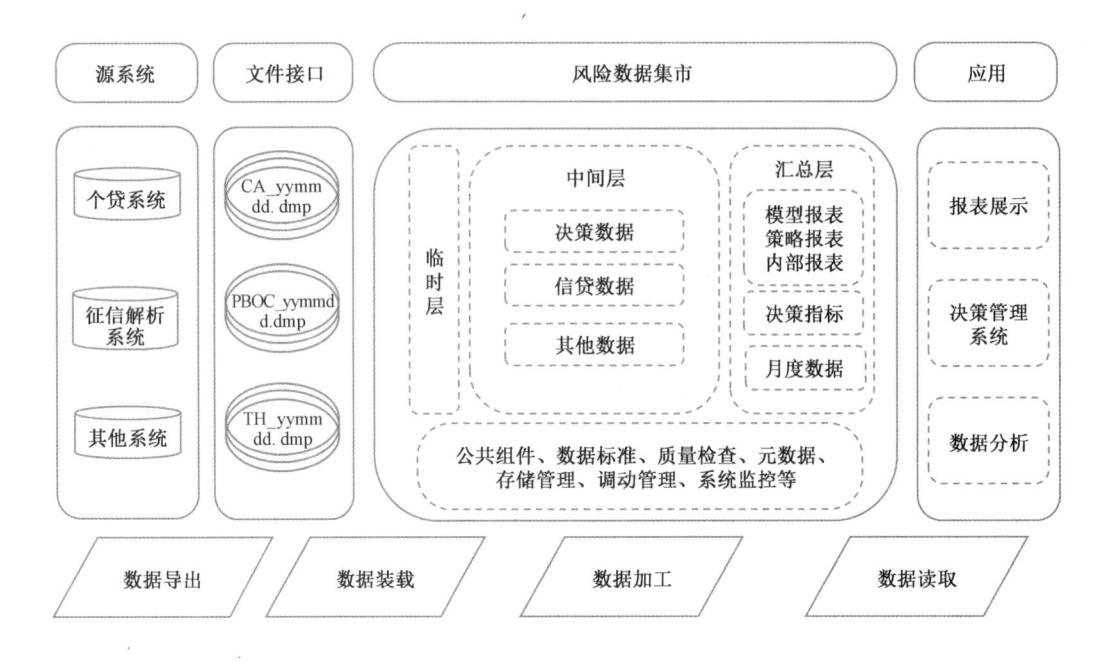

```
源系统          文件接口         风险数据集市                          应用

个贷系统      CA_yymm                 中间层        汇总层          报表展示
              dd.dmp         临      ┌────────┐   模型报表
                             时      │决策数据│   策略报表
征信解析      PBOC_yymm      层      ├────────┤   内部报表         决策管理
系统          d.dmp                  │信贷数据│                    系统
                                     ├────────┤   决策指标
其他系统      TH_yymm                │其他数据│                    数据分析
              dd.dmp                 └────────┘   月度数据

                             公共组件、数据标准、质量检查、元数据、
                             存储管理、调动管理、系统监控等

数据导出      数据装载        数据加工              数据读取
```

图 18-4 风险数据集市架构

表 18-1 汽车金融风险管理生命周期与全风控模型

模型类别	适用于风险管理生命周期的阶段	作用	数据要求	与业务发展的紧迫程度
市场营销模型	客户发掘	在获客阶段进行贷款可能性预判和风险预筛，实现有针对性的精准营销	广泛的市场行为数据	前期开发的必要性不大，但对于以后业务的发展（尤其互联网金融业务）会有很大帮助
申请评分模型	信贷审批	针对每笔新进的申请件，评估其还款可能性，有效规避信用风险，制定差异化审批策略	比较容易获取的申请时点的客户数据、逾期标签	业务开展即需要平衡风险与收益，但申请反欺诈模型对数据要求广泛且非常严格，目前行业内欺诈模型的建模方法不成熟、不统一，建立这类模型还处于探索阶段。因此，申请评分模型往往作为第一优先级开发
申请反欺诈模型	信贷审批	针对每笔新进的申请件，评估其欺诈可能性，有效规避欺诈风险	申请时点的客户数据、还款期间的动态行为数据、大量第三方数据、欺诈标签	
行为评分模型	贷后管理	跟踪监控存量客户的风险变化，及时发现高风险账户，抢先启动防范措施，实现早期风险预警	客户还款期间的动态行为数据	重在控制并管理现有的客户关系，只有在流程上完善申请评分模型之后才适合开发
催收评分模型	逾期催收	对逾期客户的还款意愿进行预测，采取差异化的催收手段，提高催收效率，降低风险损失	客户还款期间的动态行为数据和催收信息	只有在行为、催收数据都完备之后才适合开发

（四）提升财务风险管理精细化水平，践行差异化策略

作为一种先进的财务风险管理理念，精细化管理属于企业内部控制的重要部分，

第十八章 基于高质量发展的企业集团财务风险管理系统案例

也是抵御风险的一道防线。对于汽车金融业务而言，面对贷款需求的"短、频、急"，只有不断提高风险管理精细化水平，践行差异化策略，逐步探索风险定价，才能形成核心竞争力，以低成本、高产出占领市场。

基于成本管理经验，在风险量化管理体系建设中，综合考虑风险（坏账率）和收益（审批通过率）之间的平衡，运用评分 CUT-OFF 分析方法，形成差异化风险等级区间分类，将客户分成不同风险类别，制定差异化审批策略。与全人工审批相比，评分模型甄别好坏账户的能力大大提高。图 18-5 为及格分数线划分策略曲线。如图 18-5（a）所示，全人工审批模式的点位于曲线上方的 A 点，相对人工审批模式下的通过率和坏账率，策略曲线上的任何决策点都是相对较优的决策，制定及格分数线就是平衡坏账率和审批通过率，从 A 点向策略曲线上的某个点趋近。

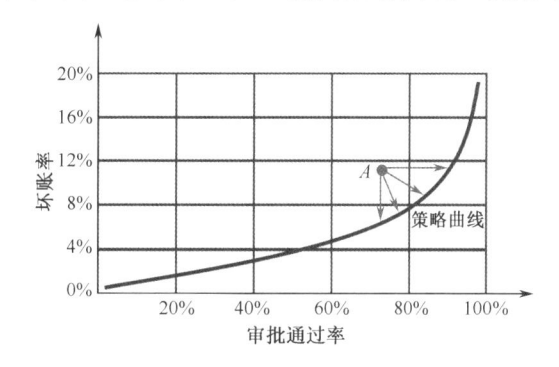

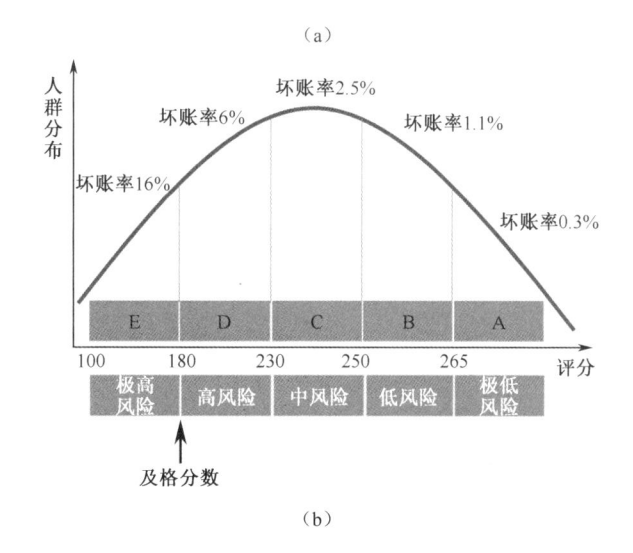

图 18-5 及格分数线划分策略曲线

在及格分数线确定了一个理论上的初始分数点之后，根据实际业务需要，以及人数占比、坏账率差异明显、自动审批比例要求、分数圆整等原则，将评分分数设置成极高风险（E类）、高风险（D类）、中风险（C类）、低风险（B类）、极低风险（A类）五大风险区间，实现更精细的风险划分，如图18-5（b）所示，进而采取以下差异化审批策略。

（1）快速通过。由系统自动核准，无须经过人工审批。

（2）建议通过。由单人简易审核，审批人员对较重要的风险点进行复核，采取较积极的态度核准。

（3）人工审核。参照风险提示，按照传统审核方式审批。

（4）审慎审核。设置多级审核，审批人员参照风险提示，审慎考量所有风险点，采取较保守的态度进行审批。

（5）快速拒绝。由系统自动婉拒，无须经过人工审批。

基于科学的风险量化评级，长安汽车金融在风险管理方面更加有的放矢，可以根据风险偏好、业务需求灵活调整审批应用策略。若追求业务与风险相对平衡，可采取适中的风控策略（B）；若亟待扩大业务规模，风险容忍度较高，可采取激进的风控策略（C）；若业务规模稳定，风险容忍度较低，可采取保守的风控策略（A），如图18-6所示。

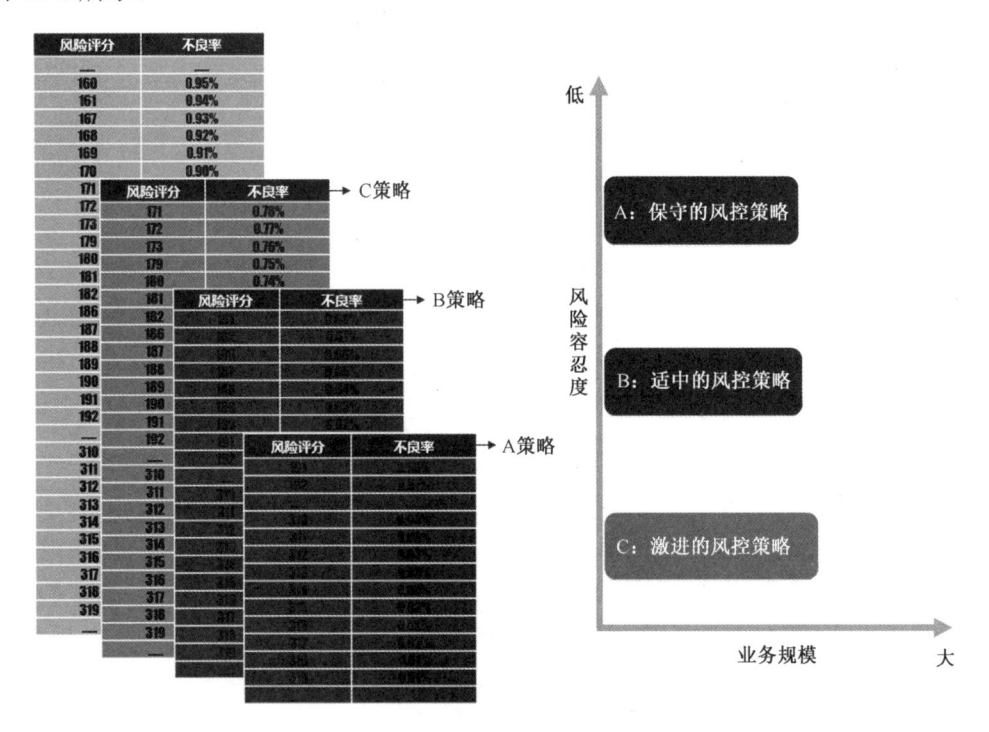

图18-6 风险管理策略选择

（五）提升财务风险管理自动化水平，构建自动化审批系统

在大数据环境下，企业只有通过信息化建设，提高自动化水平，才能更好地满足财务风险管理的效率要求。在风险量化管理体系建设中，体现提升财务风险管理自动化水平的一个成果就是建立基于决策管理平台的自动化审批系统，依托自动化数据处理、自动化评分规则计算、自动化决策实现自动化授信审批。

数据处理自动化，将内部和外部数据整合在业务流程中，一旦有客户申请进入，便由系统自动完成一系列数据准备工作流，包括调用接口查询、自动化解析、结构化存储，供评分模型及规则策略计算使用。系统运用自动化评分规则计算与自动决策，将评分模型、策略规则在决策管理平台中部署与管理，形成决策流程；每笔申请都会调用决策管理平台的决策流程，自动进行所有模型评分计算、所有规则计算，形成最终的决策建议和风险提示。根据自动化决策结果，系统最终实现对客户的分层与差异化审批。风险极高的客户由系统直接"秒拒"，风险极低的客户由系统直接"秒批"，风险程度处于"灰色地带"的客户由系统给出风险提示，辅助人工进一步有针对性地进行分析和核实。基于自动化审批系统的授信审批如图18-7所示。

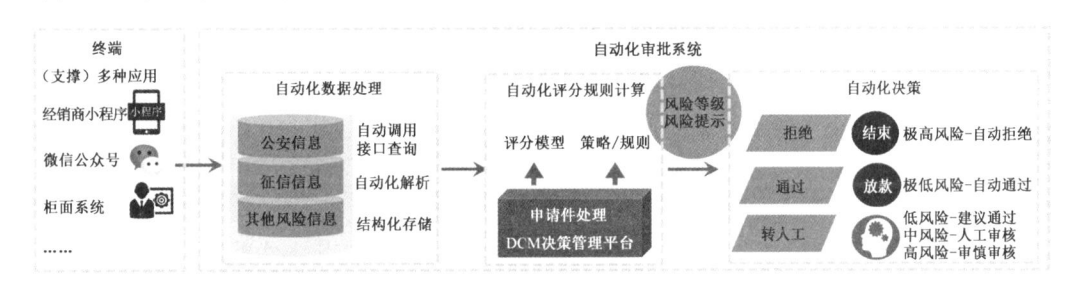

图 18-7　基于自动化审批系统的授信审批

四、实施成效

（一）金融服务水平快速升级

1. 审核效率大幅提升

在风险量化管理体系应用后，通过用机器代替部分人工处理工作，大幅减少了人工工作量及人工出错率，审核人员减少60%；系统通过风险提示指引审核人员进行差异化审批，每日进件处理量较之前提升100%，整体审核效率提升50%。"预审+终审"双重服务模式的创新应用，让客户在看车、选车过程中就能知晓预授信结果，客户体验显著增强。自动审批率逐年提升，2021年平均自动化率在50%以

上,在风险可控的基础上大幅提高了审批时效,用有限的资源支持业务快速、高效、稳健发展。

2. 不良贷款显著下降

风险量化管理体系的建设与实践,在保障业务高效运行的基础上,使风险指标稳步下降。根据对同期数据6个月表现期的测算,在新增放款规模提升124%的情况下,静态不良率下降16%。在风险量化管理体系应用后,整体不良贷款率下降30%以上,平均每年为公司节创效益约3000万元。

(二)建立可复制、可借鉴的量化管理体系搭建与应用机制

风险量化管理体系的建设与实践,显著提高了公司信贷风险管理的自动化、科学化、精细化水平,并形成了针对风险量化管理的一体化、流程化的方法,以及集数据分析、评分模型开发、应用策略设计、量化工具IT部署于一体的全流程建设方案。

这种量化管理体系搭建与应用机制具备很强的可复制性。在整个汽车产业链中,汽车金融只是其中一个环节,该机制可以推广运用于汽车生产、汽车销售、汽车售后服务、二手车交易等环节的智能分析决策。例如,依托该机制创建智能分析决策框架,可在汽车生产环节持续评估市场诉求与企业生产力,精准投放客户满意车型;可在汽车销售环节提前获知客户购买能力和购买意向,实现精准营销和智能营销;可在汽车售后服务环节分析客户用车习惯、频率、时长等,实现售后高附加值产品推广和置换推荐;可在二手车交易环节实现智能评估标的车辆综合性能等一系列智能决策。融资租赁公司、小额贷款公司、担保公司等开发风险量化管理体系的金融企业也可参考、借鉴该机制。

五、总结启示

风险量化管理体系的搭建与应用是公司在数字化、智能化驱动下财务管理创新的首个落地项目。风险管理模式成功转型,使公司风险管控能力大幅提升,为搭建智慧财务管理体系奠定了基础。

(一)风险量化管理体系建设与实践是向业财融合的主动转变

公司以占主导地位的零售业务为抓手,直面零售业务发展的传统风控痛点,以数据驱动,向智能风控转型,实现由事后监督向事前预测、事中控制、事后监督转变,

全程参与业务发展,能够有效地进行收益与风险的平衡,积极实践"数据驱动、量化赋能"。

(二)风险量化管理体系建设与实践是应对信息化、智能化、数字化对传统财务冲击的有力支撑

通过数据挖掘工具和决策管理平台,实现量化模型、实时决策、自动化流程、标准操作、集中控制等模块集成的新系统创新,快速实现全人工审批流程向系统平台自动化审批转变,推进业务运作和风险财务管理的系统化、标准化、精细化,体现出公司坚持"系统抓、抓系统"的管理创新理念。

(三)风险量化管理体系建设与实践是服务公司高质量发展的重要抓手

搭建自动化审批系统,根据自动化决策结果实现客户分层与差异化审批,由系统自动完成一系列工作流,大大降低了人力投入及人工成本,成功实现由"人防"到"技防"的突破。

(四)风险量化管理体系建设与实践是财务管理数智化转型的有益尝试

风险量化管理体系作为对风险管理能力的建设实践,只是公司财务管理体系创新升级的一个缩影。公司未来将通过数字化、智能化转型,搭建起全面的智慧财务管理体系(如图18-8所示),构建全方位、多维度、立体化的管理工具系统,提升精益管理水平,促进价值创造,推动公司高质量发展。

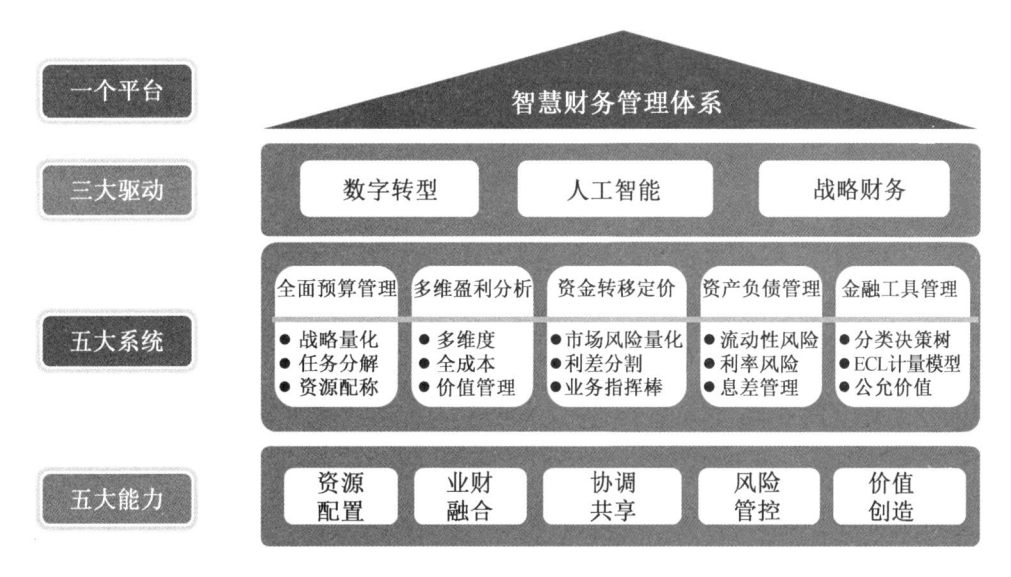

图 18-8　智慧财务管理体系

第十九章

基于高质量发展的企业集团会计信息系统案例

案例一　万友汽车——财务共享中心信息化建设

一、背景描述

（一）国家政策与兵器装备集团规划要求

2014年，《财政部关于全面推进管理会计体系建设的指导意见》提出鼓励大型企业和企业集团充分利用专业化分工和信息技术优势，建立财务共享中心，加快会计职能从重核算到重管理决策的拓展，促进管理会计工作的有效开展。2022年，国资委印发《关于中央企业加快建设世界一流财务管理体系的指导意见》，强调完善智能前瞻的财务数智体系，积极探索依托财务共享实现财务数字化转型的有效路径，推进共享模式、流程和技术创新，从核算共享向多领域共享延伸，从账务集中处理中心向企业数据中心演进，不断提高共享效率、拓展共享边界。

中央企业以财务共享服务为抓手，主动转型求变，积极推进财务数智化转型。在国资委直属的98家中央企业中，48家中央企业已建立或正在建立财务共享中心，占比为49%；48家中央企业中有30家选择试点单位开展财务共享建设，占比约62%。兵器装备集团为贯彻落实国资委对标世界一流的管理提升行动要求，着力推进落实集团公司"1666"财务规划，制订《财务共享中心建设方案》，明确"财务共享中心一期建设5个共享系统与4个产业板块级共享中心；二期建设持续优化，突出自动化、智能化，从交易处理中心向运营服务平台和智能数据中心发展"的整体工作目标，并向万友汽车投资有限公司（简称"万友汽车"）下达了"汽车服务板块财务共享中心建设"任务。

（二）企业管理现状与问题分析

万友汽车作为兵器装备集团下属汽车商贸企业，布局于云南、贵州、四川、重庆、北京、天津、山西、广西、安徽、江苏10个省、自治区、直辖市，有分（子）公司240余家，经营店面大多下沉到地、州、市、县，每年为近20万个新车客户、120多万个保有客户提供与汽车相关的服务。由于"两头在外"，万友汽车经营末端店多面广、体小利薄，客户群体需求多样、量大价低，呈现"服务组合灵活多变，管理核算细碎繁杂"的特点，迫使公司纵向分层、横向协同，形成"集团总部—区域公司—终端门店"三级管控模式。

1. 万友汽车的特点和优势

与工业制造企业相比，万友汽车在经营与财务管理上具有以下特点和优势。

（1）各分（子）公司根据整车厂系列认证标准，不断优化、改进、固化业务体系，主要业务流程、标准在品牌、区域框架下趋于同质。

（2）子公司高级财务人员实行委派制，以保证企业集团财务政策、财经纪律的逐层落地；对中级财务人员实行备案管理，形成实施统一财务管理体系的中坚基础；有足够的财务人员充实于一线财务工作，具备改进单位业务质量的原生条件。

（3）紧随集团公司财务信息化建设步伐，经与浪潮集团十多年通力合作，已经在浪潮 GS-ERP 系统基础上初步建立起会计集中核算系统，为建成更高水平的会计工作支撑平台奠定了良好的基础。

2. 万友汽车在财务工作上存在的不足

根据公司战略及未来发展规划，对标一流中央企业财务管理体系，万友汽车财务工作存在 6 个方面的不足。

（1）人员结构调整缓慢。公司现有财务人员近 600 人，分布在 200 余家 4S 店或终端，80% 以上位于三线、四线城市，总体学历偏低，主要从事简单会计业务工作。

（2）财务内控管理松弛。部分财务人员遵从会计职业道德的主动性较低，容易受客观环境影响而放弃原则，造成个别关键内控环节松弛，给经营单位带来较大风险。

（3）制度建设落后于业务发展。财务人员在工作中习惯按经验处理业务，新规范落地及时性不强；主机厂标准化流程更新较快，新营销手段不断推出，公司财务配套制度建设落后于业务发展。

（4）数据精细度不能贴近前端业务。按照公司层级汇总数据开展财务分析，不能按业务单元、作业结构深入解读，而且按月进行经营分析，评价结论偏离市场状态，更不能及时应对市场的快速变化。

（5）管理创新能力未能充分发挥。公司财务转型尚在推进中，财务工作还不能从新经济要求、新发展趋势入手揭示管理短板，管理决策支撑力相对较弱。

（6）管理效益仍有较大的提升空间。资金分级管理，导致资金计划未能形成闭环，存量较大的闲置资金容易造成隐形损失；财务管理在支撑渠道扩张上，习惯照搬原有模式，资源与经营匹配度不高，人工效能有待进一步提升。

（三）企业建设共享中心支撑平台的主要原因

1. 财务共享服务的职能发挥需要信息化平台支撑

通过研判内部和外部环境变化，公司认定"以建设财务共享中心为突破口，加快财务职能转型"对助推高质量发展财务管理体系建设具有重要意义和现实需求。财务共享中心建设以标准化作业切入，依靠信息化平台的系统性支撑，可以实现集约化作业，强化财务与会计专业能力，形成包括前台、中台、后台的财务队伍，助力提升财务工作效能；可以匹配作业管理到店，追踪客户核算到单，实施再造业务流程，不断打破管理边界，助力业财广泛融合；可以精细化数据颗粒度，厘清经济活动底层逻辑，统一会计统计核算标准，助力经济信息质量进一步提高；可以支撑资金集中模式进一步强化，明晰并固化管理权责边界，提高管理效率，挖掘资金投放效益；可以支撑刚性标准和流程来控制关键业务环节，前置风险管控闸门，夯实内控根基，杜绝放大经营风险；可以支撑多维度视角评价复用，实施即席作业推演，远程低成本投放管理体系，对接战略决策，为经营赋能。

2. 财务共享中心的推进需要财务共享平台先行建设

借鉴国内外财务共享中心发展经验，公司制定了总部牵头，贴近产业聚集区域部署，用4年左右时间分期建成"以加强监管和标准作业为基础，快速提升辅助业务抉择和战略决策支撑能力，让用户获得专业、高效、便捷服务"的财务共享中心。财务共享中心建设路径如图19-1所示。

（1）试点期。

2019年10月至2020年11月，建立财务共享中心"一个中心+六个区域中心"的架构，确定成员单位全程报账、全面核算、全行结算、会计报表职能纳入共享中心；在报账流程中实施必要监督，特别是杜绝违反中央八项规定的事项；从重庆区域、贵州区域先行选择部分单位纳入共享服务，经过对数据标准、系统流程验证、优化、完善，再将两个区域其余单位纳入共享中心，开展共享服务；到2020年底，初步建成财务共享服务支撑平台，搭建起财务共享中心组织体系、岗位体系、流程体系、标准体系。

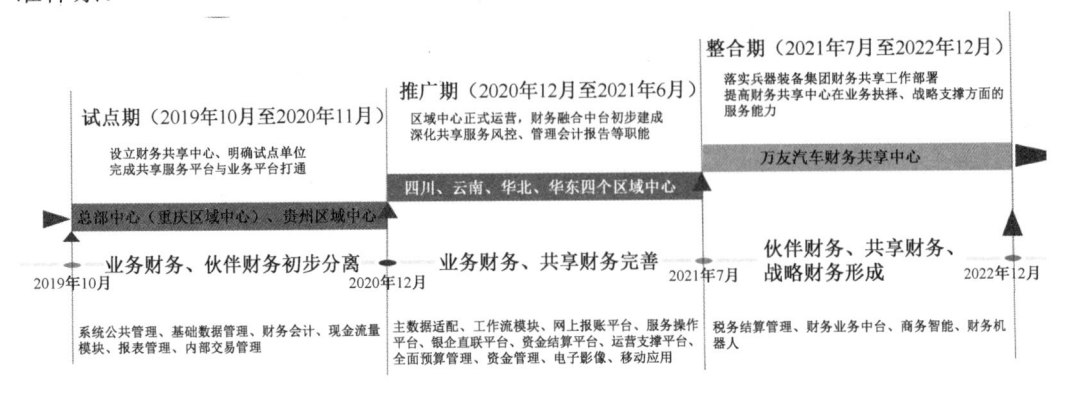

图 19-1 财务共享中心建设路径

（2）推广期。

2020年12月至2021年6月，正式启用四川、云南、华北、华东四个区域中心，确定成员单位管理报表、主税解缴、税务报表职能新增纳入共享中心；完成主要经营业务与财务共享的流程融合，实现主要财务内部控制点前移业务环节；利用商务智能数据模型为前后两端管理者提供辅助抉择和决策支撑的经济信息；从四川、云南、华北、华东四个区域先行选择部分单位纳入共享服务，经过不断优化与完善财务共享中心组织体系、岗位体系、流程体系、标准体系、管理体系，并在主要共享服务端启用财务机器人、在主要交互端实施智能化部署等流程再造，力争基本建成管控辅助型财务共享中心。

（3）整合期。

2021年7月至2022年12月，根据集团公司统一部署，以总部中心为唯一载体，整合"一加五"模式的区域中心，大力提升财务共享中心对公司各层级业务的支撑能力，形成职能清晰、功能完善的伙伴财务、共享财务、战略财务新型财务组织格局，全面建成具有新万友特色的管控支撑型财务共享中心，强力支撑"高质量发展财务管理体系"规划落地。

财务共享中心分期建设在不同阶段具有范围合适、体系完整的功能诉求，以便更好地承载财务共享服务职能，全新的财务工作形态必须有先行建设的财务共享平台做支撑。

财务管理新职能框架如图19-2所示。

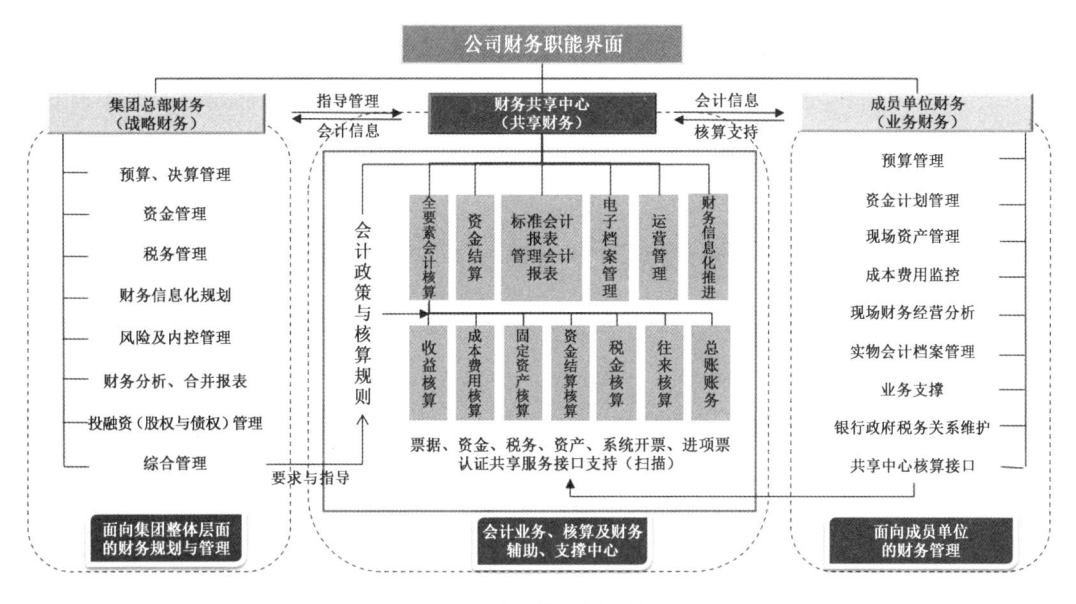

图 19-2 财务管理新职能框架

二、总体设计

(一)财务共享服务支撑平台建设目标

对应财务共享中心分阶段建设目标和路径,按照整体规划、统一设计、分步实施、持续优化的原则,在公司信息化整体规划框架下,财务共享服务支撑平台建设工作分解为集中升级、改造试点、推广整合三个阶段性目标和内容。

财务共享服务支撑平台功能规划如图 19-3 所示。

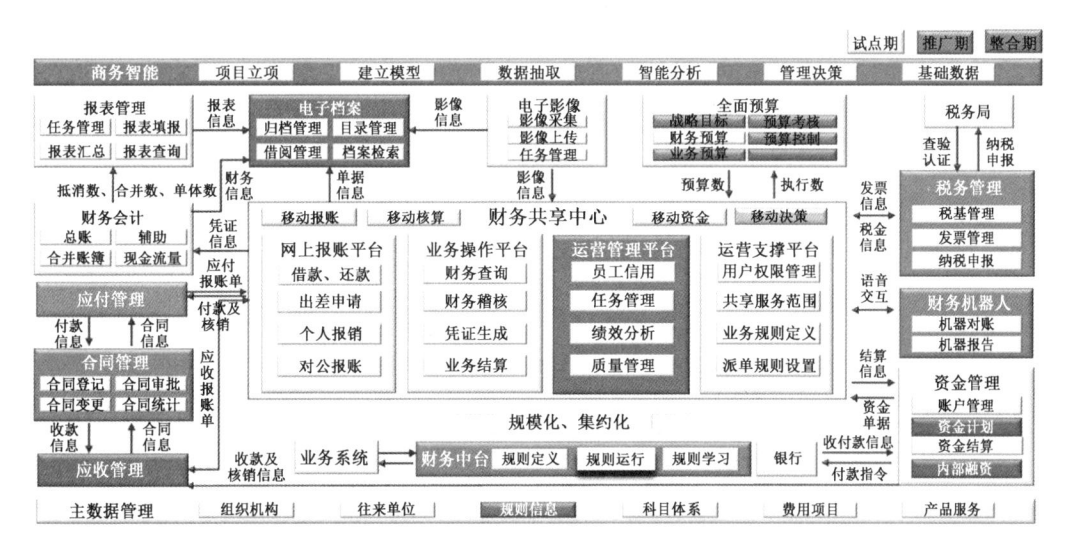

图 19-3 财务共享服务支撑平台功能规划

（1）2018年11月至2019年9月，即财务共享中心试点期前，完成现有财务系统的升级工作，覆盖公司所属全部260家子公司，统一部署运行浪潮GS Erp 7.0系统中的基础性核心功能模块，主要包含系统公共管理、基础数据管理、财务会计、现金流量模块、报表管理、内部交易管理。

（2）2019年10月至2020年11月，即财务共享中心试点期内，完成财务系统改造工作，在先期覆盖94家子公司的基础上再推广至166家子公司，部署实施浪潮GS Erp 7.0系统中的共享中心业务功能模块，主要包含主数据适配、工作流模块、网上报账平台、服务操作平台、银企直联平台、资金结算平台、运营支撑平台、全面预算管理、资金管理、电子影像、移动应用。

（3）2020年12月至2021年6月，即财务共享中心推广期内，在财务系统升级改造的基础上，先期覆盖204家子公司，后期覆盖56家子公司，直至财务共享完全整合期，部署实施浪潮GS Erp 7.0系统中的业务智能化和与决策支撑相关的功能模块，主要包含税务结算管理、财务中台、商务智能、财务机器人。

（二）平台升级的主要建设内容

1. 系统公共管理

系统公共管理包含用户管理、权限管理、审计监控、系统公告、参数设置、系统年度初始、组织启用等。

2. 基础数据管理

基础数据管理包含财务信息、预算信息、资金信息、核算组织、部门、人员、往来单位、标准代码项、核算体系、固定资产体系等。

3. 财务会计

财务会计包含凭证制单、凭证、规则凭证、账表查询、平衡检查、会计期间维护、年末结转等。

4. 现金流量模块

现金流量模块包含项目定义、类别划分、现金流量分析规则，以及现金流量分析查询等。

5. 报表管理

报表管理包含报表类别划分、格式定义、公式定义、汇总关系、审核关系、报表计算、审核、上报、汇总、锁定等流程处理。

6. 内部交易管理

内部交易管理包含内部交易的项目定义、业务类型定义、凭证模板、内部交易的确认、抵消凭证的生成、内部交易的日常查询等。

（三）平台改造的主要建设内容

1. 主数据适配

主数据适配包含主数据的系统定义、字段映射、更新获取关系、日常操作查询、日常的调度任务定义等。

2. 工作流模块

工作流模块包含流程类型的定义、流程审批关系的设计、流程的分配、日常使用监控等。

3. 网上报账管理

网上报账管理包含日常报销的填报、初审、个人业务、公司相关报账单据的查询等。

4. 服务操作管理

服务操作管理包含财务共享中心单据稽核、凭证生成、审核等日常操作处理等。

5. 银企直联管理

银企直联管理包含与各家银行交易的参数、银行报文、交易权限、交易规则、银行账户等。

6. 资金结算管理

资金结算管理包含财务共享中心结算办理、网银确认、结算确认、结算明细查询等。

7. 运营支撑管理

运营支撑管理包含财务共享中心服务人员的单据时效查询、共享中心定义、参数配置、任务分配管理、工作量等相关信息统计等。

8. 全面预算管理

全面预算管理包含预算组织、预算体系、预算控制信息设置等。

9. 资金管理

资金管理包含资金的账户设置、接口启用设置、划拨关系设置，以及资金日常的收款、付款、票据业务处理等。

10. 电子影像与移动应用管理

电子影像管理包含影像的接口定义、影像上传、影像调阅等。移动应用管理主要指移动端配置。

（四）平台推广的主要建设内容

1. 税务结算管理

税务结算管理主要指发票识别验证，包含发票的识别、发票的重复验证、发票的真伪验证。

2. 财务业务中台

前台组织与流程必须灵活，后台组织与模型必须稳定，中台组织与流程具备稳定和柔性特征。在财务共享平台的全面实施中，植入管理规则，提炼业务模型，累积管理经验，搭建公司财务中台，以增强对总部、分（子）公司多层级的运营支撑能力。

3. 商务智能管理

商务智能（BI）管理包含 BI 资源管理、BI 桌面、BI 数据源管理、系统配置管理、定义 BI 取数模型、定义 BI 参数模型、数据集定义等。商务智能管理如图 19-4 所示。

4. 财务机器人

财务机器人应用逻辑与场景如图 19-5 所示。

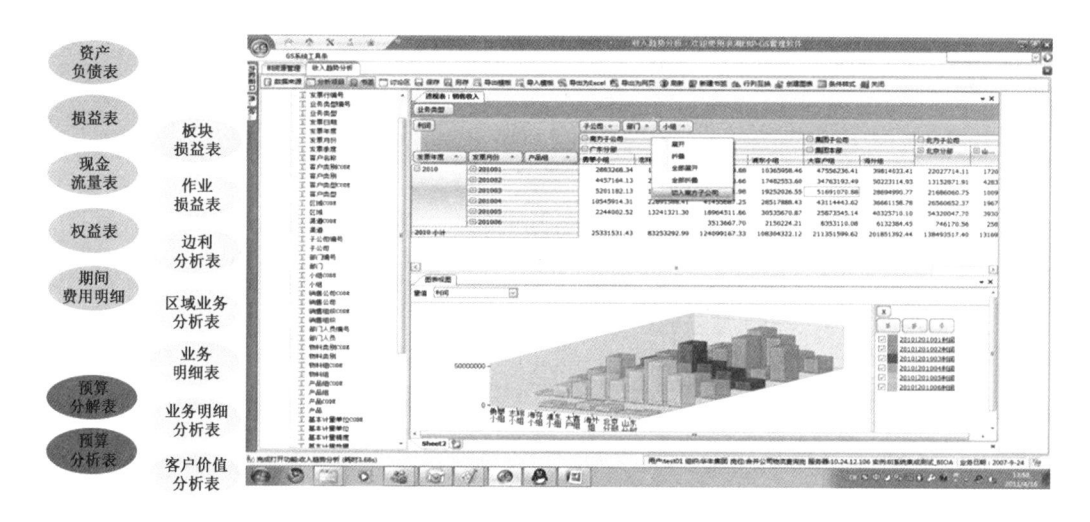

图 19-4　商务智能管理

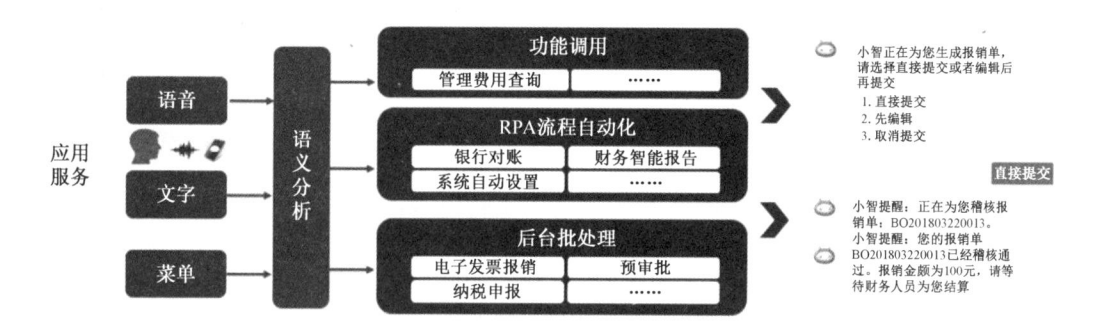

图 19-5　财务机器人应用逻辑与场景

（五）财务共享服务支撑平台的建设创新

公司财务共享服务支撑平台的建设，全面匹配财务共享中心的推进和任务，将系统建设目标与财务共享中心的工作目标融为一体，具有以下特点和创新。

（1）全部采用浪潮 GS Erp 系统集中部署，紧扣集团公司财务信息化、财务共享服务主数据标准，融合总部管理要求和分（子）公司业务需要，技术标准、功能模块、财务流程自上而下统一设定、统一执行，会计数据有高度的可比性，共享流程有广泛的操作性。

（2）以总账、报表为核心信息化模块，依靠共享报账模块连接各种业务系统（例如，固定资产模块、资金模块、销售模块、采购模块、预算模块等），实现财务共享服务与管理业务功能模块组的全面整合，从根本上解决业财流程对接的问题及业财一体化的技术瓶颈。

（3）以智能化电子审批代替纸质审批，刚性化公司三级授权审批体系，增强内部控制标准的黏性；以报账单据流为载体，实现单据流、影像流、信息流的三流合一，优化原来的财务核算流程，以新核算流实现对财务流程的再造。

（4）以全要素核算、全行电子结算、自动对账、报表自动编制，提供从业务到服务端全程一体化的线上作业，形成财务工作新模式，真正促成会计核算业务的剥离和转移，使财务人员能够从核算事务中真正解放出来。

（5）以集约化、规模化、高标准、高时效共享服务业务的不断推进（例如，报账业务无差别处理、记账业务专业化分工、报表分析智能化、自动合并报表等），奠定财务共享中心能力基础与管理定位，进一步提升信息化、自动化水平，顺应数字化、智能化发展趋势。

三、实践应用

（一）组织保障

万友汽车成立财务信息化建设领导小组，总经理任组长，总会计师与分管信息化工作的副总经理任副组长。财务信息化建设领导小组下设办公室，财务部部长任主任，财务共享中心负责人任副主任，办公室成员包含主要区域二级公司总会计师、人力与营销部门相关管理职能负责人。

为加强与浪潮公司的协同与合作，万友汽车与浪潮公司还专门成立项目团队，项目团队在财务信息化建设领导小组办公室具体组织协调下，按照项目进度计划开展具体工作。

（二）实施方法

项目团队经过前期需求调研，制定公司财务信息化项目"五步实施法"，编制了翔实、全面的项目工作推进计划。五步实施法如图19-6所示。

（三）硬件及安全保障

为确保财务共享支撑平台稳定运行，万友汽车在2019年6月前利用第三方三级等保机房部署并建成私有云数据中心。该中心与总部通过专线直联，外部通过互联网或专线与各4S店、中国长安和商业银行实现互联；网络链路全部采用"VPN隧道+国家数字证书认证"的方式；网络通信、服务器、数据库小型机、存储阵列等设备全部实现国产化，保证硬件及网络平台的安全可控。

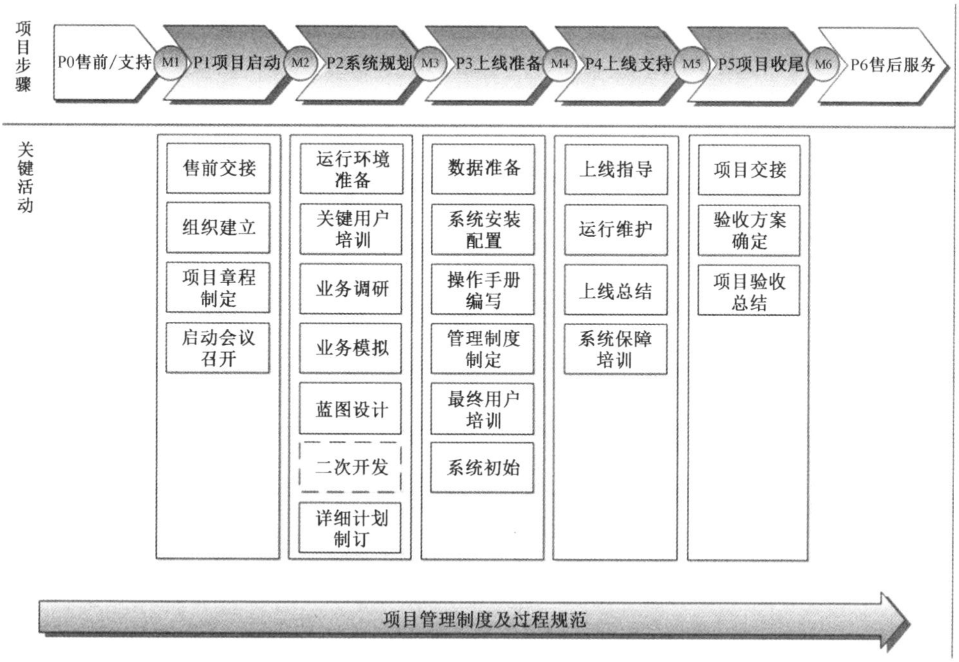

图 19-6 五步实施法

（四）主要模块应用过程

1. 基础数据应用

基础数据范围包括组织、客商、内部单位、项目、科目体系、报表体系，数据编码规则采用并扩展兵器装备集团财务信息化标准，支持成员单位内部管理、统计核算。科目体系、报表体系数据字典示例如表 19-1 和表 19-2 所示。

表 19-1 科目体系数据字典示例

科目编号	科目名称	级次	数量核算	日记账	银行账	允许下级增加	部门核算	个人核算	往来核算	专项核算	内部交易	是否停用	科目适用说明	标志
6001	主营业务收入	1											该科目核算商贸公司整车销售、售后维修含机电、钣喷，汽车装饰含精品业务收入，零件直接销售业务；零部件公司全部业务收入；综合体公司的房屋销售与项目租赁业务收入；该科目的部门核算可由各单位根据业务需要自行设定	

续表

科目编号	科目名称	级次	数量核算	日记账	银行账	允许下级增加	部门核算	个人核算	往来核算	专项核算	内部交易	是否停用	科目适用说明	标志
600101	军品收入	2												
60010101	军品出口收入	3												
60010102	军品内销收入	3												
600102	民品收入	2												
60010201	民品出口收入	3												
60010202	民品内销收入	3										是		
6001020201	汽车	4										是		
600102020101	长安欧尚	5										是		
60010202010101	整车	6	是								02	是	该科目核算到整车，通过辅助"产品"核算车系；该科目启用了内部交易规则，填制凭证时需要确认是否为内部交易分录，若为内部交易且交易单位为万友汽车体系内部单位，则辅助项"对方单位"必须填；若非内部交易，则辅助项"对方单位"可不填	
60010202010102	折让	6										是	该科目启用了内部交易规则，填制凭证时需要确认是否为内部交易分录，若为内部交易且交易单位为万友汽车体系内部单位，则辅助项"对方单位"必须填；若非内部交易，则辅助项"对方单位"可不填	
600102020102	长安轿车	5										是		
60010202010201	整车	6	是								02	是	该科目核算到整车，通过辅助"产品"核算车系；该科目启用了内部交易规则，填制凭证时需要确认是否为内部交易分录，若为内部交易且交易单位为万友汽车体系内部单位，则辅助项"对方单位"必须填；若非内部交易，则辅助项"对方单位"可不填	

表19-2 报表体系数据字典示例

项目	行次	期末数	年初数	上年同期数	项目	行次
流动资产：	1				**流动负债：**	57
货币资金	2				短期借款	58
交易性金融资产	3				交易性金融负债	59
以公允价值计量且其变动计入当期损益的金融资产	4				以公允价值计量且其变动计入当期损益的金融负债	60

续表

项　目	行次	期末数	年初数	上年同期数	项　目	行次
流动资产：	1				**流动负债：**	57
衍生金融资产	5				衍生金融负债	61
应收票据	6				应付票据	62
应收账款	7				应付账款	63
应收款项融资	8				预收款项	64
预付款项	9				合同负债	65
其他应收款	10				应付职工薪酬	66
存货余额	11				其中：应付工资	67
其中：原材料	12				应付福利费	68
库存商品（产成品）	13				应交税费	69
存货跌价准备	14				其中：应交税金	70
其中：原材料	15				其他应付款	71
库存商品（产成品）	16				持有待售负债	72
存货净额	17				一年内到期的非流动负债	73
其中：原材料	18				其他流动负债	74
库存商品（产成品）	19				**流动负债合计**	75
合同资产	20				**非流动负债：**	76
持有待售资产	21				长期借款	77
一年内到期的非流动资产	22				应付债券	78
其他流动资产	23				其中：永续债	79
流动资产合计	24				租赁负债	80
非流动资产：	25				长期应付款	81
债权投资	26				长期应付职工薪酬	82
可供出售金融资产	27				预计负债	83

2. 共享报账应用

共享报账范围包括业务或费用申请，费用或业务报销，资金集中、固定资产变动、收付款、整车与售后、配件配送与销售、薪酬与福利等报账。主流程框架设计示例如图 19-7 所示。

具体的报账流程，在传统信息化方式下，经办人填报，发起报账单据并附加扫描票据影像附件；本单位会计初审后，经本单位及二级管理公司审批，进入财务共享中心，由稽核会计处理并生成记账凭证；合格的报账单据被转给财务共享中心核算会计审核，正式记账或再转入财务共享中心结算岗；结算审核无误的报账单据生成结算单，由共享平台提交给对应的银行结算。差旅费报销单示例如图 19-8 所示。传统信息化方式下（无前端业务系统情况下），将原手工业务搬至线上，业务流程不做更多再造。

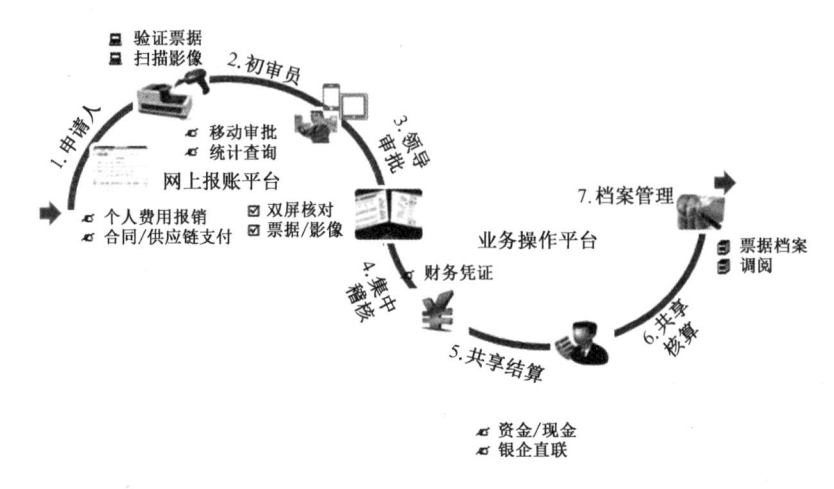

图 19-7　主流程框架设计示例

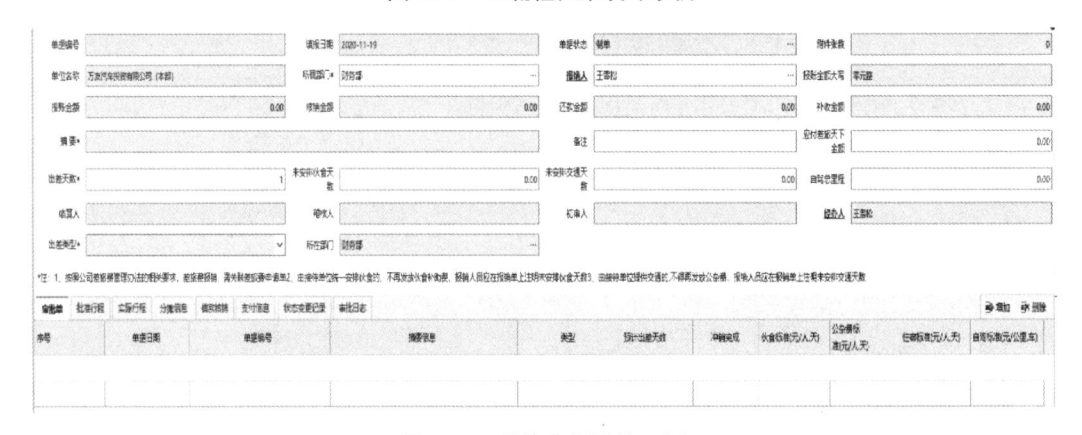

图 19-8　差旅费报销单示例

在业财融合模式下，业务系统经办人在业务环节关闭业务后，业务系统直接发起并提交报账单据（数据容器），附加扫描票据影像附件（仅限发票），省略传统信息化方式下的数据初审、管理审批，自动推送进入财务共享中心；稽核会计处理并生成记账凭证；合格的报账单据被转给财务共享中心核算会计审核，正式记账；必须结算的报账单再转入财务共享中心结算岗，结算审核无误的报账单据生成结算单，由共享平台提交给对应的银行结算。工资发放报账单示例如图 19-9 所示。在业财融合模式下，流程再造，省去经办人申请、上传业务单据影像、会计初审、二级审批环节，从而完成流程优化，达到降低人工的效果。

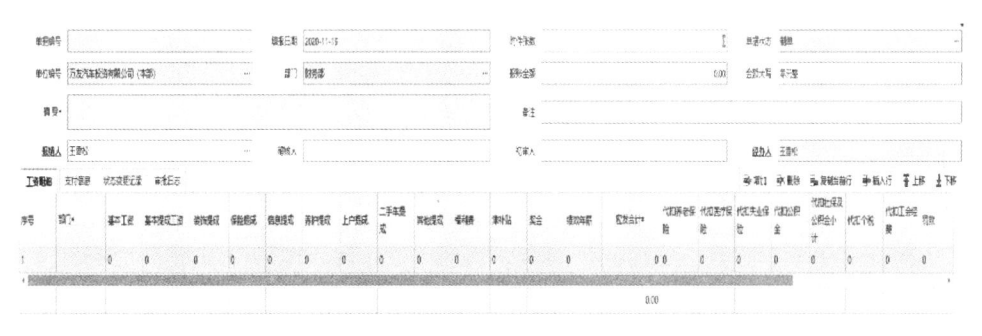

图 19-9　工资发放报账单示例

3. 风险控制应用

按照共享服务整体流程框架分报账单据填制、初审、审批批准、稽核、复核五个环节，分别设计。

（1）单据填制环节。在电子单据上根据日常报账的要求（例如，交通工具等级、补助标准，招待费接待标准、陪同人数，费用报销时的禁止事项、费用项目等），植入判断条件，系统自动刚性控制。

（2）初审环节。根据业务经办操作手册规定的内容，进行主观判断和控制。业务经办操作手册示例（销售与收款）如表 19-3 所示。

表 19-3　业务经办操作手册示例（销售与收款）

业务类型	业务性质	经办业务	业务需要填报的报账单据	填报报账单据须同时上传的附件影像（下画线内容是必传影像）	初审环节相关要求或说明
维修	普通维修	1.预收款	1.外部收款单（银行转账） 2.转账业务通知单（其他收款方式）	1.维修预检单 2.收款数据记账联 3.第三方平台收款小票 4.银行回单	1.收款收据必须注明交款人，分别写明交款具体内容、收款方式； 2.收款方式为现金或第三方平台收款时，报账单据必须采用转账业务单； 3.银企直联的账户收款要通过勾选获得而不能采用手工录入方式填写收款信息； 4.未开具收款收据时，第三方平台收款小票上必须注明交款人姓名； 5.收款方式：现金、银行转账、刷卡、微信、支付宝
		2.收款并确认收入	1.外部收款单（银行转账） 2.转账业务通知单（其他收款方式） 3.转账业务通知单	1.维修结算单 2.代金券（有效的资金抵用券、折扣券等） 3.收款数据记账联 4.第三方平台收款小票 5.银行回单 6.增值税发票 7.维修收入日报表	1.未开具发票时，需要增加维修结算单； 2.未开具收款收据时，第三方平台收款小票上必须注明交款人姓名； 3.收款方式为现金或第三方平台收款时，报账单据必须采用转账业务单； 4.银企直联的账户收款要通过勾选获得而不能采用手工录入方式填写收款信息； 5.上传销售发票影像必须同时上报维修收入日报表电子文档，格式见附件一

续表

业务类型	业务性质	经办业务	业务需要填报的报账单据	填报报账单据须同时上传的附件影像（下画线内容是必传影像）	初审环节相关要求或说明
维修	事故维修	1.预收收款	1.外部收款单（银行转账） 2.转账业务通知单（其他收款方式）	1.维修预检单 2.收款收据记账联 3.第三方平台收款小票 4.银行回单	1.收款收据必须注明交款人，分别写明交款具体内容、收款方式； 2.收款方式为现金或第三方平台收款时，报账单据必须采用转账业务单； 3.银企直联的账户收款要通过勾选获得而不能采用手工录入方式填写收款信息； 4.未开具收款收据时，第三方平台收款小票上必须注明交款人姓名； 5.收款方式：现金、银行转账、刷卡、微信、支付宝
维修	事故维修	2.收款并确认收入	1.外部收款单（银行转账） 2.转账业务通知单（其他收款方式） 3.转账业务通知单	1.维修结算单、事故定损单 2.收款收据记账联 3.第三方平台收款小票 4.银行回单 5.增值税发票 6.维修收入日报表	1.客户不用付费时，需要增加事故定损单； 2.收款收据必须注明交款人，分别写明交款具体内容、收款方式； 3.收款方式为现金或第三方平台收款时，报账单据必须采用转账业务单； 4.银企直联的账户收款要通过勾选获得而不能采用手工录入方式填写收款信息； 5.未开具收款收据时，第三方平台收款小票上必须注明交款人姓名； 6.上传销售发票影像必须同时上报维修收入日报表电子文档，格式见附件一； 7.收款方式：现金、银行转账、刷卡、微信、支付宝
维修	三包维修	1.确认收入	转账业务通知单	1.三包开票通知单 2.增值税发票	开票通知单位与增值税发票购买单位名称一致
维修	三包维修	2.回款	外部收款单（银行转账）	1.银行回单 2.三包开票通知单	1.三包开票通知单位与银行回单付款单位名称一致； 2.当日同一付款账户多笔收款可以在一张外部收款单中处理

（3）审批批准环节。根据按区域整合实施的授权审批体系植入共享服务电子工作流，形成具有布尔逻辑判断特征的电子审批流，自动引导各审批环节主体实施刚性控制。区域整合后授权审批体系如表19-4所示。

表 19-4　区域整合后授权审批体系　　　　　　　　　　　　　　单位：元

费用类型	公司	金额	经办人	部门负责人	财务审核	公司负责人	总部财务审核	财务审计部部长	分管领导	总会计师	总经理
业务招待审批单	安徽万友		√	√	√	√					
	贵州万友	$X\leq 800$	√	√	√	√					
		$800<X\leq 1500$	√	√	√	√			√	√	
		$X>1500$	√	√	√	√			√	√	√
	安福		√	√	√	√					
	尊达		√	√	√	√					
业务招待报销单	重庆万友	$X\leq 1000$	√	√	√	√					
		$1000<X\leq 2000$	√	√	√	√	√	√			
		$X>2000$	√	√	√	√	√	√			√
	安徽万友	$X\leq 1000$	√	√	√	√					
		$1000<X\leq 2000$	√	√	√	√			√		
		$2000<X\leq 3000$	√	√	√	√			√	√	
		$3000<X\leq 5000$	√	√	√	√			√	√	√
		$X>5000$	√	√	√	√			√	√	√
	贵州万友	$X\leq 800$	√	√	√	√					
		$800<X\leq 1500$	√	√	√	√			√	√	
		$X>1500$	√	√	√	√			√	√	√
	安福		√	√	√	√			√	√	√
	尊达		√	√	√	√					√

（4）稽核环节。根据共享财会工作负面清单、服务核算标准手册规定的内容，进行主观判断和控制。核算标准手册示例（采购与付款）如表19-5所示。

表 19-5　核算标准手册示例（采购与付款）

业务类型	业务性质	经办业务	业务需要填报的报账单据	填报报账单据须同时上传的附件影像（下画线内容是必传影像）	记账凭证处理标准
整车	厂家采购	1.银行付款	对外付款单	1.付款申请审批单 2.T+3进销存计划表 3.银行回单	1.收款账户必须通过共享平台选择，不能自行录入； 2.付款时记入"应付账款"借方，并分单位、款项性质辅助核算； 3.付款结束后必须将银行回单打印附凭证之后归档
		2.委托票据结算	转账业务通知单	<u>1.付款申请审批单</u> 2.应付票据 <u>3.付款委托书</u> <u>4.借款协议</u> 5.垫付证明	1.付款申请的对方单位必须与付款委托收款单位一致； 2.借款协议出借单位必须与付款委托被托单位一致； 3.根据应付票据收款单位及金额记入"应付账款"借方，分单位和款项性质辅助核算； 4.根据借款协议和垫付证明的借款单位和金额记入"其他应付款—按单位核算—资金往来款—票据借款"贷方

续表

业务类型	业务性质	经办业务	业务需要填报的报账单据	填报报账单据须同时上传的附件影像（下画线内容是必传影像）	记账凭证处理标准
整车	厂家采购	3.实物入库（票未到）	转账业务通知单	1.采购入库单 2.送车交接单 3.<u>入库单汇总表</u>	1.供货单位是内部体系的，单位代码只能是4位； 2.根据入库单不含税金额挂账，贷方记入"应付账款—按单位核算—暂估车款"，借方记入"库存商品—民品—民品内销—汽车"，按品牌整车核算
		4.票据入库（货未到）	转账业务通知单	1.<u>增值税发票（厂家发票）</u> 2.<u>在途汇总表</u> 3.折让明细表（若有兑现折让发票）	1.供货单位是内部体系的，单位代码只能是4位； 2.入库汇总表中供货单位必须与增值税发票上一致； 3.在"库存商品—民品—汽车—品牌—整车"中分车系辅助核算； 4.折让发票金额在"库存商品—民品—汽车—品牌—折让"中核算； 5.入库往来在"应付账款"中分单位、款项性质核算； 6.税金部分在"应交税金—增值税—待抵扣税金"中核算
		5.票货稽核并确认采购成本	转账业务通知单	1.<u>采购发票</u> 2.发票销货清单 3.启票申请表 4.采购入库单 5.<u>入库单汇总表</u>	1.供货单位是内部体系的，单位代码只能是4位； 2.入库汇总表中供货单位必须与增值税发票上一致； 3.票到回冲：收到发票核对开票明细金额与入库明细金额，入库金额小于发票金额，差异金额在"在途物资—在途商品"借方中分车系辅助核算；入库金额大于发票金额，差异金额在"库存商品—民品—汽车—整车"借方分品牌中进行辅助核算

（5）复核环节。由财务共享中心业务主管依据专业要求（例如，企业会计准则、公司会计政策）进行主观判断。

4. 内部交易自动抵消应用

根据内部交易内容，设定内部交易抵消规则，交易规则类别可随时根据公司业务推广需要进行扩充。财务共享平台根据内部交易规则自动触发并记录，形成内部交易记录底库，由系统进行内部交易记录的自动抵消。财务共享平台实时根据抵消结果自动生成公司抵消记账凭证，完成内部交易的会计处理。内部交易抵消规则示例如图19-10所示。

图 19-10　内部交易抵消规则示例

5. 现金流量表智能分析应用

根据现金、银行存款、其他货币资金每笔收支款项的来源及去向科目，设定流量分析规则。在分析时，现金流量模块自动按照对应科目拆解每笔资金收支分录，并根据分析规则对应的现金流量项目逐笔登记现金流量项目，自动汇总现金流量项目记录，生成现金流量表。现金流量表智能分析流程如图 19-11 所示。

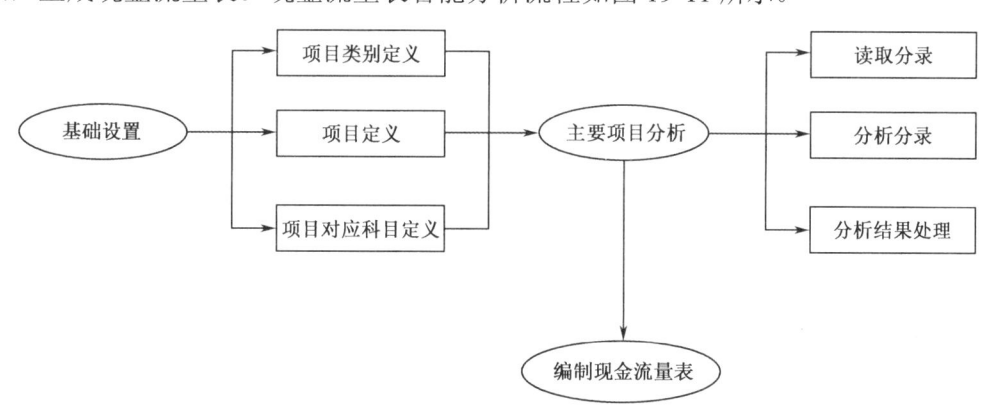

图 19-11　现金流量表智能分析流程

6. 合并报表自动汇总应用

按需要的时间点设定报表自动计算任务，合并报表编制流程如图 19-12 所示。

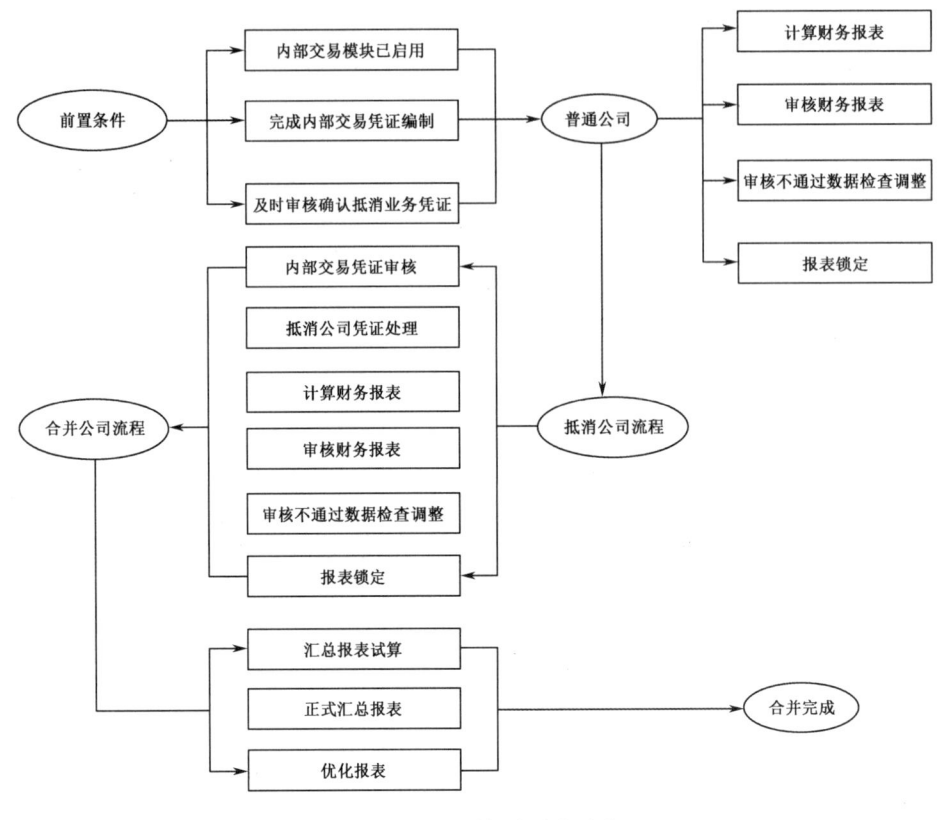

图 19-12 合并报表编制流程

7. 资金结算服务应用

资金结算服务包含外部收款、对外付款和资金集中三个主要服务内容。

（1）外部收款指报账人提交电子报账单时，可以直接引入银行回单，也可以手工填写收款信息。提交后，财务共享中心会计进行单据稽核，稽核通过后自动生成会计记账凭证。

（2）对外付款指报账人提交电子报账单时，填写付款事项及付款信息，上传对应合同附件影像后提交，由初审会计检查实物单据。经相关领导审批后，财务共享中心会计进行单据稽核，稽核通过后自动生成会计记账凭证，由财务共享中心出纳办理结算。对外付款流程如图19-13所示。

（3）资金集中包含资金下拨与资金上划两个流程，可分解为付款与收款两个关联流程。

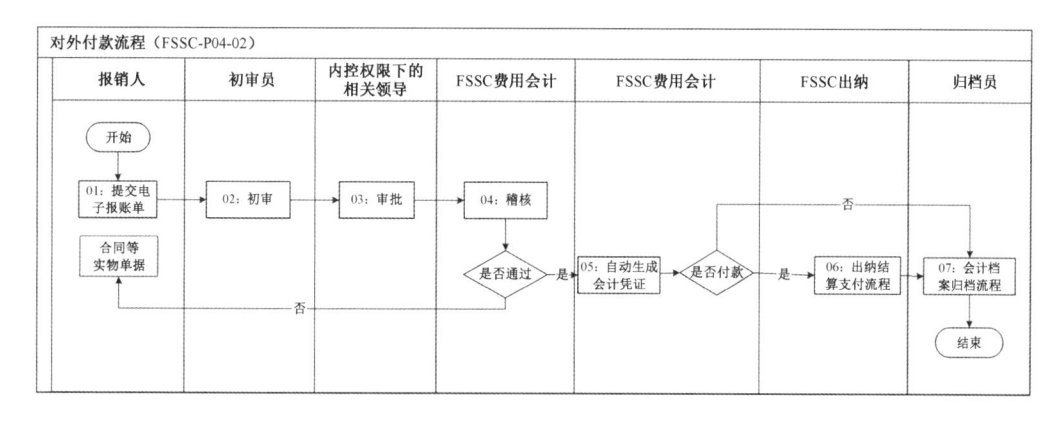

图 19-13 对外付款流程

8. 共享服务管理应用

财务共享服务管理的基本目标是保证业务处理的时效性及业务质量，财务共享平台必须能够生成相关数据分析报表，提供支撑，如单据处理时长分析、中心工作量统计。通过单据处理时长数据，可以发现不正常耗时的业务单据，有助于中心管理者优化业务处理流程；通过中心人员工作量统计，可以对比分析财务共享中心人员业务处理任务大小、复杂度，有助于中心管理者实时进行工作调整。单据时长分析表示例（截图）如图 19-14 所示。

财务共享中心正式运行后，财务共享平台还要能够支撑业务质量管理、服务人员信用管理、处理客户投诉、及时通报服务内容、流程变动等工作。另外，为了实时反映财务共享中心的运作情况，财务共享平台应该具有展示业务处理的效能展板，实时公开财务共享中心业务处理能力、业务变动趋势等情况。

图 19-14 单据时长分析表示例（截图）

9. 财务分析评价

经营画像模型设计：应用标杆分析法，按月、按季从被分析单位财务会计系统采集财务指标，经计算形成综合性"雷达值"；对照行业标杆值设定和综合计算"雷达面积值"，进行整体对比分析与评价；用被评价单位的评价值与标杆值的吻合程度引导工作人员发现经营问题，持续改进经营活动。

四、实施成效

公司财务共享中心信息化平台已经完成升级、改造阶段的实施工作，系统运行得到所属成员单位的较好评价，平台运行的良好效果已经初步显现。

（一）功能模块全面普及并进行整合

集中核算、内部交易、合并报表模块在所有单位（290个核算单位）全面得到普及应用，共享报账、移动应用、电子影像、费用预算、资金管理等模块在试点单位（94个核算单位）优先应用，所有上线模块已经完全整合为一体，形成功能丰富、操作便捷的财务共享支撑平台。

（二）受控的前端数据直接驱动共享作业

共享报账单据作为无纸化、规则化、结构化的数据容器，实时串联起前端业务与共享作业的一体化流程，不仅实现了业务驱动财务的实时工作机制，而且能够及时控制与引导前端业务的规范流向：一方面前移管理控制规则，业务内控贴近前端业务单元，另一方面通过表单结构化为共享标准作业提供了标准数据支撑。将以往每天或每周处理的业务进程缩短为以分钟计的标准化流程，将以往事后复核的人工作业模式改进为与前端业务同步的刚性系统控制模式，财务工作时效性、内部控制的前置性、管理数据的精准性都有了质的提升。

（三）标准化会计服务效率大幅提高

全业务报账共享模式在处理时间、业务控制、信息颗粒度等方面的积极变化，倒逼和支撑财务共享中心会计服务效率大幅提升。目前，财务共享中心完成会计记账凭证的能力已经达到80张/人/天，较成员单位自行处理记账凭证的能力提高2倍以上；平均每笔业务闭环处理时效控制在10分钟以内，彻底改变非共享模式下等待一周甚至一个月的状况。

（四）报表智能化、自动化基本实现

现金流量表智能分析将准确率由 70% 提高到 99%，内部交易的抵消耗时由 4 小时减少到 20 分钟，抵消更加充分；成员单位出具成套标准会计报表用时由 1 小时减少到 10 分钟；合并单位出具成套标准合并报表用时由 12 小时（1.5 个工作日）减少到 0.5 小时。

（五）经营画像引导分（子）公司改善经营质量

对比标杆改善经营，标杆指标贴近度大幅提升，部分单位通过半年的评价、分析改进，经营质量明显超过行业同类企业水平。

（六）移动应用提供方便快捷的体验

费用申请、费用报销、报账单据移动审批，员工借款查询、应收款查询、外部账户查询、票据备查簿移动查询等为员工日常工作提供了良好的体验。

（七）银行业务实时进行监控

银企直联接口已完成公司与 11 家银行对接，相关银行业务纳入共享平台处理的银行账户达到 423 个；银企直联平台每 15 分钟自动进行银行对账，以更高的时效性对各成员单位银行账户进行实时监控和计划管理，公司整体财务费用同比下降近 700 万元。

（八）财务管理实现远程投放

在新组建区域公司时，财务管控体系在 1~2 天快速部署至新单位，统一财务管控体系及时支撑起 30 多家新单位的运营。

（九）财务人员结构优化开始呈现

公司重庆区域分部、贵州区域分部，从 100 多家成员单位财务人员中剥离近 30 人从事财务共享专业服务工作，使各单位驻场财务人员将主要精力更扎实、更深入地下沉经营工作，贴近前端，提升业务质量，杜绝合规风险；同时合并、减少经营单位出纳或收银人员 12 人，两个区域单位的财务人员结构得到明显优化。

五、总结启示

回顾万友汽车财务共享中心支撑平台的建设历程，可以看到相关因素和条件对确保项目的顺利推进至关重要。

（一）领导高度重视，科学决策引导项目

财务共享支撑平台信息化项目得到公司领导高度重视，总经理亲自挂帅，总会计师亲自督导，在建设策略上没有提"最先进、大而全"，而是采用在原有系统基础上结合实用、升级改造、逐步扩充的方式，既保护了原有资源投入、加快了项目推进速度，又避免了系统建设的整合风险、效率风险和使用风险。

（二）先进的实施方法，强有力的组织保障

公司领导、管理人员、专家、业务骨干构成的协调保障组织体系、系统实施项目团队，以及公司财务信息化项目"五步实施法"，成为整个项目建设成功的有力武器。项目参与人员严格按照实施方法展开工作，使整个项目推进目标明确、计划合理、工作有序、协同有效、结果有保障。

（三）采用合理应用策略，强化过程风险管控

在建设过程中始终把握财务报告输出关，盯紧会计报表标准体系、会计核算科目标准的运用，筑牢会计信息收集、加工、传递、输出流程基础，时刻以建好、用好财务总账、会计报表功能模块为核心基础前提，向外围、向业务延伸模块功能；充分估计各实施环节的应用风险，评估风险事项对项目成功落地的影响，强化对相关风险的控制措施，通过例会、培训、测试的方式充分贯彻、执行到位。

（四）严格效果评估，坚持数据正确导向

除严格的系统功能模拟测试外，及时开展背对背全面、纵深的效果评估，保证运行结果数据毫厘不差，是保障系统实施应用的一个关键因素。通过背对背盲评，及时、全面、准确地发现支撑平台在运行组织、制度、标准、流程、操作中的系统性问题，从而进行精准优化和调整，杜绝系统性问题向后延续、向下渗透，确保系统长期准确、安全、有效。

(五)务实开展骨干人员培训,做好系统知识转移

保证骨干人员及时参与体系规则学习和功能协同培训。骨干人员不仅要在操作层面,还要在管理理论体系、技术支撑体系层面熟练掌握与支撑平台相关的综合技能,发挥好骨干人员在模块功能应用中的传帮带作用,成为基层单位平台运行的主心骨,成为信息化建设知识转移的重要载体,确保系统准确、安全、有效地长期运行。

(六)后期建设工作展望

2020年8月,国资委印发《关于加快推进国有企业数字化转型工作的通知》,向国资体系发出了"贯彻落实习近平总书记关于推动数字经济和实体经济融合发展的重要指示精神"的工作号令,公司必须以更强的使命感、更高的责任感,加快推进财务管理工作数智化转型。

1. 承载中台职能,实现财务职能的全面转型

前台财务担任"业务财务规划"角色,与一线业务人员深度协同,通过深入业务,了解一线业务需求,根据业务场景搭建业务模型,支持实时的业务抉择;中台财务聚焦作业标准化与运用的优化,基于高度标准化作业,负责规则维护、例外事件管理,以及运营持续优化;后台财务侧重财务预测与经营决策,利用信息技术研制和维护算法,通过提升决策效率和分析深度来支撑管理决策。

2. 增强算力投入,以可视化实现及时的经营决策

以财务共享支撑平台累计的海量数据为基础,按照商业模式、业务逻辑、元数据特性设计分析输出模型,在资源计划、服务对象、作业环节、产业板块、区域经营各个层级,在产品结构、服务类型、经营数量、业务规模、创利能力等多个维度产生分析表单、评价报告,通过移动设备、桌面屏幕、展示大屏等现代化方式,实时预测并反馈财务动态、经营结果,用可比性高、可用性强、时效性快的综合性信息实时开展经营决策。

3. 智能化应用全面落地,支撑完美用户体验

充分利用5G、云计算、移动计算、光学字符识别、电子发票等基础性信息技术,搭建起财务共享中心的生态支撑平台,为前端生态用户提供快捷、方便的使用体验;利用RPA、专家系统、数据挖掘、电子档案等高端信息科学手段,搭建起财务共享中心财务人员智能化业务支撑平台,为广大财务人员用户提供敏捷自动化、智能化的工作体验。

案例二 保变电气——企业财务共享信息建设实践

一、背景描述

(一)企业基本情况

保定天威保变电气股份有限公司(简称"保变电气")是兵器装备集团主要成员单位之一。经过60多年的发展,保变电气已成为中国著名的输变电设备专业制造企业,生产了一系列代表世界输变电领域最高水平的尖端产品,在高电压、大容量变压器及特高压交流、直流变压器制造领域具有较强的市场竞争力,公司产品的技术水平已达到国际先进水平,并处于国内领先地位,产品出口至美国、加拿大、法国、日本、印度、巴基斯坦等40多个国家和地区。公司拥有天威保变(秦皇岛)变压器有限公司(简称"天威秦变")、天威保变(合肥)变压器有限公司(简称"天威合变")两家全资子公司,形成以保变电气本部为核心、以天威秦变为出海口基地、以天威合变为支撑的输变电产业格局,能够充分满足广大国内外客户对电力设备的需求。

近几年,国家电力投资逐步趋于平稳,而输变电制造企业却如雨后春笋般涌现,部分民营企业凭借体制灵活快速进入第一梯队,输变电产业整体进入白热化竞争状态,产品毛利不断受到挤压。在规模实现快速发展的背后,保变电气在管理中的瓶颈因素不断显现,公司以降本、提质、增效为目标的内部管理模式创新与变革迫在眉睫。公司已经明确管控总体目标和改进的主要任务路线,其中财务共享中心的建设对总体目标价值的贡献不言而喻。公司希望借助财务共享应用平台实现提升效率、加强管控、支持决策的建设目标,并通过财务共享应用平台的建设,逐步打通财务与业务系统的接口,最终形成公司整体的共享服务平台,建设"业财共享支撑平台"和"数据处理中心",使财务工作向数字化、智能化转型。

(二)企业管理问题分析

1. 财务管理观念落后,缺乏科学性

随着国内经济已由高速增长阶段转向高质量发展阶段,公司面临着一个全新的财务管理环境。但是，由于长期以来在思想上受到旧的财务制度的约束，财务人员的观念比较滞后，尚未建立起时间价值、风险价值、边际成本、机会成本等科学管理理念。这反映在财务管理目标上，就是未能确立起成本控制与资源优化配置理念；这反映在财务管理实践中，就是滋生了许多不科学的做法。

2. 大量数据孤岛存在，整合度不高

公司各业务单元根据自己的工作需求对数据进行管理与维护，在保证本业务单元高效有序进行的同时，却因数据的特殊性无法实现与其他业务单元的数据交互，导致大量数据孤岛存在，业务系统较为陈旧，不能向财务系统提供满足需要的基础数据，不能有效与财务系统融合。财务数据无法实时有效地集成、财务信息无法实现在不同层面的整合与共享，造成管理信息不对称，财务信息难以作为有效的决策参考，建立统一的财务管理体系势在必行。

3. 管理信息不对称，财务管控难度大

在缺少集约化的财务管理模式下，财务数据无法实时有效地集成、财务信息无法实现在不同层面的整合与共享，从而造成管理信息不对称，财务信息难以作为有效的决策参考。多个独立的财务"小流程"使公司总部的统一协调变得困难，需要建立信息化的财务管理体系。

4. 财务管理内容不足，缺乏动态性

从目前的情况来看，公司经营规模持续扩大，各子公司均有完整的财务组织，资源配置的重复成本较大。各子公司在财务处理效率和规范化程度上难以统一提升，造成财务管理整体效率的损失，进而影响内控的实施效果。为了消除人为管控弊端，加强制度化管控，提升公司的管理效率，必须建立标准化的财务管理体系。

（三）企业建设财务共享中心的必要性

1. 有效解决现代企业规模化发展的财务管控问题

财务管控是企业管控的传统手段，财务管控手段涉及采购、生产和销售的方方面面，而支付控制往往被视为企业财务管控的基础和底线，一些非生产型企业的支付、报表及税务管理几乎就是财务管理的全部。在这种情况下，建立企业财务共享中心就显得意义重大。

2. 提高企业财务核算的统一性、规范性

财务共享中心按照统一模式进行支付审核，按照统一模式进行账务处理，按照统一模式规范业务。企业总部的各分支机构就像连锁经营的分店一样，按照企业统一模式财务进行内部管控，使企业总部的政令上下通达，使企业总部的政策方针落实起来更加迅速、有效，这也是企业快速发展的根基。

3. 促进业财融合与财务人员转型

传统的企业财务往往将核算、报表和税务业务作为财务管理的重点，审核凭证、审核报表占据了财务负责人的大部分时间。其实这些工作均有明确的规范，可以用信息系统或者操作规范加以落实。将这些重复性强的工作交给擅长规范化管理的财务共享中心，企业财务人员便可以转向高价值的财务管理工作。

二、总体设计

（一）探索调研

为了改善公司层面和业财层面的问题，保变电气财务部积极践行"走出去、请进来"的学习探索方式，寻求财务新活力。2015年下半年，保变电气开始谋划财务共享中心建设，并深入主流软件公司生产研发基地参观学习，了解信息化建设最新的发展动向，包括以费控为亮点的共享1.0时代、全新司库管理新模式、财务共享移动报销、一键生成新理念等。2016年，保变电气邀请主流厂商到公司开展多达11次调研活动，双方共同探索适合公司的全新共享模式，并邀请共享专家到公司进行专题培训与宣贯。

保变电气对内进行公司高管问卷调查，向公司高管培训宣贯财务共享知识；组织各成员单位财务管理层研讨，探索资金、核算、成本、价创四个中心的财务转型方向，重点推进对十大管理会计工具的探索应用，总结案例并积累财务转型经验。

（二）战略定位

通过外部学习调研与内部宣贯研讨，保变电气逐步确定以"财务共享"建设为源的财务转型道路，并明确业务财务、共享财务和战略财务三大方向，更重要的是确定公司"1111"价值创造型财务战略。"1111"价值创造型财务战略如图19-15所示。

一个平台

以"全面预算管理"为基础平台,深入应用经营预测、成本管理等管理会计工具,与企业业务过程紧密结合,发挥管理会计提升企业盈利能力和运营效率的重要作用

一个重点

针对管理薄弱环节,对症下药,以"项目成本管理"为重点,推进实施全价值链成本管理,强化降本增效管理,提升成本竞争能力

一条主线

针对订单式的经营方式,以"合同管理"为主线,以EVA驱动路径为引导,狠抓EVA驱动各环节基础管理不放松,提升盈利和价值创造能力

一项探索

探索推进"财务共享中心"建设,实现财务业务标准化、信息化、数字化、智能化,财务工作转型为业财融合、服务业务、支撑战略的"价值创造"活动

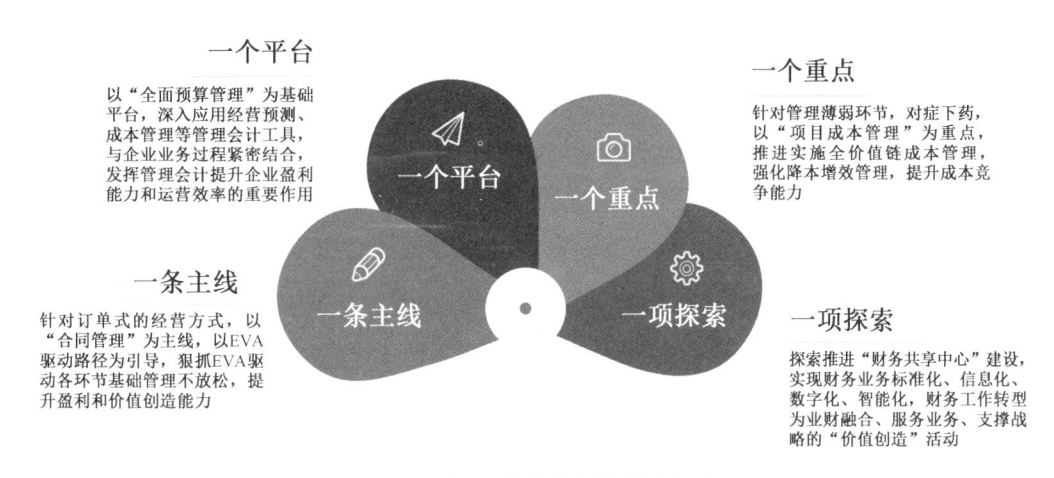

图 19-15 "1111" 价值创造型财务战略

保变电气以"合同管理"为主线,狠抓基础管理不放松,提升盈利和价值创造能力;以"全面预算管理"为基础平台,将其与公司业务过程紧密结合,发挥管理会计提升公司盈利能力和运营效率的重要作用;针对公司的管理薄弱环节,以"项目成本管理"为重点,推进实施全价值链成本管理,强化降本增效管理;探索推进财务共享中心建设,实现财务业务标准化、信息化、数字化、智能化,财务工作转型为业财融合、服务业务、支撑战略的"价值创造"活动。

同时,在公司财务战略指引下,保变电气确定管控服务型财务共享中心战略定位,如图 19-16 所示。

1 战略 以公司经营战略和财务战略为核心动机和价值体现

2 定位 组织的变革和建立,需要以公司现状为基础,结合行业最佳实践、结合本单位特色,建设管控服务型共享中心

3 财务共享中心 组织职责定义:明确关键运营职责和管理职责。组织管控定位:明确汇报关系和其他组织沟通机制。组织服务设置:明确内部职能中心划分

图 19-16 管控服务型财务共享中心战略定位

(三)建设原则

保变电气在确定财务共享中心的战略定位后,论证并确定建设原则:事权不变原则、标准统一原则、数据集中原则、管控提高原则、差异化推进原则、核算与管理分离原则。财务共享中心建设原则如图 19-17 所示。

- 事权不变原则
- 标准统一原则
- 数据集中原则
- 管控提高原则
- 差异化推进原则
- 核算与管理分离原则

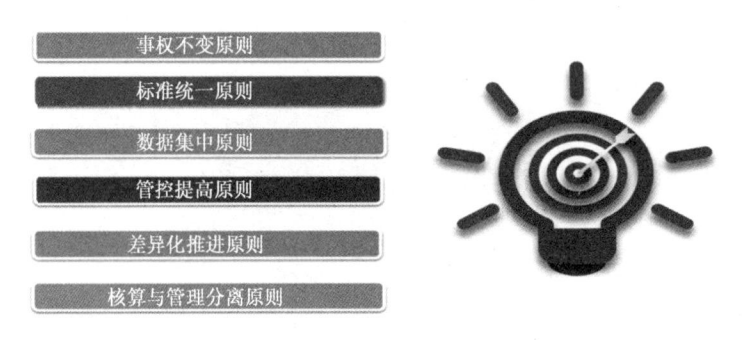

图 19-17　财务共享中心建设原则

（四）总体框架

保变电气基于财务体系和共享战略，明确财务共享中心总体框架，分别从流程管理、系统支撑、组织管理、运营管理方面推进财务共享中心的整体建设。财务共享中心框架如图 19-18 所示。

流程管理	系统支撑
✓ 建立集团统一的流程方案 ✓ 建立流程优化管理标准 ✓ 流程测试管理	✓ 核算系统 ✓ 直联系统 ✓ 成本系统 ✓ 影像系统 ✓ ……
组织管理	**运营管理**
✓ 组织定位 ✓ 组织结构 ✓ 人员配置	✓ 目标管理 ✓ 绩效管理 ✓ 质量管理 ✓ 培训与服务

图 19-18　财务共享中心框架

三、实践应用

（一）财务共享信息建设的实施准备

首先，筹划财务与业务工作整合。将作业量大且重复发生、可标准化的流程及业务集中至财务共享中心。其次，确定建设计划及实施步骤。第一阶段完成整体咨询与公司本部上线，第二阶段为咨询成果转移及其他单位推广工作，并完善系统其他模块。最后，加强全员培训宣贯。财务部共组织各类人员培训 58 场次，其中公司领导参加培训 8 次、中层领导参加培训 15 次、普通员工参加培训 35 次，基本覆盖公司全体员工。财务共享中心主要业务范围如图 19-19 所示。

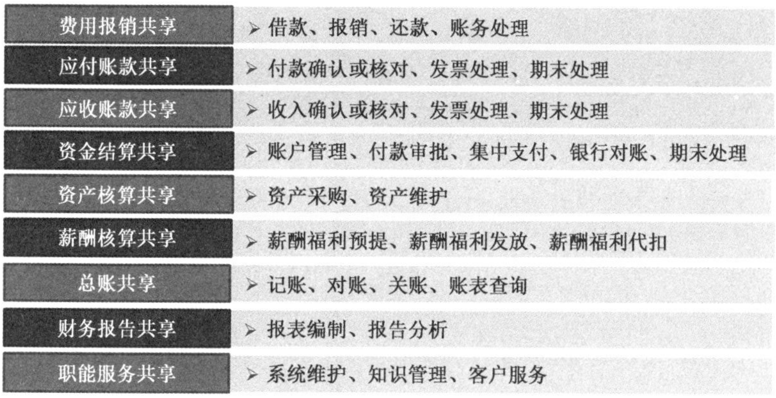

费用报销共享	➢ 借款、报销、还款、账务处理
应付账款共享	➢ 付款确认或核对、发票处理、期末处理
应收账款共享	➢ 收入确认或核对、发票处理、期末处理
资金结算共享	➢ 账户管理、付款审批、集中支付、银行对账、期末处理
资产核算共享	➢ 资产采购、资产维护
薪酬核算共享	➢ 薪酬福利预提、薪酬福利发放、薪酬福利代扣
总账共享	➢ 记账、对账、关账、账表查询
财务报告共享	➢ 报表编制、报告分析
职能服务共享	➢ 系统维护、知识管理、客户服务

图 19-19 财务共享中心主要业务范围

(二)财务组织架构的变革与创新

通过财务共享中心建设,保变电气实现全级次公司在一个信息系统平台、一个大的账套中集中核算和资金管理。这对总部和子公司会计核算标准化、规范化,财务管理理念、方式和手段,会计基础工作及财务管控手段、资金管理能力等都是一个重大的提升。同时,公司总部及子公司的财务组织架构也发生重大变化。公司财务组织架构的变化如图 19-20 和图 19-21 所示。

公司本部财务部及下属各成员单位原有组织架构包含财务组、会计组、预算组、资金组四大部分。建设财务共享中心后,公司本部财务部由原有的四大组织结构变为业务财务、战略财务、专家团队;财务共享中心囊括了总账报表室、业务审核室、资金结算室、业务支持室。从财务部组织架构的变化可以看出,财务共享中心将基础业务集中处理,原来的财务部更趋向于管理战略工作。公司下属成员单位保留业务财务,部分有需要的单位还保留了战略财务组织架构。

(三)业财融合的标准化建设

通过前期需求调研,保变电气将分散在各业务单元的重复性高、易于标准化的财务、业务工作进行流程再造与标准化,将其集中整合到共享中心进行处理。标准化建设内容如图 19-22 所示。

1. 会计政策与会计科目标准化

标准化意味着规范性和一致性。公司财务共享中心严格按照公司会计准则等相关法律规章及兵器装备集团会计核算体系的相关规定,全面梳理公司相关会计政策的执行情况，统一会计核算体系。所有一级、二级会计科目均根据集团公司会计科目设置规则进行编制，包括科目代码、科目名称及编码规则等内容，三级及以上科目按照业务发生规范设置；同时，上收各成员单位所有会计科目设置权限，集中统一由财务共享中心设置，最终形成基于"一"套账的报表体系。会计政策标准化建设内容如图 19-23 所示。

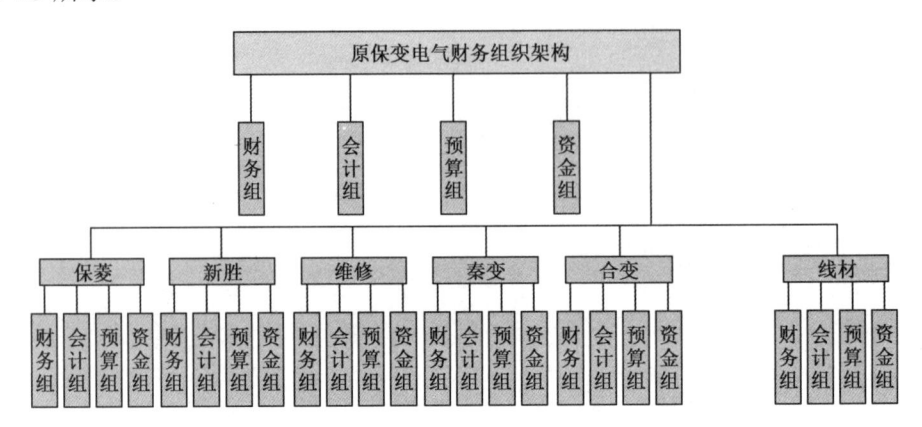

图 19-20 原公司财务组织架构

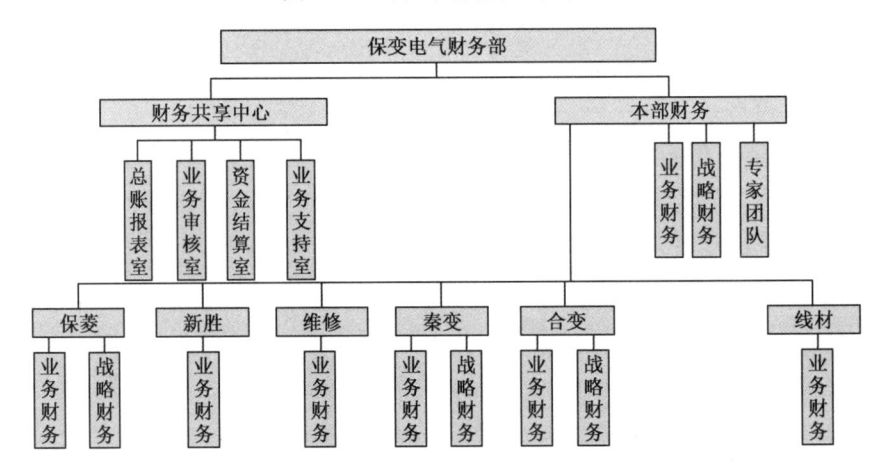

图 19-21 基于财务共享的公司财务组织架构

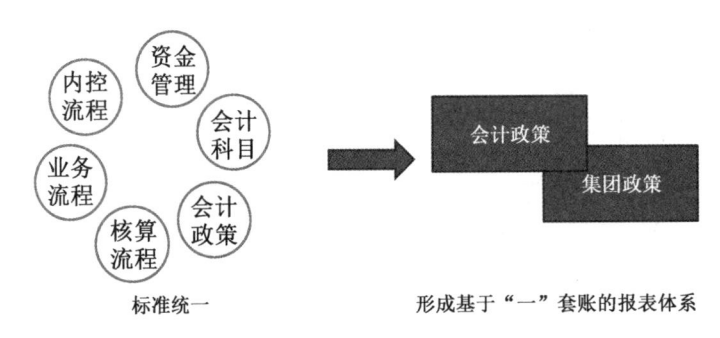

图 19-22 标准化建设内容

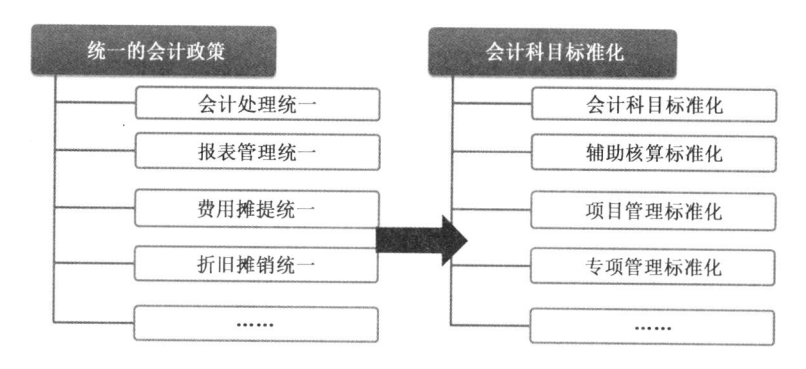

第十九章 基于高质量发展的企业集团会计信息系统案例

```
统一的会计政策              会计科目标准化
├─ 会计处理统一          ├─ 会计科目标准化
├─ 报表管理统一          ├─ 辅助核算标准化
├─ 费用摊提统一    ──>   ├─ 项目管理标准化
├─ 折旧摊销统一          ├─ 专项管理标准化
└─ ……                   └─ ……
```

图 19-23 会计政策标准化建设内容

2．流程标准化

（1）核算流程标准化。

财务共享中心依据业务流程与工作职责，重新搭建了标准的核算流程，使财务共享中心流程的效率和质量进一步得到提升。重新搭建的核算流程包含收入核算流程、费用核算流程、成本核算流程、资产核算流程、税务核算流程、资金管理流程、财务报表流程等，涵盖财务核算的所有维度。流程标准化建设内容如图 19-24 所示。

收入核算流程	费用核算流程	成本核算流程	资产核算流程	税务核算流程	资金管理流程	财务报表流程	档案管理流程	……
主营业务收入账务处理	日常费用账务处理	材料入库核算处理	固定资产核算处理	税金计提账务处理	资金日常结算处理	往来销账处理	电子档案整理	调账执行
其他业务收入账务处理	预提费用账务处理	费用分摊核算处理	在建工程核算处理	税金缴纳账务处理	资金专项管理	报表编制处理	会计档案保管	权益类的账务处理
	费用摊销账务处理	辅助生产成本核算处理	无形资产核算处理	退税/税务返还账务处理	资金司库管理	会计核算处理		审计配合
	研发支出费用账务处理	成本结转账务处理	融资租赁资产核算处理	所得税纳税调整账务处理				其他业务账务处理
	职工薪酬费用处理	质量成本核算处理	投资性房地产核算处理					
	财务费用账务处理	材料成本核算处理						

图 19-24 流程标准化建设内容

会计核算审批环节前的业务审批流程由各子公司自行审核批准，业务流程审批完毕后流转至共享作业任务池进行会计核算，各子公司负责共享初审，其后流转至财务共享中心复审岗进行集中核算与审批，最后由各子公司进行归档操作。

以产品销售流程为例：在财务共享系统中，由业务人员填制收款合同登记单，在填制销项发票申请单时引用与销售合同相关的信息，经财务人员审核后开具发票。

财务销售管理岗根据发票及其他相关附件，对于满足收入确认条件的事项，填写主营业务收入确认单，引用销项发票申请单完成相关信息的自动填制，上传影像并成功提交后，打印电子单据，将相关的发票等实物单据一同装订后交给财务审核岗审核，系统生成待审核任务。共享初审岗在共享作业任务池中提取审核任务，审核后通过凭证处理池自动生成会计凭证，并传递给共享复审岗进行复核。最后，档案管理人员打印凭证，将凭证与报销单进行匹配并装订。

销售回款流程则是通过银企直联接口系统，将银行入账流水导入财务共享系统，系统自动生成收款通知单，由各单位财务部门资金出纳岗初步判断收款事项后，发送给与业务相关的经办人员确认具体经济内容。财务销售管理岗填制实收单，并引用确认后的收款通知单与销售合同，提交审批。财务共享中心审核岗在财务共享系统的任务池中提取审核任务，审核后生成会计凭证，完成会计核算。最后，各单位财务人员打印凭证，将银行回单、凭证与收款通知单进行匹配并装订。

以中兵保兑单付款业务流程为例：在财务共享系统中，各公司经办人填制付款合同登记单，在填制付款单时引用相关的合同信息，结算方式选择中兵保兑单，上传影像提交成功后，打印相关申请单，将实物单据交给财务审核岗审核。业务领导审批通过后，资金计划岗审核并一键签发保兑单，待保兑单系统确认后，将相关票据信息反馈给共享系统，实现票据自动登记，并与合同执行情况关联，系统生成共享作业待审核任务。财务共享中心审核岗提取审核任务，完成审核后自动生成会计凭证，将其自动推送至付款环节，待出纳完成付款操作后进行付款确认。最后，各公司财务人员打印凭证，将银行回单、凭证与付款单进行匹配并装订，转到归档流程，完成业务付款流程。

（2）业务流程标准化。

财务共享中心的业务流程实现了"全业务覆盖、全流程覆盖"。目前，财务共享中心的业务流程包含日常费用类流程、预提类流程、薪酬类流程、资产类流程、收入类流程、税金类流程、资金类流程、财务类流程、往来类流程、材料类流程、成本类流程11类主流程，下面包含45个二级流程、168个三级流程，涵盖公司所有的基础业务。后来，为了更全面地、详细地反映业务情况，又下设394个四级流程，以便后期进行财务分析，支持决策。业务流程细化过程如图19-25所示。

业务流程标准化 11类主流程，45个二级流程，168个三级流程，394个四级流程，涵盖公司所有基础业务。

保变电气财务共享中心业务流程总体框架		
主流程名称	二级流程数量	三级流程数量
日常费用类流程	15	60
预提类流程	3	7
薪酬类流程	2	8
资产类流程	5	15
收入类流程	2	6
税金类流程	3	16
资金类流程	3	17
财务类流程	3	11
往来类流程	2	6
材料类流程	3	8
成本类流程	4	14
合计	45	168

一级流程编号	二级流程编号	三级流程编号	四级流程编号	流程名称
FSSC01				日常费用类核算流程
	FSSC01.09			销售支出类核算流程
		FSSC01.09.08		销售服务费核算流程
			FSSC01.09.08.01	喷漆费
			FSSC01.09.08.02	运输费
			FSSC01.09.08.03	人力搬运费
			FSSC01.09.08.04	吊租、吊装费
			FSSC01.09.08.05	设备租赁
			FSSC01.09.08.06	加工劳务
			FSSC01.09.08.07	现场施工
			FSSC01.09.08.08	试验费
			FSSC01.09.08.09	二次配线费
			FSSC01.09.08.10	滤油费
			FSSC01.09.08.11	金属加工
			FSSC01.09.08.12	其他

图 19-25 业务流程细化过程

（3）内控流程标准化。

没有统一的制度政策，即使进行组织架构改革，仍然会出现问题。公司在建设财务共享中心过程中，统一规范财务作业标准与流程，并通过有效整合将制度政策配套嵌入系统，保证前端业务部门按照制度和政策去运营。财务共享中心制定财务报账管理办法等规章制度和操作手册，对财务共享中心的工作职责、报账流程、审批权限、财务会计档案管理等进行明确规定，确保有章可循、操作规范。

3. 资金管理标准化

在资金管理方面，财务共享中心践行四个"统一"——统一账户管理、统一付款指令、统一资金支付、统一付款入账。首先，财务共享中心在账户管理方面做到开户、销户及统一的账户信息管理。其次，纳入财务共享范畴的总部及成员单位通过业务单据选择付款方式，通过单据生成付款指令，由共享中心负责初审、复审，资金计划审核人员负责执行后续流程。经过业务初审、复审及资金计划审核，资金管理人员统一操作，完成各个单据的资金支付。支付完成后，系统自动生成会计凭证，形成各科目明细账。

（四）运营服务保障机制的搭建

为了使财务共享中心良好运行，运营服务保障机制必不可少。财务共享中心运营服务保障主要包括制度保障、信息安全和运营管理等方面。运营服务保障机制如

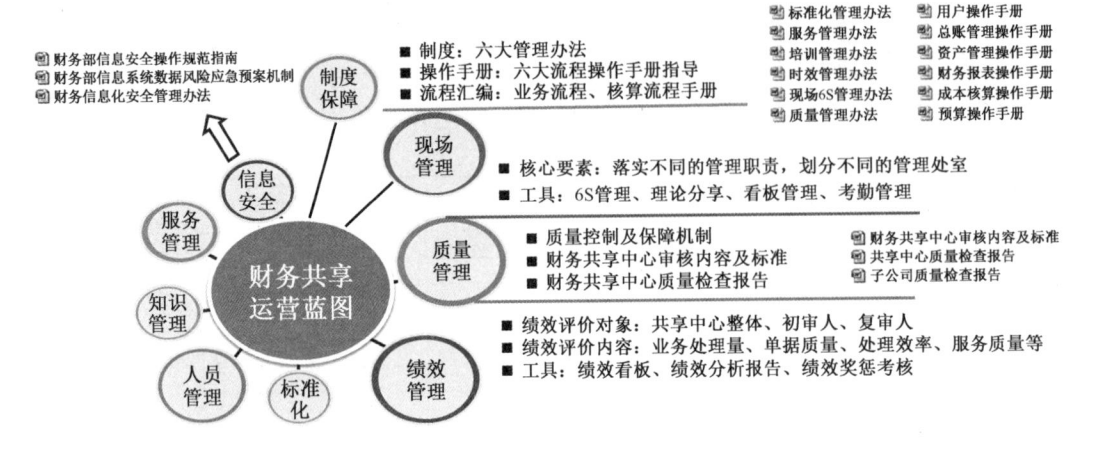

图 19-26 所示。

图 19-26 运营服务保障机制

1. 制度保障

制度规范是部门良性运行的基础。"标准化管理办法""服务管理办法""培训管理办法""时效管理办法""现场 6S 管理办法""质量管理办法"六大管理办法规范财务共享中心日常工作运营。另外，六大流程操作手册《用户操作手册》《总账管理操作手册》《资产管理操作手册》《财务报表操作手册》《成本核算操作手册》《预算操作手册》等为系统使用者提供了便利，在业务部门和财务部门方面进一步规范了对系统的使用。

2. 信息安全

（1）技术层面。

首先，财务共享系统在登录时需要进行用户密码和短信验证码双重验证，大大提高了用户身份验证的准确性，进一步保障了系统的安全性。其次，财务共享系统有自动备份功能，并且采用的是异地备份，系统数据安全系数更高。线下共享运维人员定期对重要的系统数据用硬盘进行备份，多重保险，确保数据安全。

（2）管理角度。

每个人看到的系统内容是不一样的，系统管理员根据"最小特权原则"，分配给不同级别使用者访问、操作权限和信息安全等级。另外，对于数据的操作，如需要增、删、改的单据及审批流程等的变化，不是业务员提出要求就可以更改的，只有业务员填写财务共享系统需求变更申请表，将需求详细描述，经主管部门及公司领导审核批准，系统运营维护组才可以进行操作。

3. 运营管理

财务共享中心的运营管理包括现场管理、知识管理、质量管理等方面。

(1) 现场管理。

在现场管理方面，其核心要素是落实不同的管理职责，划分不同的管理处室。现场作业严格按照"6S管理"要求进行操作，以达到创造整洁有序、科学简约的办公环境的目的。财务共享中心为此成立现场管理小组，制定用品摆放、员工素养、仪容仪表等管理标准，培养员工具有良好的工作习惯，提高工作效率，树立良好的外部形象。

(2) 知识管理。

在知识管理方面，为适应经济快速发展带来的理论知识进步，财务共享中心重视员工理论体系的不断更新和完善。财务共享中心设读书角，书架上放有财务共享建设方面相对先进的、权威的书籍、会计理论知识相关书籍、财务共享中心员工的论文等，并不断及时更新。

(3) 质量管理。

在质量管理方面，财务共享中心服务的质量代表着财务共享中心的专业化水平，也在一定程度上反映了财务共享中心运营的效果与能力。确定标准是质量管理的重要前提，财务共享中心制定操作标准和管理标准来实现管理规范化。财务共享中心制定"财务共享中心审核内容及标准"，从而规范共享中心从业人员的单据操作审核，每个月定期出具"共享中心质量检查报告""子公司质量检查报告"等来检查执行效果，发现问题，不断完善。

(五) 功能模块搭建

目前，保变电气财务共享中心已经将上市公司范围内的主要企业和公司下属主要企业纳入集中管理，建成涵盖门户管理、共享平台、银企直联、财企直联、报账平台、电子影像、电子档案、安全认证、绩效看板、移动办公10个基础应用和合同管理、成本管理、标讯查询、总账报表、分析管理、管理驾驶舱、资产管理、预算管理、税务管理、资金管理10个管理应用的、基本实现"财务管理一体化"的系统平台。财务共享中心功能模块如图19-27所示。

资金管理
包括资金计划、银企直联、票据管理、费用报销、资金结算等

共享系统层面共建设20个应用模块，包括基础应用10个、管理应用10个，基本实现了"财务管理一体化"

合同管理
包括收付款合同登记、合同变更、客商管理等

税务管理
包括进项发票认证、销项发票开具、纳税申报及统计分析等

成本管理
包括费用分配归集、成本核算、成本分析等

预算管理
包括费用预算、预算调整、预算执行监控等

标讯查询
包括招投标信息展示、中标公告实施查询等

资产管理
包括资产卡片、折旧摊销、资产核算等

总账报表
包括会计基础核算、财务报表、关联交易等

管理驾驶舱
包括经营概览、资金管理、风险预警、共享运营等实时展示

分析管理
包括内部管理会计报告、财务分析支持、经营决策支持等

图 19-27　财务共享中心功能模块

整体来看，已经集成应用的 20 个模块为公司财务工作由核算型向管理型转变提供了强有力的支撑，公司财务管理框架基本搭建成型。财务管理框架如图 19-28 所示。

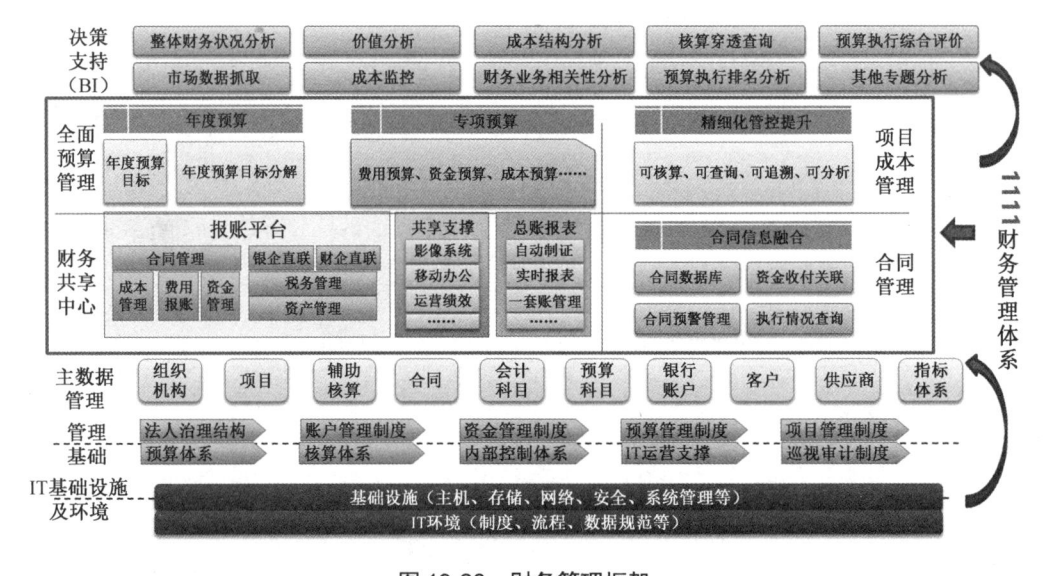

图 19-28　财务管理框架

四、实施成效

(一) 夯实财务基础管理,提升会计信息质量

财务共享中心建设实现了每项经营业务活动、财务活动从审核到批准的过程自动流转和监控,通过标准化、自动化的业务管理模式,进一步优化资源配置,极大地提升了公司的运营效率。同时,通过财务共享中心,公司能够全方位地控制子公司的财务行为,获得准确的财务信息,便于实现资源合理配置和财务信息共享,提供及时的财务报告,提升公司整体的管控效率。财务共享中心定位如图 19-29 所示。

变压器
- 使大量财务人员从琐碎、繁重的日常业务工作中解放出来,进行产品成本管理、预算执行控制、应收应付管理、财务分析等工作,将大大提升财务队伍的战斗能力

千里眼
- 所有的会计凭证全部被影像化,可以远程调阅、查询,使审计监督从事后变为事中,并且提高了审计的覆盖面积

防火墙
- 通过财务共享中心,将原本相对独立、分散的分(子)公司整合在一个平台上,各级管理者全部在线审批,形成了包括集团、生产单位、财务共享中心"三道防线"的财务内控机制

保险柜
- 将所有银行账户的控制权都上收到集团总部,在集团总部设立专职资金结算岗位,通过共享中心的集中支付通道,按资金计划实施对资金的统一调度、集中支付、运用和监控,实现资金管理透明化

总阀门
- 所有业务的每一笔业务、每一分钱的支出都需要经过共享中心审核,可以杜绝产品成本费用的无预算支出、无合同支出、不按规定支出、超合同结算支付等情况发生

加工厂
- 各单位在"同一平台、同一制度、同一标准"下进行核算,改变了因政策理解有偏差、制度执行不统一、人员素质不均衡带来的问题

图 19-29 财务共享中心定位

财务共享中心打通了从业务到财务的流程,让每个公司或每个业务板块没有差异,业务与财务做到一体化,把业务要素和信息及时反馈到财务结果中去。同时,财务共享中心固化权责和流程,统一处理业务。随着财务数据传递的及时性和准确性提高,月度报销完毕日期由财务共享中心上线前的 30 日提前至 25 日,结账时间由过去的两天半缩短至一天,解放了大量劳动力。报表生成流程如图 19-30 所示。

(二) 打破业务数据壁垒,实现信息自然循环

公司的发展需要业务部门与财务部门相互合作,不仅需要两者在相互交流中发现存在的问题,最大限度地减少公司面临的风险,也需要两者相互支持,为公司发展提供动力。为此,公司优化内部结构,充分建立业务财务与业务部门之间的联系,根

据不同的业务特点采取不同的处理模式。同时,在财务共享中心,让业务财务更多地参与业务会议和业务培训,建立业务部门与财务部门之间的信任机制,更多地了解业务风险点,发掘业务的价值点。

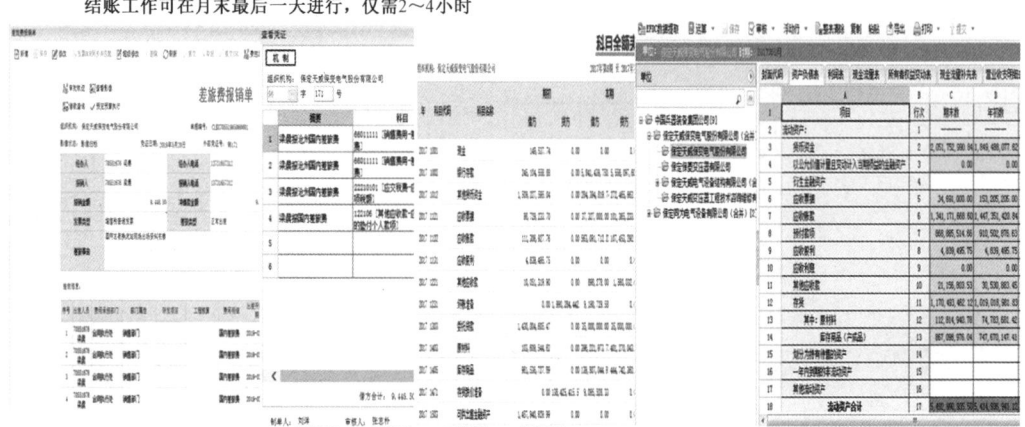

图 19-30 报表生成流程

公司搭建税控管理平台,通过与国家税务总局的金税三期系统直联,使进项发票管理实现自动查验与认证,使发票查验工作由原来的财务人员设专人、手工、个别抽验到现在的机器自动全面查验,既加强了管控力度,又节约了人力、物力。对于销项发票管理,打通了开票流程,搭建了一个发票管理、税务核算、税金计提等互联互通的税务管理平台。税务管理平台框架如图 19-31 所示。

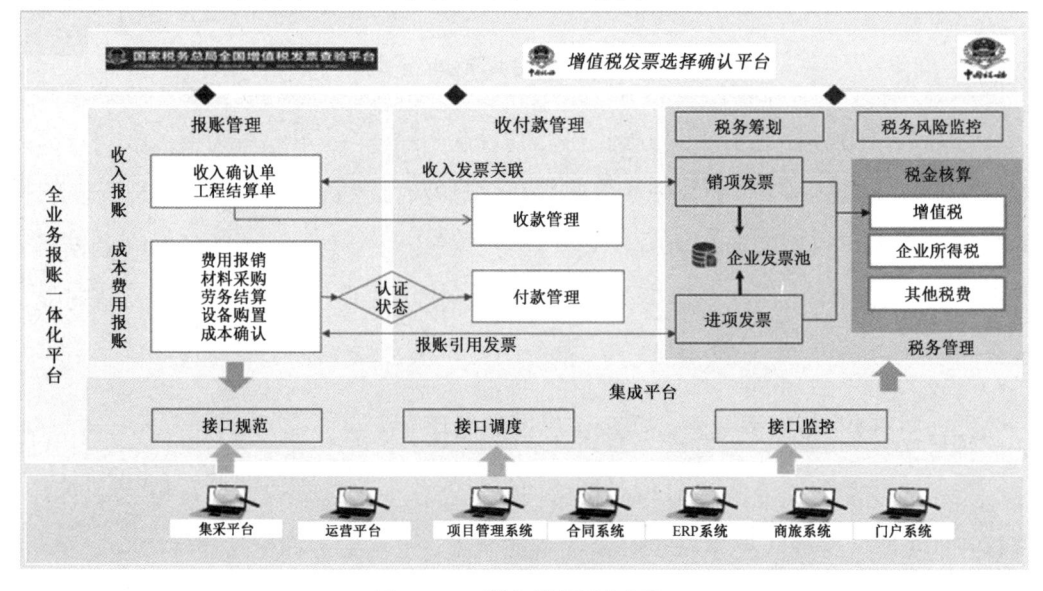

图 19-31 税务管理平台框架

在外部数据获取方面,标讯查询利用大数据抓取手段,实时抓取变压器招标、中标信息,扩大信息来源,帮助公司拓展业务,同时凸显数据信息的透明化,有利于强化监控与绩效评价。

(三)细化业财管理维度,加强财务管控能力

财务共享中心有效规范公司管理流程,搭建更加完善的公司财务流程体系,用自动化手段提高流程运行效率及准确性,通过标准化实现管理流程的精益运营;用管理会计手段搭建多维度分析体系,开展业务、财务数据综合分析及预测,进一步挖掘客户需求,实现精准营销,为公司研发、生产、财务管理提供适时、高效的辅助决策信息。财务共享中心功能如图19-32所示。

通过财务共享系统的应用和实施,进一步加强了实时监督监察和风险防控能力

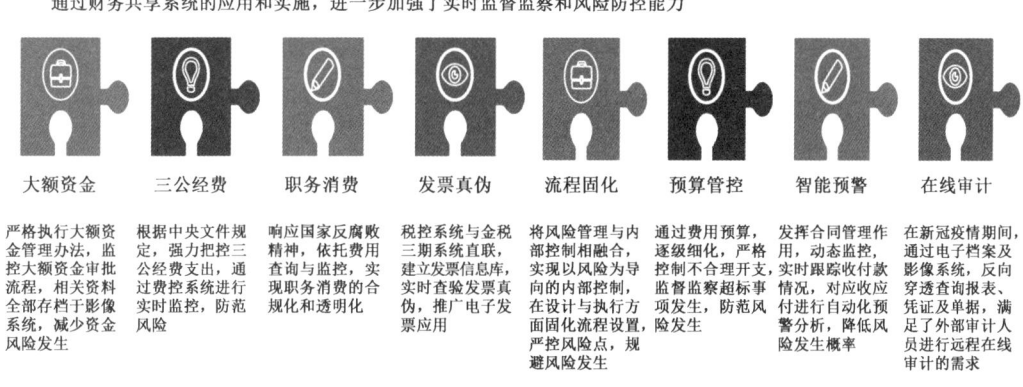

大额资金	三公经费	职务消费	发票真伪	流程固化	预算管控	智能预警	在线审计
严格执行大额资金管理办法,监控大额资金审批流程,相关资料全部存档于影像系统,减少资金风险发生	根据中央文件规定,强力把控三公经费支出,通过费控系统进行实时监控,防范风险	响应国家反腐败精神,依托费用查询与监控,实现职务消费的合规化和透明化	税控系统与金税三期系统直联,建立发票信息库,实时查验发票真伪,推广电子发票应用	将风险管理与内部控制相融合,实现以风险为导向的内部控制,在设计与执行方面固化流程设置,严控风险点,规避风险发生	通过费用预算,逐级细化,严格控制不合理开支,监督监察超标事项发生,防范风险发生	发挥合同管理作用,动态监控,实时跟踪收付款情况,对应收应付进行自动化预警分析,降低风险发生概率	在新冠疫情期间,通过电子档案及影像系统,反向穿透查询报表、凭证及单据,满足了外部审计人员进行远程在线审计的需求

图 19-32 财务共享中心功能

在成本管理方面,自动归集计算各合同项目下的主材、辅材、配件、燃料动力、直接人工、制造费用等成本信息,拉通对投标成本、中标成本、设计成本、实际成本的核算与分析,形成以产品、合同、项目为主线的全生命周期的大合同信息动态管控,为项目成本管理奠定了基础。成本管理示例如图19-33所示。

同时,以基于合同的资金预算为手段,实现全级次组织的资金监控与分析,打通银企直联、财企直联外部接口,搭建账户管理、资金收付、资金预算、融资管理四位一体的资金管控体系。资金管控体系如图19-34所示。

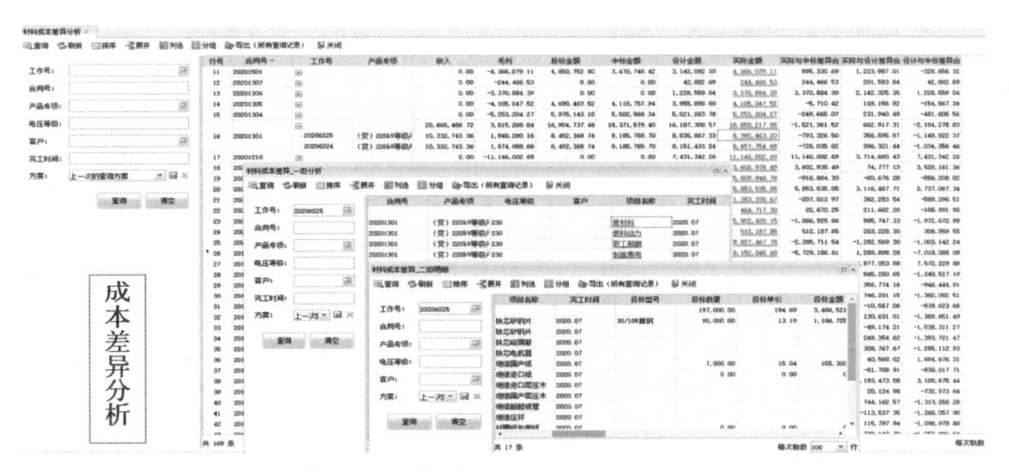

图 19-33 成本管理示例

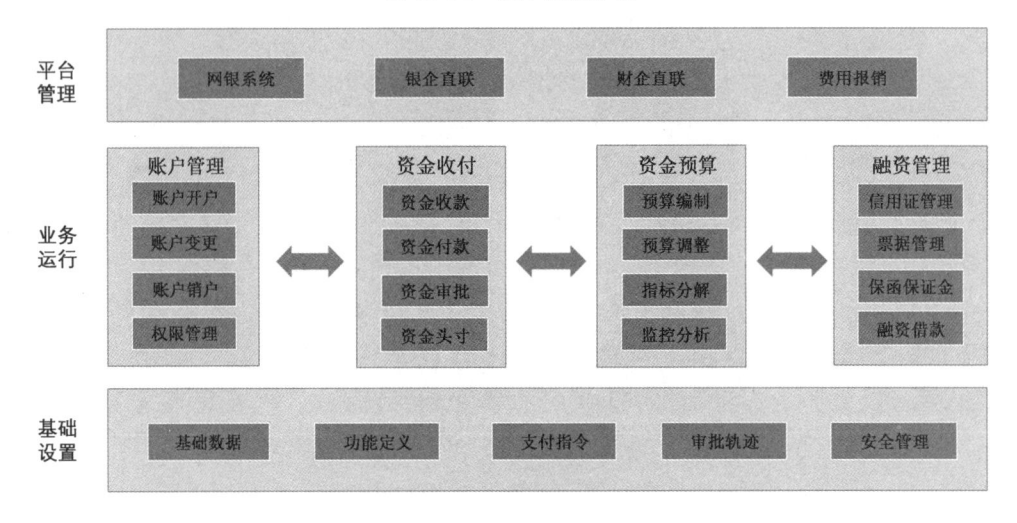

图 19-34 资金管控体系

（四）促进业财深度融合，实现价值创造目标

依托财务共享中心，实现业务数据与财务数据的有效链接和整合，借助合同管理，将面向市场、生产与成本的各环节业务活动纳入财务共享中心，以多种形式对业务数据进行积累与分析。同时，拓展合同管理维度，打通内部客户管理系统，通过对合同信息的穿透查询与实时监控，对合同各收款节点进行动态跟踪，智能预测合同回款计划及现金流，分析逾期应收账款，使公司逾期应收账款大幅度减少，大大提升了财务管控能力。客户管理系统如图 19-35 所示。

在深化数据分析应用方面，搭建多维度业财数据查询分析模块，从财务查询、企业集团数据查询到综合维度查询，层层递进，提升价值创造能力。例如，基于财务共享中心收集的数据，依托差旅明细，细化至项目、部门、人员维度，深入梳理、分析公司年度差旅信息。同时，通过分析日均差旅费用，重新优化报销标准，完善费用报销流程。数据查询分析示例如图 19-36 所示。

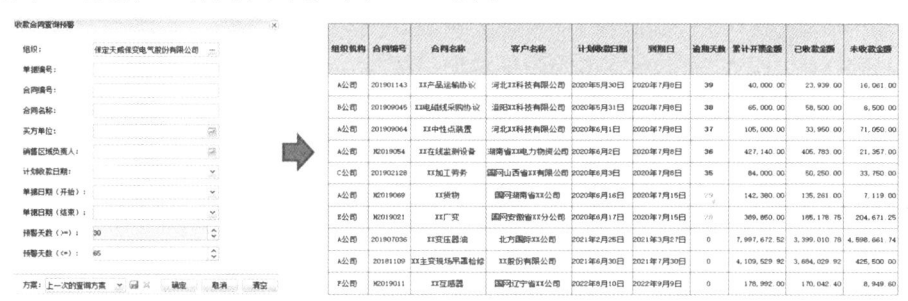

图 19-35 客户管理系统

图 19-36 数据查询分析示例

数据分析展示平台即管理驾驶舱，集成经营概览、资金管理、风险预警、客商分析、共享运营、成本分析、子公司运行分析 7 个方面的数据，进行分析展示。通过财务共享中心，公司能够全方位地控制子公司的财务行为，获得准确的财务信息，便于实现资源合理配置和财务信息共享，提升公司整体的管控效率。

数据分析展示平台如图 19-37 所示。

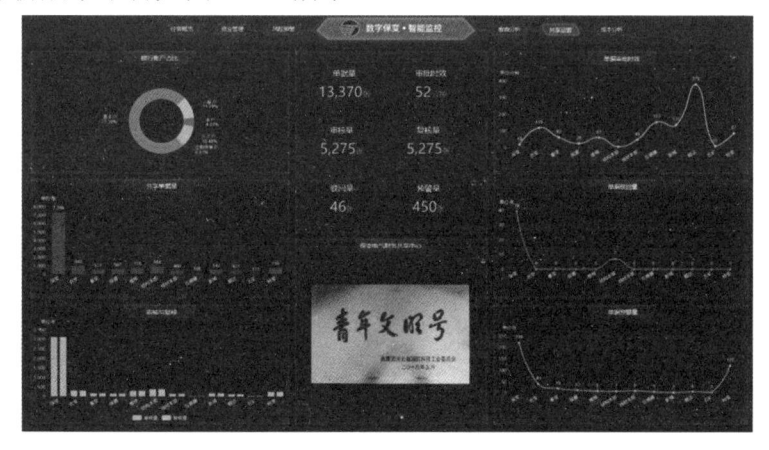

图 19-37 数据分析展示平台

五、总结启示

（一）财务共享中心建设的关键因素

1. 各级管理层的重视与支持

财务共享中心有助于公司的可持续发展，但财务共享中心的建设是一个较长的过程，需要的资金支持、技术支撑、涉及的部门人员相对较多，这就需要得到各级管理层的重视与支持。各级管理层的重视与支持可以在很大程度上减少各项建设工作在实施过程中遇到的困难和阻力，规避一定的风险损失，提高财务共享中心的建设效率。

2. 流程的优化与共享

财务共享中心流程的优化和共享情况决定了其运行质量。公司将原有的流程进行全方位梳理，整合相同的业务，汇总贯通流程，明确各方面的职责，实现横向和纵向流程标准化、一体化处理，取得规模效应。横向流程标准化即公司将各流程梳理后识别与财务相关的业务，筛选出这些业务中需要进行标准化处理的部分，尽量提高标准化程度；纵向流程标准化即公司以流程驱动整体组织工作，明确各级、各部门职责，将职责标准化，从而实现流程的优化共享，提高工作效率。

3. 信息技术的支持

建设财务共享中心需要信息技术的支持，只有有了足够的信息技术支持才能使财务共享中心平台稳定运行。信息技术是建设财务共享中心、维护平台稳定、保证各项工作顺利进行的保障。建设财务共享中心，要加强信息化建设和管理，以财务系统为核心，以信息技术为支持，将日常繁重琐碎的工作整合处理，在一个平台上实现对信息的共享与处理，提高工作效率。

（二）财务共享信息建设的未来展望

财务共享建设不是一成不变的，随着公司的发展，财务共享工作需要不断地优化升级。公司必须发挥主观能动性，并结合自身的实际情况，积极利用财务共享中心。经过对财务共享中心的分析研究，对其未来的发展趋势可以进行展望和预测。

1. 敏感型财务

财务人员要参与业务，快速响应业务需求，以中台服务的形式向前台业务提供数据增值服务；利用智能化技术，将数据分析结果以图表等视觉方式展现出来，帮助业务人员和决策者更容易从复杂数据中发现规律和问题，并及时制定决策。

2. 数字化转型

不断提升财务共享中心数据收集、处理、分析和洞察的能力，将财务分析逐步外延到相关的业务数据与外部互联网数据，并实现对相关数据的业务场景应用。不断挖掘业务场景，通过使用相关信息技术手段，实现业务场景应用的数字化。财务共享中心通过分析相关数据的业务相关性及访问用户的相关性，建立业务事项分析报告机制，为不同的岗位、不同的用户提供更为准确的数据推送服务，推进传统的财务共享中心逐步向企业数据中心转变。

3. 智能化转型

借助智能化手段对财务共享中心进行升级改造，不断开发智能应用场景，提升其智能分析、智能预警、智能控制、智能处理等能力，增强财务人员的分析和决策能力，强化对数据、系统、技术和场景的结合与应用，赋能业务，助力决策和价值创造。

为促使财务共享中心稳定发展，顺应未来发展的趋势，可以从以下几个方面入手。

(1) 不断健全财务共享服务系统。财务共享服务系统的建设是一个长期的过程，要不断发现问题并解决问题。同时，信息安全也是需要考虑的。财务共享的各项信息由各部门、各子公司传输至财务共享中心，各项信息由分散模式转化为集中模式，存储于财务共享中心的信息系统。为保证数据的及时性和安全性，需要不断健全系统，避免因信息安全问题带来的损失。

(2) 加强对财务共享服务专业人才的培养。增强财务人员的创新意识，不断提高员工的专业技术和操作水平，确保财务共享中心员工的专业素养能够满足财务共享发展的需求。同时，管理层也应培养自己的专业能力，在财务共享模式下管理队伍，并不断完善相关制度规范，促使财务共享中心为公司发展提供更加高效专业的服务。

(3) 提高财务服务业务水平。财务共享中心可以借助数据挖掘技术、数据分析技术等提高数据处理水平，进一步提高工作效率；财务人员要深度参与业务，快速响应业务需求，以中台服务的形式向前台业务提供数据增值服务，推动财务和业务模式创新。

（4）持续推动财务转型。推进财务工作从信息化向数字化、智能化转变，财务人员从幕后走向前端，由管理账表小数据向管理业财融合大数据转变，侧重利用管理会计工具实现数据分析与服务业务，提高数据治理能力；同时，依托智能技术，实现业务场景的智能化应用，服务业务，支撑决策，实现财务赋能。

综上所述，财务共享中心已成为现阶段企业财务工作转型升级的必然选择和发展方向。财务共享中心的建设还在继续，未来还有很长的一段路要走。在全球经济一体化的背景下，财务共享服务模式对于企业节约运营成本、发挥规模经济效应举足轻重。只有结合实际情况，不断完善财务共享服务模式，总结经验，才能够使财务共享中心更好地发挥自身的优势。

第二十章

基于高质量发展的企业集团财务管理体系实施基础案例

案例一　长安汽车——打造新形势下业财融合的经营型财务组织

一、背景描述

（一）应对外部形势挑战，提升自主品牌竞争力的需要

当今世界正经历百年未有之大变局，世界经济增速逐渐下滑，近20年来出现第二次负增长且创新低，未来五年全球GDP平均增速预计只有3.5%左右，将持续处于低位徘徊趋势。我国经济发展总体较为平稳，但受世界经济形势影响，预计未来五年GDP平均增速仅为5.2%左右。从汽车行业来看，随着汽车行业总体进入低速增长期，激烈的市场竞争给我国自主品牌汽车带来了新的挑战。

（1）2018年，汽车行业28年以来首次出现负增长；自2019年以来，汽车行业下滑态势延续，未来将进入残酷的存量竞争阶段。

（2）受合资车企价格下探因素影响，我国品牌乘用车国内市场占有率从46.5%降低至33.5%。

（3）大宗物资与芯片等原材料价格持续上涨，使自主车企成本管理面临巨大的挑战。

（4）未来数年，新能源、智联网络等造车新势力将迎来38%的高增速，给自主传统车企带来更大的压力与更多的风险。因此，在严峻的宏观形势与行业形势下，自主车企必须保持清醒认识，寻求新的应对策略措施，创新盈利模式，提升品牌竞争力，只有这样才能适应激烈的市场环境，化危机为机遇，立于不败之地。

（二）推动企业转型升级，提高财务管理水平的需要

随着改革开放及我国加入世界贸易组织，市场经济体制在我国不断深入推进，各行各业也得到飞速发展，企业规模越来越大，业务范围越来越广，商业模式越来越

新,企业管理的幅度、深度和难度不断增加。为了更好地适应这些变化,企业需要在经营方向、运营模式及相应的组织方式、资源配置的整体性等方面主动做出转变,提升或创新客户价值,以重塑企业的竞争优势,达到新的企业形态。这不仅包括产品服务的提升,还包括营销方式、运营体系、财务管理,以及技术的不断演变。由此可见,转型升级是一个复杂的系统工程。

长安汽车在发展历程中,不断调整发展战略,推动企业转型升级,保持产品竞争力与企业发展潜力。第一次创业,长安汽车创新求变,从军品向微型汽车转型。第二次创业,长安汽车自主未来,从微型汽车向自主乘用车转型。在新形势下,长安汽车推动转型升级,开始第三次创业,进军智能低碳科技出行领域。因此,如何推动转型升级,实现企业高质量发展,成为长安汽车持续关注的重点。

(三) 顺应财务发展趋势,向经营伙伴转型的需要

自新中国成立以来,我国财务管理经过 70 多年的发展,主要经历了计划经济时期的会计核算管理、市场经济时期的财务经营管理与 21 世纪的业财融合管理三个阶段。长安汽车的财务管理顺应发展趋势,根据企业发展战略,不断推动财务管理变革。第一次创业,财务部门主要负责事后核算、记账工作;第二次创业,财务管理侧重事前预测,财务工作逐渐向管理转型;第三次创业对财务管理提出了更高的要求,财务管理要与时俱进,走在时代前沿,要主动融入业务,成为业务经营伙伴,参与业务活动,为企业转型升级提供强大的支撑。

基于上述背景与需求,从 2017 年提出第三次创业开始,长安汽车财务管理工作围绕经营目标,从业财融合的经营型财务组织入手,让财务成为业务的经营伙伴,促进企业快速发展。

二、总体设计

为了应对日益严峻的外部形势,提升长安汽车品牌的市场竞争力,推动企业全面向智能低碳出行科技公司转型,长安汽车构建了"1414"业财融合的经营型财务组织顶层架构,如图 20-1 所示。该架构主要内涵是围绕长安汽车战略,通过构建"12765"财务管理体系、"1+1+1"全价值链工具方法体系、"144"跨界财务经营团队体系、"2+2"经营理念体系,打造业财融合的经营型财务组织,改善企业四大经营能力,支

撑长安汽车向"打造世界一流汽车企业"的目标迈进。

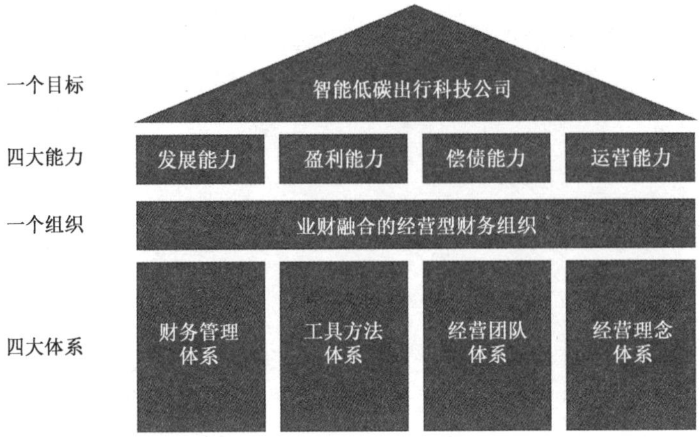

图 20-1 "1414"业财融合的经营型财务组织顶层架构

三、实践应用

（一）构建"12765"价值创造型财务管理体系，拓展财务经营职能

1. 构建"12765"价值创造型财务管理体系

长安汽车以兵器装备集团"1666"财务规划为指导，以第三次创业—创新创业战略为牵引，构建了"12765"业财融合的价值创造型财务管理体系，如图 20-2 所示。其核心目标是实现财务两个转型，即从核算向价值创造转型、从管理向服务协作转型，具体在延伸职责职能、优化组织架构和打造矩阵式团队三个方面进行优化。

2. 拓展财务管理边界，承接经营管理职能

在"12765"业财融合的价值创造型财务管理体系两个转型的指引下，财务职能和组织发生了变革，如图 20-3 所示。在职能方面，财务部在 2018 年更名为财务经营部，在职能上参与公司决策，承载更多的经营管理职能，实现财务从核算向价值创造转型、从管理向服务协作转型。在组织方面，通过整合业务领域，进一步提升财务经营能力。2018 年，原属于战略规划部的运营管理处整体划入财务经营部，负责长安汽车整体经营运转。2021 年，公司级单位经营质量提升项目组并入财务经营部，成立经营质量提升项目处，负责公司重大经营问题专项攻关。

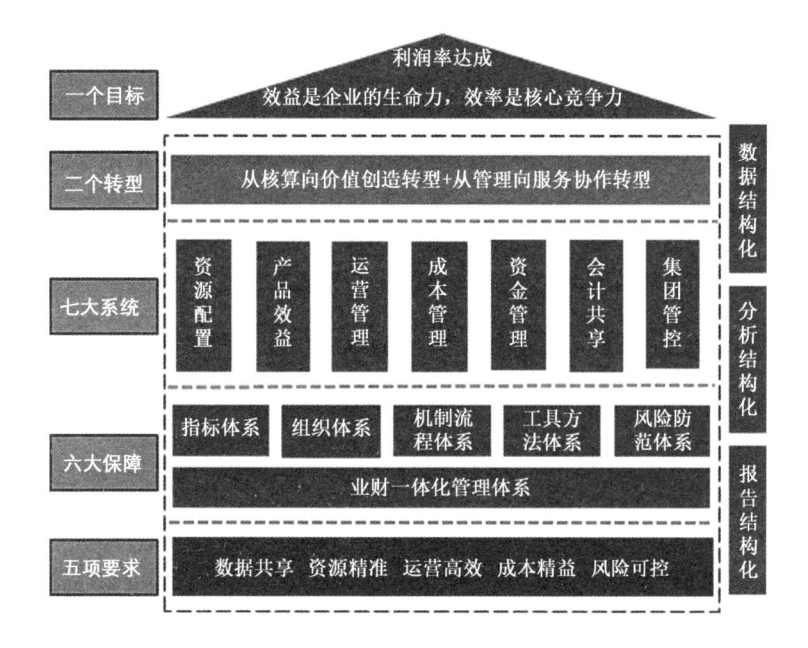

图 20-2 "12765"业财融合的价值创造型财务管理体系

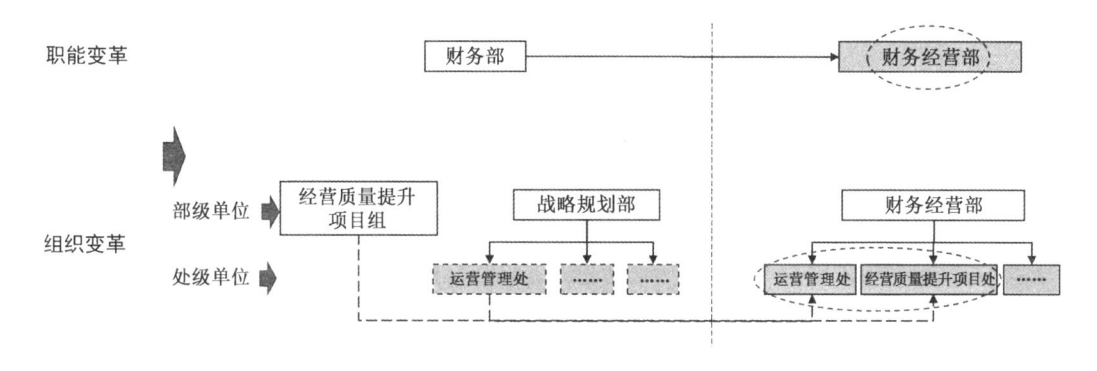

图 20-3 财务职能和组织变革

3. 构建财务"6+1"功能中心，强化业财协同

"12765"业财融合的价值创造型财务管理体系的实施载体是七大系统，即财务"6+1"功能中心，如图 20-4 所示。财务"6+1"功能中心的目的是更好地融入业务，以专业中心进行"点对点"的运作管理，强化业务拉通，突出矩阵式协同管理和企业集团分层管理，让管理更专业、职责更清晰、决策更高效，实现财务快速响应，提供有价值的决策支持。

（1）运营管理中心：构建"以客户为中心，以产品为主线"的一流精益运营管理体系，实现运营效率提升。

财务经营部	运营管理中心	构建"以客户为中心,以产品为主线"的一流精益运营管理体系,实现运营效率提升
	资源配置中心	构建从中长期预算到年度预算的全面预算管理体系,实现投入产出效益最优
	产品效益中心	构建全生命周期产品效益分析及管控体系,承接以产品为核心的效益战略,确保产品综合效益达成
	成本管理中心	构建全生命周期成本管理体系,实现成本在前、中、后阶段可预测、可控
	资金管理中心	构建全价值链资金管理体系,提供未来企业发展需求的资金,服务公司战略转型
	会计共享中心	构建会计共享管理体系,实现数据集中共享和高效运用,快速为管理提供支持
	集团管控中心	构建包括财务组织管控、内控体系建设、财务风险管控、财务标准化建设的集团化财务管控体系,加强对分(子)公司经营风险的管控

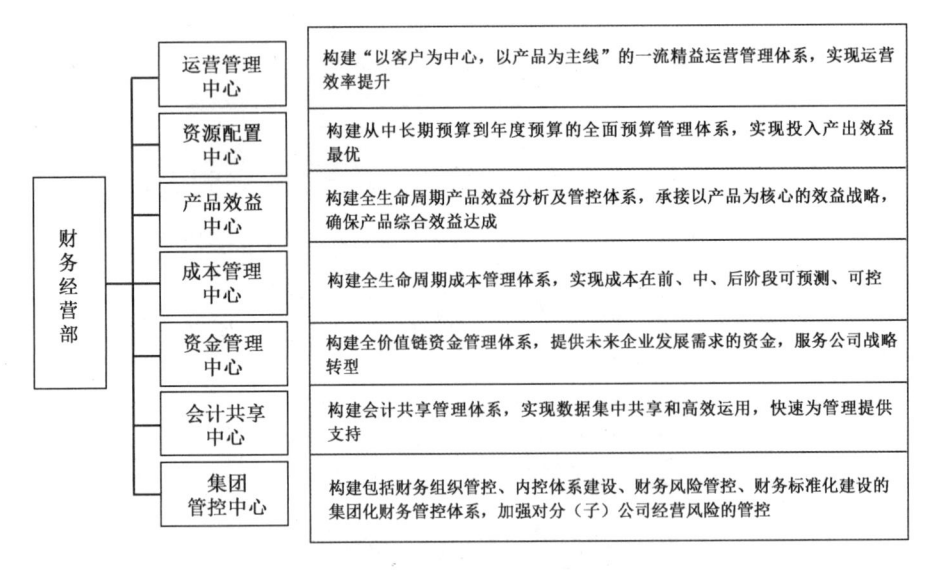

图 20-4 财务"6+1"功能中心

（2）资源配置中心：构建从中长期预算到年度预算的全面预算管理体系，实现投入产出效益最优。

（3）产品效益中心：构建全生命周期产品效益分析及管控体系，承接以产品为核心的效益战略，确保产品综合效益达成。

（4）成本管理中心：构建全生命周期成本管理体系，实现成本在前、中、后阶段可预测、可控。

（5）资金管理中心：构建全价值链资金管理体系，提供未来企业发展需求的资金，服务公司战略转型。

（6）会计共享中心：构建会计共享管理体系，实现数据集中共享和高效运用，快速为管理提供支持。

（7）集团管控中心：构建包括财务组织管控、内控体系建设、财务风险管控、财务标准化建设的集团化财务管控体系，加强对分（子）公司经营风险的管控。

4. 打造矩阵式业财融合团队，支持业务创造价值

在财务"6+1"功能中心之下，聚焦资源配置和产品效益两条主线，分解成立 20 余个处级单位，按照职能分别派人员到业务单位，与业务单位形成如影随形的矩阵式业财融合经营团队，深入业务前端，从财务经营的专业视角，随时为业务提供支持。在资源配置主线方面，设置 10 余个处，从研、产、供、销、新业务等全价

值链方面进行资源配置，更好地服务业务，创造价值；在产品效益主线方面，设置近 10 个处，从体系建设、基地产品效益、新技术等方面嵌入业务，支持业务，进一步提升产品盈利能力。

（二）构建"1+1+1"全价值链工具方法体系，提升快速解决问题能力

1. 构建"1+1+1"全价值链工具方法体系

近年来，长安汽车在工具方法运用方面以经营结果为导向，按照业财融合的原则，经过多年的实践和发展，财务"6+1"功能中心与业务团队一起，围绕全价值链，构建了一套与长安汽车生产经营特点相适应的管理工具方法体系，即"1+1+1"全价值链工具方法体系，如图 20-5 所示。其中，创新类工具是企业近三年自创的工具方法，解决新形势下企业在经营中面临的难点和痛点，进一步加快企业转型升级步伐；经典类工具是在企业发展过程中，自创并沿用至今的工具方法，主要解决企业在不同阶段面临的不同问题，让企业持续保持行业竞争优势；传统类工具是行业内公认并一直运用的管理工具，帮助企业提升管理效率。长安汽车以业务活动为载体，坚持运用三类工具方法，让财务部门更加熟悉业务本质，同时为业务部门提供快速解决问题的方法，协助业务部门高效创造价值，助推企业经营效率和效益快速提升。

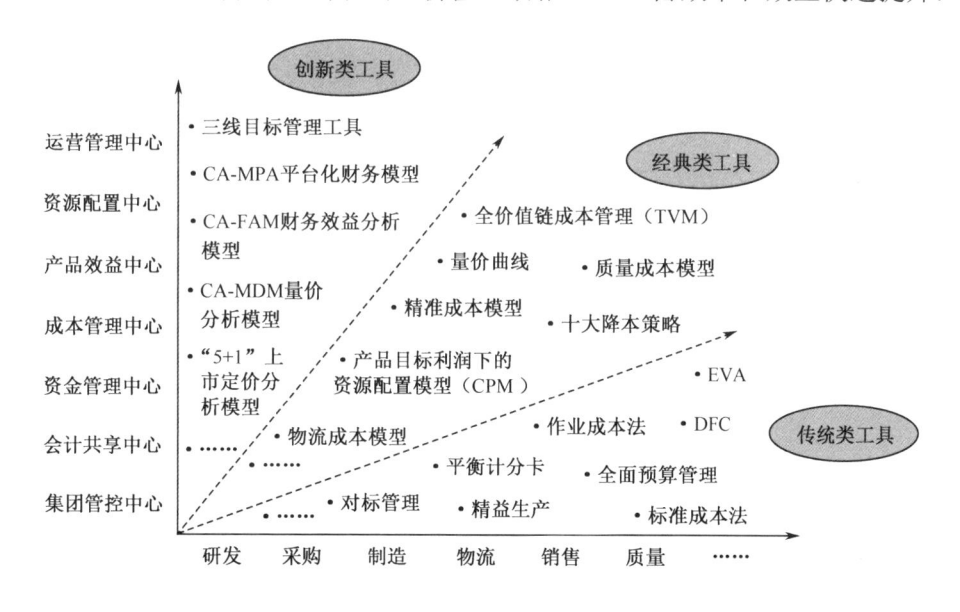

图 20-5 "1+1+1"全价值链工具方法体系

2. 创新"三线"目标管理工具，提升业务计划准确率

为应对行业快速变化，长安汽车创新运用了"三线"目标管理工具，实现三线目标有机融合、相互印证、相互修正，提升销量、收入、利润等指标的准确性，支撑企业经营目标落地。"三线"目标管理示例如图 20-6 所示。

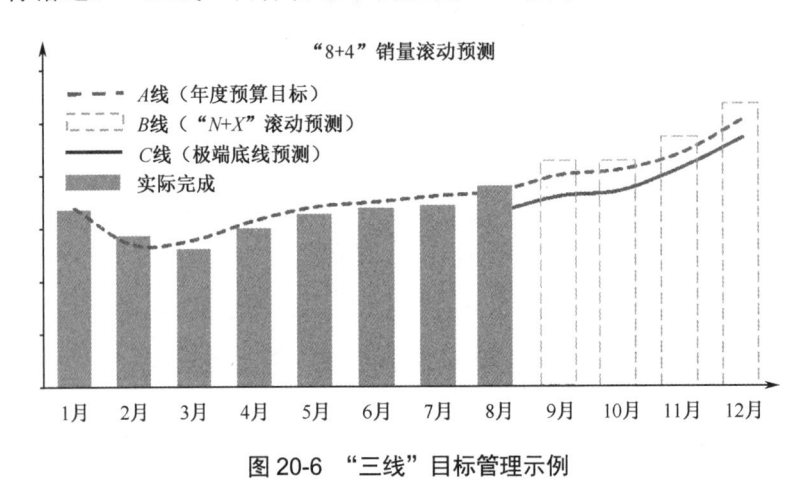

图 20-6 "三线"目标管理示例

A 线目标即年度预算目标，在分析企业外部环境和内部条件的基础上，每年 12 月底制定次年销量总目标和分月目标，并以此为基础，牵引全年销量目标达成。

B 线目标即"$N+X$"滚动预测，"N"为当年销量计划的编制月份，"X"为当年剩余月份，每月中旬发布，按月滚动，客观真实地反映市场终端销售情况，指导企业日常生产经营，避免资源投入不合理。

C 线目标即极端底线预测，是以行业悲观预测为基础，基于市占率推导出的底线销量，从而告知管理层企业最后的经营底线。

2021 年，长安汽车创新运用"三线"目标管理工具，以年度预算目标为牵引，根据宏观形势变化和企业内部需求，每月调整、修正，年度销量计划偏差率控制在 5% 以内，保障了收入、利润等主要经营指标全部达成。

3. 使用 TVM 全价值链成本管理等经典工具，提升企业市场竞争力

为应对激烈的市场竞争，长安汽车使用 TVM 全价值链成本管理工具，实现全价值链共赢，持续提升自主品牌竞争力。TVM 全价值链成本管理工具是以"一个管理体系、四大支撑平台、一套应用手册"为主要内容的全价值链精细化成本管理工具，该工具获得了 2013 年度重庆市企业管理现代化创新成果一等奖。

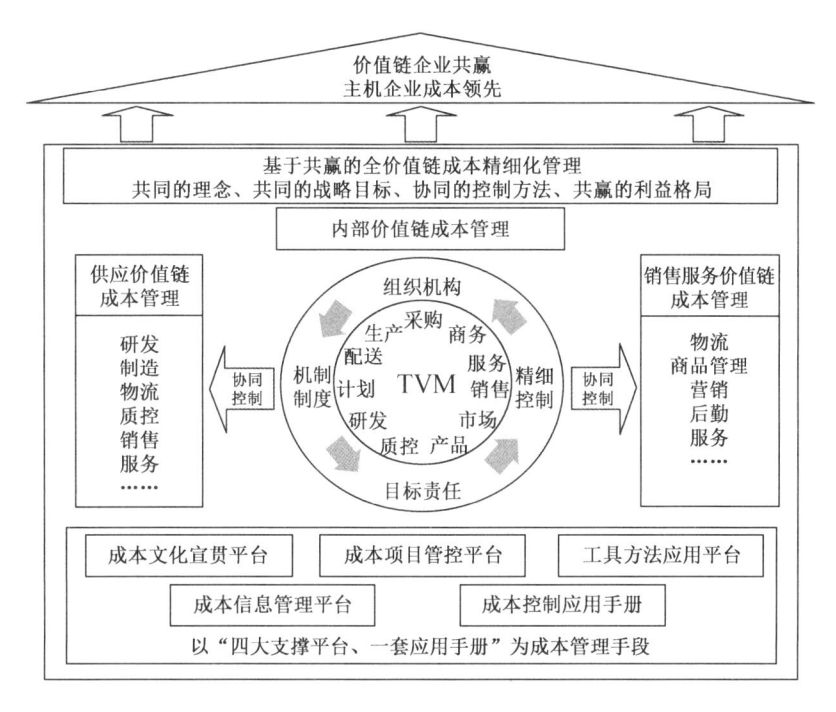

TVM 全价值链成本管理如图 20-7 所示。

图 20-7 TVM 全价值链成本管理

该工具的核心是四大平台和一套手册。成本文化宣贯平台是通过培训、宣传、交流等方式，转变传统成本观念，树立全员成本管控理念；成本项目管控平台以企业经营中的重点、难点作为切入点，设立成本领先项目，从成本项目的立项、监控、评估、考核、总结五个方面建立闭环化的管理流程，实现成本项目管控的精细化；工具方法应用平台是通过对成本工具、模型的创新和运用，逐渐向供应价值链、销售服务价值链全方位渗透，增强长安汽车及其供应链的成本竞争力；成本信息管理平台是通过对成本信息子系统的搭建和使用，保障成本信息在整个汽车价值链上的集成与应用，不仅提高了自身成本管理的效率和质量，更为规范上下游企业的管理和带动其快速发展发挥了巨大的作用；成本控制应用手册以全价值链十三大模块为主线，通过明确成本关键点、梳理成本控制流程、建立成本控制措施、开展效果评估等方式，实现常态化精细化成本闭环控制，为长安汽车全价值链各环节的成本精细化管控提供了具体的操作路径。

长安汽车持续运用 TVM 全价值链成本管理工具，整体运营成本大幅度降低，市场竞争力得以增强，极大地助推了企业经济效益的提升。2018—2021 年，长安汽车在成本管理方面取得经济效益 78.68 亿元；其中，供应链协同环节为 30.96 亿元，以产品为核心的内部环节为 27.52 亿元，销售服务环节为 20.2 亿元，在提升自身市场竞争力的同时，也带动了价值链上下游企业的共赢发展。

4. 运用 EVA 等传统工具，实现企业价值最大化

长安汽车的 EVA 管理是承接企业战略，进行价值管理的重要工具之一，EVA 管理框架如图 20-8 所示。该工具获得了 2016 年度中国国防科技工业企业管理创新成果一等奖。

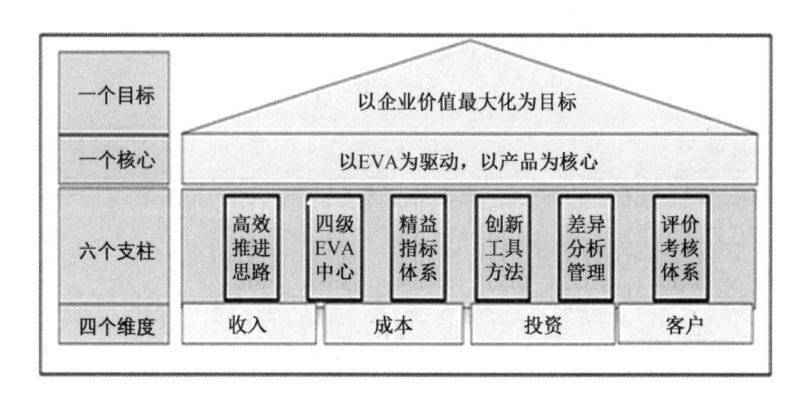

图 20-8　EVA 管理框架

该工具有以下几个运用的关键点。

（1）创建运用四级 EVA 中心，通过职责划分，各级 EVA 中心从不同层面开展价值管理活动，实现价值创造。

（2）将战略管理融入 EVA 管理中，基于 EVA 指标，牵引业务提升效率，降低成本，创造价值，有效地承接、分解战略，并将战略量化，逐步推动战略目标达成。

（3）导入和创新一批支撑 EVA 提升的工具方法，如 EVA 驱动路径分析模型、敏感性分析模型等，帮助企业加强价值管理，提高运营和资源管理效率。

（4）建立 EVA 业绩评价考核体系，实行"考核层层落实、责任逐级传递、指标人人肩上挑"的评价管理体系，形成鼓励价值创造的长效机制。

自 2012 年开始，长安汽车全面推进对 EVA 管理的实践和运用，以 EVA 指标为驱动，完成了从财务到业务、从具体业务到各层级管理思路的转变。在经营型财务体系化管理体系建设中，该工具在实现企业价值最大化方面仍然发挥了重要的作用。2012—2021 年，EVA 年平均增长 17%，有效支撑了长安汽车持续健康发展。

（三）构建"144"跨界财务经营团队体系，提升财务经营支撑能力

1. 构建"144"组织能力体系

经营指标的达成需要组织来实现，长安汽车构建"144"财务组织能力体系（如图20-9所示），通过团队能力提升，支撑公司经营良性发展和经营指标达成。该体系围绕财务"6+1"功能中心，通过建立"1820"模型、打造四类跨界人才、构建四级学习梯队等举措，拓展财务经营管理边界，提升财务组织对经营的支撑能力。

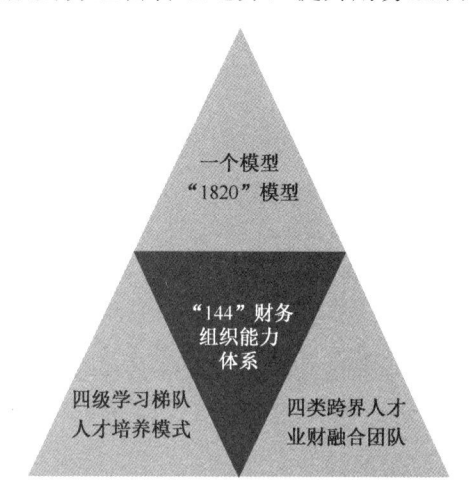

图20-9 "144"财务组织能力体系

2. 建立"1820"模型，提升财务经营能力

我国经济由高速增长阶段转向高质量发展阶段，财务转型要跟上企业发展的步伐，必须建立与企业经营发展融合的能力提升路径。因此，长安汽车结合实践，建立了"1820"财务经营能力提升模型，如图20-10所示，它以"价值创造、效率为要"为核心，提升战略支撑、经营驾驭、资源配置、快速响应、模式创新、信息共享、基础承载、风险管控八大核心能力（Ability），以及相应的20项能力要素（Key），并从每项能力要素中梳理出关键衡量指标，以重点业务活动或核心业务职能为支撑，通过全过程业财融合、持续改善，确保财务资源统筹配置、信息集中共享、体系规范完整、风险管控有效。

例如，要提升经营驾驭能力（A2），就可以从提升经营稳健（K3）要素入手，梳理出市占率、营业收入增长率、经营计划达成率、预算偏差率等关键衡量指标，对应财务BP要发挥运营和预算职能，与业务联动，通过业务计划的编制、分解下达、执行监控、评估预警等举措，减少经营偏差，有效管控风险，提升企业稳健经营的能力。

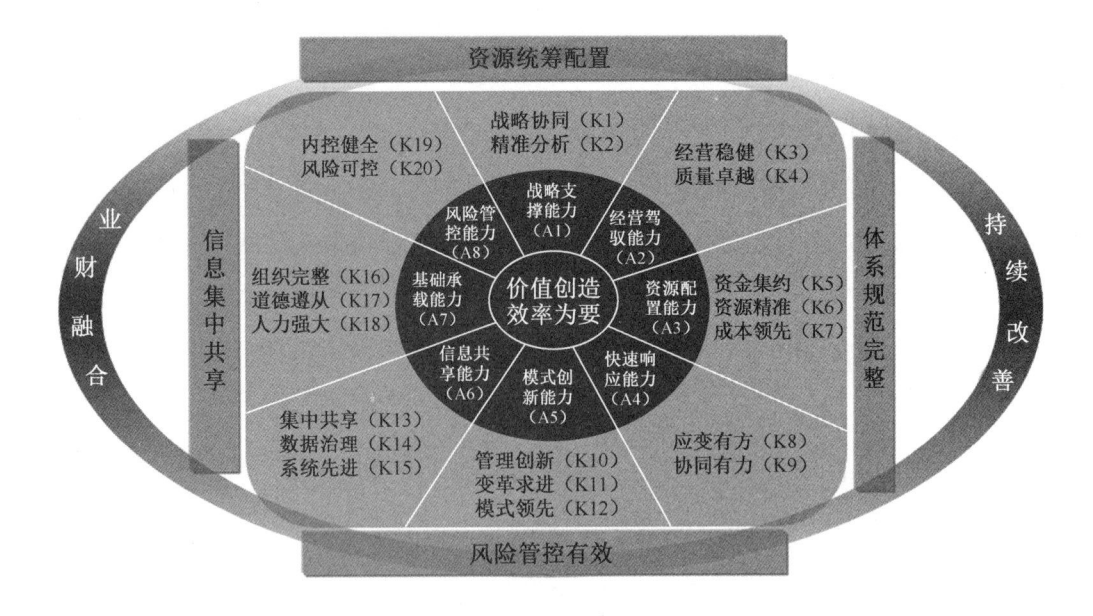

图 20-10 "1820" 财务经营能力提升模型

3. 打造四类业财融合型人才，促进财务向经营转型

财务经营组织要成功转型，重要因素是人。自 2017 年起，长安汽车注重跨界业财融合型人才培养，通过采取跨界锻炼、外部引进、合资企业回归、引进高级专家四种方式，培养既懂业务又懂财务的四类复合型人才。

（1）跨界锻炼是指员工进入财务岗位工作一段时间后，到业务岗位锻炼，融入业务岗位，然后回到财务岗位，更好地利用专业知识为业务提供支持。

（2）外部引进是指引业务岗位的人才进入财务团队，丰富财务团队结构，快速弥补财务人员在新业务领域的短板。

（3）合资企业回归是指将中方财务人员派驻合资企业学习，然后将优秀的人员召回，将合资企业的先进做法融入长安汽车内部实践。

（4）引进高级专家是指从企业内部和外部引入专业领域的高级人才，负责前沿领域的专项课题攻关，突破制约企业经营管理发展的难题。

目前，长安汽车的业财融合型人才占整个财务团队的比例为 26%。上述举措不仅提升了人员综合能力，又促进了财务工作向价值创造和经营伙伴转型。

4. 构建四级学习型财务梯队，提供持续发展的人才保障

除了跨界培养和引入人才，长安汽车还注重内部人才培养，构建了四级学习型财务梯队,作为组织体系的重要组成部分,加快业财融合,促进财务经营组织成功转型,为企业战略落地及可持续发展提供人才保障。

四级学习型财务梯队建设工作包括:部级领导加强党风文化建设和新兴业务的培训;处级领导加强跨岗位锻炼、业务能力提升和继任者培养;后备干部加强专业能力提升及培训培养;普通员工加强内外培训、师带徒、多岗位锻炼。

从 2018 年开始,长安汽车通过搭建四级学习型财务梯队,深化队伍建设,人才培养取得了显著成效,财务人员研究生占比由 11%提升到 13%,本科及以上学历由 88%提升到 92%,中级职称占比由 40%提升到 51%,实现财务队伍逐渐转型,为企业经营发展提供了相配的财务人才保障。

(四)构建"2+2"经营理念体系,培育全员经营文化意识

1. 构建"2+2"经营理念体系

先进的文化理念时刻引领着我国企业不断迈向高质量发展阶段,长安汽车为更好地创造企业价值,促进企业未来持续良性发展,坚持文化先行理念,培育全员经营文化意识,营造全员经营理念,构建了"2+2"经营理念体系,如图 20-11 所示。该体系一方面强调员工以优化业务流程、专项课题攻关两种方式主动参与经营决策;另一方面以业财培训交流、发布优秀案例两种方式持续营造业财融合氛围,不断提升全员经营意识,更高效地为企业创造价值。

图 20-11 "2+2"经营理念体系

2. 优化业务流程,培育全员经营意识

为了提高企业经营效率和市场反应速度,并有效地解决企业在发展过程中产生的相关问题,必须对企业业务流程进行深度优化,发挥财务参与企业经营的作用。因此,长安汽车落实"每一位经营者都要有强烈的经营意识、无财务效益分析的项目不得上会"等一系列重要精神,财务经营组织从高效响应业务需求、快速提升经营决策

等方面出发,将指标、效率融入流程。具体来说,就是从项目启动,业务部门自发关注项目经营情况,同时主动邀请财务人员介入,全程参与,并提供财务效益分析报告,让财务人员更加熟悉业务,同时利用专业工具方法,为业务提供支持,高效为公司提供有价值的决策支持信息。总体而言,长安汽车财务经营组织以公司战略为指导,融入业务流程,加强财务决策支持职能,培育全员经营意识。

3. 开展专项课题攻关,提升市场化经营意识

在新形势下,长安汽车面临残酷的市场竞争,在经营过程中面临一系列的痛点、难点、堵点。为高效解决经营中存在的问题,长安汽车组建业财矩阵式团队,开展专项课题研究,寻求经营过程中的难点与痛点,以此为契机,树立企业内部市场化经营意识,同时促进财务人员综合能力的提升。仅2019年,长安汽车全价值链各领域梳理出专项课题29个。其中,市场化结算课题由财务经营部牵头,以制造、研发、IT三大板块试点,搭建矩阵式攻关团队,以市场化原则为导向,形成市场化结算体系框架;在日常推进中,实施季度评估、月度汇报、周例会、周动态等机制,对规则、标准及流程进行审视和优化,实现制造、研发、IT三大板块模拟结算和效益评价,提升内部各部门市场化经营意识。

4. 发挥财务引导作用,营造业财融合氛围

经营活动的核心在于创造价值,这就需要充分发挥财务组织的价值引导作用,保障企业持续健康发展。长安汽车财务经营组织以宣讲、培训、交流等方式,让业务人员了解财务,引导业务人员树立经营理念;同时,财务人员主动融入业务,邀请业务人员为财务人员进行专业培训,以便更好地服务、支持业务,进一步夯实业财基础,推进业财融合的广度与深度。另外,在全公司范围内定期发布优秀业财融合案例,树立标杆,营造和培育业财融合氛围,提升全员经营意识。

截至2022年底,长安汽车在全价值链环节累计开展了450场业财双向培训交流活动,培训交流24682人次,发布优秀案例106个,强化了业务和财务领域的专业知识、管理工具等方面的双向培训,打通了业务和财务之间的痛点、难点、堵点,让财务部门更加了解业务,也让业务部门感受到财务部门的支持作用,形成了良好的经营文化氛围。

四、实施成效

（一）人员经营意识逐步提升，财务经营管理能力稳步提高

通过构建经营型财务管理体系，长安汽车的经营意识得以提升，财务人员能力更强，人员结构更加合理，促进财务经营管理能力稳步提高。

从经营意识来看，业务部门从项目启动起就自发关注项目经营情况，主动邀请财务部门介入，全程参与，让财务人员更加熟悉业务，利用专业知识，为业务提供支持，为公司提供有价值的决策支持信息。截至 2021 年，财务部门已累计为 133 个经营项目提供财务效益分析。

从人员能力来看，通过内部培养、外部引进、合资企业回归、引进高级专家四种方式，培养了一批既懂业务又懂财务的复合型人才。截至 2021 年，复合型人才占总财务人员比例达到 26.5%，较 2017 年提升 18.3 个百分点。

从人员结构来看，2021 年较 2017 年，财务部门人员非财务专业数量由 24 种提升到 31 种，非财务类人员占比由 17%提升到 19.2%，财务 BP 占比由 48%提升到 52.3%，培养了一批"财务中的业务专家、业务中的财务专家"，更好地服务业务、创造价值。

（二）财务管理水平大幅提升，企业高质量发展持续向好

通过构建经营型财务管理体系，长安汽车不断提高经营管理水平，增强企业的活力和竞争力，取得更好的经济效益，进一步推动企业高质量发展。

2022 年，在全球新冠疫情形势严峻的情况下，长安汽车实现逆势增长，汽车销量、营业收入、净利润同比分别增长 2%、15.32%、119.52%，企业盈利能力得到了显著提升。

（三）自主品牌竞争力明显增强，践行社会责任逐步实现

在当前严峻的宏观经济形势和激烈的市场竞争环境下，长安汽车不断推进经营型财务组织变革，促进企业产品向上，落实战略成本管理，在持续提升自主品牌竞争力的同时，主动承担社会责任。

2022 年，长安汽车自主乘用车综合单车净收入不断提升，产品结构整体呈向上趋势，打造了 UNI-V、Lumin、深蓝 SL03 等多款高价值产品。通过实施战略成本工程，大力降本增效，为产品在市场上竞争提供了有力保障。另外，长安汽车通过纳税、

捐赠等方式不断主动回报社会，同时每年向社会直接提供 7 万余个就业岗位。

五、总结启示

（一）基本应用条件

企业应用新形势下业财融合的经营型财务组织，必须处于市场化竞争中，业务、财务具备双向融合理念；同时，企业需要达到一定的规模，围绕企业总体战略，在研、产、供、销、运等全价值链业务活动方面，实施业财融合，合力为企业创造价值。

（二）关键因素

1. 高层领导重视

打造新形势下业财融合的经营型财务组织是一套系统工程，横向涉及会计核算、全面预算、运营管理、财务分析等财务领域，纵向涉及研、产、供、销、运等全价值链、全流程业务活动，单靠某个部门、某个领导去实现是不可能的，只有企业高层领导高度重视，达成共识，共同推动才能实现。

2. 全员参与

在高层领导高度重视、共同推动的前提下，企业必须通过发布优秀案例等举措，营造良好的业财融合氛围，在全体员工中形成经营型财务管理理念，将业财融合的意识时刻融入日常管理工作之中，发挥财务的引导作用，不断提升服务业务的能力。

3. 工具方法运用

要打造新形势下业财融合的经营型财务组织，仅凭各级领导重视和财务人员自发地产生与业务融合的意识还是远远不够的，需要财务部门与业务部门一起，运用好传统工具，并创新性地运用符合企业特色的方法论，打造一批创新工具，为业务提供快速解决问题的方法，协助业务部门高效创造价值，助推企业经营效率和效益快速提升。

4. 优点和缺点

企业应用新形势下业财融合的经营型财务组织，在公司层面能够增强全体员工的经营意识，提高经营管理水平，激发企业的活力和竞争力；在部门层面能够帮助部门之间形成合力,打通工作堵点,支持部门高效决策。

新形势下业财融合的经营型财务组织涉及研、产、供、销、运等全价值链环节,在认知、组织、流程、信息系统等方面做到深入融合,从而提升企业总体管理水平是一个难点。

5. 建议

打造新形势下业财融合的经营型财务组织是一个循序渐进的过程:一是需要高层领导重视和推动,需要全体成员参与;二是需要结合企业发展诉求,构建业财高效协同的组织架构体系;三是需要运用符合自身企业特色的财务管理工具方法,提升快速解决问题的能力;四是需要加强对财务经营团队成员的能力培养,为财务转型提供充足的人才保障;五是需要大力营造业财融合氛围,提升全员经营文化意识。

案例二 成都光明——"微组织"经营管理实践

一、背景描述

（一）企业基本情况

成都光明光电股份有限公司（简称"成都光明"）成立于1956年，是兵器装备集团所属重点骨干企业，主要业务为光学玻璃及光学元件的加工制造、铂族金属的提炼加工，2021年营业收入为47亿元。经过60多年的发展，成都光明已居国内同行业领先水平，并在国际光学行业具有较大的影响力，产销量居全球第一位，光学材料配套能力全球最强，研发能力国内最强。

2012年，受世界金融危机影响，全球光学玻璃市场出现大幅度衰退，成都光明入库产量逐年下滑，从2011年的8000余吨下降到2014年的不足6000吨。2015年，随着国家"一带一路"倡议的提出，国内去产能、调结构的供给侧结构性改革稳步实施，光学玻璃市场出现走出低谷、需求回升的态势。成都光明抓住经济复苏的契机，以"十三五"时期兵器装备集团领先发展战略为统领，以公司"提升经营质量，提升可持续发展能力"双提升目标为牵引，实施创新驱动发展战略，加强了提升高附加值重点产品（特别是氟磷酸盐系列玻璃）盈利能力的研究。

（二）企业管理现状及问题分析

成都光明的生产属于流程型生产制造。光学玻璃条料的生产以窑炉连续熔炼方式为主，原材料一次性投入，经高温熔化后精确温控成型，炸切成规格尺寸的产品，其中熔炼工段是光学条料制造过程的重点生产工序。目前，公司有40余条生产线，其中5条是氟磷酸盐光学玻璃专用生产线。生产班组成本管理主要存在以下问题。

1. 班组成本管理内生动力不足，成本管控积极性不高

班组成本管控难度大。一是生产周期长、品种差异大，加上熔制工段的连续性和冷加工工段的分散性叠加，造成成本费用受益对象追踪难；二是月度绩效奖金按产量计算，生产班组存在重产量、轻成本的思想。

2. 班组成本管控方法单一，业财融合度不够

长期以来，班组成本主要通过技术攻关、优化人力资源配置等方式来降低，生产班组只关注产品质量指标；公司财务管理对班组成本只重视账面平均成本，对生产班组的成本管理指导性不强。

3. 精益管理、管理创新理念相对保守

对生产物料资源实行配给制，不考虑期末留存物料的资金占用成本，造成班组物料申领有一定的随意性；班组管理没有引入生产利润概念，生产班组不清楚自身生产活动贡献的价值，价值创造意识不强。

（三）选择微组织经营管理模式的原因

微组织经营管理模式就是把市场经济法则引入企业内部，按照业务特点、岗位性质、工序关联和协作关系将员工最大限度地划分为最小的独立核算单位，即微组织；在微组织之间建立市场化交易关系，形成企业内部的虚拟市场，建立与内部市场收益挂钩的收入分配机制，将超额利润的一定比例按照约定的方式奖励给微组织成员，鼓励他们通过多创造实现分享、通过节约实现分享、依靠智慧实现分享，最终实现企业持续发展。成都光明主要基于以下几点考虑选择实施微组织管理模式。

1. 实现企业战略目标，争创光学玻璃主业世界最强的前提条件

企业要实现中长期发展目标，除技术创新外，必须大力推进管理创新。通过微组织经营管理实践，把精益管理、全面质量管理等有效结合起来，做好发挥管理手段作用和创新激励机制两篇文章，全面提升企业核心竞争力，是争创光学玻璃主业世界最强的前提条件。

2. 探索资本运营和成本管控模式，转变生产运营方式的客观要求

通过开展微组织经营管理探索与实践，从基层班组入手，划小核算单元，变资源配给为有偿使用，以市场价格倒推目标成本，在全面预算与决算管理的宏观掌控下，发挥微组织的微观激活作用，有利于优化企业内部生态。

3. 提高生产效能和质保能力的迫切需要

高附加值产品（如氟磷酸盐系列产品）属于高端、高难度产品，在池炉设计优化、配方优化、工艺优化等方面存在较大难度，迫切需要通过开展新的管控模式激发员

工的主观能动性和创造性。

4. 激发生产班组内生动力的必然选择

开展微组织经营管理，核算生产班组内部收益，将生产效率指标转化为价值指标，有利于培养员工的经营意识和节创意识；在原有基本薪酬、变动薪酬的基础上增加超额嘉奖，把微组织成果和员工利益挂钩，有利于调动员工的积极性。

二、总体设计

（一）微组织经营管理的目标

成都光明优化企业内部生态，建立宏观受控、微观激活的新型企业经营管理模式；重点在班组成本管控上实施微组织经营管理模式，将"以人为本、强化激励"的经营理念和"细化业务单元、内部独立核算"的管理机制结合起来，以全面预算管理为牵引，有效运营生产资源，激发员工内生动力，在让一线员工享受管理创新红利的同时，实现公司系列产品毛利贡献占比及毛利率较 2015 年底分别提高 5%。

（二）微组织经营管理的构建思路

成都光明根据公司内部管理基础和资源业务分布，前期选择部分业务、部分环节、部分班组进行试点，分步实施，成熟一个推广一个，最终实现微组织管理模式在公司整个生产经营过程中的全覆盖。根据微组织能够独立完成业务、能够独立核算的特点，公司决定在氟磷酸盐生产班组先行开展微组织经营管理模式试点工作。氟磷酸盐玻璃产品属于高端、高难度产品，是成都光明三大高附加值产品系列之一，营业收入和毛利率占比分别为 22.71%、28.41%。

（三）微组织经营管理的内容

成都光明实行氟磷酸盐微组织经营管理模式，具体有以下做法。

（1）抓好战略引领，为开展微组织经营管理实践提供纲领性指导。

（2）建立微组织经营管理组织架构，加强对微组织的领导。

（3）向微组织派驻财务人员，注入财务力量，加强业财融合；为微组织经营提供财务支持。

（4）制定完善微组织经营管理标准程序文件，规范微组织运作。

(5) 做好系统推进工作,注重经营实效。

(四) 氟磷酸盐微组织经营管理模式主要创新点

1. 创建价值传递和市场倒逼模型

引入市场倒逼机制,使企业实现从传统计划生产向以市场价格为牵引的拉式生产方式转变。建立微组织利润(目标成本降低额)计算模型,加强产销衔接,提高生产对市场的适配能力,通过微组织成本及内部收益核算及反馈,潜移默化地向员工灌输价值生产观念,促使员工主动节本降耗。

2. 构建微组织信息系统

充分利用 ERP 和 MES 系统的成功经验和基础条件,建立系统数据库和手工账相结合的微组织信息子系统,建立微组织独立套账,形成查询、报表、考核三大信息模块,充分发挥 ERP 信息化数据的及时性和准确性优势,让微组织经营管理日常化、精细化。

3. 建立并完善微组织专项绩效(超额嘉奖)分配办法

形成基本薪酬、变动薪酬、超额嘉奖三位一体的绩效分配体系,让微组织员工切实分享到经营管理变革带来的红利,激发生产一线开展技术攻关、提升生产效能、挖潜降本的内生动力。

三、实践应用

(一) 抓好战略引领

1. 微组织经营目标与企业发展战略对接

成都光明以企业"十三五"发展规划—三年滚动计划—企业年度计划—微组织经营目标为主线,分解细化,落实企业发展目标,使微组织经营目标与企业战略目标无缝对接,形成宏观受控、微观激活的企业成本管理新格局。图20-12为"十三五"经营目标分层示意图。

2. 微组织目标成本管理与年度预算管理衔接

利用产品销售底价,将公司年度预算利润分解为营销模块利润和生产模块利润,利用目标成本将生产利润再进一步分解为生产制造利润和微组织利润。产品利润预算分解表如表 20-1 所示。

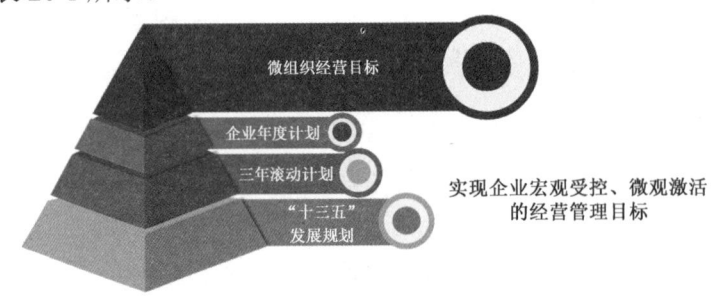

图 20-12 "十三五"经营目标分层示意图

表 20-1 产品利润预算分解表

序号	产品类别	产品大类	牌号	__年预计销量（吨）	__年销售单价（元/千克）	市场部条料计价或型料采购价（元/千克）	营销模块利润（万元）	生产模块利润				产品利润合计（万元）
								目标成本（元/千克）	实际成本（元/千克）	目标利润（万元）	微组织利润（万元）	利润小计（万元）	
				①	②	③	④	⑤	⑥	⑦	⑧	⑨	⑩
1	合计												
2	条料												
……	……												
……	型料												
……	……												

表 20-1 中数据的关系是：④ = ① × （②-③）；⑦ = ① × （③-⑤）；⑧ = ① × （⑤-⑥）；⑨ = ⑦+⑧；⑩ = ④+⑨。

（二）建立微组织经营管理总体架构

成都光明设置了微组织领导小组和工作小组，多层级、多部门协作。微组织经营管理总体架构如图 20-13 所示。

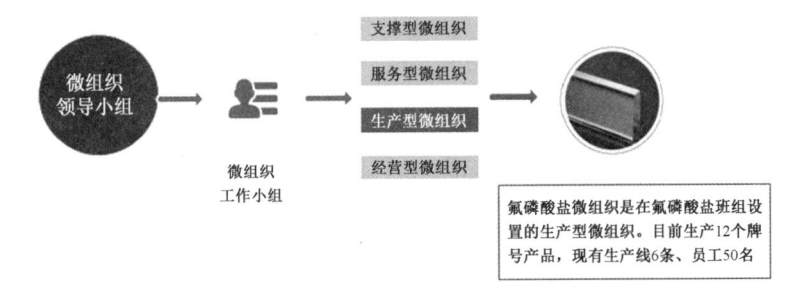

图 20-13 微组织经营管理总体架构

微组织领导小组是由各公司分管领导、各相关部门领导组成的，协调微组织筹建、进行运行管理、确认成果及红利分配的决策管理机构。

氟磷酸盐微组织工作小组由制造本部相关业务、技术骨干与人力、财务相关人员组成，负责微组织经营管理办法、成本与内部收益核算办法的编制与修订，以及微组织日常运行管理、数据收集与统计、会计核算、成果上报、超额嘉奖分配计算等工作。

（三）加强业财融合，提供对口财务支持

公司向氟磷酸盐微组织派驻财务人员，将传统事后核算型组织向业务前端前移，做好业财融合的主导者，做好制度设计的参与者，高质量实施业财融合。财务人员融入业务，以财务视野提出在推行微组织工作中与管理流程、数据逻辑及报表反映相关的合理化建议，将晦涩的会计语言转换为公司内部通用的生产语言，引导业务人员从技术思维、生产思维向价值管理思维转变。

（四）制定完善微组织经营管理标准程序文件

人力资源部编制《成都光明微组织经营管理办法》，明确公司微组织的建立、运行、调整、撤销相关流程及公司职能部门的管理职责。程序性文件的制定和完善对微组织经营管理模式规范运作起到了积极的支撑和指导作用。

（五）做好系统推进，注重经营实效

公司搭建微组织经营管理工作基本架构，明确微组织经营管理基础性工作、支撑性工作、枢纽性工作和运营性工作四大内容；通过对各项工作的分解落实，有力地支持了微组织经营管理的系统性推进。微组织经营管理工作基本架构如图20-14所示。

图 20-14　微组织经营管理工作基本架构

下面讲述氟磷酸盐微组织经营管理的具体做法。

1. 扎实推进微组织经营管理基础性工作

公司开展微组织资源核查和量化工作，摸清氟磷酸盐微组织的资源规模和结构。微组织资源核查和量化内容如表 20-2 所示。

表 20-2 微组织资源核查和量化内容

资源类别	量化办法
房屋及附属物	经现场测量，确认微组织生产及工作现场面积，经审批按 15 元/平方米租赁价计算月厂房或办公室租赁费
设备及铂金资产	氟磷酸盐微组织设备指所辖生产线设备、配料线设备、控制室平台、钢平台等生产设备，生产线技术、管理人员使用的空调、办公区域设备，按企业固定资产台账确认的月折旧额计算月设备折旧；铂金按体系部确认的微组织铂金占用数量，由财务部计算月铂金折旧额
存货资源	指存放于仓储物流部和生产现场的属于氟磷酸盐微组织的成品、在制品、玻渣价值，以及存放于生产单元、备件库的属于氟磷酸盐微组织专用或已开票未领走的辅料、备件、模具等。按光明本部库存和控股子公司产品台账记载的账面原值计算成本
能源资源及债权	氟磷酸盐微组织电、天然气以抄表数直接计算，转账数和抄表数差额分配计算；单价均以财务部价格为准
	氟磷酸盐微组织债权资源指应收应付款净额。包括因租赁停用设备、工装、铂金应收应付款净额，以及提供或接受其他组织服务的应收应付款净额，以财务认定价格计算
人力资源	氟磷酸盐微组织全部人员的个人薪酬应发工资额和企业缴纳五险一金金额之和

2. 模块化推进微组织经营管理的支撑性工作

（1）完成企业内部市场机制的构建。

公司以市场同类价格为基准，结合公司实际情况，制定氟磷酸盐微组织目标成本价目表，确定和完善技术服务、辅助生产劳务的内部转移价格，从而形成内部模拟交易市场，为微组织独立核算、自主管理、降本增效做好基础性工作。

① 建立价值传递与成本倒逼模型，确定微组织目标成本价格体系，以产品市场价格为主导，建立起市场与生产的紧密联系。价值传递与成本倒逼模型如图 20-15 所示。

价值传递与成本倒逼模型的核心思想是运用逆向思维管理成本，采用"市场售价—销售底价—目标成本价—实际成本"的思路实现产销一体的价值联动，采用"产品销售利润=营销模块利润+生产模块利润"的思路，分别反映销售部门和生产部门的价值贡献。

价值传递与成本倒逼模型将企业生产销售活动分为营销模块和生产模块，利用销售底价与目标成本价建立起两大模块的内部市场，营造内部虚拟购销。

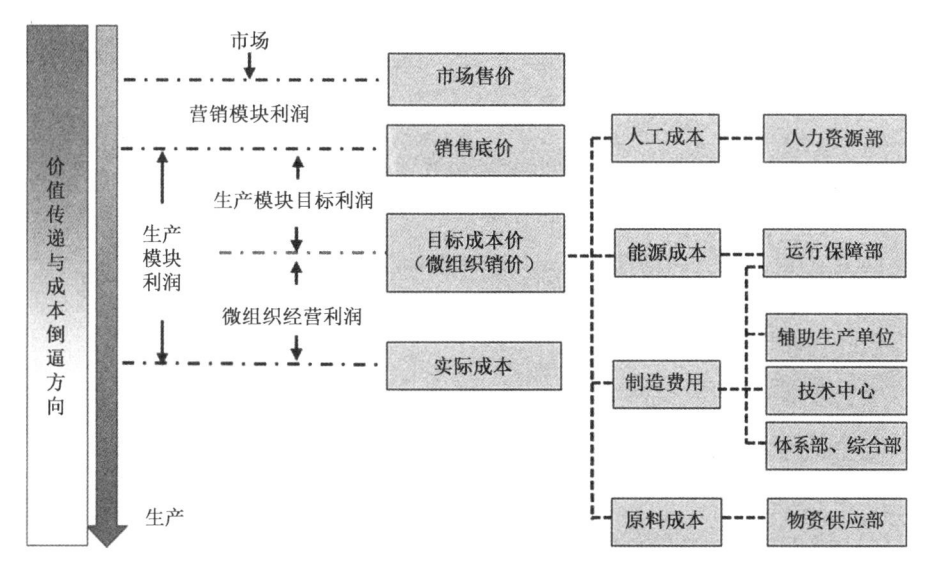

图 20-15 价值传递与成本倒逼模型

对于营销模块来说，销售底价是销售部门向生产部门采购商品的采购价格，乘以采购数量，即销售部门的内部采购成本；市场售价由销售部门和销售人员根据市场及客户状况和销售策略自行把握。（市场售价-销售底价）×销售数量=营销模块利润，以营销模块利润考核销售部门业绩，给销售部门及销售人员预留了销售策略策划和创造的空间。销售底价由公司发展规划部根据市场需求、市场竞争状况、产品理论生产成本综合考虑确定。在通常情况下，销售部门对外销售产品，价格不得低于销售底价，否则会在 ERP 中暂挂，无法进入产品出库流程，需要特别请示财务部进行价格管理释放。

对于生产模块来说，销售底价是生产部门向销售部门出售产品的销售价格，目标成本价是产品的预期最高生产成本。（销售底价-目标成本价）×产量=生产模块目标利润。同时，目标成本价是微组织在生产模块当中作为独立经营体销售产品的模拟销售单价，与实际成本相配，（目标成本价-实际成本价）×产量=微组织经营利润。生产模块利润由生产模块目标利润和微组织经营利润组成。由此可见，生产部门只有通过微组织将生产成本控制在目标成本价以内，才能为公司贡献额外价值。

公司采用"收入、成本预测分析法"制定目标成本价，即目标成本=销售收入-目标利润。由于公司产品销售利润首先分解为营销模块利润和生产模块利润，而据此划分的销售底价已经由发展规划部综合市场与产品理论成本确定，那么公司的生产模块目标成本总额=生产模块销售收入总额-生产模块目标利润总额。在确定生产模块的目标成本总额后，根据研发、计划、人力、采购、制造、技术等部门提供的各项数据，结合生产部门具体牌号产品近年实际滚动平均成本与原料价格变动、工艺及技术装备提升情况，制定具体产品的目标成本单价，形成各牌号目标成本价格体系，报公司微组织领导小组审批后执行。

氟磷酸盐微组织产品目标成本单价表如表20-3所示。

表20-3 氟磷酸盐微组织产品目标成本单价表

牌 号	H-A1	H-A3 D-A1	H-A1B	D-A2 H-A2	B4	B5	B2 B3 B6	……
目标成本单价（元/千克）	140	215	225	245	160	167	182	……

② 完善企业内部转移成本核算价格体系的编制。为保证日常成本核算的完整、准确，兼顾微组织成本及内部收益核算的系统规范开展，公司财务部协同物资供应、技术中心、玻璃制造本部、运行保障、品质管理等部门完善"成都光明内部转移价格实施方案"，拟定210余项部门间成本转移价格，规范成本费用结转行为，如表20-4~表20-6所示。

表20-4 内部收费定价办法

价格名称	定价办法
产品目标成本价	氟磷酸盐微组织以产品当前市场价格倒推目标成本单价，结合近年实际滚动平均成本、原料价格变动及技术装备和工艺技术进步情况进行适当调整
物资采购价	按物资供应部结算价计算
内部物资收购价	内部物资调配以财务部确认价格进行结转
服务收费价	含成都光明相关部门和玻璃制造本部其他各室提供的产品技术服务、品质保证服务、后勤管理服务的费用。以成都光明财务部认定的部门间转移成本价格及重新核算确定的玻璃制造本部部内各室结算价格计算成本

表20-5 测试计量劳务内部转移价格表

序号	测试项目	收费标准（元）	备 注
1	折射率精密测试	×××	可见 d,c,f,g 谱线，每增加1条谱线加收×××元，紫外、红外每增加一条谱线加收×××元
2	折射率温度系数（$\Delta n/\Delta T$）	×××	t,C',d,e,F',g 谱线，每增加1条谱线加收×××元，紫外、红外每增加一条谱线加收×××元
3	折射率	××	可见 d,c,f,g 谱线，每增加1条谱线加收××元
……	……	……	……

表 20-6　冷加工劳务内部转移价格表

序号	工序	单位	项目内容	核算成本单价	备注
1	条料加工		切两头	×.××	
			切两边	××.××	
			开片	××.××	
			两面	××.××	
			一侧	×.××	
			两侧	×.××	
			条纹样	××.××	
			R4	××.××	
2	块、型料加工	元/件	退火前切割	×××.×	口径 300~600 毫米（切一刀）按刀数乘以单价
				×××.×	口径 600~800 毫米（切一刀）按刀数乘以单价
3	样品加工	元/件	色度	××.××	急件另加 50%
			内透	××.××	
……	……	……	……	……	……

（2）完成氟磷酸盐微组织信息系统构建。

① 设置独立账套。氟磷酸盐微组织与技术中心信息管理室密切合作，建立实物量数据系统，利用系统数据开展成本核算和内部收益核算，如图 20-16 和表 20-7 所示。

牌号：　　　　子库存：CP1001　　入库部门：　　　　生产线：　　　　质量等级：

牌号	物料编码	物料说明	物料大类	物料小类	入库部门	生产段

图 20-16　成品入库明细报表截图（来源：ERP 系统）

表 20-7　生产线投入产出统计表（来源：MES 系统）

批号	牌号	配料投入		实际产出量	成品产量		半成品产量	
		粉料理论敷重	熟料重量		合同产量	自选仓	交库半成品	车间自制半成品
A 线 1180826	H-A1							
A 线 1180827	H-A1							

② 突出查询、报表、经营管理考核三大模块。

查询模块如图 20-17 所示，便于氟磷酸盐微组织掌握生产状态与管控成本发生项目及数量。

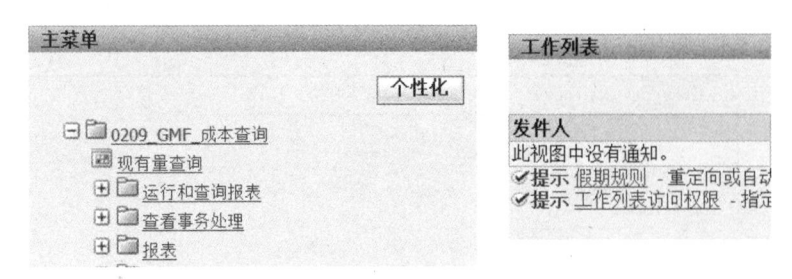

图 20-17 查询模块（来源：ERP 系统）

报表模块，如表 20-8～表 20-10 所示，准确、及时、全面反映经营体经营状态和经营成果，分析存在的问题，提出改进措施。

表 20-8 氟磷酸盐目标成本降低额（微组织利润）汇总表

生产线	牌号	生产期（天）	交库产量（千克）	目标成本（元/千克）	目标成本（万元）	实际成本（万元）	目标成本降低额（万元）
A 线	H-A1	30					
C 线	B5	30					
D 线	H-A1	28					
	小计	90					

表 20-9 原料降价因素成本降低额统计表

月份	投料数（千克）		考核期初均价（元/千克）		考核期均价（元/千克）		原料成本（万元）		原料成本降低额（万元）
	原料	玻渣	原料	玻渣	原料	玻渣	考核期初均价计算额	考核期均价计算额	
1									
2									

表 20-10 能源降价因素成本降低额统计表

月份	能耗数		考核期初能源均价		考核期能源均价		能源成本（万元）		能源成本降低额（万元）
	电（度）	天然气（立方米）	电（元/度）	天然气（元/立方米）	电（元/度）	天然气（元/立方米）	考核期初价计算额	考核期价计算额	
1									
2									

经营管理考核模块如表 20-11～表 20-12 所示，便于及时掌握经营体经营目标完成情况，公司微组织领导小组以此作为特别嘉奖依据。

表 20-11 ___月份氟磷酸盐微组织经营利润汇总表（分班组）

牌号	原料消耗		能耗			人工（元）		制造费用（元）				实际成本合计（万元）	交库产量（千克）	目标成本单价（元/千克）	目标总成本（万元）	模拟利润（万元）
	粉料（千克）	玻渣（千克）	电（度）	天然气（立方米）	水（立方米）	个人账户	企业缴费	设备铂金厂房折旧	维修费	辅料备件	其他					
H-A1																

表 20-12 氟磷酸盐微组织目标成本降低额及超额嘉奖应提额计算表

微组织名称	目标成本降低总额（万元）	目标成本降低扣除项（万元）			目标成本降低指标（万元）	目标成本降低净额（万元）	超额嘉奖应提额（万元）
		原料降价因素成本降低额	能源降价因素成本降低额	小计			
	①	②	③	④	⑤	⑥	⑦
氟磷酸盐微组织							

（3）完成微组织统计、财务核算体系的构建。

氟磷酸盐"微组织"目标成本降低额（即微组织利润）计算模型：

计算期微组织目标成本降低额 = 计算期微组织目标总成本-计算期微组织实际总成本

其中，计算期微组织目标总成本=Σ（计算期某产品实际生产并交库产量×该产品目标成本单价），计算期微组织实际成本=计算期微组织产品实际成本+计算期微组织资金成本，计算期微组织产品实际成本=计算期微组织原料成本+能源成本+人工成本+折旧等制造费用，计算期经营体资金成本=计算期生产资金占用额×5%（资金成本率）。

3. 微组织经营管理的枢纽性工作

（1）如图 20-18 所示，利用价值传递与成本倒逼模型分解公司年度经营利润指标，得到微组织年度奋斗目标。

（2）建立氟磷酸盐微组织绩效分配体系。

公司以激发氟磷酸盐微组织内生动力为目标，增加超额嘉奖模块，形成氟磷酸盐微组织绩效分配基本架构。超额嘉奖办法如图 20-19 所示。

价值传递与成本倒逼模型

通过市场价格倒推，确定微组织目标成本单价

明确微组织考核指标体系，有利于企业年度经营目标分解落实到位

市场 ——————————————————————— 市场售价

销售部模拟利润
=产品实际销售价格-产品销售底价

——————————————————————— 销售底价

玻璃制造本部模拟利润
=产品销售底价-微组织目标成本价（模拟售价）

——————————————————————— 目标成本价 ★

微组织模拟利润
=微组织目标成本价（模拟售价）-当期生产实际成本

生产 ——————————————————————— 实际成本

（价值传递与成本倒逼方向：市场→生产）

图 20-18 利用价值传递与成本倒逼模型分解公司年度经营利润指标

超额嘉奖办法

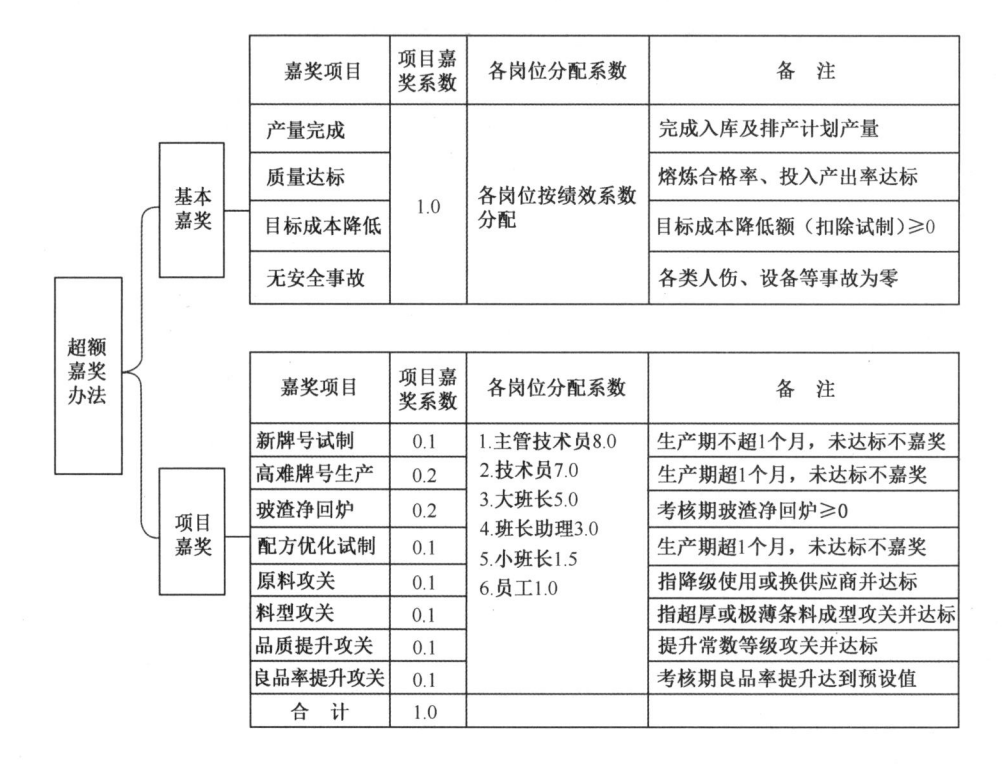

基本嘉奖

嘉奖项目	项目嘉奖系数	各岗位分配系数	备注
产量完成	1.0	各岗位按绩效系数分配	完成入库及排产计划产量
质量达标			熔炼合格率、投入产出率达标
目标成本降低			目标成本降低额（扣除试制）≥0
无安全事故			各类人伤、设备等事故为零

项目嘉奖

嘉奖项目	项目嘉奖系数	各岗位分配系数	备注
新牌号试制	0.1	1.主管技术员8.0 2.技术员7.0 3.大班长5.0 4.班长助理3.0 5.小班长1.5 6.员工1.0	生产期不超1个月，未达标不嘉奖
高难牌号生产	0.2		生产期超1个月，未达标不嘉奖
玻渣净回炉	0.2		考核期玻渣净回炉≥0
配方优化试制	0.1		生产期超1个月，未达标不嘉奖
原料攻关	0.1		指降级使用或换供应商并达标
料型攻关	0.1		指超厚或极薄料成型攻关并达标
品质提升攻关	0.1		提升常数等级攻关并达标
良品率提升攻关	0.1		考核期良品率提升达到预设值
合计	1.0		

图 20-19 超额嘉奖办法

微组织经营体薪酬总额=基本薪酬+变动薪酬+超额嘉奖

超额嘉奖按超额完成目标成本降低额一定比例提成，计算公式为：

超额嘉奖 = 目标成本降低额 $\times X\%$（X 为超额嘉奖提成比例）

其中，目标成本降低额=计算期经营体目标成本总额-计算期经营体实际成本总

额，超额嘉奖提成比例（X）＝经营体超额嘉奖总额÷（经营体员工个人账户应发薪酬总额＋企业为经营体全体员工缴纳的薪酬总额）。

超额嘉奖提成比例经公司微组织领导小组审批为 15%。为保证微组织内部分配的合理性，发挥激励作用，基本嘉奖和项目嘉奖各占 50%。项目嘉奖按岗位分别设置 1.0～8.0 的分配系数，体现关键岗位的核心价值。几年来的实践证明，该办法对发挥各类人员（尤其生产技术骨干）的聪明才智起到了关键作用。

4. 微组织经营管理的运营性工作

公司为微组织的良性运行提供了组织保障和制度保障，加强业财融合，通过考核与激励，维护微组织与企业、微组织与员工之间良好的生态环境，较好地体现了企业、微组织、员工三方的利益关系。截至 2021 年，氟磷酸盐微组织为公司累计新增利润 5000 余万元，公司为微组织员工持续发放超额奖励，调动各类人员的主动性和创造性，生产效能得到提高；2016—2021 年投入产出率实现连年增长，累计增长 12.96 个百分点。

四、实施成效

（一）经济效益持续增长

截至 2021 年，氟磷酸盐微组织取得了显著的经济效益，累计新增目标成本降低额为 5000 余万元，氟磷酸盐系列产品毛利率及毛利贡献比重分别较 2015 年提升了 6.36 个百分点、5.76 个百分点，达到推行氟磷酸盐微组织经营管理模式的初始目标。

成都光明组织变革管理理念切实助推公司实现高质量发展。"十三五"期间，公司营业收入实现年均 19.87%的增长，2021 年收入创下历史新高，达到 47 亿元；利润总额实现了年均 33.35%的增长，2021 年达到 1.46 亿元。

（二）管理示范价值明显

1. 生产管理基础水平得到提升

成都光明通过对成本倒逼模型的构建，实现价值层层传导，指导各环节自主降本，有效提高了生产对市场的适配能力；通过对公司内部市场机制的构建，变生产资源供给使用为有偿使用，增强了员工的降本意识；通过划小核算单元，使公司全面预算管理目标落实到基层，提高了预算基础管理水平。

2. 为公司生态化经营奠定基础

氟磷酸盐微组织的有效实施为公司在销售部门、职能部门、研发部门与各类基层班组推广应用微组织，构建高效微组织群落，奠定了基础，有利于企业形成目标落实到位、自主管理到位、监控考核到位的宏观受控、微观激活的企业经营管理新格局。

（三）部门协作能力加强

在微组织推进过程中，生产、财务、人力、技术、销售、信息等部门多次沟通交流，增进理解，凝聚智慧，在部门间形成了良好的协同合作氛围。公司向生产部门派驻财务人员，财务人员全程参与协助微组织的实施过程，从财务角度规范生产管理流程，提出的与价值流转相关的建议容易被技术人员和一线员工理解和接受。同时，实施微组织模式，通过完善生产记录、进行独立统计、成本核算及设置超额嘉奖，使员工深刻认识到成本与自己切身利益的关系，使人人都是管理者成为新常态，从而实现生产管理与成本管理的良性互动。

五、总结启示

（一）微组织经营管理模式实施的必要条件和关键点

1. 微组织虚拟经营单位的划分要符合五个原则

（1）服务企业战略原则。微组织必须有利于贯彻企业的战略方针、实施企业的经营策略和实现企业的发展目标。

（2）独立核算原则。微组织要实现资源量化，能够核算出自身的各项收支。

（3）独立完成业务原则。微组织要独立具备相对明确的内部供应商和内部客户，能够给微组织成员创新的空间。

（4）最大限度划小原则。在能够独立核算与独立完成业务的基础上，将微组织最大限度地划小。

（5）责权利一致性原则。微组织的责任、权利能够清晰界定，合理分配。

成都光明氟磷酸盐班组符合上述五个原则。公司先行在氟磷酸盐班组试点，经过多年的实施，微组织模式应用效果较好，达到预期目标。

2. 做好方案规划，系统推进

实施微组织管理模式是一项系统工程，要从建设微组织管理机制着手，根据企业自身情况，研究制订总体工作方案，明确目标、分步实施、有序推进，内容涵盖从微组织管理模式启动到正式运行的全过程。

成都光明利用房屋架构模型引导和规范微组织的创建、实施全过程：通过成立微组织组织机构提供组织保障，建立过程跟踪与组织协调机制；通过制定微组织管理办法、内部收益计算方法等规范指导微组织的运作；通过微组织资源核查和量化、定价相关服务及劳务，建立起内部经营市场；通过ERP、MES系统实现业务数据的传输与财务数据的整合，建立微组织财务核算体系，计量和反映微组织经营成果；通过超额嘉奖绩效长效机制，使微组织员工切实享受到组织变革的红利，有利于发挥骨干作用和激发群众智慧。

3. 加强业财融合，促进微组织良性发展

在微组织创建、实施的过程中，离不开财务人员的全程参与，业财融合的思想和氛围必须服务于微组织工作的开展。

成都光明财务部从公司决定推行微组织管理模式起就参与其中，派出财务人员，提供专业的财务支持。财务部与技术、生产、信息、销售等部门多次开会沟通，从财务角度参与梳理微组织的创建流程和业务逻辑，将公司年度利润目标通过销售底价层层分解到微组织、制定具体牌号产品的目标成本，并以财务报表的形式将微组织资产占用状况与经营成果联系起来，让微组织与经营实体一样拥有资产运营的体验，除真实地反映微组织的运营成果外，对培养微组织集体和成员的管理者意识也有积极的促进作用。

(二) 未来展望

1. 建设信息系统，提升数据治理能力，形成微组织生态群落

成都光明未来将着力推动业财一体化信息系统建设，具体要做好以下两项工作。

(1) 集成业务模块与财务模块，利用系统自动化水平深化业财融合程度。打通ERP、MES、自动化办公管理系统，实现业务数据互通，自动抓取数据、自动生成多维度需求报表，提高数据采集效率。

（2）整合会计统计数据和经营数据，实现业财数据的"大而全、广而深"，使 ERP、MES、自动化办公系统成为获取数据的唯一渠道，呈现出高度的集中性和准确性。

通过优化升级信息系统，有效支撑公司组织变革管理创新模式，由单一的生产型微组织扩展到支撑型微组织、服务型微组织、经营型微组织，形成以独立核算、自主管理的微组织生态群落为结构的企业经营管理新格局。

2. 建立业财人员流动机制，加快培养高层次财务管理人才

业财融合、业财携手是财务管理发挥实效的基础。在深化财务管理的基础上，成都光明未来将重点做好以下工作。

（1）建立包括设计、采购、生产、质量、工艺和财务等部门人员的跨职能团队，协同推进财务管理工作。

（2）重视业财管理人员和团队建设。促进财务人员与业务人员双向交叉流动，提升研发、制造等一线业务人员推进财务管理工作的积极性。

（3）建立财务与业务良性互动机制。以财务目标引导业务流程和标准优化，以业务流程和标准固化财务管理成果。

开展财务人员常态化培训是促进财务人员能力提升的重要手段，公司将加快培育一批懂业务、擅管理、精专业的高质量复合型财务管理人才，加大高层次人才引进力度，系统性提升财务部门整体的管理创新能力。

案例三　长安汽车——夯实人才梯队建设，助推公司第三次创新创业

一、背景描述

（一）行业格局和趋势

2018年，我国汽车产业出现了28年以来的首次下降，面对复杂多变的国际贸易形势及产业政策的巨大调整，汽车市场下行的趋势直到2021年才得到部分扭转，而我国汽车产业正经历深刻的变革。

汽车市场国内消费升级趋势明显，售价10万元以上车型的销量比重逐年上升。但是，随着生活水平的提高，消费者更注重生活质量与健康安全，部分由公共出行转为自驾出行，出现新的购车需求。汽车市场国内区域差异特征明显，汽车需求呈现多元化和梯度发展。"互联网原住民"逐步成为汽车消费的主力，他们对个性化、时尚化的需求强烈。只有强化高品质、多样化的产品和服务，企业才能占领消费者心智。同时，随着大数据、人工智能、通信技术（5G）等新技术取得突破，给社会、产业、商业模式带来颠覆性变化。各方跨界融合、互惠共赢将是汽车市场智能化发展的趋势。受俄乌冲突影响，原油价格上涨，新能源汽车市场不断扩大，汽车电动化技术不断提升。此外，汽车产业竞争进一步加剧，汽车企业差异化竞争，各显神通，出现新一轮淘汰赛。跨国车企视我国为主战场；合资汽车品牌价格下探，价格战不断打响，产品利润空间加速缩水；我国品牌不断整合资源，在电动化和智能化上发力；造车新势力层出不穷。

综上所述，汽车行业正在经历新一轮的变革，新模式、新技术、新应用层出不穷。企业只有加速转型，积极拥抱变化，才能勇立潮头，在变局中开新局，不被时代抛弃。面对复杂的国际和国内形势，长安汽车在2017年便开启了第三次创业——创新创业，提出向智能低碳出行科技公司转型。

（二）企业基本情况及发展战略

长安汽车始终坚持以"引领汽车文明，造福人类生活"为使命，努力为客户提供

高品质的产品和服务。经过多年发展，长安汽车旗下拥有长安乘用车、欧尚汽车、长安凯程、长安福特、长安马自达、阿维塔等众多知名品牌。长安汽车长期坚持技术投入，不断提升技术、产品和服务。

面对汽车市场"低增长，微利润"的新常态，长安汽车全力推进第三次创业——创新创业，围绕"快收缩、省支付、转方向、建生态、抢储备、防卡脖、稳队伍、保安全"总体战略，通过对行业形势的充分研判，结合企业发展规划，着力围绕"智能""出行""科技"的战略布局，进行资源配置。

长安汽车的经营措施不断改善，扎实进行效率提升；围绕"增收、节支、降本、控投、降库、融资、变现、改革"十六字方针，产品、产能结构进一步优化；自主品牌单车均价持续提升，降本节支成果显著，总体经营质量持续向好。

面对行业变革、市场变化和技术革新，长安汽车坚定转型，对财务提出了新的要求和挑战。财务作为公司决策重要的支撑者、服务者和价值创造者，为支撑公司战略转型，自身也要进行变革。

（三）企业财务管理背景

为支撑公司战略转型，长安汽车初步建立"12765"业财融合的价值创造型财务管理体系：以一个目标为牵引，坚持两个转型，抓好七大系统，落实六大保障，严格五项要求，实现数据结构化、分析结构化、报告结构化，助推公司第三次创业计划顺利达成。

长安汽车正处于战略转型、资产结构变动、员工思想观念转变的关键时期，财务管理也在经历着前所未有的变革，具体表现在以下几个方面。

1. 业务内容更加复杂

公司正处于战略转型关键时期，所以财务涉及公司资产结构变动等事项。例如，为加速"香格里拉计划"的布局落地实施，实现公司长远发展，公司全资子公司重庆长安新能源汽车科技有限公司（以下简称"新能源科技公司"）引入几家战略投资者，这些事项都增加了财务管理的内容，对财务管理提出了更高的要求。

2. 投资形式更加多样

公司投资不局限于固定资产领域，为布局新技术领域，公司加大股权投资，同时推进基金建设，最大限度地整合内部和外部金融资源。公司创新投资模式，利用混合所有制改革和基金撬动外部资金，开展投资活动。这些事项都超出了正常的核算范畴，增加了财务核算及管理的难度。这些新业务、新业态要求财务人员不仅要了解公司传统的业务，还要及时了解公司的新业态，对财务人员提出了更高的要求。

3. 海外业务方兴未艾

机遇伴随着挑战，公司积极拓展海外业务，对公司财务管理提出了新的要求和挑战。财务人员不仅要具有专业知识，还要具有突出的外语能力、沟通能力及全球化眼光。

4. 财务管理内容更加丰富

公司财务不只是涉及预算、核算等内容，为了快速响应业务需求，进一步强化财务的决策支撑职能，充分发挥财务分析在财务决策中的支持作用，提高决策的科学性，公司在进行决策时，都要进行经济效益分析。产品开发财务团队以产品为主线，深化对业财融合的战略要求，追求极致效率和创造产品价值，这要求财务人员不仅要具备财务专业知识，还要深入了解业务。

在宏观经济下行压力进一步加大、行业变化日渐剧烈的背景下，公司处在改革转型的关键时期。更加复杂的业务内容、更多样的投资形式、更大规模的海外业务，这些都对财务管理工作提出了新的挑战，也对财务人员提出了新的要求。

（四）企业财务人才建设问题分析

公司财务部有 20 余个处，面对公司改革转型和支撑公司战略的需求，公司财务人才建设存在以下问题。

1. 财务复合型人才不足

公司积极创新投资模式，利用基金撬动外部资金，开展投资活动，这要求财务人员不仅要掌握财务理论知识，还要了解经济、税务、法律、金融等方面的知识，又要具备宏观分析能力。但是，财务人员普遍存在视野不够开阔，局限于本专业、本岗位，知识结构较为单一的现象，高素质复合型人才紧缺，尤其缺乏创新型人才。

2. 决策支持要求业财深入融合

为进一步强化财务的决策支撑职能，充分发挥财务分析在财务决策中的支持作用，提高决策的科学性，在进行决策时，公司要求进行经济效益分析，这要求财务人员不仅要具备财务专业知识，还要深入了解业务。

3. 财务人员岗位较为固定

随着公司规模发展壮大，新入职财务人员增加，但工作岗位长期不变，容易对工作失去激情和兴趣。而且，固定的工作岗位使大部分财务人员只对自己管理的业务熟悉，尤其部分业务较简单的岗位，平时涉及的账务处理单一而烦琐，没有太多机会接触多样化的财务技能或金融知识，对财务人员的个人素质提高帮助有限。

二、总体设计

基于公司管理现状及公司战略转型诉求，结合财务管理观念转变、财务管理职能拓展，搭建财务人才梯队建设体系，力求让员工真正能够在舞台上发挥应有的作用，激发员工潜能，实现员工职业规划。

（一）财务人才梯队建设目标

财务人才梯队建设旨在通过人才的调查、选拔、培养、淘汰、应用的动态机制，合理地挖掘、开发、培养后备人才队伍，搭建起专业匹配、层次清晰的财务人才梯队，为公司战略转型及可持续发展提供智力支持。

1. 财务人才无断层

企业人员是流动的，当某一岗位的人员因为职业升迁、职业变动、退休、离职等原因离开岗位的时候，可以保证该岗位随时有人力可以顶替上去。

2. 支撑公司战略达成

随着技术不断迭代，消费者需求更加多样化，公司也在不断改革转型，这就要求有充足的战略储备人才，从而支撑公司战略转型。人才梯队就好比梯子有高有低，能为不同层级的人才提供不同的培训及发展机会，做好人才的储备工作，为公司改革转型提供充足的人力支持，支撑公司战略达成。

（二）财务人才梯队建设原则

为构建一支年龄结构合理、知识结构合理、工作经验丰富的人才队伍，将员工个人目标和企业的目标有机结合起来,使员工个人价值的实现与企业发展相联系,支撑公司改革转型,人才梯队建设要遵循以下原则。

1. 德才兼备原则

公司需要既有职业操守又有职业技能的人为公司服务。因此,在制订财务人才梯队计划、培养人才时,要注重敬业精神、品质优良、业务水平等方面。

2. 公开选拔原则

公平、公开、公正是财务人才梯队建设最基本的原则。为了能真正选拔出人才,让人才梯队中的每个人都是靠真正的品质及能力选拔出来的,就必须公开竞争。

3. 优胜劣汰原则

财务人才梯队是一个动态管理体系。在每年的绩效考核中,会有优秀的梯队人才晋升为更高层次的人才,形成一个优胜劣汰的动态管理系统。

4. 满足发展需要原则

财务人才梯队建设的目的是为企业发展而服务。在制订人才梯队建设方案时需要结合公司的发展战略,统筹财务后备人才梯队建设工作。员工可以在人才梯队建设方案中得到成长,企业也可以在人才梯队建设中得到自己想要的人力资源。

5. 全过程管理原则

财务人才梯队的制定、执行、控制和重新修正都是财务人才梯队建设不可或缺的部分,这些部分共同组成完整有效的人才梯队建设全过程。

(三)人才梯队建设的总体思路

基于公司战略转型诉求及公司管理现状,从以下三个维度推进人才梯队的建设。

(1)在人员模式上,由财务核算人员向价值创造型财务管理人员转变,需培养提升财务人员的战略管理能力。

(2)在人员职责上,财务部调整组织架构,更名为财务经营部,财务人员需全方位提升经营意识,洞察业务本质,为业务提供经营性意见。

(3)在人才梯队建设体系上,持续优化改善,高效聚焦人才梯队资源库管理、人才培养机制实施、选拔机制动态更新等方法的应用。

在三个维度基础上搭建"两条腿走路"财务人才纵向流动路线，即业务线和行政线两条上升路线，对不同层级的人才采取不同的培训计划，为员工充分赋能。同时，针对岗位较为固定的现状，实行穿插轮岗制度，从而使人才横向流动，合理挖掘、开发、培养后备人才队伍，搭建起专业匹配、结构合理的人才梯队，最终为公司战略转型及可持续发展提供智力支持。

财务人才培养体系整体架构如图 20-20 所示。

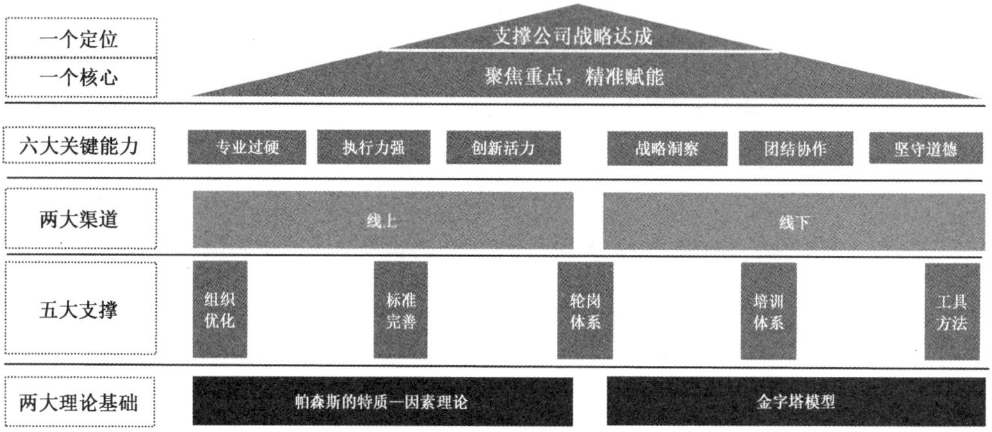

一个定位	支撑公司战略达成
一个核心	聚焦重点，精准赋能
六大关键能力	专业过硬　执行力强　创新活力　战略洞察　团结协作　坚守道德
两大渠道	线上　　　　　　　　线下
五大支撑	组织优化　标准完善　轮岗体系　培训体系　工具方法
两大理论基础	帕森斯的特质—因素理论　　　金字塔模型

图 20-20　财务人才培养体系整体架构

具体来说，基于帕森斯的特质—因素理论和金字塔模型，构建组织优化、标准完善、轮岗体系、培训体系、工具方法五大支撑，通过线上与线下两大渠道，形成财务人员专业过硬、执行力强、创新活力、战略洞察、团结协作、坚守道德六大关键能力，最终形成"聚焦重点、精准赋能"的一个核心，支撑公司战略达成。

（四）人才梯队建设的创新点

长安汽车第三次创新创业的战略需求拓宽了财务管理边界，财务人才梯队建设的创新性以财务人员参与经营为关键切入点，聚焦资源配置和产品效益两条主线开展全价值链成本分析，财务 BP 到业务单位，与业务形成如影随形的矩阵式业财融合团队，深入业务前端；创新性地运用新兴工具方法，培养财务人员利用六西格玛项目方式设计和监控业务活动，提升业务管理效率和获得收益，减少资源成本浪费。以数据驱动管理为牵引，培养财务与大数据复合型人才，狠抓数据治理，规范和明确经营过程中的数据管理，并借此推行财务信息化管理工作，全面铺开数字化的矩阵式团队。通过搭建培训平台提升学习效率，解决知识需求大的现状，充分调动有丰富实践和理论经验的经理级人员的积极性，开发相关培训课程，拓宽知识传播面，形成知识积淀，提升知识直达性。这些都能够全面提升财务工作效率，加速财务共享中心建设。对于创新人才梯队的深度与宽度纵横管理，在纵向上，财务人员培训体系主要以员工职业上升路径为主线，即针对不同层级的人才，以及员工升职，采取不同的培训计划，为员工充分赋能；在横向上采用轮岗制度，使人才横向流动，对财务人员分级次、分类型管理，对分（子）公司、合资企业的财务负责人员用统一平台、统一机制管理。

三、实践应用

长安汽车构建"12765"业财融合的价值创造型财务管理体系，核心目标是实现财务管理两个转型，即从核算向价值创造转型，从管理向经营伙伴转型。围绕经营职能职责、资源配置、产品效益，以"聚焦重点，精确赋能"为原则，扎实推进各层级培训项目，切实做好问题解决和员工能力提升工作，深度支持公司经营业务，对不同层级的人才采取不同的培训计划，结合晋升培训，从而为员工充分赋能。从基础搭建到分类培养，再到机制保障，推进人才梯队建设，其整体应用思路如图20-21所示。

建设维度	建设三部曲	基础搭建	分类培养	重要保障
人才培养		・人才资源库 ・人才测评 ・新任职资格	・高职级人员培养 ・经理级继任者培养 ・员工层级培养	・高职级人员评价机制 ・高职级人员年度教育培训 ・工具方法运用 ・课题研究 ・经理级继任者认证 ・业财融合人员培养 ・任职资格认证 ・师带徒
人员模式				
人员职责				

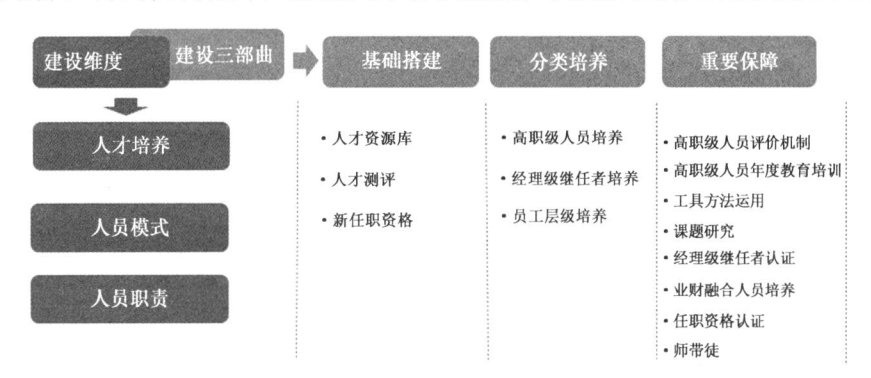

图20-21 人才梯队建设整体应用思路

（一）基础搭建

财务经营部提升能力、内培外引、专项突破，锻造跨界型财务经营团队。通过内部培养，从财务岗位到业务岗位，再回到财务岗位，培养财务人员的全价值链思维，提升业财融合能力；通过外部引进，从业务部门引进优秀人才，以业务优秀思维优化财务管理的关键环节；通过引进合资企业人才，吸收合资企业丰富的管理知识，将管理手段、优秀案例运用到财务经营体系能力提升中；通过引进高级专家，展开更深层次的研究，攻破财务痛点、难点问题，逐步完善人才资源库结构。在公司改革转型的重要阶段，财务团队整体打造"以产品效益为核心，以资源配置为主线"的矩阵式业财融合经营团队。财务团队选派人员到业务单位，将财务管理前移到业务前端，更好地使财务与业务有效结合，减少衔接时间，加快信息流通。将财务预测和分析结果反馈给业务部门与决策层，使管理决策更加科学；同时，通过把握业务流程的关键控制点和潜在风险点，实施有针对性的改进，降低运营风险。培养财务人员，使其成为业财复合型人才，对业务事项进行事前规划、事中控制、事后评估，形成管理闭环，提升人才梯队的能力。连同人力资源部，组建财务面试官矩阵式团队，成员涵盖财务、金融、外语等类型的高级经理、专家，对从校园和社会招聘的人员进行素质提升、知识结构、胜任能力等全方位评价，以结构化标准和流程对应试人员层层选拔，着力打造符合发展需要的高素质财务人才新鲜力量。

在"打造成为智能出行科技公司"的战略定位背景下，公司对员工知识能力结构提出新的要求，知识技能由"硬条件"变为"软实力"，由"专"变为"专+宽"，由"单个功能领域"变为"跨领域、多样化"，由"单一专业型人才"变为"跨界复合型人才"。公司培养员工的思维模式，使其从"外在驱动"向"自我驱动"转变，传统的管理随之向人才经营转型。财务经营部通过对新任职资格的推行，搭建了任职资格标准（各类岗位职级能力的对照标准），根据不同职级能力建立线上与线下员工学习的通道和认证路径，为员工自我管理、自我成长、自我产出、自我销售提供方向和依据。员工要想实现职级晋升，需要获取能力等级，在满足基础条件后，具备职位需要的知识技能，符合职级晋升标准。

财务人才培养体系如图 20-22 所示。

（二）分类培养

1. 针对高职级人员

高职级人员包括行政方面的经理级及以上人员和专业方面的专家。部门通过高职级评价机制、高职级人才盘点九宫格、年度教育培训计划、案例分享、讲师认证、送外课程培训、外聘师资等项目打造高职级人员的学习通道和激励氛围。高职级人员在职位任期内同时完成各项学习培训内容，为晋升必要条件，实现内生动力驱动学习。例如，外聘师资培训，围绕领导力修炼，提升干部全球化、国际化战略视野，提升干部创新变革、战略运营、跨界整合、预见并规避风险的能力等，不断丰富干部的理论和专业知识。

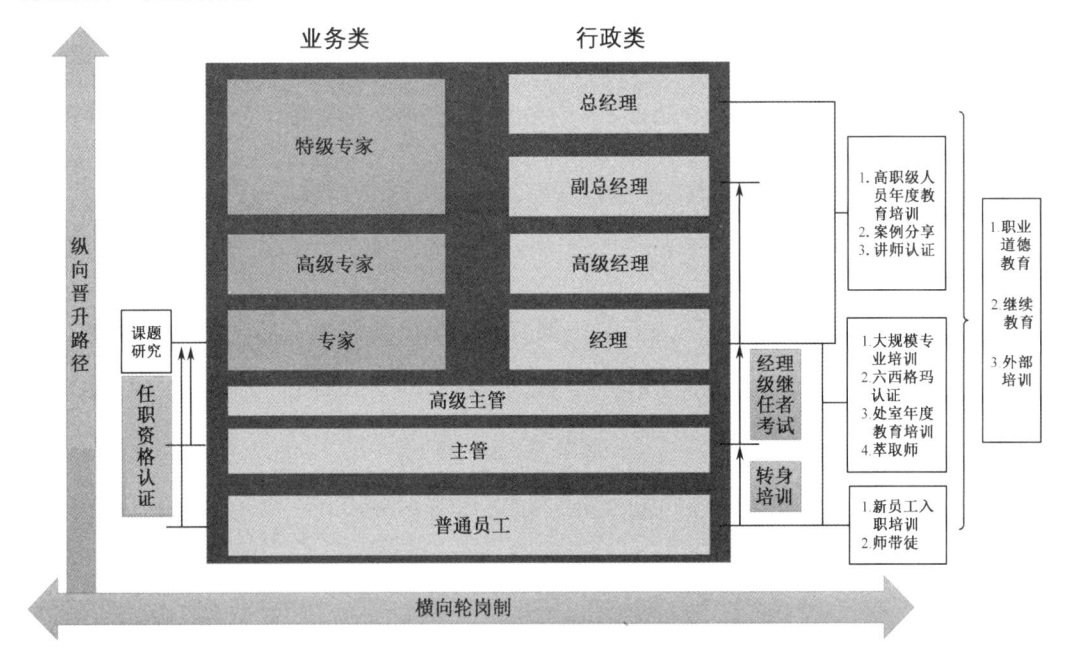

图 20-22 财务人才培养体系

2. 针对经理级继任者

根据财务经营部选拔制度，员工通过对基础知识的学习，经过第一轮考试选拔、第二轮无领导小组面试、第三轮成果答辩面试，成为储备干部。员工成为经理级继任者后，通过轮岗、部门会议议题分享等锻炼全面的体系能力，在实战训练中提升领导技能，成为管理层的储备力量。为促进业财融合，财务经营部从公司各业务基层选拔了一批优秀继任者，从研、产、供、销等方面推动精益管理，通过商业模式创新，降低经营成本，提升经营质量。

3. 针对普通员工

（1）新员工入职培训。

（2）部门与员工签订"师带徒协议"，新老员工一对一地进行传帮带。

（3）针对员工升任主管职位，进行统一的转身培训。

（4）员工通过经理级继任者选拔、大规模专业培训、六西格玛认证与培训等，不断学习，夯实了人才金字塔基础。

(三) 重要保障

1. 高职级人员评价机制

在公司发布的评价标准的基础上，财务经营部建立了内部评价机制，加强对员工日常工作的激励与约束。

（1）每年初结合本年度战略发展方向及上年度评价缺陷，修订并发布年度考评机制实施方案。

（2）日常业绩评分管理，主要评分内容包括工作任务的完成情况、周期性总结评价、获得的表扬与批评等。

（3）360度行为测评。针对被评价者的行为表现，从被评价者的上级、同级和下级三个方面（满足一定数量的评价人数）进行全方位的评价。

（4）关键绩效指标及重点工作得分。年初根据承接上级的KPI、部门业务指标及本岗位重点任务，制定本人的年度KPI指标和重点工作，半年和年终考评时进行回顾，按完成情况和评价标准打分。

（5）根据以上评分情况形成对高职级人员的评价结果，通过公开讨论和决议形成绩效考核结果，从制度上约束和激励高职级人员不断提升。

2. 高职级人员年度教育培训

财务经营部对高职级人员开展年度教育培训工作，主要包括学习课时目标和积分目标的达成。其培训项目包括教育培训、案例分享、讲师认证、萃取师、送外课程培训、外聘师资教学等一系列项目。

（1）每年初根据公司总体要求下发高职级人员课时目标及培训积分目标通知。高职级人员年度学习小时数为90个学时以上，年度培训积分目标根据不同职级有所差异。

（2）课时的获取途径主要有线上长安之家学习平台的相关课程与各职能部门举行的线下课堂培训。

（3）完成年度培训积分的途径有以下几种：课件开发，高职级人员开发教学课程，满足部门内的选课、听课需要，或录制教学视频上传至员工学习平台；萃取师、六西格玛认证，是指各专业领域的专业人才萃取经验和方法，将其应用于实践并发布。

（4）课时目标及积分目标的年度完成情况，在薪酬的培训津贴中进行兑现。

高职级人员通过学习不同板块、不同领域的课程，提升专业深度和宽度，更好地契合公司的发展战略；通过项目认证，提炼出符合发展理念的总结性工具方法，举一反三，运用提升。

图 20-23 为员工学习开发课程通道展示。

图 20-23　员工学习开发课程通道展示

3. 对工具方法的运用

财务经营部不断完善各业务领域的管理工具，先后形成"全价值链效益分析模型""政策研究方法""滚动预测分析模型""价值链成本精益管控"等 141 项管理工具方法，用于指导业务开展、自查和优化。

（1）每年对各领域管理工具更新迭代，收集上一年推进情况及本年推进计划，并附应用材料。

（2）审核评价管理工具更新内容，对推进状况缓慢及推进计划无实际措施的工具提出修改意见，并下发整改通知。

（3）开展管理工具交叉检查及监督抽查行动，检查实际应用情况、年轻员工掌握情况、是否深挖优化方向，形成结果，督促整改。

（4）将管理工具脱密后上传到共享文件平台，创造人员学习通道。

财务经营部体系化地梳理管理工具业务运用场景和逻辑,并统一存储资料,多数管理工具伴有典型应用案例,可融入具体的操作流程规范。财务经营部运用管理工具,点对点地对业务涉及的新员工、调岗员工进行培训,并不断在实践中完善,形成培养人才的基础体系能力。

4. 课题研究

课题研究针对财务经营部高职级人员中的专家类人员。各领域高精尖专家攻克业务中的痛点和难点,优化管理。

(1)每名专家类人员每年设定1个课题目标。专家申报课题,明确其研究目标、交付成果和完成时间,需跨年完成的,必须设置年度阶段目标。

(2)专家开展课题研究,严格、规范地进行课题研究过程管理,确保课题研究活动按计划有序进行。

(3)定期进行课题研究任务目标回顾,确保研究任务按期完成。

(4)部门组织对部门专家的年度课题研究项目完成情况进行评审(每位专家向评审小组提供评价表和课题研究总结资料,评审小组对课题研究成果开展专业评价)。研究结果通过评审后,将其用于业务流程。

图20-24为课题研究项目方向示例。

图20-24 课题研究项目方向示例

5. 经理级继任者认证

为储备优秀经理级继任者人才,公司开展分层分级赋能前置认证,围绕组织战略需求，运用线下研讨+岗位实践+综合答辩等方式开展训战结合的培养工作，培养高潜人才，固化高潜关键能力识别标准，牵引财务人才快速成长。

针对经理级继任者梯队人员，着重培养核心领导力，围绕思想政治修养、商业预测与创新等维度，线上学习+线下复盘，开展人均60学时的混合式学习，有效提升团队素养，构建人才库。另外，围绕案例解析与复盘和情景领导力等课程，通过心理测试和行为观察帮助经理级继任者厘清目标、找准差距、清晰路径，实现管理视角转变。

（1）部门每年组织召开经理级继任者奔跑启动会，对员工的基本条件、工作年限和选拔流程进行基本介绍。

（2）建立单独交流群，邀请往期通过的优秀人才与员工交流心得，针对笔试与面试两个环节进行经验分享。笔试主要考核管理知识和公司文化，面试主要考核训练表达能力、逻辑思维能力和沟通能力。

（3）部门组织经理级继任者参加大学组织的认证活动，将认证结果作为未来员工晋升的参考依据。

6. 业财融合人员培养

创新创业的战略需求拓宽了财务管理边界，聚焦资源配置和产品效益两条主线开展全价值链分析，更加需要矩阵式业财融合团队，使财务人员深入业务前端。

（1）发布战略性年轻干部培养——"业财融合"复合型人才转型培养项目通知，在全公司范围内的业务前端招募高素质专业化的优秀人才。

（2）培养周期一年，围绕训战结合的总体思路，前六个月实施"3+3"培养计划，即周一至周三在财务岗位培养，周四至周六参加重庆大学业财转型培训，进行财务专业课程学习，后六个月在财务岗位实践培养。

（3）采取"一对一导师制"，量身定制岗位，制订学习计划，深入岗位实践。

（4）开展课题研究，运用财务专业知识，结合业务前端经验，研究创新业务模式和业务路径。

财务创造价值的前提往往是业务，比财务人员更懂业务、比业务人员更懂财务，这样的人才显得不可或缺，有助于打造与企业经营发展相配的财务经营组织，实现财务组织的两个转变，即"从核算向价值创造转变，从管理向经营伙伴转变"。

7. 任职资格认证

任职资格体系是将工作要求和员工能力有机联系在一起的桥梁。公司通过任职资格体系，明确在战略达成的过程中，期望员工具备的知识技能和行为表现，并规范员工的能力提升方向及路径。员工通过任职资格体系，清晰知晓自己的能力和发展规划，通过自我审视找到差距，不断审视和改进。同时，任职资格是动态的，随着企业战略和部门业务的发展而发展。任职资格体系建立思路如图 20-25 所示。

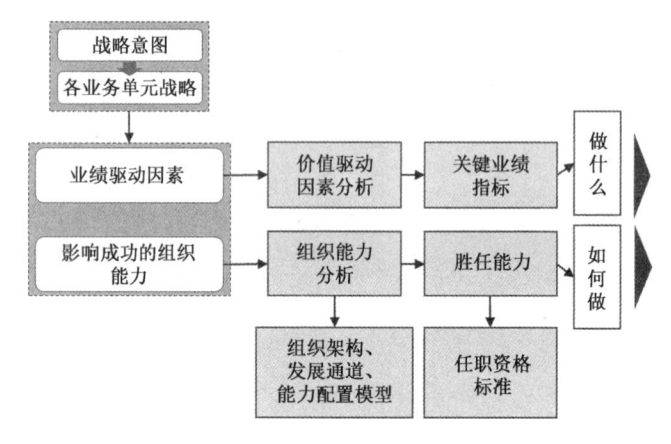

图 20-25　任职资格体系建立思路

（1）部门通过会计管理、经营决策、财务管理、资金管理、战略决策五个职位族来划分能力配置方向，各职位族包括不同业务职责，员工根据不同岗位工作内容确定不同职位族。

（2）每年年初修订任职资格标准，包括对标准制定整体框架的介绍、对能力层级的定义、各专业业务方向的任职资格标准等。

（3）开展任职资格认证，包括评能力和评职级两个流程。评能力是对员工知识能力结构提出新的要求，不同职级申报不同的能力认证，专业委员会成员根据任职资格标准，根据认证人员提交的资料或现场答辩进行认证。

任职资格既是组织选拔人才的重要参考，也是员工上岗的前提条件，公司激励员工不断提高职位胜任能力，促进组织绩效和员工个人绩效的持续改进；树立有效培训和自我学习的标杆，以资格标准不断牵引员工终身学习，不断改进，将员工发展和企业发展结合起来。

8. 师带徒

对新入职人员和年轻员工，公司实行师带徒制度。在实际工作中，业务骨干言传身教，以老带新，一对一指导。老员工以传帮带等形式帮助新员工快速提升业务能力。新员工活力十足，老员工经验丰富，新老员工"搭伙"产生不一样的化学反应。

（1）每年年初，师徒根据财务经营部师带徒培养原则及岗位要求，结合员工年度绩效考核结果及员工个人愿望，确定师傅和徒弟，签订协议。

（2）师徒关系确立后，由师徒所在部门安排签订《师带徒培训协议书》，拟订培训计划。师徒一起制订师带徒培训计划，将其填入《师带徒培训记载册》中的"培训计划表"。

（3）师徒分管领导审核培训计划，领导审核同意计划后，根据计划开展培训。

（4）填写《师带徒培训记载册》中的"师傅指导总结表"和"徒弟学习总结表"，拟写培训总结。

（5）培训期满，对师带徒培训结果进行考核，根据考核结果执行部门内奖惩机制。

师带徒培训属于在岗（不脱产）培训。在实际工作中，徒弟通过师傅指导掌握知识和技能。年轻员工在每年完成既定目标的同时，学会运用知识并开展专业研究，快速成长为业务骨干，支撑经营管理提升。

四、实施成效

（一）人才结构改善，人才储备充足

目前，公司人才结构进一步得到改善，高学历占比逐年提高，员工职称在不断提升的同时多样性也在增加。这说明财务经营部建立了较为有效的财务人才建设机制，形成人才磁场，表明财务人才储备充足，中坚力量坚实可靠，初步形成了一支年龄结构合理、专业能力突出、知识结构合理、工作经验丰富的人才队伍。财务经营部通过内培外引，跨界培养及引入输出，培养业财融合型高级人才。财务人员从财务岗位深入汽车研究总院、营销事业部等业务部门任职，再回归财务岗位；财务经营部引入战略规划部、技术部等部门的高级人才，结合财务分析，进行创新性效益测算和滚动预测，增强管理手段；合资企业的高级人才回归母公司，长安福特、长安马自达等合资企业的高级管理人员汲取合资企业的管理经验、优秀业务手段，开展业务优化及效率提升工作；公司从外部引进高级专家，支撑研究模型的搭建与信息化工作的推进。

公司向二级单位输送成熟人才，委派部门人员前往海外子公司及长安软件中心等单位担任财务负责人。

财务团队不仅包含财务人才，而且包含制造、研发等领域的人才，支撑公司整车及发动机项目开发，在重大决策分析、资源合理匹配、降本增效等方面，提高决策的科学性，进一步发挥财务分析在财务决策中的支持作用。公司培养近30名效益测算人员，从源头梳理财务与业务流程20多项，对近20家单位的在产品、在研品每年进行效益分析测算上千次，使公司近年的边利规模结构得到大幅改善。

（二）创新运用工具方法，提升财务经营管理效率

财务经营部各处对工具方法进行审视，补充完善，通过检查和验证，形成部门工具清单，不断传承、迭代，使其成为培养人才经营能力不可缺失的部分。例如，使用"税收筹划的重点方向和开展方法""涉外业务税控模型"等税务管理工具，以及政策研究方法、加计扣除模型、税控模型等开展日常业务工作，初见成效；利用六西格玛项目方法，建立业务优化流程，达到相关方满意度评价提升、流程效率提升、软硬收益实现等目标。"提高乘用车滚动预测信息合格率及编制效率"项目的一次性综合合格率由改进前的82%提升到96%；"提升资源效率评价表最终环节报送效率"项目提升客户满意度，提高流程效率，提升服务质量；"建立VAVE降本方案投入产出比测算标准"项目通过改进业务运用问题，建立降本方案投入产出比测算标准，增强测算的可靠性，为管理层决策降本方案的可实施性提供了参考标准，减少重复审视投入产出的情况；"建立大客户订制车效益测算流程及分析模型"项目明确需求（关键假设）收集内容，明确各板块交付内容及模板，同时完成相关板块会签，明确各自职责范围及交付内容，明确计算规则，统一分析模板，并对模板不断优化。公司以数据方法驱动，建立了财务数字化矩阵式团队，推动财务工作向数字化转型，培养财务人员运用大数据进行滚动预测（基于行业预测与能力匹配的风险预测），及时预警经营风险，目前模型预测准确率超过90%。同时，通过对基础数据的不断积累，以及结合实际情况的不断修正，目标制定模型逐步完善，预测准确率持续提升。

财务经营部具有良好的学习交流氛围，成为一支能力过硬、业务过硬的学习型财务队伍。在人才梯队建设中，充分调研各层级员工的需求，以需求为导向，使培训内容更加契合员工的需求，更具有针对性。另外，进一步完善任职资格，明确员工应该具备的知识技能和行为表现，建立相应的资格标准，用资格标准不断牵引员工终身

学习。随着企业战略和业务的发展，人才梯队建设方向不断更新，使员工及时转变思维模式。

五、总结启示

（一）以公司战略为出发点和落脚点

在建立财务人才培养体系时，要以公司战略为出发点和落脚点。具体来说，从公司战略分解得到部门战略，分析业务驱动因素，得到需要做什么，对人员有哪些要求，基于部门现状得出需要改进和后期发展的方向，从而建立人才培养体系。

（二）充分结合公司晋升路径，精准赋能不同层级的员工

公司对不同层级的人员的要求是不同的，相应的培训也应该有差异性和针对性。例如，针对高层级管理人员的培训，更强调领导力修炼，提升全球化、国际化战略视野，提升创新变革、战略运营、跨界整合、预见并规避风险的能力；针对中层和基层管理人员的培训，集中于领导技能的提升；针对基层或刚入职员工的培训，集中于工具方法的运用、工作方式的培养和技能提升。公司将培训工作嵌入员工晋升路径，实现为员工精准赋能。

（三）在搭建人才梯队的道路上，注重知识经验传承共享

人才是公司的宝贵财富，尤其在各种岗位摸爬滚打，具有丰富的理论知识与实践经验的员工，要对他们的知识和经验进行萃取、沉淀、分享和传承。搭建人才梯队的工作，要不断探索、不断改进。

案例四　建设工业——基于业财一体化风险管控的信息化建设

一、背景描述

（一）国家对信息化和工业化融合提出了新的要求

随着信息化时代的到来，互联网、大数据、云计算等新一代信息技术正迅速发展，2014年2月，习近平总书记在中央网络安全和信息化领导小组第一次会议上指出，没有网络安全就没有国家安全，没有信息化就没有现代化。2017年10月，习近平总书记在党的十九大报告中明确提出，推动互联网、大数据、人工智能和实体经济深度融合，这是新时代推进信息化与工业化深度融合的新要求和新部署。

（二）管理会计的广泛运用对传统财务管理带来新的挑战

2010年4月，财政部会同证监会、审计署、银监会、保监会，根据国家有关法律法规和《企业内部控制基本规范》，印发《企业内部控制配套指引》。2014年10月，财政部发布《财政部关于全面推进管理会计体系建设的指导意见》。

（三）公司规模不断扩大对财务管理提出了新的要求

自2014年以来，建设工业先后进行几次整合，企业规模不断扩大，为满足公司快速发展的需求，自2015年1月开始，公司以基于业财一体化的风险管控信息化建设为新抓手，进一步加强业财一体化管理，提高风险管控能力，提升生产管理效率，提高经营管理水平。

二、总体设计

以"服务战略、融合业务、集中资源、控制风险"为前提，确立"两化融合"建设目标，根据"1234"建设思路，按照"整体规划，分步实施"工作策略，确立"集中部署、分级管理、统一平台、快速复制"实施步骤及"四步走"实施路径，通过对外确立项目合作模式,对内建立项目组织架构,并严格遵守流程规划、系统集成、数据共享、规则可配、灵活拓展等建设原则,在管理、软件、硬件、协同、集成 5 个方面做到闭环管理、循环管理,着力构建以业务流程与数据流动驱动的业财一体化风险管控信息化体系,进一步在核算、预算、成本、生产、物流、资产、合同、资金 8 个方面深化应用信息化手段,搭建业务协同、数据共享平台,并从点检、沟通、考评方面强化信息化管理机制,助推风险管控、效率提升、效益提高、业财一体化落地。

(一)确立"两化融合"建设目标

建设工业紧紧围绕"工业化和信息化融合"这一最终目标,结合"管理会计支持决策"要求,以"服务战略、融合业务、集中资源、控制风险"为前提,着力进行基于业财一体化的风险管控信息化建设,依托信息技术,通过建设以业务流程与数据流动驱动的信息化系统,实现研发、制造、管理的高效协同,以促进业财深度融合,进一步为公司从机械化、自动化、数字化、智能化迈向智能工厂的战略目标提供强有力的保障。

(二)确立"1234"建设思路

建设工业基于业财一体化风险管控的信息化建设工作紧紧围绕"1234"工作思路进行,如图 20-26 所示。

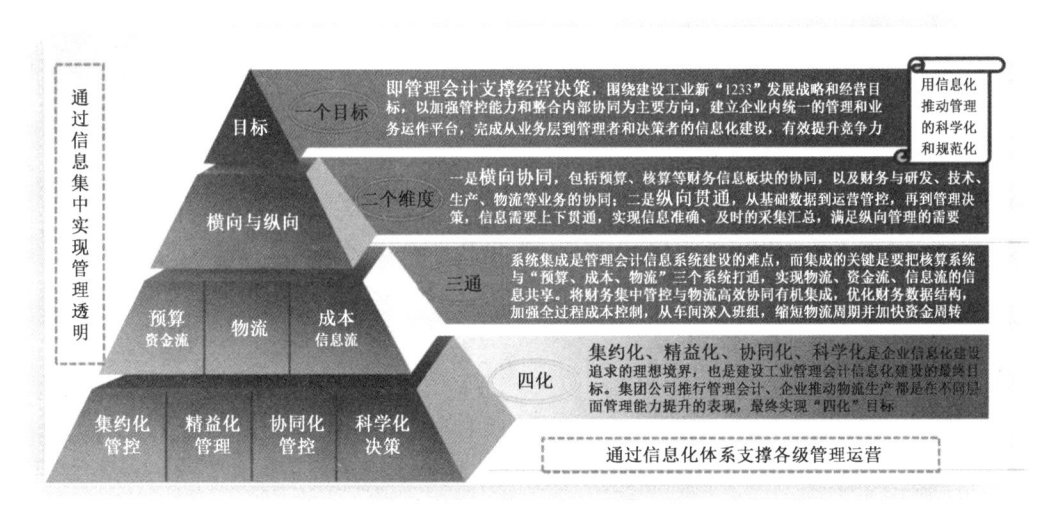

图 20-26 "1234"工作思路

(三)确立"整体规划,分步实施"工作策略

整个建设工作结合"整体规划,分步实施"的工作策略,进一步细化确立"集中部署、分级管理、统一平台、快速复制"的实施步骤。

1. 集中部署

对信息系统集中部署,在公司总部部署一套系统,各异地成员单位通过涉密网或非涉密网接入公司总部系统,实现数据资源的高度集中和数据信息的集成共享。

2. 分级管理

在信息系统集中部署下,通过分级管理、分级授权满足公司总部、各基地、各分厂的不同层级的管理需求,实现横向业务协同、纵向数据贯通。

3. 统一平台

通过单点登录,实现各业务系统的访问入口的统一,将现有信息系统和未来新建系统逐步统一至核心平台,并逐步推进异构系统平台的集成和统一,以彻底消除"信息孤岛",实现各类业务、财务和管理的高效协同。

4. 快速复制

做好公司总部与各基地的生产模式及与各成员单位的管理模式的规范化、标准化,通过信息系统的快速复制,将总部的生产管理与系统建设经验快速复制到新成员单位,帮助新并入单位快速建立起经营管控系统平台,以支撑公司快速发展。

(四)确立"四步走"实施路径

整个建设工作从2014年启动,2015年正式实施,分四期进行。

(1)通过两年建设,2016年底实现全面预算、标准成本和集中核算三大管理会计信息系统集成应用。

(2)通过两年建设,2018年底实现供应链(物流)、资产系统集成应用,盘活存量资产。

(3)通过两年建设,2020年底实现在制品、实际成本、合同系统集成应用,初步搭建业财一体化风险管控信息化体系。

(4)2021年以后,"十四五"期间,结合智能车间建设,系统谋划ERP系统其

他模块构建，实现"研发、制造、管理"三大平台互联互通，不断深入业财一体化风险管控信息化系统的建设与应用。

三、实践应用

（一）建立项目组织架构，确立项目合作模式

1. 对外确立项目合作模式

为保障信息化建设工作顺利开展，进一步促进工业化、信息化深度融合创新发展，建设工业于2018年与浪潮公司签订战略合作协议，合作模式如图20-27所示。

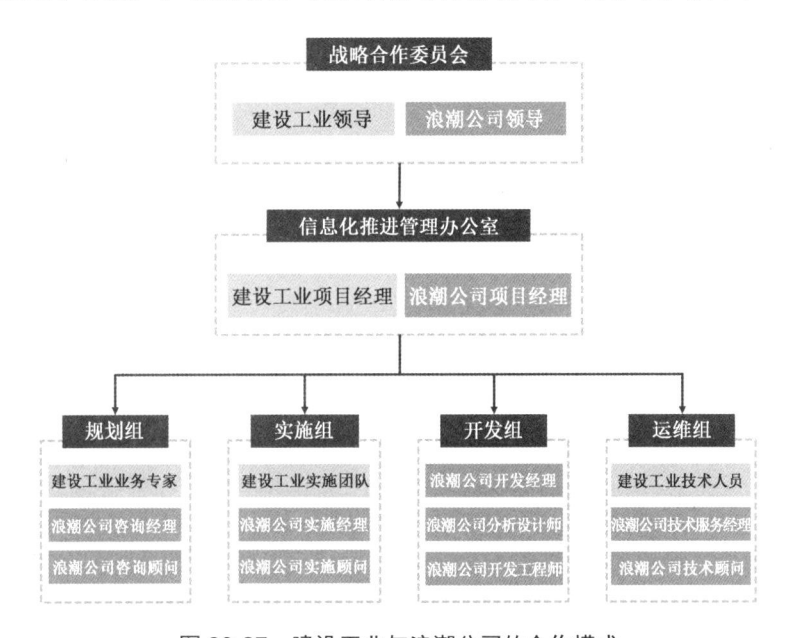

图20-27　建设工业与浪潮公司的合作模式

建设工业风险管控信息化建设项目由双方高层组成的战略合作委员会主导，项目经理、规划组、实施组、开发组、运维组提供全方位支持，做好人、财、物方面的资源保障。

2. 对内建立项目组织架构

基于业财一体化风险管控的信息化建设是一个涉及面广、覆盖专业多、实施周期长的综合性项目，需要发挥各领域专业所长，又取得各专业整体联动效应。建设工业风险管控信息化建设项目组织架构如图20-28所示。

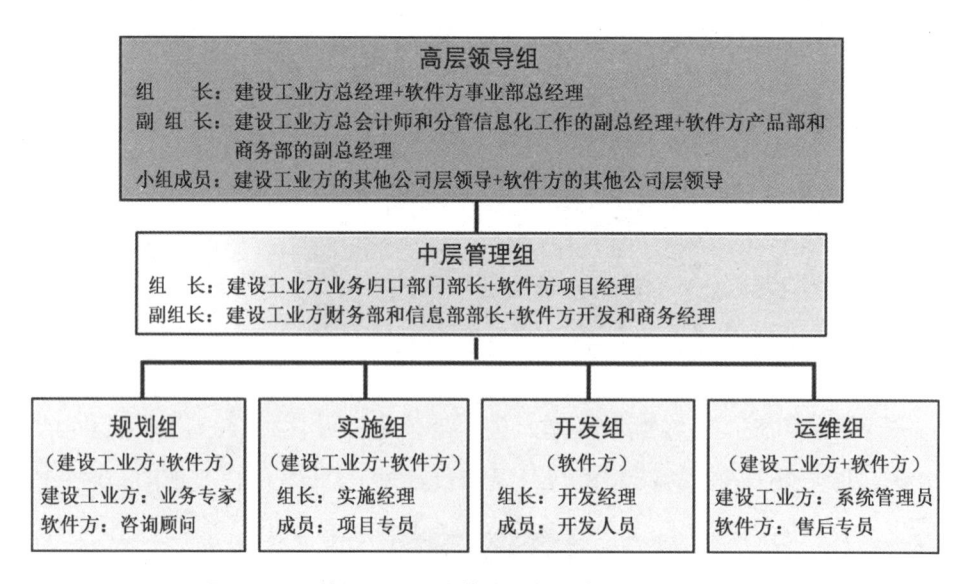

图 20-28　建设工业风险管控信息化建设项目组织架构

（二）明确建设工作原则，确定系统管理要求

从管理、软件、硬件、协同和集成 5 个方面，明确不同的工作原则，确定不同的系统管理要求。

1. 管理——流程规划原则

流程规划的最终目的是改善企业经营绩效，是在对现有业务流程深入分析的基础上，对业务流程进行优化甚至再造，产生合理的业务流程。

建设工业风险管控信息化建设项目流程规划原则如图 20-29 所示。

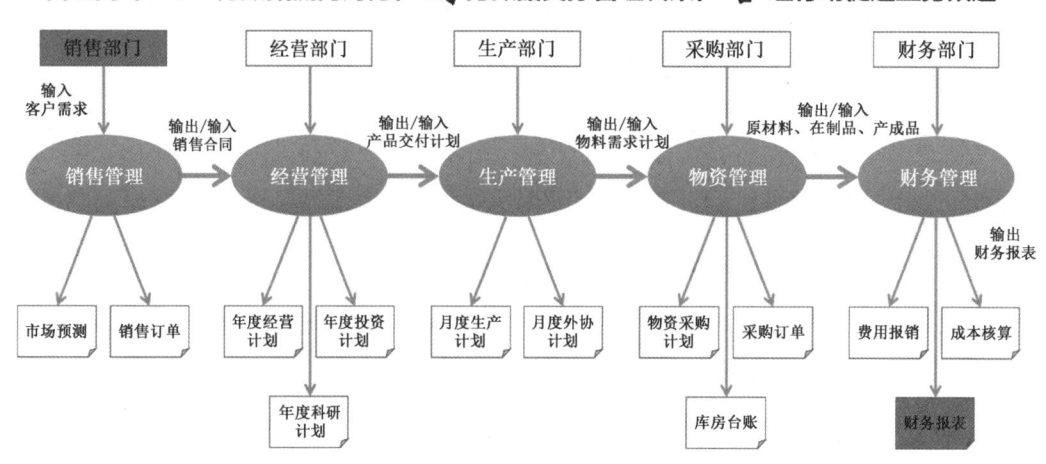

图 20-29　建设工业风险管控信息化建设项目流程规划原则

2. 软件——系统集成原则

结合公司信息化现状，将信息系统规划整合于三大平台，分系统、按模块集成应用，实现数据资源的集中共享，以支撑公司各项生产经营业务高效运行。

建设工业风险管控信息化建设项目系统集成原则如图20-30所示。

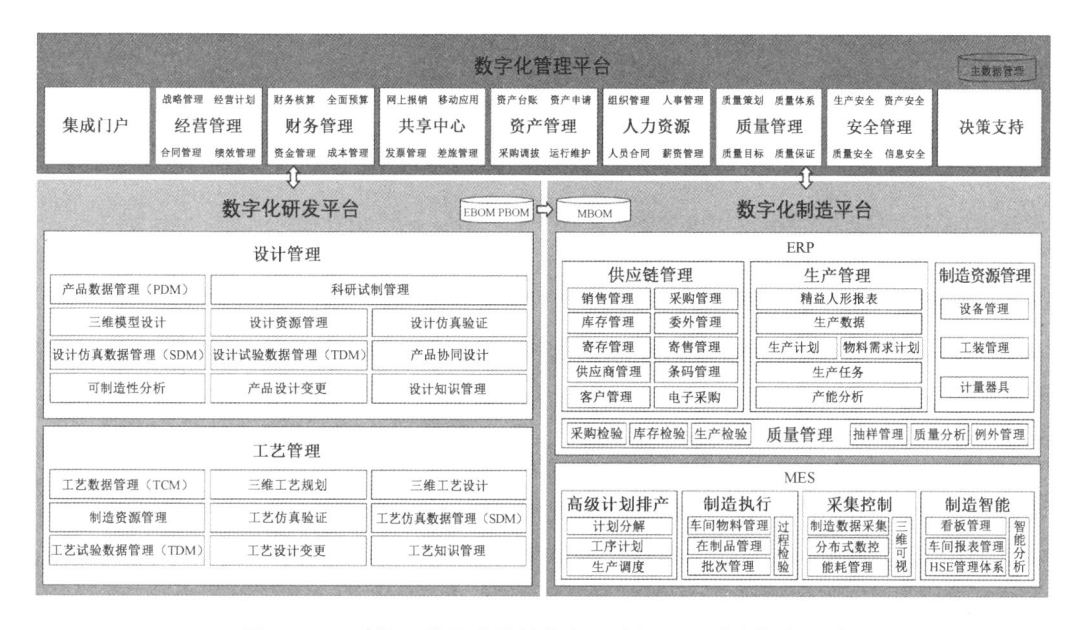

图 20-30　建设工业风险管控信息化建设项目系统集成原则

3. 硬件——数据共享原则

结合公司组织架构和网络、硬件情况，公司信息系统建设充分考虑安全保密要求和使用效率，将信息系统按照工控网、涉密网、非涉密网（三网）数据集中部署的架构，为公司工业化、信息化（两化）融合提供智能、安全、可靠的设备保障。

4. 协同——规则可配原则

信息系统应具有良好的适应性和扩展性，系统架构采用"平台+部件或模块"方式搭建；具有良好的可移植性，并在通用平台开发，提供二次开发接口，便于系统功能拓展；支持提供自定义参数控制管理功能，可通过参数设定，灵活实现分级，支持一套系统适用不同环境。

建设工业风险管控信息化建设项目规则可配原则如图20-31所示。

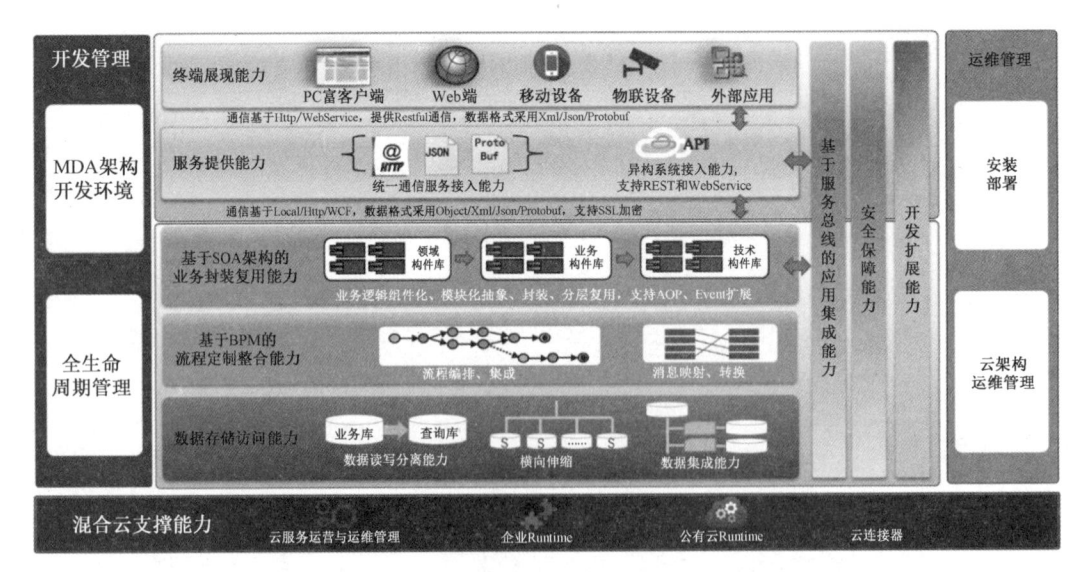

图 20-31　建设工业风险管控信息化建设项目规则可配原则

5. 集成——灵活拓展原则

信息系统应做好基础数据、信息端口、业务流程三统一，通过企业服务总线（ESB）方式规范经营管理、财务管理、资产管理、人力资源、质量管理等信息系统集成接口，确保数据准确、实时共享，实现单据互联、业财互通。

（三）深化信息化手段应用，搭建业务协同、数据共享平台

从核算、预算、成本、生产、物流、资产、合同、资金 8 个方面，分别确立不同的工作内容，搭建不同的管理模型。

1. 核算管理

建设工业风险管控信息化建设项目集中核算系统框架如图 20-32 所示。

根据《企业内部控制应用指引》"第 14 号——财务报告"的有关要求，公司充分利用信息技术，做到"体系统一、政策统一、标准统一、平台统一"四统一，提高合并财务报表编制、上报的工作效率和工作质量。

根据《企业内部控制应用指引》"第 17 号——内部信息传递"的有关要求，公司深度应用协同办公平台（以下简称"OA 系统"），以提高各单位沟通和办公的效率。

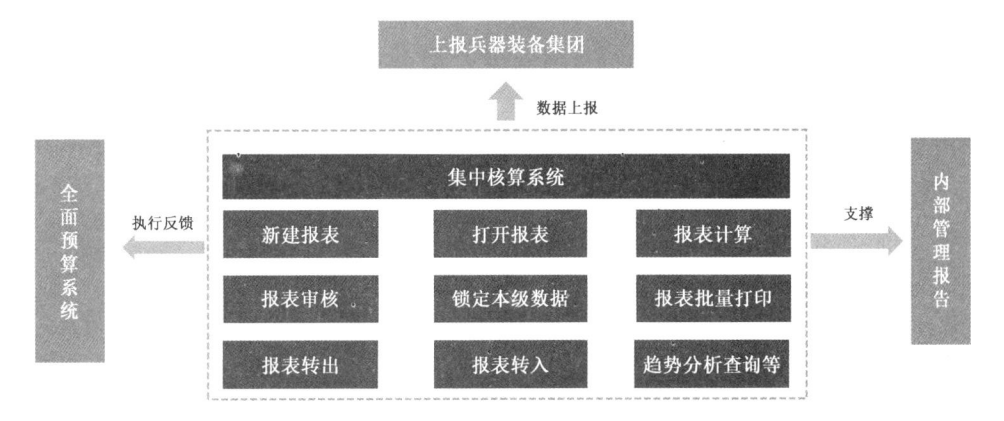

图 20-32　建设工业风险管控信息化建设项目集中核算系统框架

2. 预算管理

建设工业风险管控信息化建设项目全面预算系统定位如图 20-33 所示。

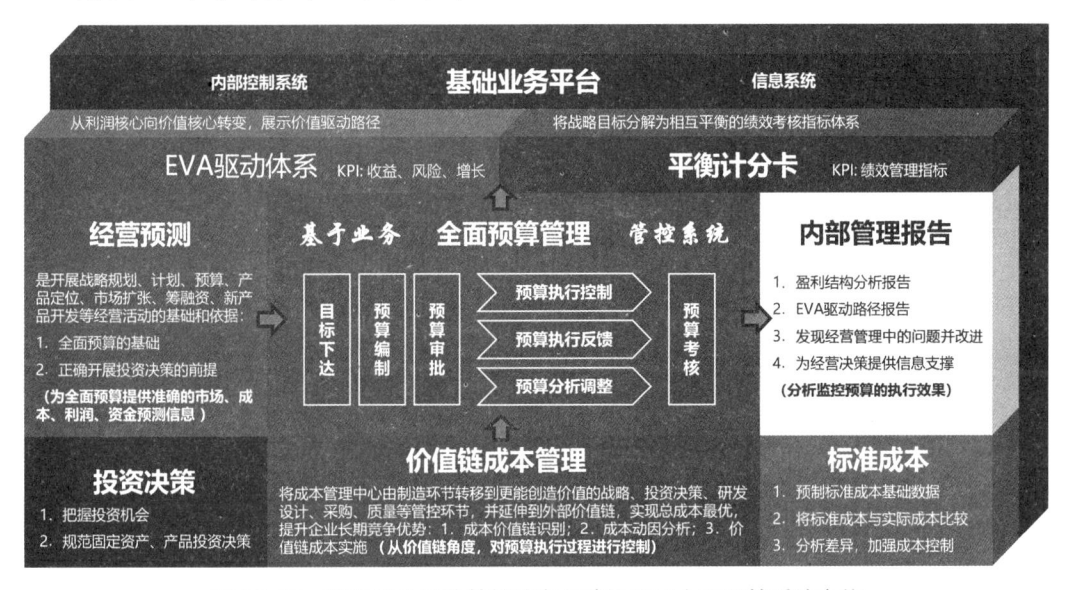

图 20-33　建设工业风险管控信息化建设项目全面预算系统定位

根据《企业内部控制应用指引》"第 15 号——全面预算"的有关要求，公司以内部控制的信息系统支撑全面预算管理，构成管理会计运用的基础业务平台，并明确全面预算系统定位于"基于业务的管控系统"；通过全面预算系统，进一步实现预算体系更完善、预算编制更规范、预算控制更有效、预算分析更准确。一是预算体系以"业务驱动"为原则，二是预算编制以"支撑战略"为目标，三是预算控制以"动静结合"为机制，四是预算分析以"刚柔并济"为手段。

最终，在公司范围内建立集事前预算编制、事中过程控制、事后分析考核于一体的预算管理流程，真正形成全员、全方位与全过程的全面预算管理。

3. 成本管理

围绕"设计成本、成本设计、成本运营、运营成本"管控思路来完善成本管控体系，以"全价值链精益成本管控体系"为工具，通过执行标准化和核算标准化，对成本核算系统进行升级优化。根据公司信息化总体规划，先后建立标准成本系统、实际成本系统，并贯通全面预算系统。

标准成本系统作为最基础的成本管理类管理会计工具，重点在于完善准备成本管理基础数据，同时关联预算系统、在制品系统和实际成本系统。

实际成本系统与在制品系统、供应链系统、集中核算系统、标准成本系统集成，实现对各类费用的获取和自动核算卷积、自动生成产成品完工凭证，为生产部门的在产考核提供数据支撑。同时，通过对实际成本与标准成本的对比分析，为公司产品降本提供数据支撑。

通过标准成本、预算成本、实际成本的"三个成本"视角组合，实现"量化考评、降本增效、持续改进"。

建设工业风险管控信息化建设项目成本系统价创（价值创造）如图20-34所示。

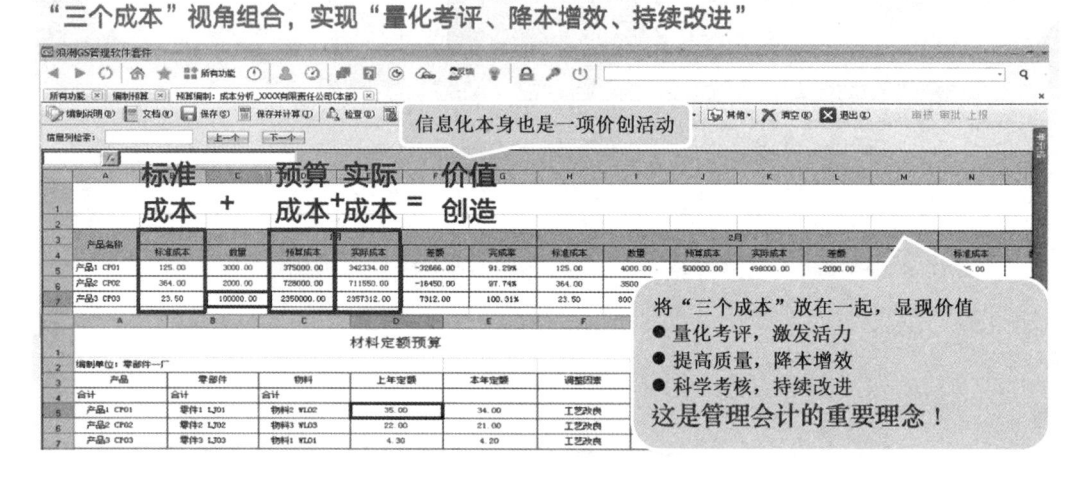

图20-34 建设工业风险管控信息化建设项目成本系统价创（价值创造）

4. 生产管理

按照"实时采集、过程控制、集中集成、协同共享"的思路，实现对"五品四数"

（成品、半成品、在制品、返工品和废品，以及投入数、产出数、周转数、废品数）生产物资物流的全过程、全覆盖闭环跟踪管理，全面提升全公司生产制造管控能力。

通过将在制品系统贯通标准成本系统、供应链系统，对在制品的投入、加工和装配、出产、领用、发出、保管、周转做到有据、有数、有序的规范化、精细化管理，进一步实现生产进度和各环节在制品结存数量等生产任务执行情况的集成共享，从而合理控制在制品数量、减少和避免积压、节约流动资金，为实际成本核算及次月生产计划提供翔实的数据支撑。

建设工业风险管控信息化建设项目生产系统流程如图 20-35 所示。

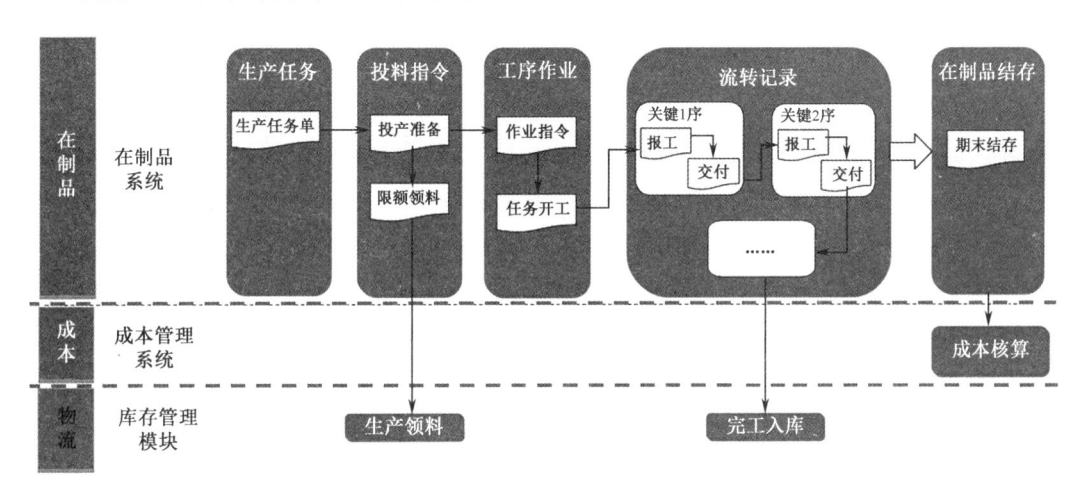

图 20-35 建设工业风险管控信息化建设项目生产系统流程

5. 物流管理

通过采购、销售、库存、存货、应收、应付、寄存等模块，进行收、发、存的动态和精细化管理，并贯通业财系统，实现物流、信息流和资金流的"三流合一"。

根据《企业内部控制应用指引》"第 7 号——采购业务"的有关要求，公司物流系统规范了采购管理。

根据《企业内部控制应用指引》"第 9 号——销售业务"的有关要求，公司物流系统规范了销售管理。

根据《企业内部控制应用指引》"第 8 号——资产管理"的有关要求，公司物流系统规范了库房管理和存货核算。

建设工业风险管控信息化建设项目物流系统集成如图 20-36 所示。

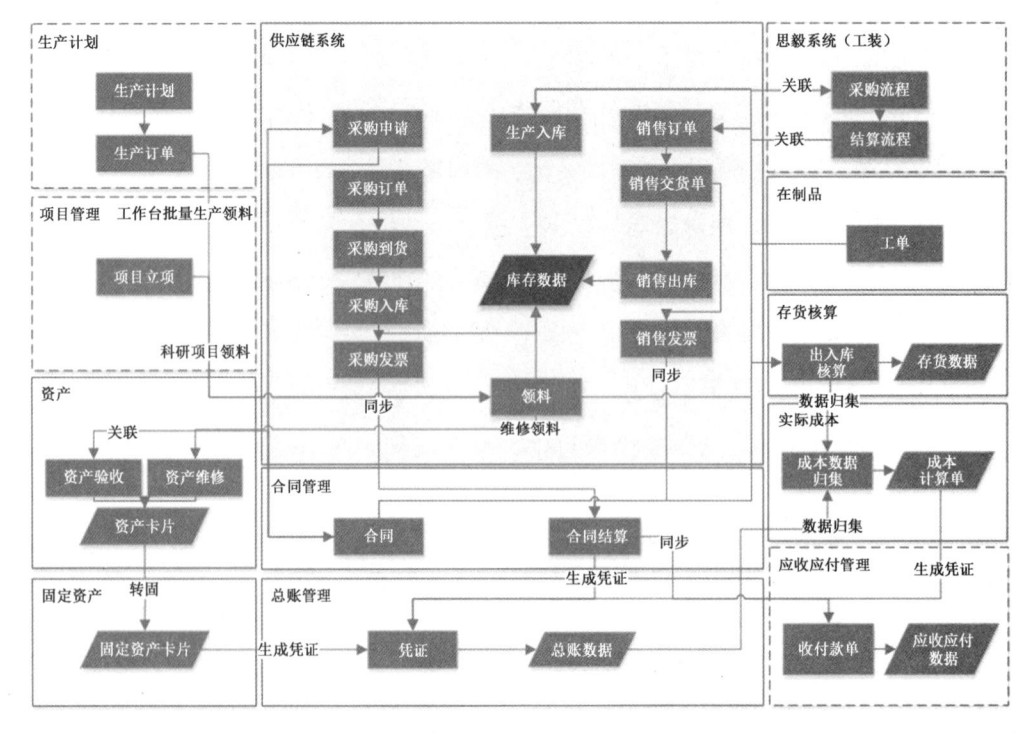

图 20-36 建设工业风险管控信息化建设项目物流系统集成

6. 资产管理

通过资产台账、资产维修、资产变动、资产处置、资产档案、看板分析等管理模块，实现对资产的全生命周期管理。

根据《企业内部控制应用指引》"第 8 号——资产管理"的有关要求，公司资产系统重点管理设备资产，并关联固定资产模块和物流系统，进一步规范了资产管理，提高了资产增加、减少、变更的效率，实现了对设备状态的全面管理，进一步为公司的生产排产提供产能依据。

建设工业风险管控信息化建设项目资产系统应用如图 20-37 所示。

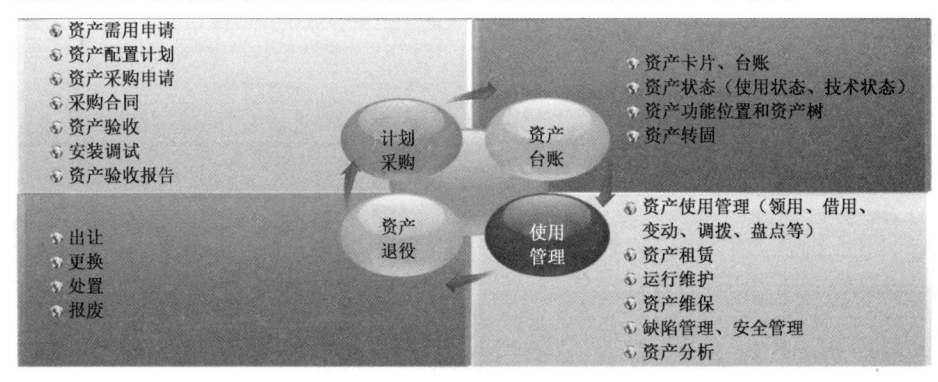

图 20-37 建设工业风险管控信息化建设项目资产系统应用

7. 合同管理

通过对公司合同管理流程进行全面优化，积极推进合同管理电子化应用，实现对合同立项、订立、审批、结算、归档等合同全生命周期管理。

建设工业风险管控信息化建设项目合同系统集成如图 20-38 所示。

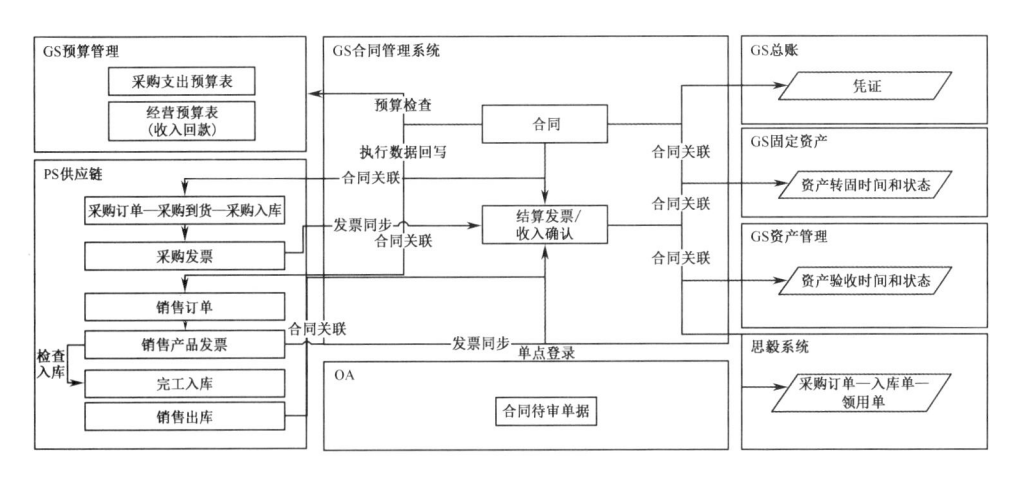

图 20-38　建设工业风险管控信息化建设项目合同系统集成

根据《企业内部控制应用指引》"第 16 号——合同管理"的有关要求，公司合同系统做了以下改进：一方面，固化了合同类型、合同文本、合同条款、合同审批权限，并结合兵器装备集团合同管理在合同基础建设、合同订立管理、合同履行管理、合同后管理和合同管理的后评估方面共 5 大类 39 项内控管理要求，实现了 19 项线上合同管理、18 项线下合同处理与线上合同记录相结合、2 项线下合同管理，同时搭建了面向公司领导、中层领导、一线人员的包括管理看板、合同台账、明细报表的三层管理报表体系，实现对合同 3 个月待交付、逾期未完成交付（发货）和达成收款条件 3 个月内待收款、逾期收款的合同总额及明细的交付预警和应收款预警，从而达到有效防范法律风险、维护公司合法权益、提高公司经营管理水平的目的。另一方面，与供应链系统、集中核算系统、资产系统、OA 系统集成，实现采购订单、采购到货、采购入库、生产领料、生产入库、销售订单、开票申请、销售出库的业务关联，以及对收付款的风险管控；实现开票、确认收入、收款、付款等合同结算业务自动生成凭证，以及单据、凭证双向穿透联查的业财一体化；实现对到货、验收、结算、转固环节的履约管控，进一步提高审批、预警消息传递的及时性和单点登录的协作性。

8. 资金管理

根据《企业内部控制应用指引》"第 6 号——资金活动"的有关要求，公司结合兵器装备集团对资金信息来源、资金监控内容、资金监控组织的规定，在财务公司核心系统（含司库管理系统）与各银行官方平台的结算方式上，优先选择兵器装备集团司库管理平台集中付款，保证集团公司对资金的集中统一监管，全面支撑集团公司战略管控能力的提升。

建设工业风险管控信息化建设项目资金管理后台如图 20-39 所示。

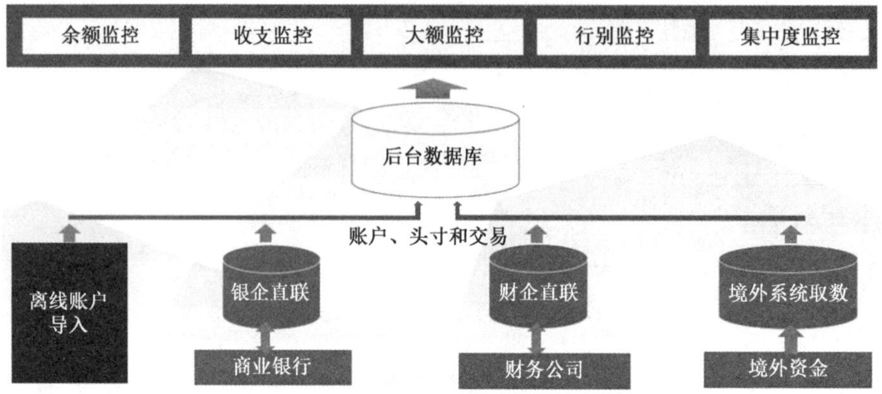

图 20-39　建设工业风险管控信息化建设项目资金管理后台

（四）强化信息化管理机制，助推风险管控、业财一体化落地

为切实提高公司信息化整体应用水平，从归口管理、业务管理两个方面推进信息化建设，为公司实现智能工厂目标奠定基础。

1. 归口管理

公司信息化归口管理部门建立、完善信息化项目投资立项、实施、推广应用各阶段相关管理制度，明确信息化资产投资各阶段管理主体及工作职责，做好顶层设计，充分调动并发挥各级人员的积极性与主观能动性，让大家各司其职，谋好、建好、用好系统。

2. 业务管理

公司信息化业务管理部门在项目建设过程中按照 PDCA 循环工作思路，从点检、沟通、考评三方面建立项目机制。

（1）点检机制。根据项目总体需求与目标，设置里程碑节点控制，分解制订每月、每阶段具体工作计划，编制 KTM 表，搭建问题管理平台，将任务分类、事项细化、分解到天、责任到人，坚持做好日点检、周沟通、月汇报，达到"有计划就有点检、有安排就有结果、有问题就要解决、有进展就有反馈"的工作要求。

（2）沟通机制。为加快项目建设，引导各业务单位积极配合、深度参与项目推进工作，从例会和专项会两方面形成会议机制，灵活保障项目高效沟通、快速推进。

① 例会。日例会由实施组每日定时点检当日进度，并及时更新 KTM 表及问题管理平台。周例会由实施组每周五代表推进组与管理组沟通本周工作，并向双方项目组成员传递项目周报（部分项目需向上级主管单位领导报告）。月例会由公司业务分管领导主持，管理组每月代表项目组向领导组（公司业务分管领导、信息化分管领导、总经理，以及其他公司领导和软件方高层领导根据工作需要出席会议）做汇报，总结上月工作完成情况、存在的问题及建议，并提出下一步工作计划和人员分工。

② 专项会。里程碑评审会以管理组向领导组汇报为主，可结合月例会召开；重要事件沟通会一般以研讨为主，若提请公司领导决策项目推进中的重大问题、事项，可结合月例会召开；若面向用户层面指导培训，可结合周例会召开。

（3）考评机制。信息化项目以"激励为主，处罚为辅"为日常考核原则，为保障各业务单位在多个环节深度参与，结合单项任务考评、阶段性考评、系统操作执行、基础管理考评，按照业务单元参与度、改进建议采纳数给予奖励，对提前完成里程碑计划的给予奖励；同时，将项目纳入各业务单位年终专项考核，在项目推进管理办法中明确要求所有业务单位领导设置 AB 角和项目联络员、关键用户，在实施方案的确定、业务基础数据的收集、业务流程的梳理、管控要点的明确、集成方案的确定和运行方面均深度参与，做到每个环节先试后用，先培训再上线，确保信息系统建设的进度和质量。

四、实施成效

从 2015 年开始，建设工业搭建并应用基于业财一体化风险管控的信息化体系，通过 6 年持续不断的建设与应用，在体系搭建、能力提升、人才培育上都取得了巨大的成效，实现了业财深度融合，提升了综合制造水平，增强了核心竞争力，为公司新制定的"1233"中长期发展战略实施和未来数字化、智能化发展打下了基础。

（一）搭建业财一体化风险管控体系，实现企业管理提升

1. 基础数据标准化

在信息化建设的过程中，根据《企业内部控制应用指引》"第 18 号——信息系统"的有关要求，公司指定信息系统建设实施归口管理部门，明确相关单位的职责权限，建立有效工作机制，持续做好主数据管理：一是组建了主数据管理团队，二是制定了主数据管理标准，三是搭建了主数据管理平台，四是建立了标准化管理体系。目前，公司已实现了对 4 万多种物料、4000 多个往来单位等基础数据的一处维护、多处引用的集成共享管理。

2. 业务流程规范化

在信息化建设过程中，根据《企业内部控制应用指引》"第 18 号——信息系统"的有关要求，公司优化管理流程，防范经营风险，全面提升公司现代化管理水平。目前，公司在经营、财务、资产、人力、质量、研发、物流、生产、制造 9 类业务板块，搭建 OA 系统表单模板 276 个，为后续各信息系统的建设夯实了管理基础。

3. 管理看板可视化

在信息化建设过程中，根据《企业内部控制应用指引》"第 18 号——信息系统"的有关要求，公司信息系统归口管理部门向内部单位提出开发需求和关键控制点。目前，公司信息系统借助办公计算机和电子大屏实现不同层级的可视化看板管理。例如，合同系统搭建了面向公司领导、中层领导、一线人员的包括管理看板、合同台账、明细报表的三层管理报表体系，实现对合同 3 个月待交付、逾期未完成交付（发货）和达成收款条件 3 个月内待收款、逾期收款的合同总额及明细的交付预警和应收款预警，从而达到有效防范法律风险、维护公司合法权益、提高公司经营管理水平的目的。

4. 业财一体自动化

在信息化建设过程中，根据《企业内部控制应用指引》"第 18 号——信息系统"的有关要求，公司信息系统将生产经营管理业务流程、关键控制点和处理规则嵌入系统程序。目前，公司核算管理、预算管理、生产管理、物流管理、资产管理、合同管理、资金管理和 OA 系统相互集成，相关业务、财务流程互联互通。例如，合同系统与供应链系统集成，合同在生效后实时传递到供应链系统，并在生产完工、销售启

票、销售出库、收款等业务环节全部进行合同号输入控制，通过层层相扣的系统设置，杜绝违规操作对合同执行造成的风险；总账系统与合同系统集成，实现了相关业务单据自动生成总账凭证，以及凭证与单据双向穿透查询的财务自动化、业财一体化处理控制，进一步提高了基层财务、业务人员的工作效率和工作质量。

（二）提升业财一体化风险防控能力，提高企业生产效率

7年来，通过持续不断的建设，公司实现了业务和财务、管理会计和信息化的深度融合，在管理、软件、硬件、协同、集成5个方面做到闭环管理、循环管理，实现了核算、预算、成本、生产、物流、资产、合同、资金8类业务管理的综合提升，提高了生产效率。

对工业大数据平台进行细分，通过业财一体化信息系统实现全过程数据整合、存储、分析、可视化、价值挖掘及追溯，进一步提升业财一体化风险防控能力，从而实现以数据驱动管理，为普通员工、基层管理者、中层管理者和高层决策者提供所需的信息，支撑各级管理运营，实现"看得清、控得住、管得了、做得好"，全面提升企业风险防控能力。

（三）培育业财一体化风险管控人才，打下企业发展根基

业财一体化风险管控的信息化建设是深入推进管理会计工具运用的内在需求，是升级优化财务信息系统的重要延伸，是促进财务人员转型的重要手段。在项目建设与应用的过程中，通过不断地对标学习、不断地解决问题、不断地推动实施，达到在分析解决问题中成长的目的，培养和涌现出了一批主观意愿强、掌握工具方法、具有结构化思维的青年骨干人才队伍，他们分布在公司各个部门和基层单位，共同构建了建设工业的人才梯队储备资源库，是群英型人才队伍的种子和推介者，也是建设工业未来的有力开拓者。

五、总结启示

（一）应用的基本条件

在企业IT规划中，以往比较重视传统财务系统的规划建设，随着企业数字化转型的加快发展，各类业务系统的建设也将逐渐增加。因此，在规划中应将财务系统与业务系统综合统筹考虑。

（二）成功的关键因素

建设工业紧紧把握领导支持是核心、明确需求是关键、精心组织是保障的实施原则，在思想上、策略上、操作上、产品上找到办法，最终借助科学的工作机制促进了高效的交流沟通，统一了员工思想，协同了业财部门，展开了充分论证，满足了个性需求。

（三）应用的特点显著

1. 基于业财一体化风险管控的信息化建设的优点

（1）一体化。通过业财一体化风险管控的信息化建设，有效地将核算、预算、成本、生产、物流、资产、合同、资金 8 类业财管理深度融合，借助数据、流程和系统全面集成共享，进一步消除了"信息孤岛"，提升了数据的实时性、准确性，不仅保证了会计信息的及时性，还为公司经营决策提供了量化管理依据。

（2）自动化。通过业财一体化风险管控的信息化建设，业务数据自动生成财务凭证，财务凭证可以联查业务数据，业务数据也可以联查财务凭证，各类管理报表数据也可以联查数据来源，不仅保证了会计信息的相关性、可靠性，还为公司经营管理提供了预警管控手段。

2. 基于业财一体化风险管控的信息化建设的缺点

过去的 ERP 系统强调用一个系统满足从业务到财务的所有需求，这种方式对系统的要求太高，最终的结局往往是妥协，勉强实现对业务的支撑。因此，未来的数字化时代的业财融合系统一定是松耦合的，由多个独立的业务系统和财务系统构成，这样可以大大减轻单一系统的压力。

（四）未来的发展建议

1. 基于业财一体化风险管控的信息化建设的改善建议

基于业财一体化风险管控的信息化建设需要构建一个中台系统，将不同的业务单元和财务单元架构在同一个中台之上。各业务单元相对独立，又通过中台底层互相解耦。因此，业务单元在进行产品迭代时，需要保持与财务单元的沟通，尽可能减少因为迭代导致的数据错误。当然，财务单元提供容易理解的规则也很重要，在一定程度上可以减少业务单元犯错的可能性。

2. 基于业财一体化风险管控的信息化建设的发展建议

云计算、大数据、物联网、移动互联网、基于面向服务的体系结构（SOA）集成应用平台等新一代信息技术为当今管理会计深化应用提供了新路径、新工具、新方法。业财一体化信息系统的建设目标是企业以业务活动为中心，以大数据为基础，以一体化管控平台为支撑，实现管理会计与财务会计的无缝衔接，使全面预算管理、资金集中管理、成本控制、绩效评估等管理会计工具更加高效顺畅地运行。因此，在系统建设过程中，企业应积极考虑采用新一代信息技术并结合自身实际开展工作，通过应用新一代信息技术来加快和推动业务财务、共享财务、战略财务的有效转型。

3. 基于业财一体化风险管控的信息化建设的推广建议

目前，我国复合型人才较为缺乏，以往企业对于人才培养、运营管理，主要以职能为维度，较少考虑业务、财务、技术三者融合的价值创造及人才培养。企业应通过多种途径，采取多种方式，加大对复合型人才的培养力度，通过培养并发挥复合型人才的支撑作用，进而充分发挥业财融合在企业经营中的作用，提升企业的决策能力、战略制定能力，进而提升企业的竞争力。

参 考 文 献

[1] 刘伟. 国有企业资本运营管理论略［J］. 全国流通经济，2022（21）：77-80.

[2] 金晓燕，任广乾，罗新新. 双循环发展格局下国有企业高质量发展对策［J］. 郑州大学学报（哲学社会科学版），2021，54（2）：55-61，127.

[3] 范万柱. 试论国有企业的资产效益效率分析［J］. 中国总会计师，2020（5）：26-30.

[4] 李婕. 国企去杠杆有了关键一招：加强资产负债约束[N]. 人民日报海外版，2018-09-14.

[5] 黄守宏. 坚持以深化供给侧结构性改革为主线［J］. 学习月刊，2020（12）：11-13.

[6] 赵剑波，史丹，邓洲. 高质量发展的内涵研究［J］. 经济与管理研究，2019，40（11）：15-31.

[7] 杨耀武，张平. 中国经济高质量发展的逻辑、测度与治理［J］. 经济研究，2021，56（1）：26-42.

[8] 王一鸣. 百年大变局、高质量发展与构建新发展格局［J］. 管理世界，2020，36（12）：1-13.

[9] 张辉，吴尚. 新发展理念引领高质量发展：成效、问题及推进方向［J］. 学习与探索，2021（12）：93-102.

[10] 刘伟. 推动高质量发展必须贯彻新发展理念［J］. 中国经济评论，2020（Z1）：20-22.

[11] 肖红军. 面向"十四五"的国有企业高质量发展［J］. 经济体制改革，2020（5）：22-29.

[12] 黄群慧，余菁，王涛. 培育世界一流企业：国际经验与中国情境［J］. 中国工业经济，2017（11）：5-25.

[13] 曾宪奎. 高质量发展背景下我国国有企业创建世界一流企业问题研究［J］. 宁夏社会科学，2020（1）：81-88.

[14] 张瑞君，陈虎，张永冀. 企业集团财务共享服务的流程再造关键因素研究：基于

中兴通讯集团管理实践[J]．会计研究，2010（7）：57-64，96．

[15] 黄速建，肖红军，王欣．论国有企业高质量发展[J]．中国工业经济，2018（10）：19-41．

[16] 李世春．新时代国有企业高质量发展的实现路径分析：基于建筑业的调研[J]．学术研究，2020（3）：88-94．

[17] 李巧华．新时代制造业企业高质量发展的动力机制与实现路径[J]．财经科学，2019（6）：57-69．

[18] 周志龙，邓茜，沈笑寒，等．企业高质量发展评价的理论模型研究：基于良品铺子的案例分析[J]．宏观质量研究，2021，9（1）：80-95．

[19] 王丽凤．企业集团财务管理问题研究[J]．经济纵横，2012（8）：93-95．

[20] 张园．国有企业集团财务管控问题及对策[J]．人口与经济，2012（S1）：119-120．

[21] 郝颖．新时期企业财务管理中的业财融合问题研究[J]．国际商务财会，2019（2）：54-55，58．

[22] 王玉莲．国有企业集团加强财务管控的几点思考[J]．财务与会计，2021（6）：76-77．

[23] 柳锋．集团企业财务管理信息化存在的问题和对策[J]．山西财经大学学报，2015，37（S1）：48-49．

[24] KAPLANRS, NORTON D P. Putting The Balanced Scorecard to Work[J]. Harvard Business Review, 1993, 71（5）：134-147.

[25] KAPLANRS, NORTON D P. Using the Balanced Scorecard as a Strategic Management System[J]. Harvard Business Review, 1996, 74（1）：75-86.

[26] KAPLANRS, NORTON D P. The Balanced Scorecard: Measures That Drive Performance[J]. Harvard Business Review, 1992, 70（1）：71-79.

[27] SIMONS R. The Role of Management Control Systems in Creating Competitive Advantage: New Perspectives[J]. Accounting, Organizations and Society, 1990, 15（1-2）：127-143.

[28] 汤谷良，高晨．新经济环境下企业预算管理如何超越"追随战略"[J]．财务与会计，2019（10）：7-12．

[29] 张登洲，李憨劼．数字化时代的财务创新[J]．管理会计研究，2020，3（4）：

22-27，86.

[30] 张登洲. 创新应用管理会计 有效应对疫情冲击 [J]. 中国管理会计, 2020（2）: 26-30.

[31] 佟成生，潘飞，吴俊. 企业预算管理的功能: 决策，抑或控制? [J]. 会计研究, 2011（5）: 44-49.

[32] 汤谷良. 提高预算管理系统"亲和力" [J]. 新理财, 2017（12）: 56.

[33] 汤谷良，夏怡斐. 企业"业财融合"的理论框架与实操要领 [J]. 财务研究, 2018（2）: 3.

[34] 李守武. 管理会计工具与案例: 绩效管理 [M]. 北京: 中国财政经济出版社, 2018.

[35] 肖家湖. 基于企业战略的业绩评价体系研究 [D]. 广州: 华南理工大学, 2006.

[36] 张蕊. 战略平衡积分卡: 衡量企业战略经营业绩的新指标体系 [J]. 当代财经, 2000（10）: 76.

[37] 周本慧. 现代化管理方法在冶金生产经营管理中的应用: 企业经营管理与经营决策 [J]. 江西冶金, 1985（Z1）: 102-107.

[38] 方品. 浅谈国有企业经济运行管理工作 [J]. 财经界, 2020（25）: 19-21.

[39] 陈建. 信用评分模型技术与应用 [M]. 北京: 中国财政经济出版社, 2005.

[40] 张世建. 信用评分模型在中小企业信贷风险管理中的应用 [D]. 上海: 华东理工大学, 2014.

[41] 雷法特. 信用风险评分卡研究: 基于SAS的开发与实施 [M]. 王松奇, 林智乾, 译. 北京: 社会科学文献出版社, 2013.

[42] 刘莉亚. 商业银行个人信贷信用评分模型的构建与应用 [J]. 财经研究, 2007（2）.

[43] SIDDIQI N. Credit Risk Scorecards: Developing and Implementing Intelligent Credit Scoring [M]. Hobken: John Wiley & Sons, 2005.

[44] 方武. 新时代财务管理工作要为企业高质量发展保驾护航 [J]. 中国总会计师, 2018（12）.